東寺文書研究会編

東寺文書と中世の諸相

思文閣出版

はじめに

本書は、東寺文書研究会による二冊目の論文集である。一冊目（『東寺文書にみる中世社会』東京堂出版）が刊行された一九九九年五月前後の時期と比べて、東寺文書をめぐる研究条件は大きく変わってきている。それは、東寺文書に関するデータベースの整備と、いくつかのあらたな翻刻史料集の刊行によってもたらされたものである。

富田正弘（富山大学・当時）を代表とする「東寺文書データベース作成委員会」による「東寺文書検索システム」CD-ROM（二〇〇一年三月）の配布は、それまで京都府立総合資料館の『東寺百合文書目録』と京都大学総合博物館の『教王護国寺文書』と東寺宝物館の『東寺文書聚英』『東寺文書十万通の世界』とを、個別にあたらなければならなかった東寺関係文書の検索について、小規模の散逸文書を加えて総合的に、しかも年月日、文書名、差出書、宛名書、内容のキーワード、地域分類、書誌等々の各種文字情報や花押画像情報等についても検索することを可能にした。東寺文書の「群」としての特性をいっそう生かすことができるようになったのである。

さらに東京大学史料編纂所でも電子計算機システムSHIPSを基盤としたデータベースを構築している。東寺文書に関係するものをみてみれば、「大日本史料総合データベース」や『平安遺文』『鎌倉遺文』『大日本古文書東寺文書』各フルテキストデータベースの検索が公開されているほか、目録データベースも充実度を増している。「日本古文書ユニオンカタログ」データベースを検索されたことがあるだろうか。このデータベースは、史料編纂所が所蔵している影写本の総目録であり、現在はさらに発展して、史料編纂所が収集した文書写真や一般に刊行されている史料集の目録情報を網羅し、いろいろな形態で公開されている同一文書の情報をまとめていこうと意図するものである。「東寺百合文書」についてこのデータベースで検索を試みてみよう。検索画面のキーワード項目に京都府立総合資料館の目録にしたがって「百合文書」の「函名」と「番号」を全角三桁で入力し（たとえば、イ函四三号の文書は「イ函０４３」）検索すると、該当する文書（観応二年七月六日東寺長者御教書）の目録データとともに、影写本の画像（イメージ）を表示するボタンが表示され、それをクリックするだけで、文書番号と影写本の収載冊頁の対照表をいちいち参照しなくても、居ながらにして当該文書の影写画像を見ることができる。影写本のその文書の前後に収録されている関連文書の画像もやっぱり見たいという、さらなる要求に応える工夫も施されている。『平安遺文』『鎌倉遺文』については、検索ができるだけでなくテキスト翻刻を収録したCD-ROM版が出版されているし（東京堂出版、一九九八年・二〇〇八年）、鎌倉遺文研究会による「『鎌倉遺文』未収録文書目録データベース」「南北朝遺文文献目録―九州編―データベース」（早稲田大学海老澤衷研究室ホームページ）も公開されている。本論集に収められた各論文は、多かれ少なかれ、これらのデータベースを参照している。

一方史料集については、東京大学史料編纂所の『大日本古文書　東寺文書』（東京大学出版会）が「東寺百合文書」ひらがなの函の刊行を継続しているのに対して、京都府立総合資料館の編纂による史料集『東寺百合文書』カタカナ函の刊行（思文閣出版）が二〇〇四年春より開始された。二〇一〇年秋までにすでに八巻、イ函よりト函の最初の部分までが翻刻されたことはひとつの画期といえるだろう。さらに『鎌倉遺文研究』に連載されている早稲田大学大学院中世史ゼミによる「『鎌倉遺文』未収録「東寺百合文書」」の翻刻（吉川弘文館、一九九八年～継続）、伊藤俊一・富田正弘・本多俊彦編『東寺廿一口供僧方評定引付』一・二巻（続刊）（思文閣出版、二〇〇二・二〇〇三年）、上島有編『山城国上桂庄史料』上・中・下巻（東京堂出版、一九九八・二〇〇〇・二〇〇三年）、若狭国太良荘史料集成編纂委員会編『若狭国太良荘史料集成』一・二・四巻（続刊）（小浜市、二〇〇一・二〇〇四・二〇〇八年）などの史料集が刊行され、あるいは編纂を継続中である。

厖大な荘園文書、つまり列島の各地域に関連する文書を多くふくんだ東寺文書については、これまでにもさまざまな自治体史の中で翻刻史料集が刊行されてきた。けれども、ここにあげたあらたな史料集は、従来の史料集の成果を踏まえた上で、目録やデータベースや写真複製の普及による各種情報を取り込み、関連史料の調査に基づく厳密な校訂や筆跡などの情報の分析を含んで、一段と進化した史料集となっているように思う。研究の進展、研究条件の整備が相乗効果をもたらしたものであろう。

そして、今この地点に立ってこれからの東寺文書研究の方向性を探るとすれば、ひとつには、中世東寺の中心をなした供僧・学衆そして長者・凡僧別当・執行の視点だけでなく、真言宗全体の枠組みと時代の変遷を意識した、広い視野と構造的枠組みに基づくものになっていくように思う。「東寺霊宝蔵中世文書」「東寺観智院金剛蔵聖教文書」「阿刀家伝世資料（阿刀文書）」「高野山文書宝簡集・続宝簡集・又続宝簡集CD-ROM」「醍醐寺文書聖教」「仁和寺史料」「随心院文書・記録」「勧修寺聖教文書」等々、史料の調査・収集・公開の状況なども、そのような研究を要請してきているといえるだろう。

もうひとつは、検索を駆使して文書の関連を探り、年未詳文書を活用し、従来の課題に対してあらたな視点で文書を読み直すという方法を試行することであると思う。中世の文書管理秩序を、いろはの函の秩序にそのまま移し替えて保存している東寺文書の場合、厖大な文書群のなかに埋もれ、ひとり孤立しているかにみえる文書にも、連れがいる場合が少なくないと思われるのである。

一九九四年の発足から数えて一八年目を迎える東寺文書研究会の、第Ⅱ・Ⅲ期の成果の一部を編んだこの論集には、そうした試みがすでにみえていると思う。

＊

この東寺文書論集においては、テーマや時代・地域を考え、各論をおおきく東寺寺僧、荘園、権力、史料の四つに分類して配置している。けれども東寺文書の内容の豊かさに応じて各論の内容も個々であり、必ずしもこの分類に適していないものもあると思われるので、以下、簡単に内容を紹介しながら、論文同士の関連についても述べてみたい。

「Ⅰ東寺の僧侶、その職位とはたらき」の最初は、真木隆行「永久元年の真言宗阿闍梨と東寺定額僧」である。一二世紀における東寺の寺僧集団とその質的変容の様子を明らかにするという課題のもとに、永久元年（一一一三）一〇月二九日東寺一長者寛助等賀表に連署した四九人の僧侶の実態解明に取り組んだものである。この四九人について、長者寛助のほか、真言宗の寺分阿闍梨である東寺阿闍梨と他寺阿闍梨、一身阿闍梨、有職・非職の東寺定額僧、三綱と、ひとりひとりの僧侶の職位と僧名を確定していく。その過程で、寺分阿闍梨は有職の職位とは異なり定員のある終身の制度であったことや、この後増設されることになる東寺新定額僧がすでに他寺阿闍梨のうち特に尊勝寺関係者として連署者のなかにみえることなど、これまで曖昧であった真言宗僧団の制度の実態を明らかにしている。

さて近年、古文書の画像（写真焼付の頒布や画像データベースの公開）が普及してくるにしたがって、文書を構成するひとつの要素として、古文書を読解するときの分析の対象として一般化されつつあるのが筆跡である。あらゆる筆跡について適用できるような方法論は、まだ確立していないというべきなのであろうが、そのようななかでも、字体と運筆という要素に基づく書風（個性的な字体の連なりにより醸し出される紙面の雰囲気）を意識することが筆跡論においては重要であるとする永村眞は、多くの史料を調査するさいに、史料の時代・記主を判断するためのキーマンに注目して次のように言う。「（キーマンというのは）政治や文化という分野におけるキーマンではなく、一つの史料群の中で多くの史料をのこしている人、史料が生まれる上で重要な役割を果たしている人に注目するのです。そのキーマンから、誰が記した史料か、どの時代の史料か、どのような性格の史料かが推測できます」(「消息と聖教の筆跡論」・「討論：筆跡論の現状と課題」、湯山賢一編『文化財と古文書学　筆跡論』勉誠出版、二〇〇九年)。キーマンは、朝廷や幕府であれば右筆・奉行らであり、東寺文書においては供僧組織の年行事(年預・奉行)や庶務担当の公文僧にあたるだろう。多くの文書に筆跡を残すキーマンには、その職掌上、多量の文書を残す理由が存在しているから、文書分析の根拠は筆跡だけではなく総合的な判断が可能になる。キーマンの筆跡を追究する有効性がここに存在しているのである。本論集には、このキーマンの筆跡を主要な根拠とした論文がふたつある。宮﨑肇「年行事と案文――中世前期東寺における文書管理――」と岡本隆明「公文快実とその文書」である。

宮﨑論文は、鎌倉末期の供僧組織における年行事(時期により月行事)の制度をとりあげ、その職掌のうち文書管理の側面に注目する。特に能済と定厳というふたりの供僧の筆跡の特徴を検討して、供僧供料荘関係文書のなかから、彼らの筆跡と判断される文書を抽出する。それらは評定引付のほか、文書目録や文書の端裏書や案文といった種類のものであり、しかも能済・定厳が年行事を務めた年にそれぞれの筆跡が集中して存在していることから、年行事の文書整理・管理に果す重要な役割を見出している。

岡本論文は、はじめに自身の筆跡研究の方法論を提示する。永村が「書風」と言ったのと同様だと思うのだが、私たちが自分と他人の文字を区別することができているように、経験的に行っている「筆跡の異同を主観的・感覚的に判断」することに、文書の内容や機能による史料批判と、恣意を排除した網羅的な筆跡の検討のふたつの方法を加えて、主観的・感覚的な判断を限定するのである。このような方法によって、東寺供僧方の公文・沙汰雑掌を務めた僧道性・快実らの筆跡に注目し、特に名前の異なる差出書の文書の筆跡が同一であることから、道性は沙汰雑掌としては聖賢の仮名をもって訴訟の面に立っていたこと、快実には東寺領における公文・沙汰雑掌としての顔のほかに、東寺とは全く関わりのない土佐国安芸荘や瓜破郷の沙汰雑掌慶実というもうひとつの顔があったことを導き出している。東寺の枠組みとは異なる、訴訟の場が媒介する人々の活動と社会関係の一端がここに見えてくるのである。なおⅢの権力の項で後に紹介する酒井紀美の論考も、岡本と同じ大和国平野殿荘の永仁年間の訴訟関係文書を扱って訴訟の場の復元を行っているが、岡本とはまた異なった観点の分析となっている。参照されたい。

＊＊

「Ⅱ荘園、そして荘園史料からの発展」において、荘園、土地制度、収取制度、地域に関わる論考は多彩なテーマをみせてくれる。中世後期の荘園については、近年「室町期荘園制」論が提起されている。すぐれて権力の構図・社会体制に関わるこのテーマについて、本論集ではⅢの権力・政治勢力の項に収録した山田論文が、これを正面から扱っているが、Ⅱの荘園の項でも、いくつかの論考が特に意識してこの枠組みを積極的にうけとめ、荘園の実態や変化の様相を分析している。

保立道久「土地範疇と地頭領主権」は、領主制論を深化させる前提として、歴史的な土地範疇の用語「地本(ぢもと)」と「下地(したぢ)」のそれぞれの語義を、ことばの本来の意味を探るところまで立ち戻りながら検討し、中田薫の見解を基本とする一般の理解とは段階を画する見解を提示する。無主・無用な荒廃を含む自然の「地」の領有すなわち国土高権の概念を含む「地本」は、抽象的な意味合いではあるが、里坪などの畦畔システムによる「地」の位置・面積を表示する属性を有し、したがって勧農による開発「地」の編成・配置を起点とする荘園年貢収取システムに関わる語であること、一方「下地」は所当・得分・上分などの収益を前提とした土地の有用性の側面を表わす効用(使用)価値としての用語であることを明らかにした。その上で、この土地範疇論の観点から、鎌倉時代の地頭御家人による土地領有体系成立の過程とその基盤となる大田文公田制度について考察し、前代の国衙荘園体制にかわる土地制度を「荘園公田制」とするなどの提起をしている。

志賀節子「地下請小考」は、百姓請・地下請・村請などと称されてきた中世荘園制のなかでの地下百姓らの年貢請負について、実態の詳細な見直しを行い、定義を明確化した論考である。これまで百姓請の初期の事例とされてきた丹波国大山荘や大和国窪荘の事例は、領主との一般的な合意に基づく年貢納入の誓約が、預所の不在という状況にともなって特に表面にあらわれてきたものであって、年貢収取主体としての地下百姓と荘園領主との、得分などの請負条件を含む法的な契約関係すなわち地下請ではないとする。「室町・戦国期の在地社会に広がる「地下請状況」とでも呼ぶべき共通した現象」と「荘園領主や守護など地域権力のあり方がもたらす政治的諸契機を得て、一時的な形で姿を現す」法的契約関係としての地下請とを区別することによって、荘園制における地下請の位置づけや展開をより厳密に考察することができるようになるだろう。

村井祐樹「東寺領近江三村庄とその代官」は、これまでほとんど研究の蓄積がなかった宝荘厳院領近江国蒲生郡三村荘の位置・伝領関係・年貢の知行形態などの基本的枠組みと、南北朝期から応仁年間までの代官の変遷とその活動を考察したものである。三村荘関係文書の特徴のひとつは、年未詳の代官書状の多さにあるが、代官の補任状況の確定によって、そのおおよその時代を推定することが可能となった。ここでは、提示された彼らの書状をはじめとする文書群の具体的なおもしろさに引き込まれる。東寺の三村荘支配にとっては守護六角氏との関係が大きな要素を占めており、この論考の基礎の上に、新たな六角氏の在地支配を考えていくことができるだろう。

髙橋傑「周防国美和荘兼行方の年貢収取について」は、東寺領周防国美和荘兼行方の年貢受取りの実態を詳細に検討しながら、室町期的な荘園制維持のあり方を考察した論考である。一五世紀頃、兼行方からの輸送年貢は、東寺が京都での受取りを望んだのにもかかわらず、兵庫において引き渡されていた。それは代官のサボタージュによるものではなく、守護大内氏領国である周防という地域的枠組みに注目してみると、東大寺領周防国衙領の年貢や守護大内在京被官人たちの年貢京上システムに依拠し、同じ船団への年貢混載という輸送方法をとったためであったという。守護方との人脈を利用しての年貢収納努力や、荘園への下向使として経験豊富な東寺公人や下部らの、年貢受取り行程の詳細も描かれている。

清水克行「新見荘祐清殺害事件の真相」は、寛正四年（一四六三）に、備中国新見荘で領家方（領主東寺）代官祐清が地頭方（領主相国寺末寺禅仏寺（善仏寺））百姓に殺害された事件に関連する史料を読み直し、事件の背景にある社会慣習・習俗、人々の意識等から真相を究明した論考である。通説は、領主・百姓という階級対立を基軸に、前年に着任したばかりの祐清が厳しく年貢を取り立て、未進を重ねていた領家方百姓豊岡を成敗したことに対する、領家・地頭両方百姓らの敵討ちであったとしているが、清水は、殺害直後に領家方百姓らが地頭方政所を焼き打ちしていることや、その後の経過のなかでの領家方百姓と地頭方百姓との敵対の様相を考えると、この考え方には矛盾があるという。領家方・地頭方という領主を異にするそれぞれの集団への百姓らの帰属意識と、それに由来する百姓身分としての誇りの意識がどのように形成されてくるものなのか、さらなる展開に興味がわく。

辰田芳雄「備中国新見荘における代官新見国経期の公用京進と商人の活動」は、一六世紀初頭の新見荘代官新見国経の時期における公用・公事の内容や、その送進方法の変化、送進を含む荘園経営に大きな役割を果した商人について考察した論考である。この時代においては、割符という畿内商人・在地代官双方の利益をともなった公用の送進システムが、京都の物価下落・路次困難により後退し、もっぱら商人の便宜の流通システムを利用した現銭納・代物納にかわっていくことを明らかにしている。また新見国経のような国人代官の公用・公事の送進は、在地における自身の当知行安堵の実現のための根拠ともなっていたという。室町・戦国期において、領主と在地との間を仲介し交流を担っていた、商人の顔をもつあるいは商人集団を統括した僧侶・宗教者の存在は広く認められるところであり、その周辺グループも含めて、より詳細な考察が待たれるところである。

西尾知己「室町期東寺の寺院運営に関わる夫役と膝下所領」は、タイトルに示されたとおり、室町期における夫役徴収の実態を供僧らによる寺院・所領経営との関係で考察したものである。中世後期、東寺供僧らは、所領のあらたな獲得と編成にしたがって、夫役を徴収する所領を遠隔地から寺辺所領・膝下荘園へと変えていったが、まず、これまであまり明らかでなかったその夫役の使途について、伽藍の保守に関わる造営・修理、池堀掘削、境内の掃除・荘厳、寺僧の遠隔地への参詣・宗教行事への出仕・政治的な対外交渉のさいの輿舁・人夫役、初度灌頂の授受僧侶への人夫役援助、遠隔地荘園下向使への随伴等であったことを明らかにする。室町期には、直務支配による遠隔地荘園への使節下向の増加、造営事業の拡大、政治的な対外交渉の増加等により、夫役の必要性が増してきており、供僧らは、前例等をもって免除を訴えてくる百姓に対して賦課を強化する動きを示している。上下久世荘をはじめとする膝下所領の自立と領主支配の衰退という側面よりも、夫役徴発による所領への依存と密接な交渉をみようとした論考である。

次の西谷・大山二論文は、山城国葛野郡・乙訓郡の桂川流域を扱ったものである。どちらもこの地域社会を理解するのに、中世から近世へと続く村・郷あるいは惣荘を意識している。

西谷正浩「中世後期における村の惣中と庄屋・政所――山城国上野荘の場合――」は、上野惣荘の政治的構造の変遷を考察する。東寺領上野荘は、本荘田地（上野村）と散在田地（徳大寺・千代原）とからなっていたが、本荘は近世上野村へとつながる地域をさし、領主を異にする入組み地を含めたこの地域が上野惣荘である。東寺は上野惣荘の惣荘領主でもあったが、たとえば散在田地のある千代原においては、千代原惣荘の領主天竜寺宝寿院に対する入組み所領の一領主であった。上野惣荘においては、一四世紀に在地で中心的役割を果たしていた侍身分の下司が、一五世紀には消滅し、かわって一般の百姓身分である乙名沙汰人を中心とした自治的組織すなわち惣中が集団で経営を担う村人方村落が形成される。さらに一五世紀後半には、特定の家柄を中心とした新しい村落秩序が生まれ、その中心に政所（庄屋）の家が成立したことが知られる。しかしながら中世の山城における政所（庄屋）の事例をみただけでも、そのあり様はさまざまであった。地域の行政にかかわる近世の普遍的・画一的な庄屋は、中世村落のなかに生まれた多様な庄屋のなかから、近世権力によって選択設置されたものと考えられるという。こうした惣荘の過程を追いながら、この論考では、検断事件を通してみえてくる百姓の生活規模や主従関係、桂川水害の復興にみえる公共事業の利益、乙名による村請など、村人村落のさまざまな局面の分析がなされ、一五・一六世紀の上野惣荘の歴史が描き出されている。

大山喬平「葛野大堰と今井用水――地域史への試み――」は、山城国葛野郡・乙訓郡・紀伊郡における桂川左岸・右岸の用水と地域の開発の変遷について、時代と郡界との関係や、荘・村・郷の集落そのものや呼称の継承・表記にも留意し、かつ現地調査による知見を加えながら考察したものである。明応五年（一四九六）の桂川用水絵図に描かれた中世後期十一ケ郷用水の成り立ちを考えるところから出発し、この絵図にはその灌水域が描かれなかった右岸の葛野郡の山裾をめぐる「一井（葛野大堰）」、左岸の「二井（広隆寺井手）」の開発へとさかのぼる。秦氏による一井の築造を、同氏の松尾神勧請の時期をも考慮して、これまでの説より約半世紀以前の大化元年（六四五）であると推定し、桂川（大堰川）に存在する中島を利用した取水口の設置に古代の安定的技術をみている。一方左岸の安定的用水は、九世紀の僧道昌による治水事業に負うものであった。右岸嵯峨野の一二世紀の風景の描写の考察をあわせて、地域の歴史に対する慈しみ深いまなざしを感じる論考である。

＊＊＊

「Ⅲ権力の裁許、政治勢力の地域的展開」にまとめた論考は、訴訟の場の臨場的な考察、そして室町・戦国期の権力体制について論じている。

酒井紀美「六波羅探題における「内問答」と「言口法師」」は、「文字のことば」と「声のことば」のうち「声のことば」に注目し、それが最も重視されたと考えられる「訴訟の場」を対象として、発せられた瞬間に消えてしまう「声のことば」がどのような文字史料に残されているのか、それはどのような機能を果していたのかを「言口」「無口」「口説」などの独特の史料用語をキーとして分析したものである。とりあげた史料は、Ⅰの寺僧の項ですでに触れたように大和国平野殿荘の永仁年間の訴訟関係文書であるが、これまであまり実態が知られていなかった「内問答」に関わるものでもあり、その場の復元をも行っている。

亀田俊和「観応の擾乱以降の下文施行システム——尊氏・義詮下文施行状を中心として——」は、観応二年（一三五一）二月より貞治六年（一三六七）一二月の足利義詮死去にいたる間の、室町幕府将軍下文の施行システムの変遷について、執事に一元化しない施行状の発給者、施行状の様式、尊氏・直義・義詮の統治権限の分掌、発給地域等を考慮しながら検討し、守護・使節遵行の制度化、将軍自身の施行による統治権限の強化、執事・引付頭人の権限の所在等を論じている。特に義詮自身による貞治五年秋以降の施行状は、下文に任す旨の文言が存在しない独自の書式を備えた御判御教書であり、亀田はそこに、執事を廃してその権限を吸収し将軍親裁化を目指すも、死去によって実現しなかった義詮の構想をみるとともに、その親裁の本質が主従制的支配権にあるとの見通しをたてている。なお収集した下文施行状の氏名未詳の差出者のなかから、義詮の執事のひとりとしてあらたに高重茂を比定している。

室町期という社会の体制をどのようにとらえるのか。在地領主制の進展を基盤とした幕府・守護体制とは異なる形態、すなわち武家の在京領主の存在に注目した室町期荘園制の観点をふまえ、在京武家勢力の所領が一国レベルでは具体的にどのような様相を示しているのか、越中・備前の両国をとりあげて、その所領構成・領主構成について検討したのが、山田徹「室町期越中国・備前国の荘郷と領主」である。室町期においては、一国の所領構成およびその領主を全体としてとらえる適切な史料が少ないなか、越中・備前二か国に賦課された応永二〇年（一四一三）の東寺造営棟別銭徴収に関する一連の文書を分析の対象としている。その結果、守護以外の在京領主による「大荘」の支配や、交通要衝地の掌握の状況が明らかになり、中央政治の流れと密接に連動した形で領主が配置されていく過程がとらえられている。政権に密着した在京勢力が、荘園制を基盤とした体制を形成している様相がみえてくるのである。

渡邊大門「戦国期西播磨における地域権力の展開――龍野赤松氏の動向を中心に――」は、西播磨守護代であった龍野赤松氏が、永正年間頃より揖東・揖西・赤穂郡地域に独自の領主権を確立していたことを、知行安堵・訴訟裁定・検断・徳政令発布・斑鳩寺への奉加などの具体的事例から導き出し、そうした状況は、守護赤松氏の求心力が低下して守護代・国人層が離反していくのは天文年間後半以降であるとする通説よりも早い時期から始まっていることを明らかにした。すでにこの時点から、一国の成敗権をさす守護の「公儀」は実質的な権力の側面を失い、権威の側面の重要性を増してくるという。

＊＊＊＊

東寺に伝来した文書のうち「東寺百合文書」については、供僧・学衆方の文書であるという性格や、その伝来の経緯、保管の形態などが詳細に明らかになってきている。今後は、さらに、凡僧別当・執行が残した文書群、子院の文書群、寺僧の個人の記録類、そして関連する真言宗法流の文書群などの利用に道を開く史料学的研究が必要になってくると思う。史料の性格を把握しておくことが、より深い読解につながる。「Ⅳ史料の性格の読解」に収録した三編は、そうした意図の論考である。

西院御影堂文庫に収蔵されていた文書は、江戸時代、百合の桐箱に収められ宝蔵に保管された。そのため、平安時代以来宝蔵に収納されてきた文書との区別が曖昧になり、のちに「百合文書」として一括整理されるという状況が生まれた。新見康子「東寺宝蔵の文書の伝来と現状――御道具唐櫃の文書を中心に――」は、長保二年（一〇〇〇）宝蔵焼亡日記と建保四年（一二一六）宝蔵納物注文という、西院文庫の文書群が形成される前の二通の宝物目録の検討を通して、「百合文書」とは本来別個の由来をもつ平安・鎌倉時代の「宝蔵文書」の性格・内容を検討し、現状を確認するとともに、当時の収蔵形態を復元したものである。宝蔵の文書は、長治二年（一一〇五）施入の御道具唐櫃に法具とともに収められた、後七日御修法・結縁灌頂・仏舎利奉請という長者が主催する法会に関わる文書と、執行方が管理した末寺と荘園および定額僧補任などの官符類とであることが、それらの生成の場の検討などを通して明らかにされている。

高橋敏子「「東寺長者補任」の類型とその性格」は、本格的な成立論・分類論のなかった「東寺長者補任」の収集検討を通して、現存長者補任を、長者・執行・惣在庁・供僧学衆それぞれの作成による五類型に分類し、作成の意図までを探ったものである。長者自身による補任記には法流の興隆や正統性の支証としての意味があり、執行や惣在庁のそれは職掌を全うするための記録であり、供僧学衆の補任記には年代記の意識がみえることなどに言及している。Ⅰの寺僧の項で触れた筆跡を根拠とした考察も重要な要素となっている。

山家浩樹「「延文四年記」記主考」は、写本しか残存しない東寺寺僧の日記（具注暦）の良質な翻刻と、それに基づく記主の考察である。奥書より記主は東寺増長院義宝であると推定し、日記本文に記された高野山上別当・小別当、醍醐寺地蔵院との深い関わり、寺領荘園などの記事の検討からそれを確定している。論証を確かなものとするために、ここでは南北朝期以降の高野山上別当職、同別当代職、高野山小別当職、金剛峰寺御坊人職の補任状況についても独自の考察が行われており、山上別当と法務との私的な関係の強さなどが指摘されている。

以上、筆者の拙い紹介よりも、まず各論考を繙いていってほしい。積極的な批判を寄せていただくことが、これからの東寺文書研究にとっても、また中世社会研究においても、新たな課題を開く道筋であると思う。

二〇一一年四月

高橋敏子

東寺文書と中世の諸相◆目次

Ⅰ

——東寺の僧侶、その職位とはたらき

永久元年の真言宗阿闍梨と東寺定額僧

真木隆行

はじめに

永久元年（一一一三）一〇月二三日、東寺の結縁灌頂会が公請化することとなり、その小灌頂阿闍梨の役を二年勤修することをもって公請灌頂の労とし、担当僧侶に僧綱昇進権を与えることとなった。(1) この待遇は、それまで密教三派（東密・台密山門派・台密寺門派）による輪番勤修となっていた御願寺尊勝寺の結縁灌頂会と同様のものであった。つまり同年に、東密＝真言宗僧団がこの尊勝寺結縁灌頂会の輪番から離脱するにあたって、そこに設定されていた東密分の待遇を東寺結縁灌頂会に移管した形になる。これにともない、東寺結縁灌頂会の執行形態が大きく変化したのみならず、東寺定額僧を一〇口増設するなど、東寺の寺僧組織の改編にまでその影響が及ぶこととなった。

前稿では、この永久元年における東寺とその結縁灌頂会の質的変化として、灌頂会色衆の選出母体（＝東寺の組織）の拡充や色衆規模の縮小が生じたこと、色衆構成における「末寺」・所司枠の廃止と綱所の新加によって色衆のグレードアップがなされた様子、以上を明らかにすると共に、色衆の選任にかかわる大阿闍梨＝東寺長者の裁量権が拡大した側面に注目した。[2] そこで本稿では、こうした変化を具体的な僧名レベルに踏み込んで捉え直し、東寺の定額僧や寺分阿闍梨、ひいてはその他の真言宗阿闍梨の実態を明らかにしながら、永久元年の変化の歴史的意義について再検討したい。

そもそも、当該期における東寺の変化を重視した研究としては、上川通夫の論文がある。[3] この論文では、それまで中世東寺の確立期として一三世紀の変化に注目してきた網野善彦らの通説的評価に対し、[4] 一二世紀画期説を提示した。そのさいに上川が注目したのが、東寺の寺分阿闍梨と定額僧の変化であった。とりわけ寺分阿闍梨に関しては、上川論文以前の研究段階においては充分に理解されていなかったが、[5] やがて上川自身がさらなる検討を加えたほか、[6] 堀裕[7]や岡野浩二[8]の検討によって、台密も含めた寺分阿闍梨の全体動向や、とりわけ一〇世紀末における質的変化の様子が本格的に解明されるようになった。中世前期における密教寺院の寺院組織に関しては、もはやこうした寺分阿闍梨の把握抜きには論じられない研究段階にいたっており、その先駆けが上述の上川論文であったといえる。

この上川論文が分析対象とした史料の一つが、永久元年一〇月二九日の東寺長者寛助等賀表であった[9]（後掲）。この賀表は、上述の東寺結縁灌頂会公請化の勅許に対して、東寺長者寛助以下の真言宗僧侶が御礼を奏上したものであり、連署部分に寛助を含む四九人の僧侶（うち三七人には諱あり、一二人は諱を欠く）が列挙されている点において興味深い。この連署部分を分析した上川は、この中に東寺阿闍梨一六人と東寺定額僧二一人と東寺三綱三人がそれぞれ含まれると推定し、残りの「阿闍梨」も含めた四九人を、「この時点での東寺の基幹構成員」とみなした。[10]

ただし、右の内訳分析に関しては、修正を要する点もある。かつて筆者は、東寺の寺内法会の修僧分析をおこなうことによって、東寺阿闍梨と東寺定額僧との関係を捉え直し、東寺定額僧の上層が東寺阿闍梨を兼任していると解釈した。[11] これに概ね肯首した上川は、著書への再録にあたって修正を加えたが、私見によれば、なお後述するような旧解釈のなごりがあるため再検討が必要と考える。また、この史料自体の史料批判や、諱を欠く僧侶一二人の人物比定など、具体的な検討の余地も残されている。

そこで本稿では、この永久元年東寺一長者寛助等賀表について再検討しながら、一二世紀初頭における東寺の寺僧集団とその質的変容の様子を具体的に明らかにしたい。

一　永久元年東寺一長者寛助等賀表の再検討

(一)　賀表の連署部分とその解釈をめぐって

上述の通り、永久元年一〇月二三日に、東寺結縁灌頂会の小灌頂阿闍梨の役を公請灌頂の労とする勅許が下ると、このことに喜悦した寛助以下の真言宗僧侶は、鳥羽天皇のもとへ列参し、御礼を奏上することとなった。そのさいの賀表について、東寺の寺誌『東宝記』の第四には次のように引用されている。[12] なお連署部分には、上川説との対比の便から、上川論文と同じ通し番号を付すことを許されたい。

沙門寛助等言、虞韶尽レ美、望二翔集於鳳凰一、夏(厦)屋開レ基、識二来賀於鷰雀一、物之相感、取レ喩如レ斯、寛助等、誠懼誠喜頓首頓首死罪死罪、伏(惟脱カ)奉二今月廿三日宣旨一併、依三小僧寛助修二孔雀経法一、東寺灌頂阿闍梨耶、殊応二玄渙一可レ登二綱位一者、恩出二望表一、歓溢二身涯一、(中略) 伏惟、　皇帝陛下、(中略) 遂使下真言三蜜之雲、与二慶雲一而新聳、灌頂五智之水、与二徳水一而長澄、踴二‐踊于苺苔之庭一、娯中‐楽于煙霞之洞上、不レ堪二拝賀之至一、謹詣レ闕、奉レ表以聞、寛助等、誠懼誠喜頓首頓首死罪死罪謹言、

永久元年十月廿九日

①大阿闍梨法務権僧正法印大和尚位寛助

②阿闍梨権少僧都法眼和尚位済暹

③阿闍梨権少僧都法眼和尚位厳覚

④阿闍梨法眼和尚位

⑤阿闍梨法橋上人位忠縁

⑥阿闍梨伝燈大法師位

⑦阿闍梨伝燈大法師位隆真

⑧阿闍々（梨）伝々々々々（燈大法師）位永基

⑨阿闍々伝々々々々位永尋

⑩阿闍々伝々々々々位賢尊

⑪阿々々伝々々々々位長朝

⑫阿々々伝々々々々位兼成

⑬阿々々伝々々々々位最朝

⑭阿々々伝々々々々位隆覚

⑮阿々々伝々々々々位兼尊

⑯阿々々伝々々々々位覚誉

⑰阿々々伝々々々々位定覚

⑱阿々々伝々々々々位観恵

⑲阿々々伝々々々々位慶厳

⑳阿々々伝々々々々位兼意

㉑阿闍梨内供奉十禅師伝燈大法師位
㉒阿闍梨伝燈大法師位兼覚
㉓阿闍梨伝燈大法師位宗意
㉔阿闍梨伝々(燈)大々々(法師)位永厳
㉕阿々々伝々々々々位定海
㉖阿々々伝々々々々位静誉
㉗阿々々伝々々々々位寛誉
㉘阿々々伝々々々々位明憲
㉙阿々々伝々々々々位寛信
㉚阿々々伝々々々々位実寛
㉛阿々々伝々々々々位
㉜阿々々伝々々々々位
㉝阿々々伝々々々々位
㉞阿々々伝々々々々位
㉟阿々々伝々々々々位
㊱阿々々伝々々々々位
㊲阿闍梨内供奉十禅師伝燈大法師位
㊳阿闍梨伝燈大法師位静経
㊴定額僧伝燈大法師位覚智

㊵定額僧伝（燈大法師）々々位賢円
㊶定々々々々（額僧伝燈大法師）々位源意
㊷定々々々々々位任賢
㊸定々々々々々位頼誉
㊹定々々々々々位覚雅
㊺定々々々々々位
㊻定々々々々々位覚範
㊼上座大法師定舜
㊽寺主大法師林昭
㊾都維那師（ママ）大法師　等言、

すなわち寛助等は、密教の発展を促進する「皇帝陛下」（白河院政下の鳥羽天皇）としてその治世を翼賛しながら、東寺結縁灌頂会の公請化の勅許に謝意を表し、これに寛助を含む四九人の僧侶（僧綱五人、阿闍梨三三人、定額僧八人、三綱三人）が連署している。彼らについては「寛信法務東寺要集第一」[13]が「一宗僧綱有職定額僧所司等」と記すが、その多くは東寺の構成員と重なると考えられる。

上川通夫は、右の末尾の「定額僧」八人（㊴〜㊻）を二一口からなる東寺定額僧の一部とみなし、残り一三人の定額僧は、右の阿闍梨全体（①〜㊳）の中に混在しているとした。東寺定額僧には、阿闍梨を兼帯する有職と、兼帯しない非職とが存在したためである。また右の阿闍梨全体の中には、東寺の寺分阿闍梨としての東寺阿闍梨が一六人含まれると考えた。そして上座・寺主・都維那（㊼〜㊾）は、東寺の三綱（正員）と捉えた。以上の解釈に関しては基本的に賛成であり、本稿においても前提理解として継承したい。

また上川の旧稿では、阿闍梨を兼帯する東寺定額僧一三人を「他寺阿闍梨」と解していたが、著書再録にあたってこの解釈を改め、彼らが東寺阿闍梨一六人と重なるとした。この修正解釈についても基本的に賛成である。ただし上川の新稿においては、右の修正にもかかわらず、「他寺阿闍梨」概念と「末寺阿闍梨」概念とを区別していた旧稿の解釈がそのまま残存しており、この点については検討を要する。上川の旧稿では、阿闍梨を兼帯する東寺定額僧一三人が、東寺阿闍梨一六人とは別にいたとみなされ、この合計人数二九人を阿闍梨三八人から差し引くと、残りの阿闍梨が九人となる。おそらくこの九という数が、東寺の「末寺」として史料にみえる寺院数とたまたま一致したからこそ、これを「末寺阿闍梨」とし、阿闍梨を兼帯する東寺定額僧一三人を「他寺阿闍梨」と捉えたのではあるまいか。ところが、阿闍梨を兼帯する東寺定額僧一三人の多くが「他寺阿闍梨」ではなく東寺阿闍梨であったと修正するならば、右の解釈は成り立ち難い。「他寺」と「末寺」との区別についても、後述する寺分阿闍梨の実態から考えると違和感がある。

以上のように、前掲賀表の連署部分の解釈については、再検討の余地が残されている。しかもその前に、前掲賀表の史料批判も必要であろう。そこで具体的な僧名レベルでの検討については次節以降に譲り、以下では前掲賀表それ自体について検討しておきたい。

（2） 賀表に関する史料批判

前掲賀表は、『東宝記』所収のほか、一二世紀成立の『朝野群載』にも、次のように収載されていることから、(14)少なくとも本文部分の実在は確認できる。

沙門某等言、虞詔尽レ美、臨ニ翔集於鳳凰一、厦屋開レ基、識ニ来賀於鷰雀一、物之相感、取レ喩如レ斯、某等、誠惶誠喜頓首々々死罪々々、伏惟、奉ニ今月廿二（ママ）日宣旨一俾、依三少僧某修ニ孔雀経法一、東寺灌頂阿闍梨耶（衍カ）言、殊

応二玄渙一可レ登二綱位一者、恩出二望表一、歓溢二身涯一、（中略）伏惟、　皇帝陛下、（中略）遂使下真言三密之雲、与二慶雲一而新聳、灌頂五智之水、与二徳水一而長澄、踊三躍于莓苔之庭一、娯中楽于烟霞之洞上、（「不堪拝賀之至」の五字なし）謹詣レ闕、奉レ表以聞、某誠惶誠喜頓首々々死罪々々謹言、

永久元年十月廿九日　　少僧ーー作者藤敦光

この『朝野群載』本では、連署部分を欠くほか、右の傍点部分や傍注を付した字が『東宝記』本と異なっている。しかし『朝野群載』本の「某」が『東宝記』本では「寛助」となっている点などを勘案すると、『朝野群載』本が草稿段階、『東宝記』本が清書段階の姿をそれぞれ伝えている可能性が高い。したがって連署部分の実在を確認するには、『東宝記』本そのものの検討が必要となる。

『東宝記』については、六巻構成の草稿本（杲宝）から八巻構成の清書本（杲宝の弟子賢宝）へと増補修正されたことが知られている。山本信吉の解釈によれば、その過程は第一段階の初草本（観応三年、杲宝の六巻本）、第二段階の中清書本（康安二年に杲宝が没する以前）、第三段階の中清書本の増補修正（賢宝）、第四段階の清書本（賢宝の八巻本）、第五段階の清書本の補訂（応永五年に賢宝が没する以前）、以上の五段階で成り立っているという。(15)

そこで各段階の影印によって、前掲賀表を確認すると、第二の中清書本（天三罫・地単罫の料紙）段階においては、「有二賀表一云々」で終わっていたとみられ、この続きの賀表引用部分は、明徳三年（一三九二）正月八日～二月二二日の具注暦の反故裏を貼り継いで書かれていた。この様子から、賀表が初めて引用されたのは第三の増補修正段階、とりわけ明徳三年二月以降であったと考えられる。ただしこの第三段階の連署部分については、僧官位のみで諱を欠く一〇人分（⑥㉑㉛～㊲㊺）の記載がなく、連署人数は清書本よりも少なかった。また、連署者の僧官位が同じ場合には、後出者の僧官位を略して諱を列挙するのみとなっていた。すなわち『東宝記』の引用において連署部分が前掲のような姿に整えられたのは、第四の清書本（天二罫の料紙）段階であったことが

わかる。(16)

このように二種ある連署部分の記載のうち、信頼すべきは清書本のほうであろう。なぜならば、賢宝が清書本をまとめるにあたって、典拠史料を確認し直し、前段階までの引用を校訂増補したと考えられるからである。この解釈を裏付けるのが、前掲賀表㊾の記載である。この「都維那師」の「師」は明らかに衍字ではあるが、第三段階と第四段階のいずれにも共通する。ところが第四段階の清書本の筆跡によると、いったん「都維那大法師」と正確に記した後、「那」と「大」との間に、わざわざ余分な「師」の字を追記した様子が判明する。清書本の引用が第三段階の引用よりも詳細になる点を踏まえると、清書本の引用は、第三段階の文言ではなく、直接その典拠史料に基づいたと考えられるため、追記についても、典拠史料そのものの誤記に基づいた可能性が高い。すなわち賢宝が「師」を衍字と知りつつ追記した様子がうかがえることから、『東宝記』清書本は、典拠史料の姿を忠実に伝えているに相違ない。

それでは、前掲賀表の典拠史料とはいったい何であったか。それは、『東宝記』清書本成立後の第五段階に、賢宝が前掲賀表の末尾に後補二紙を貼り継いで引用した「寛信法務東寺要集第一」の自筆本であろう。自筆本には、前掲賀表の全文が引用されていた形跡があるからである。(17)寛信とは、まさに『東寺要集』の著者として知られる勧修寺寛信であり、しかも彼は、前掲賀表連署者㉙にあたる。つまり『東宝記』清書本所引の賀表は、連署者の一人であった寛信自身が書き残したものを引用していたと考えられる。

『東宝記』編者の杲宝や賢宝は、この寛信を祖師と仰ぐ勧修寺流相承の東寺僧であり、『東宝記』編纂にあたっては、勧修寺において実際に史料調査をおこなっていた。(18)しかも『東宝記』清書本では、典拠史料の誤記部分も含めて忠実に筆写されていた。前掲賀表の史料的価値は高い。

このような前掲賀表の史料的価値をさらに傍証するためにも、前掲賀表が作成された一〇月二九日の状況を確認しておきたい。上述の『東宝記』四所収「寛信法務記東寺要集第一」には、次のようにみえる。

永久元年十月廿九日丁丑、今日、東寺長者法務権僧正寛助以下一宗僧綱有職定額僧所司等、皆悉参闕、奉レ賀下給二勧賞於本寺灌頂一之由上、（中略）先以二彼権僧正壇所一（左大弁重資卿宅、陣北也、）為二諸僧集会所一、其儀、ⓐ寝殿母屋三間敷二高麗端畳一（在二差筵一、）為二僧綱有職等座一（西上対座、）同南庇敷二紫端畳一、為二定額僧座一（西上北面、）南簀子中央間立二表案一、西子午廊中隔二障子一、北為二綱所座一、同障子南為二所司座一、申一点、僧徒（東帯平袈裟、）集会了、権僧正（法服同二諸僧一、但持二五股一、）更加二座上一（北座、）座定之後、ⓑ僧正従僧入二賀表一（作者大学頭敦光、清書左京大夫定実、）於覧筥一、参二進座前一（又僧一人持二硯筆等一相従、）長者以下悉加二署名一、事了入二朴木筥一（在二花足等一、）以二檀紙一裹レ之、即置二案上一、以二白絹一覆レ之、次諸僧従二下臈一起座、佇二立西廊北面庭一、次々第行列参二入禁囲一、先東寺職掌二人捧二白杖一前行、次同職掌四人舁二表案一（已上六人、冠并白狩衣袴、）次本寺所司中綱等、次綱掌八人、次従儀師二人、次威儀師四人、次権僧正、次僧綱有職定額僧等、如レ次群行、更参二北門一（縫殿陣、）

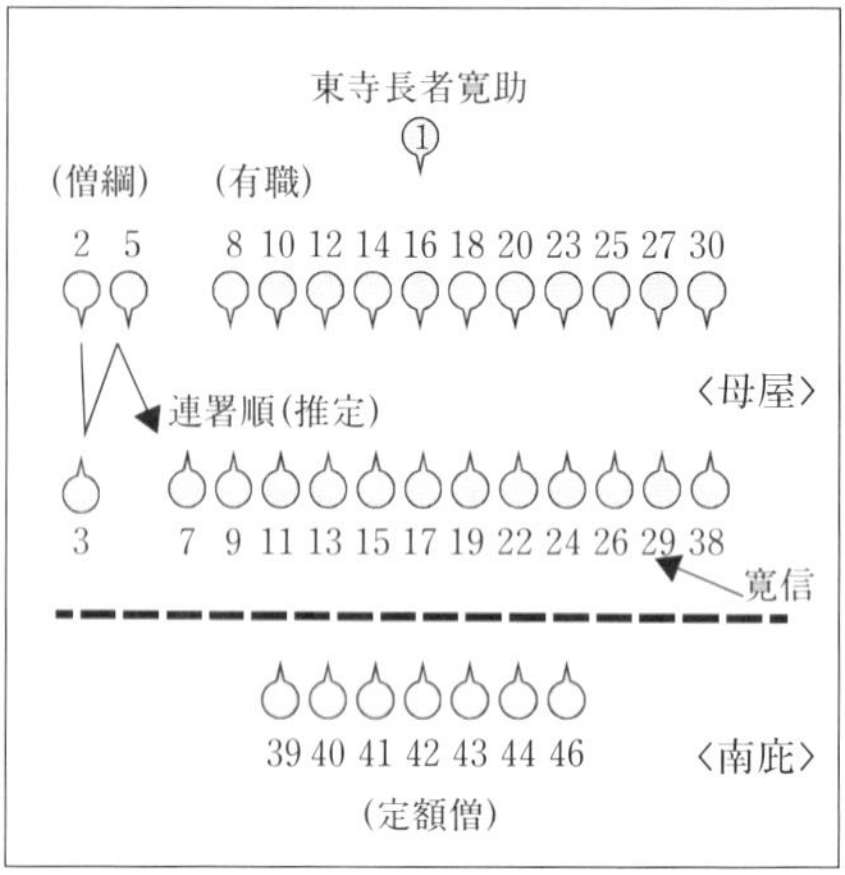

図1　永久元年寛助等賀表連署の推定図（丸印が僧、突起方向が前面、数字は前掲賀表に対応）

すなわち前掲賀表連署の僧侶たちは、内裏への御礼参りの直前に、東寺長者寛助の「壇所」となっていた中御門東洞院の左大弁源重資の邸にいったん集結した[19]。傍線部分ⓐによれば、その寝殿の北奥に東寺長者寛助が南面着座し、他の僧綱と有職はその南側に横二列に分かれ、西側を上席として南北に対座し、定額僧はその南庇に横一列に着座した様子もわかる（図1参照）。

また寝殿外の西廊には、綱所と東寺所司が着座した様子も判明する。その顔ぶれは、史料の後段によれば、綱所として三綱威儀師四人・従儀師二人・綱掌八人、東寺の所司として三綱のほか、中綱（人数不詳）、職掌六人であった。この場に綱所がいたのは、寛助が法務でもあったためであろう。また東寺の所司については、前掲賀表に連署した三綱の正官三人のほかにも参列者がいた様子がうかがえる。

傍線部分ⓑによれば、大学頭藤原敦光が起草し、能書家の藤原定実が清書した賀表を、寛助の従僧の一人が覧筥に入れて持ち運び、もう一人の従僧が硯と筆を持って付き従い、寛助から順に署名を求めて廻った様子がわかる。前掲賀表の連署部分の中に、僧位僧官のみで諱を欠く者が含まれる点から考えると、事前に連署予定者の僧位僧官まで記された賀表に、当日列席した僧侶のみが諱を自署していった光景が思い浮かぶ。おそらく図1のような座席配置の中で、東寺長者寛助の自署に続き、僧綱・有職・定額僧の順で自署していったのだろう。すなわち前掲賀表の連署部分は、以上のような当日の様子を如実に伝えていると考えられる。

ところで、右の史料の二重傍線部分によれば、この参列者に関して、「一宗僧綱有職定額僧所司等、皆悉参闕」と記す。しかし実際には、前掲賀表の連署予定者に欠席が生じた上に、連署予定者四九人についても「一宗」の「皆悉」とは考え難い。とはいうものの、狭義の東寺の寺僧組織構成員のみと考えるには多すぎる。はたして彼らはどのような僧侶だったのか、節を改めて具体的に検討したい。

二　真言宗僧全体からみる賀表連署予定者

（一）　寺分阿闍梨の終身制と真言宗阿闍梨総数

前掲賀表の連署予定者には、三八人の「阿闍梨」（①〜㊳）が含まれている。筆頭の「大阿闍梨」については、特定修法の大阿闍梨というよりは、『二十五箇条御遺告』にみえる東寺長者の別称を意識する特殊な用例と考えられる。以下の「阿闍梨」については阿闍梨職位を意味すると考えられるが、注目すべきは、それが僧綱（①〜⑤）にも付されている点である。阿闍梨職位としての「阿闍梨」については、史料上では僧綱未昇進の有職の阿闍梨を指す場合が一般的であり、僧綱の連署者にまで「阿闍梨」と記す用例は珍しい。そこでこの「阿闍梨」をどのように解釈すればよいか、再検討しておきたい。

この時期の阿闍梨職位は、そのほとんどが寺分阿闍梨として獲得されるようになっており、それには定員枠が定められていた。上川通夫は、前掲賀表に連署した僧綱の「阿闍梨」たちについても、この寺分阿闍梨の定員枠内に含まれると考えた上で分析した[20]。事実とすれば、寺分阿闍梨は終身制をとっていたことになり、有職から僧綱に昇進してもその後任補充がなされないという解釈になるだろう。

ところがその一方で上川は、寺分阿闍梨のもう一つの側面にも注目した。それは、寺内に「常置された定数の法会担当僧[21]」という寺僧的性格である。確かに、当該期における東寺の寺内法会の修僧構成を具体的にみると、有職の阿闍梨が定額僧と共にそれを勤めており、右の理解を裏付けることができる。しかし同時に確認できるのは、僧綱が修僧を勤めるのは例外であったという事実である[22]。裏を返せば、寺分阿闍梨が僧綱に昇進すれば、修僧担当者からはずれる原則があったと考える余地も残されている。また岡野浩二の研究によれば[23]、この時期の阿闍梨は、僧綱の前段階にあたる有職として位置づけられるようになっており、かつての「学位」的な価値を薄めて「僧職」的な性格を強めたという。

すなわち従来の研究では、寺分阿闍梨が終身制であったかどうか必ずしも明確にされておらず、前掲賀表に連署した僧綱の「阿闍梨」を寺分阿闍梨の定員枠内に含めて考えて良いかどうかも含めて、一考の余地が残されている。

ちなみに東寺定額僧については終身制ではなく、僧綱に昇進すれば辞すべき「職」であった[24]。

　太政官牒　東寺

応㆑補㆓定額僧権律師元真替㆒事

伝燈大法師位頼算年、臈、　真言宗　東大寺

右得二彼寺去永延三年五月十三日解一偁、定額僧元真被レ任二権律師一之替、以二件頼算一、可レ被二補入一之状、言上如レ件者、正二位行大納言兼左近衛大将皇后宮大夫陸奥出羽按察使藤原朝臣朝光宣、奉レ勅依レ請者、寺宜二承知、依レ宣行レ之、牒到准レ状、故牒、

永祚二年二月廿五日　　左少史肥田宿禰

権右中弁藤原朝臣

これによれば、東寺定額僧の元真が権律師に昇進したため、永延三年（九八九）五月一三日、東寺はその後任として大法師位頼算を推挙した様子がわかる。『僧綱補任』によれば、元真が権律師に昇進したのは同年五月七日であった(25)。つまりこの六日後には、欠員補充の手続きに入ったことになる。この結果、翌永祚二年（九九〇）二月、右の太政官牒によって正式な補任がなされたのである。つまり東寺定額僧は、僧綱昇進により欠員が生じるものだったことがわかる(26)。

それでは、東寺阿闍梨の場合はどうであったか。結論から述べれば、実は上川の想定どおり、僧綱に昇進しても、それに欠員が生じなかった様子が次の史料から判明する(27)。

太政官牒　東寺

応レ補二阿闍梨権律師法橋上人位覚仁死闕替一事

伝燈大法師位賢覚年、臈、　真言宗　東大寺

右得二彼寺別当阿闍梨権僧正法印大和尚位範俊、去年五(ママ)月十二日奏状一偁、謹検二案内一、件阿闍梨者、是寺家十六人之内也、仍以二賢覚大法師一、欲レ補二任其替一矣、抑件賢覚、従二範俊一受法既畢、加之為二定額僧一勤二仕寺役一、仍言上如レ件、望請　天恩、以二件賢覚大法師一、被レ補二任阿闍梨位一、令レ勤二仕御願一者、正三位行権中

納言兼左兵衛督源朝臣能俊宣、奉レ勅依レ請者、寺宜ニ承知、依レ宣行レ之、牒到准レ状、故牒、

天永四年正月十四日　　　左大史小槻宿禰（盛仲）牒

権右中弁藤原（実行）

これによれば、東寺定額僧の賢覚が阿闍梨に補任されたのは、権律師覚仁の死没によって、「寺家十六人」の東寺阿闍梨に欠員が生じたためであった。つまり東寺阿闍梨は、僧綱昇進によって欠員が生じる東寺定額僧とは異なり、終身その地位を保ち続けた様子がわかる。(28)

また横内裕人が翻刻紹介した応保二年（一一六二）の「究竟僧綱任」によれば(29)、同年の東寺阿闍梨一六口の定員枠内には、たまたま僧綱が不在であったが（源運・宗命はのちに僧綱昇進）、円宗寺阿闍梨六口の定員枠内には、ときに大僧正であった東寺一長者寛遍が含まれていた。さらに仁和寺成就院阿闍梨一〇口の定員枠内には、三人もの僧綱（権大僧都任覚・法眼実任・法橋寛深）が含まれていた。このように寺分阿闍梨の定員枠内には、僧綱昇進者も含まれていた様子が確認できるのである。

以上から考えると、前掲賀表の僧綱の「阿闍梨」称号に関しても、寺分阿闍梨の定員枠内に含めて把握すべきであり、上川の当該解釈の正しさを裏付けることができた(30)。それでは、前掲賀表の阿闍梨三八人は、当時の真言宗全体の阿闍梨の中でどれくらいの割合にあたっていたか。永久元年における真言宗阿闍梨の総数を推定することによって明らかにしたい。

真言宗の寺分阿闍梨定員枠の総数を把握する上で恰好の史料が、上述の「究竟僧綱任」である。この史料自体は、応保二年（一一六二）の僧綱と寺分阿闍梨の在任者情報を伝えているが、横内の紹介によれば、とりわけ真言宗分の寺分阿闍梨についてはほぼ網羅されていると考えられており、しかも各寺各院の阿闍梨定員枠が設定された時期まで概ね記載されている。そこで各設置時期の情報に基づき、永久元年段階において真言宗僧侶むけに

設定されていた寺分阿闍梨定員を復元しながら抜粋すると、表1のようになる。総計すると、真言宗阿闍梨の定員枠は七七口という計算となり、これに欠員がなかったとすれば、最大七七人の寺分阿闍梨が存在していたことになる。内訳については、表1に示したように、真言宗寺院に設定された寺分阿闍梨と、諸宗混在の御願寺内に設定された真言宗分阿闍梨とに大別できる。

また、当時の阿闍梨には、右のような寺分阿闍梨のほか、貴種僧のみに定員枠外で授与される一身阿闍梨も存在した。永久元年段階で一身阿闍梨となっていた真言宗僧侶については、白河院の皇子の仁和寺御室覚法法親王と仁和寺花蔵院宮聖恵の兄弟、および藤原師実の子の仁和寺徳大寺静意がそれにあたる(31)。彼ら三人を寺分阿闍梨の総数に加えると、永久元年段階における真言宗阿闍梨の総数は最大で八〇人、恐らくそれに近い人数が存在したと推定することができた。

表1　永久元年真言宗の寺分阿闍梨

寺院・院家名	阿闍梨定員枠
■真言宗寺院の寺分阿闍梨	
東寺	16口
仁和寺観音院	4口
仁和寺円楽寺	4口
仁和寺喜多院	8口
仁和寺大教院	3口
仁和寺円堂院	5口
仁和寺成就院	5口
石山寺	4口
安祥寺	5口
曼荼羅寺	3口
醍醐寺円光院	3口
金剛峯寺	3口
■御願寺の真言宗分阿闍梨	
円宗寺金堂	3口
円宗寺灌頂堂	3口
法勝寺	4口(他に山門4、寺門4)
尊勝寺	4口(他に山門4、寺門4)

すなわち、前掲賀表の阿闍梨の三八人という数は、以上によって検出された真言宗阿闍梨総数の最大八〇人という数に比して、ほぼその半数にあたるという計算になる。さらに、この前掲賀表の阿闍梨三八人のうち、一六人が東寺阿闍梨だったとすれば、残り二二人という数は、仁和寺阿闍梨定員枠の総数二九人（表1参照）よりも

少ない。すなわち、前掲賀表に連署していた阿闍梨は、真言宗阿闍梨の中でもある特定の僧侶たちだった様子が確認できる。

それでは、前掲賀表の阿闍梨のうち、僧綱に注目するならばどのようなことがわかるか、また有職に関してはどうか。それぞれ項を改めて検討したい。

（2）　真言宗の僧綱と賀表連署予定者

『僧綱補任』永久元年条によれば、[32]この年に僧綱の官位を有した僧侶は、前官も含めて五一人であった（ただし正月一四日以降）。このうち、他宗や寺官層とみられる僧綱を除くと、真言宗僧綱は七人だったとみられる。その内訳は、同年正月に権僧正となった東寺長者寛助を筆頭に、権少僧都済暹・厳覚・勝覚、法眼静意、権律師禅誉、そして同年正月に法橋に叙された忠縁であった。このことから、次のような事実が判明する。

第一に、前掲賀表に署名した僧綱の中で、諱の記載のなかった法眼（④）は、静意であったことがわかる。

第二に、この静意が、上述の通り、一身阿闍梨であったことからうかがえるように、前掲賀表の阿闍梨たち三八人のすべてが寺分阿闍梨だった訳ではないということもわかる。

第三に、前掲賀表にみえる僧綱五人のほかに、権少僧都勝覚と権律師禅誉の二人も真言宗僧綱だったはずだが、この二人については連署予定者として扱われていなかったこともわかる。

それでは、当時の真言宗僧綱七人のうち、なぜ五人が連署する立場として扱われ、なぜ勝覚と禅誉の二人が除外されていたのだろうか。まずは連署者五人のうち、筆頭の寛助（①）は東寺長者であり、五人目の忠縁（⑤）は東寺の凡僧別当であった。つまりこの二人は東寺の所職に在任中であったため、連署する立場にあったのは当然であろう。ところが、連署した他の僧綱三人は東寺長者ではなく、しかも法眼静意については、東寺阿闍梨でもなかったことが確実である。このため、彼らがこの賀表の連署予定者とされた理由については、狭義の東寺との直接的な関係からは説明できない。そこでこの三人の法流から確認しておきたい。[33]

まず権少僧都済暹（②）については、寛助と同じく仁和寺御室性信の弟子である。寛助よりも年齢が三二歳も上だが、寛助よりも遅れて性信から灌頂を受けた。この済暹が東寺阿闍梨であった可能性については後述する。

権少僧都厳覚（③）は、勧修寺別当経験者であり、小野流に連なる僧侶として知られているが、小野流の範俊から灌頂を受けたのは重受であり、もとは広沢流に連なる信覚の弟子であった。しかも四年前の天仁二年（一一〇九）、仁和寺僧にとっての祖師にあたる寛朝に対して諡号を賜ろうとする構想が浮上したさいに、この厳覚も、寛助・静意・済暹・寛智・禅誉と共に、寛朝を「祖師」と呼ぶ奏状に署名している。[34] つまり厳覚も、寛助と同じく広沢流の一門といえる。この厳覚の弟子が、上述した寛信（㉙）である。寛信はときの勧修寺別当であり、小野流系の勧修寺流の僧として著名だが、その師の厳覚がこのように広沢流一門として行動していた事実については注目に値する。[35]

法眼静意（④）に関しては、仁和寺御室性信の孫弟子にあたり、寛助の先輩にあたる東寺長者頼観の弟子であった。彼の場合には園城寺公伊からも伝法灌頂を受けているが[36]（年未詳）、寛朝の諡号を望む右の奏状の連署者に加わっていたことから、やはり広沢流一門とみなしてよいだろう。

以上のように、三人は広沢流との関係が深いという点で共通する。そもそも寛助（①）についても、上述の通り、仁和寺御室性信の弟子であり、仁和寺成就院を拠点とした広沢流の僧侶であった。また忠縁（⑤）についても、仁和寺御室性信の孫弟子にあたり、寛助の先輩にあたる東寺長者経範の弟子であった。すなわち前掲賀表に連署する立場にあった僧綱五人は、いずれも広沢流との関係の深さを確認できる。

それでは、賀表の連署者から除外されていた勝覚と禅誉についてはどのような特徴を確認できるだろうか。

まず勝覚は、広沢流の僧侶ではなく、小野流の僧侶であった。彼はその一大拠点たる醍醐寺の長官、醍醐寺座主に在任中であり、やがて一一年後には東寺長者にも就任する重鎮であった。[37] また、嘉保三年（一〇九六）八月に白河院が出家したさいには剃手を勤めており、[38] 寛助に負けず劣らず白河院に近い。このように勝覚は、寛助ら広沢流一門のいわばライバル的存在であり、上述した天仁二年の諡号申請に関する申文にも連署していない。前掲賀表にその名がなかったことの説明は、以上の事実を踏まえれば容易である。

ところが禅誉については、寛助や済暹と同じく性信の弟子であり、しかも彼らの後輩にあたる。また、嘉承三年（一一〇八）と翌天仁二年の尊勝寺結縁灌頂会において、寛助が大阿闍梨を勤めたさいには、禅誉はその下で小阿闍梨の役を勤めた。禅誉が権律師に昇進したのは、この小阿闍梨二年の労によっている。[39] このような禅誉が前掲賀表の中に含まれなかった事情は、今のところ不詳とせざるを得ない。

いずれにしても、前掲賀表に連署予定者としてみえる僧綱五人は、東寺の長者・別当以外も含まれるが、当時の真言宗僧綱すべてでもなく、少なくとも広沢流一門であった様子が明らかとなった。

（3）　真言宗の有職と賀表連署予定者

上述の通り、永久元年段階の真言宗阿闍梨総数については八〇人ほどと推計したが、この数から僧綱などの人数を除外すれば、同年における真言宗有職の総数も推計できる。そこで除外人数を検討した上で、前掲賀表にみえる有職三三人（⑥～㊳）が真言宗有職全体の中でどれくらいの割合にあたっていたかを確認したい。

まずは一身阿闍梨の三人のうち、静意については、上述の通り、すでに僧綱であるため有職ではない。また仁和寺御室覚法についても、前年の一二月に法親王となっていることから、僧綱ではないが、有職の数からは除外すべきであろう。仁和寺花蔵院宮聖恵については、まだ法親王になっておらず、[40] この段階では静意のように僧綱になる可能性もあったと考えられるため、有職の人数に含めて考えておきたい。

次に寺分阿闍梨推定総数の最大七七人のうち、除外すべき僧綱の数は六人（真言宗僧綱七人から一身阿闍梨の静意を除外）である。つまり真言宗の寺分阿闍梨の中で有職は、最大七一人であった計算となり、これに一身阿闍梨の聖恵を含めると、当時の真言宗有職全体の総数は、最大七二人ということになる。

すなわち、前掲賀表にみえる有職三三人は、最大で七二人存在した真言宗有職のうち、その半数にも満たなかったという計算になる。

この有職三三人の多くは、一六口の定員枠からなる東寺阿闍梨だったと考えられるが、上述の通り、東寺阿闍梨には僧綱昇進者も含まれていた可能性がある。そこで真言宗僧綱七人について、東寺阿闍梨であった可能性の有無を確認しておきたい。

まず静意は、一身阿闍梨なのでこれに該当しない。寛助についても東寺阿闍梨ではなく、仁和寺喜多院阿闍梨であった。(41) また、連署予定者に含まれなかった勝覚と禅誉についても、それゆえにこそ東寺阿闍梨とは考えにくい。ただし済暹については、彼が康和四年（一一〇二）に権律師に昇進する以前から、東寺の寺内法会の修僧を勤めており、さらに昇進後も暫く修僧を勤め続けていた事実から、東寺阿闍梨であった可能性を想定できる。また忠縁についても、東寺の寺内法会の修僧を勤めていた。これは凡僧別当に在任中だったためとも考えられるが、東寺阿闍梨であった可能性も否定できない。(42) 残る厳覚については不詳とせざるを得ない。

以上から考えると、真言宗僧綱のうち一〜三人が東寺阿闍梨だった可能性がある。事実とすれば、東寺阿闍梨のうち有職は、欠員がなければ一三〜一五人であったことになる。彼らが前掲賀表の有職に含まれていたと考えられることから、前掲賀表の有職三三人のうち、東寺以外の寺分阿闍梨は二〇人前後という計算になる。

それでは、前掲賀表に連署していた有職のうち、いったい誰が東寺阿闍梨であり、誰が東寺阿闍梨ではないのか、東寺阿闍梨ではなかった有職はどのような僧侶だったのか。次節では具体的な僧名レベルで検討したい。

三　永久元年における東寺の阿闍梨と定額僧

（一）東寺の新定額僧

永久元年一〇月二九日に前掲賀表に連署し、御礼参りを果たした東寺長者寛助らは、公請化最初の東寺結縁灌頂会の準備をすすめることとなった。その過程において、寛助は東寺に一〇口の新定額僧の増設を構想した。その勅許を求めて奏上したのが一一月一六日であり、勅許が降りる前日の同月一八日には、早くも新定額僧の候補者名を推挙していた。一〇口増設の勅許がおりたのは翌一九日であり[43]、推挙通りの補任がなされたのは同月二二日であった[44]。かかる迅速な手続きが可能だった背景には、白河院の内諾を想定できると共に、一〇口の増設構想が浮上した頃には、すでに候補者の顔ぶれが寛助の念頭にあたったために相違ない。なお同月二二日の太政官牒で補任された新定額僧については、次の一〇人であった（記載順は史料のまま）。

阿闍梨伝燈大法師位行暹年捌拾弐、臈漆拾、　真言宗　東大寺
阿闍梨伝燈大法師位兼成年伍拾漆、臈肆拾伍、　真言宗　東大寺
阿闍梨伝燈大法師位定覚年肆拾陸、臈参拾伍、　真言宗　東大寺
阿闍梨伝燈大法師位観恵年伍拾、臈参拾伍、　真言宗　東大寺
阿闍梨伝燈大法師位兼意年肆拾弐、臈参拾伍、　真言宗　東大寺
阿闍梨伝燈大法師位兼覚年肆拾陸、臈参拾弐、　真言宗　東大寺
阿闍梨伝燈大法師位範覚年参拾玖、臈弐拾漆、　真言宗　東大寺
阿闍梨伝燈大法師位永厳年肆拾、臈弐拾陸、　真言宗　東大寺

阿闍梨伝燈大法師位寛信年参拾壱、臈拾玖、　真言宗　東大寺
内供奉十禅師阿闍梨伝燈大法師位覚顕年弐拾参、臈拾伍、　真言宗　東大寺

この新定額僧一〇口増設の歴史的意義に関しては、別稿ですでに論じたこともあるが[45]、当面ここで注目すべき事実が以下の四点である。

第一には、この新定額僧一〇人すべてがすでに有職の阿闍梨であった点である。第二には、彼らが前掲賀表にも含まれていた点である。第三には、やはり彼らが、翌月開催の東寺結縁灌頂会の色衆にも含まれる点である。第四には、彼らの筆頭にみえる行暹が、この灌頂会の小阿闍梨を勤める点である。実は以上の四点こそが、前掲賀表にみえる三三人の有職を具体的に検討するための手がかりとなる。そこでまずは右の第一と第二の点から検討したい。

まず第一の点、すなわち新定額僧一〇人のすべてがすでに阿闍梨となっていたというのは、本来の就任順序とはまったく逆になっている。なぜならば東寺阿闍梨は、その定員枠に欠員が生じた場合に、東寺定額僧の非職の中から後任補充がなされていたからである。このことから考えると、この新定額僧たちは東寺以外の寺分阿闍梨だったと考えられる[46]。つまり彼らのような東寺以外の寺分阿闍梨を新定額僧として東寺に編入することこそが、新定額僧増設の意図だったのであろう。

次に第二の点、すなわち彼ら新定額僧と、前掲賀表にみえる有職との対応関係について確認すると、新定額僧一〇人のうち七人を、そのまま前掲賀表の中に確認することができる（兼成⑫・定覚⑰・観恵⑱・兼意⑳・兼覚㉒・永厳㉔・寛信㉙）。残る行暹・範覚・覚顕の三人についても、諱を欠く前掲賀表の欠席者に比定できる可能性が高い。この人物比定にさいして注目したいのは、七人の僧名が両史料間で記載順も含めて一致すると共に、新定額僧の記載順が臈次の高い順になっている点である。前掲賀表の連署部分の記載順も同様と想定できる。

そこでまず行暹から検討してみると、彼は﨟七〇であり、兼成（⑫）の﨟四五よりも遙かに高い。しかも行暹は、上述第四の指摘通り、翌一二月の東寺結縁灌頂会の小阿闍梨に選ばれる。つまりその公請化最初の恩恵に預かるのが彼であり、実際に翌年には権律師昇進を果たす。(47) 以上から考えると、前掲賀表では有職の筆頭に位置して諱を欠く⑥こそが、行暹にあたるとみて間違いない。何しろ八二歳という高齢である。前掲賀表の連署時の欠席事情まで思い浮かぶ。

次に覚顕については、﨟一五であり、これは寛信（㉙）の﨟一九よりも低い。しかも内供奉十禅師を兼任するという点から考えると、前掲賀表にみえる二人の内供奉十禅師兼任者のうち㊲こそが、覚顕にあたるとみてこれも間違いない。

最後に範覚については、﨟二七であることから、﨟三二の兼覚（㉒）と﨟二六の永厳（㉔）との間に位置するはずだが、前掲賀表ではその間に宗意（㉓）の名がみえるのみである。ただし諱を欠く有職六人（㉛〜㊱）のうち、いずれかにあたる可能性がある。いずれかとすれば、範覚の﨟次が永厳（㉔）よりも高いことから考えると、六人のうち最上﨟の㉛にあたると想定しておきたい。

以上のように、新定額僧一〇人は東寺以外の寺分阿闍梨であり、前掲賀表の連署予定者に含まれていたと考えられる。では彼らは、はたしてどの寺院の寺分阿闍梨であったか。それが唯一判明しているのが寛信（㉙）であり、彼は尊勝寺阿闍梨であった。表1に示したように、尊勝寺には四口の真言宗阿闍梨の定員枠が置かれ、最初の補任が康和五年（一一〇三）三月になされたさいの一人が寛信であった。(48) 他の尊勝寺阿闍梨三人のうち、俊誉（藤原通憲の舎弟）(49) は新定額僧に含まれていないものの、残り二人（僧名不明）が新定額僧の中に含まれていた可能性は充分に考えられる。

いっぽう、新定額僧の中で、尊勝寺の供僧であったことが確実なのが兼意（⑱）である。兼意は、永久元年の東寺結縁灌頂会の小阿闍梨になることを希望しており、結果的には果たせなかったものの、それを申請したさいの申状には、次のようにみえる。(50)

阿闍梨伝燈大法師位兼意誠惶誠恐謹言

請下殊蒙二　天恩一、依二修学并公請労一、被上預二東寺今年小灌頂請一状、

右ム(某)謹検二案内一、東寺灌頂者、草創之後、奕代相三伝薫修之勤一、毎年不レ断、誠是、国家崇重之大会、人天歓喜之良縁也、而唯、為二恒例之斉筵一、無レ降二殊奨之恩賞一、方今、幸浴二皇沢之広被一、更遇二仏日之□中一、新被レ下二　宣旨一、依二彼寺灌頂労一、可レ補三任律師職一者、自宗他宗誰不二忻悦一、爰兼意者、前入道親王伝戒之弟子、後禅定親王入室之門徒也、近思二三密之流布一、専任二両聖之興紹一、忝馴二恩訓一、久随二顧眄一、況亦、相二従故権大僧都寛意一、受三習両部大法并灌頂職、孔雀明王秘法一既畢、就中、法勝寺供僧労十六年、　仙院御修法労十四年、偏表二一心之精誠一、奉レ祈二千秋之宝算一、比二之傍輩一、何無二優劣一、又尊勝寺供僧已経二数年一、望請　天恩、依二修学并公請労一、被レ預二今年小灌頂請一、将レ仰二聖続之無偏一矣、ム(某)誠ヽ(惶)、誠ヽ(恐)、謹言、

永久元年十月　日　阿闍梨伝灯大法師

傍線部分のように、兼意は東寺の新定額僧になる時点で、すでに法勝寺の供僧であり、白河院の御持僧であり、そして尊勝寺の供僧でもあった。それぞれの経歴から逆算すると、法勝寺の供僧となったのは承徳二年（一〇九八）頃、白河院の御持僧となったのはその二年後となる。尊勝寺の供僧になった年は不詳だが、経歴「数年」は一〇年未満と考えられるため、最初の尊勝寺阿闍梨が補任された康和五年（一一〇三）よりは後であろう。この兼意がどこの寺分阿闍梨だったかは不明だが、兼意が師の寛意から伝法灌頂を受けたのは、嘉保三年（一〇九六）であった。平安時代後期には、伝法灌頂と阿闍梨位授与とが必ずしも連動しなくなるため、兼意が有職になったのがこの年とは断言できないが、尊勝寺に初代の阿闍梨が補任される前であった可能性がある。右の経歴を

図2　東寺の新定額僧と広沢流

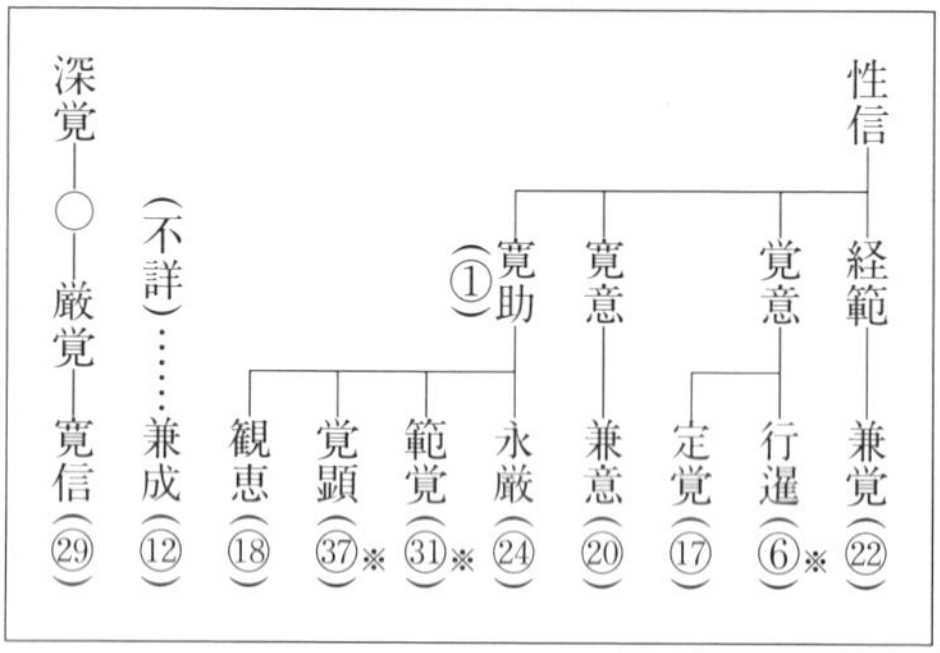

※は本節での比定による

踏まえ、法勝寺阿闍梨などの可能性を想定しておきたい。

残りの新定額僧八人がどこの寺分阿闍梨だったかについては不詳だが、新定額僧の法流を確認すると、すべてが仁和寺に伝わる広沢流に連なっていたことが判明する（図2）。兼成（⑫）の師については不明だが、広沢流であったことは確実である。[51] 寛信に関しても、上述の通り、師の厳覚が広沢流でもあった（性信と同門深覚の孫弟子）。

以上から考えると、東寺の新定額僧一〇人には、尊勝寺阿闍梨が含まれていたことが確実であり、他に法勝寺阿闍梨や仁和寺阿闍梨などが含まれていた可能性が高い。この理解を援用すれば、前掲賀表にみえる他の阿闍梨たちについても、東寺阿闍梨以外の寺分阿闍梨については同様の構成だったと考えられる。彼らの中から一〇人の東寺新定額僧を選んだ基準については不明ではあるが、寛信や兼意の事例を踏まえると、尊勝寺との関係を想定できる。たとえば、尊勝寺結縁灌頂会で色衆を勤めたり、行暹や兼意のように、小阿闍梨を勤めて僧綱に昇進する可能性の高かった僧侶たちが、東寺に編入されたと考えられる。東寺結縁灌頂会の公請化を謝する前掲賀表の連署予定者に彼らが含まれていた理由も、このように考えれば理解しやすい。すなわち、尊勝寺結縁灌頂会の待遇が東寺結縁灌頂会に移管されたことと、尊勝寺の関係者が東寺の新定額僧として東寺に編入された事実は、密接に連動していたと考えられる。

（2）東寺灌頂会色衆の有職と入寺

前項では、東寺の新定額僧一〇人に関して注目すべきことの第三点目として、彼らが補任の翌月に東寺結縁灌頂会の色衆を勤める点をあげた。本項ではその様子を確認しながら、旧定額僧や東寺阿闍梨の僧名を具体的に明らかにしたい。

永久元年以降の東寺結縁灌頂会の色衆構成については、持金剛衆一六人と讃衆一〇人、あわせて二六人に縮小し、東寺阿闍梨と東寺定額僧がこれを担うようになった。[52] 永久元年の色衆の具体的僧名については、『東寺長者補任』寛喜元年条の間に補入された永久元年の結縁灌頂会記録によって判明する。[53] まず持金剛衆一六人に関しては、次のようにみえる。

持金剛十六人、忠縁法橋乞戒導師、後朝唄、行暹阿闍梨小灌頂、賢尊依二所労一俄辞退、前定額慶厳請三補之一、長朝阿闍梨唄、兼覚（阿闍梨）々々々、兼意（阿闍梨）々々々、観恵（阿闍梨）々々々、定覚（阿闍梨）々々々、覚誉（阿闍梨）々々々、覚智入寺尊号、後朝供養法、最朝（阿闍梨）々々々尊号嘆徳、兼成阿闍梨片壇、（阿闍梨）々々々尊号、後朝散花、定海（阿闍梨）々々々、範覚（阿闍梨）々々々散花、永厳（阿闍梨）々々々尊号、寛信（阿闍梨）々々々記録、

讃衆一〇人に関しては、次のようにみえる。

讃衆十人 賢円入寺含香、源意（入寺）々々灑水、宗伊（入寺）々々頭、任賢（入寺）々々教授、後朝讃、増俊阿闍梨教授、定観入寺頭、覚雅（入寺）々々記録、覚顕内供、実範阿闍梨教授、頼誉入寺教授、 此中、讃頭二人、各持レ鉢持レ鐃、

右の波線部分にみえるように、持金剛衆を勤める予定だった賢尊に代わり、慶厳がその代役を勤めたため、ここには合計二七人の僧名が列挙されている。彼らのうち傍線部分の僧侶一〇人が、東寺の新定額僧一〇人と一致する。このように、新定額僧が全員出動した事実から考えると、彼らが優先的に色衆とされた様子がうかがえる。

新定額僧以外の色衆候補者については、一人は東寺凡僧別当の忠縁法橋であり、残りの一六人（一五人の色衆と、不出仕の賢尊）は、東寺阿闍梨の有職と東寺定額僧であったと考えられる。東寺阿闍梨であった可能性が高い僧侶としては、賢尊（⑩）、長朝（⑪）、最朝（⑬）、覚誉（⑯）、慶厳（⑲）、定海（㉕）、および増俊と実範（そ

れぞれ㉜〜㊱いずれかの可能性)、以上の八人をあげることができる。

東寺定額僧のうち「入寺」、つまり非職の定額僧については、覚智(㊴)、賢円(㊵)、源意(㊶)、任賢(㊷)、頼誉(㊸)、覚雅(㊹)、および宗伊と定観、以上の八人をあげることができる。ほとんどが前掲賀表にみえる非職の定額僧(㊴〜㊻)と重なり、宗伊と定観についても、いずれかが前掲賀表の諱を欠く一人(㊺)にあたる可能性が考えられる。また、前掲の色衆以外にも、前掲賀表のみにみえる覚範(㊻)や、同年一二月三日に定額僧に新補されたばかりの覚任(『東寺長者補任』仁平二年条)を含める必要があると考えられるため、非職の定額僧としては一〇人を想定できる。東寺定額僧のうち、非職が右の一〇人とすれば、有職は残り一一人ということになる。色衆候補となった有職のうち、慶厳については「前定額僧」であったためこれに含まれないが、残り七人については、定額僧を兼任する東寺阿闍梨であった可能性が高い。

以上の解釈については、永久元年以前の東寺関係法会における出仕経歴によって傍証することができる。たとえば、九年前に遡る長治元年(一一〇四)の東寺結縁灌頂会色衆請定によると[54]、同年の東寺阿闍梨と定額僧の僧名が判明する。永久元年の前掲賀表や色衆候補との対応関係を示すと、表2のようになる。

すなわち、凡僧別当の忠縁(傍点部分)のほか、永久元年の東寺結縁灌頂会の色衆候補となっていた有職八人のうち六人(二重傍線部分)が、以前から東寺結縁灌頂会の色衆を勤めていたことがわかり、彼らが東寺の阿闍梨や定額僧であった様子が裏付けられる。そのうち長朝と慶厳については、九年前の段階ではまだ入寺、つまり非職の東寺定額僧だったこともわかる。この二人が永久元年までの間に、他の四人と同じく東寺阿闍梨になったと考えられ、慶厳が定額僧職を辞すのもこの間のことになる。

なお、永久元年の色衆候補となっていた有職のうち、残り二人の増俊と実範については、九年前の色衆請定にみえないことから、この間の新補と考えられる。永久元年の灌頂会において、他の有職六人が色衆上層の持金剛

表2　長治元年の東寺灌頂会色衆との関係

長治元年（一一〇四）灌頂会色衆請定	永久元年（一一一三）賀表連署者	永久元年灌頂会色衆
頼舜阿闍梨		×
忠縁阿闍梨	⑤法橋忠縁	持金剛衆
頼昭阿闍梨		×
澄成阿闍梨		×
契全入寺		×
隆真阿闍梨	⑦阿闍梨隆真	×
経尊阿闍梨		×
実尊入寺		×
賢尊阿闍梨	⑩阿闍梨賢尊	持金剛衆の予定
長朝入寺	⑪阿闍梨長朝	持金剛衆
隆昭阿闍梨		×
覚仁阿闍梨		×
行縁入寺		×
最朝阿闍梨	⑬阿闍梨最朝	持金剛衆
朝尋阿闍梨		×
勝実入寺→★		×
兼尊入寺	⑮阿闍梨兼尊	×
覚誉阿闍梨	⑯阿闍梨覚誉	持金剛衆
林覚阿闍梨→★		×
厳意入寺	（㊶定額僧源意?）	（讃衆?）
定縁入寺		×
良雅阿闍梨		×
仁寛阿闍梨		×
慶厳入寺	⑲阿闍梨慶厳	持金剛衆の代役
定海阿闍梨	㉕阿闍梨定海	持金剛衆
俊円入寺		×
念寛入寺		×
俊暹入寺		×

衆を勤めたのに対し、増俊と実範が色衆下層の讃衆を勤めている点からも、この二人が有職の下﨟であった様子がうかがえる。永久元年に色衆を勤めた入寺八人についても、九年前の色衆請定には確認できない（ただし破線部分の厳意については、のちに源意と改名した可能性あり）。このことから、彼らもこの間の新補と考えられる。

いっぽう、長治元年の色衆請定の中で、一重傍線部分の隆真阿闍梨と兼尊入寺については、永久元年の色衆にはみえないが、前掲賀表にはその名がみえ（⑦⑮）、しかも兼尊はこの間に阿闍梨となっていたことがわかる。したがってこの二人も東寺阿闍梨であった可能性が高い。また、星印を付した勝実入寺と林覚阿闍梨は、永久元年の前掲賀表や色衆候補にはみえないが、長治元年までの東寺の寺役出仕経歴や永久元年以降の生存を確認できる。少なくとも林覚は東寺阿闍梨と考えられ、勝実についても永久元～五年の間に阿闍梨となっていることから、いずれも永久元年段階に東寺阿闍梨として前掲賀表の諱なき連署予定者に含まれていた可能性がある。(55)その他の僧侶の多くは、たとえば覚仁阿闍梨が僧綱昇進を果たして没したように、(56)永久元年までに東寺阿闍梨や東寺定額

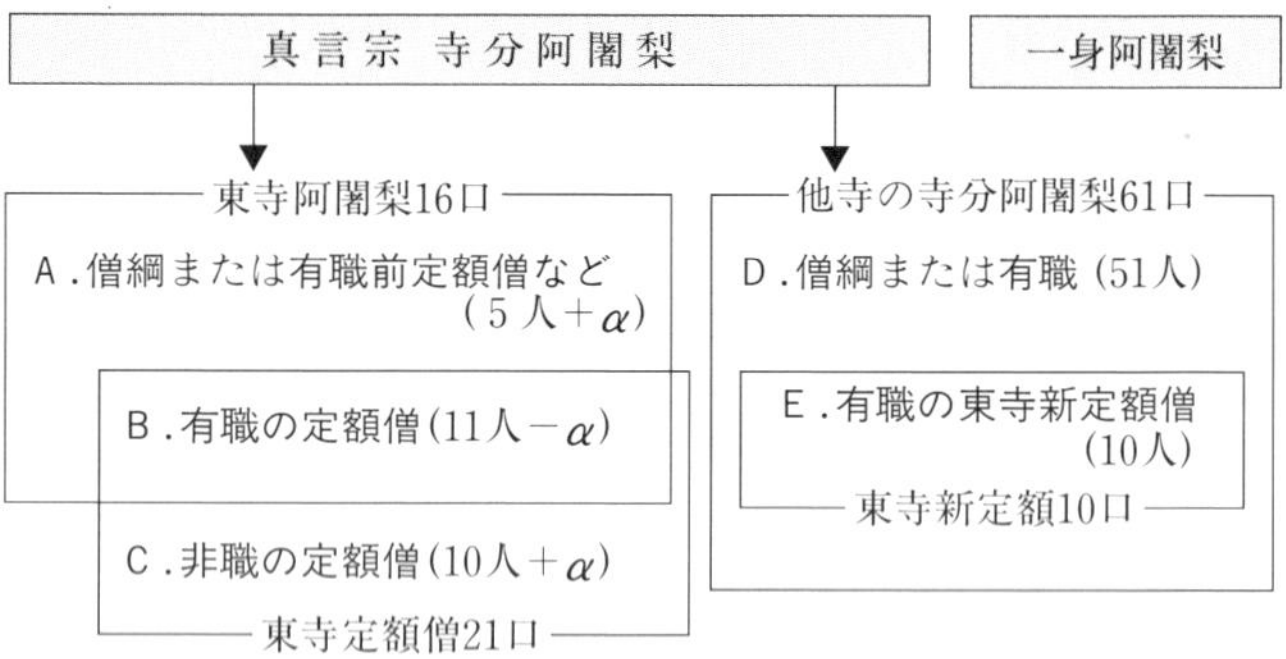

図3　永久元年の真言宗阿闍梨と東寺定額僧

僧ではなくなっていたと考えられる。このような欠員が生じたからこそ、上述の新補も生じたはずである。

以上のように、九年前の状況と比較することによって、永久元年における東寺阿闍梨と定額僧の具体像を捉え直すことができた。そこで本稿での検討結果を図3にまとめながら、小括しておきたい。

東寺定額僧の旧定員二一口のうち、非職の定額僧が約一〇人だったという上述の推定を前提とすると（C群）、東寺阿闍梨一六口のうち、有職の定額僧が約一一人となるため（B群）、僧綱または有職の前定額僧は約五人という推定数となる（A群）。A群のうち僧綱の東寺阿闍梨が、前節での推定通り一～三人であったならば、有職の前定額僧については、慶厳（⑲）を含めて二～四人ということになる。B群の具体的な顔ぶれについては、隆真（⑦）、賢尊（⑩）、長朝（⑪）、最朝（⑬）、兼尊（⑮）、覚誉（⑯）、定海（㉕）、および増俊と実範（㉜～㊱いずれかの可能性）、以上九人が含まれていたと考えられる。このほか上述の勝実や林覚についても、A群またはB群のいずれかに含まれていたであろう。

すなわち、前掲賀表にみえる有職三三人のうち、東寺阿闍梨であった可能性の高い一二人（A群のうち有職およびB群）と、他寺阿闍梨一〇人（E群）それぞれの具体的僧名を推定できたことから、いずれか不詳の有職については残り一一人となった。このうち一～三人がB群に含まれると考えられるため、八～一〇人は他寺阿闍梨のうちD群の僧侶であろう。

以上の検討から、前掲賀表にみえる有職の中には、他寺阿闍梨が一八〜二〇人（D群の一部とE群）含まれていたと推定することができた。彼らは、前項で指摘したように、尊勝寺阿闍梨・法勝寺阿闍梨・仁和寺阿闍梨が中心だったと考えられる。そこで最後に、彼らが前掲賀表の連署予定者に加わっていた背景について検討しておきたい。

第一に注目すべきは、東寺結縁灌頂会の公請化の契機が、同年八月一八日〜二五日に寛助が勤修した孔雀経法（鳥羽天皇の治病）に対する勧賞であり、この修法に伴僧がいたという事実である。第二に注目すべきは、その公請化が、同時に尊勝寺結縁灌頂会の輪番からの離脱を意味し、本来はこの色衆を勤めるはずだった僧侶がいたという事実である。第一の孔雀経法の伴僧は二〇人であった(57)。第二の尊勝寺結縁灌頂会の色衆も二〇人であった(58)。彼らの選出母体は、いずれも寛助周辺の僧侶と重なっていたとみられ、このような僧侶たちが、前掲賀表の連署予定者に加わっていたと考えられる。

右の伴僧や色衆の具体的な僧名については不詳だが、ちなみに同年二月一二日〜二〇日に白河院御所における月蝕御祈として寛助が勤修した孔雀経法については、伴僧二〇人の僧名が次のように判明する(59)。

法橋忠縁、大法師隆真、永尋、兼成聖天、覚誉、定覚十二天、厳覚神供、源覚護摩壇、実意、静経上番、観恵、宗伊、
禎意、有覚発願、覚秀、寛信、実寛、顕意、覚雅、俊助、

このうち傍線部分の一三人が、前掲賀表においても確認できる。まず僧綱では厳覚（③）と東寺凡僧別当忠縁（⑤）の二人。東寺阿闍梨の有職と考えられるのが隆真（⑦）と覚誉（⑯）の二人。東寺定額僧であったのが覚雅（㊹）と宗伊（㊺の可能性）の二人。他寺阿闍梨としてのちに東寺の新定額僧となるのが兼成（⑫）、定覚（⑰）、観恵（⑱）、寛信（㉙）の四人。東寺阿闍梨か他寺阿闍梨かは不明ながらも前掲賀表にみえるのが永尋（⑨）、実寛（㉚）、静経（㊳）の三人。以上のように、前掲賀表との明確な重複者だけで過半数に達する。諱なき連署予

定者も含めると、重複者はさらに増える可能性がある。すなわち右の伴僧構成は、まさしく前掲賀表の連署予定者構成の縮図といえる。上述のA群～E群のうち、前掲賀表の連署予定者とされた僧侶たちは、東寺長者寛助が公私において引率していた僧侶群とほぼ重なっていたと考えられる。

むすびに

本稿では、永久元年の東寺長者寛助等賀表を再検討しながら、当該期の真言宗僧団と東寺の組織の実態を明らかにし、その変化の意義を捉え直した。多岐にわたった検討結果を概括すれば、以下の通りとなる。

一、分析の前提作業として、この永久元年賀表について史料批判をおこなった。その結果、これを写し残したのが連署者の一人であった寛信と考えられ、しかも『東宝記』清書本が、寛信の自筆本を忠実に写しているとみられることから、賀表の史料的価値の高さを確認した。

二、右の賀表にみえる「阿闍梨」の意を把握するため、当該期の阿闍梨の一般的形態となっていた寺分阿闍梨の特質の一端を明らかにした。寺分阿闍梨は、寺僧的な役割を担うとはいえ、僧綱昇進によって欠員が生じることはなく、終身制をとっていた様子を明らかにした。

三、右の賀表の連署予定者がどのような僧侶であったかを類推するため、永久元年における真言宗の僧綱と阿闍梨の全体数を推計した。真言宗の寺分阿闍梨の定員枠の総計については七七口と推計し、真言宗寺院の寺分阿闍梨と御願寺内の真言宗分阿闍梨とに大別した。真言宗の一身阿闍梨については三人と推定した。さらに同年における真言宗僧綱は七人、有職は最大で七二人ほどであったと推定した。

四、以上の前提理解を踏まえながら、右の賀表の連署予定者四九人を具体的に検討した結果、彼らは「一宗僧綱有職定額僧所司等皆悉」とは考えられず、東寺一長者としての寛助、そして広沢流の重鎮としての寛助の下で、諸種の伴僧や色衆を勤めていた阿闍梨と東寺定額僧と東寺三綱（正官）に限られていた様子が浮き彫りとなった。とりわけ阿闍梨三八人については、一身阿闍梨を一人（静意）含むほかは寺分阿闍梨とみられ、半数近くは東寺阿闍梨と考えられるが、残りの他寺阿闍梨については、ほぼ尊勝寺・法勝寺・仁和寺の阿闍梨であろうと推定した。

五、本稿での分析視角によれば、永久元年における東寺の新定額僧増設には、右の他寺阿闍梨のうち、本来は尊勝寺結縁灌頂会の色衆を勤めたり、小阿闍梨の労によって僧綱に昇進する可能性のあった僧侶たちを東寺に編入するという歴史的意義があったといえる。尊勝寺結縁灌頂会の待遇が東寺結縁灌頂会に移管されたことにともなって、このような寺僧組織面での編入も生じていた様子が明らかになった。

最後に、前掲賀表にみえる有職と定額僧の具体的な僧名レベルで分析した本稿での検討結果を、表3として仮説的に総括しながら、彼らのその後の昇進との関係から捉え直しておきたい。

この表で明らかになるのは、永久元年に東寺に編入された新定額僧が、公請化後の東寺結縁灌頂会の小阿闍梨に優先的に選ばれていたという事実である。新定額僧が、本来は尊勝寺結縁灌頂会の小阿闍梨を勤める可能性のあった僧侶たちと評した本稿での指摘は、こうした優先性からも裏付けられる。しかも新定額僧一〇人のうち小阿闍梨を勤めなかったのは三人（兼意・兼覚・寛信）だが、実はこのうち兼覚と寛信は、小阿闍梨を勤めずに僧綱昇進を果たしていたのである。[60] つまりこの二人は、小阿闍梨の労さえ必要としなかったほど昇進に有利な僧侶だったといえる。新定額僧が旧定額僧出身者よりも優遇された様子は、以上から明白である。

すなわち永久元年における東寺の新定額僧増設は、単なる寺僧組織の拡大にとどまらず、御願寺関係僧を東寺に編入することによって、東寺のスタッフを質的にグレードアップさせたといえるのではなかろうか。

しかしその反面、右のような質的変化こそが、東寺に新たな内部矛盾を生じさせた可能性も考えられる。東寺

表3-1　永久元年寛助等賀表の有職・定額僧とその昇進

永久元年10/29 賀表連署者		僧名比定案	東寺阿闍梨との関係	同年11/22 新定額僧	同年12/3 定額僧新補	同年12/17 東寺灌頂会色衆	東寺定額僧との関係	東寺灌頂会小阿闍梨	僧綱昇進	東寺長者
⑥	阿闍梨 —	行暹	他寺阿闍梨	1臈	—	持2小阿闍梨	【新定額僧】	(1)1113-14	●	×
⑦	阿闍梨隆真		東寺阿闍梨の可能性	—	—	—	定額僧 or 前定額僧	(2)1115-16	×	×
⑧	阿闍梨永基		(不詳)	—	—	—	(不詳)	—	×	×
⑨	阿闍梨永尋		(不詳)	—	—	—	(不詳)	—	×	×
⑩	阿闍梨賢尊		東寺阿闍梨の可能性	—	—	持3→所労	定額僧 or 前定額僧	—	×	×
⑪	阿闍梨長朝		東寺阿闍梨の可能性	—	—	持4	定額僧 or 前定額僧	—	×	×
⑫	阿闍梨兼成		他寺阿闍梨	2臈	—	持5	【新定額僧】	(3)1117-18	●	×
⑬	阿闍梨最朝		東寺阿闍梨の可能性	—	—	持6	定額僧 or 前定額僧	—	×	×
⑭	阿闍梨隆覚		(不詳)	—	—	—	(不詳)	—	○	×
⑮	阿闍梨兼尊		東寺阿闍梨の可能性	—	—	—	定額僧 or 前定額僧	—	×	×
⑯	阿闍梨覚誉		東寺阿闍梨の可能性	—	—	持8	定額僧 or 前定額僧	—	○	×
⑰	阿闍梨定覚		他寺阿闍梨	3臈	—	持9	【新定額僧】	(4)1119-20	×	×
⑱	阿闍梨観恵		他寺阿闍梨	4臈	—	持10	【新定額僧】	(6)1123-24	●	×
⑲	阿闍梨慶厳		東寺阿闍梨の可能性	—	—	持3→代役	前定額僧	—	×	×
⑳	阿闍梨兼意		他寺阿闍梨	5臈	—	持11	【新定額僧】	—	×	×
㉑	内供阿闍梨—	(?)	(不詳)	—	—	—	(不詳)	—	×	×
㉒	阿闍梨兼覚		他寺阿闍梨	6臈	—	持12	【新定額僧】	—	●	×
㉓	阿闍梨宗意		(不詳)	—	—	—	(不詳)	(13)1137-38	○	×
㉔	阿闍梨永厳		他寺阿闍梨	8臈	—	持15	【新定額僧】	(9)1129-30	●	●
㉕	阿闍梨定海		東寺阿闍梨の可能性	—	—	持13	定額僧 or 前定額僧	—	○	○
㉖	阿闍梨静誉		(不詳)	—	—	—	(不詳)	—	×	×
㉗	阿闍梨寛誉		東寺阿闍梨の可能性	—	—	—	定額僧 or 前定額僧	—	×	×
㉘	阿闍梨明憲		(不詳)	—	—	—	(不詳)	—	×	×
㉙	阿闍梨寛信		他寺(尊勝寺)阿闍梨	9臈	—	持16	【新定額僧】	—	●	●
㉚	阿闍梨実寛		(不詳)	—	—	—	(不詳)	—	×	×
㉛	阿闍梨 —	※								
㉜	阿闍梨 —	※								

㉝	阿闍梨 —	※								
㉞	阿闍梨 —	※								
㉟	阿闍梨 —	※								
㊱	阿闍梨 —	※								
㊲	内供阿闍梨—	覚顕	他寺阿闍梨	10臈	—	讃8	【新定額僧】	(11)1133-34	●	×
㊳	阿闍梨静経		(不詳)	—	—	—	(不詳)	—	×	×
㊴	定額僧覚智		非職	—	—	持7	定額僧	(10)1131-32	×	×
㊵	定額僧賢円		非職	—	—	讃1	定額僧	—	×	×
㊶	定額僧源意		非職	—	—	讃2	定額僧	—	×	×
㊷	定額僧任賢		非職	—	—	讃4	定額僧	—	×	×
㊸	定額僧頼誉		非職	—	—	讃10	定額僧	—	×	×
㊹	定額僧覚雅		非職	—	—	讃7	定額僧	—	×	×
㊺	定額僧 —	※※								
㊻	定額僧覚範		非職	—	—	—	定額僧	—	×	×
					覚任	—	定額僧	(12)1135-36	○	○

表３－２　阿闍梨31～36(※)の候補として考えられる僧侶

勝実	東寺阿闍梨の可能性	—	—	—	定額僧 or 前定額僧	—	×	×
林覚	東寺阿闍梨の可能性	—	—	—	前定額僧の可能性	(７)1125-26	○	×
範覚	他寺阿闍梨	７臈	—	持14	【新定額僧】	(８)1127-28	●	×
増俊	東寺阿闍梨の可能性	—	—	讃5	定額僧の可能性	—	×	×
実範	東寺阿闍梨の可能性	—	—	讃9	定額僧の可能性	—	×	×

表３－３　定額僧45(※※)の候補として考えられる僧侶

宗伊	非職	—	—	讃3	定額僧	—	×	×
定観	非職	—	—	讃6	定額僧	—	×	×

備考：本表では、本稿での検討結果に若干のデータを補った。新定額僧については太字および●で示した。「東寺灌頂会色衆」列のうち、「持」は持金剛衆、「讃」は讃衆、各数字は記載順。東寺結縁灌頂会小阿闍梨勤仕や僧綱昇進の有無は、『僧綱補任』に基づき、東寺長者就任有無は『東寺長者補任』に基づいた。「小阿闍梨」列の数字は、小阿闍梨勤仕の順番と西暦。小阿闍梨については上記のほかに、(５)1121-22懐俊と(14)1139仁厳の勤仕例がある。なお、表3-1の㉗寛誉は、応徳２年(1085)東寺定額僧補任の経歴があった(「東寺文書」甲号外6号)。表3-3のうち、宗伊は天永２年(1111)～永久４年(1116)に「入寺」として後七日御修法伴僧を勤めた(「東寺百合文書」ふ函2-2～6号)。定観も天永２年～保安３年(1122)に「入寺」として同伴僧を勤め、保安５年(1124)には「阿闍梨」として同伴僧を勤めた(同ふ函2-2～12号)。そこで上記のように推定した。

一長者寛助が没した後の一二世紀第2四半世紀には、東寺一長者の地位をめぐって頻繁な交替が生じた。[61]この時期に一長者の地位を競った定海と寛信は、小野流のうち醍醐寺と勧修寺とをそれぞれ代表する僧侶であったが、実は定海は東寺の旧定額僧出身者とみられ、寛信は上述の通り新定額僧の一人であった（表3―1参照）。御願寺の論理を抱え込んだ東寺が、如何なる質的変化と内部矛盾を引き起こしたか。今後のさらなる検討課題としたい。

（1）永久元年（一一一三）一〇月二三日太政官牒（『東寺文書』射、『大日本史料』三―一四、永久元年九月二二日条所収）。

（2）拙稿Ⓐ「中世東寺長者の成立――真言宗僧団の構造的転換――」（『ヒストリア』一七四号、二〇〇一年）、拙稿Ⓑ「平安時代の東寺結縁灌頂会――永久元年（一一一三）公請化の歴史的前提――」（『山口大学文学会志』五四号、二〇〇四年）。

（3）上川通夫「平安後期の東寺」（『古文書研究』二四号、一九八五年）、のち同『日本中世仏教形成史論』（校倉書房、二〇〇七年）第三部第二章に「平安中後期の東寺」として改題改稿再録。

（4）網野善彦『中世東寺と東寺領荘園』（東京大学出版会、一九七八年）、同『日本中世土地制度史の研究』（塙書房、一九九一年）。なお、中世東寺の成立論に関する研究史整理に関しては、前掲註（2）拙稿Ⓐ参照。

（5）上川以前に阿闍梨に関して触れた研究としては、竹内理三「御願寺の成立」（『律令制と貴族政権』第Ⅱ部、御茶の水書房、一九五八年、初出は一九三五年）があるが、充分なものではなかった。

（6）上川通夫「中世寺院の構造と国家」（『日本史研究』三四四号、一九九一年）、のち前掲註（3）書第三部第一章に「中世寺院社会の構造と国家」として改題改稿再録。

（7）堀裕「『門徒』にみる平安期社会集団と国家」（『日本史研究』三九八号、一九九五年）。

（8）岡野浩二「伝法阿闍梨職位と有職」（虎尾俊哉編『律令国家の政務と儀礼』吉川弘文館、一九九五年）、のち同『平安時代の国家と寺院』（塙書房、二〇〇九年）第二編第一章～二章に改題改稿再録。

（9）『東宝記』四。『続々群書類従』一二所収の活字本、および東宝記刊行会編『国宝東宝記原本影印』（東京美術、一九八二年）によった。

(10) 前掲註(3)上川論文（著書三四五頁）。

(11) 前掲註(2)拙稿Ⓐおよび Ⓑ。

(12) 前掲註(9)『東宝記』四。

(13) 前掲註(9)『東宝記』四。

(14) 『朝野群載』一六、仏事上。

(15) 前掲註(9)『国宝東宝記原本影印』所収の山本信吉「東宝記概説」。

(16) 『東宝記』影印本に関しては前掲註(9)『国宝東宝記原本影印』。なお同書「法宝・上」（清書本では第四巻）の中清書本は、同影印第一一巻に所収。

(17) 『続群書類従』二六下所収の『東寺要集』は抄出本のようである。これは、明徳五年（一三九四）三月に賢宝がその「祖師」勧修寺寛信の自筆本を書写し（東寺勧智院本）、さらにこれを文安三年（一四四六）に東寺執行の栄増が書写した旨の書写奥書をともなう。その第一巻末尾によれば、「沙門寛助等虞韶尽美ヨリ至マデ、已上、以二寛信法務自筆記一令レ写レ之云々、東宝記宝《(ママ)》法上奥有レ之間、不レ及レ書レ之」とある。つまり賢宝は、『東寺要集』の「寛信法務自筆記」から前掲賀表の全文を写したとみられるが、栄増は、『東宝記』に既出という理由により、その大部分の書写を省略した様子がわかる。残念ながら、寛信自筆本・賢宝書写本ともに所在不明である。なお『東要記』（『続群書類従』二六下）にも前掲賀表の抄出引用がなされており、賢宝は師の杲宝在世中の文和三年（一三五四）にこれを書写している。

(18) 前掲註(17)参照。賢宝による史料調査が勧修寺の経蔵に及んでいた様子は、当面、拙稿「平安時代の東寺年中行事記――東寺観智院金剛蔵本『東寺年中行事記』翻刻――」（『山口大学文学会志』五五号、一九九五年）参照。

(19) 『東宝記』四所収「隆海法印記」によって、この「壇所」が中御門東洞院（活字本の土御門は誤記）にあったことがわかる。当時、内裏となっていた大炊殿の真北にあたる。

(20) 前掲註(3)上川論文。

(21) 前掲註(3)上川論文（著書三四〇頁）。再録前の旧稿では「諸法会を勤修する東寺供僧」。

(22) 前掲註(2)拙稿Ⓑ。
(23) 前掲註(8)岡野論文。
(24) 永祚二年二月二五日、太政官牒(『朝野群載』一六、仏事上所収)。
(25) 『僧綱補任』(『大日本仏教全書』一二三) 永延三年=永祚元年条。
(26) 後任の定額僧も大法師位であった。つまり一〇世紀段階の東寺定額僧が、大法師位の僧の就任ポストとなっていた様子もわかる。
(27) 天永四年正月一四日、太政官牒案(「東寺文書」射、『大日本史料』三編一四所収)。この史料によれば、範俊が奏状を記した日付を「去年五月十二日」とするが、範俊が四月に没していることから、正月か三月の誤りであろう。
(28) 同様のケースは、保元元年、東寺款状案(「東寺百合文書」カ函一一号)からもうかがえる。これによれば、宮中真言院阿闍梨二口のうち一口が、前権大僧都元海の死没によって欠員となったため、その後任として大法師位の寛敏を東寺一長者寛遍が推挙している。なおこの款状は、八月の日付でいったん作成されたが、一〇月二日の日付に書き改め、全体が加筆修正されている。土代と見るべきか。
(29) 横内裕人「高山寺旧蔵『究竟僧綱任』——解題および影印・翻刻——」(『南都仏教』八〇号、二〇〇一年)、のち同氏著『日本中世の仏教と東アジア』(塙書房、二〇〇八年)再録。なお、前掲註(2)拙稿Ⓐにおいて、阿闍梨推挙権について論じたさいの推計データは、この史料および本稿の再集計データによって修正したい。
(30) 前掲註(2)拙稿Ⓑでは、東寺阿闍梨の中に僧綱も含まれるとは想定していなかった。本稿のように修正したい。
(31) 一身阿闍梨については、『一身阿闍梨補任次第』(『大日本仏教全書』所収)、岡野浩二「無度縁宣旨・一身阿闍梨・僧都直任」(速水侑編『院政期の仏教』吉川弘文館、一九九八年、のち前掲註8岡野著書第二編第二章に改題改稿再録)参照。聖恵(のち法親王)が一身阿闍梨となった時期は、『血脈類集記』四(『真言宗全書』三九)によれば、天永三年(一一一二)九月だったことが判明する。静意が一身阿闍梨になった時期は不明だが、前掲賀表の④の阿闍梨が静意と考えられることから(後述)、少なくとも永久元年以前と判明する。なお、輔仁親王(後三条天皇の皇子)の子の仁和寺信証が一身阿闍梨になるのは、永久元年よりも後と考えられる。
(32) 前掲註(25)『僧綱補任』永久元年条。

(33) 以下、法流に関しては、断りのない限り、前掲註(31)『血脈類集記』、武内孝善「東寺観智院金剛蔵本『真言付法血脈〈仁和寺〉』(『高野山大学密教文化研究所紀要』六号、一九九三年)、築島裕「醍醐寺蔵本『伝法灌頂師資相承血脈』」(醍醐寺文化財研究所『研究紀要』一号、一九七八年)参照。
(34) 『朝野群載』一七、仏事・下所収、寛助等申文。
(35) 勧修寺別当寛信と勧修寺流の成立に関しては、前掲註(6)上川論文参照。それ以前の勧修寺が広沢流=「宇多法皇門流」の傘下にあったという指摘に関しては、前掲註(2)拙稿Ⓐ参照。なお厳覚は前勧修寺別当だが実質的な寺務。四年後には東寺長者に加任。
(36) 『園城寺伝法血脈』(『園城寺文書』七、講談社、二〇〇四年)。
(37) 『醍醐寺座主譲補次第』(『続群書類従』四下)、『東寺長者補任』(『続々群書類従』二)。
(38) 『後二条師通記』嘉保三年(一〇九六)八月九日条。なお、永久元年一〇月三日に鳥羽天皇暗殺計画が発覚し、勝覚に従う大童子千手丸が捕縛された。ただしこの永久の変と、前掲賀表に勝覚の名がないこととは、直接関係するものではないと今のところ考えている。永久の変に関しては、当面、槇道雄「永久の変の歴史的位置」(『奈良平安時代史の諸相』高科書店、一九九七年、のち同氏『院近臣の研究』続群書類従完成会、二〇〇一年再録)参照。
(39) 前掲註(25)『僧綱補任』嘉承三年=天仁元年(一一〇八)条・天仁二年条。
(40) 覚法と聖恵の法親王宣下の時期に関しては、当面、拙稿「中世の法親王」(『日本歴史大事典 四』小学館、二〇〇一年)参照。なお、聖恵が法親王になるのは保安四年(一一二三)。
(41) 『東寺長者補任』天治二年(一一二五)条によれば、承保二年(一〇七五)に寛助が仁和寺喜多院阿闍梨になっていたことがわかる。なお寛助が没して五年を経た大治五年(一一三〇)の僧事によって、その後任に寛俶が阿闍梨となっている(『僧歴綜覧』寛俶項所引『彰考館本僧綱補任』大治五年条裏書)。
(42) 済暹に関しては、康和四年(一一〇二)三月、東寺灌頂院御影供参仕僧請定(「東寺文書」楽乙八号、『東寺文書聚英』同朋舎出版、一九八五年所収)、長治元年(一一〇四)三月八日、安居会参衆廻文案(「東寺百合文書」ニ函四号)。忠縁に関しては、康和四年三月一〇日、東寺灌頂院御影供菓子調進廻文(「東寺文書」楽乙八号、『東寺文書聚英』および『平安遺文』一四七六号所収)、長治元年一一月一二日、結縁灌頂会色衆参仕廻文案(「東寺文書」

楽乙八号、『東寺文書聚英』所収）。

(43) 永久元年一一月一九日、太政官牒（東寺文書甲号外一八―一号、『大日本史料』三―一四、永久元年一一月一六日条所収）。

(44) 同年一一月二二日太政官牒（平松文書、『大日本史料』三―一四、永久元年一一月一六日条所収）。

(45) 前掲註(2)拙稿ⒶおよびⒷ。

(46) 前掲註(6)上川論文では、新定額僧の一人である寛信が康和五年（一一〇三）に尊勝寺阿闍梨になったさいに、東寺阿闍梨にもなったと理解されたが、典拠史料からはそのように解せず、尊勝寺阿闍梨のみとする必要がある。

(47) 前掲註(25)『僧綱補任』永久元年条・同二年条。

(48) 尊勝寺に一二口の阿闍梨を置くことを決定したのは、前年の康和四年八月一〇日（『殿暦』同日条）。その推挙解文発給者と人数配分（東密四口・山門四口・寺門四口）が決まったのは同月三〇日（彰考館本『諸寺供養記』三、康和四年記、『大日本史料』三―六、康和四年七月二一日条所収）。一二口のうち東密四口を含む一〇人分の補任は、康和五年三月二三日（『本朝世紀』同日条）。東寺観智院金剛蔵『真言付法血脈図』（湯浅吉美「東寺観智院金剛蔵『真言付法血脈図』の翻刻」『成田山仏教研究所紀要』二九号、二〇〇六年）の寛信の項に、「康和五年三月、補ニ阿闍梨一年廿、尊勝寺初置ニ解文一」とある。なお前掲註(46)参照。

(49) 前掲註(48)『本朝世紀』同日条。

(50) 永久元年一〇月日、兼意東寺小灌頂請状（武内孝善「『僧申文』の研究――翻刻篇（一）・東寺観智院金剛蔵本――」『高野山大学密教文化研究所紀要』一〇号、一九九七年）。

(51) 兼成以外の法流は、前掲註(33)によった。兼成については、永久五年・六年に東寺結縁灌頂会の小阿闍梨を勤めたさいの関連史料として、前掲註(25)『僧綱補任』永久五年条に「東寺灌頂、兼成阿闍梨、仁和寺」とあることから、仁和寺系の広沢流僧侶と判明する。

(52) 前掲註(2)拙稿ⒶおよびⒷ。

(53) 『東寺長者補任』に関しては、『続々群書類従』二所収の活字本には誤字脱字が多いため、本文は醍醐寺報恩院本（醍醐寺文書聖教　雑書四三函二一号）の東京大学史料編纂所架蔵写真帳（六一一六―七四）によった。高橋敏子

「東寺長者補任の諸本について」(同氏研究代表、科学研究費補助金研究成果報告書『東寺における寺院統括組織に関する史料の収集とその総合的研究』、二〇〇五年)によれば、同書のうち「広本編年体」系の諸本の中では、この報恩院本が善本とされ、永久元年の結縁灌頂会記録が寛喜元年条に紛れ込んだ事情も判明した(同書の原装訂が二冊本であり、上巻が寛喜元年条の見出までを巻尾としており、永久元年条に関する補足がこの巻尾に補入されたためという)。

(54) 前掲註(42)長治元年一一月一二日、結縁灌頂会色衆参仕廻文案。なおこの史料の分析に関しては、前掲註(2)拙稿Ⓑ参照。

(55) 林覚については、応徳二年(一〇八五)に東寺定額僧となっており(「東寺文書」甲号外七号)、承徳元年(一〇九七)~康和元年(一〇九九)には東寺凡僧別当に就任していた(『東寺長者補任』承徳元年・康和元年条)。その後も後七日御修法や東寺法会の修僧として散見し、天治二年(一一二五)と翌年の東寺結縁灌頂会小阿闍梨を勤め、その労によって大治五年(一一三〇)権律師に昇進する(前掲註25『僧綱補任』天治二年・同三年・大治五年条)。勝実についても、後七日御修法や東寺法会の修僧として散見する。天永四年=永久元年(一一一三)正月に後七日御修法修僧を勤めたときには「入寺」(「東寺百合文書」ふ函二―三号)、永久五年正月に同修僧を勤めたときには「阿闍梨」としてみえる(『覚禅鈔』御修法所条)。

(56) 覚仁は、前掲註(25)『僧綱補任』によれば、天仁二年(一一〇九)権律師に昇進した後、天永二年(一一一一)までの在任を最後にその名が消える。覚仁の死没が天永三年春以前であったことは、前掲史料=前掲註(27)によって判明する。

(57) 『孔雀経御修法記』(『続群書類従』二五下)。なおこの孔雀経法の後も、寛助はさまざまな修法をおこなっており、その伴僧もいたはずである。『東寺長者補任』永久元年条や『長秋記』同年九月七日条によれば、同年八月二五日~九月七日、白河院の御所で同じく孔雀経法を勤修。さらに九月七日~二八日には、再び鳥羽天皇の治病のため尊勝法を勤修。この尊勝法の壇所となった源重資の邸は、翌月の前掲賀表の連署にさいして参集の場となる。前掲註(19)から考えると、この連署の頃にも、寛助はここを壇所として何らかの修法をしていた形跡がある。天皇護持僧としての長日御修法の壇所ではあるまいか。

(58)『中右記』天仁元年（一一〇八）三月二四日条には「大阿闍梨権大僧都寛助、引率讃衆（ママ）廿人参上」とあるが、その四日前の僧名定関係の記事によれば、「持金剛、讃衆、合二十人」とある。なお同年の尊勝寺灌頂会が東密の担当とされたことに対し、山門と寺門とが猛反発したことが知られている。永久元年に東密がその輪番から離脱したのは、かかる紛糾の回避策という面を持つ。尊勝寺結縁灌頂会とその紛糾に関しては、栗本徳子「白河院と仁和寺――修法からみる院政期の精神世界――」（『金沢文庫研究』二八六号、一九九一年）参照。

(59) 前掲註(57)『孔雀経御修法記』。

(60) 前掲註(25)『僧綱補任』。

(61) 前掲註(53)『東寺長者補任』。

〔追記〕本研究は、独立行政法人日本学術振興会科学研究費（二〇〇七～九年度若手研究B、課題番号一九七二〇一七〇、後七日御修法に関する基礎的研究）の助成を受けたものである。本稿の内容に関しては、脱稿後の二〇一〇年十月十七日、寺院史研究会例会において御高聴を賜る機会を得た。記して深謝の意を表したい。

年行事と案文――中世前期東寺における文書管理――

宮崎　肇

はじめに

近年、史料を群として分析する、史料論にまつわる研究が盛んに行われているが、そうした流れのなかで、筆跡にまつわる研究もまた俄に注目されつつある。[1] 史料群というものは、それ自体一定の秩序のもとで集積され、今日に伝存している。その秩序を解明し、史料の生成から廃棄・保管までをも視野に入れた利用のあり方を体系的にとらえる必要がある、というのが記録資料論（アーカイブス）の考え方である。

この問題に関して、富田正弘は次のように整理している。[2]「関係する文書を多く集めてその関連を考え、個々の文書の情報をお互いに関係させ合うと、記録や編纂物にも劣らない情報量を得ることができる。文書の群が線にもなり、面にもなるのである」と、〝文書「群」〟研究の可能性について指摘している。そうした視角においては、正文に限らず、たとえ控えとして作成された案文であっても、それを誰がいつ書いたのか、どの文書とともに写されたのかといったことが一つの重要な問題となってくる。ある史料を誰が書いているのかを特定するさいに、その史料に署名等がない場合、最も重要な判断材料となるのがその筆跡であろう。史料論の隆盛にともない、筆跡に関する研究も近年徐々に増えつつあるのは、そういった事情からであろう。

さて、そうした動向のなかで注目されるのが、筆跡情報を盛り込んだ史料集の刊行である。上島有編『山城国上桂庄史料』では聖無動院道我や観智院杲宝の筆跡が[3]、『若狭国太良荘史料集成』では太良荘預所真行房定宴の筆跡が[4]、それぞれ筆跡情報として註記されている。こうした情報を註記することにより、一連の関連文書が誰によってどの段階で集積されたのか、文書群における内部の秩序をも示そうという編集者側の意図がそこにはうかがえる。両者はいずれも「東寺百合文書」を中心とする史料集成であるが、総数一〇万通ともいわれる日本有数の大文書群である「東寺百合文書」の性格を考えると、これは非常に象徴的であるといえよう。史料のまとまりを群として研究しようとした場合、質量ともに抜きん出た存在である「東寺百合文書」はまことに好適な史料群といえる。

さて、今日かくも多くの史料が伝存した背景として、まずあげられるのが中世東寺の文書管理を担った供僧組織の存在である。中世東寺の供僧組織については、すでに汗牛充棟な研究の蓄積があるが、なかでも網野善彦と富田正弘の研究はその第一にあげられよう。網野はその著書の前半のかなりの紙数を割いて、『東宝記』成立以前の（つまり中世前期、鎌倉期の）東寺の寺院内部構造の究明にあてている[5]。中世後期に関しては富田によってかなり具体的に解明されつつある一方で[6]、中世前期に関しては、いまだ網野の研究に負う部分が多いと思われる。

中世の東寺においては、供僧組織による整然とした文書管理体制のもと、文書の体系的な管理・保存が行われていたことがすでに明らかにされている。ここでまず中世の前期・後期を分かたず、先学の達成点を整理しておきたい。まず、網野は、『東宝記』成立以前の東寺寺内組織に関する一連の研究において、次のことを明らかにしている。①供僧・学衆の自治組織の成立とともに文書は長者の手を離れ、供僧・学衆の組織の手に移る。②その場合、文書は年行事（奉行）の手で管理されるようになる[7]。③そのことは、少なくとも文永年間（一二六四

～一二七五）にはいくつかの史料で確認することができるが、その頃には文書は宝蔵から離れて、西院の経蔵で管理されるようになっている、という。ついで上島有は、東寺文書の伝来と現状に関する包括的研究において、次のことを明らかにしている。(8)①広義の「東寺文書」には、年預管理の文書（現「東寺百合文書」および「教王護国寺文書」）と御影堂三聖人管理の文書（現東寺宝物館蔵「東寺文書」）があり、その分離は鎌倉後期にさかのぼる。②年預管理の文書は供僧組織運営に必要な文書群であり、東寺にとって根本公験となるような文書の正文は重書として御影堂経蔵に別置された。③供僧管理の文書は年預から年預へと毎年引き継がれ、そのさいに作成されたのが手文箱送進状である、と。さらに黒川直則は手文箱送進状と廿一口方文書包紙の分析を通じてその文書授受の実態を詳述した。(9)

しかし、右の研究は、供僧組織が一定の確立をみる南北朝・室町期以降を扱ったものがほとんどであり（手文箱送進状の初見は応永年間）、その時期に関しては文書管理のあり方が詳細に述べられているものの、それ以前の時期についてはおおよその見通しが示されているに過ぎない。特に鎌倉期の供僧組織に関しては、史料的制約もあり、網野の研究以来ほとんど進展がなく、その詳細は必ずしも明らかでない。しかし最近では、畑野順子・真木隆行・横山和弘等諸氏によって中世前期の供僧組織についても網野とは別の角度からその解明が進められつつある。(10)

さて次に、文書の案文と書風・筆跡研究の関係について触れておきたい。文書の正文と案文の区別は古文書学の分野において古くから非常に重視されている問題であり、それをうけて、正文の筆者については相当な関心が寄せられているといえよう。また、偽文書がいつどういった契機のもとで作成されたのかを考証する研究もかなり早い段階からみられるが、その中に筆跡についての言及も散見される。しかしその一方で、案文については、後の手控えとして後日に作られる写しといった漠然とした理解しかなされておらず、それがいつ誰によって書かれたのかといった問題はこれまで等閑視されてきた感が否めない。

佐藤進一は案文作成の経緯を①法令・命令の布達、②訴訟の証拠文書、③所領の分割・移転、④後日の控え、⑤紛失状の作成、の五つに分けて整理している。[11]このように、案文の書かれる経緯についてはかなり意識されており、事実、個別事例に関するそうした研究も多いが、[12]案文の筆者についてはあまり注意が払われていないように思う。しかし、東寺文書中にはその筆者が判明する案文が少なからず存在し、それらを検討することで案文作成のより詳細な経緯・背景が明らかになるものと思われる。

ところで、従来の古文書学においては、研究が様式論に偏重する傾向があり、その分野に関しては相当豊富な蓄積がある一方、文書の料紙や書風・筆跡といった形態論についてはやや研究が立ち後れている感は否めないであろう。[13]文書の書風・筆跡を扱う学問分野として、小松茂美を中心に「古筆学」が提唱されているが、これは小松自身が主張しているように、筆跡の判断を多く「勘」に頼る傾向にあり、論の客観性に欠けるうらみがある。[14]しかし、こうした古筆学の問題に対し、近年は古文書学の立場からも形態論の一分野として、多くの関連史料を収集・比較・検討して、客観的に書風筆跡を論じようとする試みがなされている。たとえば上島有は、東寺雑掌寺崎玄雅の筆跡について分析し（上島の場合は案文に限らず正文も含めて）、東寺雑掌が御判御教書を執筆したことを論じている。[15]また林譲は、諏訪大進房円忠の執筆文書を新たに検出し、円忠の足跡を追いながら建武政権の雑訴決断所や室町幕府の裁判機関・奉行人研究に新たな知見を示した。[16]これらの研究には筆跡研究の方法論に関して大いに学ぶところがある。

以上のような問題関心にしたがい、本稿では鎌倉期の供僧方年行事に注目しその事跡を追うことで、当該期における文書管理の実態について考察したい。特に、年行事の手によって書かれた文書目録や案文・土代・端裏書等の筆者を特定することにより、東寺文書の集積・管理について新たな知見が得られるものと考える。[17]

一　供僧組織の成立——年行事と月行事——

本節では、鎌倉中期に成立した東寺の供僧組織について整理し、その成立・発展のさまを年行事関係文書から跡づける。まずはじめに、東寺における供僧組織の成立についてみておきたい。その詳細は先学の成果に譲り、ここではその経過を簡単に確認しておくにとどめる。(18)

延応二年（一二四〇）三月二一日、後白河院の第六皇女である宣陽門院試子内親王の発願によって東寺西院御影堂法会が始行されることとなり、それを執行するため五口の供僧が設置される。御影堂の経済基盤としては、大和国平野殿荘・伊予国弓削島荘・若狭国太良荘が供僧供料荘として寄進されたが、これらの荘園は中世を通しての供料荘となった。この時設置された供僧はその後徐々に加増され、建長四年（一二五二）には一〇口加補されて一五口に、さらに文応元年（一二六〇）に一口、文永九年（一二七二）に二口加増され、十八口供僧（「本供僧」）が成立する。(19)正和二年（一三一三）には後宇多法皇によってさらに三口が加増されて、いわゆる廿一口の供僧が成立する。

こうして供僧が加増されるにしたがい、その組織も徐々に形作られてゆくこととなる。文永年間後半から建治年間になると、供僧組織の形成・展開を物語る特徴的な文書が相次いであらわれてくる。「年行事下知状」という文書や供僧連署の文書、年行事文書目録などである。文書目録については次節で述べることとし、まずは年行事下知状および供僧連署状について検討したい。

この年行事下知状と呼ばれる文書形式は、年行事の意をうけた者の奉書のかたちをとるものであるが、端裏書などで「年行事下知状」と呼ばれていることから、便宜その呼称を用いることとする。その初見は、次に掲げる文永七年（一二七〇）六月五日付年行事下知状案である。(20)

「（端裏書）太良庄末武名事　東寺年行事御下知状案文永七年六月五日」
東寺御領若狭国太良庄内末武名事、沙弥乗蓮息女訴状副具書等、去晦日御披露衆御中候之処、所詮、被下此折紙於範継之妻女、可被召進陳状之旨、其御沙汰候、得此御意、可令下知給之旨、年行事所候也、恐々謹言、

六月五日　　有慶在判

太良御庄預所殿

本文書は太良荘末武名の相論にあたって出されたものであるが、見てのとおり有慶なる人物が「可令下知給之旨、年行事所候也」と年行事の意を奉じた奉書形式の文書である。有慶という人物がどのような存在なのか詳かにし得ないが、同様の形式の年行事下知状の奉者は供僧方公文と確認できる例が多いため、そのような性格の寺官層の人物と推測される。(21)本文中の「去晦日御披露衆御中候之処」という文言から、供僧中の評議の結果を年行事が代表して下達していることがわかり、供僧方の評議組織がすでに存在していることがうかがえる。端裏書の「東寺年行事御下知状案」という呼称については、鎌倉期には東寺長者御教書なども「長者御下知状」と呼ばれている例があり、(22)奉書形式ではあっても、上意下達文書がこういう呼ばれ方をすることも多かったものと考えられる。事実、年行事下知状に限らず、奉書形式の文書がその端裏に「下知状」と記され整理されている例は多数存在する。(23)なお、こうした案文の端に記された端裏書は、後述するようにその筆跡から、時の奉行（年行事・月行事・季行事）によってなされたものである。

供僧組織の成立を語るうえでもう一つ注目されるのが、供僧の連署がなされた文書の出現である。これは建治元年（一二七五）五月二一日付東寺供僧連署申状案を初見に、(24)申状・(25)挙状・(26)契状・(27)請文(28)など、さまざまな文書が連署状の形式で出されるようになる。年行事下知状が主として寺内や供料荘経営において評定の決定を下達する機能を負うのに対して、供僧連署状は公家や武家への訴訟、(29)組織内での取り決めなどのさいに用いられている。

では、供僧組織の実務を担った奉行はどの段階からその存在が確認できるであろうか。供僧方奉行をさす語の初見は、文永三年（一二六六）正月一五日付安芸国新勅旨田年貢支配状の「年行事御分」である。(30)これ以降、毎年の供料荘の年貢支配状には、供僧や三聖人・公文などの分とともに「年行事御分」という項目がほぼ恒常的にみえる。年行事の職掌として最も重要なものが、供僧組織を代表して文書を発給すること、評議の議事録をつけること、案文の書写を中心とする在任期の文書を整理することであった。それらの作業にはいずれも多量の料紙を必要とするため、年行事にはそのための料足が割り当てられたものと考えられる。(31)永仁六年月行事引付には、月行事が自ら使った料紙について「廿日長者御房状三枚」「聖許へ二枚」「廿四日六波らへ挙状三枚、平野殿預所下文二枚」のように宛先と使った紙数が列記されており、割り当てられた料紙の用途を具体的に知ることができ興味深い。(32)

さきに触れたが、鎌倉後期にはいまだ年行事制の確立をみず、「月行事」や「季行事」が供僧方奉行としての職務を担った時期があった。「月行事」の初見は、正応六年（永仁元、一二九三）月行事引付である。(33)なお、この引付には正応六年正月、四月、六月、永仁二年一〇月、一二月、同三年正月、八月の記事があるが、これらは合綴され書き継がれている形態なので、少なくともこの期間の奉行については月行事制がとられていたと推測できる。ちなみに、この引付の正応六年正月条、永仁二年一〇月条、永仁三年正月条が後述の東寺供僧定厳によって、永仁二年一二月条が同能済によって、それぞれ記されている。「月行事」の語が正応年間と永仁六年の引付にしか見えないこともあり、年行事と月行事の関係は未詳であるが、永仁七年（正安元、一二九九）には再び年行事制に戻されたものと考えられる。次に引く永仁六年評定引付一〇月および一一月の記事からその間の事情がうかがえる。(34)

（十月）
同晦日　評定

年行事沙汰事、未落居、
大進法印御房 免　大夫僧都丶（御房、以下同）丶 不参同前
帥僧都丶丶 見労　弁僧都丶丶 免
（中略）
（十一月）廿一日　評定人数
実相寺法印御房　亮法印御房
宮内卿法印御房　大輔法印丶（御房、以下同）丶
刑部卿大僧都丶丶　大夫大僧都丶丶
帥大僧都丶丶　民部卿大僧都丶丶
大弐律師丶丶　大夫律師丶丶
少納言律師丶丶　大蔵卿アサリ丶丶
厳昌
一、年行事 明年
実相寺法印御房（定厳）可有勤仕之由、被領状了、
（後略）

まず一〇月晦日条では「年行事沙汰事、未落居」と年行事の問題についていまだ解決をみていないことが語られる。そして続く一一月二一日条で、「実相寺法印」すなわち定厳が来年の年行事を勤めることを承諾したとの由がみえる。(35) 翌年の年行事は年末に供僧の合点によって互選されるのが常であるため、(36) 一〇月から「年行事沙汰事」が議されるのは異例といえる。そしてその翌月、供僧等の合点にはよらず、候補者が承諾するというかたち

で通例よりひと月早く翌年の年行事が決まっている。このことは、単に定厳が次年度の年行事に決まったということではなく、翌年からは供僧方奉行の月行事制を改めて、年行事制に復するということが決定されたと解すべきであろう。しかし、旧に復したこの年行事制も程なく改められることとなった。嘉元三年（一三〇五）閏一二月二一日付四季行事定文には、(37)翌嘉元四年（徳治元）の奉行が四季ごとに三人ないし四人に振り分けられ、記載されている。この季奉行制は徳治二年（一三〇七）まで確認されるが、(38)その後再度年行事制に戻されたようである。しかし、その間の事情は史料的な制約により詳らかにし得ない。

二　年行事と文書

では次に、年行事が書いた案文について検討することとする。年行事は、その在任期間の文書を書写し案文として保管するとともに、正文・案文ともに端裏書を注し整理する作業も同時に行っていた。このことから、「東寺百合文書」においては、案文および端裏書の筆跡をもとに、その年の年行事が誰であるのかある程度比定が可能である。そうした作業の前提として、供僧の僧名とその筆跡情報とを結びつけられるような史料が必要となるが、ここではまず供僧組織の成立以後、今日伝存する最も古い文書目録である文永一〇年（一二七三）一二月晦日付年行事文書惣目録（折紙）をとりあげ検討したい（写真1）。(39)以下にその釈文を掲げる。

　年行事文書惣目禄〔録〕
一結　四ヶ庄送文同所下
一結　四ヶ庄雑訴事
一結　御《茾院》置文并契状等
□〔二〕結　六条殿修理并生身供事

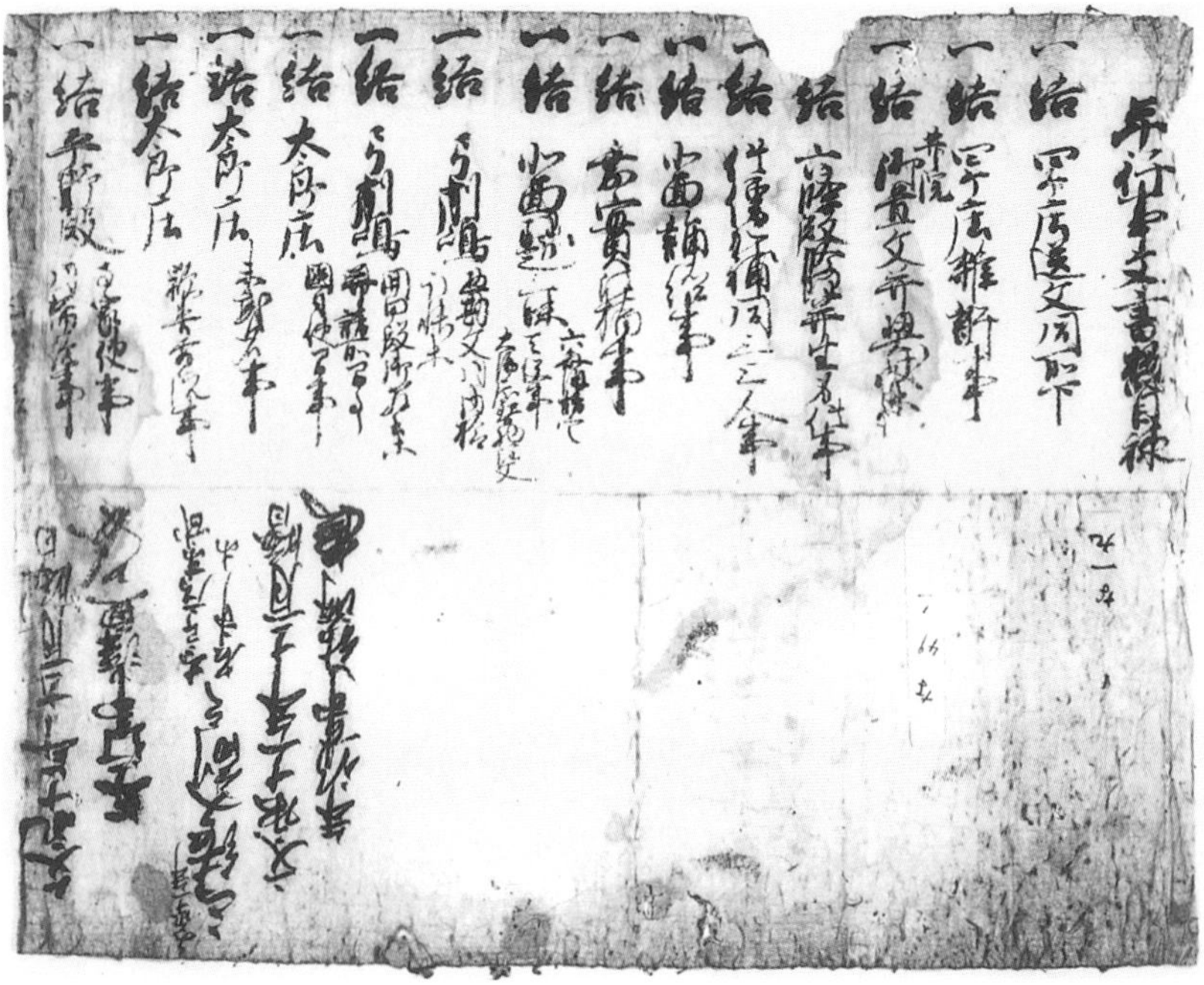

写真1　年行事文書惣目録

一結　供僧加補同三上人事
一結　北面誦経事
一結　乗実法橋事
一結　北面理趣三昧六斎講請定、天役事、大湯屋替物注文
一結　弓削嶋惣勘文同内検取帳等
一結　弓削嶋〔良〕開田殿御教書等并請所間事
一結　太郎庄国司使間事
一結　太郎庄末武名事
一結　太郎庄歓喜寿院事
一結　平野殿寺家使事同掃除事
〔一結〕□□　□　□
文永十年十二月晦日
年行事深兼（花押）
（異筆）「文永十一年
三結　又副之、太良庄末武名事等
文永十一年十二月晦日
年行事能済（花押）」

これによれば、文永一〇年の段階で供僧方年行事のもとには「四ヶ庄送文同所下」以下一五結の文書群が整理分類されていたことが知られる。末

尾にはその年の年行事である深兼の署判が据えられているが、目録本文と同筆にかかるところから、目録は年行事深兼自身によって書かれたものとわかる。末尾に加えられた異筆部分をみると、翌文永一一年にはさらに三結の文書が追加され、年行事能済の署判が据えられている。ここからは、年行事が文書をまとめ、目録を作り、次年の年行事に引き継ぐ法式が確立されていたことがうかがわれる。

さてここで注目したいのは、文永一一年に年行事として文書三結を追加している能済の筆跡である。この能済という供僧は、のちにとりあげる定厳と並び、鎌倉後期に年行事を幾度も勤めた人物で、その特徴的な筆跡も多く残されている。まずはこの能済に焦点を当て、その手跡にかかる文書から年行事の活動を追ってみたい。

(一) 能済

供僧組織の展開にともない作成されるようになった初期の文書目録の中には、能済によって書かれたものもある。正応二年(一二八九)年行事次第(十八口供僧方文書目録)がそれである(写真2)[40]。以下にその釈文を掲げる。

(表紙)
「正応二年己丑年行事次第

□□」

条々事等　次第不同書之、

大嘗会米事、自去年十二月廿五日至今年三月中、致其沙汰、蒙　勅免了、

一結　太良庄大嘗会米間事、国宣・院宣二ヶ度并院宣御請文等院宣ハ納内陣、初院宣ハ国司惜□

左中弁仲兼問答七箇度、七通在之、

大巻
二結　平野殿龍馬場林松山事、

院宣被下一乗院了、訴陳及両三度、中院大納言家、具書等数通在之、

一帖　大湯屋造営事、正応二年三月□□□□□月致□□□
一結　佐東国作所事等、後三条院勅旨田事案文、
一結　御輿隆事、
大巻
一結　安居不参科事、
一結　執行任符事等、
一通　供僧補任事 正応二四月十九日、可書置案文之由定了、
一結　旨房可成大湯屋事、
一結　若狭一宮造営先例不勤由事、
一通　弓削嶋和与状案、
一通　関東条々御事書、
一通　□□□□文 正文□□
一結　氏女□□事□□□田二段相論事、度々遂評定、氏女為道理之由、人々被定了、仍充賜氏女者也、
一結　僧正弁訴状相尋平野殿之処、自所申状等相副之、
一通　大進阿闍梨誓状、
一結　平野殿所望成教事、下文自茾院給事等、
一通　歓喜寿院執行状、
十月廿九日、但壬十月二日賜返事了、去晦日舎利講之次、遂評□、評定趣□□□
一結　治部左衛門尉清重状等

袋綴の表紙には「正応二年己丑年行事次第」と記されているが、内容から見て明らかなように、これは供僧方の文書目録である。「平野殿龍馬場林松山事」や「安居不参科事」には「大巻」と傍書されており、この時点です

でに相当数の文書が蓄積されていたことをうかがわせる。[41]

ここで、この文書目録の筆跡について考えてみたい。さきにみた「年行事文書惣目録」（写真1）の能済追記分の筆跡と、この年行事次第（文書目録）の筆跡は同じものである。まず、ともに全体として屈曲のまさった個性的な筆跡である点は一見してわかるが、「年」「事」「太良庄」などの部分を比較すれば、同筆であることは明白であろう。「年」の三本の横画のバランスや、「事」の最後の縦画を上下に長く突出させて引き、終筆を大きく跳ね上げる点などが共通する。さらに参考になるのが、正応五年一一月二一日付十八口供僧評定人数注文である（写真3）。[42] これは正応五年一一月二一日の評定の結果とそれに参加した供僧の人数を書き上げたものであるが、この書風もまた一見して正応二年年行事次第の筆と同筆とわかる。ここで注目したいのが、「評定人数」以下、供僧の名前が列記されている部分である。「宮内卿法印御房／宮内卿法印、、（御房）／浄土院法印、、／大夫大僧都、、／二位大僧都、、／能済／少輔僧都、、／大輔僧都、、／刑部卿僧都、、／民部卿僧都、、／治部卿律師、、」と、供僧の仮名が列記されている中にひとり「能済」のみ実名が記されている。これは、本文書が能済によって書かれたことを示しているといえよう。この後あらわれる供僧方評定引付の参加者註記部分についても、これと同様に仮名が列記された中で書記者のみが実名を記すかたちとなっている。[43] 能済の自署があるものを集めてみると、さきの文永一〇年（一二七三）一二月晦日付年行事文書惣目録異筆部分をはじめとして、永仁六年（一二九八）九月日付十八口供僧連署契約状の供僧自署部分（写真4）[44]、正安元年（一二九九）八月二日付東寺供僧評定事書の供僧自署部分などがあるが（写真5）[45]、これらは同筆であることが確認できる。能済の筆跡は、全体として一文字一文字が独立して書かれさほど連綿させない点、屈曲の強い筆線で書かれた横広の結構をとる文字など個性的なものであり、当該期の文書の中でもひときわ異彩を放っている。

さて、こうした能済の書風が確認できたところで、次に能済が書いた案文群について見てみたい。表1・2

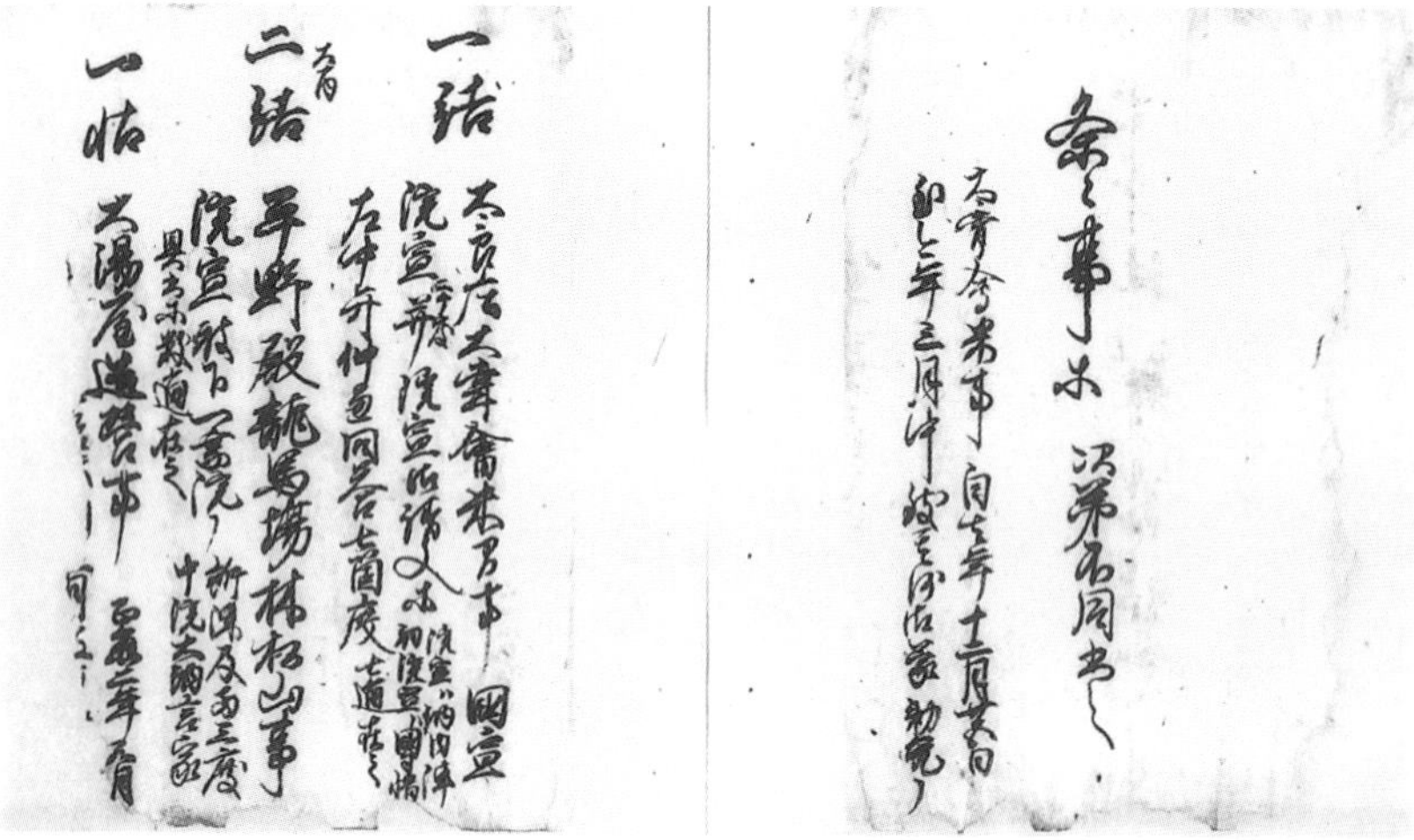

写真２　年行事次第(冒頭部)

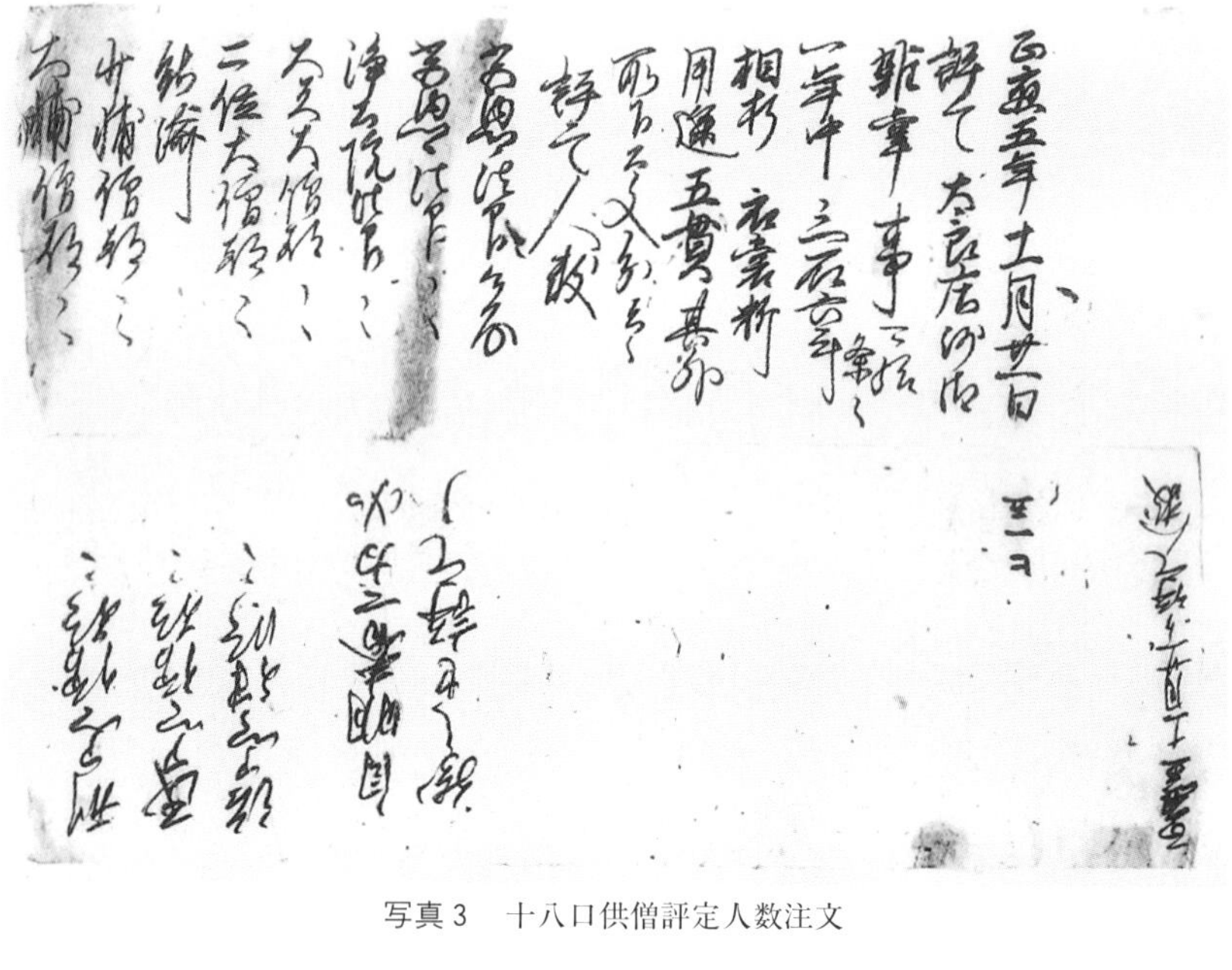

写真３　十八口供僧評定人数注文

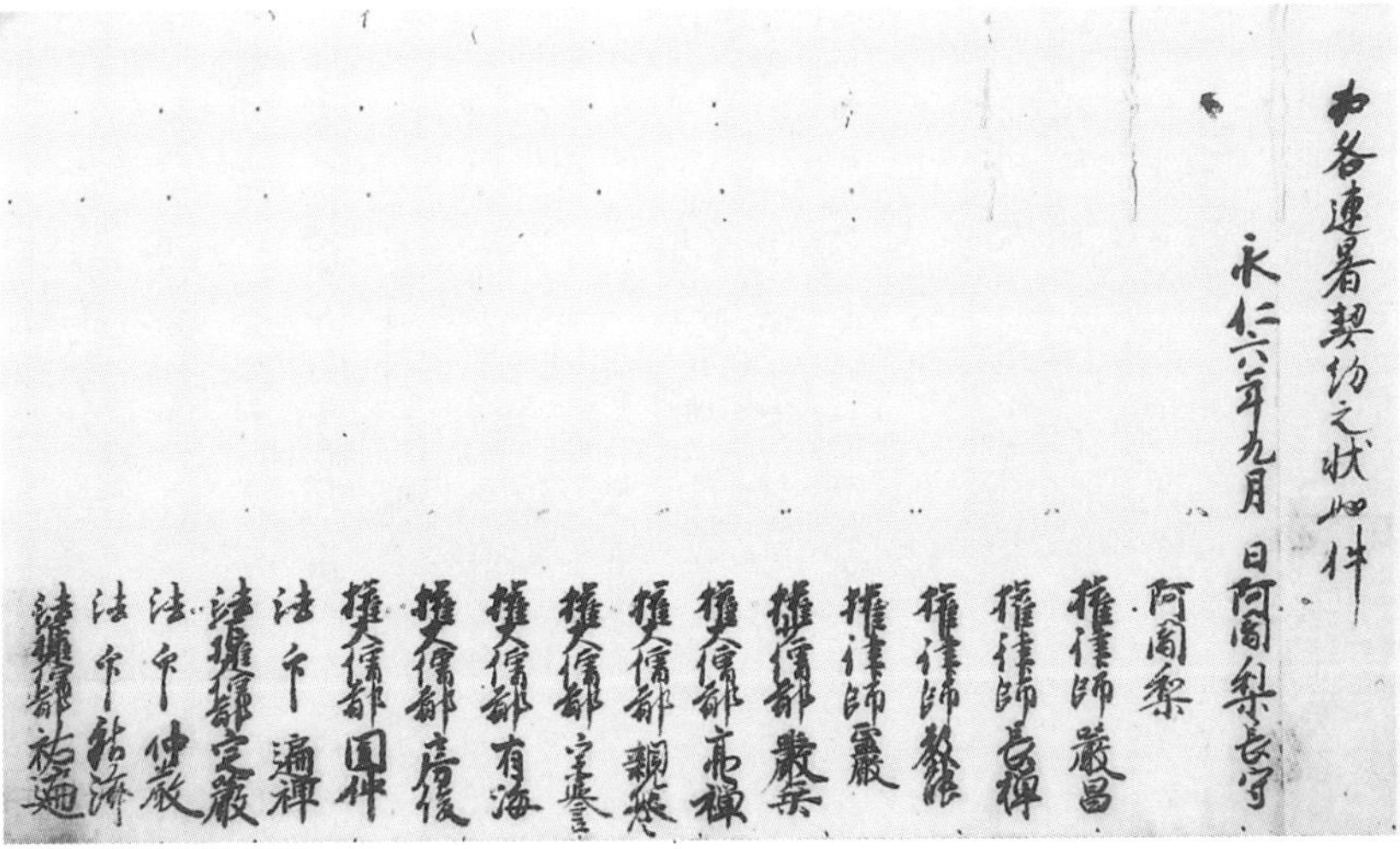

写真４　十八口供僧連署契約状(供僧自署部分)

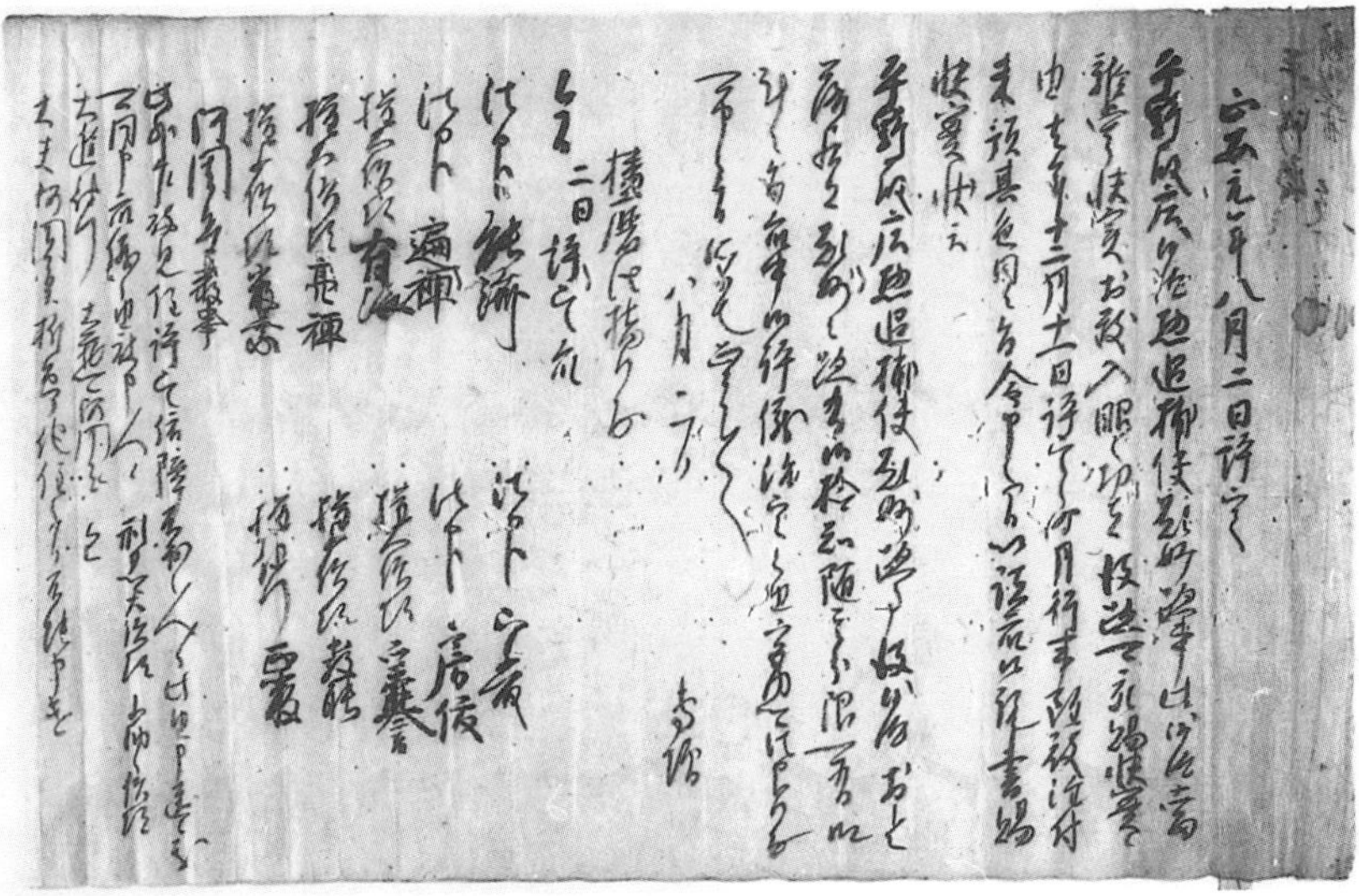

写真５　東寺供僧評定事書

（章末）は供僧供料荘である若狭国太良荘と大和国平野殿荘関係の文永～永仁年間のもののうち、年次がわかるもの（比定できたものも含む）の一覧である。[46] 能済筆の案文および能済の手になる端裏書を有するものと、このあと述べる定厳筆の案文・端裏書については、それぞれの項目に△▲○●をつけて示した。その分布が特定の年に集中していることは一見して明らかである。

まず、能済の年行事在任が史料から確認できる年が文永一一年と正応二年である。文永一一年は、さきの文永一〇年一二月晦日付年行事文書惣目録の翌年に書き加えられた註記部分にある「年行事能済（花押）」という署判によって、正応二年は、正応二年一一月三〇日付僧円喜奉書案の「年行事能済僧都状案」という端裏書から、[47] それぞれ確認できる。そこで、表1・2の文永一一年および正応二年の部分に注目すると、非常に興味深い結果が得られる。まず表1の太良荘関係文書では、文永一一年の案文一一通のうち九通が能済筆の案文であり（△）、正文一三通のうち五通に能済による端裏書が認められる（▲）。正応二年では、七通の案文中三通が能済筆案文、さきの年行事次第（文書目録）ももちろん能済筆である。表2の平野殿荘関係文書では、文永一一年の案文七通のうち五通が、正応二年の案文一四通のうち一二通が能済筆のものかもしくは能済の端裏書をもつものである。このように、能済が年行事を勤めた年の文書は、いずれも大多数が能済によって書写された案文か、端裏書を付された正文であることが指摘できる。このことからも、供僧年行事が文書管理に果たした役割の大きさがうかがい知れる。では次に、もう一人の注目すべき供僧である定厳についても検討してみよう。

（2）定　厳

（1）能済の節でみたように、供僧方文書の目録はその年の年行事が作成することが確認された。ではここで、ともに同筆の乾元元年（一三〇二）一二月日付供僧方文書目録（写真6）[48] および嘉元元年（一三〇三）一一月日付大和国平野殿荘文書目録（写真7）[49]の筆者について考えたい。まず気付くのは、能済とは対照的に文字の結構が縦長で下へ下へと連綿してゆく点、文字や行がやや右に傾く点などが指摘できる。また、いくつかの文字については、かなり個性的な独自のこなれ方をした崩し方がされている。特に「乾元々年」や「嘉元々年」の「年」の字は、あたかも「了」を書いたように極端な省画がなされ、非常に特徴的である。当該期の「東寺百合文書」のなかでこのような「年」の崩し方をした筆跡は他にみられない。この筆跡を識別するうえでこの「年」は重要な指標となった。

結論からいうと、この筆跡は供僧定厳のものである。[50]ヌ函六の十八口方評定引付（写真8‐①②）は正応六年から永仁三年までの記事を含むが、この冒頭の正応六年正月二一日条や同三〇日条の「評定人数」をみると、「亮法印」や「宮内卿法印」などの供僧の仮名に交じって、ただ一つ「定厳」と実名が記されている。このことから、この引付は供僧定厳の手によって書かれたことが判明する。この引付とさきの二点の文書目録とを観察すると、「太良」「関東」「南都」「状」など特定の文字の比較から、ともに同筆であることが判明する。決定的なのは、「永仁三年」や「去年」の「年」が文書目録と同様に「了」字のような書体で書かれている点である。これらはすべて定厳の手にかかるものといえる。定厳の筆跡および署名がわかる史料は他にも多く存在する。さらにいくつかあげれば、能済の項でもみた正安元年（一二九九）八月二日付東寺供僧評定事書（写真5）[51]、正安四年六月四日付宋恵勘返定厳書状（写真9）[52]などがある。評定事書では、平野殿荘惣追捕使顕妙跡の事が議されているが、「評定衆」として能済以下の供僧が自署している部分で、定厳のみは本文や僧位と同筆であることが見てとれる。またこの評定事書には、供僧の評議をうけて専増の奉じた「宮内卿法印御房可申之旨所候也」との文言をもつ八月二日付の年行事下知状も書かれているが、ここから「宮内卿法印」が定厳をさすこと、年行事下知状の文案を推敲する主体は年行事であることなどがわかる。[53]宋恵勘返定厳書状では、東寺長者の執事である凡僧別当宋恵と

写真６　供僧方文書目録

写真７　大和国平野殿荘文書目録

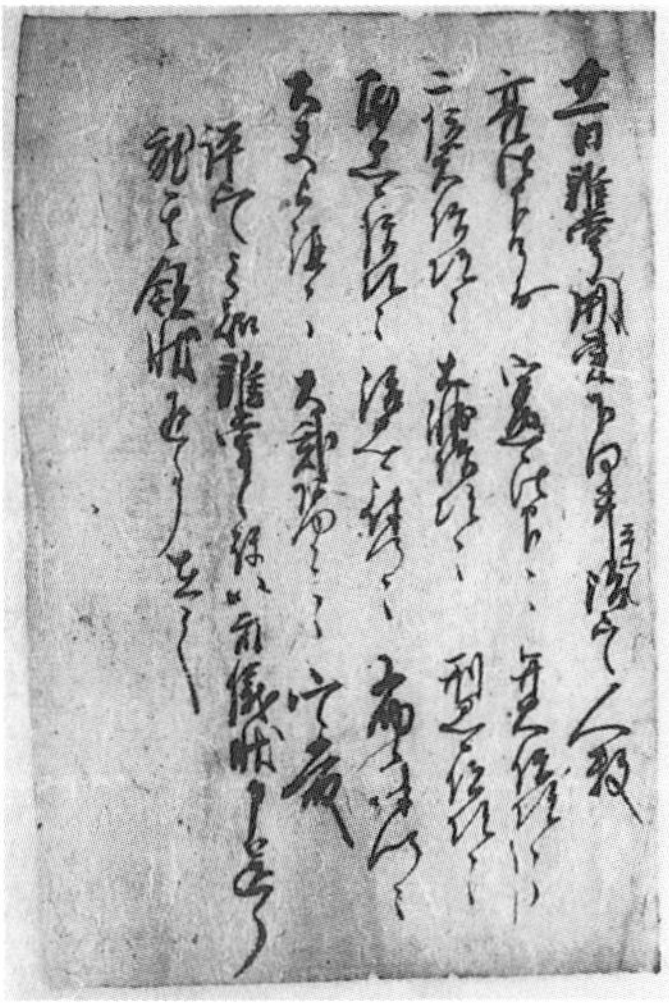
写真8-① 十八口方評定引付 ヌ函16号(正応6年正月21日条)

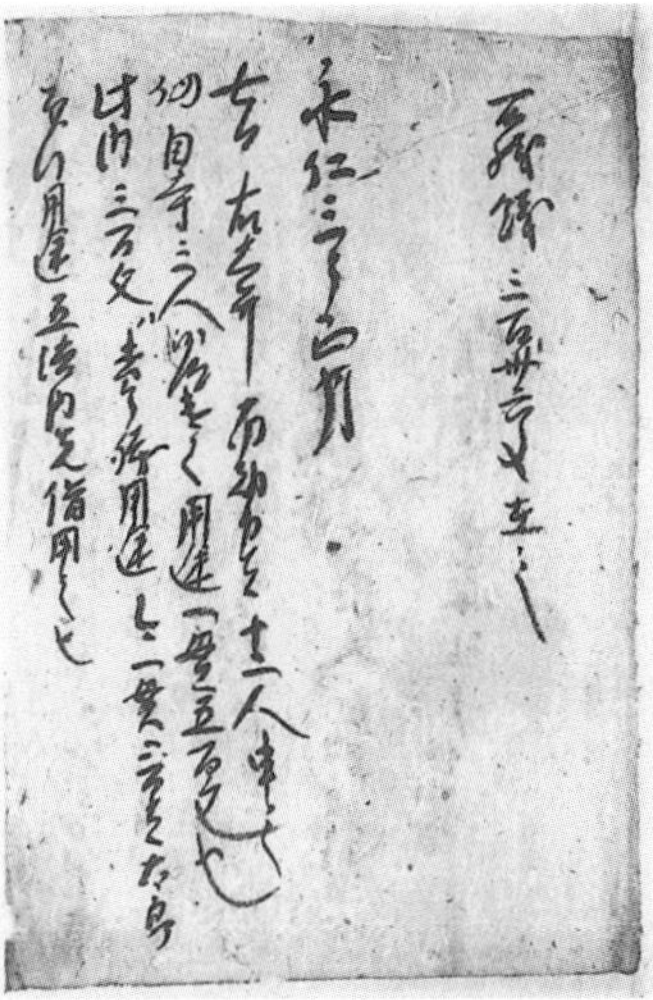
写真8-② 同上(永仁3年正月条)

の間で「御道具以下鎰事」についてやりとりがなされているが、本文の書風および自署「定厳」が、これまでにみた写真5~8と同一である点は明らかであろう。また表1・2から、定厳筆の案文および端裏書のある文書(○●)は、文永三年・同六年・同七年・同九年・建治二年・弘安六年・永仁七年(正安元)などにかたまって分布しているが、このうち永仁七年については同年二月二九日付厳誉書状の端書部分に「永仁七年二月廿九日/当年行事法印定厳(花押)」とあることから、[54] 定厳の年行事在任が確認できる。なお、表1・2の範囲には含まれないが、定厳は永仁以降にも多くの案文を書き残している。正安四年(乾元元、一三〇二)三月日付若狭国太良荘末武名々主職補任状案(ア函三六)や乾元元年加賀国東前保相論文書案(ミ函一二、同一三―一~四)、正安四年若狭国太良荘并尾張国大成荘文書案(や函一〇―一~四三)などはいずれも定厳によって一筆に書写された案文である。

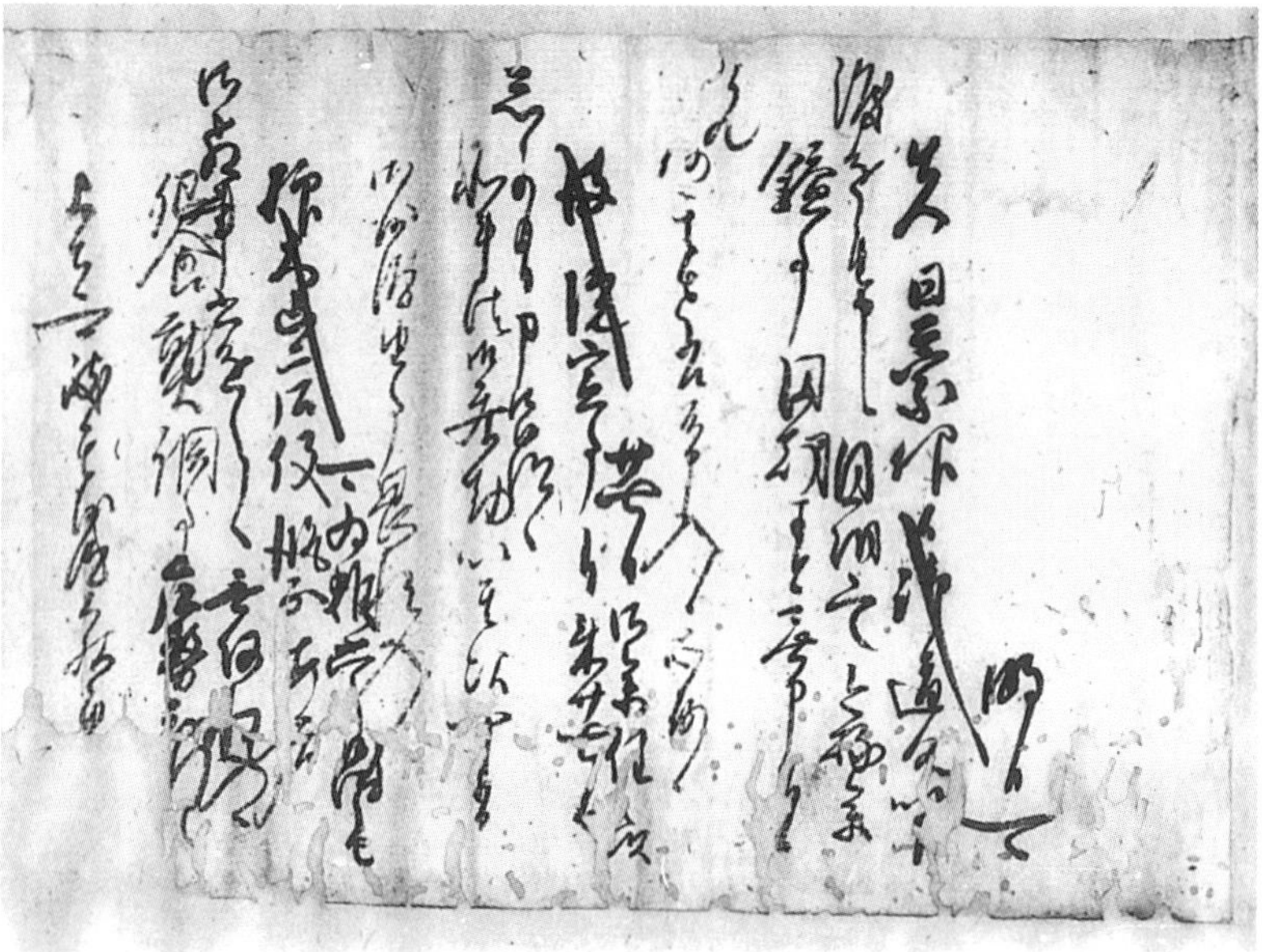

写真９-①　宋恵勘返定厳書状（第一紙）

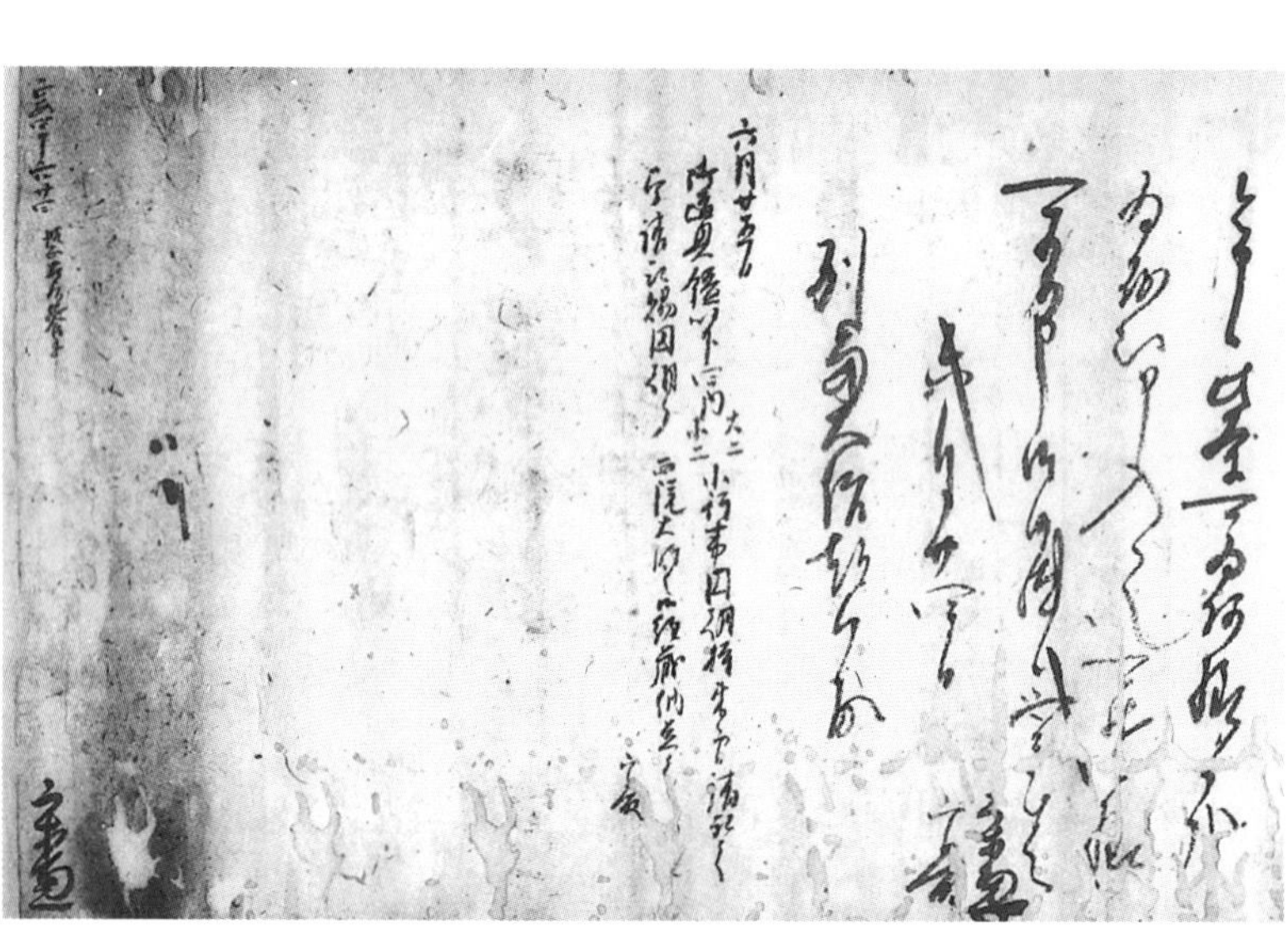

写真９-②　宋恵勘返定厳書状（第二紙）

おわりに

以上より、鎌倉中後期、東寺の供僧年行事の活動の一端は明らかにできたと思う。すなわち、年行事（月行事・季行事）はその在任期間の文書の整理・管理を主導的に行っていた。供僧方が発給する文書の文案を推敲し、それを案文として保管するだけでなく、供僧方が受け取った文書に端裏書を加えて整理保管もする。さらにはそれらの文書目録を作成し、次年度の年行事へと引き継いでゆく。そうした年行事たちの絶えざる営みの結果、今日の「東寺百合文書」は膨大な史料群として伝存したのである。そして、そうした年行事たちの活動を析出する手がかりとして、筆跡情報は有効なツールになりうる。誰がどの時期にどういった文書を書いているのか、同筆の文書を収集することにより、その権能が浮き彫りにできるのである。また、文書の正文と案文の判断に関しても、新たな知見をもたらしうるものと思われる。[55]今後こうした作業を積み重ねることにより、より詳細かつ精密に供僧組織の実態を描き出せるものと考えるが、それは他日を期することとし、ひとまずは擱筆したい。

（1）二〇〇七年度の日本古文書学会大会では、シンポジウムのテーマとして「文化財と古文書学――筆跡論――」というテーマ設定がなされた。その詳細については、湯山賢一編『文化財と古文書学――筆跡論』（勉誠出版、二〇〇九年）参照。
（2）富田正弘「中世史料論」（『岩波講座　日本通史　別巻三　史料論』岩波書店、一九九五年）。
（3）東京堂出版、上巻一九九八年、中巻二〇〇〇年、下巻二〇〇三年。
（4）福井県小浜市、二〇〇一年～逐次刊行中。定宴の筆跡については、既刊の第一巻（二〇〇一年）に註記がある。
（5）網野善彦『中世東寺と東寺領荘園』（東京大学出版会、一九七八年）。
（6）富田正弘「中世東寺の寺院組織と文書授受の構造」（『（京都府立総合）資料館紀要』八号、一九八〇年）、同「中

世東寺の寺官組織について――三綱と中綱層――」（同上一三号、一九八五年）。

（7）中世東寺の寺僧組織は「廿一口方」「学衆方」というように、いくつもの「――方」に分かれていた。各寺僧組織には臈次による序列があり、その最上位の者は一臈と呼ばれ、その組織の代表となる。その一臈とは別に、実務に関しては構成員から選出される奉行によって執り行われた（前掲註6富田「中世東寺の寺院組織と文書授受の構造」）。その実務を担う奉行は一般に「年預」と呼ばれたが、それはのちに奉行が恒常的に一年交替制となってから定着する室町期以降の呼称である。本稿で扱う鎌倉期には、この「年預」の役職はその在任期間にしたがい「年行事」「月行事」「季行事」などと、あるいは単に「奉行」と呼ばれ、一定しない。本稿では、のちに「年預」と呼ばれるようになる各「方」の奉行について、当該期の史料上にあらわれる言葉である「年行事」「月行事」等の語をそのまま用いることとする。また、そうした「――行事」一般をさす場合は、便宜「年行事」の語を用いた。

（8）上島有『東寺・東寺文書の研究』（思文閣出版、一九九八年）。

（9）黒川直則「「中世東寺における文書の管理と保存」（安藤正人・青山英幸編『記録史料の管理と文書館』北海道大学図書刊行会、一九九六年）。

（10）畑野順子「鎌倉期東寺供僧の訴訟と法印厳盛」（『鎌倉遺文研究』一一号、二〇〇三年）、真木隆行「鎌倉末期における東寺最頂の論理――『東宝記』成立の原風景――」（東寺文書研究会編『東寺文書にみる中世社会』東京堂出版、一九九九年）、横山和弘「鎌倉中・後期の東寺供僧と仁和寺御室」（『年報中世史研究』二六、二〇〇一年）など。畑野は供僧組織の中の一臈に注目し、供僧一臈が東寺の訴訟にさいして担った渉外機能を分析し、真木は、観智院杲宝による『東宝記』の編述の背景には鎌倉末期の社会状況とその中で生まれた東寺供僧の「東寺最頂の論理」が大きくはたらいていたことを明らかにし、横山は、東寺供僧と仁和寺との関係を法流の面から分析・整理している。

（11）佐藤進一『〔新版〕古文書学入門』（法政大学出版局、一九九七年、旧版は一九七一年）。

（12）一例をあげれば、田中克行『中世の惣村と文書』（山川出版社、一九九八年）がある。

（13）註（2）富田前掲論文。

（14）この点に関しては、すでに上島有による批判がある。上島「書評と紹介『足利尊氏文書の研究』」（『古文書研究』

五〇号、一九九九年)、および同「小松茂美著『足利尊氏文書の研究』について」(同『足利尊氏文書の総合的研究』国書刊行会、二〇〇一年)。

(15) 上島有「雑掌が御判御教書を書くということ」(『古文書研究』五二号、二〇〇〇年)。上島の提示した視点は非常に画期的ではあるが、氏の筆跡に関する判断にはやや客観性を欠くところがあり、東寺雑掌が御判御教書以下一連の遵行体系の文書をすべて書いているという主張には首肯し難い。少なくとも、氏が論考のなかであげている写真資料や筆跡比較表を見ても、氏のいうような結論は導き出せないことは明らかである。

(16) 林譲「「諏訪大進房円忠とその筆跡——室町幕府奉行人の一軌跡——」(皆川完一編『古代中世史料学研究　下巻』吉川弘文館、一九九八年)。

(17) 「東寺文書」という語は、広義には東寺に由来するすべての文書をさすが、狭義には「重書」として西院御影堂経蔵に保管され、現在は東寺宝物館の所管に帰する「寺宝」たる文書群をさす。本稿では、広義の東寺文書は「　」を付さず東寺文書と、狭義のものには「　」を付し「東寺文書」と表記することで両者を区別する。

(18) 供僧組織の成立に関しては、註(5)網野前掲著書および橋本初子「弘法大師御影供と中世東寺」(同『中世東寺と弘法大師信仰』思文閣出版、一九九〇年)などに詳しい。

(19) この十八口供僧は、廿一口供僧成立ののちに、新たに加増された三口と区別して「本供僧」と呼ばれた。対して、新たに加増された枠の三口の供僧は「新供僧」と呼ばれた。

(20) 「東寺百合文書」ア函一八(以下、特にことわらず函巻名・番号のみ記したものはすべて「東寺百合文書」のそれをさす)。『若狭国太良荘史料集成』九五号。なお、本文書の筆跡について『若狭国太良荘史料集成』では端裏書・本文ともに預所定宴の筆跡とするが、供僧定厳の筆跡の誤りである。

(21) 弘安元年五月二九日付年行事下知状案の奉者は定賀という人物であるが、この定賀は弘安元年閏一〇月二二日付安芸国新勅旨田年貢納状案(「教王護国寺文書」七—二)。「教王護国寺文書」の文書番号に関しては、刊本の赤松俊秀編『教王護国寺文書』〈平楽寺書店、一九六〇年〉の番号ではなく、京都大学総合博物館による現行の整理番号を反映した、東寺文書データベース作成委員会編CD—ROM版『東寺文書検索システム』〈二〇〇一年〉の番号によった)に「年行事御使僧定賀」として署名をしている。また、鎌倉後期に供僧方公文として活躍した頼尊は、大和国平野殿荘・丹波国大山荘・若狭国太良荘などの相論に関する年行事下知状の奉者としてその名がみえる。こうしたことから、年行事下知状の奉者は、供僧方公文もしくは、年行事の使僧として諸方に派遣されるような諸堂預などを勤めた寺官層の者が主として勤めたものと考えられる。なお、東寺の寺官層については、註(6)富田「中世東寺の寺官組織について――三綱と中綱層――」を参照。

(22) (延慶三年ヵ)一二月三〇日付東寺長者御教書案(メ函三一七)。

(23) 文永八年一一月三〇日付吉田経俊奉書(こ函一二)、建治元年一一月一八日付僧尊意奉書案(は函一四)、徳治二年一〇月二九日付僧恵運奉書案(京函二六)など。

(24) よ函三一。

(25) 建治元年七月二八日付東寺供僧連署申状案、と函一八。

(26) 建治四年二月二三日付東寺供僧連署挙状土代、な函二三。

(27) 永仁六年九月日付十八口供僧連署契状、む函五。

(28) 正安四年二月一五日付十八口供僧連署請文案、や函一一。

(29) 公武への訴訟にさいして供僧一同の申状を挙達したのが、供僧一﨟挙状である。この点については、註(10)畑野前掲論文に詳しい。

(30) 「教王護国寺文書」五―四。

(31) こうした「年行事御分」の料足は「紙代」という註記が付くことがままある。

(32) う函六―一。

(33) ヌ函六、表紙のみ「教王護国寺文書」九―五。表紙に「月行事」の語がある。

(34) う函六―三および一。

(35) 定厳は「宮内卿」もしくは「実相寺」を仮名とした。供僧の仮名の常として、「宮内卿」はおそらく父親の官途に由来するものと思われる。「実相寺」に関しては、定厳が正和四年正月に没したさい、実相寺にいたことなどから考えて(広本「東寺長者補任」正和四年条)、止住先にちなむものであったと考えられる。

(36) 黒川直則「東寺百合文書の『奉行合点状』を読む」(『(京都府立総合)資料館紀要』二四号、一九九六年)および

註(6)富田前掲論文参照。

(37)「教王護国寺文書」一三―八。
(38)し函一一。
(39)な函一九。
(40)な函三三。
(41)このうち大和国平野殿荘関係のものは、現と函五一であると考えられる。と函五一は、全六〇紙六一通を収める長大なもので、まさに「大巻」といったさまである。このと函五一に関しては、岡本隆明「大和国平野殿庄をめぐる永仁年間の訴訟とその文書――東寺百合文書と函五一号「大和国平野殿庄相論関係文書案」を中心とした筆跡の比較を利用して――」(『大谷大学史学　史学論究』一〇号、二〇〇四年)がある。
(42)ヒ函一五。
(43)(正応六～永仁三年)十八口方評定引付(ヌ函六)、永仁六年月行事引付(う函六)など。
(44)む函五。
(45)ネ函二三。本文書の本文の筆者は後述の定厳である。
(46)本表作成にあたっては、東寺文書データベース作成委員会編CD―ROM版『東寺文書検索システム』(二〇〇一年)を使用したが、年未詳文書等の年次比定は筆者が行った。また、文書名等は適宜改めた部分もある。
(47)は函三二。
(48)ア函三八。
(49)と函五六。
(50)定厳の筆跡については、拙稿「東寺観智院・藤井永観文庫所蔵『東寺長者補任』について――寺院文書の集積と供僧――」(註1前掲書)参照。
(51)ネ函二三。
(52)エ函一七。
(53)「東寺百合文書」中にみられる年行事下知状案は、「案」とはいうものの、推敲の跡が多くみられるような本来は土代であったものを記録として残すため、「案」「案文」と端裏に書かれて保管されたものが多い。そのさい、本文の執筆・推敲をする主体の多くは、年行事の供僧であることが筆跡や前後の史料から判明する。また、年行事下知状（公文奉書）の正文でも、その筆跡から年行事自身が書いていると判断できるものもある。また逆に、公文の奉じた正文と考えられていたものが、実際には年行事の書写した案文であるケースもある。例をあげれば、権都維那円喜書状（ネ函一六二）は権都維那円喜書状案と、円喜奉書（お函一七）は円喜奉書案と、それぞれ訂正できる。

(54)　リ函二三。

(55)　註(53)参照。

〔付記〕本稿は、二〇〇三年一二月に行われた第Ⅲ期第八回東寺文書研究会での報告をもとに成稿したものである。報告のさいには、黒川直則・高橋敏子両氏をはじめ、多くの方から貴重なご意見をいただいた。ここに記して感謝申し上げる次第である。

表 1　太良荘関係文書目録(文永～永仁年間)

文書群	函巻名	番号	年号	月日	西暦	文書名	定厳	能済	備考
百合	フ函	7-1	文永元	3月17日	1264	沙弥光念施行状案			
護国寺	5	1-1	文永元	6月13日	1264	氏名未詳請状			
百合	ハ函	3	文永2	3月　日	1265	若狭国東郷実検田地取帳案			用別途目録
百合	は函	22-46	文永2	11月11日	1265	若狭国太良庄年貢米支配状	●		
百合	ム函	5	文永2	12月　日	1265	某書状案			
護国寺	5	5	文永3	10月24日	1266	若狭国太良荘田数并年貢米内検注進状			
百合	や函	10-10	文永3	10月24日	1266	若狭国太良庄田数并所当米損得散用状案	○		
百合	は函	22-43	文永3	11月24日	1266	若狭国太良庄運上米支配状	○		
百合	は函	22-44	文永3	11月24日	1266	若狭国太良庄運上米支配状	○		
百合	は函	22-42	文永4	9月4日	1267	若狭国太良庄早米支配状	○		
護国寺	5	8	文永5	7月　日	1268	若狭国東郷大田文写			
百合	ほ函	12	文永5	11月16日	1268	開田准后法助令旨案			
百合	ヱ函	6	文永6	4月　日	1269	若狭国太良保大番雑事段別宛物配符案			
百合	エ函	11	文永6	4月　日	1269	若狭国太良保大番雑事段別宛物注文案			文永6年のもの
百合	オ函	5	文永6	4月　日	1269	若狭国太良保領家方年貢名々員数目録案	○		
百合	な函	15	文永6	5月28日	1269	若狭国太良庄雑掌申状案			
百合	エ函	5	文永6	5月30日	1269	権律師祐遍書状案			
百合	エ函	7	文永6	7月5日	1269	六波羅御教書案			
百合	エ函	8	文永6	7月11日	1269	若狭国太良保地頭若狭定蓮〈忠清〉請文案			
百合	エ函	9	文永6	8月2日	1269	若狭国太良庄雑掌重申状案			
百合	な函	16	文永6	8月16日	1269	若狭国太良庄雑掌定宴重申状案	○		

百合	ゑ函	28-3	文永6	11月5日	1269	若狭国恒枝保内太良庄押領田地坪付注文案			
百合	ゑ函	1	文永6	11月5日	1269	若狭国恒枝保内太良庄押領田地坪付注文			
百合	は函	22-40	文永6	11月7日	1269	若狭国太良庄中米支配状	○		
百合	は函	22-39	文永6	12月17日	1269	若狭国太良庄後納米支配状	○		
百合	エ函	127	文永6		1269	若狭国太良保地頭代藤原忠頼陳状案			文永6年のもの
百合	は函	22-38	文永7	2月20日	1270	若狭国太良庄未進所当代銭支配状	○		
百合	ア函	18	文永7	6月5日	1270	有慶奉書案			
百合	ぬ函	7	文永7	6月晦日	1270	若狭国太良庄観心等連署申状			本文書には礼紙追而書あり
百合	ア函	19	文永7	7月1日	1270	若狭国太良庄末武名主中原氏女陳状案			
百合	フ函	5	文永7	7月12日	1270	若狭国太良庄御家人沙弥乗蓮息女藤原氏女重申状案			7月12日(到来)
百合	ぬ函	8	文永7	7月16日	1270	若狭国太良庄観心・大中臣真利連署申状			
百合	ぬ函	9	文永7	7月　日	1270	若狭国太良庄観心等連署申状			
百合	ぬ函	10	文永7	8月　日	1270	若狭国太良庄観心・大中臣真利連署重申状			
百合	マ函	6	文永7	8月　日	1270	若狭国御家人時国女子中原氏女重陳状			
百合	ア函	20	文永7	9月1日	1270	若狭国御家人宮河乗蓮息女藤原氏女重申状案			
百合	は函	22-37	文永7	9月1日	1270	若狭国太良庄早米支配状	○		
百合	ア函	21	文永7	9月6日	1270	沙弥定仁書状			
百合	ア函	22	文永7	閏9月　日	1270	若狭国御家人右衛門尉時国息女中原氏女重陳状			
百合	ア函	23	文永7	10月7日	1270	宮河乗蓮息女藤原氏女申状			
百合	は函	5	文永7	10月　日	1270	若狭国太良庄内検目録	○		
百合	こ函	12	文永8	11月30日	1271	吉田経俊奉書			

百合	ヱ函	7	文永９	７月18日	1272	十八口供僧等挙状案			
百合	ヌ函	2-1	文永９	８月15日	1272	若狭国太良庄預所定宴請文			
百合	や函	10-11	文永９	８月15日	1272	若狭国太良庄預所定宴請文案	○		
百合	ヤ函	11-1	文永９	８月20日	1272	僧定宴・藤原氏女連署若狭国太良庄預所職請文			裏花押
百合	や函	10-12	文永９	８月20日	1272	僧定宴・藤原氏女連署若狭国太良庄預所職請文案	○		
百合	ゑ函	2	文永９	８月　日	1272	若狭国太良庄預所職補任状案			
百合	は函	22-32	文永９	９月４日	1272	若狭国太良庄早米支配状	○		
百合	ア函	24	文永９		1272	若狭国太良庄末武名文書包紙			
百合	ゑ函	3	文永10	３月17日	1273	若狭国太良庄勧心半名々主職補任状案			
百合	ル函	9	文永10	３月17日	1273	若狭国太良庄勧心半名々主職補任状案			
百合	フ函	7-2	文永10	３月25日	1273	脇袋範継請文案			
護国寺	5	14	文永10	10月21日	1272	若狭国太良荘田数并年貢米内検注進状			
護国寺	5	16	文永10	12月11日	1272	僧定宴自筆挙状案			
百合	な函	19	文永10	12月晦日	1273	東寺供僧年行事文書惣目録			文永11年12月晦日付の追記あり
東寺	無号	5	文永10		1273	権少僧都聖宴書状追而書			
百合	は函	8	文永11	２月25日	1274	順良房快深請文		▲	
百合	こ函	13	文永11	２月26日	1274	供僧方年行事能済下知状(案)		△	
百合	は函	9	文永11	２月26日	1274	若狭国太良庄末武名文書案		△	
百合	は函	9-1	文永11	２月26日	1274	供僧方年行事能済下知状案		△	
百合	ル函	11	文永11	２月　日	1274	若狭国太良庄末武名々主脇袋範継申状			
百合	は函	7	文永11	２月　日	1274	若狭国太良庄末武名百姓職補任状案		▲	

百合	は函	6	文永11	2月　日	1274	若狭国太良庄末武名百姓職補任状案		△	
百合	ヒ函	242	文永11	4月4日	1274	権少僧都聖宴書状			文永11年のもの
百合	ル函	14	文永11	4月　日	1274	僧快深重陳状			
百合	ル函	12	文永11	4月　日	1274	僧快深陳状			
百合	ル函	13	文永11	4月　日	1274	若狭国太良庄末武名々主脇袋範継重申状			
百合	ト函	13	文永11	5月　日	1274	若狭国太良庄末武名々主脇袋範継重申状			
百合	は函	10-1	文永11	6月　日	1274	藤原氏女申状		▲	
百合	レ函	7	文永11	7月9日	1274	藤原師綱若狭国太良庄末武名々主職請文			
百合	ユ函	13-2	文永11	7月9日	1274	若狭国太良庄末武名々主職補任状案		△	
百合	ア函	26-3	文永11	7月9日	1274	若狭国太良庄末武名々主職補任状案		△	
百合	は函	11	文永11	7月　日	1274	藤原氏女重申状		▲	
百合	は函	12	文永11	7月　日	1274	若狭国太良庄末武名々主職補任状案		△	
百合	ワ函	1	文永11	9月7日	1274	藤原氏女若狭国太良庄末武名々主職任料送進状			
百合	な函	20	文永11	10月1日	1274	若狭国太良庄預所定宴書状案			
百合	な函	21	文永11	10月16日	1274	若狭国太良庄預所定宴書状案			
百合	エ函	122	文永11	10月19日	1274	若狭国太良庄預所真行房定宴書状案		△	文永11年のもの
百合	エ函	10	文永11	10月24日	1274	若狭国太良庄雑掌定宴書状			
百合	は函	22-27	文永11	11月15日	1274	若狭国太良庄年貢米支配状		▲	
百合	京函	12	文永12	2月　日	1275	若狭国太良庄末武名主中原氏女重申状			
百合	と函	18	建治元	7月28日	1275	東寺見住供僧連署申状案			
百合	テ函	6	建治元	8月12日	1275	若狭国太良庄末武名相伝名主中原氏女申状			

百合	は函	22-25	建治元	11月15日	1275	若狭国太良庄中米支配状			
百合	は函	14	建治元	11月18日	1275	僧尊意奉書案			
護国寺	6	16	建治2	正月23日	1276	若狭国太良荘百姓等言上状			
百合	は函	22-24	建治2	2月17日	1276	若狭国太良庄後納米支配状			
百合	エ函	6-12	建治2	3月1＊日	1276	若狭国太良庄長夫請取案			
百合	は函	15	建治2	6月10日	1276	若狭国太良庄預所定宴下知状案	○		
百合	メ函	19	建治2	6月　日	1276	若狭国御家人中原氏重申状			
百合	は函	16	建治2	7月5日	1276	某書状案	●		
百合	は函	18	建治2	7月14日	1276	阿性房静俊書状	●		
百合	は函	17	建治2	7月14日	1276	阿性房静俊陳状	○		
百合	は函	19	建治2	7月18日	1276	平成近起請文	○		
百合	ヰ函	11	建治2	7月　日	1276	若狭国太良庄末武名々主中原氏重申状			裏花押あり
百合	は函	22-23	建治2	8月26日	1276	若狭国太良庄早米支配状	●		
百合	イ函	10	建治2	10月　日	1276	若狭国太良庄末武名々主藤原氏女陳状			
百合	は函	20	建治2	10月　日	1276	若狭国太良庄内検目録	●		
百合	エ函	12-2	建治3	4月3日	1277	若狭国太良庄百姓等申状			
百合	エ函	12-1	建治3	4月5日	1277	真行房定宴書状			
百合	エ函	12-5	建治3	4月20日	1277	若狭国太良庄長夫請取案			
百合	れ函	1	建治3	6月23日	1277	若狭国太良庄内検目録			
百合	な函	22	建治3	7月16日	1277	脇袋範継書状			
百合	京函	14	建治3	7月　日	1277	若狭国太良庄末武名々主中原氏申状			
百合	ヱ函	10	建治3	8月17日	1277	法印能禅請文案			

百合	は函	22-20	建治3	11月20日	1277	若狭国太良庄後納米支配状	○		
百合	ホ函	5	建治3	12月　日	1277	若狭国太良庄雑掌申状案			
百合	ア函	368	建治3	12月　日	1277	中原氏女申状案			
百合	ア函	369	建治3		1277	真行房定宴書状			この文書は建治3年のものである
百合	な函	23	建治4	2月23日	1278	十八口供僧連署挙状案			
百合	ゑ函	4	弘安元	4月21日	1278	若狭国太良庄勧心名々主職補任状案			
百合	さ函	3	弘安元	5月29日	1278	東寺供僧下知状案			
百合	京函	15	弘安元	5月　日	1278	若狭国太良庄百姓藤井宗氏陳状			
百合	ト函	14	弘安元	5月　日	1278	若狭国太良庄住人小槻重真等申状			
百合	イ函	11	弘安元	5月　日	1278	若狭国太良庄百姓綾部時安等連署重申状			
百合	お函	1	弘安元	5月　日	1278	若狭国太良庄百姓小槻重実重申状			
護国寺	7	1	弘安元	5月　日	1278	若狭国太良荘百姓藤井宗氏陳状案			
百合	は函	22-19	弘安元	9月17日	1278	若狭国太良庄早米支配状			
百合	ユ函	14	弘安元	9月23日	1278	沙弥成仏請文			
護国寺	7	1	弘安元	12月29日	1278	僧定賀奉書案			
百合	エ函	12	弘安2	2月3日	1279	真行房定宴譲状案			
百合	ゑ函	5	弘安2	2月16日	1279	若狭国太良庄未進年貢米注文			
百合	ニ函	6	弘安2	2月晦日	1279	若狭国太良庄末武名々主沙弥成仏請文			
百合	は函	22-17	弘安2	3月18日	1279	若狭国太良庄平成近一色田所当米請文			
百合	や函	5	弘安2	11月11日	1279	真行房定宴書状			
百合	は函	22-11	弘安2	12月13日	1279	若狭国太良庄年貢米支配状			
護国寺	7	5	弘安2		1279	若狭国太良荘文書目録			

百合	は函	22-10	弘安3	9月9日	1280	若狭国太良庄早米支配状			
百合	は函	22-9	弘安4	9月22日	1281	若狭国太良庄年貢米支配状	●		
百合	ハ函	4	弘安4	10月29日	1281	現住供僧等申状			
百合	は函	2-7	弘安5	11月4日	1282	若狭国太良庄年貢米支配状			附紙あり
百合	は函	22-8	弘安5	11月4日	1282	若狭国太良庄未進年貢米支配状	○		
百合	は函	22-6	弘安6	2月2日	1283	若狭国太良庄未進年貢米支配状	●		
百合	は函	22-5	弘安6	4月1日	1283	若狭国太良庄未進年貢米支配状	●		
百合	は函	22-4	弘安6	6月28日	1283	若狭国太良庄未進年貢米支配状	○		
百合	は函	22-2	弘安6	9月20日	1283	若狭国太良庄早米支配状	○		
百合	は函	22-3	弘安6	9月20日	1283	若狭国太良庄未進年貢米支配状	○		
百合	は函	22-1	弘安6	11月24日	1283	若狭国太良庄年貢米支配状	●		
百合	ア函	28	弘安7	2月21日	1284	比丘尼信阿譲状案			
百合	ア函	29	弘安7	2月21日	1284	比丘尼信阿譲状案			
百合	り函	14	弘安7	5月18日	1284	僧尊円書状			
護国寺	7	14	弘安7	5月　日	1284	若狭国太良荘年貢米結解状			
百合	な函	26	弘安7	8月25日	1284	僧尊円書状			
護国寺	7	17	弘安7	10月16日	1284	若狭国太良荘年貢米支配状			
百合	は函	23	弘安7	12月20日	1284	若狭国太良庄年貢米支配状			
百合	や函	6	弘安7		1284	権少僧都清寛請文案			
百合	オ函	7	弘安8	8月3日	1285	法橋定□(賀ヵ)奉書案			
百合	な函	29-1	弘安8	9月　日	1285	若狭国太良庄雑掌申状案			
百合	う函	4	弘安9	5月19日	1286	若狭国太良庄六人部国安所持田畠注文案			

百合	ヱ函	2-2	弘安9	5月　日	1286	若狭国太良庄助国名々主職補任状案			
百合	ら函	1-1	弘安9	6月8日	1286	(若狭国太良庄助国名百姓職安堵状案)			
百合	京函	19	弘安9	8月　日	1286	若狭国太良庄本百姓助国子息国安重申状			
護国寺	8	5-1	弘安9	11月25日	1286	若狭国太良荘年貢米支配状			
百合	は函	25	弘安9	11月25日	1286	若狭国太良庄年貢米支配状	○		
百合	は函	26	弘安9	11月28日	1286	法印厳盛挙状案			
百合	ヱ函	2-3	弘安10	5月11日	1287	某袖判裁許状案			
百合	エ函	13	弘安10	5月23日	1287	若狭国太良庄末武名文書目録			
百合	な函	31	弘安10	6月　日	1287	若狭国太良庄雑掌浄妙申状案			
百合	は函	27	弘安10	12月　日	1287	若狭国太良庄雑掌浄妙重申状案			
百合	ア函	30	弘安10	12月　日	1287	若狭国太良庄雑掌浄妙重申状案			
百合	は函	29	弘安11	3月16日	1288	若狭国太良庄未進年貢米支配状			
百合	や函	10-29	正応2	2月27日	1289	左中弁平仲兼奉書案			
百合	や函	10-30	正応2	3月8日	1289	左中弁平仲兼奉書案			
百合	は函	30	正応2	6月27日	1289	円喜奉書案		△	
百合	ゐ函	4	正応2	8月15日	1289	六波羅御教書案		△	
百合	ア函	32	正応2	8月15日	1289	六波羅御教書案		△	
百合	は函	31	正応2	8月　日	1289	若狭国太良庄雑掌尼浄妙重申状案	○		
護国寺	8	13	正応2	11月30日	1289	氏名未詳申状案			
百合	な函	33	正応2		1289	正応二年々行事次第		△	
百合	ゑ函	6	正応3	6月　日	1290	若狭国太良庄預所職補任状案			
護国寺	8	16	正応3	8月13日	1290	若狭国太良荘年貢早米送進状			

百合	は函	34	正応3	9月18日	1290	□信書状案			
護国寺	8	17	正応3	9月25日	1290	若狭国太良荘糸綿送進状			
百合	な函	34	正応3	9月25日	1290	若狭国太良庄年貢代銭送進状			
百合	な函	35	正応3	10月28日	1290	若狭国太良庄年貢米送進状			
百合	な函	36	正応3	11月14日	1290	若狭国太良庄年貢米支配状			
護国寺	8	14	正応3		1290	若狭国太良荘糸綿支配状			
百合	な函	38	正応4	2月13日	1291	若狭国太良庄未進年貢送進状		△	
百合	エ函	16	正応4	2月21日	1291	若狭国太良庄年貢雑穀等支配状			
百合	エ函	16-6	正応4	2月21日	1291	(若狭国太良庄)長夫支配状			
百合	エ函	16-5	正応4	2月21日	1291	(若狭国太良庄)長夫支配状			
百合	ゑ函	8	正応4	3月20日	1291	若狭国太良庄百姓源八男起請文			
百合	は函	101-2	正応4	4月2日	1291	若狭国太良庄時守跡百姓職補任状案			
百合	こ函	23	正応4	10月17日	1291	若狭国宣			
百合	へ函	14-1	正応4	11月21日	1291	歓喜寿院領若狭国太良庄年貢米請取			
百合	ヒ函	15	正応5	11月21日	1292	十八口供僧評定人数注文案			
百合	う函	5	正応6	1月17日	1293	若狭国太良庄未進年貢送進状			
百合	ヌ函	6	正応6		1293	(十八口方評定引付)			正応6年1月より、永仁3年8月までの記事を含む
百合	へ函	14-14	永仁元	11月17日	1293	歓喜寿院領若狭国太良庄年貢米請取			
百合	イ函	15-1	永仁2	4月　日	1294	若狭国太良庄領家雑掌尚慶地頭若狭忠兼代良祐和与状案			
百合	ヒ函	16	永仁2	4月　日	1294	若狭国太良庄領家雑掌尚慶地頭若狭忠兼代良祐連署和与状			裏に中務丞三善某・菅原某の証判あり

百合	ヱ函	18-3	永仁２	４月　日	1294	若狭国太良庄領家雑掌尚慶地頭若狭忠兼代良祐連署和与状案			
百合	や函	10-23	永仁２	４月　日	1294	若狭国太良庄領家雑掌尚慶地頭若狭忠兼代良祐連署和与状案			
百合	へ函	14-8	永仁３	閏２月29日	1295	若狭国太良庄歓喜寿院修二月料米請取			
百合	ヒ函	17	永仁３	３月８日	1295	丹波国大山庄地頭中沢基員請文			
護国寺	10	2-1	永仁３	５月７日	1295	鎌倉幕府御教書写			
百合	せ函	武4	永仁３	５月７日	1295	関東裁許状			
百合	や函	10-21	永仁３	５月７日	1295	関東裁許状案			
百合	ヱ函	18-1	永仁３	５月７日	1295	関東裁許状案			
護国寺	10	2-1	永仁３	８月10日	1295	若狭国太良荘文書写			
護国寺	10	2-2	永仁３	８月10日	1295	六波羅探題施行状案			
百合	ヱ函	18	永仁３	８月10日	1295	若狭国太良庄所務相論文書案			
百合	や函	10-22	永仁３	８月10日	1295	六波羅施行状案			
百合	ヱ函	18-2	永仁３	８月10日	1295	六波羅施行状抄			
百合	ヒ函	18	永仁３	８月10日	1295	六波羅施行状			
百合	へ函	14-7	永仁３	12月２日	1295	若狭国太良庄歓喜寿院修二月米請取			
百合	エ函	15-7	永仁４	２月　日	1296	(若狭国太良庄)長夫支配状			
護国寺	10	4	永仁４	２月　日	1296	若狭国太良荘六人部国友注進状写			
百合	へ函	14-6	永仁４	３月11日	1296	若狭国太良庄歓喜寿院修二月料米請取			
百合	ら函	1-3	永仁４	４月　日	1296	沙弥西向施行状案			
百合	ら函	1-2	永仁４	４月　日	1296	若狭国太良庄助国名百姓職宛行状案			
百合	へ函	14-5	永仁４	11月22日	1296	若狭国太良庄歓喜寿院修二月料米請取			

百合	エ函	15-6	永仁５	２月24日	1297	(若狭国太良庄)長夫支配状			
百合	へ函	14-4	永仁５	４月30日	1297	若狭国太良庄歓喜寿院修二月米請取			
百合	へ函	14-3	永仁５	11月18日	1297	若狭国太良庄歓喜寿院修二月米請取			
百合	エ函	15-5	永仁５	月	1297	(若狭国太良庄)長夫支配状			
護国寺	10	9	永仁６	３月１日	1298	若狭国太良荘百姓時沢・勧心・真利注進状写			
百合	へ函	14-2	永仁６	３月２日	1298	歓喜寿院領若狭国太良庄寺用米請取			
百合	エ函	15-4	永仁６	５月19日	1298	(若狭国太良庄)長夫支配状			
百合	や函	10-31	永仁６	11月３日	1298	右少弁葉室頼房奉書案			
百合	へ函	14-16	永仁６	12月22日	1298	若狭国太良庄歓喜寿院寺用米請取			
百合	エ函	15-3	永仁６		1298	(若狭国太良庄)公事縄支配状			
百合	う函	6-1	永仁６		1298	永仁六年月行事日記			
百合	う函	6-3	永仁６		1298	永仁六年月行事引付			９・10月の記事を含む
百合	エ函	15-2	永仁７	２月	1299	(若狭国太良庄)長夫支配状			
護国寺	10	13	永仁７	３月１日	1299	若狭国太良荘助国名坪付注文写			
百合	ル函	18	永仁７	３月１日	1299	若狭国太良庄時沢名坪付注進状			
百合	な函	48	永仁７	３月１日	1299	若狭国太良庄助国名検注坪付注文			
百合	へ函	14-21	永仁７	３月３日	1299	若狭国太良庄歓喜寿院寺用米請取			
百合	ユ函	17	永仁７	３月10日	1299	東寺供僧年行事定厳請文案	○		
百合	ユ函	18	永仁７	３月10日	1299	東寺供僧年行事定厳請文案	○		
百合	ヒ函	20	永仁７	３月10日	1299	東寺供僧年行事定厳請文案	○		

註１：「文書群」の百合は東寺百合文書、護国寺は教王護国寺文書、東寺は東寺文書(表２も同)。
２：○は定厳によって書かれた案文、●は定厳による端裏書があるもの。△は能済によって書かれた案文で、▲は能済による端裏書があるもの(表２も同)。

表２　平野殿荘関係文書目録(文永～永仁年間)

文書群	函名	番号	年号	月日	西暦	文書名	定厳	能済	備考
百合	ゐ函	1	文永２	７月９日	1265	後深草上皇院宣案			
百合	ほ函	11	文永２	９月９日	1265	開田准后法助令旨案			
百合	ユ函	11	文永２	９月９日	1265	御室宮令旨案			
百合	と函	51-13-2	文永５	閏１月	1268	近衛基平御教書案		△	
百合	ヨ函	10－2	文永６	９月27日	1269	大和国平野殿庄名主永弘等連署申状案			
百合	ヨ函	15	文永７	３月５日	1270	行誉書状案			
百合	ヨ函	16	文永７	３月12日	1270	定宴書状			
百合	と函	10	文永７	３月17日	1270	行誉書状案			
百合	ヨ函	17	文永７	３月20日	1270	大和国平野殿庄預所聖宴書状			
百合	と函	11	文永７	４月25日	1270	大和国平野殿庄百姓等申状			切封ウワ書に「注進真行御房百姓等上」とある
百合	ヨ函	18	文永７	10月15日	1270	行誉書状案			
百合	ネ函	1	文永７	10月17日	1270	大進僧都聖宴書状			
百合	ヨ函	19	文永７	11月４日	1270	大和国平野殿庄百姓申状			
百合	ヨ函	20	文永７	11月14日	1270	大和国平野殿庄百姓等申状			
百合	ヨ函	21	文永７	11月15日	1270	行誉書状案			
百合	ヨ函	22	文永７	11月28日	1270	大和国平野殿庄預所聖宴書状			
百合	ヨ函	23	文永７		1270	大和国平野殿庄掃除人夫并納米文書包紙			
東寺	無号	4	文永10	閏５月□日	1273	権少僧都聖宴書状			
百合	ほ函	14－1	文永10	８月７日	1273	後深草上皇院宣案			
百合	ほ函	14－2	文永10	８月９日	1273	後深草上皇院宣案			菩提院了遍書状包紙の裏を利用したもの

百合	ヨ函	25－1	文永10	8月9日	1273	御室官令旨案			
百合	ウ函	16	文永10	8月11日	1273	菩提院了遍書状			
百合	ヨ函	25－2	文永10	8月11日	1273	御室官令旨案			
百合	ヨ函	76－6	文永10	12月26日	1273	大和国平野殿庄公事物送進状			
百合	ネ函	2	文永11	3月4日	1274	興福寺一乗院門跡御教書			
百合	ネ函	3	文永11	3月4日	1274	興福寺一乗院門跡御教書案			
百合	と函	13	文永11	3月4日	1274	興福寺一乗院門跡御教書案		△	
百合	ネ函	4	文永11	3月5日	1274	興福寺修南院実寛書状			
百合	ネ函	5	文永11	3月5日	1274	興福寺修南院実寛書状案			
百合	と函	14	文永11	3月5日	1274	興福寺修南院実寛書状案		△	
百合	と函	16	文永11	3月　日	1274	きやうけん奉書案		△	
東寺	無号	6－1	文永11	3月	1274	近衛兼経北政所仁子書状案		△	
東寺	無号	6－2	文永11	3月	1274	きやうけむ奉書案		△	
百合	は函	13	建治元	4月28日	1275	定宴書状案			
百合	ヨ函	27	建治元	4月28日	1275	定宴書状			
百合	と函	18	建治元	7月28日	1275	東寺見住供僧連署申状案			
護国寺	6	9	建治元		1275	阿闍梨朗遍書状礼紙書			
百合	ヨ函	33－1	建治2	9月9日	1276	大和国平野殿庄清宗松茸送進状			
百合	ヨ函	33－3	建治2	9月9日	1276	大和国平野殿庄清永松茸送進状			
百合	め函	6	建治3	7月18日	1277	清永大和国平野殿庄瓜送進状			
百合	ヨ函	39－2	建治3	9月16日	1277	大和国平野殿庄山守やくわう松茸送進状			
百合	と函	22	弘安元	3月11日	1278	律師厳深書状案		△	

百合	カ函	19	弘安元	10月20日	1278	阿闍梨朗遍申状			
護国寺	7	4-1	弘安2	7月9日	1279	大和国平野殿荘瓜送進状			
護国寺	7	4-2	弘安2	7月23日	1279	大和国平野殿荘瓜送進状			
百合	ヨ函	39－1	弘安2	9月晦日	1279	大和国平野殿庄清重松茸送進状			
百合	ヨ函	76－5	弘安2	12月27日	1279	大和国平野殿庄公事物送進状			
百合	ネ函	6	弘安6	12月　日	1283	東寺現住供僧納所公文栄胤申状案	○		
護国寺	8	8-1	弘安10	3月　日	1287	河内国四条郷住人珍氏女〈字薬師女〉申状写			
護国寺	8	8-2	弘安10	4月　日	1287	河内国四条郷住人珍氏女〈字薬師女〉申状写			
百合	ま函	1－3	弘安10	6月　日	1287	大和国生馬庄尼西阿陳状			
百合	カ函	20	正応元	12月　日	1288	大和国平野殿庄雑掌申状			
百合	し函	189	（正応2ヵ）	1月4日	1289	法印厳盛挙状案		△	正応2年のものと推定
百合	お函	2	正応2	1月　日	1289	大和国平野殿庄雑掌重申状			
百合	ネ函	7	正応2	1月　日	1289	大和国平野殿庄雑掌重申状案		△	
百合	と函	100	（正応2）	2月1日	1289	法印厳盛挙状案		△	本文書は正応2年のもの
百合	と函	101	（正応2）	2月1日	1289	加賀法眼行賢書状案		△	本文書は正応2年のもの
百合	ネ函	8	正応2	2月3日	1289	御使賢与・菊万法師連署注進状			
東寺	無号	72	（正応2ヵ）	2月4日	1289	権都維那円喜書状案		△	
百合	ヨ函	47	正応2	2月26日	1289	法印厳盛書状案		△	
百合	と函	107	（正応2ヵ）	2月27日	1289	都維那法師某書状案		△	正応2年のものと推定／差出人は円喜と推定
百合	ネ函	9	正応2	2月29日	1289	大和国平野殿庄給主皎増申状			

東寺	無号	9	正応2	2月　日	1289	東寺供僧等申状案		▲	
百合	ネ函	10	正応2	2月　日	1289	大和国平野殿庄雑掌重申状案		△	
百合	ヨ函	48	正応2	6月13日	1289	大和国平野殿庄預所職補任状案		▲	
百合	ヨ函	49	正応2	10月4日	1289	大和国平野殿庄親正松茸送進状		▲	
百合	な函	32	正応2	10月6日	1289	某奉書案			未完
百合	ネ函	11	正応2	11月3日	1289	成教書状		▲	
東寺	無号	10	正応2	11月25日	1289	左中弁勘解由小路兼仲書状			
百合	ネ函	12	正応2	11月26日	1289	左中弁勘解由小路兼仲勘返法印厳盛書状			
百合	と函	26	正応2	11月27日	1289	菩提院了遍御教書追而書		▲	追而書本紙は「め函」年未詳11月26日付
百合	と函	27	正応2	11月29日	1289	東寺供僧申状追而書案		△	
百合	は函	32	正応2	11月30日	1289	円喜奉書案			
百合	は函	33	正応2	11月30日	1289	円喜奉書案		△	
百合	な函	33	正応2		1289	正応二年々行事次第(供僧方文書目録)		△	
百合	ほ函	16	正応3	1月6日	1290	御室宮令旨			
百合	ホ函	6	正応3	1月25日	1290	権少僧都行誉請文案		△	
百合	と函	29	正応3	5月20日	1290	大和国平野殿庄百姓等申状案			
百合	と函	30	正応3	6月14日	1290	東寺供僧申状案			厳深書状封紙の裏を利用
百合	と函	31	正応3	6月14日	1290	東寺供僧申状追而書案			
百合	と函	32	正応3	9月8日	1290	東寺供僧申状案			
百合	ヨ函	50	正応3	11月14日	1290	行誉書状案			
百合	ネ函	13	正応3	12月2日	1290	行誉書状案			
百合	京函	21	正応4	2月22日	1291	菩提院了遍御教書			

百合	よ函	8	正応4	4月9日	1291	定厳書状案			
百合	と函	34	正応4	4月10日	1291	佐律師厳深奉書			
百合	と函	51-33-2	正応4	5月16日	1291	大和国平野殿庄下司平清重起請文案			
百合	と函	35	正応4	5月21日	1291	佐律師厳深奉書			
百合	と函	51-33-3	正応4	5月　日	1291	大和国平野殿庄下司職補任状案			
護国寺	9	3	正応4	5月　日	1291	大和国平野殿荘下司職補任状案			
百合	め函	8	正応4	7月17日	1291	清永大和国平野殿庄瓜送進状			
百合	ネ函	15	正応4	9月18日	1291	伏見天皇綸旨案			
百合	ネ函	16	正応4	10月17日	1291	興福寺大乗院執事範憲奉書			
百合	め函	9	正応5	7月2日	1292	清永大和国平野殿庄瓜送進状			
百合	と函	51－2	正応6	1月17日	1293	大和国平野殿庄雑掌加治木頼平挙状案		△	
百合	と函	51－3	正応6	1月18日	1293	東寺供僧挙状案		△	
百合	と函	51－4	正応6	1月21日	1293	伏見天皇綸旨案		△	
百合	と函	51－1	正応6	11月　日	1293	大和国平野殿庄百姓等申状案		△	
百合	と函	51－5	正応6	1月　日	1293	大和国平野殿庄百姓等重申状案		△	
百合	ヨ函	51	正応6	2月2日	1293	某書状案		△	
百合	と函	51-16	正応6	4月13日	1293	伏見天皇綸旨案		△	
百合	と函	51－6	正応6	4月　日	1293	大和国平野殿庄百姓等重申状案		△	
百合	と函	51-22	正応6	6月1日	1293	伏見天皇綸旨案		△	
護国寺	9	6	正応6	12月10日	1293	本紙未詳礼紙書案			
百合	ネ函	17	正応□	1月7日	1293	某施行状案			正応年間のもの。便宜ここに収める
東寺	無号	13	正応□	□月4日	1293	大和国平野殿庄前預所成教書状案		△	正応年間のもの。便宜ここに収める

百合	ヨ函	53	永仁２	２月15日	1294	東寺供僧挙状案		△	
百合	と函	51－8	永仁２	２月18日	1294	東寺供僧挙状案		△	
百合	と函	108	(永仁２ヵ)	２月28日	1294	東寺供僧申状案		△	
百合	と函	51－9	永仁２	３月15日	1294	伏見天皇綸旨案		△	
百合	と函	51－7	永仁２	３月　日	1294	大和国平野殿庄百姓等重申状案		△	
百合	と函	51－11	永仁２	８月６日	1294	東寺供僧挙状案		△	
百合	と函	51－12	永仁２	８月18日	1294	伏見天皇綸旨案		△	
百合	と函	51－10	永仁２	８月　日	1294	大和国平野殿庄百姓等重申状案		△	
百合	セ函	80	永仁２	10月14日	1294	僧正道俊挙状			永仁２年のもの
百合	と函	51-13-1	永仁３	１月17日	1295	大和国平野殿庄百姓等重申状案		△	
百合	と函	51-14	永仁３	３月　日	1295	大和国平野殿庄雑掌僧弁性重申状案		△	
百合	と函	51-15	永仁３	４月７日	1295	伏見天皇綸旨案		△	
百合	と函	51-17	永仁３	８月　日	1295	大和国平野殿庄雑掌尚慶重申状案		△	
百合	と函	51-52	永仁３	９月10日	1295	大和国平野殿庄年貢米請取案			
百合	と函	51-18	永仁３	10月　日	1295	大和国平野殿庄雑掌尚慶申状案			
百合	と函	51-53	永仁３	11月６日	1295	大和国平野殿庄年貢代銭請取案			
百合	と函	51-54	永仁３	12月25日	1295	大和国平野殿庄年貢代銭請取案			
百合	と函	51-55	永仁４	２月３日	1296	大和国平野殿庄年貢米請取案			
百合	と函	51-20	永仁４	４月７日	1296	伏見天皇綸旨案		△	
百合	と函	51-21	永仁４	４月９日	1296	西園寺実兼施行状案		△	
百合	と函	51-56	永仁４	５月２日	1296	大和国平野殿庄年貢米請取案			
百合	と函	51-23	永仁４	６月６日	1296	六波羅御教書案		△	

百合	と函	51-19	永仁4	7月　日	1296	大和国平野殿庄雑掌尚慶重申状案			
百合	と函	51-24	永仁4	8月10日	1296	六波羅御教書案		△	
百合	と函	51-26	永仁4	9月14日	1296	大和国平野殿庄下司平清重惣追捕使沙弥願妙連署請文案			
百合	と函	51-25	永仁4	9月20日	1296	源〈深栖〉泰長請文案			
百合	と函	51-27	永仁4	9月　日	1296	大和国平野殿庄百姓等陳状案			
百合	ヨ函	56	永仁4	10月21日	1296	東寺公文尚慶注進状			
百合	と函	51-29	永仁4	10月25日	1296	六波羅御教書案			
百合	と函	51-28	永仁4	10月　日	1296	大和国平野殿庄雑掌尚慶重申状案			
百合	と函	51-57	永仁4	12月20日	1296	大和国平野殿庄年貢米請取案			
百合	と函	51-31	永仁5	2月29日	1297	大和国平野殿庄下司平清重惣追捕使沙弥願妙連署請文案			
百合	と函	51-30	永仁5	3月1日	1297	源〈深栖〉泰長請文案			
百合	と函	51-58	永仁5	3月14日	1297	大和国平野殿庄年貢代銭請取案			
百合	と函	51-32	永仁5	3月　日	1297	大和国平野殿庄々官百姓等重陳状案			
百合	と函	51-59	永仁5	4月25日	1297	大和国平野殿庄年貢代銭請取案			
百合	と函	51-33	永仁5	8月　日	1297	大和国平野殿庄雑掌尚慶重申状案并具書案			
百合	と函	51-33-1	永仁5	8月　日	1297	大和国平野殿庄雑掌尚慶重申状案			
百合	と函	51-34	永仁5	9月7日	1297	六波羅御教書案			
百合	と函	51-35	永仁5	11月2日	1297	大和国平野殿庄雑掌聖賢重申状案			
百合	と函	51-36	永仁5	11月2日	1297	六波羅御教書案			
百合	と函	51-37	永仁5	12月9日	1297	大和国平野殿庄雑掌聖賢重申状案			
百合	ウ函	19	永仁5	12月10日	1297	大和国平野殿庄下司平清重年貢請文			

百合	と函	51-38	永仁5	12月14日	1297	六波羅御教書案			
百合	と函	46	永仁5	12月27日	1297	大和国平野殿庄下司平清重請文			
百合	と函	47	永仁6	1月22日	1298	大和国平野殿庄下司平清重書状			
護国寺	10	11-2	永仁6	正月	1298	大和国平野殿荘惣追捕使方南都郡使供給雑事注進状案			
百合	と函	51-39	永仁6	3月3日	1298	大和国平野殿庄雑掌聖賢重申状案		▲	
百合	と函	51-41	永仁6	3月3日	1298	大和国平野殿庄押領悪党人交名案		▲	
百合	ネ函	19	永仁6	3月9日	1298	六波羅御教書案			
百合	と函	51-40	永仁6	3月9日	1298	六波羅御教書案			
百合	と函	51-43	永仁6	4月11日	1298	大和国平野殿庄雑掌聖賢重申状案		▲	
百合	と函	51-44	永仁6	4月15日	1298	六波羅御教書案		▲	
百合	と函	51-47	永仁6	5月18日	1298	大和国平野殿庄下司平清重々陳状案		△	
百合	と函	51-49	永仁6	5月18日	1298	大和国平野殿庄惣追捕使沙弥願妙・子息平清氏連署請文案		△	
百合	と函	51-48	永仁6	5月19日	1298	大和国平野殿庄百姓教実法師等連署請文案		△	
百合	と函	51-50	永仁6	5月19日	1298	大和国平野殿庄百姓源内等連署請文案		△	
百合	と函	51-45	永仁6	6月3日	1298	平〈柘植〉泰清請文案		△	
百合	カ函	22	永仁6	6月7日	1298	平泰清請文			裏花押あり
百合	と函	51-46	永仁6	6月8日	1298	源〈深栖〉泰長請文案		△	
百合	と函	49	永仁6	6月　日	1298	大和国平野殿庄雑掌聖賢重申状			
百合	ヨ函	59	永仁6	8月2日	1298	庄資兼請文案		△	
百合	と函	50	永仁6	8月18日	1298	大和国平野殿庄下司代平用清注進状			
百合	と函	51-61	永仁6	8月18日	1298	大和国平野殿庄下司代平用清注進状案		△	奥裏書に「平野殿下司代子息次郎申語云」とあり

百合	ネ函	20	永仁6	9月5日	1298	東寺公文快実大和国平野殿庄文書請取			
百合	ネ函	21	永仁6	9月　日	1298	大和国平野殿庄雑掌重実重申状			
護国寺	10	11-4	永仁6	9月　日	1298	(紙背)東寺訴状案			
百合	ネ函	22	永仁6	10月　日	1298	大和国平野殿庄雑掌重実重申状			
百合	と函	52	永仁6	11月　日	1298	大和国平野殿庄雑掌重申状案			
護国寺	10	11-1	永仁6	11月	1298	大和国平野殿荘雑掌法橋快実申状案			
護国寺	10	11-3	永仁6	11月　日	1298	氏名未詳書状案			
東寺	無号	15	永仁6	□月　日	1298	大和国平野殿庄雑掌申状案			
百合	う函	6−1	永仁6		1298	永仁六年月行事日記			
百合	う函	6−2	永仁6		1298	永仁六年月行事引付			9・10月の記事を含む
百合	う函	6−3	永仁6		1298	永仁六年月行事引付			8月の記事を含む
百合	ヨ函	60	永仁7	2月24日	1299	六波羅御教書案			
百合	と函	53	永仁7	3月　日	1299	大和国平野殿庄雑掌重申状案			
百合	京函	22	永仁7	4月　日	1299	大和国平野殿庄雑掌重申状			
百合	と函	51-51	永仁□	8月5日	1299	大和国平野殿庄年貢代銭請取案			永仁年間のもの。便宜ここに収める
百合	ひ函	4	正安元	5月24日	1299	六波羅御教書案			
百合	ネ函	23	正安元	8月2日	1299	東寺供僧評定事書		▲	
東寺	無号	16	正安元	9月　日	1299	大和国平野殿庄雑掌重申状			
東寺	無号	17−1	正安元	10月　日	1299	大和国平野殿庄雑掌快実重申状案	○		

公文快実とその文書

岡本隆明

はじめに

本論文は、鎌倉時代後期、永仁から正安にかけて史料にあらわれる供僧方公文快実について論ずる。そのなかで文書の筆跡を利用することにより、文書に書かれている内容のみではわからないことを明らかにしたい。

筆跡に関する研究は、㈠書跡・書風の分析など筆跡そのものを対象とする研究と、㈡古文書学の一領域としての研究にわかれる。本論文は㈡の方であり、多数の文書の中から、同一の人物が書いた文書を抽出するための手段として筆跡を利用する。同じ筆跡を持つ文書はすなわち、同じ人間が書いた文書ということであり、ある文書を書いたのが誰であるのかがわかれば、なぜその人物がその文書を書いたのか、という視点や、その人物が書いた文書がなぜこの群にふくまれているのか、といった視点から文書を分析することが可能となる。本論文では、快実が書いた文書に対してこのような分析を試みる。

筆跡の異同を判断し、その判断を前提として論を進めるのであるから、比較の対象とした筆跡が同じであるとする根拠、あるいは異なるとする根拠が必要である。しかし、同じ人間が書いた文字にはどのような一貫性があるのか、また、別人が書いた文字はどのようなところに差異が生ずるのかといった、客観的な筆跡の検証方法は確立していないようであり、少なくとも、歴史学研究者が古文書にあらわれる文字を対象としておこなうことができるような方法は確立していない(1)。

そうではあっても、経験的な事実として、多くの場合において自分が書いた字と他人が書いた字とを区別することが可能である。これは筆跡の異同を主観的・感覚的に判断できることを意味する。ただ、他人が自分の筆跡に似せて書いたものや、自分がわざと変えて書いたものなどは区別できないかもしれないし、誤った判断をする可能性も高くなるため、主観や感覚による判断が常に信頼できるわけではない。このようなコントロールされた筆跡を対象として、同一であるのか、異なるのかを判断するためには、専門的な知識・技術に基づき、客観的かつ精密な検証方法によることが必要である。しかし、特にコントロールされた筆跡であるとは思われないような文書をあつかう場合においても、常に高度な検証方法によらなければ筆跡について論ずることはできない、というのであれば、専門的な知識や経験をもたない日本史の研究者が文書の筆跡を利用することは難しく、筆跡という文書がもつ重要な要素を無視してしまうことになってしまう。

主観的方法には問題があるとしても、そのために筆跡については触れないというのではなくて、限界を認識した上で、筆跡を利用することができるのではないか。具体的には次の二点に注意を払うべきだと考える。第一は、対象とする文書がどのような意図で作成され、どのような役割を持っていたのか、などの史料批判の方法を用いて文書を評価し、主観的・感覚的な判断が可能だと解されるものだけを扱うことである。たとえば、その筆跡に高い価値が認められる著名人の文書については、いかに史料批判をおこなってもなお筆跡を利用することは難しいかもしれない。第二は、同一の筆跡であるという結論を得たいために似ている文字だけに着目したり、その反対に、異筆であるとの結論を得るために似ていない文字だけに着目するような恣意的な文字の選択をしないことである。このような選択は必ずしも意図的におこなわれるだけではなく、無意識のうちにおこなっていることもある。そのため、比較対象文書に共通するすべての文字を比較することが必要である。これらの方法により主観的・感覚的な方法であっても、その筆跡の判断に一定度の妥当性を保つことができるのではないかと思う。また、これらに加えて読者による検証を可能とする方法も必要であろう。

周知のように東寺百合文書は膨大な文書が一つの群として残されており、関連する文書がまとまって残存している。この点は、筆跡を利用した研究をする場合においても重要である。書状・引付・請文・年貢支配状などから、供僧や公文などの筆跡を明らかにすることができ、その筆跡は一つの文書のみにみられるという場合もあるが、関連する複数の文書にわたって同じ筆跡を認めることができる場合も多くあるからである。百合文書の筆跡に関しては、南北朝期以降の著名な人物の筆跡について言及されることが多いが、鎌倉時代のものについても、供僧定厳の筆跡を持つ文書についてすでに言及がある(2)。南北朝期以降にくらべて文書の数が限られる鎌倉期においては、筆跡の重要性はより高いといえるかもしれない。歴史学研究における筆跡の利用はあまり進んでいないと思われるが、東寺百合文書は、筆跡を取り入れた研究をする上でまずとりあげるべき対象である。

本論文では、右のような考えに基き、筆跡が同一であるとの判断は、比較する二通の文書に共通してあらわれる文字について総当り的に比較をした上で(3)、外形的な特徴から主観的・感覚的に下した。筆跡が同一であるか、あるいは異なるのかをどうすれば判断できるのかといった点、また、どのような検討の結果そのように判断したのかについてすべては示していない。多数の文書のなかから、誰がみても同一の筆跡だと判断するだろうと思われる程度にまで似る場合のみ同一の筆跡として扱い、同じかもしれないし、違うかもしれないというような判断に迷うものについては結論を出さなかった。また、快実筆と結論した文書には殊更に筆跡を偽ったかもしれないものは含まれていないと判断している。図には、筆跡の類似がよくわかるいくつかの文字を示したが、それらの文字だけでただちに同一筆跡だと判断したわけではなく、前述のとおり、比較する二通の文書に共通する文字をすべて比較した上で判断をしている。判断の過程で用いた文字のすべてを示すことはできないため、代表的なもののみを例示した。

一　鎌倉時代における公文・雑掌等の筆跡――尚慶・道性――

この論文でとりあげる快実は、永仁六年（一二九八）から正安にかけて、供僧方公文であり、同時に平野殿庄をめぐる訴訟の雑掌をつとめていた。快実について述べる前に、ほぼ同時代の公文である尚慶の例、および快実の前に平野殿庄の訴訟にかかわっていた道性の例を示し、文書の筆跡に着目することにより明らかとなる事実を簡単に述べる。

尚慶は、太良庄をめぐる地頭との訴訟において雑掌をつとめており、永仁三年（一二九五）五月七日「関東裁許状」[4]などにその名があらわれる。この裁許にいたる過程で作成された和与状[5]では地頭代良祐とともに署名をしており、その花押を知ることができる（図1）。また、平野殿庄をめぐる訴訟に関する文書がまとめられた、と函五一号からは、尚慶が永仁三年八月から永仁五年八月までその訴訟における雑掌をつとめていることがわかる（表1の文書名を参照）。この訴訟の過程において、永仁四年一〇月二一日「東寺公文尚慶注進状」[6]がだされており、これにより筆跡および別の花押（図2）を知ることができる。図1の花押は正応六年四月から永仁二年四月までの年貢支配状に「公文（花押）」とあるものと同一であり、図2の花押は永仁四年三月の年貢支配状[7]にあるものと同一である。花押の違いにかかわらず支配状の筆跡は同じであり、別人が同じ尚慶の名を使用しているのではなく、花押を変えたと解される。このことから尚慶はこの時期を通じて、供僧方公文であったことがわかる。[8]

正応六年から続いていた平野殿庄に関する争いは永仁三年一〇月以降、大きな変化を生じた。それまでは平野

表1　東寺百合文書と函51号文書とその筆跡

番　号	年　月　日	文　　書　　名	筆　跡
51-1	正応6年1月日	大和国平野殿庄百姓等申状案	能済
51-2	正応6年1月17日	大和国平野殿庄雑掌加治木頼平挙状案	能済
51-3	正応6年1月18日	東寺供僧挙状案	能済
51-4	正応6年1月21日	伏見天皇綸旨案	能済
51-5	正応6年1月日	大和国平野殿庄百姓等重申状案	能済、某1
51-6	正応6年4月日	大和国平野殿庄百姓等重申状案	某1
51-7	永仁2年3月日	大和国平野殿庄百姓等重申状案	能済
51-8	永仁2年2月18日	東寺供僧挙状案	能済
51-9	永仁2年3月15日	伏見天皇綸旨案	能済
51-10	永仁2年8月日	大和国平野殿庄百姓等重申状案	能済
51-11	永仁2年8月6日	東寺供僧挙状案	能済
51-12	永仁2年8月18日	伏見天皇綸旨案	能済
51-13	永仁3年1月17日	大和国平野殿庄百姓等重申状案并具書案	能済
51-13-1	永仁3年1月17日	大和国平野殿庄百姓等重申状案	能済
51-13-2	文永5年閏1月日	(近衛基平御教書案)	能済
51-14	永仁3年3月日	大和国平野殿庄雑掌僧弁性重申状案	能済
51-15	永仁3年4月7日	伏見天皇綸旨案	能済
51-16	正応6年4月13日	伏見天皇綸旨案	能済
51-17	永仁3年8月日	大和国平野殿庄雑掌尚慶重申状案	能済
51-18	永仁3年10月日	大和国平野殿庄雑掌尚慶申状案	某2、尚慶、定厳
51-19	永仁4年7月日	大和国平野殿庄雑掌尚慶重申状案	尚慶
51-20	永仁4年4月7日	伏見天皇綸旨案	能済
51-21	永仁4年4月9日	西園寺実兼施行状案	能済
51-22	正応6年6月1日	伏見天皇綸旨案	能済
51-23	永仁4年6月6日	六波羅御教書案	能済
51-24	永仁4年8月10日	六波羅御教書案	能済
51-25	永仁4年9月20日	源〈深栖〉泰長請文案	某1
51-26	永仁4年9月14日	大和国平野殿庄下司平清重惣追捕使沙弥願妙連署請文案	某1
51-27	永仁4年9月日	大和国平野殿庄百姓等陳状案	某1
51-28	永仁4年10月日	大和国平野殿庄雑掌尚慶重申状案	尚慶
51-29	永仁4年10月25日	六波羅御教書案	尚慶
51-30	永仁5年3月1日	源〈深栖〉泰長請文案	尚慶
51-31	永仁5年2月29日	大和国平野殿庄下司平清重惣追捕使沙弥願妙連署請文案	尚慶
51-32	永仁5年3月日	大和国平野殿庄々官百姓等重陳状案	尚慶
51-33	永仁5年8月日	大和国平野殿庄雑掌尚慶重申状案并具書案	
51-33-1	永仁5年8月日	大和国平野殿庄雑掌尚慶重申状案	尚慶
51-33-2	正応4年5月16日	大和国平野殿庄下司平清重起請文案	?(かなのため判断できない)
51-33-3	正応4年5月日	大和国平野殿庄下司職補任状案	某1

51-34	永仁5年9月7日	六波羅御教書案	尚慶
51-35	永仁5年11月2日	大和国平野殿庄雑掌聖賢重申状案	道性
51-36	永仁5年11月2日	六波羅御教書案	道性
51-37	永仁5年12月9日	大和国平野殿庄雑掌聖賢重申状案	道性
51-38	永仁5年12月14日	六波羅御教書案	道性
51-39	永仁6年3月3日	大和国平野殿庄雑掌聖賢重申状案	定厳
51-40	永仁6年3月9日	六波羅御教書案	快実
51-41	永仁6年3月3日	大和国平野殿庄押領悪党人交名案	定厳
51-42		大和国平野殿庄雑掌聖賢重申状具書目録案	定厳
51-43	永仁6年4月11日	大和国平野殿庄雑掌聖賢重申状案	定厳
51-44	永仁6年4月15日	六波羅御教書案	定厳
51-45	永仁6年6月3日	平〈柘植〉泰清請文案	正厳
51-46	永仁6年6月3日	源〈深栖〉泰長請文案	正厳
51-47	永仁6年5月18日	大和国平野殿庄下司平清重々陳状案	正厳
51-48	永仁6年5月19日	大和国平野殿庄百姓教実法師等連署請文案	正厳
51-49	永仁6年5月18日	大和国平野殿庄惣追捕使沙弥願妙・子息平清氏連署請文案	正厳
51-50	永仁6年5月19日	大和国平野殿庄百姓源内等連署請文案	正厳
51-51	永仁□年8月5日	大和国平野殿庄年貢代銭請取案	某3
51-52	永仁3年9月10日	大和国平野殿庄年貢米請取案	某3
51-53	永仁3年11月6日	大和国平野殿庄年貢代銭請取案	某3
51-54	永仁3年12月25日	大和国平野殿庄年貢代銭請取案	某3
51-55	永仁4年2月3日	大和国平野殿庄年貢米請取案	某3
51-56	永仁4年5月2日	大和国平野殿庄年貢米請取案	某3
51-57	永仁4年12月日	大和国平野殿庄年貢米請取案	某3
51-58	永仁5年3月14日	大和国平野殿庄年貢代銭請取案	某3
51-59	永仁5年4月25日	大和国平野殿庄年貢代銭請取案	某3
51-60	永仁6年1月日	年々南都郡使供給用途注文案	某3
51-61	永仁6年8月18日	大和国平野殿庄下司代平用清注進状案	正厳

註：某1、某2、某3は人名を特定できなかったが、それぞれ一つの筆跡である。

殿庄百姓および供僧と一乗院領安明寺百姓・吉田庄百姓との争いであったものが、平野殿庄庄官百姓等と供僧との争いに転じている。

その最初の文書が永仁三年一〇月日「大和国平野殿庄雑掌尚慶申状案」[9]（図3）である。この文書は(一)端、(二)本文、(三)奥および行間の加筆、の三部分で筆跡が異なっている。本文部分については、明確に一致する筆跡の文書を他に見つけることができなかったため筆者は不明であるが、端に書かれた「当庄下司惣追捕使并土民等抑留御年貢事」の筆跡は尚慶のものであり、奥および行間の加筆部分の筆跡は供僧定厳のものである。

つまり、奥の「大都目出候、就被仰合、所存聊令注進候、猶以違

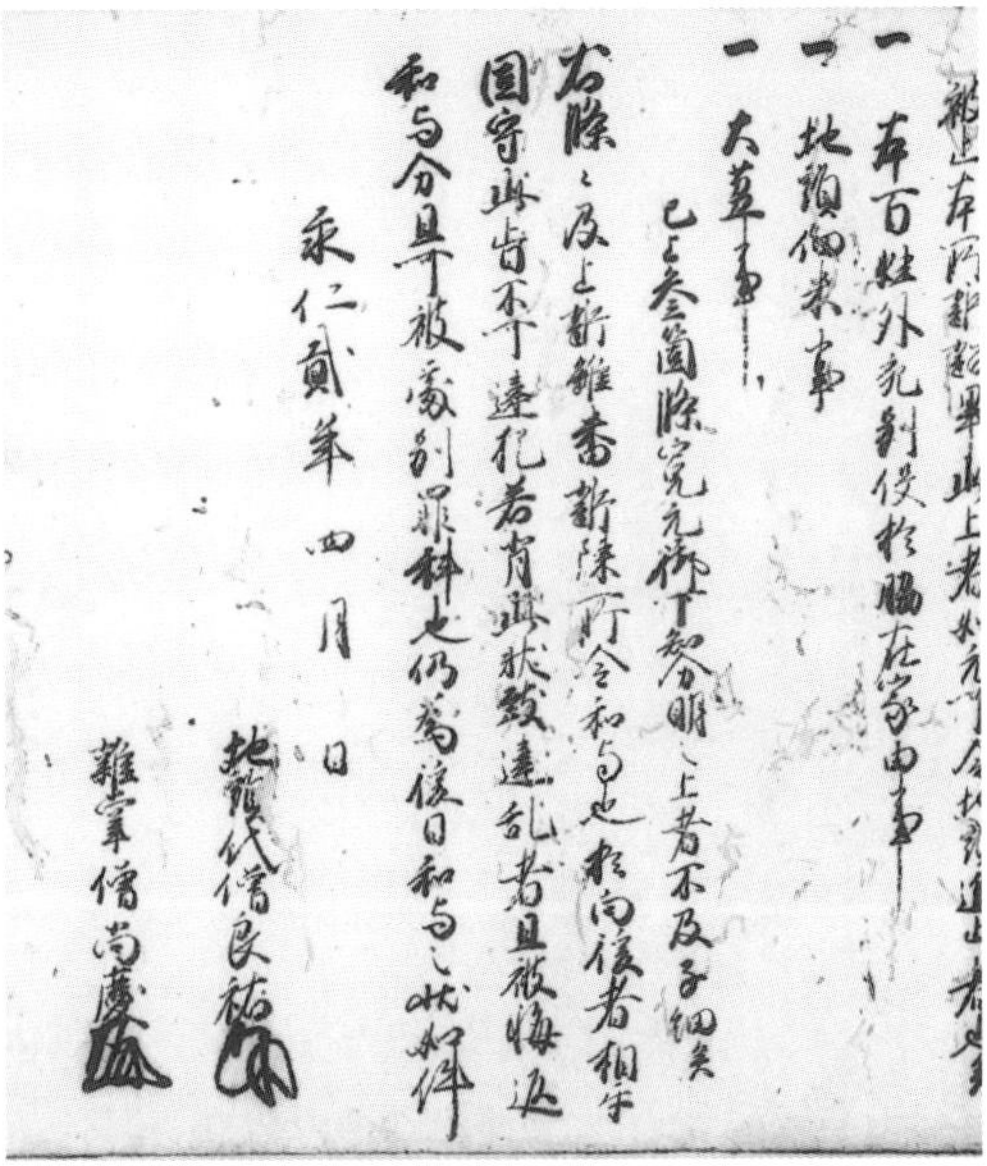

図１　永仁２年４月日「若狭国太良庄領家雑掌尚慶地頭若狭忠兼代良祐連署和与状」
(以下、図９をのぞき京都府立総合資料館所蔵)

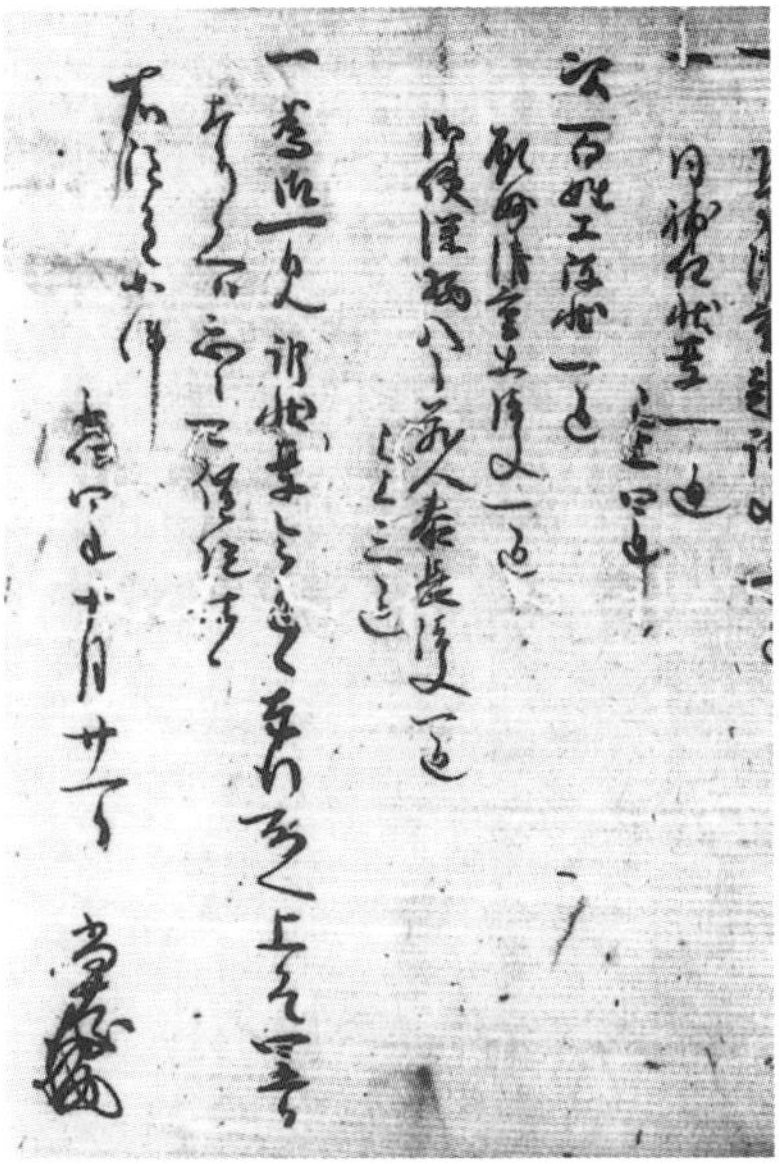

図２　永仁４年10月21日「東寺公文尚慶注進状」

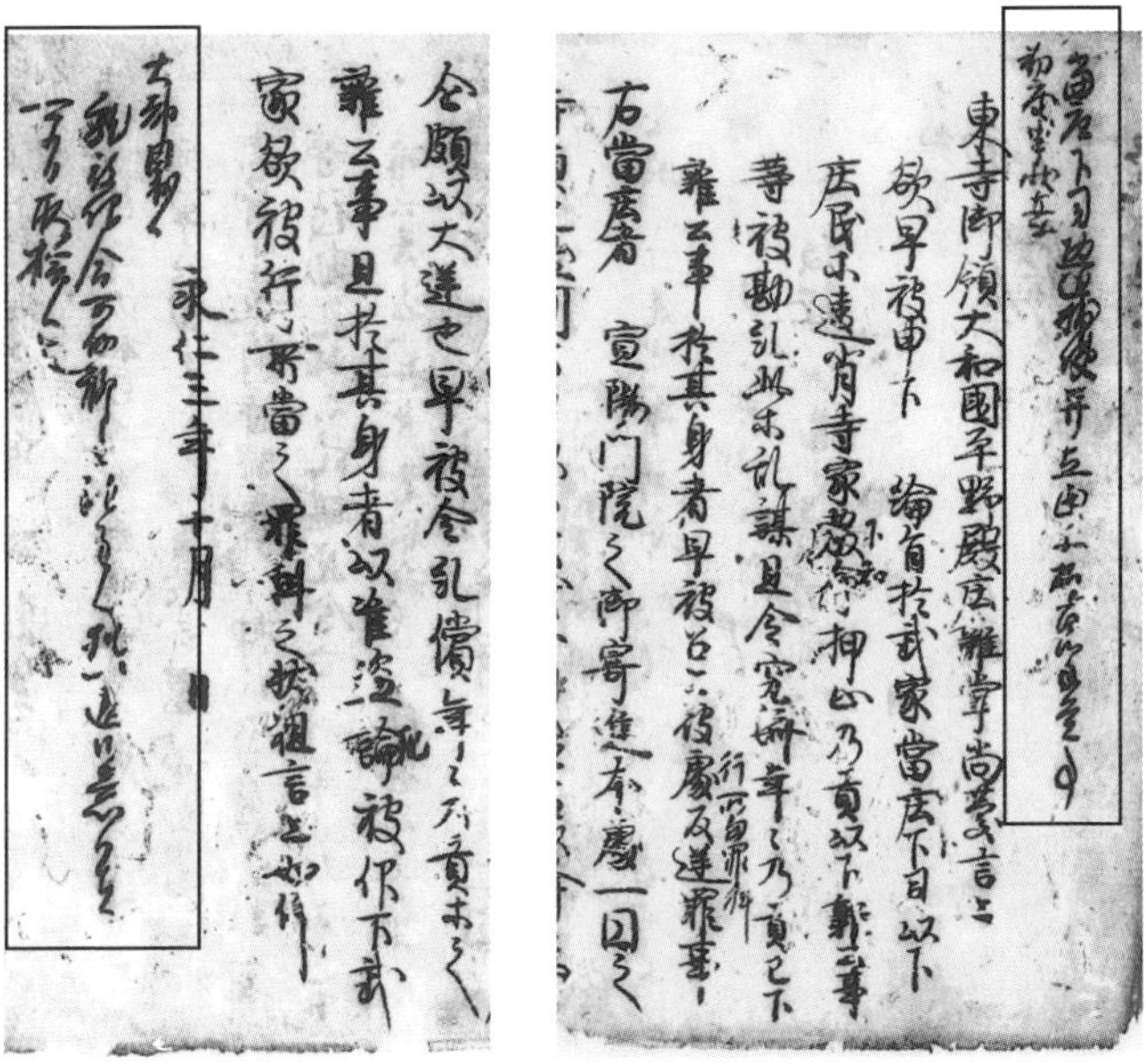

図３　永仁３年10月日「大和国平野殿庄雑掌尚慶申状案」

御意候者、可有取捨候也」という文言は、筆跡の違いを知ることがなければ、尚慶が供僧に述べているようにも解してしまうが、実は、供僧定厳がこの申状に手を加えた後、某に述べているものである。これは訴訟における雑掌の申状がどのように作成されていくのかという点に関わる重要な事実であり、文書の筆跡に注意することの必要性を示している。

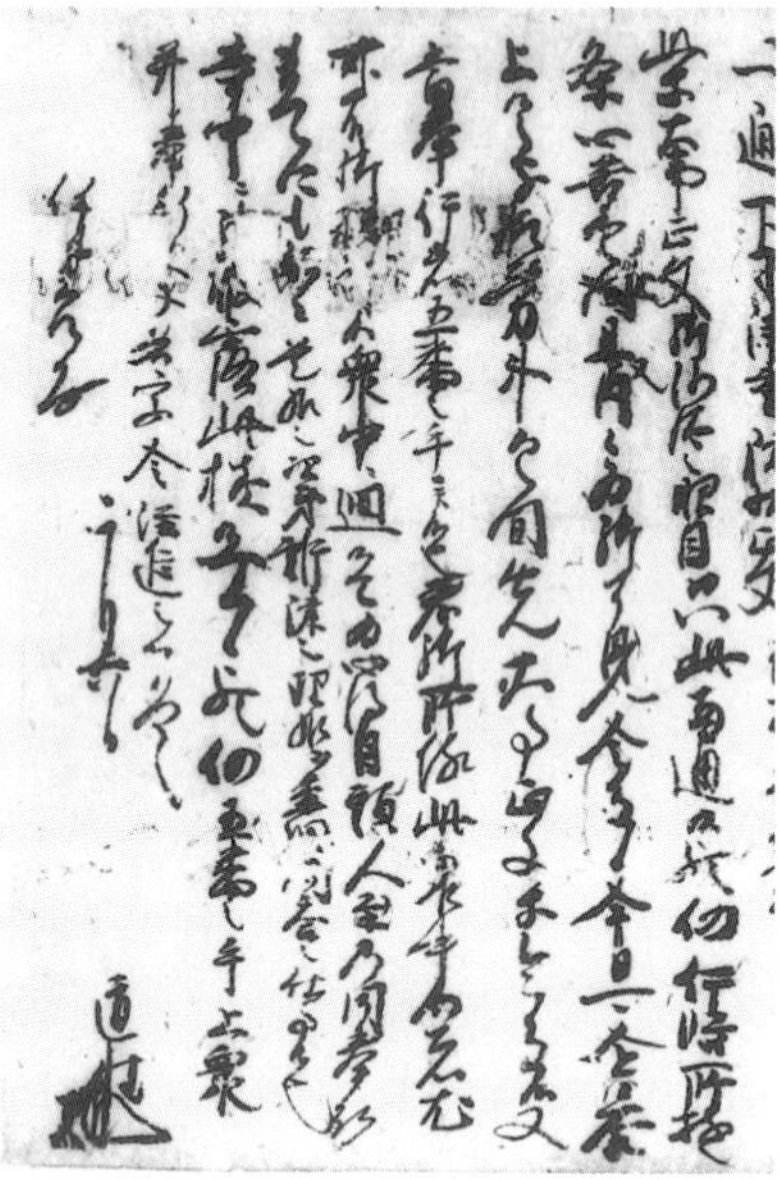

図4　２月６日「道性注進状」

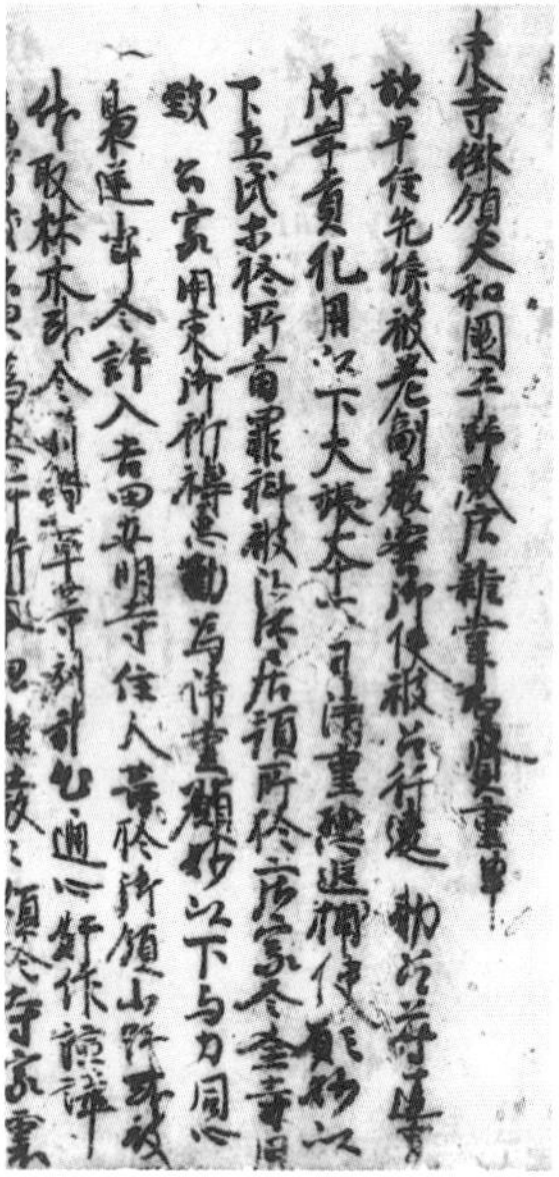

図５　道性の筆跡
（永仁５年11月２日「大和国平野殿庄雑掌聖賢重申状案」）

道性の筆跡は二月六日「道性注進状」[10]（図４）および七月一一日「道性書状」[11]などにより知ることができる。「道性注進状」[12]には年号がなく、本文の日付と端裏書の日付との間に隔たりがあるが、記載されている文書から永仁六年のものであることが確認できる。すなわち、「一通御使柘植又二郎泰清請文正文」とあるが、柘植が御使となるのは永仁五年一一月からである。また、同文書には「此等大事正文、御沙汰之眼目只此両通候歟、仍片時所持之条心苦候之上、且又、内々為御了見令進候」とあり、当時、道性は平野殿庄をめぐる訴訟に関する文書正文を所持していたこと、「五番之手上衆并奉行人等名字、令注進之候」ともあって供僧が知らない奉行人等の詳細を知っていること、がうかがえる。

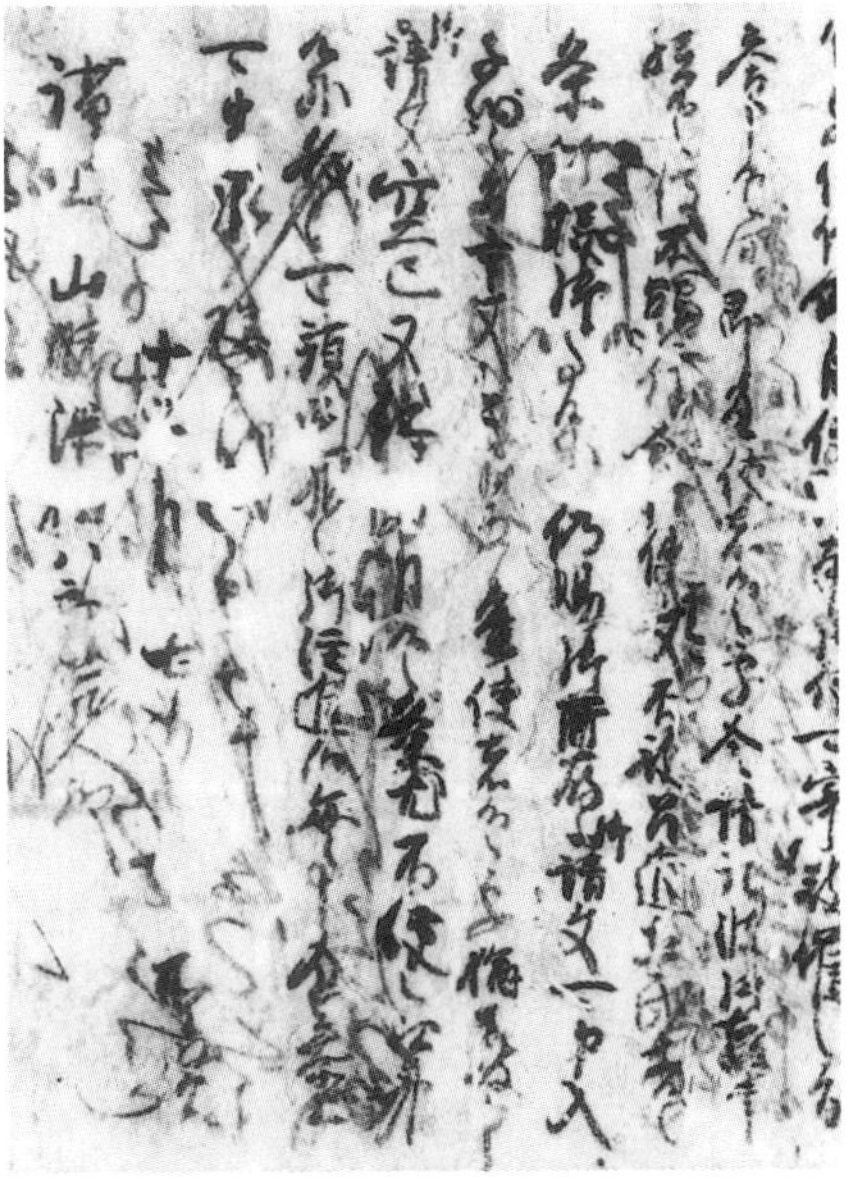

図6　12月7日「聖賢書状案」

「若御所縁此衆中候者、尤可有御秘□(計)候」のように、供僧に対し奉行人への働きかけを勧めるような文言があることも合わせて考えると、六波羅での訴訟に直接に携わり、訴訟関係文書を受領する立場にあったと解される。このような立場としてまず考えられるのは訴訟における雑掌である。しかし、この時期に訴訟文書に供僧方雑掌としてあらわれるのは「聖賢」であり、道性は訴陳状など訴訟文書にまったくその名が現れない（表1の文書名参照）。と函五一号はその筆跡から、供僧や公文が分担して筆写した文書がまとめられたものであると考えられるが、道性の筆跡が見られるのは永仁五年一一月から同年一二月にかけての文書であり、聖賢が雑掌である文書についてのみ道性の筆跡が見られる（図5、と函五一号—三五など）。聖賢が六波羅の両使に対して、論人のもとに文書を届けてくれるように依頼をしている文書[13]も残されているが、これも道性の筆跡である（図6）。このような事実は、聖賢と道性とが同一人物であり、供僧との関係では「道性」を、訴訟においては「聖賢」を用いていたことをうかがわせる。[14]

二　快実に関する文書

快実は、供僧方公文として、また、平野殿庄の雑掌として文書にあらわれるが、それら文書は永仁六年（一二九八）もしくは正安元年（一二九九）のもの、または無年号のものに限られる。この前後における他の公文や訴訟の雑掌と同様に、出自や経歴などは不明であり、あまり注目されることはなかった(15)。以下では、(一)快実の名がどのように史料にあらわれるのか、(二)快実はどのような文書を作成していたのか、また、それらがどのように残されているのか、を示す。

(一) 快実の名があらわれる文書

永仁六年には評定引付(以下では単に引付と記す(16))が残されている。まず、この引付から快実に関する記述を示す。

[史料1]（「引付」八月一三日条）

一、大山庄評定 大湯屋 永仁六八月十三日 同人数事

(中略)

大蔵卿阿闍梨御房 忌中　正厳

右、催已上九人、少々所労少々故障也、以公文法橋快実、被執行ニ問答之趣、如唯前々、此上者可被申長者之旨已治定了、即公文解清書草案、当座ノ案文如此、

初度、但初陳無之、仍第二度重状進了、

東寺供僧方公文法橋快実謹言上

欲早被申貫主、被落居、当寺領丹波国大山庄役鎮守八幡宮長日理趣三昧供料事、

右、件供料者、前御寺務成就院御時、以貫主御得分悉被寄付当供料之処、当執行寄事於左右、背執行二代之請文依令申子細、自供僧方連々雖被触問答、于今不事行之間、長日勤行供料定令闕怠歟、早任前御寺務之御寄進状并二代執行請文之旨、可致其沙汰之由、可被仰執行之旨、為被申貫首、恐々謹言上如件、

公文法橋快実

〔永仁六〕八月　日

同挙状云、

当寺八幡宮長日理趣三昧供料間事、所下公文申状進覧之、可然之様、可有申御沙汰候乎、恐々謹言、

八月十四日　　法印能済

謹上　別当法印御房

これが快実の初見である。「公文法橋快実」、「所下公文」と記されており、供僧方公文であったことがわかる。ここでは、供僧と執行との間の大山庄の得分をめぐる争いに関して、供僧側として執行側と直接に問答している。

[史料2]（「引付」八月一八日条）

一、同十八日平野殿御評定人数事

亮法印御房　　宮内卿法印御房

大輔法印御房　　弁大僧都御房

刑部卿大僧都御房　　帥大僧都御房

大輔僧都御房　　大夫律師御房

大進律師御房　　正厳

（中略）

一、下司申語別紙有之、可○〔有〕自今年庄務之由被治定了、

一、糺返物事、下司罷下向相触百姓等後、○〔来廿五日以前〕可申左右之旨、申上了、

一、平野殿雑掌職、可賜当公文快実之旨、令治定了、

快実が平野殿雑掌となるのはこのときからである。[17] 平野殿庄の下司である清重と惣追捕使願妙とはともに論人

であるが、この頃には二人の態度は異なっており、願妙はあくまで供僧側と争っているが、清重は供僧と妥協しようとする態度を見せていた。下司側は一七日に上洛しており、この日、供僧との間で折衝がおこなわれて「下司申語(18)」が作成されている。

［史料3］（「引付」九月五日条）

五日評定人数

佐法印　大夫大僧都　民部卿大僧都

帥大僧都　大輔僧都　大弐律師

大進律師　定厳

今日、公文快実来之間、公文解快実清書、即彼状可進貫首之由状也、彼重申状案并挙状在別帋、

（中略）

平野殿事、惣追捕使六波羅奉行之許参之間、於彼所為問答、日来文書正文公文尋申間、渡給了、公文請文在之、

「今日公文快実来」という記述からは、公文は常に供僧のもとにいるわけではないという印象を受ける。平野殿庄に関する訴訟は、惣追捕使が上洛して六波羅での問答が迫っており、快実はこれに備えて供僧から関係文書を受領し請文（後掲［史料11］）を提出している。

［史料4］（「引付」九月一二日条）

平野殿事、

十二日、願妙子息宮内左衛門、奉行之許出合テ内問答、但金吾無言之間、言口法師ヲ相語令問答了、快実出合問答、仍両方詞記置て可合御(評)引付平定之由申了、

六波羅の奉行のもとで「内問答」がおこなわれた。論人側は平野殿庄惣追捕使願妙の子息宮内左衛門とその「言口法師」[19]が、供僧側は快実が出席しており、論人側はもっぱら「言口法師」と称される者が主張をしている。

［史料5］（「引付」一〇月二一日条）

平野殿事、重可申下院宣之由、雑掌進申状、就之、被出挙状了、

この記事に関しては注意が必要である。平野殿庄に関して重ねて院宣を得ようとしているが、ここにいう雑掌の申状とは永仁六年一〇月日「重実重申状」[20]だと考えられ、雑掌名は快実ではなく、「重実」である。この申状からは、［史料4］の「内問答」の後、供僧側の主張が退けられたため、再度訴訟をしようとしていることがわかる。ここで重ねて院宣を得ようとしているのはそのためである。

［史料6］（「引付」一二月一一日条）

一、公文、平野殿惣追捕使職事、此庄沙汰遂本懐、令追出惣追捕使者、於件跡者可宛給公文之由、治定了、

訴訟が成功し、惣追捕使を追い出すことができたときには、平野殿庄惣追捕使職を快実に宛給うことを定めている。なお、これに関連して翌年の引付に次のような記述がある。

［史料7］正安元年八月二日「東寺供僧評定事書」[21]

正安元年八月二日評定

平野殿庄沙汰惣追捕使願妙跡事、此沙汰、当雑掌快実、於致入眼之功者、彼跡可宛賜快実之由、去年十二月十一日評定之時月行事雖被注付、未預其色目之旨、令申之間、以諸衆口説、書賜快実状云、

平野殿庄惣追捕使願妙跡事、彼沙汰於令落居者願妙之跡、有御検知、随其分限、可有御計之旨、衆中御評議治定之由、宮内卿法印御房可申之旨、所候也、恐々謹言、

八月二日　　専増

播磨法橋御房
（後略）

文意からは、「播磨法橋」はすなわち快実のことであると解される。快実が播磨法橋とも称されることを示す史料はこれのみである。

以上、引付から快実に関する記述を引用したが、快実の名は藤井永観文庫所蔵東寺長者補任紙背文書中の歓喜寿院関係文書にも見える。

［史料8］歓喜寿院印宗申状(22)

太良庄役歓喜寿院修二月米事、東寺供僧請文副快実陳状謹下給候了、此事院家所申有其謂、早可進覧庄家散用□、不然者来廿五日以前、任式員可済之由、被召供僧、厳密被仰含之由、被仰下候之間、明日可遂行御願之由、相存之処、経数日之後、執進快実陳状候之条、迷惑仕候、就何状、今可有快実之陳状候哉、若奉対 御定、出陳状候歟、然者、殆有若亡沙汰候哉、抑所備進去年々貢注文者、全非庄家散用、供僧雅意注文候之上者、誰可信用之候哉、（後欠）

［史料9］仁和寺宮性仁令旨(23)

太良庄寺用之事、執□重申状・具書如此候、事□先日御参之時、重々被□下候了、而今帰根源、被□進快実申状候之条、頗□尓候歟、不被進庄家之散□上者、任式員、早可令致沙□給之由、重被仰下候也、恐々謹言、

二月廿六日　　権少僧都禅□

謹上　東寺供僧御中

［史料10］歓喜寿院執行澄俊重申状(24)

歓喜寿院領太良庄寺用事、就快実陳状、寺家重捧此申状候、変々自由子細顕然候歟、殊可有申御沙汰候哉、

恐々謹言、

十月七日　　　　　澄俊

太良庄からの修二月米に関しては、供僧と歓喜寿院寺官とのあいだで頻繁に争いが生じており、たとえば正安元年（一二九九）、正安三年に確認できる。快実の名が見える右の史料には年号がなく、いつのものであるかを明らかにする必要があるが、これは快実の公文在任期間から推定することが可能である。

（2）快実の公文在任期間

な函二一二号の「歓喜寿院公文祐照書状」[25]は無年号であるが、「昨日僅七斗余、号十五分之一、出此送文候」といった文言から、正安三年二月二〇日「歓喜寿院寺用米送進状案」[26]および正安三年三月一日「若狭国太良荘役歓喜寿院寺用米送進状写」[27]に続くものであり、正安三年の文書であることがわかる。この祐照書状には「先去年両寺々官不相議之条、年行事老耄、新公文不知子細之故候之由載供僧請文候」との一文があり、「去年」つまり正安二年の公文は新しく代わったばかりで事情を知らなかった、という東寺供僧の請文を引用する。「歓喜寿院寺用米送進状案」や「若狭国太良荘役歓喜寿院寺用米送進状写」によれば、正安三年の公文は「慶瞬」であるが、その前年、正安二年の二月五日時点での公文は「円喜」であったと考えられ[28]、快実はこのときにはすでに公文から退いていたことがわかる。したがって、快実在任の下限はおそらく正安元年中、下っても正安二年の二月ということになる[29]。また、永仁六年二月二九日「安芸国新勅旨田公文職補任状案」[30]には、公文として「聖賢」の名があるから[31]、快実の公文在任はこれより後である。すなわち、快実が公文をつとめていたのは永仁六年途中から正安元年または二年初頭までの、短い期間に過ぎない。これにより［史料8・9・10］は、永仁七年（正安元）のものだということがわかる。

表2　快実差出の文書

文書群	函巻名・番号	年月日	文書名
東寺百合文書	ネ函 20	永仁6年9月5日	東寺公文快実大和国平野殿庄文書請取
東寺文書	無号 15	永仁6年	大和国平野殿庄雑掌申状案
教王護国寺	010 11-4	永仁6年9月日	(紙背)東寺訴状案
東寺百合文書	と函 52	永仁6年11月日	大和国平野殿庄雑掌重申状案
教王護国寺	010 11-1	永仁6年11月日	大和国平野殿荘雑掌法橋快実申状案
東寺百合文書	と函 53	永仁7年3月日	大和国平野殿庄雑掌重申状案
東寺百合文書	京函 22	永仁7年4月日	大和国平野殿庄雑掌重申状
東寺文書	無号 16	正安元年9月日	大和国平野殿庄雑掌重申状
東寺文書	無号 17-1	正安元年10月日	大和国平野殿庄雑掌快実重申状案
東寺文書	無号 17-B1	(年未詳)7月17日	伊予国弓削島庄雑掌快実申状
東寺文書	無号 17-B2	(年未詳)8月12日	伊予国弓削島庄雑掌快実申状
東寺文書	無号 81	(年未詳)8月21日	大和国平野殿庄雑掌快実書状

(3)　快実・公文・平野殿庄雑掌が差し出した文書

次に快実が差出人となっている申状などの文書を表2に示す。差出人として快実の名が明記されていなくても、右の期間において公文が差し出した文書や、平野殿庄雑掌が差し出した文書は快実が差出人であると解されるため、一応これらも含めている。(32)

平野殿庄の訴訟に関する文書が多いため、快実はもっぱら平野殿庄をめぐる訴訟に関わっていたような印象をうけるが、先に述べた引付や歓喜寿院関係文書からは、実際には快実は太良庄・大山庄・平野殿庄などさまざまな文書を作成していたことがわかる。特に引付では(供僧の関心の反映ではあるが)、平野殿庄よりも大山庄へのかかわりについての記述のほうが目立っている。快実が作成した文書のなかに、年貢の支配状等の公文としての活動を示す文書一般がなく、平野殿庄の文書が目立つのは、この時期の文書は全体的にあまり残存していないところ、平野殿庄の訴訟に関するもののみがまとまって残存しているためだと考えられる。

三　快実の筆跡を持つ文書

永仁六年九月には、永仁四年から続いてきた平野殿庄をめぐる六波羅での訴訟が大詰めを迎え、奉行のもとで問答がおこなわれた。これに先立って［史料3］に「為問答日来文書正文公文尋申間渡給了、公文請文在之」とあるように、訴陳状を継ぐ手続きのために供僧側が持っている文書正文が快実に渡され、快実はその請取を出していた。この「公文請文」が、［史料11］の永仁六年九月五日「東寺公文快実大和国平野殿庄文書請取」(33)（図7）である。この文書により快実の筆跡と花押とを知ることができる。

［史料11］

（端裏書）
「平野殿文書公文請取　永仁六九五」

注進　平野殿御庄々官百姓等請文陳状事

合

三通　御使深栖八郎蔵人請文并願妙清重請文一紙申之百姓等
　　　陳状等以上正文銘永仁四九廿四

三通　御使同請文并願妙清重請文一紙申之百姓等陳状以上正文永仁五四一
　　　具書　綸旨并寺家御挙状案

四通　御使并願妙以下百姓等請文以上正文永仁六々十一
　　　具書返抄案

三通　御使柘植又二郎并清重已下百姓等請文以上正文永仁六々十一

二通　御使深栖請文并願妙陳状以上正文永仁六正廿九

二通　御使請文并清重陳状以上正文永仁六正廿九

右件請文陳状敵人上洛之上者、続整訴陳、可遂

問答之由、令申奉行人候間下賜之候了、仍請取

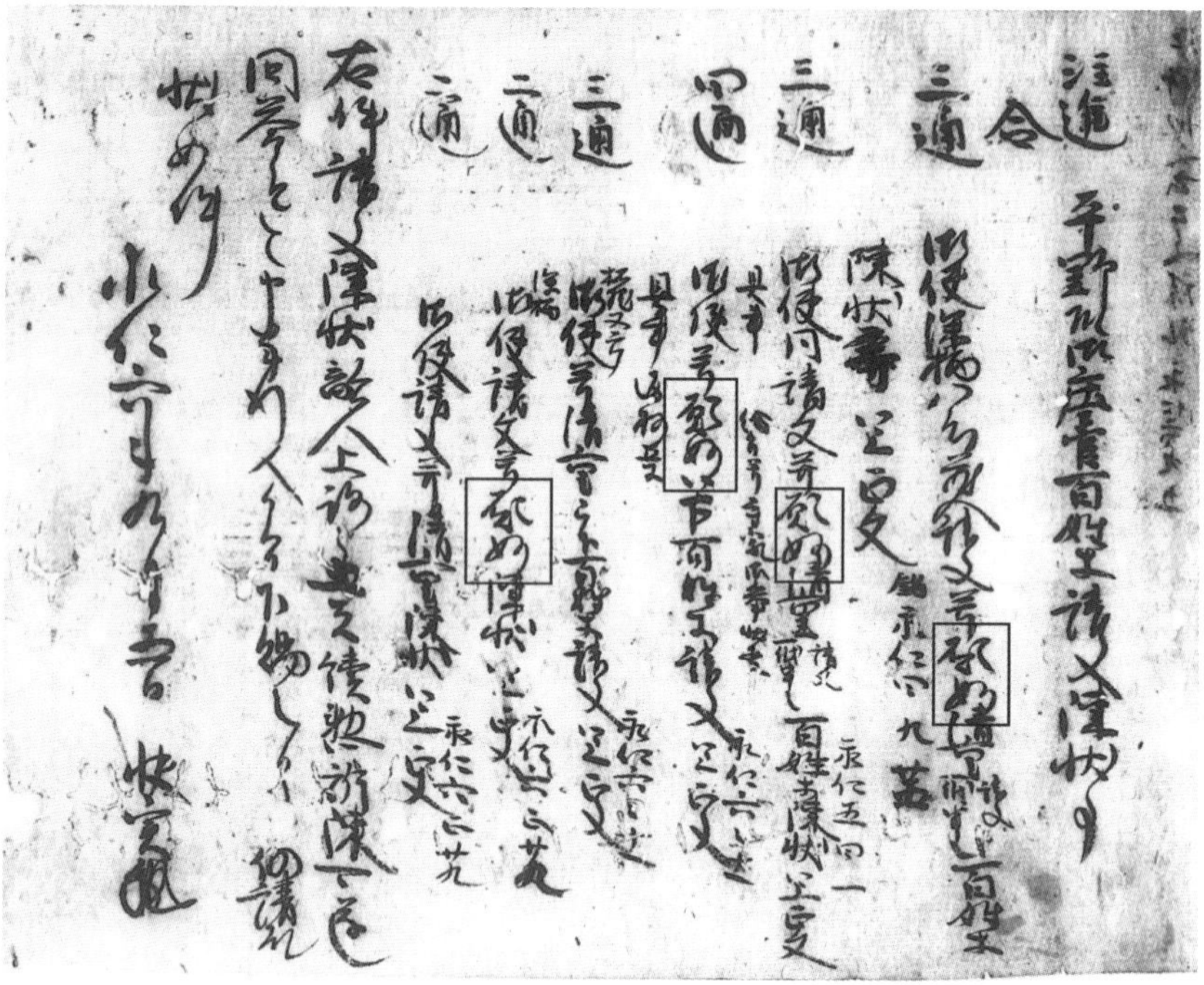

図7　永仁６年９月５日「東寺公文快実大和国平野殿庄文書請取」

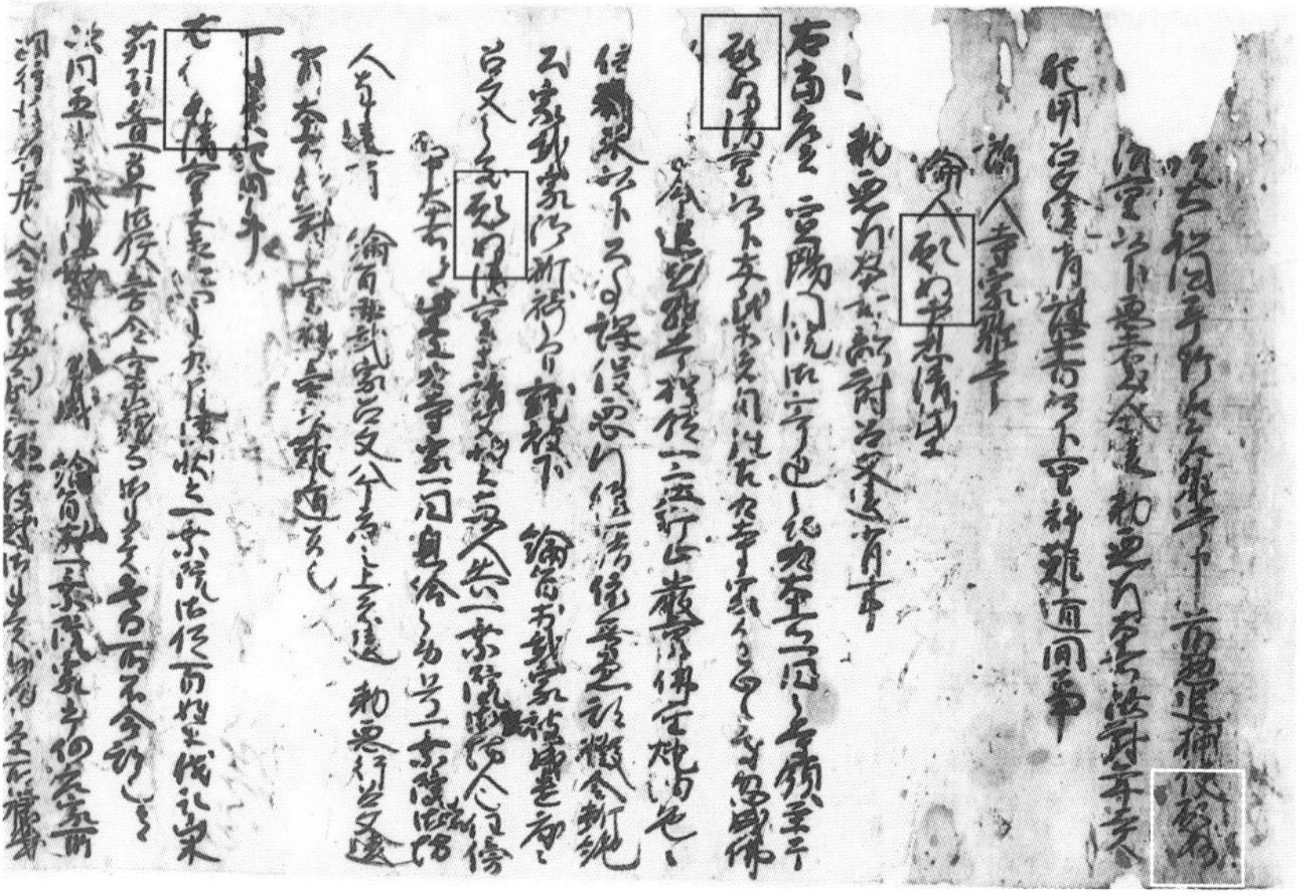

図8　永仁６年「大和国平野殿庄雑掌申状案」

状如件

永仁六年九月五日　快実（花押）

図8はこれと同じ時期の永仁六年「大和国平野殿庄雑掌申状案[34]」である。この文書は、「一、□（違）勅悪行、本所敵対、召文違背事」「一、年貢犯用事」「一、返抄謀作事」のように目安（箇条書き）の形式で争点をまとめ、論人の陳状などを引用しその主張を非難している。ここで引用されているのは「□（願）妙、清重等永仁四年九月陳状云」「次同五年三月陳状云」「次当年（永仁六年）正月廿八日陳状云」「次同五月十八日陳状云」「永仁二、三、四両三年返抄」など、いずれも［史料11］で快実が受領していたものである。このことから、この目安は六波羅での問答を前にして、快実が作成したものであると想定されるが、筆跡により、快実が書いたものであることを確認できる。図7・図8には、参考のため、この二通に共通する文字である「願妙」を囲みで示している。

この「大和国平野殿庄雑掌申状案」には、ほぼ同じ内容である「（紙背）東寺訴状案[35]」（図9）が存在している。こちらでは相手方から清重が除かれ、もっぱら願妙方を非難する内容となっている。「大和国平野殿庄雑掌申状案」と比較すると、加筆訂正の箇所が少なく、一つひとつの文字が丁寧に書かれているために一見した印象は異なる。しかし、文書全体を通して一貫した書体が使用されているわけではなく、楷書に近いものがある一方でくずされたものもあり、書体の近いものを比較すると、図9に囲みで示した「願妙」に見られるように、快実が書いたものであると認められる。

これらの文書の筆跡を基礎として、永仁から正安の期間、平野殿庄などの訴訟に関する文書を中心に快実の筆跡を持つ文書を探し、快実の筆跡であると判断したものを表3に示す。

快実が書いた文書において注目すべきはその紙背である。と函五二号の紙背には「土佐国安芸庄地頭代法橋慶実請文[36]」（図10）があり、ひ函四号の紙背には「土佐国安芸庄地頭代慶実申状[37]」（図11）および「土佐国安芸庄地頭代慶実申状案」(38)（図12）がある。これら文書はいずれも土佐国安芸庄に関して地頭代慶実が差出となっている文書であるが、三通とも筆跡は快実のものである。前二者には花押が付されているが、これも快実のものである。このことから、実は快実が慶実の名で「忠信」との間に訴訟をおこなっていると考えられる。安芸庄に関する史料は九条道家の処分状など断片的なものしか残されておらず、百合文書のこの史料についても、安芸庄はなんらかの経緯で東寺領となっており、地頭との間で争いがあったことを示すものと解されてきたが、(39)文書の筆跡および花押からうかがえる事実はこれとは異なる。また、東寺百合文書のなかで、安芸庄に関する文書はこれら三通のみであり、他には存在しない。安芸庄が東寺領であるならば、快実以外の筆跡による文書が残されていたり、快実筆文書の紙背以外にも文書が存在していたりすることが普通であろう。なぜ快実だけが

函巻名・番号	年 月 日	文書名(紙背)
と函52-B1		某書状
と函52-B2	永仁6年12月2日	土佐国安芸庄地頭代法橋慶実請文
010-11-4	永仁6年9月日	(紙背)東寺訴状案
ひ函4-紙背1	(年未詳)8月15日	土佐国安芸庄地頭代慶実申状
ひ函4-紙背2	(年未詳)8月16日	土佐国安芸庄地頭代慶実申状案
無号17-紙背1	(年未詳)7月17日	伊予国弓削島庄雑掌快実申状
無号17-紙背2	(年未詳)8月12日	伊予国弓削島庄雑掌快実申状

表3　快実の筆跡をもつ文書

文書群	函巻名・番号	年月日	文書名
東寺百合文書	と函51-40	永仁6年3月9日	六波羅御教書案
東寺百合文書	ヨ函59	永仁6年8月2日	庄資兼請文案
東寺百合文書	と函50	永仁6年8月18日	大和国平野殿庄下司代平用清注進状
東寺百合文書	ネ函20	永仁6年9月5日	東寺公文快実大和国平野殿庄文書請取
東寺文書	無号15	永仁6年	大和国平野殿庄雑掌申状案
東寺百合文書	と函52	永仁6年11月日	大和国平野殿庄雑掌重申状案
教王護国寺文書	010-11-1	永仁6年11月日	大和国平野殿荘雑掌法橋快実申状案
教王護国寺文書	010-11-2	永仁6年1月日	大和国平野殿荘惣追捕使方南都郡使供給雑事注進状案
教王護国寺文書	010-11-3	永仁6年11月日	氏名未詳書状案
東寺百合文書	ネ函159-1	(年未詳)12月29日	伏見上皇院宣案
東寺百合文書	ネ函159-2	(年未詳)1月9日	西園寺実兼施行状案
東寺百合文書	ヨ函60	永仁7年2月24日	六波羅御教書案
東寺百合文書	と函53	永仁7年3月日	大和国平野殿庄雑掌重申状案
東寺百合文書	京函22	永仁7年4月日	大和国平野殿庄雑掌重申状
東寺百合文書	ひ函4	正安元年5月24日	六波羅御教書案
東寺文書	無号81	(年未詳)8月21日	大和国平野殿庄雑掌快実書状
東寺文書	無号17-1	正安元年10月日	大和国平野殿庄雑掌快実重申状案
東寺文書	無号17-2	(年未詳)11月3日	某申状案

この庄園の文書を書いているのか、なぜ快実筆文書の紙背にしか存在しないのか、という疑問が生ずるが、これに対しては、これらの文書は本来、東寺とは無関係に快実によって作成されていたからだ、という解釈が可能である。すなわち、快実は東寺以外のところで安芸庄の訴訟に関わっていて、文書を作成し、花押も付したものの、何らかの理由で文書は六波羅に提出されず、快実の手許に残されていた。その後、偶然に平野殿関係の文書が紙背に書かれて供僧方に渡されたため、東寺文書のなかに保存されることになったと考えられる。つまり、快実は一面では供僧方公文であるが、それだけではなく、別の面ももっていたと解す

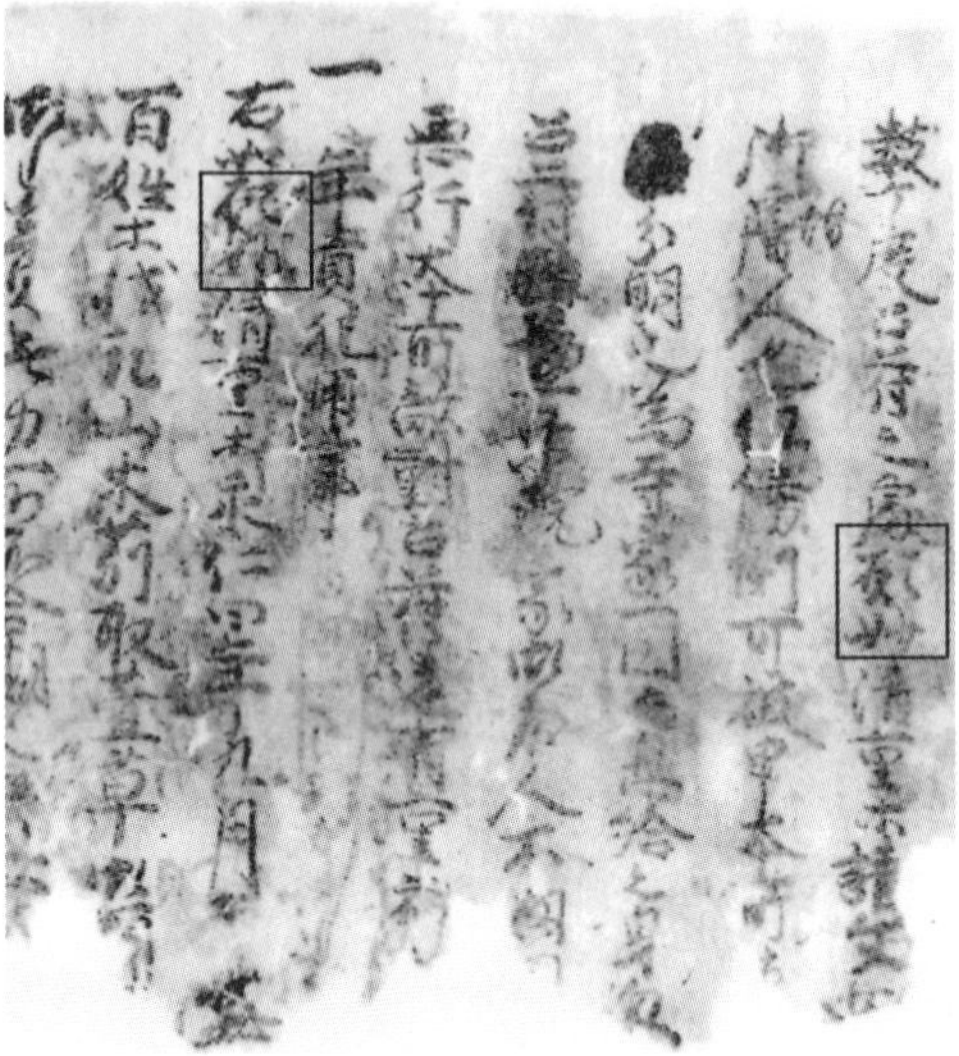

図９　永仁６年９月「(紙背)東寺訴状案」
(京都大学総合博物館所蔵)

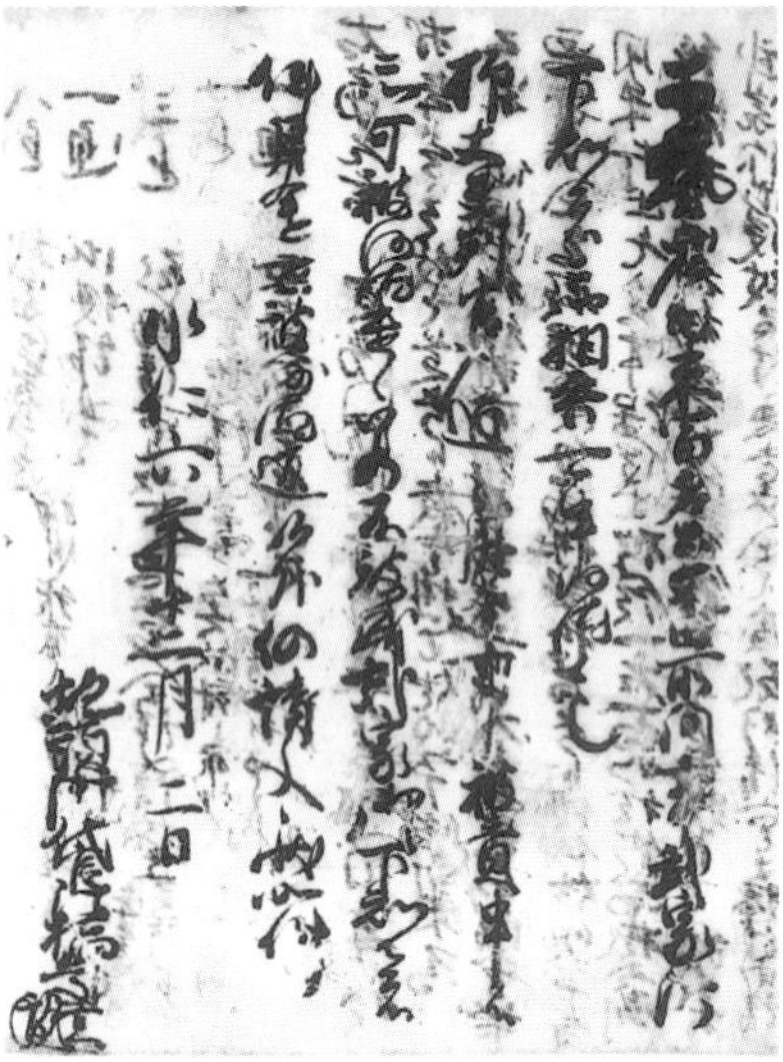

図10　永仁６年12月２日「土佐国安芸庄
地頭代法橋慶実請文」

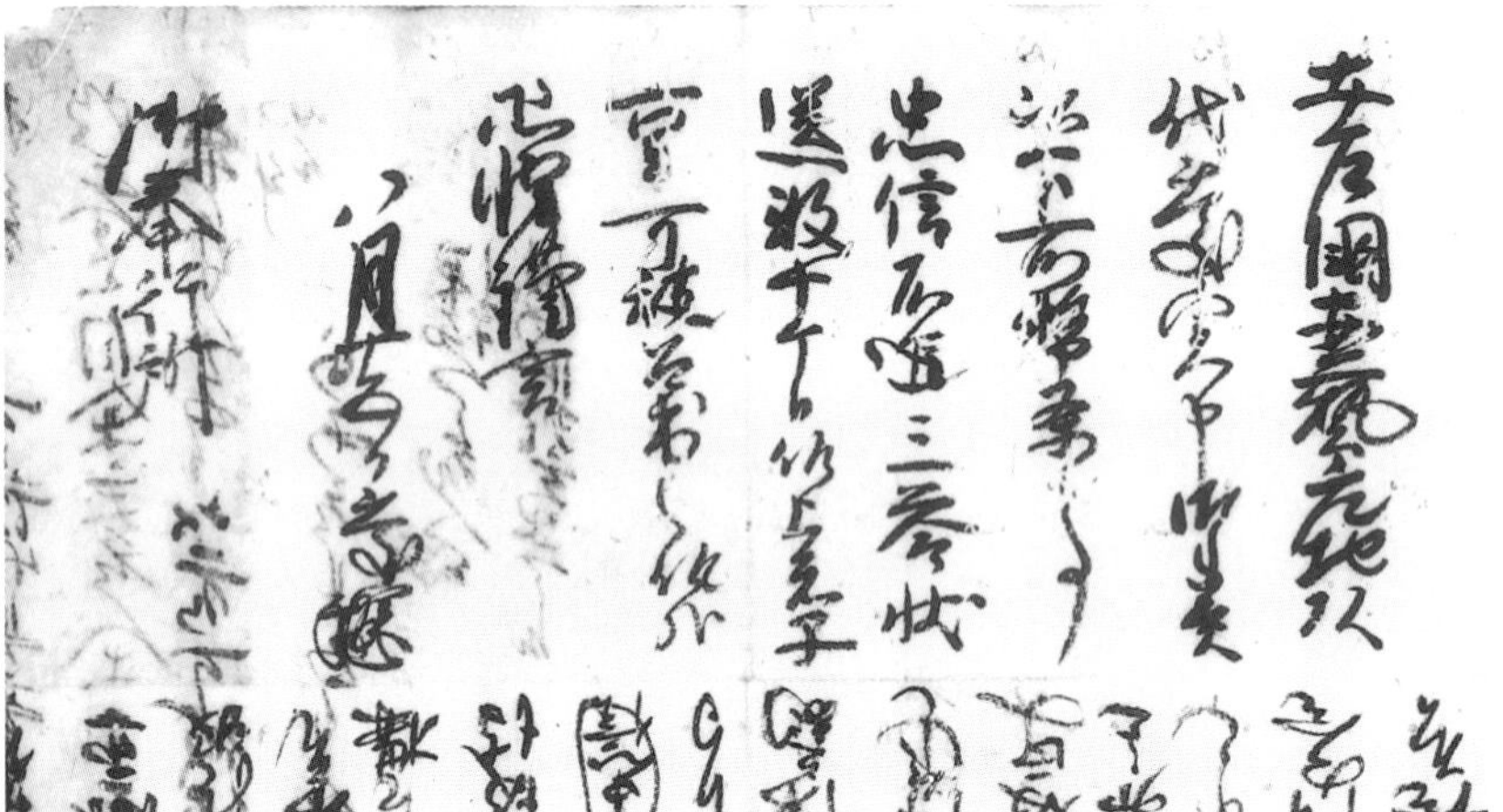

図11　８月15日「土佐国安芸庄地頭代慶実申状」

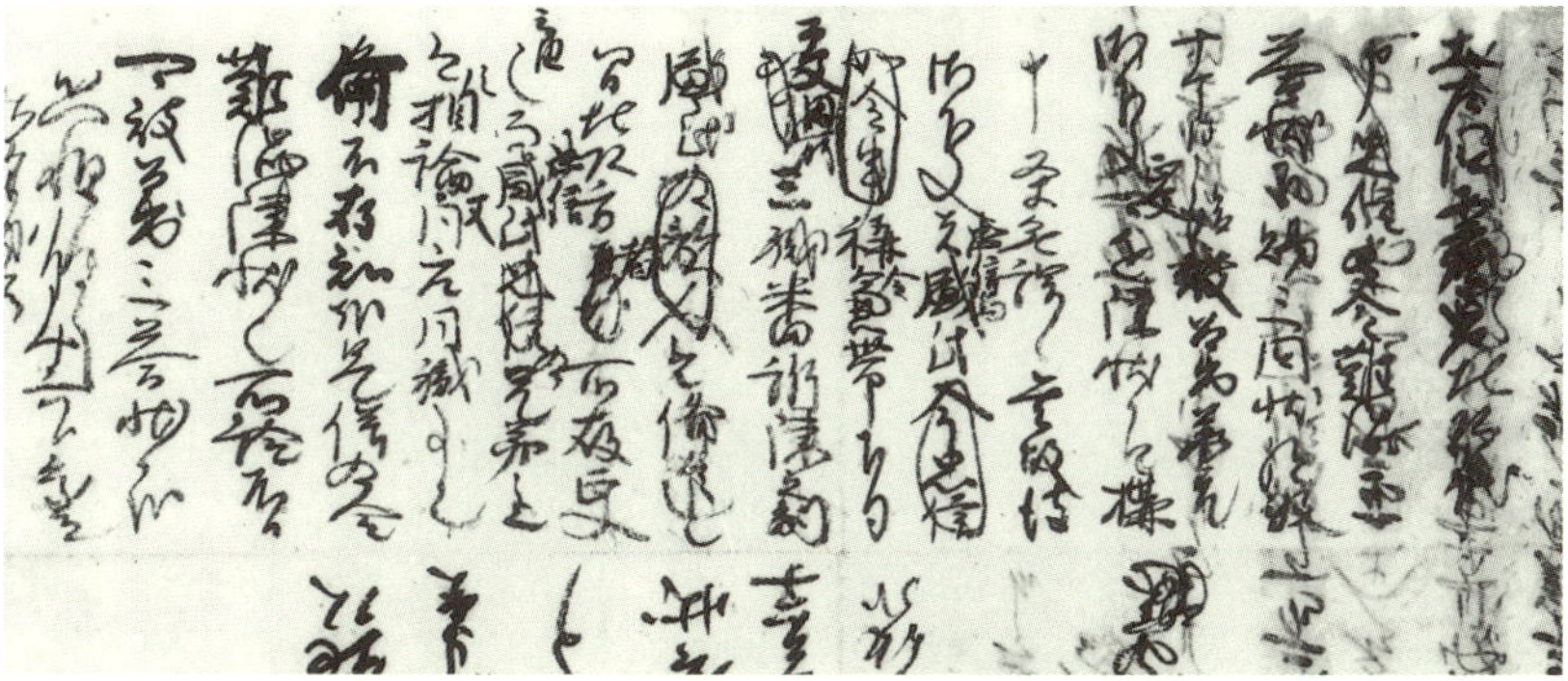

図12　８月16日「土佐国安芸庄地頭代慶実申状案」

図13　年月日未詳「某書状」

るのが自然ではないか。正応三年のものと解される「太良荘預所藤原氏女書状[40]」には新たに公文に任じられる者について「六はらさたなとも、ふるくしたる物にて候、いまくまの・いまひへなとのくもんにて候よし申候」とあって、公文にはどのような人物が任じられるのか、どのような役割が期待されているのかを示している。公文としての快実もこれと同様であろう。引付には［史料3］のような、快実が常に東寺にいるわけではないことをうかがわせる記述もあった。また、六波羅における内問答では、論人側が「言口法師」といわれる訴訟に堪能な者をともなっており、本人に代わって言口法師が主張をおこなっていたことがわかる記述もあった（［史料4］）。訴訟という行為の周辺には、オーソドックスな訴訟文書にはなかなかあらわれてこない、さまざまな人間がいた可能性があり、快実もそのような面をもつ一人ではないかと考えられる。

と函五二号にはもう一通紙背文書がある（図13[41]）。後欠のため差出人は不明であるが、快実の筆跡であり、文中に前述した「慶実」の名も見られる。このことから、この書状は快実が慶実の名で作成したものの、結局は渡されなかった書状であることがわかる。慶実はここでは「瓜破郷目代左衛門入道妙観」「一若女」「大夫三郎」等の不法を述べている。快実ではなく慶実という名を使用していること、百合文書中の他の文書にこの郷名を見つけることはできないことから考えると、快実は供僧方公文としてこの書状を書いているのではない。また、安芸庄の周囲にこのような郷名を確認できないこと、安芸庄に関する訴訟とは人名が重ならないことから、「安芸庄地頭代」としてこの書状を書いたのでもないと考えられ、さらに別の訴訟に関わっていることを示していると推測される。

なお、この時期の平野殿庄雑掌には快実以外の名もあらわれる。「大和国平野殿庄雑掌重実重申状[42]」「大和国平野殿庄雑掌重実重申状[43]」にみられる「重実」である。これら文書の筆跡をこれまでに示した快実の筆跡と比較すると、一見して同じといえる程に類似しているとはいえず、かえって違うように見え、これら文書は快実が書いたと認めることができない。快実が「重実」の名で訴訟をおこなっているのではなく、別人だと解する。引付にはこの間の事情がわかるような記述は見られない。この後再び快実が平野殿庄雑掌をつとめている（表2）ことから、何らかの事情があって訴訟に堪能な者にこのときだけ雑掌を任せたのだろうと考える。

おわりに

「はじめに」のなかで、筆跡を扱った研究では、その研究を見る者の側において検証が可能であることが必要だと述べているが、本論文では、この点を十分に満たすことができず、実際に百合文書の写真複製を参照してもらわなければ検証ができない。また、筆跡の判断をおこなった過程についても省略しているが、これは判断過程を文章で示すことが困難であるとともに、読者側も文章から筆者の判断の過程をたどり、理解をすることは極めて煩瑣かつ困難であるということも一因である。史料写真を掲載することは不可欠であるが、紙幅が限られることなどから、十分なものとすることは難しい。これらに対しては、人文学分野においてすでに当然となっているコンピュータの利用をさらに進めることが有効であると考える。今後、(一)史料のより広い公開、(二)どの史料のどこにどのような文字があるのかという情報の蓄積、(三)蓄積された文字情報から必要なものを探しだし、閲覧するための簡単な手段の実現、といった環境の整備が進めば、比較的立ち遅れている筆跡を利用した研究をすすめやすくなり、歴史学・古文書学の発展につながるのではないかと思う。本論文で扱った快実の事例は、鎌倉時代の一時期における限られた文書、しかも偶然紙背にあって残されたという文書であっても、筆跡に着目することにより内容だけでは理解が難しい点を明らかにすることができる、という一例になるのではないかと思う。百合文書にはこのような事例が無数にあると考えられ、今後、前述の環境の整備が進み、筆跡を用いた研究が進展することを期待している。

（1）魚住和晃『現代筆跡学序論』（文春新書一四九、文藝春秋、一九九九年）。
（2）宮﨑肇「東寺観智院・藤井永観文庫所蔵「東寺長者補任」について――寺院文書の集績と供僧――」（湯山賢一編『文化財と古文書学――筆跡論』勉誠出版、二〇〇九年）。
（3）コンピュータ上で史料内の文字を検索し、その画像を表示するシステムを作成し、これを利用した。岡本隆明「古文書・典籍を対象とした文字管理システムとその可能性」（『情報処理学会研究報告』、二〇〇八―CH―七八、二〇〇八年）。
（4）「東寺百合文書」せ函武家御教書并達四号、永仁三年五月七日「関東裁許状」。以下、「東寺百合文書」は、函・号のみ示す。
（5）ヒ函一六号、永仁二年四月日「若狭国太良庄領家雑掌尚慶地頭若狭忠兼代良祐連署和与状」。
（6）ヲ函五六号、永仁四年年一〇月二一日「東寺公文尚慶注進状」。
（7）と函四二号、永仁四年三月四日「伊予国弓削島庄年貢大塩支配状」。
（8）なお、年貢支配状はすべての年について残されているわけではなく、ここで重要となる永仁三年・五年分などは残されていない。
（9）と函五一―一八号、永仁三年一〇月日「大和国平野殿庄雑掌尚慶申状案」。
（10）と函一〇四号、二月六日「道性注進状」。
（11）ネ函二〇三号、七月一一日「道性書状」。なお道性書状は他にも七月一二日（ネ函二〇四号）、八月四日（ネ函二〇五号）のものがある。
（12）この文書は「平野殿文書正文　永仁六八月十八日」の端裏書きをもつ。この日は、本文に引用した［史料2］により平野殿の評定がおこなわれた日であることがわかる。なお、この端裏書は月行事でありこの月の引付を執筆している正厳のものである。
（13）ネ函二二三号。一二月七日「聖賢書状案」。
（14）ただし、と函四八号「安芸国新勅旨田公文職補任状案」には「公文大法師聖賢判」とあって、公文として聖賢の名を記している。このような例はこの一通のみであるが、どう理解すべきか問題が残る。

(15) もう少しあとの時期になると、南北朝期の沙汰雑掌である頼慶についてとりあげた本郷恵子「中世の雑掌とその妻」(『UP』三一五号、一九九九年)などがある。
(16) う函六一一、う函六一二、う函六一三。
(17) 快実の前は聖賢(道性)であるが、ネ函二〇五にその引き継ぎに関すると解される記述がある。
(18) と函五〇号、永仁六年八月一八日「大和国平野殿庄下司代平用清注進状」。この文書は快実の筆跡である。と函五一号—六一にその案文があるが、こちらはこのときの月行事にあたっている供僧正厳の筆跡である。
(19) 「言口法師」については本論集所収の酒井論文に述べられている。
(20) ネ函二二号、永仁六年一〇月日「大和国平野殿庄雑掌重実重申状」。
(21) ネ函二三号、正安元年八月二日「東寺供僧評定事書」。
(22) 『若狭国太良荘史料集成』(若狭国太良荘史料集成編纂委員会、二〇〇八年)第二巻八〇号。
(23) 『若狭国太良荘史料集成』第二巻八二号。
(24) 『若狭国太良荘史料集成』第二巻九八号。
(25) な函二二二号、三月二日「歓喜寿院公文祐照書状」。
(26) ヨ函六一号、正安三年二月二〇日「歓喜寿院寺用米送進状案」。
(27) 「教王護国寺文書」二一一—六(刊本一八〇号)、正安三年三月一日「若狭国太良荘役歓喜寿院寺用米送進状写」。
(28) 「教王護国寺文書」二一一—一(刊本一七五号)、正安二年二月五日「丹波国大山荘年貢請取状写」。
(29) この時点における円喜の存在については高橋敏子氏からご教示いただいた。
(30) と函四八号、永仁六年二月二九日「安芸国新勅旨田公文職補任状案」。
(31) このことからは、「聖賢」は道性が平野殿訴訟における雑掌をつとめるときに用いた名であるとの先述の理解は難しくなるが、このように「聖賢」の名があらわれるのはこれのみであり、結論は保留している。
(32) 平野殿庄雑掌が差出であるが雑掌として「重実」の名を記しているネ函二一号、ネ函二二号は除いている。
(33) ネ函二〇号、永仁六年九月五日「東寺公文快実大和国平野殿庄文書請取」。
(34) 無号一五号、永仁六年「大和国平野殿庄雑掌申状案」。

(35)「教王護国寺文書」一〇―一一一四(刊本一六七号)、永仁六年九月「(紙背)東寺訴状案」。
(36)と函五二号紙背二、永仁六年一二月二日「土佐国安芸庄地頭代法橋慶実請文」。
(37)ひ函四号紙背一、八月一五日「土佐国安芸庄地頭代慶実申状」。
(38)ひ函四号紙背二、八月一六日「土佐国安芸庄地頭代慶実申状案」。
(39)『角川地名大辞典39　高知県』(角川書店、一九八六年)、「安芸」の項参照。
(40)ゑ函二〇五号、『若狭国太良荘史料集成』第二巻二二号。高橋敏子氏の御教示による。
(41)と函五二号紙背一、年月日未詳「某書状」。
(42)ネ函二二号、永仁六年九月日「大和国平野殿庄雑掌重実重申状」。
(43)ネ函二三号、永仁六年一〇月日「大和国平野殿庄雑掌重実重申状」。

Ⅱ

——荘園、そして荘園史料からの発展

土地範疇と地頭領主権

保立道久

はじめに

かつて大山喬平は太良庄の史料によって「勧農権とは下地進止権の根源形態にほかならない」と述べた。(1) その根拠は太良庄に関する宝治元年（一二四七）の関東裁許状案（『若狭国太良庄史料集成』①三七号文書、「東寺百合文書」エ函二）に、「一、勧農事」とあった部分が、元亨二年（一三二二）頃に作成された東寺供僧目安太良庄所務条々（同史料集成②三三七号文書、「東寺百合文書」ヒ函二七六）では、「一、下地事」となっていることに着目したもので、「宝治元年に太良庄の勧農権の帰属を規定した下知状の条項が、ずっと時代がさがって正中年間（ママ）には、下地進止権の帰属を表示するものとして新しく解釈しなおされている」という点にあった。大山は、ここに依拠して、鎌倉初期までの領主権は「勧農権という、より農業経営に密接した概念」、根源的な形態で表現され、発展した領主権＝「下地進止権」はその後にくるとした。

　これは国衙徴税権の委譲という太良庄の成立論と一体のものとして提出されているのであるが、私は、この大山見解の背後には中田薫の図式への無意識なもたれかかりがあり、それは「下地」という用語の理解そのものから再検討する必要があると考えてきた。本稿はその切り口を、「地本」[2]という言葉と「下地」の対比におき、まず第一節で平安時代における土地範疇の語義構造《オントロジー》について「地本」「下地」「地頭」などにふれて論じ、第二節において、鎌倉初期国家と土地範疇の関係について論究を進める。

一　国衙荘園体制と「地頭・地本・下地」

土地範疇論が大塚久雄『共同体の基礎理論』にさかのぼる古典的問題であることはいうまでもないが[3]、本稿では、網野善彦が王権の統治根拠としての無主の大地の領有という図式にもとづき、そのような無主の大地を表現する言葉として「地」という用語を摘出したことを最大の前提として議論を進めたいと思う[4]。これは戸田芳実の言い方では、「国家の『領土高権』」「公田における国家の土地所有[5]」ということになるが、網野の指摘によってはじめて「王者の地限り有り」（『平安遺文』三七五、以下「平」と略す）、「九州の地は一人の有なり」（『中世法制史料集』巻六第一条保元元年閏九月一八日宣旨）などの平安期の王土思想を表現する章句に「地」が使用されていることの意味を理解できるのである。

網野は「田地・畠地」などと表現される「地」の中にも「本来、大地とでもいうべき一般的な用語」の側面、「無主地」の「地」という側面が潜在していると論じ、さらにこのような「地」の分化は平安時代に始まった、この時代、「屋地、田地、畠地、山地、野地、林地等々、『地』の性格を示す語が付されるようになるとともに、（他方で、筆者注）『地』は明瞭に都市的な場の地種を表しはじめる」とした。

本稿では、平安期の土地制度を、戸田芳実にしたがって国衙荘園体制と呼称し[6]、遷代の国司とそれを支える国衙―郡司刀禰組織が中軸となり、その中で都市貴族―地方貴族―地域村落社会を結ぶ公田と荘園の支配関係が形成されていたと規定する。しかし、それを土地範疇論に踏み込んで追跡するための史料は絶対的に不足しており、そこで本稿も、かつて中田が「王朝時代の法制を継続し発達せしめたるに過ぎざる鎌倉以降の法律史料に顕れたる事実より、逆推し推論しうるのみ」[7]と述べたように、鎌倉時代の史料から「逆推・推論」して議論を構築することになる。本稿が中田の議論を方法的・実証的に乗り越えているかどうかは、御批判をまちたいと思う。

（一）　地本・畦本・縄本と勧農

①地本と畦本・縄本・注連本など

「地本」の語の読みが「ぢもと」であることは、「ちうちのもとにちもとをつけらるべし」（鎌一七〇八六）、「かのたやしきは、ちもとにおきては、けさくまかてより、うけとるへし」（鎌一七一〇三）という鎌倉時代の二通の仮名文書によって知ることができる。右の文書で、「地本」といわずに「地」といっても、つまり「住持の許に地を付けらるべし」「田屋敷は、地においては、袈裟熊が手より請け取るべし」といっても発音と意味はほとんど変わらない。また後にふれる永仁年間の日前宮の土地帳簿類のうちの秋月郷検田取帳[8]には、他の検注帳において「無地本」とあるところが「地無云々」と言い換えられている。この限りでは「地本」という語は「地」と同じ意味であるといえよう。「本」という語尾は[9]、「地＝ち」一語のみでは発音上も仮名表記上も明瞭性を欠くために加えられたといえるのかもしれない。

しかし、この「もと」という接尾語素は「縄本・畦本」という語との関係で理解すべきであろう。竹内理三によれば、「縄本・畦本」とは畦畔の直下＝「本」に存在する長地形耕地、つまり畦畔の直下に、その射影としてのびる細長いゾーンを意味した[10]。ここで縄による空間分割の直線性に意味があったことは、ある荘園の堤面に開発された新開田が、地点によって作柄が不定であったために「毎年、作不は増減あるの間、惣別ともに寄り合い、下地に縄を立て、孔子をもって計らい中分すべきなり」（鎌二三一三四）と約束されたことによく示されている。

ここで「下地に縄を立て」といわれていることは、縄などによって作られた畦畔の人為的な直線がそれ自身で〝目「立」つもの〟であったことを示している。古島敏雄は「土地に刻まれた歴史」といったが、条里地割の単位をなす坪並の空間分割メッシュがむしろ縄のマークによって作られている点にこそ注目せねばならない。

このような縄本の意味を示すのは、ある荘園で発生した「堂家領之坪〻ニ悉被立注連、号注連之本ト、被取数多候畢」という事件であろう（鎌七六一九）。この「坪々」に「注連を立て」という場合に、注連は畦畔に張られたものと考えられ、その下の田地を「注連の本と号して」占取するという土地領有の作法は、「縄本」という用語の基礎にあったものをよく示している。畦畔の直線を注連によって押さえることができれば、その射影＝「注連の本」＝「地本」を押さえ直すことが可能になるのである。(11) また、現在のところ一例のみではあるが、土地売買にさいして、「但本券者、付畦本畢」（鎌八〇一五）という形で、本券が「畦本」に留保されたという事例が確認できる。しばしば「本券は類地あるにより副渡さず」として本券が本名の側に留保されたことはよく知られているが、本券留保の主体としての「本名」「名本」が「畦本」といわれているのである。ここで詳論する用意はないが、「本券＝名」への田地の包摂は、史料的に「類地」の中に探ることが可能であり、「名本」が「畦本」に置換可能であるとすれば、名の「類地」編成において畦畔システム＝畦本が具体的な意味をもっていたことが推測されよう。

これらの「縄本」「注連の本」「畦本」をより一般化した言葉が「地本」であった。そもそも『日本国語大辞典』（小学館）は「もと」を「立っているものの下部。根のまわり、物の近く、根拠地などを示す。『国もと、そこもと、足もと、手もと、ねもと、ひざもと、枕もと』など」と説明している。「地」が立っており、かつ下部があるというのはおかしいようにも思えるが、しかし、昔の庶民は微地形の高低に敏感であり、「地」をフラットなものとは考えていなかった。そして「縄本・畦本」は「稲本」から「地べた」にいたりつく。こうして「畦

―稲―地」という形でたどりつく分割された「地」が「地本」であったのではないだろうか。もちろん、「地」の本という場合に、語義的にはそのすべてを「縄本・畔本」、つまり田畠と等置することはできないが、しかし、実際には、「地本」は、一町四方の畦畔の坪並のメッシュの下に占取されている田畠を呼称する用語なのである（なお、畠・畑については独自の問題があろうが、本稿ではふれることができなかった）。

「縄本」＝地本の支配と管理は、平安時代の国衙の公田支配・土地行政の基本であった。天養一年（一一四四）の鳥羽院庁下文は、国司の「毎任」に「郡司刀禰等は国衙の進止として、検田・検畠の時、彼等をもって図師として沙汰をいたす」（平二五四一）としている。そして図師の職掌とは同下文が「條里坪並、図師をもって明鏡となす、彼等を相具せざれば、誰人をもって阡陌を分別すべきや」と述べているように、まさに阡陌＝畦畔の管理にあった。ふるく清水三男が述べているように、刀禰＝図師は本質的には、方位決定・測地などをささえる職能性、「測量製図の技術者」としての性格を帯びていた(12)。別稿で述べたように、彼らは堺の検証や土地売買などにさいして、しばしば「破定」と呼ばれる縄を使用した地割確認を行ったのである(13)。

さらに注意しておきたいのは、そのような「破定」（地割）の権限が坪の内部にまで及んだことであって、それは「半折」「ハヲリ」の田地が（長地形耕地ではない矩形田地）、平安鎌倉時代には「半破」と表記されていた(14)ことに示されている。そして、「山かつのそとものを田のかたあらし　こそのつくりはしめもおろさず」（「夫木和歌抄」雑部一二、田家）という和歌に着目して戸田が論じたように(15)、平安時代の耕地は開放耕地制の下にあり、冬季は休閑地として牛馬に開放されたが、春には「四目」をおろして耕作を表示した。残念ながら、そのような春の縄の様子を具体的に示す文献史料はないが、畦畔の縄システムは、この耕作権を表示する春の注連縄を毛細管として具備しており、それによって地本をおおっていたはずなのである。

②地本と位置指定・面積

地本が畦畔の空間分割システムと密着した用語であるということから、地本の語のニュアンスが明らかになる。つまり、まず「地本」は「在所」と同じように地名を含意し、位置指定の意味をもった。普通、売券などの土地表示においては「在」という言葉が使われるが、この「在」は「ありどころ」と訓読される場合があり、実質上は「在所」と同じことであるらしい。(16) 在所は、『名語記』(四)に「田畠の在所をよくしれる人也」とあるように位置を示す用語であり、より具体的にいえば「荒野在所者、熊谷池之尻也」(鎌三九七三)、「在所ハエリカクチ」(鎌五〇四三)などとあるように地名を指称する。そして「合壱段餘者 地本者八条大宮、自大宮東、自八条南、大宮巷所懸、」(鎌一〇二五二)、「地本者 名手庄江川村」(鎌三一四九一)などの史料は「地本」がこの「在《ありどころ》」「在所」とほぼ同義で地名を指称する用語であったことを示している。後にふれる日前宮の永仁検注帳で「地本なし」が、「在所無しと申す」(17)「無在所」「無在所云々」(18)などと言い換えられている例も注目すべきであろう。もちろん、他面、豊後国大田文に「所の名ありといえども、地本を知らざるの由、風聞」とあるように(鎌一五七〇〇)、位置指示を包含するとはいっても、地本は「所の名」=「在所」とは異なったニュアンスをもっている。「合壱町一反小者、ありところ・つほつけハ、くハしくほんけんにみゑたり」(鎌六〇二四)、「云田畠里坪、云在所名字・員数」(鎌二四六二五)などという文節において「在所」と「里坪」「坪付」とが区別されていることからすると、「地本」は、在所の意味と近接するものの、狭義にはもっと厳密な位置指定、「里坪」「坪付」、すなわち畦畔メッシュによる空間分割を本質としているのである。

また条里制=畦畔メッシュの可算性との関係から、地本の語が面積表示に使用されることも注目しておきたい。鎌倉期の文書には地本の用例が全体で五一件あるが、(19) このうち、土地の位置・面積の記録、つまり土地帳簿類に登場する用例数が一〇件、全体の五分の一を越える。(20) そして、地本が直接に土地の総面積・総田数の積算結果について使われている場合が、そのうちの三件に上る。第一は、越後国奥山庄の例であって、その田地注文は、冒頭に「合　ちもと十一万三千二百八十刈」とした後に、各耕地ブロックとその「刈」数を列挙している（鎌九八四〇）。「刈」という面積単位は粗放な耕地システムを表現しているが、総面積が「地本」といわれているのは、後述する隣接の小泉庄のような道路と畦畔の形成が進行中であったことを反映していると考えたい。第二は、高野山灯油畠下地四至并負所注進状であって（鎌一〇五八四）、この注進状は負所（この場合は灯油を負担）とそれが含まれている「下地」を書き上げている。そして、そのおのおのの総計が、負所については「已上負所」として、「下地」については最後に「地本都合」として記されている。これを「下地都合」としなかったのは、面積に注目する場合には、「地本」という用語がふさわしかったために違いない。第三は、弘安一〇年九月一九日の東大寺領某庄の分米注進状であり、坪内の田地の反歩数と得米を書き上げた最後に、「已上地本六町貳段六十歩」と総計している（鎌一六三四五）。残念ながら、第二の例も第三の例も、前欠で詳細は明らかではないが、このような例は多かったであろう。

③「地本無」と「荒」

地本のもう一つのニュアンスとしては、「地本」がしばしば「荒」との関係で登場する点がある。たとえば、伊勢大国庄済物注文に、桑代の糸の貢進に関係して「近年、地本の荒により減ぜられ了」「近年、名、の地本荒」などとみえるのは、「流失」「中溝埋」「洪水」「大水埋」などの「荒廃」を示したものである（鎌二二九六六）。武蔵国称名寺領上総国請地等注文に「埴生郡永吉郷一町一反但し地本無により九反大に定む」（鎌二九〇二二）[21]、下総国香取社領の葛原牧小野織幡地帳にも「十二（坪）、金丸三反此内一反、地本無と申し候、ヨシハラ権次郎」（鎌八七三七）などと、「地本なし」という表現がしばしば登場することもおそらく「荒」を意味するのであろう。

とくに最近、新史料が紹介された紀伊国日前宮文書には「地本なし」という記載が集中している。これは右の伊勢や東国での諸例とあわせると、この表現が鎌倉時代以降、各地の史料に現れることがわかるが、たとえば、日前宮領太田郷検田取帳によれば、同郷は惣田数七四町余、そのうち、「川成・不作、四町一段百十歩」「(他郷からの)出作二町一段小十歩」で、それらを差し引くと「本田」六七町余となるが、この取帳には七筆の「無地本」の土地が記録されている(総面積二反一六〇歩)。詳細に計算すると、これは「川成・不作」の項目に繰り入れられている[22]。検注帳の田地記載順序は、どの田圃からはじめてどこに行くかという検注の順序、検注使の歩く順序を反映しているが、この「地本なし」とは、坪並に沿って歩いていく中で、該当の土地を確認できなかったことを意味する。そしてそれが「川成・不作」の項目に集計されているということは、かつて登録されていた土地が「川成・不作」と同じような状態になってしまったことを示す。

大田郷には満町坪が三三町あり、それに準ずる九反坪が三所、八反坪が二所ある。それらのみで本田数の五割を越えるが、その中に「地本なし」という記載はなく、「地本なし」と記載された田地は、ほとんど単筆の田地にバラバラに散在していることも特徴的である。「地本なし」が荘郷四至内の周縁部を蚕食するように広がっていることになろう。「地本なし」と「荒・年荒・不作」などの関係はさらにつめるべき点が多いが、一般にはそれは、田地の畦畔構造に問題が発生し、畦本・縄本という表現ができない状態に陥った土地を意味するといえよう。加賀国得橋郷の内検田数目録には除田として「川成、不作、畠成」などと並んで、「失坪《うせつぼ》」という言葉がみえるが、これがまさに「地本なし」の別の表現であるのではないだろうか(鎌一二三七一二)。

やや時代が下るが、永和元年(一三七五)の日前宮所領の段別結解状写に[23]、「四反内二反讃岐守給一反屋敷分給、一反無地本、畠三反無地本、乙鶴丸給」などとみえる「地本なし」も同じことである。つまり、この結解状写の本文には田畠あわせて総計一四筆の「無地本」の耕地が書き上げられている。これらの「無地本」がおのおのどのような具体的事情にあったかは不明であるが、しかし、この帳簿の後半に「無地本分」として集計されている耕地は、田の無地本分が一四筆、畠の無地本分が一〇筆で、総計二四筆となっている。[24] 本文と集計の間には田畠一〇筆の差があるのであるが、そのうち五筆は本文に「川成堀代」「川成」とあるものが「無地本」の集計に入れられていることがわかる。つまりここでも、「川成」が「無地本」の一種類と分類されているのである。そこからするとおそらく本文の一四筆の田畠「無地本」は「不作・荒」を意味するのであろう。ただ注意を引くのは、差額一〇筆の残りの五筆のうち、二筆は「屋敷代給」「屋敷分御申候」とあって、田畠から屋敷への地目変更であるから、屋敷となって畦畔の縄張りからはずれることも「無地本」と呼ばれたようである。[25]

④「本券なし」と勧農

荘郷四至内における「地本―地本なし」の対照は、畦畔という物的施設のみでなく、法的・社会的にも明瞭になっていた。つまり、一〇世紀以降の経過の中で、地本の田地について相当の量の公験が蓄積される結果となっていたと考えられる。公験とは国衙の土地行政を担った郡司刀禰が土地売買などにさいして証判したものであるが（「国郡の立券」）、平安時代末期になれば、荘園内部には公験のある土地とない土地が入り交じる状態となっていたはずである。その様子を地本との関係で示す史料として、かつて永原慶二がとりあげた建久八年（一一九七）二月の石山寺領名寄帳の記載が注目される（鎌九〇三）。[26]

『給免二丁四反大』
真住四町二段川成二反　　三丁五反大有券契、残一反小無券相伝、
　　下人国方之子息四郎丸領也、仍逃亡之跡也、

『已給免』
清沢一町七段二百十六歩　　残新開発、
　　一丁六反二百十六歩有券契、残一反無契、
　　地本給了、

『給免一丁八反』
安延二町玖段百六十歩常荒二反小水損小　　一丁大有券契、自余地本給了、又

新開□也、

上記は永原が引用した二町～三町という大規模名の記載部分であるが、ここで注目されるのは、永原が「名内には券契をもつ基本耕地のほか券契のない、新開墾地が少なからずふくまれていた」としたように、無券の開墾地が記録されていることである。つまり真住名四丁二反のうち、三丁五反二四〇歩には券契があり、残り一反一二〇歩は無券で「下人国方の子息」「逃亡之跡」であり、さらにその残余（五反）は新開発のために無券。清沢名一丁七段余のうち、一丁六段余は券契があるが、残り一反は無券で地本を給付した。安延名二丁九反一六〇歩のうち、一丁二四〇歩は券契があり、残り八反二八〇歩はやはり新開発で地本を給付したという。文脈上、「無契＝新開＝地本給」といえよう。

さらに興味深いのは、この名寄帳にはより小規模な名についても「『已給免』千金三段、地本給了」などの記載があることである。武沢・花道・菊成・遅秀・林実・菊定などにも同じような記載があり、それらもやはり三段前後（遅秀のみが五反とやや大きい）の小規模名であり、しかも「已《すべて》」もしくは一部が給免分となっている。[27]これらの小規模な「地本給」も小規模な開墾や不耕地の耕起によるもので「無契」のものが多いであろうことは容易に推測される。

逆にいうと、この帳面において「無契」「地本給」などの注記のない耕地の相当部分は「公験」をもっていたということになる。このような「券契」と「無券」の対比を農民的土地所有の内部にふみいって問題とすることに成功したのが、笠松宏至の著名な論文「本券なし」[28]であった。それによれば、土地売券などにおける「本券なし」という記載は、小規模な開墾・屋敷地・下人追却跡（の挙地《あげち》）・山などに特徴的で、本来、「無主地」、つまり自然に近接した土地が契約と文書の世界に組み込まれる時に発生したという。興味深いことは、この石山寺名寄帳においても開墾や下人逃亡跡が同じように「無券」とされていることであり、笠松が挙例した売券ではなく、

より俯瞰的な史料である土地台帳によって同じ結論が導かれることである。(29)

問題は「地本給了」ということの意味であるが、これは単に土地を給付したということでなく、新たに開発＝田起こしされた「本券なし＝無地本」の土地を「縄本」＝地本に区分・編成の上、給付したということであろう。そして、「勧農帳＝名寄帳」であることからしても、(30)また二月の勧農の季節に作成されたことからしても、この石山寺領名寄帳が春の勧農にともなうものであったことは明らかである。勧農行為と地本への編成は深く関係しており、勧農帳とは「無地本」の地を「地本」に組み込む過程を表現する台帳であったともいえよう。「地本」の用例それ自身が少なく、厳密な論証は難しいが、しかし、たとえば、嘉禎四年（一二三八）二月下旬、松尾社領丹波国雀部庄の地頭飯田光信が現地に下向し、「在京の資縁のため、前々に増して」「一、二町を作り立てんがため、種子・農料を下行」したさい、「今年はじめて地本を百姓に分け下し」たという（鎌五三一五）。この場合は、下司名田であって、しかも百姓から「種子ばかりを下行し、食料を下行せず、村別に二段押し懸ける」という抗議を受けるという実態であったが、時期は、二月、すなわち勧農＝散田の季節であり、この史料も勧農の下での「地本」の充行と理解できるだろう。

また、時代を大きくさかのぼって、一〇世紀半ば、丹波多紀郡衙が有していた「播本帳」の「平秀・勢豊等名」に調絹を付けられたという、研究史上、著名な事例も想起される（平二四〇）。従来「本帳を繙くに」と読まれていたこの一節を、稲垣泰彦が史料の記載通りに「播本帳《まきほんちょう》」とよみ、青苗簿類似の本帳としたことはよく知られているが、(31)さらにいえば、これは「播本《まきもと》の帳」と読み、おそらくは畔から直蒔きした「本」、つまり「口分」＝公田班給にあたって「畦本」を書き上げた勧農帳（＝散田帳）類似の帳面なのではないだろうか。このような名称は、新たに墾《は》られ、「耕種」した小規模田地＝「散田」を掌握する帳面の名にふさわしい。少なくともそれが名寄の形式をもっていたと考えられることに注目しなければならない。

山本隆志によれば鎌倉期における勧農は、種子農料の下行、百姓逃死亡跡の再開発、名・一色田の編成、灌漑労働などの百姓賦役の編成をその内容とし、その対象は「荒廃田・年荒・常荒・百姓逃死亡跡」「田代」にあったという。[32]これは笠松のいう「本券なし＝無主地」、つまり「無地本」の地種と見事に照応する。大山の指摘に反して、勧農は下地進止ではなく（下地については後に検討する）、地本進止なのである。そもそも勧農とは、毎年春、公田耕作を督励して分散的に存在する「年荒・田代」＝「散田」を登録することを本務としており、これによって収納対象となる耕地面積――「地本」が確定され、それが検注・収納と続く公田・荘園の「所当」収取システムの前提＝結果となる。それは大山のいう「農業経営に密接した概念」というよりも、戸田のいう「かたあらし農法＝開放耕地制[33]」に対応する支配過程であり、耕作強制なのである。

以上をまとめると、「地本」とは、畦畔システムの下に領有された大地の位置や面積を表示する、行政上の抽象的な用語であり、本来は、国衙荘園体制における郡司刀禰などによる公田支配の中で形成された土地範疇として、年貢所当額に政治的に連動して決定される数値を導くものである。そして、それはそのような抽象性において、平安期国家の「勧農」、すなわち無主・無用な「荒廃」をふくむ自然一般に対する「領土高権」を表現する範疇であって、自然そのものを表現する「地」に隣接する。

（2）「下地」の語義と不動産

①「下地」の語義

中田薫は下地の語義を「真の土地」あるいは「下地（地盤）」とする。[34]下地は〝下にある土地〟、〝物質としての土地〟という超歴史的な自然を表現する言葉だというのである。しかし、下地の語義は単純ではない。まず『日本国語大辞典』は下地の語義を「①物事をなす基礎となるもの。下ごしらえの準備。土台。素地。②（助枝とも書く）壁土を塗るための基礎。木や竹の細い材を縦横に組んだ壁の骨組。壁下地。③生まれつきの性質。素質。天性。生まれつき。④中世、年貢、雑税など、領主の収益の対象となる荘園、所領をいう。⑤心の奥。本心。しんそこ。⑥（味付けのもととなるものの意から）しょうゆ。また、天ぷらやそばなどのつけ汁をもいう。⑦芸妓・娼妓などになるための見習い期間中の者。またその期間。⑧元来。もともと。もとより。副詞的にも用いる」などとする。

検討の出発点は、安田次郎が室町・戦国時代になると、「下地被官」が「本来の、元々の被官」「譜代被官」という意味で使用されると論じたことである。(35) これは右の辞書でも③の用例として『沙石集』の「賢きしたぢ無くして俄に菩薩になり難かるべし」という例がとられている。次に注意すべきは、平安時代の『和名抄』の「助枝」、鎌倉時代の『名語記』の「染めぬる下地」があがっていることである。『平安遺文』『鎌倉遺文』の検索によれば「壁下地料榑」「土壁、下地を構ふといえども、未だ塗らず」などの例を追加することができる（平三八七九、鎌九七三七）。つまり下地という言葉は漆や壁塗などの手工業分野で早くから「土台・素地・下ごしらえ」などの意味で使用されていたのである。「下地」を「土立チノ堂」の「板敷」の下の「土《つち》」という意味で使用している珍しい例も、この用法と連接していると考えてよい（鎌二三八〇六）。以前、これまでもっぱら農村的な用語と理解されてきた「作手」も、手工業分野での用語が転用されたものであることを論じたことがあるが、(36) これも新しい語彙がしばしば都市や手工業の部面から発生し、分業分野を超越して流通していくことを示している。

下地は右の辞典のいう②の手工業的な素地・下ごしらえなどの意味から始まり、①③の「基礎・下ごしらえ・土台・素地、生まれつき・天性・素質」などの一般的意味に拡大したのである。これに対して下地＝土地という用例は辞書でも四番目の位置にあり、下地の語史の全体の中では、むしろ特殊的・派生的に、耕作その他の特定の具体的な有用性のために占取され、下ごしらえされた土地という語義をもつようになったのであろう。下地とは有用的占有に対応する土地範疇であると考えたい。人々は、壁の内層に「助枝＝下地」を透視し、漆塗の下に木地を透視するように、具体的な労働の中で、土地の内面に、〝素地〟、有用な構造、経済学用語でいえば、効用（使用）価値を透視していたのである。土壌は、団粒構造、植物根・小動物の運動、そして水脈の透過にいたるような生態学的構造をもっており、それは前近代においても認識されていたはずである。なお、時代は降るが、大和国の土器座・火鉢作座・法楽衆などは田の底の重粘土を掘り取る特権を有していたが、その土層が「下地」と呼ばれていることも参照しておきたい。(37)

②下地の初見用例と敷地

これまで中田の見解は疑問の余地のないこととされており、そのため、下地という用語は超歴史的なもので、きわめて早くから使用されているものと考えられてきた。たとえば、島田次郎は延長七年（九二九）一一月二七日の豊受大神宮司解（平二三六、吉田文書（一）史料編纂所架蔵影写本三〇七一・六四／一二一）に「於久見郷百万之一、雖有課役之子細、此下地者課役之事不有、可令承知此状、以解」という例を下地の初見史料としている（『国史大辞典』吉川弘文館）。しかし、この史料は「夫用途弐佰弐拾伍文」「一円知行」など鎌倉期に入らないと使用されない用語を含み、形式上も疑点が多い。

さらに必要な史料批判を行うと、(38)平安時代における土地としての「下地」の用例は二つのみになる。第一の用例は、延久二年（一〇七〇）の興福寺大和国雑役免坪付帳の橘本庄の項目に加えられた、「このほか、山坊の下地に進官、相懸かるものなり」（平四六三九）という追記であるが、この帳面への追記は仁平三年（一一五三）、保元二年（一一五七）、保元四年（一一五九）などに降る。その意味は橘本庄の付属地であると考えられる「山《やまの》房《ぼう》」村の土地にも「進官」役が懸かるということであろう。後にふれるように下地という言葉は「所当」と対比して使われる場合が多いが、これもそのような用語法である。

第二も、ほぼ同時期、応保一年（一一六一）の土佐国幡多郡収納使西禅充行状案に「彼下地非本利田内、不及地主之訥惜進」（平三一八四）とあるものである。この土佐国佐多御崎金剛福寺あての田地充行状は収納使・書生・郡司が（二度にわたって）連署起請したもので、所載の「土佐国蠹簡集」（内閣文庫写本）が良質の写本でないこともあって、解釈を確定することはできないが、おそらく収納使入部のさいの利田起請と同時に作成されたものと思われる。私は、利田とは一定の割合で本来の負田を越える開発＝耕作を認め、検注をしない代わりに（作柄によらず）起請田の年貢完済を誓約する行為であると考えている。[39] この三丁の田地が「本利田」のうちではない、つまりこの時行なわれた利田起請の対象となった田地のうちではないから、地主の「惜」にはおよばないというのであろう。この田地が「下地」と呼ばれているのは、それが「千手観音経供田」として読経料を負担するということに対応した、第一の用例と同じような用語法である。

こうして、「下地」の史料的な初見はだいたい一一五〇年代ということになる。そして右の二つの用例のどちらも国衙との関係であらわれること、とくに後者の史料で下地が利田との関係であらわれることは重要であって、利田が院政期の国衙土地制度の変化の最大のものであった以上、下地も院政期における土地制度との関係で発生した用語法ではないかということになる。西禅なる人物は、「主君藤原朝臣」とあり（摂関家の家礼か）、「若冠の当初」にも国吏に随従して同じ佐多郡に入部したとあるから、練達の諸国遍歴の〝受領の供〟であったと考えられるが、そのような立場の人間が「下地」という用語を使っていることは、この頃、この言葉が広く流通していたことを示すといってよい。

このような「下地」の時代性を前提とすると、注目されるのは、敷地という言葉が下地に先行する類語として使用されていたことである。その用例としてもっとも明瞭なのは、摂津国長洲についての東大寺と鴨御祖社の相論において、「件の御厨の敷地、東大寺の領たるにより」（平一六六〇）といわれていることであろう。この史料の成立に相論を裁定する明法博士が深くかかわり、後々まで「敷地」という用語が使われている以上、この用例は偶然的なものとすべきではない。これは後になれば「御厨下地」といわれているから（鎌九六〇二）、一二世紀初頭には「下地」の位置を「敷地」が占めていたことになる。

この相論は、冷泉王統から藤原教通にいたる流れが長洲の漁民在家を支配している段階では、東大寺の敷地領有に支障がなかったが、鴨社が長洲を入手した段階で、従来の敷地と在家に対する二元的な支配が衝突して発生したものである。重要なのは、その直接の事情が、一一世紀末頃、鴨社の側が「四至牓示を打ち、一偏の神領となす」という行動に出たことであり（平一六六〇）、「敷地」が広い四至をともなう土地範疇であったことである。それは「寺敷地、山内三佰町、在河内国石川東條、公験面に坪々谷々を載す、四至東限檜嶺、南限手懸太輪、西限里田嶺、北限坂折小野田、」（平八五五）という例、また墾田一三町七段余、荒野一二〇町、杣山五〇〇町をふくむ広大な山野が四至を限って「敷地一処」と表現された事例などにも明らかである（平一九九八）。ここには広い四至内を具体的に占有・開発する権利が表現されている。

そして、これは下地についても同様で、「屋敷・名田畠・在家下地」（鎌二一一一四）、「当嶋田畠・山林・塩浜等下地」（鎌二一三三八）、「当郷の下地ならびに塩浜」（鎌二〇三四九）、「当村の田畠の下地」（鎌一二八五四）など、「下地」は、山野河海を含んで地目を越えて使用され、四至領域内に開発された土地の全体を表示する。「下地中分」という用語法がここから展開することもいうまでもない。もちろん、「地本を中分せしめ、堺を立つところなり」（鎌一四五五八）という表現もあるが、この場合は畦畔線を意識した用法であると考えられよう。一般には「田畠・山川以下の下地、中分せしめ」（鎌二六八四〇）などといわれるように、下地中分が普通であろう。

このような「敷地＝下地」という用法は、両者の語義の共通性によるものである。つまり、辞書には「『敷く』とは草や布などを下に敷きつらねることをいい、そのように敷き広めて広い地域を治め『領《し》く』ことをいう。

『占む』『領る』も同源の語である」（『字訓』平凡社）とあるが、「草や布などを下に敷きつらねる」というのは「下地」の「基礎・土台」という意味と類似する。さきに「下地」を「土立チノ堂」の「板敷」の下の「土《つち》」という意味で使用している珍しい例を紹介したが、敷地と下地の違いは、この「櫪シキイタ」（『和名抄』）と「下地」の相違ともいうべく、ほとんど両者は同じものである。ただし、下地という用語に表現された土地占取の深度と比べて、敷地という用語の深度が浅く、それ故に土壌の「素質」（有用性）を表現するよりも、むしろ占取の主体を示唆するとはいえようか。

たとえば敷栲《しきたえ》という枕詞が「家」に懸かるように、「敷地」は、家による占有、家産制的な土地占取として存在したのである。そして後にふれるように戸田がこの敷地という語に注目して領主的土地所有の本宅―敷地的形態論を展開したことはよく知られている。しかも晩年の戸田は、それを在地社会のみでなく、都市貴族的荘園制の脈絡においても論定しようとした。(40) これを受け、私は、たとえば頼朝が馬宮庄を伊豆権現に寄進した下文で「御祈禱の敷地として奉免」と述べているように（平五〇六七・五〇六五）、権門貴族が荘園それ自体を敷地としていることを指摘したい。さらに決定的なのは、一六ヶ所の興善院への寄進所領を「件庄郷村敷地」と述べた八条院庁下文である（平三六三四）。この下文は八条院領に民部卿（葉室顕頼）三位局と惟方卿弁局等の「相伝之地」を加えて一六ヶ所として興善院に寄進するとともに、「弁局」とその後胤に庄務執行を命じたものであるが、後に普通になる言い方では、この「敷地」が「下地」とされたことはいうまでもない。一二世紀半ば以降、下地が一般的に使用されるようになった背景に「敷地」という言葉が広汎に流通している現実があったとして間違いないであろう。

③「下地」「所当」の対比

しかし、下地という語は、敷地よりも一般的な文脈をもっている。それは有用的占有一般をあらわす。下地という語が広く流通するにいたった理由として「下」という語のニュアンスがあったことは疑いない。つまり最近、高橋一樹は「鎌倉後期以降の史料をみると、相続や寄進を通じて職務や得分を分割する場合に、『上』『下』という表現方法をとる事例も散見される」ことを指摘した。[41] 高橋が注目した「上は御相伝に任され、下地は家門を離るべからざるの由」(広義門院譲状、『大日本史料』六編二〇)という史料は、「上―下」の対語的利用の中で、「下地」という用語が位置づけられていたことを明瞭に示している。ようするに、「上」というのは上級の領主権を意味し、「下」という言葉は、それを下から支える土地であるということになる。

この「上」という言葉が、実態的には京都に上納される荘園所当を意味したことはいうまでもないが、「上―下」という対語はより価値的なニュアンスをもっていた。九条兼実が「上下の沙汰においてはすでに家の瑕瑾」(『九条兼実日記』文治元年九月二五日条)と述べたというのは著名な話であろう。都市貴族にとっては荘園から到来する「所当」・年貢公事の確保が第一なのであって、彼らにとって「下地」に関わるべき地位にあるのは「地下」の人々だったのである。これについては、すでに中田が「鎌倉以後の史料には年貢(所当)と下地を相対的に記載せる事例多し」と述べている。実は、中田は「王朝時代の庄園に関する研究」を発表した段階では、下地の史料をまったく挙証せずに問題を論じたが、それを『法制史論集』に収録するにあたって、追補の注(イ)を付加し、弘安から応仁にいたる七例の史料をあげて、「下地―所当」という対比を示した。前述の通り、院政期の国衙土地制度の下で下地という用語が使われだしたのも、そこに理由があったろう。下地がそのような意味で使われたことこそが、下地という言葉の一般性と使用頻度を高めることになった。『鎌倉遺文』のフルテキストデータベースを検索してみると、「地本」の用例五一件に対して、「下地」の用例が四八一件と、ほぼ一〇倍に上っているのはそのためである。

つまり、下地は有用性・無用性の両者をはらむ自然としての土地であるのではなく、もっぱら有用性の側面に力点をおく用語であるから、それに対応する収益(「所当」「得分」「上分」)を前提として使用される。しかも、下地は収益との関係では、いわば有用性一般を示すのであって、それ故に下地という語はしばしば具体的な有用性を示す形容詞付きで使用される。たとえば「件の田の下地」（鎌五一二一一）、「作畠の下地」（鎌六三六八）、「薪林以下当山の下地」（鎌二一六六九）、「皆、野にて三百五十町の下地にて候」（鎌二六六八八）など、「田・田畠・林・野」など形容詞がついて有用性の具体的形態を示すのである。「田の下地」という言葉には「⑴田という形態の、⑵生産的な素地をもって」（占取された土地）という二重の形容詞がついているのであって、⑴⑵があわさって有用性の具体的形態が表現されているのである。

敷地という語は、このような生産的な素地一般というニュアンスをもっていないから、〝田の敷地〟〝畠の敷地〟〝林野の敷地〟などという語法はなりたたない。これが院政期に〝敷地〟に代わって〝下地〟という用語が広く使われるにいたった理由であろう。荘園制支配の確立や複雑な伝領関係の中で、家産関係を直接に表示する敷地ではなく、収入源一般を示す、より間接的な下地という用語によって捉えられるようになったのである。(42) こうして「下地」という用語は端的にいえば不動産としての土地という意味で使用されるようになった。さらに『沙汰未練書』に「所務沙汰トハ、所領之田畠下地相論事也」とあるが、所務とは収納のことであり、所務沙汰とは不動産訴訟のことである。こうして、「下地」という言葉は裁判上の用語としても一般化し、その使用頻度はさらに高まったのである。

（3）　地頭と地本・下地――領域と開発――

①地頭の語義と地本

下地と地本の関係を軸として平安時代の土地範疇を構造的に捉え直すためには、さらに地頭の語義を確認しておく必要がある。地頭とは、国土高権が顕わな形で現象する境界の場を表現する。これについては、現代中国語の地頭の第一の語義が「田と田の境、あぜ」であるのと同様、平安時代の日本においても本来の語義が「土地の『頭＝辺（ほとり）』、土地の堺・四至」であることにもふれて、以前、詳しく述べたところである。(43)

地頭の初見史料である寛平八年（八九六）の某郷長解（平一八二）の「地頭に水湿あるにより、家地となすあたはず」とある部分も、そう解釈すべきであって、四至記載によると、この土地の東側は別人の宅地で、南・北・西側が「公田」「畔」であった。それ故に「水湿」があったのは、南・北・西のどこかの「地の頭《ほとり》」のみであったはずである。この史料は、上横手雅敬によって「家地にするはずの土地が、湿気が多く、家地に不適当である」（ために田地として売る）と解釈され、(44)「地頭」とは「現地」「在地」という意味であるという通説の根拠となっているが、そもそも立地全体が湿地であったとすると、家地に利用しようという発想自体が生まれなかったはずである。

もとより、上横手説のメリットは、この通説をうけた語彙論ではなく、「地頭」が「地頭に臨み」という連語として使用される場合が多く、そこには国衙による行政行為が反映していたと指摘した点にあった。ただ、上横手はもっぱら官使・国使などを問題にするのであるが、むしろ、伊勢神宮近傍の宇治郷の相論地の「当時四至并見作田畠」について「在地刀禰玉串大内人重主の証により、地頭に臨み、実検を加ふ」（平一三七六）とあるように、地頭実検の「證」が在地郡司刀禰らによって行われていることが重要である。地頭の管理は前述の「地本」の管理と同様に、郡司刀禰集団によって行われていたのである。両者はともに王朝国家の国衙荘園体制の下での、郡司刀禰集団による公的な土地行政の表現であったといえよう。実は、平安時代の史料には「地本」という言葉は一つもみえないのであるが、しかし、この時期の国衙土地制度史料の残りはたいへんに悪く、郡司刀禰が荘郷堺―「地頭」―畦畔の全体を管理していた以上、実際には、地本という言葉は地頭と深い関係をもって早くから使用されていたとしていい。ここに「地頭―地本」という土地範疇の系列が存在していることは、それが「頭―

本」という形で意味論的にも対応することから明らかであろう。私は、山本・山口・谷頭・山腰・山尾などという言葉は、大地＝山の擬人化の観念を含んでいると考えているが、ここにはその一端があらわれているのかもしれない。

重要なのは、荘園の「地頭」＝四至堺にしばしば「子午の縄」（平二五七五）などといわれる条里基準線として大縄＝縄手が登場することである。美濃国厚見郡茜部荘の西境の「平田大路」は「土民、これを呼びて云うに平田大縄と云々」といわれているが（『平』二四六九）、この大路は「顕路の大路をもってその堺となす」ともいわれているように、まさに境界のランドマークであった。こうして、四至堺＝地頭も「子午縄・大縄」によって表現される場合は、地頭から始まる縄が地本の全体を被ったことになる。つまり、前には「畔・縄」の射影が地本であると説明したが、その前提には荘郷の土地の外部との境界があり、それが「頭」と表現される。この境界を前提として、土地は、そこから「畔・縄」、さらに「地本」へと連なっていた。田圃の大区画の境界を「田頭」ともいったことも示唆的であろう。こうして、四至の大縄と縄本の縄が網の目のように連接しあう空間が作り出されるのである。

②田代・下地と地頭領主制

つまり、地頭は外部との境界を意味した。しかし、たとえば右の伊勢神宮近傍の宇治郷の土地四至内に、土用のために立入り測量を果たせなかった「残荒野岡林等」が存在したように、地頭は「大縄—縄本」と連なる地本の系列のみでなく、四至内の全体を含む側面をもっている。四至内には地本の地のみでなく、無地本の土地が存在したことも前述した。とくに荘園立券や堺相論に目立つ「臨地頭、堺四至、打傍示」などの用例では、地頭＝四至の内側の額有が問題になる。

「地頭」の用例が地本系列から、この語義を包含していく動向は院政期に決定的となる。この中で人としての地頭が登場するのであるが、もちろん、その場合も特定個人としての地頭領主を示すというよりも、院使・官使・国使などとともに「地頭」に臨場した複数の人々をさす用例が根強く残っている。たとえば、人としての「地頭」の初見史料として知られる、康治三年(一一四四)、美福門院領筑後国薦野庄の立券関係文書に、「院使・地頭人等、五百余人の軍兵を引率し、往古寺領――に乱入し」たと現れる「地頭人」も特定の個人ではなく院使の指揮の下で「地頭に臨」み、実検に参加した人々、その意味での「地頭人」を意味すると考えた方が自然であろう(平二五二三)。また安元元年(一一七五)、伊賀国司庁宣は「国使并地頭等」が「興福寺悪僧等を相語」って黒田庄内に乱入したことをとがめ、その停止を命令している(平三七一六)。この乱入行為には黒田庄梁瀬村の刀禰から出身した「新荘下司郡司」源俊方が参加しており、彼をふくめた郡司刀禰集団が「地頭等」と呼ばれていたのである(「東大寺三綱等解土代」、『東大寺文書之十一』大日本古文書、一五六六)。そして大隅国禰寝院南俣においても、承安三年(一一七三)頃、大府宣と府国施行にもとづいて「地頭等解状」が出されているが、これも複数であって特定の人物をさすとは考えられない(鎌二八六)。

これらの史料は、内乱期直前まで、国衙荘園体制本来の地頭の外部的境界という語義が生きていたことを示す点で貴重なものであるが、この中に地頭領主制の原型が存在したことも明らかであろう。それは「地頭」の高権的領有の四至内に開発する「下地」を有用的に占取する権限をふくんでいた。

そもそも平安時代、荘郷の四至内に広がる田代は活発に開発された。吉田晶によれば、田代とは、常荒などをふくみ耕地不利用の開発予定地(A型)、荒野や原などとは異なる条里地割内の水田予定地(B型)、見作をも含む水田耕地の総称(C型)などの意味をもつが、平安時代から鎌倉時代にかけての開発の進展の中で、B型からC型への変化が想定できるという。(45) 田代とはいわゆる平安条里制=畦畔メッシュの生成の中で生みだされた地目であったのである。文献史料でも、たとえば近江国葛川において、「御前尾滝山」の「麓」が開発され「田代と成す事」が知られる（鎌一〇五一九）。これは丘陵の裾を水田用地として平坦化し、大畦畔が確保された状態を示すのであろう。そして、これに対応するようにして、金田章裕が歴史地理学の立場から、また山川均が考古学の立場から、院政期に広く平坦な耕地面を造成する土木工事が行なわれたことを明らかにしている。[46] その工事内容は、畠地の点在するような起伏する地形を削平し、平坦面を作り出して畦畔を付け替えることであったという。

このように、上からの地域的領有を前提として、その内部の平面的開発が進展したのであるが、その動態をイメージする上では、越後国小泉庄有明条についての最近の高橋一樹の現地復元が重要な意味をもつ。[47] 高橋によれば、この有明条は越後特有の湿地帯に広がっているが、「作道」「薬師堂前路」などの五本の直線道路が九ヶ所ほどの耕地の大区画の間をつないでおり、同時にその道が耕地群の大畦畔をなし、その内部がさらに縄手などによって細分されていたという（『鎌』一九〇四二）。このようにしばしば桂馬状に連なっていくような直交道路にそって分散する耕地システムこそ、田代＝「条里地割内の水田予定地」を形成する過程であったのではないだろうか。もちろん、道路の開発と畦畔の設置が、山野河海の世界からの水の道、灌漑水路の開発をともなっていたことはいうまでもない。

この高橋の分析は、かつて永原慶二が指摘した領主的開発過程の実態に迫ったものといってよい。つまり永原は、平安末期の遠江国池田庄や尾張国安食庄の在家が一坪一宇の分布形態をとっていることに注目し、「それが全く自然発生的な集落形態であることを疑わせ、むしろ人為的・政治的な集落形成過程を推測させる」とした。[48] そして、戸田は、この政治的領有の先行を想定する指摘を拡大して「領主の指揮下に従属農民が計画的に定住・植民させられ、領主の支配と保護のもとに開発を行った」過程を想定し、安芸国高田郡の史料に「当郷、先祖よりの敷地の上は、かつがつ譲与するところなり」（平一八〇三）とあることなどをふまえて、特定の領域が領主「本宅」に対する「敷地」として占取されたという領主的土地所有の本宅敷地的形態の論定を行なったのである。[49]

以上、史料的に明瞭ではないとしても、結局、地頭の用例の背景には地本のみでなく、下地の土地範疇が入り込んできたということになる。そして、その前提は国衙荘園体制における郡司刀禰による四至＝地頭支配にあり、それが地頭領主制に展開していったことが、前述の敷地と下地の語義的な近似性から傍証できるのである。これに対して、冒頭にふれたように大山は平安院政期における「下地進止権」の未成立を主張する。大山は、後年、それを一つの前提として地頭領主制範疇をもっぱら「鎌倉幕府地頭制度の中で地頭であったものの領主制」に局限するのであるが、[50]私はその全体に賛同できない。

③中田薫の下地論の誤り

研究段階からしてやむをえないことであるが、中田は「下地」と「地本」の語の差異に着目することはなかった。もちろん、「地本」と「下地」のおもな内容が「地」である以上、両者はほぼ同様の意味と統辞法《シンタクス》の下で使用されうる。つまり、『鎌倉遺文』の検索結果にもとづいて比較してみると、両者は、共通して「進退」「相綺」「押領」「中分」「実検」「召上」「打渡」などの動詞の目的語として登場する。[51]また「地本沙汰」（鎌一七一四五）、「下地沙汰」（鎌一五二八八、一八二六九）、「地本においては一向地頭進退」（鎌六二三九）、「下地においては、地頭進止たるべき」（鎌三〇七五二）など共通した連語や統辞法をもっている。興味深いのは、ある所務沙汰裁許の関東下知状に「所当をもって神役を勤むといえども、地本は一向に地頭進退たるなり」（鎌六二三九）とあることで、これは「所当―下地」という対語の代わりに「所当―地本」という対語がありえたことさえも示している。

しかし、この二つの言葉の意味は異なっていたのである。またたしかに地本という言葉の用例は少ないとはいえ、たとえば頼経上洛の嘉禎四年（一二三八）以前をとってみると、地本六件、下地八件であるから、平安時代から鎌倉前期までは大きくかわらない。それ故に、この点を顧慮しない中田の「下地＝真の土地＝地盤」、〃物質としての土地〃論には根本的な問題がある。

そもそも中田は、下地知行を物権の私的行使ととらえるが、それを「土地を絶対的に支配するの権利」「他を排して己れ独り任意に支配しうる土地」（七五〜七六頁）と説明する。中田は、「物権の効力は直接にものを支配することに存し、人の義務を通じて間接にものを支配するものにあらず」と言い、物権の効力をもっぱら「直接にものを支配する」ことに限定してしまう。そこで前提となっているのは「物権の効力」が、その物自体の中に自足してしまうような個々に分離した非有機的で均質な土地である。中田は、私的所有の対象としての「真の土地」＝機械的に均質な土地＝「下地」なるものを、法概念的に想定し仮想してしまうことからすべてを出発させてしまう。石井紫郎がその法教義学的性格を鋭く批判したような、(52) 中田の奇妙に自己流で折衷的な理屈は、ここにおもな原因がある。そこでは多様で複合的な構造をもつ「物」を通じた「物権」の間接的な効力、すなわちいわゆる自然規定性に関わる諸問題、とくに土地を通じた人の支配は無視されてしまう。たとえば山野の下地領有が山野を利用する農民の耕地に対して間接的に及ぼす効力などは検討の外におかれるのである。そこで問題になっているのは、あくまでも「私有」であるから、領主的所有と共同体的所有あるいは「無所有」（境界的所有）の関係など、異なる所有形態の間で働く「効力」も無視されることになる。

さらに若干の説明を追加すると、中田の「下地＝真の土地論」は、「下地」を「真の土地」あるいは「土地の有体部分」と称し、「所当納付義務」＝「私権化したる徴税権」を「土地の無体部分」と称し、両者を対象とする「職」を不動産物権とする、「二種の土地」論、職＝不動産物権論の一部として提出されたものである。中田は、それ自身不動産物権を示す「下地」を「真の土地＝地盤」という狭い語義に押し込め、それと徴税権を外在的に接合させるために「職」を不動産物権として構成する。これについては、「所当」の量はむしろ「地本」＝「公田数」によって規定されることを含め、さらに検討が必要であるが、ともかく中田がこの融通無碍の理屈を利用して展開した荘園寄進論、つまり寄進者が実際上は「排他的な私有」を留保し、受寄者が徴税権＝所当所有権を基本とする公権を掌握したという議論は、永原慶二・石井進(53)の批判以降、その錯誤が明らかになっており、その要点は寄進地が中田のいう「排他的な私有」の枠を越える土地をふくんでいたことにあった。

本稿は、この批判をうけ、中田のいう地頭の官職的側面をむしろ「地頭—地本」の土地範疇の系列に確認し、さらに「下地」についても明らかにした。中田の荘園寄進論は、このような基礎レヴェルから批判されなければならない。

二　荘園公田制と国地頭・地頭

石母田正の国地頭論は、戦前の名分論的な天皇大権委任論を批判し、頼朝の武臣権力が「簒奪者」の独立権力として、没官領に対する地頭補任権および地頭一般に対する成敗権を獲得し、日本国惣地頭—国地頭—荘郷地頭の体系からなる土地領有体系を発展させたという理解を打ち出した。(54)石母田の見解には頼朝＝簒奪者という規定など賛同できない部分はあるが、しかし、その大枠は基本的に正当なものであり、以下、それを前提に土地範疇論の観点から鎌倉期の「地頭＝御家人」システムを素描することとする。

(一)「文治勅許」と守護・荘郷地頭

頼朝権力、正確にいえば義朝流源氏権力の出発は東国にあったが、それは院政期に展開した領主連合の軍事化を基礎とする広域地域権力であって、院政・平家政権期の権力構造と連続性をもっている。もちろん、そこにはこの広域的権力が内乱を契機とする東国武士の「西遷＝占領」行動によって、全国的な軍事的高権を獲得する過程があったのであるが、ここでの問題は、その中で、この権力が、どのように国土高権に連なる地頭システムを構築し、国家権力の全体に食い込んでいったかにある。その権力の形式は義経を追って上洛した頼朝の外舅・北条時政が獲得したいわゆる「文治勅許」の理解に直結する問題である。

①日本国惣守護

「文治勅許」には二つの側面があった。第一は頼朝の「日本国惣守護・惣追捕使」としての地位の承認であって、文治一年（一一八五）一一月二五日宣旨（『吾妻鏡』同日条）と同二八日院宣（『百錬抄』同日条）によって確認された。前者の鎌倉軍入洛の日に発給された宣旨は、頼朝に義経・行家の追討使としての地位をあたえたものであって、その形式は平重盛を追討使に補任した宣旨（『平信範日記』仁安二年五月一〇日条）と同じである。五味文彦は後者について、平安時代に一般的な海賊追討などを規定した新制法の治安条項と同様の性格をもつが、重盛が公卿であった以上、これは武家平氏の長に諸国の軍事警察権を付与したものであるとした[55]。これはそのまま、頼朝の場合にも適用できるだろう。

問題は、時政がこの宣旨の上に、さらに三日後に獲得した院宣、つまり『百錬抄』に「源二位依申請、諸国の守護を補さしむべきの由、院宣を下さる」と記録される院宣の意味である。院宣の全文は伝わらないが、おそらく頼家が代替りにあたってあたえられた宣旨に「宜しく彼の家人郎従などをして、旧の如く諸国の守護を奉行せしむべし」（『吾妻鏡』正治元年二月六日条）とあるような文言を含むもので、これは頼朝の家人組織を公的なものと認め、それ故に直接には時政などの鎌倉軍幹部の中央における軍事指揮の地位を認めたという点で大きな意味を有している。この点で平家段階との相違は認めるべきであって、頼朝が「日本国惣守護」に補任されたという了解も、三日前の宣旨ではなく、この院宣にもとづくものであったはずである。

②日本国惣地頭と地頭成敗権

もちろん、これは軍事的占領という事態の中での緊急措置であって、院宣の法的な性格としてはあくまでも新制としての宣旨の施行にともなうものであった。この宣旨・院宣は黒田俊雄がいうように、頼朝を「王朝の侍大将」「軍事担当権門」として位置づけるものであって、[56]その点では権門体制論に適合的なレヴェルにとどまるものであるといえよう。しかし、主従制の公的承認という側面は本質的には「文治勅許」の第二の側面、つまり頼朝の「日本国惣地頭」の地位とそれにともなう地頭代官制システムの反映であると考える。

この第二の側面を示すのが『吾妻鏡』文治一年一二月二一日条に引用された院宣の「諸国の荘園の下地においては、関東一向に領掌せしめ給うべしと云々」という一節であるが、問題は「諸国の荘園の下地」という表現であって、院宣は荘園について述べるだけで公領については曖昧にしている。これに続いて引用された「前々地頭と称するは、多分、平家家人なり、これ朝恩にあらず、或は平家、領内にその号を授けて補し置き、或は国司領家、私の芳志としてその荘園に定め補す、また本主の命に違背せしむるの時は改替す、しかるに平家零落の刻、彼の家人知行の跡たるにより、没官に入れられ畢、よって芳恩を施すの本領主は手を空しくして後悔するの処、今度は諸国平均の間、還ってその思いを断つ云々」という有名な一節も院宣の一部であると考えられるが、[57]そこで荘園のことのみふれられていることはそれに対応する。

このように考えると、「今度」の措置が「平家零落時」の没官と相似したものであるとすれば、「庄園下地一向領掌」はすでに実態として平家の荘園支配の中で実現していたと考えることが可能となる。少なくとも京都朝廷の理解という意味では、平家政権下において諸国の荘園の下地領掌は、実質上は平氏権力によって握られていたとされていた蓋然性は高いと思う。そしてそうだとすれば、平家の荘園領有は、平家が家人郎従の敷地を家産的に領有する関係を含みこんでいたはずであり、前述の「敷地＝下地」と「所当↕下地」という二重の文脈の中でそれが「下地一向領掌」と表現されたということになろう。

義江彰夫は、院政・平氏政権期に「地頭」が実力的な紛議一般にかかわって登場したというが、[58]元暦二年（一一八五）の後白河院庁下文は「近年以来、鎮西有勢の土民など、或いは権勢の武家の郎従となり、或いは得替の別当の充文と称し、地頭と号する有り、下司と称するの族有り」（平四二四一）と述べており、私は、この文脈からいって、地頭と下司の相違は「権勢の武家の郎従」＝「地頭」、「得替の別当の充文」＝「下司」にあったことを重視する（なお「得替の別当」とは院の別当であろう）。寿永三年（一一八四）の頼朝下文案が「武勇之輩、或は面々に荘務を張行し、或は私に地頭に任ずると称し、自由の威を施す」（平四一五六）としていることも同様の理解が可能であり、地頭は単に実力紛議ということを越えて「武家郎従」、端的にいえば御家人が補任される職なのである。「地頭と下司の相違」という問題は安田元久がまとめて提起して以来の問題として残っているが、[59]「地頭＝御家人システム」と理解すれば、簡明な問題であったということになる。もちろん、地頭の本来的性格は荘園立券に際しての四至周回の主催者という点にあり、内乱期までその本来的語義が生きていたことは前述の通りであるが、しかし、地頭が郡司刀禰と異なる点は、このような荘園の四至周回を「武家郎従・家人」としての武威をもって実現した点にあった。

③惣領の地本を妨ぐ

　私はかつて地頭が「本所・領家のみでなく、国土高権を代表する太政官や院・王家と関係を結び、国土高権の働く場としての地頭＝堺を沙汰した」と論じ、[60]その梃子を中央―地方をつらぬく新たな武家的・軍事的な関係に求めたことがある。地頭は、院政期における王領荘園の展開、国土領有構造の集中が平氏を媒介として軍事的な要素に浸透されることによって成立したのである。この意味でも義朝流源氏の武臣権力は平氏権力にとって代わったものなのであるが、しかし、それは結果として平安時代の国衙荘園体制の基礎を突き崩した。

　それは、「文治勅許」の翌年、内乱状況の終結の中で発布された「応早令停止国衙庄園地頭非法濫妨事」なる事書をもった文治二年（一一八六）一〇月八日太政官符が「依令追伐平氏、被補其跡之地頭、称勲功之賞、非指謀反跡之処、宛行加徴課役、張行検断、妨惣領之地本、責煩在庁官人郡司公文以下公官等之間、国司領家所訴申也」と述べていることに明らかである（鎌一八三）。前節で述べたように、この「在庁官人郡司公文以下の公官」は、地本を統括し、王朝国家の国衙荘園体制の中軸を表現する存在であった。ここでは地頭の「惣領の地本を妨げ、公官を責め煩わす」という行動は傍点部が示すように平家家人の跡に補任された地頭（＝平家没官領地頭）が、それ以外の「非指謀反跡之処」に対してとった行動として描かれている。それ故に、この行動形態を地頭領主権の特徴のポジティヴな規定として扱うことは難しい面もあるが、しかし、内乱期における京都王権が、この「惣領の地本を妨げ、公官を責め煩わす」という文言を地頭の本来的特徴とみたことは確実であろう。そして、文言からいって、そこには国衙領地頭がふくまれていた。

ここで惣領というのは、国衙による地本の惣領を意味する。そしてそれとの関係で注目しておきたいのは、一二世紀半ば以降、薩摩の阿多忠景が「権守」と称し「一国惣領」といわれる権威をふるったという事実である（鎌二三三三）[61]。工藤敬一は、このような「権守」呼称は一国惣領＝一国棟梁的存在を表現するものであるとし、それが内乱期の九州地方に一般的であったことに注目した[62]。早く石母田が特筆したように、源平内乱における国衙襲撃の中で、国衙に蓄積された惣図田帳が紛失したことが建久八・九年に作成された日向・薩摩の大田文に記録されているが[63]、この事例は、その背後にあったものを示唆しているといってよい。そして、峰岸純夫が論じたように、このような内乱期の「介」「権守」の動向は、東国でも同様であり[64]、また頼朝の蜂起の基本戦略が国衙の包囲と奪権にあったこともいうまでもない。文治二年一〇月太政官符が糾断したところの国衙の管掌する「惣領の地本」への侵犯は以上の文脈で理解される。

太政官符は、そのすべての背景に地頭の行動をみたのである。斉藤利男は鎌倉期の国家体制は「（郡司刀禰を基盤とする——筆者注）人民支配体制の破綻と崩壊のなかから成立した[65]」と述べているが、この官符は、その意味で平安院政期の国衙荘園体制の終焉を象徴するものであると思う。実は、この史料こそが「地本」という用語の史料上の初見なのであるが、それは体制的な危機の時期になってはじめて太政官符のような法史料の中で確認可能となったといえるのではないだろうか。国土高権の宣言と地盤喪失という相反するものであるとはいえ、私は、この「惣領の地本を妨ぐ」という文言と保元新制の「九州の地は一人の有なり」という一節に共通する「地」の語に、類似したニュアンスを感じる。

（２）惣守護の諸国在庁進止と「地本」・大田文

義朝流源氏は軍事警察権を掌握し、平家にとってかわって公家・寺社権門とならぶ武臣権門の地位を独占した。それは、武臣権門が、王権の下で、武臣権門の職掌の外にある他の諸権門とその職掌を尊重し、外部的な渉外・調整機能を引き受けねばならないことを意味する。そして、前述の文治二年（一一八六）一〇月太政官符は、地頭の行動が平安院政期の国衙荘園体制を終焉させたことを示すとともに、源氏権力がその基礎となる地頭との関係で、どのような渉外機能、外部関係を営んだかを示すものとなっている。

①勧農と諸国在庁進退権

起点は、頼朝がもっとも強力な権門として戦争処理にあたっていたことであって、そのため、この外部関係の調整の中心は戦後復興と勧農の問題としてあらわれた。それはすでに内乱の渦中から問題とされたが、文治二年（一一八六）三月、関東への帰還を前にして、時政は「おのおの、勧農を遂げしめ候はんがために」と称して「七ヶ国地頭」を辞止し、またほぼ同時期に内乱期の年貢未済を免除する措置がとられた。[66] 頼朝は「徳政」を称して中央政治に本格的に介入し、時政奏状に答えた院宣が「今春、勧農せざれば諸事有若亡《うじゃくぼう》か」と述べているように、収奪基盤の喪失におびえていた京都王権の側は、それに喜んで屈服したのである。

この中で六月のいわゆる「守護地頭停止」から、大江広元の上洛、そして八月の「職事目録」をめぐる折衝など、鎌倉権力が朝廷と他の権門との関係で引き受けねばならない渉外機能についての折衝が進展した。そして、結局、一〇月官符発布の前月、九月、秋の収納を前にして、「諸国庄公の地頭等、領家所務を忽緒にするの由、その聞えあるにより」として、頼朝は「限りある地頭地利の外は所務に相交わるべからず。乃貢以下、懈緩を存ずべからず」という「定」を行った（『吾妻鏡』文治二年九月五日条）。この過程は、年貢京上の途絶の中で動揺した王権と公家宮廷の奢侈と収奪の欲望の意地汚さをよく示している。そして、この鎌倉の態度をうけて、京都からは「院宮貴所以下権門領の事、地頭の新儀を停止せられんがため」の「目録」が下され、頼朝はそれに対応して、地頭の新儀をとがめる「二百五十枚」の「下文」を京都に送ったのである（『吾妻鏡』文治二年一〇月一日条）。

一〇月官符が頼朝に対して「現在の（明らかな）謀反人跡の外は地頭の綺を停止せしむべし」と命じたのは、このような頼朝の態度を確認し、それを前提としたものであった。そして、一〇月官符が「惣領の地本を妨げ、公官等を責め煩わす」と、既述のように勧農に深く関係する「地本」という用語を使った理由は、それが当年の年貢収納の確保のみでなく、翌年の勧農にむけての調整の中で発布されたためであったことも明らかであろう。

この一〇月官符をうけて、おそらく翌年文治三年（一一八七）の春頃に頼朝に「諸国在庁進退権」を承認した宣旨が発布された。それは同年九月一三日の摂津国守護三条有範あての関東御教書に（『吾妻鏡』）、「惣じて諸国在庁・荘園下司・惣押領使御進退たるべきの由宣旨を下され了、てへれば、縦へ領主権門たりといえども、庄公下職等・国在庁においては、一向御進退たるべく候、速やかに在庁官人に就き、国中の庄公下司・押領使の注文を召され、内裏守護以下の関東御役を充て催さるべく候、但し、在庁は公家奉公隙なしと云々、文書調進の外の役を止むべく候」とあらわれるものである。石井進は、この「宣旨」は「文治勅許」と同時に発布されたものとするが、「文治勅許」は院宣によっており、「了、……速やかに」という文脈からしても、この関東御教書発布のしばらく前に発布されたものとすべきである。[67] むしろ、石井の指摘で重要なのは、第一にこの命令権なるものの具体的形式が在庁への下文発給権であるとしたことである。このような諸国への命令権は平安時代から最上級公卿固有の権限であって、この時期、上級公卿・武家権門としての地位を確立した頼朝もそのような伝統的権限として下文発給権を確認されたのである。

②大田文田数と立券検注

石井の指摘で第二に重要なのは、「文書調進の外の役を止むべく候」という一節の反対解釈から、関東が在庁に対する「文書調進命令権」を有しているとし、その文書＝「国中の庄公下司・押領使の注文」が「内裏守護以下の関東御役を充て催」すためのものであった以上、大田文的なものを意味するとしたことである。たしかにこの関東御教書の宛先が摂津守護三条有範であることは、在庁官人への大田文調進の命令が守護職権に属することを示している。しかも、大田文調進の理由は、それ自身としては「内裏守護以下の関東御役」という武臣権門としての軍事的奉仕を内容としていたのである。こうして勧農問題に始まった武臣権門の王朝権力への食い込みと分掌は、鎌倉初期国家の中に「公官」を再度位置づけるとともに、守護権限の下での国衙在庁による大田文調進の制度化にまで浸透した。独占的な位置を確保した武臣権門の調整権能は、国家の上部から末端にまで吸着し、その指揮系統を二重化していったのである。

大田文が鎌倉・室町期の土地制度の根幹をなしたことはいうまでもない。石井の所説を受け継いで、入間田宣夫が述べたように、大田文記載田数は「個々の庄園領主または在地領主による田数掌握とは次元の異なる公的・政治的そして抽象的な数値」として「国家機構をささえる物質的基礎」として機能し、たとえば一国平均役・段銭のみでなく、御家人役の賦課基準となった。[68] 入間田が「公田はかれら（領主）すべてのものであり、特定の領主のものではない」というように、公田は年貢公事収取における諸権門共同の地盤として、その数値は権門寺社への年貢公事の相折=分配基準となったのである。それは権門寺社の相互関係、外部関係の数値化を表現するものであり、いわば国家的な予算枠あるいは国家機構を媒介とする交換価値の世界に反映していた(69)。

実は本稿の「地本」論は、入間田が公田田数が「政治的に決定された数値」であるとしたことを最大の前提にしている。しかし、入間田がそれを強調するあまり、「(公田の)田数を定める作業は国衙機構によって一国惣検などの手続きを経て行われ」、「領主が年貢徴収のために掌握していた田数からもかけ離れた数値」となったとまでいうことには問題が残る。たしかに入間田が強調するように貞応年間(一二二二〜四)の大田文の位置は大きく、網野善彦がそれを引き継いで行われたと示唆した嘉禎年間(一二三五〜八)の諸国惣検注をあわせれば、それが、実質上、以降の公田制を決定する意味をもったことは否定できない(70)。しかし、大田文に記された荘園田数=「公田」田数には、鎌倉期の国衙レヴェルにおける政治的数値というのみでなく、原則としては、その荘園の立券時の登録田数という側面があったことを忘れてはならない。大田文は院政期の王権の国土領有権の系譜をひくものであり、そこに土地制度上の連続性が存在したのである。

院政期の荘園立券田数と大田文田数の対応という比較的単純な問題が入間田の議論の中に位置づけられておらず、その結果、現在までも明示的な論及がないのは、院政国家と鎌倉期国家をむしろ峻別する入間田の方法的立場に規定されたものであるが、それを個別に示す史料が少ないという史料の残存状況によるものでもある。しかし、蓮華王院領若狭国名田庄が大田文では「五十七丁六反二百歩」とあり、院政期の立券状でもほぼ同じ面積となっているのは(71)、その珍しい一例とすることができる。また一覧的な史料としては、石井進の分析した能登国田数注文(鎌二八二八)が重要であろう。ここには一九ヶ所の荘園が現れるが、そのうち、一四庄に「某年立券状」と注記があり、一庄に「往古庄也、不知年記」、一庄に「同元(承久)年検注田定」、何らの注記もないのが三庄となっている。そして、面積でいうと、荘園総面積約一四八九町の約八二%が立券状記載の面積を踏襲している。このうち、珠珠郡の若山庄は藤原忠通の建立した皇嘉門院領の五〇〇町という巨大荘園であるが、ほかにも皇嘉門院領荘園の大田文登録田数には、常陸国小鶴庄四〇〇町（鎌一三八二四）、豊後国臼杵庄二〇〇町（鎌一五七〇〇）、肥前国与賀庄一二〇町、同新庄六〇〇町（鎌一七九八四）などの巨大な整数が多く、これらも立庄時の登録田数であることは明らかである。そして、これは荘園の立券状が太政官の官庫に保存されるべきものであったことに対応しているといってよい[72]。ようするに大田文の基本は、院政期の荘園立券状を国ごとに集計したものなのであって、国家的な土地制度枠組としては両者はほぼ等置できるのである。

なお大田文の田数が前節でふれた土地範疇、「地本」と「下地」のうちでいえば地本にあたることは確認しておきたい。これは大田文調進制度化の前提となった一〇月官符が「惣領の地本を妨げ」と、勧農に深く関係する「地本」という用語を使ったことに照応している。

ここに形成された土地制度は、すでに国衙の郡司刀禰の組織の地盤が失われている以上、国衙荘園体制と呼ぶべきものではない。そこで、ここでは土地制度における大田文の基幹的位置を明瞭に示すために、単に国衙と荘園の位置を変更しただけの「荘園公領制」という用語にかえて、「荘園公田制」という呼称を提案しておきたい。この用語によって、鎌倉期以降の土地制度としてはあくまでも荘園が中軸となっていること、しかし公田が、いわばエーテルのようにして荘園・国衙領を通じて年貢公事の収取・分配・交換の基礎となり、土地制度の組織性・国家性を担保していることを表現したいと思う。

（3）　四至内下地と地頭惣領権

①「地頭＝御家人」システムと本領安堵

次の問題は、頼朝の「日本国惣地頭」の地位とそれに対応する地頭成敗権である。その基礎は頼朝の権力のいわば内部的で家産権力的な側面であって、その基礎が将軍―御家人などの人的諸関係にあったことはいうまでもない。前述のように、すでに平家権力がその「家人＝地頭」成敗を通じて実質上は「荘園下地」の一向領掌を実現していたのであるが、頼朝は日本国惣地頭の地位を梃子として全国的な規模で地頭成敗の組織を作りだしていった。しかし、この組織は主従関係そのものではなく、佐藤進一がいうように日本国惣地頭頼朝が国郡荘郷の地頭を代官とし、地頭はさらにその下に地頭代、又代をおくという「正員によって選任されて恒常的に正員の職務を代行する新しい形の代官は、平安後期の荘園制発展の過程において現れた」「武家社会にとくに著しい主従制の投影ともいうべき正員＝代官制の上に形成された」ものである。(73) 佐藤が「投影」とするのは重要で、代官制によって主従制が公的な性格のものに再組織されたことの意味は大きい。私は、このような代官制は、平安末期の沙汰人が平家段階で武家の家人従者組織と結合する中から生まれたものと推定している。

もちろん、地頭組織が拡大していく直接の起点が蜂起した頼朝による東国武士の本領安堵、そして鎌倉殿・御家人間の人的な関係――家人関係にあったことはいうまでもない。有名な大江広元の守護地頭設置の献策に「東海道の内においては、御居所たるにより静謐せしむ」とあるように（『吾妻鏡』文治一年一一月一二日条）、本領安堵においては、主人の家産領有が家人郎従の家敷地・下地まで拡大する土地所有関係が存在するといってよい。東国は広い意味では頼朝の「居所＝宅」と考えられていたのである。しかし、この場合、本領安堵は、笠松のいうように、地域公権力による確認として存在していたこと、そして、この地域公権力が御家人＝傍輩関係を前提として存在していた。(74) 一言でいえば戦士協同体ともいうべき共同性が本領安堵の基礎にすわっていたのである。

②下地開発権と田代・境界

鎌倉幕府の地頭組織は東国武士の西遷という条件の下、「地頭＝代官制」と「御家人＝傍輩関係」という二つの要素によって規定され、惣守護システムと一体となった公的な全国組織に展開したということになるが、問題は、その過程で御家人の本宅安堵の家産制的関係が一つの身分的経済的関係になっていったことである。つまり、『沙汰未練書』の有名な一節に「御家人とは往昔以来開発領主として武家の御下文を賜わる人のことなり」とあるように、御家人身分は「開発領主」という経済的背景によって担保されるものとなったのである。

ここでいう「開発」は、単に東国御家人の本貫地における開発を意味するのではなく、前節でみたような「本宅・敷地＝下地」の家産的支配の形態をとる領主的土地所有一般が表現されている。それが開発との関係で語られることが重要であって、それは「開発の新田は実検を遂げざる以前は地頭の進退なり」などといわれる形においても鎌倉期の地頭領主制の内部に実存していた[75]。そして、そこで決定的であったのは、地頭が院政期の荘園立券にともなう開発権委託を引き継いでいることである。鎌倉佐保がいうように開発委託は一〇世紀以降の国衙の政策に由来を引き、院政期の立庄においても重要な要素であった[76]。

挙例は省略するが、院政期の荘園立券文には一般に見作田地のほかに大量の田代・年荒・荒野などが含まれる。公田数の設置という形をとった四至内の下地の領有権限が開発の前提であったことはいうまでもない。それを文章で明記しているのは、嘉応三年（一一七一）に立券された二品法親王＝守覚法親王家領の越前国河北郷の例であって、その見作田六〇町は「民部省坪付」に記載されていたが、「(四至内に)その外残るところの田代は、畠代荒野山沢など、坪付に載せざるといえども、当郷内一所を漏らさず、嘉応三年の立券状にまかせ、永く当家領たるべし」という(鎌補一〇〇)。また備後国大田庄の永万二年（一一六六）の立券文には見作田三〇町余のほか、大田方一〇〇町、桑原方一二五町の計二二五町の田代が記載されているが(平補一〇六)、それらが開発されていったことは建久九年（一一九八）の桑原方下司得分注進状に「荒野拾町下文賜但未開」とあることに明らかである(鎌一〇〇一)。

有名な「西国堺の事は聖断たるべし」として知られる国土領有原則[77]は、直接にはこのような開発委託と四至内領有権限の根拠を示す法諺なのであろう。荘園の四至内領有とそれに関わる相論裁決は「聖断」によって支えられるという原則が、院政期、王の国土高権の下で「地頭」立券が遂行される過程で喧伝されたに違いない。しかも、その場合の範囲は、本来、「西国」には限られないものであったろう。「国域の堺、荘園の限りは、各の本図帳、上に在り、彼を指南とすべきなり」（鎌一〇七四）ともいわれるように、立券状をふくむ荘園の四至・境界の文書管理が太政官の重要な機能であったことは、それに対応している。

頼朝の日本国惣地頭は、このようなシステムを前提として、それを継受し、統括するものとして成立したのであり、その中で、この「堺聖断」法に「西国堺」という限定が付されたのである。「堺聖断」法が確認できるのは貞永一年（一二三二）のことであるが（『吾妻鏡』貞永元年九月一日条）、それまでの間に、西国堺以外は聖断ではなく、頼朝＝日本国惣地頭の特殊権限の下にあるという修正が行われたはずである。推測すればそれが法的に安定したのは「寿永二年十月宣旨」あるいは「文治勅許」と同時期ではなく、おそらく文治二年（一一八六）六月の頼朝奏状によって関西三七ヶ国の院宣による統括が決められた時期以降になるのではないかと思う。

いずれにせよ、この西国堺聖断法は頼朝の日本国惣地頭の地位が国制上において確実な位置をもっていることを逆証明するものと位置づけることができる。日本国惣地頭・源頼朝は、これによって「地頭＝御家人」の四至内下地領有と開発権の統括者という位置を確保したのであり、前述の『沙汰未練書』の規定は、御家人制が主従関係のみでなく頼朝の日本国惣地頭の高権によって媒介されたものであることを示すのである。頼朝による「開発領主」掌握（開発権の再確認）は、院政＝平氏政権期との連続の位相において理解しなければならない。

③幕府法と「惣領の下地」

土地範疇論からいえば、四至内領有＝開発の前提となる土地範疇が「下地」であることが重要である。前記の文治二年（一一八六）一〇月太政官符は、内乱期の庄郷地頭の行動を「惣領」という用語によって説明するさい、

「惣領の地本を妨ぐ」と表現しているが、しかし、建長五年（一二五三）の関東御教書（鎌七六二二）では、同じ問題が「依為開発領掌之地、令備進本年貢之外、於惣領之下地者、一向本司進退」とポジティヴな形で述べられている。これは「惣領」が国衙荘園制における「本司」の系譜を引くという論理であろう。しかし、ここでは、「惣領」が地頭級武士の同族をふくむ諸関係を前提とした惣領の語義で使用されており、それと下地が結びつけられるという意味転換がおきている。もちろん、この御教書には「地本」という用語も使われており、その第一は名単位の地頭について「自名知行之外者、不相綺惣領地本所多之云々」といわれる部分である。しかし、これはそもそも名単位の地頭が「惣領の下地」に関わることはありえないという文脈でより限定的な「地本」という言葉が使用されたものであろう。そして新補地頭についても同じ文脈で「有限給分加徴之外、不可及地本管領者也」として「地本」という言葉が使われているのである。

やや時代は降るが、正和元年（一三一二）の一通の関東下知状において、地頭側は「於下地者地頭一円知行之間、預所無進止之地本」と主張し、預所側も「文治之比、於当庄下地者、預所善清依任其意、以名主給三町・鹿島神田五段・定田四町七段小地本、付地頭了」（鎌二四六二五、鹿島大禰宜家文書）と主張している。ここでは、どちらの側にとっても下地は「一円知行・当庄下地」という領域開発の文脈で使用され、地本は地割された個々の田地という空間分割の意味で使用されている。また、「自往古限四至堺、代々所開発知行也」「其残者、為得永名差四至堺、所号大和田村也、自爾以来開発之間、田数令増」などとあって、大和田村は四至堺されたものであって、そのために、徐々に田数が増大してきたというのはきわめて重要であろう。正慶元年（一三三二）の鎮西下知状は「惣地頭の詞を載せず、下地進止のごとく、四至堺を定め譲状を書きあたう」という非難に対して、「所領を子孫に分譲するの時、分限の多少につき四至堺を書分くの条は通例」という判断をしているが（鎌三一九一二）、しかし、「下地進止＝四至堺」という等式は前述のような「敷地＝四至堺」という平安時代以来の用語法に適合的なものであると思う。

前記の建長五年（一二五三）の関東御教書は、新旧の地頭とその所務のあり方についての内乱以来の経過をふまえた具体的な総括であり、地頭領主制の法を検討する上で中核的な史料である。とくにこの御教書には地頭法の法源として二ヶ所に「式目」が登場する。この「式目」は「単に規定とか道理とかいった軽い意味」、あるいは武家新制などの法令一般の意味で使用される場合の用法ではなく、いわゆる「式目」を意味するものであって、(78)この関東御教書は地頭法の法源を全体としては貞永式目に求めているのである。

もちろん、よく知られているように、本地頭・新補地頭の権限や得分・率法などを規定した条目は現状の御成敗式目の中には存在せず、ここで式目といわれるものがどのような条文かについてはさまざまな解釈が可能である。一つの解釈は式目三八条「惣地頭押妨所領内名主職事」との関係を重視することであろう。つまり同条は「惣領を給はるの人」＝「惣地頭」が、「各別の村」を「所領内と称し」て「掠領」することを禁止し、「惣地頭」から名主級の地頭を保護する姿勢を示している。これを九州の惣地頭―小地頭の関係に限定して解釈する立場もあるが、(79)「惣地頭」という言葉は九州の惣地頭―小地頭の関係以外にも使用されており、(80)九州に局限する理由はない。そして、ここで前提となっているのは、「惣領」は（「各別の村」でなければ）所領内の村々を惣領するのが当然であるという地頭惣領権についての理解である。それはポジティヴな形で規定されている訳ではないが、逆に、地頭領主権の性格が惣領という点にあったことは当然のこととされていたに相違ない。その意味で、式目という場合にこの三八条が意識されていた可能性はあるだろう。

もう一つの可能性は、この「式目」が狭義の式目のみでなく、笠松がいう「（それに）物理的に〝追加〟されていた若干の追加法群（＝「原初的追加集」）」をも含むものであった可能性、つまり追加法の冒頭の貞応一年・二年の宣旨およびその施行を含む地頭関係規定をもって「式目」と称していた可能性である。この場合は、地頭法という幕府の根本法に公家法が入り込んでいる事実を示すことになる。そしてそれは地頭法の法源の一つを「惣領の地本」という用語を含む文治二年の太政官符に求めながら、その文言を「惣領の下地」に変更し、しかも「惣領」を〃地頭級武士の同族をふくむ諸関係を前提とした惣領〃の語義で使用したことの意義がクローズアップされることになる。

④山野開発権と惣領

この二つの可能性のどちらかを否定する必要はない。むしろどちらも地頭領主権の本来的な性格を惣領という点に求めている点が重要である。そもそも、「惣領」という用語は、しばしばそれ自身として族長的な位置を意味するものと考えられてきた。しかし、この言葉は、本来は特定の領域的な権限を表現している。院政期の用語法では、それは「件の田畠を惣領するところなり」「彼村を惣領せしめ」「件の山を惣領し」など土地の総体的・領域的な支配を意味としている。もちろん、総体的支配とはいっても、その強度や内容は多様であろうが、興味深いのは応保二年（一一六二）、薬師寺が東大寺領清澄庄のうちの「薬園村を虜領し」、さらに「残るところの本庄并寺領郡山等、みなもって押領」したことに対して、東大寺が「何をもって百餘町を惣領すべきや」と非難している例であろう（平三二一二）。これは、特定の荘園の一括的な支配を「惣領」と称したことを明瞭に示している。惣領が族長的なニュアンスを帯びるのは、そのような財産の一括領有が兄弟・親族の権利に優越すること、譲状などで特定の人物に惣領を認めるなどの用法に付随して発生したものである。

以上のような観点からすると、かつて石井良助が、色部文書の一通の譲状に「山野河海にいたっては入会うべし」とあることに注目して（鎌二五八一九）、山野河海は惣領権の下に置かれ、庶子入会＝共同用益の形で利用された点で、田畠在家が庶子に分割相続されるのとは異なっていたと論じたことはきわめて重要である。[81]『塵芥集』（九二条）に「山川惣領職のよしその例多し、しかるに庶子方もちきたる地あり、先規にまかせ是を改むべからざるなり」とあることは、この惣領法が深く根をはっていたことを示している。式目三八条の背後にあった法理がこれであることも明らかであろう。私は、この地頭領主制における惣領の山野河海支配権・開発権こそ、日本国惣地頭の境界支配、山野河海支配の高権に照応し、それと支え合うものであったと考える。それは、前述の一つの身分関係としての御家人＝開発領主システムの重要な内容なのである。

網野・笠松が論じた山野河海の世界、無所有の世界、そしてそれと連接する「地本無し・本券なし」「田代・荒」の世界は、このように四至内の領有・開発＝下地の惣領に包摂され、領主支配を基本とする国土支配の大系に接続していたのである。前記のように、土地範疇としての下地は土地の使用価値・効用価値の側面を表現するものであったが、無所有の山野河海をふくむ側面においては、生産諸力の開発と社会的分業の世界を代表するものであったともいうことができる。(82)

（4）荘園公田制と「地頭＝御家人」システム

以上のような「惣守護」＝軍事警察権の掌握と「惣地頭」＝代官制地頭システムは、別個に存在したわけではない。他の権門の存在を前提にこの二つの権能を整理すれば、武臣権門としての軍事警察権の掌握は渉外的権力、地頭成敗は対内的な家産権力ということができる。またこれを統治権的支配と主従制支配という佐藤進一のいう将軍権力の二元性論からみれば、他の諸権門との関係における武臣権門の軍事警察権行使は、統治権的側面に対応し、対内的な代官制地頭成敗権は主従制支配にあたるということもできる。しかし渉外権力と内部的家権力、統治権支配と主従制支配の両側面が絡まりあって一つの統一された権力関係として存在していたことこそが問題であろう。別の言い方をすれば、惣守護の側面にも、惣地頭の側面にも、外部・内部、統治権・主従制の諸契機が浸透して公的組織となっているのが実際なのである。鎌倉武臣権力は、東国地域公権をベースとして、このような二元性を制度的に抱え込んだ初めての公的軍事権力であった。

もちろん、国家法のレヴェルにおいてはあくまでも「日本国惣守護」の側面が表面にあらわれる。それは、武臣権門としての警固役（「内裏守護」など）を理由とした大田文が幕府の「地」支配を強めたことをとっても明らかである。また鎌倉幕府は堺の警固や検断を理由として境界領域に対する支配を強め、さらに「山川半分の率法」をも主張することによって、「西国堺は聖断」の原則を浸食し、「地」支配を強化していった。[83] 武臣権門の国家奉仕の側面が幕府家産権力の基礎となる御家人制度に深く浸透していることもいうまでもない。早く黒田俊雄が御家人制度が「あたかも主従関係の枠内でのみ成立する」かのような観点に対して大番役などを例として、その「国家的性格」を主張している通りである。[84] さらに他権門との関係を含む国家的性格が地頭システムに浸透していることは「代官による本所の年貢抑留の科が例外なく正員に及ぶと定めて、正員・代官の関係が職務に限定された代理関係であって、全人格の支配従属関係の上に築かれた全人格の代理（身代り、分身）を理念とする主従関係そのままの反映ではない」という定式化をふくむ前記の佐藤の代官制論に明らかである。

さらにその上に、平安期の国衙荘園体制における国衙の地本惣領にとって代わるようにして、古く水上一久の論文「本名体制と惣領制」[85] が論じた荘園制的な本名秩序が覆いかぶさっていた。水上は「幕府成立以後、幕府課役が御家人を荘園的に把握するさいに、かかる本名的秩序が収納秩序として根底に作用する」と述べている。実際、たとえば、弘長三年（一二六二）の豊後国大野庄志賀村近地名地頭職譲状には「関東御公事并大番役等においては、名本の公田員数に任せ、惣領の配分を守り、其の沙汰を致すべし」とある。近地村地頭の名本田数は豊後国大田文にのった近地名の公田田数、三町三反大を意味することが明らかにされており、[86] ここでいう近地名の名本とは大野庄全体の地本のうちの近地名の地本という意味である（鎌八九六九）。ようするに、「関東御公事并大番役等」の勤仕は大田文の地本公田田数によると同時に、大野庄の惣領地頭の大友親秀の配分を守って勤めよというのである。ここでは国家的・「外部的な」軍事奉仕が、公田田数＝「本名体制」を基準としつつ、「惣領の地本」―「名本」という地頭同族の内部的な家系列に食い込み、それと一体化していた様子を確認することができるであろう。地頭領主レヴェルにおいても、大田文田数と下地田数は量的な相違の問題ではなく、質的な相違であり、公田が公事負担など在地領主の公的な渉外関係を表現するとすれば、下地は家産関係を表現するのである。(87)

おわりに

地本は勧農とそれにともなう荘園年貢収取システムを媒介とした法的・国家的な交換価値の世界に属する土地範疇であり、下地は山野河海に接続する生産諸力の開発と占有、効用価値の事実上の家産的世界に属するそれであったというのが土地範疇論の結論であった。そして、それを起点として、鎌倉初期国家の形成、あるいは国衙荘園体制から荘園公田体制への移行を概観すると、鎌倉武臣権力の「惣守護」＝渉外的権力の側面には「地本」が、「惣地頭」＝家産権力の側面には「下地」が対応する。さらに見通しを述べれば、当該段階の歴史の現実においては、「地本」（勧農）は水田農本主義、「下地」（開発）は都市的開明主義という強い歪みをもっており、そこに当該段階の国家と階級支配の諸矛盾が伏在するということもできようか。

さて、以上の分析によっても、冒頭でふれた太良庄の二つの史料についての大山の解釈自体は揺らいでいる訳ではない、また、建長八年（一二五六）二月の勧農帳には、「此内小卅歩、依無下地、免之」という表現がある（『若狭国太良庄史料集成』①四八号文書）。これも本稿の観点からいえば、むしろ「無地本」とあるべきものであり、本稿の立論に一定の疑問を提起する。また逆に「地本」という言葉は、鎌倉後期、太良庄相論に関係して作成された太良庄公文職に関する書継証文案の端裏書に「地本領家方可進止証拠可備哉否古証文案、交正了」という形で登場する（「太良庄公文職文書案」『若狭国太良庄史料集成』①八号）。ここで「下地」ではなく、「地本」という用語によって領家の所有権原が表現された理由は、領家の権限の法的性格に関係するのであろうか。これらの問題はさらに検討が必要であろうが、太良庄史料を素材とした勧農権と下地進止権の関係についての大山の段階論的理解自体は、地本・下地の二つの土地範疇を混同したものであることは否定できないのではないか。大山は土地範疇論に十分に意をもちいず、さらに中田の議論を無意識に前提としてしまったため、耕地の満作強制、種子農料の下行・貸付けなどを実態とし、支配とイデオロギー的性格を主要な側面とする勧農なるものへの甘い評価、それを「農業経営に密着した概念」とする評価におちいったのである。

太良庄史料がきわめて貴重なものであることはいうまでもない。しかし、それだけに、その言語表現をもふくめて、すべてを一般化しがちなことには若干の疑問をもつ。荘園制研究の正統が、黒田俊雄・大山喬平・網野善彦による太良庄分析に発していることは周知の通りであるが、別の視野、つまり本来の領主制論からの相対化も必要でないかとも考えるのである。

(1) 大山喬平「国衙領における領主制の形成」(初出一九六〇年、同『日本中世農村史の研究』岩波書店、一九七八年)。
(2) 私見とは結論を異にするが、地本については鈴木哲雄「土田と作毛」(初出二〇〇一年、同『中世日本の開発と百姓』岩田書院、二〇〇一年)、「地本と下地について」(『鎌倉期社会と史料論』東京堂出版、二〇〇二年)、「香取社領における地本と下地について」(『千葉県史研究』一一号、二〇〇三年)がある。
(3) 前近代の土地範疇の理論的理解については保立「歴史経済学の方法と自然」(『経済』二〇〇三年三月号、四月号)を参照。
(4) 網野善彦「中世都市論」(初出一九七六年、『網野善彦著作集』⑬巻、岩波書店、二〇〇七年)。
(5) 戸田芳実「平民百姓の地位について」(初出一九六七年、同『初期中世社会史の研究』東京大学出版会、一九九一年)。
(6)「国衙荘園体制」の規定については『シンポジウム　中世社会の形成』(学生社、一九七二年)、『シンポジウム荘園制』(同、一九七三年)での戸田芳実の発言によっている。
(7)中田薫「王朝時代の庄園に関する研究」(初出一九〇六年、『法制史論集二』岩波書店、一九三八年、八〇頁)。
(8)「日前宮文書」一一号。「日前宮文書」については『中世日前社の研究』(科研研究成果報告書、代表海津一朗、二〇〇六年三月)によった。
(9)なお「もと」の漢字表記として「下」もあり、たとえば「縄下」という表現がある(鎌二七七七五、三一四三七)。
(10)竹内理三「中世荘園における古代的遺制」(初出一九四九年、『竹内理三著作集⑥』角川書店、一九九九年)。
(11)藤井昭「『とうのもと』の慣行と文書史料」(『中世をひろげる』吉川弘文館、一九九一年)
(12)清水三男『日本中世の村落』(『清水三男著作集』二巻、校倉書房、一九七四年)第三章。図師については、その技術者的性格をふくめ田中寿朗「平安・鎌倉時代の図師」(『荘園絵図研究』東京堂出版、一九八二年)を参照。
(13)保立「中世初期の国家と荘園制」(『日本史研究』三六七号、一九九三年)。
(14)平一九七〇、三六六五、四〇五八。鎌三二六〇、一九八九三。なお、ここから「半折」の本来の読みは「はわり」であったことがわかる。
(15)戸田芳実「中世初期農業の一特質」(初出一九五九年、同『日本領主制成立史の研究』岩波書店、一九六七年)。
(16)『温故知新書』『字鏡集』に「ありどころ」という訓読みが載っている(杉山巌氏の教示による)。また竹内理三は永正五年一二月一七日の「はやみのにし女田地売券」を引用している(「ありところ、かうしうあさひのこうりたかわのしゃうかわけのかうのうち、いたへやまのしたまへ、にしのなはもとはほり一反おひてつき一反目はほりなり」『大徳寺黄梅院文書』史料編纂所架蔵影写本(三〇七一・六二/六九/一)、前掲註10竹内論文)。ただし、『鎌倉遺文』で確認できるのは「在」を単に「あり」と読んだ例のみであり(佐藤雄基氏の教示による)、この時代「ありどころ」という読みがどこまで一般的であったかは不明である。
(17)「日前宮文書」一三号、有家郷検畠取帳。

(18)「日前宮文書」一七号、諸郷奉分田所当注文。

(19)『鎌倉遺文』所収文書分四八件の外、不所収のものとして、はじめにでふれた「太良庄公文職文書案」の端裏書一件、また紀伊国日前宮文書二件。なお日前宮文書で『鎌倉遺文』不所収のものは、秋月郷（一一号）、津秦郷（一四号）の二件である（大田郷の検田検畠取帳には地本が登場するが、『鎌倉遺文』既掲載である）。なお、『鎌倉遺文』の地本の例のうち、本稿で引用しなかったものは、鎌五二四三、六八九〇、六八九八、八二八二、一三〇二一、一三六二〇、一三八二二、一三九三二、一四三三一、一六八〇六、二〇三六一、二二八三〇、二四五五五、二四六二五、二八九三三、二九〇四九、二八九一七、二九一四七、三一五〇〇の一九件である。

(20) 鎌九〇三、八七三七、九八四〇、一〇五八四、一五七〇〇、一六三四五、一八七八四、二二九六六、二九〇二二、二九九三一。

(21) なお、日前宮の永仁検注帳の中で、吉田郷検田取帳には「無地本」という用語がない代わりに「常荒」があることは示唆的であると思う。

(22)「日前宮文書」一〇号。「川成不作」の田数は「四町一段百十歩」で、本帳中の「川成」「不作」「無地本」の総計四町二段一〇〇歩とほぼ一致する。ただし、「無地本」七筆には、単なる「無地本」五筆（総計二八〇歩）と「不作、無地本」（二四〇歩）、「無地本、溝成」（一反）の各一筆があり、単なる「無地本」は「川成不作」の中に繰り入れられなかった可能性もある（五筆の無地本を右の総計四町二段一〇〇歩から引くと四町一反一八〇歩となり、この方が帳簿記載の田数に近似する）。しかし、「無地本」の中に「不作」「溝成」が含まれていたことは確実である。

(23)「日前宮文書」二三号（前掲註8『中世日前社の研究』所収）。

(24) ただし、このうちの一筆については「彦四郎案主子給／目景吉御方被売召、無地本」とあり、単純な無地本ではなく、上位者による「売召」によって「無地本」と認定されたもので挙地に近く、若干性格が異なっている。

(25) さらに残る三筆の性格についての説明は、当面、留保するが、うち一筆は「一反 貞基給 新殿被召之」とあることから、「召」による「無地本」であったと思われる。なおこの「召」は、後掲(註28)の笠松論文のいう「挙地」と実質上同じことである。

(26)永原慶二『日本の中世社会』(初出一九六八年、『永原慶二著作選集』第一巻、吉川弘文館、二〇〇七年、四二一頁)。

(27)もちろん、「地本給了」と記された名は、上記以外にも良全、毘沙丸、聖珍、千義の四名があり、これらは一町から一町五反ほどの田数を確保している。良全は「一丁一段小(二二〇歩)」の田数であるが、「此内二反地本給了」とあって、給免二反を付与され、さらに例免が八反ある。つまり、約一町ほどの給免・例免によってこれだけの面積を確保していることになる。また毘沙丸は「一丁四段六十歩」の面積であるが、これもそのすべてを「地本給了」によって確保されている面積である。聖珍は「九反大十歩(二五〇歩)」の面積があるが、これは「五反小十二歩、地本給了」によって確保された面積である。千義丸も「一丁五反半」の地積があるが、これもそのすべてを「地本給了」によって確保されている面積である。つまり、これらは検注以前はほとんど小規模名であったが、充行によって地積を増大させたものであることになる。これが「地本給」を大規模名と小規模名の対比の中で指摘した理由である。

(28)笠松宏至「本券なし」(初出一九七五年、同『日本中世法史論』東京大学出版会、一九七九年)。

(29)日前宮文書の永和元年(一三七五)の日前宮所領の段別結解状写にも、「地本なし」に「屋敷代給」「屋敷分御申候」とある。屋敷となって畦畔の縄張りからはずれることも「無地本」と呼ばれたようである。なお、これらには「充文＝勧農状」が給付される場合があったはずであるが、石山寺名寄帳でも、快珍名(田積五反二二〇歩)には「二反充文給了」という注記がある。

(30)富沢清人「中世の名寄帳について」(同著・富沢清人遺稿集刊行委員会編『中世荘園への道』、一九九七年)。

(31)稲垣泰彦「初期名田の構造」(初出一九六二年、同『日本中世社会史論』東京大学出版会、一九八一年)。

(32)山本隆志『荘園制の展開と地域社会』第一章(刀水書房、一九九四年)。

(33)前掲註(15)戸田「中世初期農業の一特質」参照。

(34)前者は中田薫「王朝時代の庄園に関する研究」(初出一九〇六年、同『法制史論集二』岩波書店、一九三八年、八〇頁)、後者は「徳川時代の物権法雑考」(初出一九二九年。同『法制史論集二』)。重要なのは後者による再定義であって、この論文において中田は、江戸時代の永小作の土地所持権を「上地持」、地主の土地所持権を「底地持」

といったこととパラレルに「下地」＝「底地」と理解した。しかし、「上地」「底地」は、下地と連続して理解すべきではなく、むしろ中国明代以降に一般化する「田面―田底」という永小作類似といわれる佃戸土地所有関係の二重化に共通するものと、より歴史的に理解すべきであろう（寺田浩明「中国近世における自然の領有」『世界史への問い1』岩波書店、一九八九年参照）。「底を売る」（『大日本古文書 大徳寺文書』一三九〇）という事を考えてみたい。

(35) 安田次郎「下地」（『ことばの文化史〔中世4〕』平凡社、一九八九年）。なお『若狭国太良庄史料集成』②（一五三号文書、し函二五四）は鎌倉時代における心の奥底、素性という意味での「したち」の用法を伝える文書である。

(36) 保立「やれ打つな蠅が手をする」（保立『中世の愛と従属』平凡社、一九八六年）。

(37) 『大乗院寺社雑事記』文明七年三月一七日条、（三浦圭一「一四・五世紀における二毛作発展の問題点」、初出一九七二年、『中世民衆生活史の研究』思文閣出版、一九八一年参照）。

(38) 「簗下地伍町」という用例（平一三八二。永長二年＝一〇九七年）は、記載された四至からして山と川の間で東西に田が開けた土地で、簗の管理に関わる小屋などのある空間と理解できるから、「簗下（やなもと・やなしも）の地」と読む可能性もあって明示的な用例としなかった。また、「字下地畠」という用例（平三三二三。応保二年＝一一六二年）も単に「下の地の畠」（下の方にある土地の畠）という意味で、「下地」の用例ではない。またこれまでは、勝尾寺文書の「ただに下地を押すのみにあらず、あまつさえ所当を備えるなし」という一節を含む年欠の文書が一二世紀の用例とされてきた（平六三七四。前掲島田次郎「下地」『国史大辞典』吉川弘文館、大石直正「下地」『講座日本荘園史』1、吉川弘文館、一九八九年など）。しかし、この文書は関連文書の関係で『平安遺文』におさめられているものの、平安時代の文書である明証はない。

(39) なお、この充行状で観音経が「当郡人民郡司百姓等所従眷属安穏五穀成就」のために捧げられているのは、起請の実質を示す。

(40) 戸田芳実「平民百姓の地位について」「王朝都市論の問題点」（前掲註5『初期中世社会史の研究』五七頁および一七九頁）。

(41) 高橋一樹「鎌倉後期～南北朝期における本家職の成立」（『国立歴史民俗博物館研究報告』一〇四集、二〇〇三年)。

(42) また、院政期の荘園制支配において、庄園の所当・年貢が家産制的な組織における支出用途(「相折」)を細かく指定されるにいたったことはよく知られている。支出の多様性を前提として、その多様な収入源を「田の下地」「林の下地」などと表現するために、有用的に占取された土地一般を表現する言葉が必要になったのではないだろうか。

(43) 前掲註(13)保立「中世初期の国家と荘園制」。

(44) 上横手雅敬「地頭概念の変遷」(『日本中世政治史研究』塙書房、一九七〇年)など。

(45) 吉田晶「平安期の開発に関する二三の問題」(『史林』四八巻六号、一九六五年)。

(46) 金田章裕『微地形と中世村落』(吉川弘文館、一九九三年)。山川均「中世集落と耕地開発」(シンポジウム「中世村落と灌漑」実行委員会編『中世集落と灌漑』一九九九年)、「大和郡山市中付田遺跡の発掘調査」(『条里制・古代都市研究』一六号、二〇〇〇年)。

(47) 高橋一樹「小泉荘加納と下地中分について」(『新潟史学』三三号、一九九四年)。

(48) 永原慶二「荘園制の歴史的位置」(初出一九六〇年、『永原慶二著作選集』第二巻、吉川弘文館、二〇〇七年)。

(49) 戸田芳実「在地領主制の形成過程」(初出一九六七年、前掲註(15)『日本領主制成立史の研究』)。

(50) 大山喬平「没官領・謀反人所帯跡地頭の成立」(『史林』五八巻六号、一九七五年)。

(51) 地本についてのみ事例を掲げる。「進退」は鎌六二三九、七〇九七、一一五〇二、一七四〇〇、「相綺」は鎌七六二二、「押領」は鎌六八九〇、「中分」は鎌一四五五八、「実検」は鎌一九一一四、二七八一八、「召上」は鎌補二一三三、「打渡」は鎌二二九八一。

(52) 石井紫郎「中田薫」(『日本の歴史家』日本評論社、一九七六年)。

(53) 前掲註(48)永原論文。石井「荘園の領有体系」(『講座日本荘園史2』吉川弘文館、一九九一年)。

(54) 『石母田正著作集』第九巻(岩波書店、一九八九年)。なお、近年、川合康は日本国惣地頭などを観念のレヴェルの存在として、それを前提とした立論には公権委譲論の「発想」が示されていると断定し、公権委任論の批判それ自身から出発した石母田の学説およびそれと密接な関係にある佐藤進一説によって領導されてきた「幕府成立史」

の研究史がもっぱら朝廷からの公権委譲論に終始してきたと論難する。川合の仕事自身が重要なものであることはいうまでもないが、このような批判対象を矮小化した上で批判する手法は内在的批判とはいえないと考える（川合『鎌倉幕府成立史の研究』校倉書房、二〇〇四年）。

(55) 五味文彦「平氏軍制の諸段階」（『史学雑誌』八八編八号、一九七九年）。

(56) 黒田俊雄「中世の国家と天皇」（初出一九六三年、『黒田俊雄著作集』一巻、法蔵館、一九九四年）。

(57) 保立「日本国惣地頭・源頼朝と鎌倉初期新制」（『国立歴史民俗博物館研究報告』三九集、一九九二年）。

(58) 義江彰夫『鎌倉幕府地頭職成立史の研究』東京大学出版会、一九七八年。なお、義江の理解は伊賀黒田庄の一史料（平三七一六）についての解釈を一つの理由としているが、本稿一(3)②の「田代・下地と地頭領主制」の項でみたように、私は別の解釈をしている。

(59) 安田元久『地頭および地頭領主制の研究』山川出版社、一九六一年。なお島田次郎「下司と地頭」（初出一九九一年、同『荘園制と中世村落』吉川弘文館、二〇〇一年）も参照。両論文提示の下司の事例は非御家人（またはその建前で）の補任された職と考えて矛盾はない。なお鎌倉幕府御家人制が平家のそれを引き継いでいることは、野口実「平氏政権下における諸国守護人」（初出一九七九年、同『中世東国武士団の研究』高科書店、一九九四年）を参照。

(60) 保立「中世における山野河海の領有と支配」（『日本の社会史　境界領域と交通』岩波書店、一九八七年）。

(61) 阿多忠景については五味克夫「平安末・鎌倉初期の南薩平氏覚書」（『鹿児島大学法文学部紀要』文学科論集第九号、一九七三年）参照。

(62) 工藤敬一「九州における荘園公領制の成立と内乱」（初出一九七七年、同『荘園公領制の成立と内乱』思文閣出版、一九九二年）。

(63) 石母田正「古代国家の没落過程」（初出一九五〇年、『石母田正著作集』六巻、岩波書店、一九八九年収録）。

(64) 峰岸純夫「治承寿永内乱期の東国における在庁官人の『介』」（『中世東国史の研究』東京大学出版会、一九八八年）。ただし、権守称号は買官によるものと考えられ、それ自身で「一国惣領」的な地位を表現するものではない（前掲註59野口論文参照）。

(65) 斉藤利男「十一～十二世紀の郡司・刀禰と国衙支配」(『日本史研究』二〇五号、一九七九年)。
(66) 大山喬平「文治国地頭の三つの権限について」(『日本史研究』一五八号、一九七五年)。
(67) 石井進『日本中世国家史の研究』(岩波書店、一九七〇年)。以下のパラグラフにおける石井の見解も、同じ。参照、前掲註(57)保立「日本国惣地頭・源頼朝と鎌倉初期新制」。
(68) 入間田宣夫「鎌倉時代の国家権力」(『体系　日本国家史』中世、東京大学出版会、一九七五年)。
(69) なお、普通、経済学は土地の無価値性を強調するが、それは自然規定性、自然力としての土地一般にあてはまるのであって、前近代における土地の継続的な改良・維持の体系的分析に踏み込む場合、それのみでは論をなさない。
(70) 網野善彦「若狭国における荘園制の形成」(初出一九六九年、後に『日本中世土地制度史の研究』塙書房、一九九一年)。
(71) 若狭名田郷内御領立券注進状(『大日本古文書　真珠庵文書之六』八一六号文書)には「須恵野十五町許・伊加野十町許、不可宇野十町許、息原野十町許、三重十二町之内野五丁、田代七町、弘瀬野三町許」とある。三重を除くと総計四八町となるが、各々に「許」とあるのを勘定すれば五〇町にはなり、大田文の「五十七丁」余と近似する数値となる。ここで「許」という曖昧な数値が登場するのは、この文書が名田郷を「御領」にする時の国司への立券注進状であって、名田庄の立券状そのものではないためであろう。正式の立券においては、三重の「野五丁、田代五丁」の扱いをふくめて田数の操作が行われたに相違ない。
(72) 高橋一樹「十二世紀における摂関家領荘園の立荘と存在形態」(『中世荘園制と鎌倉幕府』塙書房、二〇〇四年)。飯倉晴武「壬生家文書の特異な一面」(『鎌倉遺文月報』二七)を参照。
(73) 佐藤進一『日本の中世国家』(岩波書店、一九八三年)および辞典項目「代官」(平凡社『日本史辞典』)を参照。
(74) 笠松宏至「安堵の機能」(初出一九八六年、『中世人との対話』東京大学出版会、一九九七年)。同「中世の『傍輩』」(『法と言葉の中世史』平凡社、一九八四年)。なお笠松の議論を前提とすると戸田の「本宅」の用語法には問題があるが、便宜、使用を続けている。また本領安堵を戦闘行為としての敵方所領没収と等置する前掲註(54)川合書の観点は、軍事史論としての意味はあるとはいえ、「法」というもののとらえ方が狭く、一種の暴力論におちいっている。

(75) 参照、「中世東国の新田と検注」（初出一九六四年、『永原慶二著作選集』第三巻、吉川弘文館、二〇〇七年）、『日本の中世社会』第三章四（1）（初出一九六八年、前掲註26『永原慶二著作選集』第一巻）。ただし、永原は、この権限を「地頭制成立以前からの開発領主」の中に原型を求める一方で、鎌倉期以降の幕府の政策に帰しており、これが「地頭制度の発足」と直結する問題であるととらえない。

(76) 鎌倉佐保「荘園制の成立と武門支配の統合」（『歴史学研究』八四六号、二〇〇八年）。

(77) 佐藤進一『鎌倉幕府訴訟制度の研究』（初出一九四三年、岩波書店、一九九三年）。

(78) 「式目」の軽い意味については、笠松宏至『中世政治社会思想』御成敗式目三条頭注を参照。なお「式目」という言葉が追加法にみえる場合、ほとんどが御成敗式目をさす。『中世法制史料集Ⅰ』（鎌倉幕府法）が収録する追加法においてその意味での「式目」は、次の条文番号である。四七、六二、六四、六八、九二、九五、二五〇、二五二、二八三、二八九、二九一、二九二、三一七、四三五、六八六、七〇四、七二〇、七三八、七四四、七四五、九〇六。しかも、建長の追加法の「式目に載せられ了」と同じ表現は追加法の二五二、二九一、二九二、四三五、六一七、七〇四、七四五などにもあるが、それらはすべて御成敗式目を意味している。この「式目に載せられ了」というフレーズに現れる限定語なしの「式目」は固有名詞としての「式目」なのである。もちろん、追加法には、その他、「此式目に就き」（九四）として発布法令自身をさす場合、「召人の軽重に随い、罪科に行うべきの由の式目、先日定置かれ了」（七二三）、「去五月十四日に重ねて定め置かるる御式目状に云く」（一五九）などと具体的な法を指示している場合、また弘長新制（三四九）、文永四年式目（四四三）、弘安新式目（四九一、五四八）など自身を「式目」と指称している場合などもある。しかし、それらはすべて文脈上の限定つきである。とくに注意すべきなのは、問題の建長追加法の場合、同じ建長五年（一二五三）の同じ月、一〇月一日の一三条からなる追加法（追加法二八二～二九四）が存在し、そこでも「式目」という用語が五回現れるが（「式目に載せらる」「式目に任せ」など）、例外的な一例をのぞいて、それらも御成敗式目を意味している。それ故に、この建長五年一〇月に発布された二つの法において、「式目」という場合に御成敗式目を意味していたことは確実である。問題は、「例外的な一例」ではあるが、これについても説明がつかない訳ではない。つまり、この例外的な「式目」とは二八四条の「竊盗事」に「式目に任せ」とある「式目」であるが、これは内容的には追加法二一条の「盗賊贓物事」にあたる。そして、笠松宏至が仁治の大友新御成敗状に引証された六ヶ所の「御式目」という用語の中のうち、同じく式目に対応条文をもたない一ヶ所とした大友一八八条があげる「式目」も内容的には追加法二一条なのである。これは偶然の一致とは思えない。笠松は、豊後守護大友氏の手許に存在した「式目」は「御成敗式目とこれに物理的に〝追加〟されていた若干の追加法群（＝「原初的追加集」）」の双方を含み、この追加法二一条は、そこに含まれていたという（笠松宏至「幕府の法・守護の法」初出一九九四年、前掲註74笠松『中世人との対話』）。この笠松の指摘によって、建長追加法に登場する「式目」が御成敗式目を意識していたのは確定できる（もちろん原式目論をとれば話は異なってくる）。

(79) 瀬野精一朗「鎌倉幕府による鎮西特殊立法について」（『御家人制の研究』吉川弘文館、一九八一年）。清水亮「鎌倉期・中期の惣地頭・小地頭間相論と西国御家人制」（『鎌倉期社会と史料論』東京堂出版、二〇〇二年）。

(80) 田中稔「鎌倉幕府御家人制度の一考察」（初出一九六〇年、同『鎌倉幕府御家人制度の研究』吉川弘文館、一九九一年）。網野善彦「常陸国南郡惣地頭職の成立と展開」（初出一九六八年、『網野善彦著作集』④巻、岩波書店、二〇〇九年）。なお、瀬野は前掲註(79)論文において、田中・網野の見解を批判し、九州以外で惣地頭が確認されているのは常陸国南郡地頭職、若狭国遠敷・三方二郡惣地頭職、安芸国沼田庄惣地頭職のみで特例であるとする。しかし、『鎌倉遺文』の検索によれば、それ以外にも紀伊国阿弖川庄（鎌一〇六八）、遠江国笠原庄（鎌補三六四）、信濃国中野・志久見郷（鎌七一四九）、安芸国内部庄（鎌九七一二）、近江国益田郷（鎌二四七四九）、奥州会津（鎌二九二九〇）、安芸国三田郷（鎌二九九八九）などがあり、一般的なものと認めることができる。

(81) 石井良助「中世における入会の形態」（『法学協会五十周年記念論文集第一部』有斐閣、一九三三年）。豊田武は、この論点を「惣領制覚書」（初出一九五七年）以降、一連の論文・著書において惣領＝本名論として発展させている（右「惣領制覚書」をふくめ、『豊田武著作集』六巻、吉川弘文館、一九八二年を参照）。また島田次郎「私領の形成と鎌倉幕府法」（初出一九五八年、『日本中世の領主制と村落』吉川弘文館、一九八五年）も参照。

(82) この点の理論理解と網野見解に対する評価・批判については保立「網野善彦氏の無縁論と社会構成史研究」（『年報中世史研究』三二号、二〇〇七年）を参照。

(83) 藤木久志「境界の裁定者」（『日本の社会史』2、岩波書店、一九八七年）。

(84) 黒田俊雄「鎌倉幕府論覚書」(初出一九六四年、前掲註56『黒田俊雄著作集』一巻)。

(85) 水上一久「本名体制と惣領制」(初出一九五八年、同『中世の荘園と社会』吉川弘文館、一九六九年所収)。さらに豊田武の前掲諸論文を参照。また「名本」と「地本」の関係については(鎌一七一四五)を参照。

(86) 吉良国光「豊後国大野荘における荘園制的所領編成」(『日本歴史』五八七号、一九九七年)。

(87) 網野は「在地領主の支配の論理――戸田芳実が「宅の論理」として定式化した論理が、ついに公田には貫きえなかった点に、日本の中世社会の運動法則を考えていく場合の一つの手がかりがある」と述べたが(前掲註80論文)、ここには大山と同じ種類の錯誤がある。公田＝地本と「宅の論理」の働く敷地＝下地がまずは別次元の問題であることの確認こそが重大である。

〔付記〕 本稿は土地範疇論として執筆されているが、地頭・公田・大田文論にも関わるため、いわゆる国地頭論争にもふれざるをえなかった。しかし、国地頭論自身については、義江彰夫『鎌倉幕府守護職成立史の研究』(吉川弘文館、二〇〇九年)によって、新たな議論の可能性が芽生えており、全体的な議論は別に譲らざるをえなかったことを御断りしておきたい。

地下請小考

志賀節子

はじめに

近年、荘園制成立史研究の画期的な成果に触発されて、南北朝・室町期の荘園制を対象とした共同研究や大会報告が相次いで企画されるなど、中世後期荘園制が注目を集めている。(1)工藤敬一により「寺社本所領・武家領体制」と概念化された土地制度は、武家の荘園侵略や代官の年貢請負が展開する中で解体の一途を辿ったのではなく、一定度の安定化した制度として存在していたことが明らかにされつつある。(2)また、荘園制の本質と指摘されてきた請負構造に関しては、荘園成立期に京都と荘園現地を結んで活動する下級官人層の庄務執行や代納機能を請負と捉え、荘園制形成時から請負が構造的に組み込まれていたとする見解が出されている。(3)荘園制解体の指標とされてきた荘園年貢の代官請や戦国期には一般化したといわれる「村請」(地下請)についても、新たな荘園制再編の動向や本来的な荘園制の性質を踏まえた再検討が要請されているといえよう。(4)

小稿では、中世後期社会に特徴的な荘園年貢の地下請をとりあげ、限られた範囲ながらその実態解明を目指したい。地下請については、近江国菅浦の事例を除くと実証研究が乏しい傾向にあり、百姓請と呼ばれる丹波国大山庄の事例や「村請」とされる和泉国日根庄の事例との比較検討も十分に行われてきたとはいえない。[5] そもそも地下請とは何か、請負契約の成立により地下は荘園制的収取システムの中でどのような位置づけを与えられたのか、荘園制支配の再編と地下請の成立をどのように関連づけて理解すればよいのかなど多くの課題を残している。[6]以下、鎌倉末期の実相が明らかな大山庄の事例、史料上に「地下請」と表現された諸荘園の事例を主な対象として、地下が請負った内容や担った役割・機能など地下請の実像に迫ってみたい。

一　大山庄の百姓請と直務支配

(一)　百姓請の成立

文保二年(一三一八)六月東寺領丹波国大山庄一井谷では、預所重舜の罷免を要求する百姓らの動きを巧みに捉えた東寺供僧の対応によって、田地の斗代定めが行われ、預所を所務から排除して、旱風水の損亡によらず百姓らが直接年貢を寺庫へ運送する直納が誓約された。これが有名な一井谷の百姓請である。[7] このとき百姓らと東寺の間で交わされた契状の内容は、田品別斗代の決定、内検による損免の廃止、年貢直進の三点である。それぞれについて、請負条件としての意義を検討してみたい。

まず斗代定めについては、東寺側がかねてよりその機会をうかがっていたもので、斗代定契状を公文所が提示し、それを請けて「斗代治定分」の請文が百姓起請文の形式で作成された経緯にも、供僧方の主導性が現れている。ただ、どちらにも「任百姓申請」と明記されており、契約にあたっては百姓との合意が不可欠であったことを物語る。この一井谷百姓の代表による起請文に続いて、個々の百姓ごとに田品を定め井料・定米額を書き上げ署判した「斗代定注文」(「実検注文」)が提出された。これは百姓が自らの手で実検を行った成果を示す「歴史的記念碑」として高く評価されてきたが、[8] 文保元年の「内検取帳」とほぼ数値的に一致をみることからも、[9] 裏書により元応元年（一三一九）一〇月に厳乗（供僧季奉行）が「紙継目に裏花押を据えて封じた上、各百姓の判を取った」作成過程が判明することからも、「請文の集合体」としての機能が指摘されており、東寺が年貢負担者の個別把握を企図したものと評価できよう。(10)さらに、百姓らの注文に記載された田数が前年の取帳を踏襲していることは、派遣された検注使・沙汰人とともに百姓らが一筆ごとの耕作状況を確認する作業に参加し、その結果を了承した証左であるが、斗代に応じて確定された個別百姓の定米額を合計した年貢額は、「内検取帳」の得田数に「反別一色石代」の規定額を掛けて算出した数字より大きい。(11)百姓請の成立は、供僧方にとって年貢増徴につながる成果があったのであり、従来の収取体制に譲歩を迫るものではなかったことになろう。(12)

そもそも田品の区別に基づく斗代の決定は、一二世紀前半から荘園領主の勧農行為の一環として導入されており、在地側の承認を必要不可欠の条件とする。斗代は通常正検注における「名寄」作業段階で決定されるが、参加する庄官・百姓らにとっては、了解して「請け申す」契約的性質を本来有していたと指摘されている。(13)大山庄の斗代定めは、東寺が前年の内検取帳に結実した土地調査に引き続き、年貢額の確定を目指した一連の在地掌握過程に位置づけて理解することが可能であり、供僧方の荘園再編に対する積極的動向を示すものといえる。(14)

以上の斗代定めに基づく年貢額決定の条件とされているのが、損亡時における内検の廃止である。双方の煩いを除くためとあるのは、前年の内検作業が多大な負担を与えたせいであろうか。室町期に展開された年貢減免闘争では、しばしば損亡の被害状況を調査する実検使の派遣要求がなされ、領主側には内検実施を避ける傾向が見られた。(15)豊凶によらない年貢額の固定化は年貢の増徴を阻止する効果があり、(16)双方にとって荘園支配体制の安定化につながる面はあるが、当該期の不安定な生産条件を考慮する限り、損免を求める権利を放棄することが百姓側に有利に作用したとは思われない。

先学も指摘するように、百姓請成立の成果は、非法を重ねる預所の排斥を実現したことに求められよう。それは東寺供僧方にとっても利害の一致するところであった。[17]預所重舜（慈門寺公文）が年貢収納を済ませながら寺家に運送せず、百姓らの返抄（請取状）を責め取って未進処理とするなどの非法を働いてきたため、百姓らは直接東寺の寺庫へ年貢を運送する方法により、年貢収納に関する不正を回避することができたのである。[18]この年貢直納は、京郊に位置する東寺領の膝下荘園においても採られた方式で、百姓らが年貢米を東寺（惣蔵）に運び込み、公文所納所へ納入し請取を発給してもらい、その請取状を上久世庄なら公文に、上野庄なら代官に提出すると、庄官らが進・未進沙汰を行い、地下算用状を作成するというものである。[19]高野山領の膝下荘園でも、室町期には「庄官請所」か「百姓直納」かの二系統に年貢収取体系が整備再編されたといわれているが、後者は京郊荘園の百姓らが東寺へ直接年貢を納入したように、直務体制下の年貢納入方法を示したものと思われる。[20]年貢直納自体は領主側から命令要請される一時的な処置のことも多く、必ずしも年貢の百姓請に直結するものではない。

以上の検討から、文保二年大山庄一井谷の百姓と東寺との間で交わされた取り決めは、同庄の歴史上大切な位置を占めており、鎌倉末期に定められた斗代は室町期にいたっても、反別一升の井料控除分を差し引いた額に固定されたまま荘園制支配の基準値として機能し続けた。[21]しかし請負条件の観点から見ると、そこには総じて地下の合意や百姓としての誓約を表明する性質にとどまる傾向が認められる。

ところで、大山庄一井谷の場合、「百姓請の成立とはそのまま預所支配の廃止を意味していた」という指摘があるが、[22]供僧方が重舜に対して、斗代を定めて百姓が年貢を直進することにしたので「所務之仁」は不要であると言明した通り、重舜罷免の結果成立した百姓請は、彼らの所務権行使に相当する内実をともなっていたのであろうか。[23]それは地下による預所の排斥という混乱した在地支配状況への、一時的対応策にすぎない側面はなかったのであろうか。百姓らの達成がその後の支配システムに与えた影響については、残念ながら鎌倉最末期の様相を示す史料を欠くために詳らかにならない。

（2）南北朝・室町期大山庄の支配体制と地下職務給

南北朝・室町期大山庄の支配状況を概観すると、貞和五年（一三四九）以降預所をほぼ東寺惣公文が務めていることから、公文所直務体制が敷かれていたとみられるが、応永五年（一三九八）喜阿弥が代官職に就任してからは、所務請負代官制へ移行して守護細川被官や洛中酒屋らが代官職を請負い、室町後期には武家代官の請切となって東寺が在地掌握を放棄するにいたるのである。(24)大山庄関連史料には多くの算用状が残されているが、その中から「除分」「所下分」として計上された経費のうちで人給分・在庄下用分・下向糧物分に着目してみると、各時期別の支配体制に応じた変化が見出される。まず算用状から得られる範囲で南北朝期の直務支配の様相を明らかにし、年貢収納のあり方について検討したい。

南北朝期の算用状には、永徳元年（一三八一）分まで預所（代官）三石、地下沙汰人一石三斗、定使二石、預・門指・納所ら公人五人分の給分が例年計上された。(25)直務代官である預所は、原則的に常時は在庄しておらず必要に応じて下向した。文和五年（一三五六）から預所職が確認できる浄円円良は一〇年間に八回下向しており、延文五年（一三六〇）には春秋両度在国した。(26)続く禅舜が預所に在任した八年間では、預所代快秀（三河坊）が半済施行・停止にともなう在地情勢の混乱に対応するため、ほぼ毎年派遣されて、未進催促や田数并名寄帳・地下算用状の作成に当たった。(27)この快秀の下向には定使が同行し、ともに未進催促を行ったが、これ以外にも定使は例年派遣されている。久世庄の定使が「数とり候」と収納業務に携わったように、(28)収納などの実務を担当したものと思われる。その年間派遣回数は数回程度で、七回に及んだ年もあり、給分二石のほか在庄下用と上下料足が滞在期間と下向回数に応じて支給された。(29)定使はまさに直務支配を象徴する存在であり、寺家の意向を在地に伝えるパイプ役でもあった。したがって永徳二年（一三八二）対地頭対策として顗海（本覚寺長老）が特殊な請負条件で所務職に任用されて以降は、その給分が代官分（因幡坊分）に吸収され主要な役目を終えることになった。(30)

なお、公人中の役割に関しては、円良の預所（給主）在任末期の請文に「云御年貢、云算用、於庄家不法等露顕之時、雖被改給主并納所分、更不可申所存事」とあることから、京郊膝下荘園と同様に、納所が年貢収納に関わる任務を果たしていた可能性もあるが、門指下向の数例を除き公人中の具体的な関与については明らかではない。[31]

このように南北朝期の大山庄支配機構は、概ね東寺公文所の惣公文が直務代官（預所）を務め、定使を年数回派遣して在地掌握を図る運用形態がとられていたと思われるが、預所や定使の不在期間を含む日常的な現地の支配実務を担ったのは、地下沙汰人（地下代官）である。彼らには最後の算用状までほぼ一貫して給分一石三斗が支給された。この地下の職務給は支配体制の変化に対応して名称を変えている。たとえば番頭制が機能していたと考えられる嘉慶二年（一三八八）・明徳元年（一三九〇）の上使算用状では番頭免と表記され、[32]後述する所務請負代官制下では職事給・政所給・政所屋給とその呼称を変化させた。地下沙汰人の活動は半済給人が退去した応安四年（一三七一）から顕著となり、公文とともに「田数・名寄帳」の作成に関与したほか、同年から永徳三年（一三八三）分までの地下年貢算用状・年貢未進徴符・守護役注文類の多くに連署している。[33]これが地下代官と呼ばれた所以であり、庄家における直務支配の核としての機能がうかがわれる。

当該期の年貢納入方法については直納であったと思われる。後述する応永一四年（一四〇七）の「下知条々事書」で、東寺が「先々直納時」と請負代官制に移行する以前の状況を表現しており、また永徳二年顗海が代官職就任時に提出した請文にも「任先例可令百姓直納」とあって、先例も彼の在任期間も直納が原則だったことがわかる。[34]なお、直納という用語は、応永二四年（一四一七）守護被官である給主快玄（東寺供僧）の代官稲毛修理亮の違乱にさいして、東寺から「召下寺家代官、全直納専寺用」する方針が出されたように、百姓らが年貢を直接東寺の寺庫に運び入れる場合に限らず、荘園現地で寺家の収納担当者に納入する場合にも使用されている。[35]南北朝期の大山庄では、毎年の収納業務の具体像は定かではないが、東寺から派遣された収納担当者へ個々の百姓らが個別に年貢を納入する直納が実施されていたと推定しておきたい。なお、顗海の代官職就任期間の実態に関しては今後の課題である。

ところが、応永五年(一三九八)喜阿弥が代官職を請負った時点から、算用状の記載様式に変化が見られる。(36)所務請負代官の得分として規定通り分米額から除分を引いた額の五分の一が計上され、地下に対する職務給分は、一石三斗に固定されたまま政所給・職事給という表記が使われるようになる。(37)地下の職務呼称が沙汰人・代官から政所・職事へ変化したことについては、単なる表現形式の問題とする見解もあるものの、やはりそれが所務請負代官制へ移行する時期と符合する点は見過ごしがたい。(38)そこで室町期における職務名称の変遷を、地下の荘園実務への関わり方に着目しながら追ってみたい。

政所給の表記は応永五年の寺家算用状から登場するが、喜阿弥の又代官である宗数も続く給主代官稲毛も、十数年間の在職期間に作成した地下算用状には、一例を除きすべて職事給と記した。(39)又代官は在庄にあたって政所に拠点を置いたものと思われるが、現地を任された自らの政所的な立場が政所給ではなく職事給を選ばせた理由であろうか。既述したが、喜阿弥の在任末期である応永一四年、代官の非法に抗して逃散した地下に東寺は「下知条々事書」を下した。その二条目に政所給分に関する項目があって、先々の直納時には認めていたが今は代官(又代官)が在庄しているので控除しないとある。(40)東寺が政所給分は在庄代官の職務分に相当するという認識を示したことが注目される。

しかし、応永二六年(一四一九)中西重行が代官職を請負って以降、地下の職務給はもっぱら政所給と記されるとともに、「政所一法師」「政所左近」のごとく政所と名乗る名主百姓が検証されるようになる。(41)先の「下知条々事書」に対しても地下は申状で、その分経費が多く必要なので「除立申て候」と述べ、慣例通りに政所給一石三斗を除分とすると主張しており、地下百姓らが算用状の作成や不作河成分の注進など、在地における所務全般への関与を深める様相が見出された[42]。一四二〇～三〇年代の請負代官に関しては、個々の百姓別年貢請取状が多く残されているものの、現地支配を担う又代官の存在が不明確である[43]。一方、一井谷百姓らは、損亡田数を注進したり百姓別の田数注文を提出しており、地下百姓らの実務的な役割が所務請負代官制の下で拡大していったようにみえる[44]。

嘉吉三年（一四四三）、東寺の納所関係者とされる乗善重円が代官職に補任された。彼は寺家上使として内検も担当した人物で、補任に当たっては直務代官に類する請文を提出しているが、算用状にはその得分が五分の一と規定されており、所務請負代官の範疇で捉えられる[45]。この乗善が作成した文安元年（一四四四）分の算用状に、地下職務給として「政所屋給分一石三斗」がはじめて登場する。新たな表記は「向後如此可書之」と添えられた註記の通り、最後の享徳二年分（一四五三）地下算用状まで継続して使用され、政所を務めた百姓は「政所屋大夫次郎」「政所屋左衛門」などと呼ばれるようになる[46]。

地下の政所屋呼称が成立する背景として注目されるのが、正長二年（一四二九）二月丹波国に広がった土一揆との関わりも推測可能な、次の事件である。同年二月、一井谷百姓らは、代官土屋宗玄と私的な契約を結んで再度大山庄に入部していた稲毛入道に対し、請文を提出した。それには、百姓らは現地政所を焼き稲毛の中間を打ち殺したにもかかわらず、「御めん候て、くほうへのきしやうもんに御そへ状をいたされ候て、御ひやくしやうを御ふち事畏入候」とあった[47]。当時大山庄では代官職をめぐる争いが続いていたが、稲毛の居所でもあったはずの政所が百姓らの手によって焼かれてしまったのである。請文に書かれた稲毛の対応には、百姓らを懐柔しようとする意図が見え隠れするが、この領主政所焼失事件こそが地下政所屋の成立に深く関わったのではないかと思われる。おそらく、これ以降東寺の支配拠点としての政所は再建されず、現地で収納の実務を担当した政所百姓の自宅が政所屋として機能することになったのではないだろうか。代官乗善が算用状に新たな地下職務名を記載した理由は、領主側が百姓の政所屋で収納実務が行われている実態を明確に認識したからであろう。

このように、南北朝・室町期の大山庄では、直務代官制から所務請負代官制へと支配体制を移行させるなかで、年貢収納業務を担う地下の役割が重要度を増していったものと思われる。ところが年貢納入システムをみてみると、代官（直務・所務請負）―地下沙汰人（政所・職事）―地下百姓の体制に変化は認められず、東寺担当者への直納も請負代官への納入も個々の百姓別に行われたであろうことは、百姓名を列挙した未進徴符類や百姓別の年貢請取状からも明らかである。(48)室町期には百姓らの年貢減免闘争・非法代官罷免闘争が激しく展開されているが、(49)一井谷・西田井単位でも大山庄単位でも、年貢収納を百姓らの責任で集団的に請負う「村請」や地下請が成立した徴証は見出せない。地下政所屋で収納実務が行われるようになったことが、地下による年貢収納の請負に直結しないのは、日根庄や山科東庄の事例からも首肯できよう。(50)

大山庄の百姓請は、これまで地下請の典型例として取り扱われてきたが、請や請負という言葉の多様な意味を曖昧にしたままで使用してきたために、実態を正確に把握する道を閉ざしてきたように思う。その意味でも、辰田芳雄が一井谷百姓らの作成した文保二年の起請文を、領主の強制力により書かされたものとし、百姓請を百姓の主導によってではなく東寺の年貢増徴策の一環として成立したと評価したことは重要である。(51)

百姓による斗代の決定・年貢直納・内検廃止を誓約する起請文が提出された事実は、東寺支配体制への百姓らの合意を示してはいるが、地下が年貢収取の責任主体として領主側と契約を結んだことを意味するのであろうか。そもそも中世百姓の力量を鑑みると、領主側が地下との合意を抜きにしては、検注の実施も年貢額の決定も不可能であったと指摘されているが、(52)鎌倉末期の百姓請はその一般的状況を越えた内容を有していたのであろうか。百姓請の根拠とされてきた請文についても、一種の合意を意味する広義の契約性ではなく、法的関係における厳密な意味での契約的性質を読み取ることには慎重であるべきだろう。はたして鎌倉期の百姓請と室町期の地下請は同質のものとして理解できるだろうか。次節では、地下請の範疇で取り扱われてきた諸庄の事例分析を試み、請負内容の時期的な差異に関して検討してみたい。

二　地下請の実態

(一)　東大寺領大和国窪庄

窪庄は興福寺喜多院二階堂の一円領であったが、一二世紀末に売却・寄進が行われ、二階堂の負所領と東大寺の三面僧坊領になった。後者の成立は、仁治二年（一二四一）に購入者の一人金阿弥陀仏が私領一五町を孫の東大寺学僧聖檝に譲り、建長六年（一二五四）に聖檝が東大寺三面僧坊へ寄進したことによる。[53] この譲渡に先立つ延応二年（一二四〇）、窪庄百姓一五名は同庄を請所として請け申し、官物四七石を「毎年無懈怠可令沙汰進也」とする連署請文(A)を提出した。[54] 署判した百姓らは、鎌倉末期の史料に「窪庄十五名百姓等」とあることから、各名の名主に相当するものと思われる。[55] 日下に署名した行万には「二名」という註記が施されているので、当時は一六名以上の編成であったのかもしれない。百姓請文(A)は、一五年後に聖檝が東大寺への寄進にさいして作成した窪庄文書目録に、彼の寄進状・金阿弥陀仏の譲状とともに併記されており、荘園支配上重要な支証であった。[56] また同時に定められた所当米配分注文には、「窪庄御米四十七石」から除分・預所得分を差し引いた三六石が僧坊供料分とあり、東大寺領となった窪庄の年貢額は、請文(A)にある官物額と一致する。[57]

この請文(A)は、戦前に牧野信之助により地下請の早期の事例として紹介されたが、近年の研究でも鎌倉期窪庄における年貢の百姓請の根拠としてとりあげられている。[58] 改めて百姓らが「請申」した内容を見てみると、年貢四七石を毎年各々が沙汰し、天下一同の旱損不熟の場合以外は損免を訴えないとあり、あたかも名主としての職務を確約する趣旨のようにも思われる。しかしその簡単な文面からは、牧野も述べたように請所と呼ばれた窪庄の詳細を知る手がかりは得られず、国衙領内の一私領として存在していたという指摘を除くと、請文の成立事情も定かではない。[59]ただ請文作成の契機は私領主の代替わりに関わるのではないだろうか。請文(A)の解釈については今後の課題である。次に東大寺領となって以降の窪庄の支配状況を検討してみたい。

先の所当米配分注文によると、東大寺三面僧坊領窪庄は成立当初から預所が置かれ、現地庄官の下司と定使の派遣による直務支配が行われていたようである。ところが文永七年（一二七〇）窪庄百姓らは請文(B)を提出し、「御下知之旨」に任せて、供米を懈怠なく先例通りに東大寺三面僧坊方へ運上すると誓約した。[60]文末に再度「御下知」により請け申すと記して下司代庄司を先頭に一五名主が連署しており、東大寺の意向を強調した文面である。事実、弘安年中の東大寺年預文書目録中には「百姓運上帳一通」があって、弘安六年（一二八三）までは年々運上記録が残されている。[61]請文(B)は三面僧坊供料の直納を誓約したものであるが、これまで請文(A)と同様に百姓請の根拠とされてきた。[62]しかし、その作成契機については不明で、この時期に窪庄の年貢収納システムが変容したことを示すのかどうかも判然としない。管見の限りで当該期の実態を追究してみよう。

鎌倉後期の窪庄は、預所の下に沙汰人名主らが実務を担う支配機構でなっており、預所代が確認される時期もある。[63]供料は三面僧坊方への直納と定められていた。先述した上久世庄の場合と同様に、年貢納入にさいしては返抄が発給され、それを基に算用状が作成される仕組みであった。[64]算用状（百姓結解状）は沙汰人百姓らが進めるとあり、東大寺からの使者に費やした用途を百姓らが注進した注文もある。[65]正安二年（一三〇〇）一五名百姓らは、損免の承認と預所実順の譴責阻止を訴える申状を東大寺へ提出した。それによると、当年は「天下一同之損亡」に相当するので、百姓らが「実検之使者」を派遣してくれるよう八度にわたって訴えたにもかかわらず、内検要求は聞き届けられなかったため、現地では「自他各」が実検を遂げて「損得之員数」を定め置いたとある。[66]

実際に同年の供料は、内検の結果にしたがって得田分のみが運上された。だが結局損免要求は認められず、損田分は未進扱いとなって、翌年預所が未済分を沙汰する請文を提出している。[67] 預所職の請文にも「天下一同大損亡之外、更不可致一塵未済」とあるように、損亡の程度が天下一同か否かが年貢免除の基準であった。[68] この損免規定は延応二年の請文(A)とも共通しており、鎌倉期の窪庄では一貫して機能し続けたようである。

以上のように東大寺領窪庄では、沙汰人名主百姓らが用途注文や結解状を作成したり、独自に内検を実施するなどの実務能力を行使していたが、東大寺の収納システムとしては預所―庄官沙汰人―名主百姓の体制が維持されていたものと思われる。[69] 損亡を理由に年貢米の減免を要求する百姓らを預所が厳しく譴責した事実は、同庄の収取体制の核に位置する預所の存在意義を物語る。なお預所職の補任権は東大寺にあったが、次第に預所が権利を拡大し興福寺の権威を背景にしながら東大寺の支配を脅かす傾向が見られる。正応二年（一二八九）預所頼舜請文では、供料完納を条件として子孫への同職相伝や得分の増額が容認されている。[70] また嘉元二年（一三〇四）には、興福寺僧であった預所実順が年貢を抑留するなどの対捍行動に出たため、東大寺は武家の処罰を要請する院宣の発給を求めた。[71] 興福寺喜多院二階堂負所領でもあった窪庄に対する東大寺の支配は次第に弱体化していくのである。

ところで年欠文書ながら文永年間と推定される数通の史料によると、預所頼舜は僧坊供料の未進により一時期その職を没収され再度請文を提出して再任されたようである。[72] 請文(B)がこの預所職をめぐる問題を背景に書かれたとするなら、預所不在期間の供料確保を意図した三面僧坊の下知に従って、沙汰人を筆頭に名主百姓らが直納を誓約する請文を提出した可能性が想定できよう。請文(B)は大山庄の百姓請成立を示す起請文と共通した性質を有し、ともに鎌倉期特有の誓約的請負段階に位置づけられる歴史的産物のように思われる。なお、先に述べた預所頼舜の正応請文紙背には「廿余年知行」とあり、文永年間に再任された頼舜の預所支配が続いていたこと

を示している。請文(B)の誓約内容は預所不在期間の一時的な対策として機能したことになろうか。(73)

最後に同じ鎌倉後期の事例として、春日社領摂津国榎坂郷の請文についても言及すると、弘安三年（一二八〇）榎坂・小曽根・穂積・服部四か村の名主らが、滞納した神供米の弁済をはじめ数か条からなる請文を春日社へ提出するという一件があった。(74)当事例に関しては、これまで村の代表による請文の形式が取られていることを根拠にして、村請の成立例とする解釈がなされてきたが、この評価は春日社の支配体制を考慮すると再考を要する。(75)すなわち、榎坂郷では春日社の直務代官支配が戦国期にいたるまで継続しており、鎌倉期の支配機構は牧務(社家)—沙汰人—名主百姓で構成されて、社家の意向を伝達実現するためにしばしば神人が現地へ派遣されている。請文の文面に着目してみると、「請申被仰下条々」、「任御教書旨所令請申」とあるように、本所である近衛家の御教書に示された条件を受け入れ、春日社への抵抗行動をやめて年貢・諸公事を従来通りに負担すると確約している。神供米の納入拒否運動を展開した村々の実力は注目に値するが、この請文は年貢収取をめぐる新たな契約内容を含むものではなく、あくまでも名主百姓としての負担義務の遵守を、領主の要請に従い村単位に誓約したものといえよう。村々の百姓らが記した「請」の用語から、性急に村請を導き出すべきではない。そもそも「請」には、申請・訴願や報告・約諾などの意味があり判別しがたい場合も多いといわれており、慎重な取り扱いを要する。(76)

以上のように、鎌倉期の大山庄・窪庄を主な対象として、百姓らの提出した請文を主な根拠に百姓請や地下請の成立をみてきた通説の問題点を指摘してきた。では、地下請とはいったいどのような事象を表現する言葉として使用されていたのであろうか。史料上に地下請の用語が検証される荘園の事例からみてみよう。

（2）地下請の事例

醍醐寺領讃岐国長尾庄では、応永三年（一三九六）四月、安定ら百姓三人と惣追捕使満長が連署して領家方年貢・公事物の収納を請負う請文を提出した。その文面には、「御領地下人等、依所望仕、預申」とあり、米・麦・代銭の各々の請負額と運上時期に加えて、万一請文の趣旨に背いた場合には、「速被停止地下請之儀、可被仰付他人候」と記した。[77] このとき結ばれた契約内容は明らかに「地下請」と称されている。寺領の地下人らが所望して引き受け、契約不履行の場合は他人に交代も可能であった。同年二月、石河入道浄志（守護代官）が領家職の代官職を二〇〇貫文で請負ったが、地下請の成立により改替された。その理由は請負額にあったようで、地下は四〇〇石京定（京都へ運上）を提示したからであった。[78] 応永六年に、長尾庄地頭で守護被官の寒川出羽守が代官職を請負ったが、その条件の京定三〇〇貫文と比較しても、地下請は領主にとって有利な契約であったことがわかる。[79] 地下請成立時は醍醐寺若狭賢円法眼が給主に就任しており、請文には請負条件の三項目に付け加えて、「此外御代官得分、小公事物色々在之」と給主（代官）の得分についても言及してある。[80] 給主が所務権を掌握し、地下はその代官職（又代官）の立場にあったものと思われる。

ところで地下の請負年貢額は四〇〇石であるが、地下百姓らが領主に納める年貢額は五〇〇石であった。そのうち一〇〇石分が「御許物」として地下に下行されたとあり、長尾庄の年貢額と地下請による契約額とは一致しない。又代官に相当する地下にも請負によって相応の得分が認められたからである。しかし、それが「御許物」と表現され、請文の最後に少しでも約束に違う言動があった場合は、悉く下地を収公し重科に処すと百姓らしい罰文が明記されたところに、当該期の地下請の特徴を見出すことができよう。ともあれ当庄の地下請は、百姓による年貢納入の誓約を越えて、明らかに条件を定めた領主との契約関係の締結を意味したことは確かである。

ただ長尾庄の場合も、複雑な在地事情を反映してか地下請は短期間に限られていたようで、応永四年に相国寺昌緯副司が庄主を請負ったが、地頭沙汰人らの非法もあって庄務困難に陥り、応永四・五年分は百姓逃散などで年貢備進は有名無実であったという。(81) 同五年二月に上洛した百姓二人の「去年庄主所務分、大概四百石計沙汰候」という注進内容とは食い違っており、地下請がどの時期まで機能していたのかは定かではない。(82) 同八年、三年間の所務請負を年貢皆済で辞した寒川氏に代わって、相国寺周興西堂が給主として所務職を請負った請文には、年貢三〇〇貫文請切と明記され、再度地頭寒川氏が同一七年に代官職を請負った条件も請口二六〇貫文の年貢請切であった。(83) そして、永享一二年（一四四〇）の寒川氏による二一〇貫文の年貢請切を最後に同庄の収取状況は把握できなくなる。(84)

次に興福寺領摂津国生島庄浜郷の地下請についてみてみよう。室町期の浜郷では、代々大乗院雑掌が請口代官職に補任されており、康正三年（一四五七）までの六〇年間は、寺僧浄南院清俊・清承父子が務めていた。その間の請負額は、京着年貢米二五石・生島莚一〇枚・小鯛一〇〇枚と定められて地下請であったという。(85) ところが不法を理由に代官が寺僧柚留木重芸に交代すると、収取体制が変化して国代官（又代官）による代官請となり、請負額も京着料足二〇貫文（二〇石）・莚一〇枚・鯛一〇〇枚へと減額され、初年度の長禄元年（一四五七）分は、炎旱のために代官の訴えを入れて五貫文が免除となった。(86) 通常の請切代官制とは異なる様相である。国代官についていては、文明五年（一四七三）重芸が高岡弾正に対し、請口分の無沙汰がない限りは、突然の（国）代官職改易はしないと約束している。また、同一四年故重芸の息子春雅と西田新五郎助家が代官職の補任をめぐって競合したさい、春雅は名主沙汰人中に対して、年貢を先規のごとく納入するよう命じ、「当子細者、高岡弾正忠可申付候」と書状を送った。(87) 高岡の素性や国代官就任の時期については判明しないが、彼は重芸・春雅の二代にわたって在地掌握を期待される人物であったようである。

したがって室町期の浜郷では、興福寺僧である請口代官を介した地下請または、寺僧代官―国代官による代官請という収取システムが採られており、先述した長尾庄の給主とは呼称を異にするが、共通した構造の地下請が六〇年にわたって実施されていたことになる。請負額は、浜郷の場合も地下請は二五石、代官請は二〇貫文（二〇石）であり、明らかに地下請の方が領主側には有利な条件であった。地下側の史料が欠如しているために、地下請の実態は詳らかではないが、浜郷総田数一七町六反大から諸引物を除いた定田八町三反小三一歩に、各五斗代で定められた年貢額は四一石七斗八合であったから、地下百姓らが納める年貢額と地下請による契約額とは異なることが確認できる。(88)

応仁の大乱で浜郷も守護細川方の郡代らの侵害を受け不知行状態となったため、文明一〇年大乗院は、在地の有力国人である伊丹親時を代官職に補任して年貢確保を目指した。このときの請負額も重芸の場合と同額であったが、国代官は寺家の史料上には検証されない。(89)いわゆる年貢請切型の代官に相当したのであろう。その後も西田助家・山問源三光家と代官職は短期間で推移しながら、浜郷は一五世紀末に『大乗院寺社雑事記』上から姿を消す。(90)

最後に相国寺崇寿院領堺南庄の事例をとりあげたい。永享三年（一四三一）一一月八日付の「御前落居奉書」によると、崇寿院が堺南庄に庄主を置いたところ、地下人らは先例を根拠に庄主撤廃を幕府に訴えた。その結果、地下請が確認されたので、応永二六年（一四一九）一二月一八日付寺家宛状に任せて、寺役七三〇貫文の請文を地下に書かせ、寺役を全うさせるよう命じる幕府奉行人奉書が崇寿院に下された。(91)堺南庄では、年貢ではなく屋地子が住民から徴収されており、応永二六年には地下請が行われていたものと思われる。その後、同庄はたびたび幕府料所になった。守護細川政春の守護請となって崇寿院に年貢が納められた時期もあり、寛正三年（一四六二）には庄主健覧寺の存在も認められる。(92)乱後の文明一八年（一四八六）末、堺南庄は崇寿院の訴訟により幕府直轄領から寺家の直務支配に復することとなった。翌一九年畠山政長の上表により、寺家の直務代官職として相国寺の紹宣都寺が推挙される。この時他にも競望する者が多数あったようで、地下からも「若無代官、為地下人厳可致其沙汰」という申し出がなされた[93]。地下請の申し入れである。結局この主張は入れられず、同年一〇月には紹宣都寺が崇寿院より庄主に補任され、七三〇貫文の請切でいったん事態は決着する[94]。そこで寺奉行の飯尾加賀守が奉書を両守護と地下中に下したが、両守護は遵行に及ばず、再び御料所化を目指した動きが展開するのである[95]。堺は政治的・軍事的・経済的な要地であったがゆえに、南庄の支配体制もめまぐるしく変転を遂げることになったが、そのなかで、地下中が代官職に代わって自ら同庄を管轄する地下請を要望したことに注目したい。その実績は永享三年の幕府訴訟で証明済みであったが、庄主補任にあたって幕府奉行の奉書が両守護と地下中に発給されたことにも表れている。

堺南庄の事例は屋地子の地下請ではあったが、その請負内容は代官職に相当し、庄主を排した収取体制を実現した意味で、既述した長尾庄・浜郷の地下請より一段と進んだ請負形態であったといえようか。文明一五年七月日「和泉国衙分目録」によると、記載された九か庄郷のうち四か所に地下請、一か所に守護請の註記が施され、それぞれ請負額が付されている[96]。守護請と地下請が同列に扱われる存在形態をとっていたものと思われるが、堺南庄の地下請も同質のものとして解釈できそうである。地域勢力化した地下中は、守護・国人に匹敵する請負主体としての資格を認められる段階に達していたといえよう。

以上の分析結果から、中世後期社会に実在した地下請は、地下と荘園領主との社会的契約関係を示す用語として使用されており、請負契約を結ぶにあたっては、地下側に得分が認められる形で請負額が決定された。荘園の本年貢額とそれを基にした請負額とは一致していない。本来年貢額の決定・固定化は地下百姓との合意を前提とするが、この広義の契約関係と法的な請負関係とは区別して取扱う必要があろう。年貢納入の厳守や年貢直納を誓約する請文はその意味で契約書の性質を有さない。課題とした窪庄の延応二年の請文(A)についても、名主による年貢納入誓約の範疇で理解できようか。また長尾庄・浜郷の事例は、又代官に相当する請負内容であったが、地下請は代官請より請負額の面からも領主側に有利であった。浜郷の地下請が六〇年も持続した理由の一つであろう。限られた用例から見えてくる地下請像は限られた内容にとどまるが、地下請がいわゆる荘園制支配の再編が進む室町期に検証され、荘園制的収取システムの中に独自の位置づけを与えられていたことは明らかになったかと思われる。

おわりに——地下請と収納実務——

小稿では、これまで地下百姓による年貢収納の請負を表現する用語として、一括して扱われる傾向にあった百姓請・地下請・村請の具体例をとりあげ、限られた範囲ながら請負内容に関する検討を試みてきた。そもそも請負の原義は承諾することにあり、確約・保証・祈誓など多様な語義で使用されている(97)。その分だけ契約にあたって地下百姓から荘園領主に提出される請文の種類にも幅があり、限界付きだが原則として対等な契約的関係を示すものから、領主の命令に対する百姓の誓約的関係を示すものまでが見出された。両者の区別を厳密に行うことは難しいが、広く請負現象の適用範囲を拡散させたままでは、地下請の実態が把握しにくいように思われる。代官請や守護請の場合と同様に、地下請にさいしても必ず法的な請負契約内容を有する請文が作成されたはずである。近年、契約関係を広い意味で使用する傾向が見られるが、請負契約の成立は、一般的な合意のレベルとは区別して取り扱うべきではないだろうか。百姓としての義務の履行を約束したり、領主との合意内容を誓約したりする請文を、そのまま地下請や百姓請の成立に結び付けて解釈するのは早計であろう。

ところで、近江国菅浦は地下請体制下の在地状況を示す事例として著名であるが、田中克行は、菅浦による日指・諸河年貢公事の地下請が開始された時期を、代官による年貢・公事銭請取状が登場する応永一九年（一四一二）に求めた。当該期以降、領主の別なく代官は単なる定額年貢公事の請取代官となり、菅浦惣庄が独自の帳簿を作成して年貢収納に関する一切の責任を負うようになったと指摘し、地下が編み出した年貢収取秩序のあり方を追究した。(98)それは地下請の実態解明を大きく前進させる成果であったが、地下請の契約内容そのものに着目してみると、必ずしも明らかとはいえない面も見出される。文明二年（一四七〇）に山門花王院への納入体制が固められた菅浦前田年貢について、請負契約の様相を確認してみたい。

この契約は、同年四月一三日付で山門花王院が菅浦年老廿人に宛てた下知状を出し、これに対する請文を同月二〇日付で廿人宿老が提出した結果成立をみたものである。請負年貢額は地下の要望を入れて五石とし、政所には由緒に任せて「道清子孫清九郎」が、代官には地下年老廿人が命じられた。政所給分は五石の外と設定され、代官得分は一斗三升、熟年の時は一俵とある。(99)坂本坊へ年貢を運上し請取状を交付してもらうまでの収納実務のすべてを、廿人宿老中を代表とする惣庄が担うことになっており、地下請の成立と捉えられるが、その請負内容は代官職に相当したものと思われる。米・豆からなる前田の定年貢額は古帳によると一一・三石であったが、代官・政所・定使給分などの除分を引き、旱水の在所と主張する地下の言い分を踏まえた結果、請負額は旱水損によらず運賃雑用分を除き「悉皆五石分」に決定された。(100)ここでも、本年貢額と請負額とは同一ではなく、地下側にも取り分が認められている。菅浦は複数の領主へ年貢公事を納める複雑な領有関係にあったが、荘園制的な収取機構が形式化しながらも見出される点は注目される。

菅浦では、在地の側に残された史料から領主側の動向を含む地下請の実証研究が進められてきたが、小稿で検討した地下請の事例はいずれも領主側の史料に限られたために、地下請体制下の在地状況を明らかにすることができなかった。沙汰人を含む地下の収納システムは、地下請の成立によりどのような変容を遂げるのであろうか。地下請の実像を描くという目標には遠く及ばず、今後に多くの課題を残すこととなった。

一方、既述した大山庄の南北朝・室町期の動向からは、地下百姓らによる年貢減免闘争の展開と相俟って、荘園年貢の収納システムが在地性深化を遂げ、沙汰人百姓の政所屋で収納実務が執り行われる実態を、領主側がはっきりと認識する関係が見出された。この状況は、番頭の私宅で収納が行われた戦国期の日根庄にも共通し、沙汰人の私宅が庄政所として機能する事例は諸荘園に共通する現象と指摘されている。(一〇一)沙汰人が村落の指導層であることを想起すれば、在地側・村側が収納の実質部分を担う状態は、村落主体の所務のあり方として、菅浦で実証された地下請の実態とも重なる部分が大きいであろう。しかし大山庄においても、百姓政所が検証される諸荘園においても、地下請は成立していないのである。自律性を高めた村落の指導層を沙汰人・番頭として支配組織の下部に取り込み、給分を支給して実務を担わせる仕組みは、沙汰人請や番頭請とは表現されていない。

地下が沙汰人を中心に収納の実務を行う状況は、引き受けるという意味の一般的な請負概念で捉えることはできるが、その役割や機能がどこから発生し何を根拠に行使されているのかが見えない。収納システムの枠組みにこだわった小稿の捉え方は、煩雑で形式的な見方に映りがちではあるが、荘園制と地下請の構造的な関係を明確にするためには、避けられない視角ではないだろうか。村任せに見える荘園年貢の収納現象を、地下請や「村請」概念で理解することにより、領主の位置が見えなくなってしまう危険性はないだろうか。史料用語としての地下請を検証した限りでは、室町・戦国期の在地社会に、「地下請状況」とでも呼ぶべき共通した現象が広範な広がりを見せる中で、荘園領主や守護など地域諸権力のあり方がもたらす政治的諸契機を得て、一時的な形で姿を現すのが地下請の一般的形態のように思われるのである。

荘園年貢の地下請は、主体である地下（惣庄）が荘園領主との間に、条件を定めた法的社会的契約を交わすことで、はじめて成立する性質のものと考える。地下請の用語が史料上にはっきりと検証される事例は乏しい研究状況にあるが、今後は地下請の概念を明確化しながら、用語としては使用されていない事例に関しても、地下請範疇で取り扱えるかどうかを厳密に検討した上で、豊かな地下請像を描いていく研究の積み重ねが必要であろう。地下請は近世の村請とは異なり、中世荘園制支配システムの中から生まれた独特の性質を有する。その解明は、中世社会の特質と荘園制の展開を、在地社会の視点から追究する上で、不可欠な意義を帯びているように思われるのである。

（1）川端新『荘園制成立史の研究』（思文閣出版、二〇〇〇年）、高橋一樹『中世荘園制と鎌倉幕府』（塙書房、二〇〇四年）、京都民科歴史部会大会シンポジウム「中世荘園研究の新展開」（『新しい歴史学のために』二四二・三合併号、二〇〇一年）、国立歴史民俗博物館共同研究報告「室町期の荘園制」（『国立歴史民俗博物館研究報告』一〇四集、二〇〇三年）、歴史学研究会中世史部会大会報告「中世の荘園制と地域社会」（『歴史学研究』八〇七号、二〇〇五年）、遠藤ゆり子・蔵持重裕・田村憲美編『再考中世荘園制』（岩田書院、二〇〇七年）。近年の荘園制をめぐる研究動向については、榎原雅治「近年の中世前期荘園史研究にまなぶ」（『歴史評論』六五四号、二〇〇四年）を参照。

（2）工藤敬一『荘園制社会の基本構造』（校倉書房、二〇〇二年）、高橋典幸「鎌倉幕府軍制の構造と展開」（『史学雑誌』一〇五編一号、一九九六年）、同「武家政権と本所一円地」（『日本史研究』四三一号、一九九八年）、前掲註（1）『国立歴史民俗博物館研究報告』。

（3）網野善彦『日本中世土地制度史の研究』（塙書房、一九九一年）、前掲註(1)高橋著書。

（4）岡野友彦「「応永の検注帳」と中世後期荘園制」（『歴史学研究』八〇七号、二〇〇五年）、拙稿「和泉国日根庄入山田村・日根野村の「村請」をめぐって」（『史敏』五号、二〇〇八年）。

（5）田中克行『中世の惣村と文書』（山川出版社、一九九八年）、勝俣鎮夫「戦国時代の村落」（『戦国時代論』岩波書店、一九九六年）、稲葉継陽『戦国時代の荘園制と村落』（校倉書房、一九九八年）。

（6）井原今朝男「二〇〇五年度歴史学研究会大会報告批判」（『歴史学研究』八〇九号、二〇〇五年）、藤木久志「荘園制解体期の村落と領主」（『戦国社会史論』東京大学出版会、一九七四年）。

（7）『大山村史　本文編』三章二節（一九六四年）、大山喬平「鎌倉時代の村落結合」（『日本中世農村史の研究』岩波書店、一九七八年）、辰田芳雄「鎌倉末・南北朝期における荘園領主の荘支配」（『中世東寺領荘園の支配と在地』校倉書房、二〇〇三年）、高橋敏子「丹波国大山庄」（『講座日本荘園史8　近畿地方の荘園Ⅲ』吉川弘文館、二〇〇一年）。大山庄関係史料は、『兵庫県史史料編中世六』（一九九一年）収載の「東寺文書―丹波国大山庄」による。以後『県史』と略記する。百姓請の関連史料は、『県史』一四九〜一五二。

（8）前掲註(7)大山論文。

（9）『県史』一四三・一四五。

（10）前掲註(7)高橋論文・辰田論文。

（11）『県史』一五一。水野章二「鎌倉期の村落と民衆生活」（『中世荘園の世界――東寺領丹波国大山庄――』思文閣出版、一九九六年）。水野は「実検注文」を百姓らが耕作状況を記載したものとして勝俣の計算上の操作説（前掲註5勝俣論文参照）を否定した。

（12）前掲註(7)辰田論文。

（13）勝山清次「荘園における年貢の収納」（『中世年貢制成立史の研究』塙書房、一九九五年）。

（14）前掲註(7)辰田論文。

（15）百姓らが使者への厨雑事を厭う動きは他庄でも見られる一般的な現象といえる。内検要求の事例には戦国期の九条家領日根庄や室町期の東寺領上久世庄など多数がある。

（16）前掲註(6)藤木論文。

（17）前掲註(7)大山論文・辰田論文。

（18）『県史』一六四。

（19）久留島典子「領主の倉・百姓の倉」（『朝日百科日本の歴史別冊　歴史を読みなおす13　家・村・百姓』朝日新聞社、一九九四年）、西谷正浩「土地帳簿の世界から」（『日本中世の所有構造』塙書房、二〇〇六年）。

（20）山陰加春夫「南北朝内乱期の領主と農民」（『中世高野山史の研究』清文堂出版、一九九七年）、小倉英樹「室町期高野山領荘園における荘園制的収取体系の変質をめぐって」（『ヒストリア』二〇二号、二〇〇六年）。

(21) 前掲註(7)高橋論文。
(22) 前掲註(7)大山論文。
(23) 『県史』一五五。
(24) 前掲註(7)大山論文・高橋論文。
(25) 『県史』二〇三・二〇九・二三四・二四六等。永和三年分（同二六二）からは代官分が奉行分となり同額の三石が記載された。半済施行時の一三六〇代後半はいずれも半減している。
(26) 『県史』二〇九・二一〇・二一三・二一四・二一八・二二五。
(27) 『県史』二三一・二三四・二四四〜二四六。富田正弘「中世東寺の寺官組織について」（『京都府立総合資料館紀要』一三号、一九八五年）によると、快秀は預所禅舜の息子である。これについては、村上潔「丹波国大山庄における荘家・東寺の守護勢力対策」（『年報中世史研究』二九号、二〇〇四年）を参照。
(28) 前掲註(19)諸論文。（応永一一年）一〇月二五日「東寺公人中申状」（「東寺百合文書」を函六二号）。
(29) 『県史』二〇三・二一三・二三〇・二三八・二四五・二六二・二八八。半済給人が退去した応安四年以降の地下算用状には、定使在庄下用米が地下沙汰人（代官）給分と並んで除分の項目に計上された。
(30) 『県史』一九二・一九八・三〇三。顗海は守護山名氏と所縁。対地頭訴訟対策として代官職に就任した。請文（同一八三）には地頭押領分から代官得分（五分の一相当分）を得る規定があり、地頭押領田が回復不可能な時は辞職する旨が記された。因幡坊は何度か現地へも下向し代官とも表現されている。顗海（本覚寺長老）を代官職に採用した期間とも重なることから、本稿では顗海＝代官因幡坊か因幡坊＝顗海又代官と想定した。なお、前掲註(27)村上論文では、代官因幡坊＝上使匡経＝寺官と推定し、顗海との関連には言及していない。
(31) 『県史』二一九・二二〇では「定使以下下用」とあり、同二三四では「加定使三人分」とある。定使に同行して下向した可能性もあろうか。
(32) 『県史』三一二・三二〇。
(33) 『県史』二三九・二四一・二四五・二五九・二六一・二七一・二七七・二七九・二八〇・二九六・二九七。
(34) 『県史』三七五・二八三。

(35)『県史』四四八。
(36)喜阿弥は将軍側近の同朋衆の流れを汲むと推定されている(前掲註7高橋論文参照)。
(37)公文快舜の応永五年「年貢帳案」(『県史』三四一)から所務得分と政所給が登場する。
(38)辰田芳雄「文安の乱と在地動向」註(53)(前掲註7辰田著書)。
(39)『県史』三四九・三五五・三六二・三九〇・四二一。宗数の初度(応永七年)は政所給と記載。
(40)『県史』三七五。
(41)『県史』四五五・四六九・四七二・四七八・五〇二・四六一・四八二・四八八。
(42)『県史』三七五・三七七。
(43)『県史』四七三・四七八・四八三。
(44)『県史』四八八・四八二。
(45)『県史』五八三・五八八。
(46)『県史』六一二・六二一・六二四・六五〇・六九三・七〇五。前掲註(38)辰田論文では、乗善は道幸の政所屋を在庄時には生活の場としたと指摘されている。
(47)『県史』五一六。『大山村史　本文編』三章四節。
(48)『県史』二一三・二一七・二七九・六二四・六五〇・四六三〜六八・四九八・五〇四。
(49)前掲註(47)『大山村史　本文編』、前掲註(7)辰田著書。
(50)前掲註(4)拙稿、同「戦国初期京郊山科東庄における領主と村」(『日本史研究』五〇四号、二〇〇四年)。
(51)前掲註(7)辰田論文。
(52)前掲註(13)勝山論文、富澤清人『中世荘園と検注』(吉川弘文館、一九九六年)。
(53)安田次郎「大和国」(『講座日本荘園史7近畿地方の荘園II』吉川弘文館、一九九五年)、泉谷康夫「東大寺の寺領」(『新修国分寺の研究一巻　東大寺と法華寺』吉川弘文館、一九八六年)、澤博勝「鎌倉期大和国における寺領支配の一類型」(『地方史研究』二三五号、一九九〇年)、宮崎美基「興福寺大乗院領における負所権の拡大と門跡段銭」(竹内理三編『荘園制社会と身分構造』校倉書房、一九八〇年)。『鎌倉遺文』五九二一・七七一六。

(54)『鎌倉遺文』補一二六九。
(55)『鎌倉遺文』二〇四五三。
(56)『鎌倉遺文』七七一六・七九三八。
(57)『鎌倉遺文』七九三七。同一七一九四により、供料分は正応二年（一二八九）まで同額が確認できる。
(58)牧野信之助「荘園に於ける請負(上)(下)」(『史学雑誌』四八編一・二号、一九三七年)、鈴木良一「室町時代に於ける農民の統制」(『日本中世の農民問題』校倉書房、一九七一年)、前掲註(53)澤論文・宮崎論文。
(59)前掲註(53)澤論文。
(60)『鎌倉遺文』一〇六九四。
(61)『鎌倉遺文』一六五九七。
(62)前掲註(53)宮崎論文、前掲註(58)鈴木論文。
(63)『鎌倉遺文』二〇九四九。
(64)『鎌倉遺文』一三〇六〇・一七一九四・一七二八八・一七三〇二。
(65)『鎌倉遺文』二〇七八九・九一九六。
(66)『鎌倉遺文』二〇四五三。
(67)『鎌倉遺文』二〇七八九。
(68)『鎌倉遺文』一三〇六〇・一七一九四。
(69)建長七年（一二五五）の注文では下司給分と定使分がほぼ同量に配分されている。正応二年（一二八九）の預所請文にも下司得分が検証される。『鎌倉遺文』七九三七・一七一九四。
(70)『鎌倉遺文』一七一九四。『大日本古文書　家わけ第一八　東大寺文書』一七―一〇二三・七―四四三。次の預所実順は相伝の文書を所持して「頼舜余流」と呼ばれており、その後も実順の子孫（「先祖頼舜」）と思われるものたちが当職を世襲した。
(71)『鎌倉遺文』二二八一一・二二八四一。
(72)『東大寺文書』一七―一〇〇七・一〇〇八・一〇一九・一〇二六。

(73) 前掲註(53)澤論文では、東大寺への年貢納入段階に百姓請を認めているが、基本的には預所を中心とした収納形態とする。
(74) 「弘安三年中臣祐賢記」四月六日条(『増補続史料大成 春日社記録三』臨川書店、一九七九年)。当該期における春日社の榎坂郷支配については、『新修豊中市史第一巻 通史一』三章五節(二〇〇九年)参照。
(75) 『吹田市史 第一巻』五章三節(一九九〇年)、『大阪府史 第三巻』二章四節(一九八〇年)。
(76) 佐藤進一『古文書学入門』(法政大学出版局、一九七一年)。
(77) 『大日本古文書 家わけ第一九 醍醐寺文書』一二―二七四三。傍線筆者。
(78) 『醍醐寺文書』一二―二七三八。
(79) 『醍醐寺文書』一二―二七三八。
(80) 『醍醐寺文書』一二―二七三八・二七四一・二七四三・二七四四。
(81) 『醍醐寺文書』一二―二七三八・二七四二・二七四九。
(82) 『醍醐寺文書』一二―二七四〇。
(83) 『醍醐寺文書』一二―二七四七・二七四六
(84) 『醍醐寺文書』一二―二七四八。
(85) 『増補続史料大成 大乗院寺社雑事記』(臨川書店、一九七八年)文明一〇年二月一八日・同年三月三日条。以後『大乗院寺社雑事記』と記す。
(86) 『大乗院寺社雑事記』康正三年八月一九日・長禄元年一二月一九日・同年一二月二五日条。
(87) 『大乗院寺社雑事記』文明一六年六月二三日・同年一〇月二日条。
(88) 『大乗院寺社雑事記』文明一四年一〇月一六日条。
(89) 『大乗院寺社雑事記』文明一〇年三月三日条。
(90) 『大乗院寺社雑事記』文明一四年一〇月一六日・同一七年三月二四日条。『尼崎市史 第一巻』四章二節(一九六六年)。
(91) 『室町幕府文書集成 奉行人奉書篇上』(思文閣出版、一九八六年)。

(92)『堺市史　第一巻　本編第一』三編一章三節（一九二九年）。『増補続史料大成　蔭涼軒日録』（臨川書店、一九七八年）寛正二年一二月一五日・同三年八月一九日条。以後『蔭涼軒日録』と記す。
(93)『蔭涼軒日録』文明一八年一二月一八日・二〇日、同一九年九月二四日条。
(94)『蔭涼軒日録』長享元年一〇月九日・一三日・一五日、同二年一二月三日・四日条。
(95)『蔭涼軒日録』長享元年一一月一〇日・同年閏一一月二三日・同年一二月一三日、同二年一月一〇日・同年二月四日条等。
(96)「和泉国衙分目録」（『新修泉佐野市史4　史料編古代・中世Ⅰ』中世Ⅰ―四―三九、二〇〇四年）。
(97)前掲註(58)牧野論文。
(98)田中克行「地下請と年貢収取秩序」（前掲註5田中著書）。
(99)『菅浦文書』（滋賀大学日本経済文化研究所史料館編、有斐閣、一九六〇年）一二六・八四〇・八四一。代官給分の全額、政所分の額は不明である。
(100)『菅浦文書』一二六・八四〇。
(101)酒井紀美「徳政一揆と在地の合力」（『日本中世の在地社会』吉川弘文館、一九九九年）。

東寺領近江三村庄とその代官

村井祐樹

はじめに

東寺領近江国三村庄については、古くは『近江蒲生郡志』[1]や『滋賀縣八幡町史』[2]などで関係史料も収集され、概略的な叙述はなされている。しかし、いずれも戦前の著作で史料的制約が多く、概説の範囲を出るものではない。また最近のものでは『東寺とその庄園』[3]に一項が設けられているものの詳細な解説はなく、『講座日本荘園史6』[4]にいたっては表に掲載されているのみであり、現状で最も詳しいものは『歴史地名大系　滋賀県の地名』[5]の三村庄の項という状態である。では史料が少ないのかといえばそうではなく、数え方にもよるが、[6]五〇〇点以上を確認できる。このような状況を踏まえるならば、まず必要なのは基礎的な事実関係の整理であろう。そのさい、実際に現地で活動していた代官の動向を究明することが有効であると考える。そこで本稿では、荘園の位置や東寺の取得する年貢の態様にふれた上で、彼らの具体的な様相を時系列的に追いかけることで、三村庄の実態に迫ってみたい。[7]

一　三村庄について

（1）成立と伝領過程

三村庄の成立・伝領過程については前掲の諸著作、特に『滋賀県の地名』によってほぼ知ることができるので、ここでは基本的事実のみを整理して触れておくこととする。

三村庄の名が史料上に初めて見えるのは、平治元年（一一五九）閏五月で、鳥羽法皇御願として建立された京都宝荘厳院の所領の一つとして「宝荘厳院御庄園注文」の中に記されている。成立当初は「三百石」の所領であったという（「東寺百合文書」〈レ函一〉）[8]。その後は、領家職が一時延暦寺西塔や円満院門跡に移動したが[9]、元徳二年（一三三〇）に宝荘厳院自体が東寺に寄進された〈イ函五一〉。ただ三村庄についていえば、史料に「本家米」と出てくることから〈た函三〉、本家職のみが東寺のものとなったようである。なお宝荘厳院は、鎌倉後期の動向はほとんど明らかでなく、三村庄との関わりについてもまったく不明である[10]。

（2）位　置

その位置は、〈た函一五〉に「蒲生郡嶋郷」さらに「嶋郷内 嶋郷一分 本郷二分 惣号三村庄」とあることから、現在の近江八幡市島から、旧城下町・同市内西本郷町のあたり、現在の近江八幡市域の北部から中心部にかけての地域ではなかったかと考えられる（地図参照）。当庄に深い関わりを持つ、林・宇津呂といった者たち（後述）の名が、地名として当該地域の中心部にあることもその点を裏づける。ただ、三村庄関係史料に出てくる「名」と、現在の小字名とで重なるものはほとんどない。推測をたくましくすれば、その荘域の中心は現在の市中心部と重なり、中世末に城下町が建設されたさい、旧地名は消滅してしまったのではないであろうか[11]。

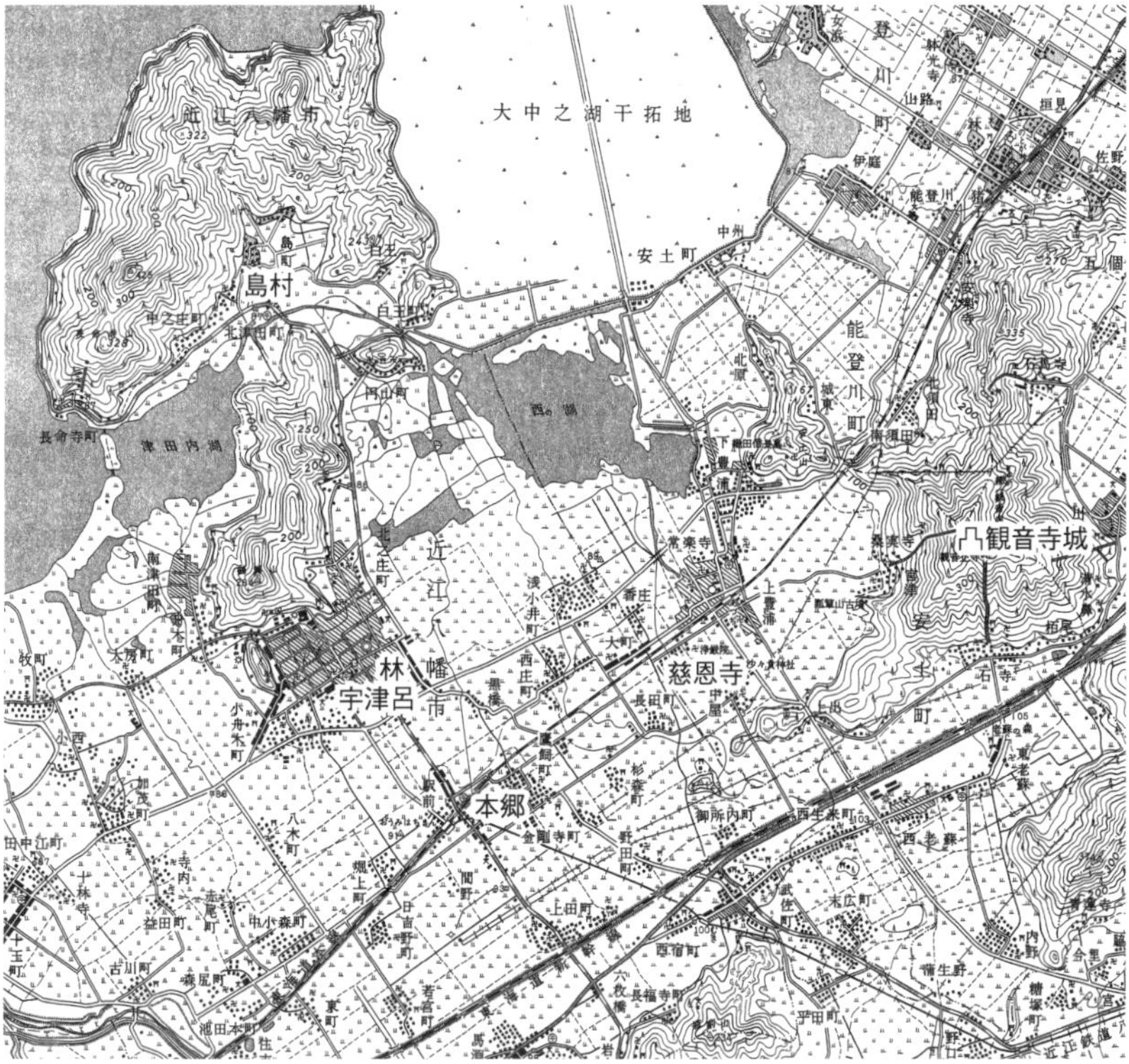

三村庄地図
国土地理院発行の50,000分の１地形図（彦根西部・近江八幡）を基に作成

（3） 東寺の掌握していたもの

東寺が三村庄から収取し得た年貢がどれほどであったか、残っている算用状から抽出し、まとめたものが表1である。永和四年までと至徳三年以降で定数が異なるのは、給主得分一四石を散用状に記しているかいないかの違いである。永享六年以降は原則的に四五貫文で代官の請切になっている。「伊庭分」は守護代伊庭氏への保険料である。総じて南北朝期から応仁の乱直前まで、とりあえずは東寺が年貢を収取できていたことがわかる。

さらに、次の史料は、東寺領となってからの三村庄の年貢について記された最初のものである。

［史料1］　足利直義下知状（関西学院大学図書館所蔵文書）

責任者	出　典	備　　　考
願西	『東百』フ-25	
願西	『東百』フ-27	
願西	『東百』フ-29	
林時光	『東百』フ-36	実収分に除分含む
？	『東百』フ-37	実収分に除分含む
林時光	『東百』フ-38	銭納のため概数
林時光	『東百』フ-41	銭納のため概数
林時光	『東百』フ-42	「委細散用状今度進上仕候へく候」
林時光	『東百』フ-45	実収分に除分含む？
光能	『東百』フ-48	
林時光	『東百』フ-50	実収分に除分含む？
光能	『東百』フ-53	損亡のため10石御免
？	『東百』フ-64	先代官林左近三郎未進、円満寺御契約分(＝伊庭分)初出
宇野教林	『東百』フ-63	
宇野教林	『東百』フ-65	
宇野教林	『東百』フ-68	
宇野教林	『東百』フ-69	
宇野教林	『東百』フ-70	
？	『東百』ケ-106	「円満寺」の称消える
宇野教林	『東百』ケ-105	
宇野教林	『東百』ハ-103	
宇野教林	『東百』ハ-109	
宇野教林	『東百』ハ-117	
宇野教林	『東百』ハ-123	除分に守護方押領分(＝半済？)32.8石含む
宇野教林	『東百』ル-134	
宇野教林	『東百』ハ-127	
宇野教林	『東百』ハ-133	
宇野教林	『東百』ハ-144	
宇野教意	『東百』ハ-175	45貫文請切
記田高枝	『東百』ケ-144・147	？
河井丞玄	『東百』ケ-155	45貫文請切
河井丞玄	『東百』ル-175	45貫文請切
(河井丞玄)	『東百』ル-176	45貫文請切
(河井丞玄)	『東百』ル-176	45貫文請切

表1　三村庄年貢収取表

年号	西暦	定数(石)	実収分(石)	除分(石)	うち伊庭分(石)	未進分(石)
文和3	1354	(70)	43.24	8.26		10？
4	1355	70	42.5	27.23		0.27
延文2	1357	70	56.5	12.643		0.857
応安元	1368	70	69.346	0.654		
2	1369	70	69.158	0.842		
4	1371	70	31.73	38.27	10	
6	1373	70	6.74	61.26	10	
7	1374	70			10	
永和元	1375	70	59.5	10.5	10	
2	1376	70	58.3	11.7	10	
3	1377	70	59.5	10.5	10	
4	1378	70	49.5	20.5	10	
至徳3	1386	84	30.75	20.205	10	33.45
嘉慶元	1387	84	56.28	27.52	10	0.275
2	1388	84	57.47	26.53	10	
明徳元	1390	84	56.98	27.02	10	
2	1391	84	56.8	27.2	10	
3	1392	84	37.15	46.85	10	
応永10	1403	84	47.1	27	10	9.9
11	1404	84	56.78	27.22	10	
12	1405	84	36	26.6	10	21.4
14	1407	84	52	27.4	10	4.6
16	1409	84	51.9	27.44	10	4.66
17	1410	84	32.55	51.45	10	
18	1411	(84)				12.26
21	1414	84	46.875(＋4.975)	32.15	10	(4.975)
22	1415	84	42	26.88	10	15.12
29	1422	84	46	27.05	10	10.95
永享6	1434	45(貫文)				2.958？
享徳元	1452	62.725	33.525			29.2
康正元	1455	45(貫文)	43？			
2	1456	45(貫文)	43？			
長禄元	1457	45(貫文)	43？			
2	1458	45(貫文)	43？			

（端裏書）
「足利直義」

宝荘厳院領近江国三村庄雑掌定祐申佐々木三郎兵衛尉氏頼抑留当庄年貢由事、

右、就雑掌之訴、去建武四年十月廿三日被下　院宣之間、有其沙汰之処、両方令和与畢、如去年（暦応二）十二月一日定祐之状者、宝荘厳院寺用米事、去建武二・三・四年、暦応元・二年分未済之由、雖訴之、以和与之儀、於建武二・三之分者、所止訴訟也、暦応元・二之分者、以毎年柒拾石之結解致其沙汰之間、令承諾畢云々、如同十二月日氏頼（六角）代範宗（蜂屋）状者、当庄年貢事、未進之由定祐雖訴之、於今者止訴訟之由、出状之上者、自今以後無懈怠可致其弁云々者、和与之上者不及異儀、然則任彼状、向後相互可致沙汰之状、下知如件、

暦応三年四月廿一日

源朝臣（足利直義）（花押）

宝荘厳院領（＝東寺領）の年貢を六角氏頼が押領したことにつき、暦応三年（一三四〇）に足利直義が裁定を下したものである。これによれば、暦応元・二年（一三三八・三九）分以降は毎年「七拾石」を六角氏が宝荘厳院に納め、それ以前の未進を東寺が放棄することで和与が成立したにも関わらず、実行されていないことが記されている。前述のように、東寺が三村庄を寄進されたのは元徳元年（一三三〇）であるが、時代背景を考慮すれば、実質的な知行権が発効したのは争乱の一段落した建武二年（一三三五）以降と考えるべきであろう。つまり暦応三年段階で、六角氏の押領により、東寺は一度も得分を得ていないということになる。しかもこの文書に実効力があったとして、保証されたのは、当庄地頭分（六角氏知行）の代官蜂屋範宗が「無懈怠可致其弁」といっているように、蜂屋から七〇石を受け取ることができるという権利のみであった。さらに、一四年後に東寺方代官願西が注進した史料を見てみよう。

［史料2］　近江国三村庄本家米員数注文〈ル函四八〉

（端裏書）
「三村寺用注文任願西口状注之、文和三十一」
三村本家米員数事
惣以上百五十一石一斗七舛三合内
此内半分先寺務東寺寄付以前守護佐々木備中入道売之、即取関東下知云々、
除分
六斗四舛八合三名　一石三斗五舛田所給
一石八舛御名田　十六石五斗四舛八合金持名源内左衛門給
已上十九石六斗二舛六合雖有其足非蜂屋給、仍無其弁者也、
残定百卅一石五斗四舛七合内
東寺与蜂屋半分ツヽ知行之、六十五石七斗七舛三合
名主等事
八石四斗目賀田　十石八舛杉山
八石四斗馬淵　八石四斗堀三郎
八石四斗伊佐入道　二石九斗五升八合高倉殿女房達也、
五石七斗九舛八合弓場八郎　一石六斗八舛三上殿
八斗四舛杉富
已上五十五石五舛六合歟、
此外ハ平民、
文和三年十一月　日

これによれば、［史料1］より以前に、すでに本家米の一五〇余石の半分は六角氏が買い取ったことになっており、とすれば［史料1］で押領といわれているものは残りの半分（東寺分）であったことがわかる。

そもそも宝荘厳院が衰退していたとなると、宝荘厳院が三村庄から年貢を収取し得ていたかどうか疑問である。東寺が寄進を受けた時点ではすでに不知行状態ではなかったか。宝荘厳院の先寺務が半分売却とあるが、実態は手切れ金をもらって経営から撤退したものとみるべきであろう。つまり、暦応三年段階では実質的に守護方が一五〇石知行している状態であり、幕府に訴えることによって初めて、本来の東寺分（＝宝荘厳院分）である七〇石の知行が認められるにいたったのである。

さらに以下の康安二年（一三六二）の史料より、東寺側が三村庄の何を把握していたかがわかる。

［史料3］　林時光書状〈フ函三二〉

（端裏書）
「林太郎兵衛状康安二」

いまた御けさんニ入す候へとも、事のついてをもて申入候、さてハこのところに御寺米と申物の候を、八十四石ハ東寺へ御きしんにて候、いま一方おハこのあいたハ、はちやと申物もちて候つるを、めしはなたれ候て候、このふんおハ愚身御代官仕候、それにつき候て、両方へきりわけ(A)られ候ハんするにて候ほとに、そのやうを申入候ハんために、下人にて候物を上せつる、愚身あつかり申て候ハ、、一粒にて候とも庄家に未進おもしさせ候まし、たとい未進候とも、あつかりまいらせて候ハんするにハ、一粒にても御寺に御損おハとらせ申ましく候、此間寺御代官余ニけたいかましく候、御いたわしく存候て申入て候つる、せひにつき候てこの月の三日人を給へきよしうけ給候ほとに、まち入申て候へとも、いま、てくたし給はす候うえハ、愚身に御あつけ候ハんする事かないましきにてそ候らんと存候、さのみしいて申入候へきにても候ハす候、かやうに候ハ、、両方へあしをきりわけ(A)候へく候、さりなから、今月十八日まてハまち申候へく候、若御あつけも候へきにて候ハヽ、この月の十八日よりさきにうけ給候へく候、これよりしいて申入候へハ、このところをあつかりまいらせたかる事、心もとなくおほしめされてそ候らん、これハ八幡佐々木の大明神と御知見候へ、得分等に目をかけ候て申入候事候ハす候、御寺此間御損かましく聞候事うけ給およひ候あいた、さて申入候なり、やさかの円明御房をうけ人のことく候て、御状を申いたすへきよしうけ給候あいた、円明御房御状おハ申出候ぬ、この御状ハ何十通にて候とも、申いたし候ハんする事ハたやすく候へく候、たゝいまもこの愚状おも進候ましきにて候へとも、いま一方とくきりわけ(B)よとてせめ仰られ候、愚身両方なから御代官にて候ハんする時ハきりわけ(B)候ましく候あいた、御さうとくきゝまいらせたく候、此等ほとの物ニあつかりまいらせ候て、正躰候ましき身にて候おハ、たゝ円明御房かたく御たつね候へく候、御さう無正躰候て、さてたゝいま進状候なり、御あつけも候へきにて候ハヽ、十八日よりさきに人をくたさせ給候へく候、いま一方きりわけ(B)よと仰候とも、それまてハ御さうをまち申候へく候、又それまても候ハす、この御返事に左右もうけ給へく候、毎事又々可申入候、恐々謹言、

九月十一日　　　　　あふみの嶋郷より　時光（花押）

しやうえんの御房

後出の林時光が東寺に充てて出した書状である。大意は次の通り。

三村庄では八四石が東寺分である。「いま一方（＝地頭方）」は最近まで「はちや」という者が代官をしていたが、今は自分が任命されている。年貢を分配するにさいし、申し入れをするために人を上せます。もし自分に東寺分代官を預けて下されば「一粒にても」未進はしません。このところの東寺方代官は「余ニけたいかまし」いので「いたわしく」思っていました。今月三日に同じ事を申し入れましたが、何の御返事も頂けないのは、自分に預けてもらえないのだろうかと思っています。無理に申し入れることでもありませんが、もし預けてもらえな

いならば、(今の代官に) 年貢を分配してしまいます。とはいっても一八日までは待ちましょう。これ以上強いていえば、余程代官職を望んでいるのだと不審に思われるでしょう。これは神に誓って、得分目当てで申し上げているのではありません。あくまで東寺様が損をされていると聞いたので申し入れているのです。代官就任にさいしての請人は「やさか」の円明房を指定されたのでその通りにしました。今回のこのお手紙も進上すべきではないのですが、地頭方から「早くきりわけろ」といわれているのです。もし自分が両方の代官であれば、「きりわけ」ることはしませんのでご指示をお待ちします。

林がすでに地頭方代官の地位を得ていたらしいことがうかがえるが、ここで問題となるのは「きりわけ」である。単なる分配であれば、林が「きりわけ」自体を延期する必要はないわけで、事実史料中(A)の「きりわけ」は分配の意味であろうが、(B)は「きりわけ」ることによって東寺側になんらかの不利益が生じることを想定している。おそらくは地頭方に規定より多めに取られしまうという事であろう。つまり、地頭方代官が三村庄=嶋郷全体から年貢を一括徴収し、そこから東寺へ配分していたと見ることができる。これは、成立の当初から事実上守護方に現地を押さえられており、交渉の末、得分を確保したという事情から考えれば当然のことではある。すなわち、この時期の三村庄では、地頭領と東寺領が截然と分かれていた訳ではなく、地頭方=守護方が現地を掌握し、東寺は年貢を得るのみであったと考えられるのである。いわば一種の守護請・地頭請のような形とも見えるが、完全に丸投げしていたわけではなく、後述のように、独自に代官を任命して、守護方や地下との交渉に当たらせ、年貢の確保を図っている。むしろ代官請という形態を当初から採っていたと見るべきであろう。

さらに、地域的な特質を考えてみよう。[史料2] の後半部に注目していただきたい。名主として見えるのは六角氏の錚々たる重臣たちである。また、この地域は守護所のあったとされる観音寺山からわずか五キロも離れておらず (前掲地図参照)、となれば守護一派の影響がもっとも強い地帯であったと想定できる。すなわち三村庄＝嶋郷は六角氏権力の膝下にあったのである。このような地域において東寺がどれ程支配を及ぼすことが可能であったろうか。[12] 一般的な荘務権に一切拘泥せず、年貢の確保のみに専心したのは、東寺の現実的な選択ではなかったか。

二 三村庄の代官

次に、三村庄の年貢を実際に納入した人々、すなわち代官を務めた人物たちに注目してみよう。史料上に確認できる代官を、年代を追って整理したのが表2である。これらの中で史料的に恵まれている者たちを何人かとりあげて、個々に考察してみたい。

【林時光（太郎兵衛尉・太郎左衛門尉・太郎左衛門尉入道・光能）】

（1） 補任の前後

康安元年（一三六一）に六角氏から前代官願西の違乱を斥けて、年貢を東寺に納めるよう命じられたのが、史料上の初見である。

［史料4］ 宝荘厳院方引付八月二七日条〈け函一〉

嶋郷東寺御寺米事、近年願西号致奉行、一向有名無実云々、無謂、所詮近年備進員数分、帯請取可致散用、将又毎年定置御寺年貢員数尋究之、載起請之詞可注申之由候也、仍執達如件、

康安元年七月廿六日　盛実 判

常智 判

林太郎兵衛尉殿

応永18	1411		宇野教林		た函44・ル函128・134
19	1412		宇野教林		ル函134
20	1413				
21	1414		宇野教林		ハ函127
22	1415		宇野教林		ハ函135
23	1416				
24	1417				
25	1418				
26	1419				
27	1420				
28	1421				
29	1422		宇野教林		ハ函144・タ函95
30	1423			若狭法橋（口入）、富名喜庄住人	た函54
31	1424				
32	1425				
33	1426	仏乗院	宇野教林		た函57
34	1427		宇野教林		し函100
正長元	1428		宇野教林		ケ函124・フ函92～94
永享元	1429				
2	1430				
3	1431		宇野教林		ち函８
4	1432		宇野教林（８月迄）	浄蔵	た函61
5	1433		浄蔵→若狭法眼、宇野教意	五条堀河材木商人慈阿弥(請人)	た函62
6	1434		宇野教意	性慶(請人)	た函64・ハ函175・ウ函84
7	1435			若宮律師越後(請人)→正親町大宮東頬酒屋(請人)	た函66
8	1436		(宇津呂)		た函67
9	1437		宇野教意	宇津呂(先代官)	た函67
10	1438		宇野教意		ち函12・た函68・ケ函129
11	1439		(宇野大和教賢？)	宇野大和教賢(教意弟)	た函69
12	1440				
嘉吉元	1441				
2	1442	融覚			天函27
3	1443		宇野大和教賢		タ函228・ケ函131
文安元	1444		宇野大和教賢		た函74・ケ函131
2	1445				
3	1446				
4	1447			越後法橋	た函77
5	1448				
宝徳元	1449		宇野大和教賢		ル函154
2	1450		宇野大和教賢		た函80
3	1451		宇野大和教賢／記田		た函81
享徳元	1452		(紀田高影)	直務の初見、越後法橋・乗観(上使)、若狭法橋	た函82・ケ函145・146・教王1511・1512
2	1453		山科□被官河井新左衛門／記田罷免	越後法橋・乗観(上使)、若狭法橋、フモトノ(請人)、青木入道(代官希望)	た函84・ル函161・162・タ函129・ケ函145・146・コ函25・教王1525・1528
3	1454		(河井)		た函85
康正元	1455		河井新右衛門入道丞玄		ケ函155
2	1456		河井新右衛門入道丞玄		ル函175・ケ函155
長禄元	1457		河井新右衛門入道丞玄		ル函175
2	1458		河井新左衛門入道		け函９
3	1459				
寛正元	1460		河井乗玄		た函90・フ函130
2	1461	宝生院	(河井)		た函91・く函24
3	1462		河井丞玄		た函92・ケ函173
4	1463			宝俊	け函15
5	1464		(河井)		た函93
6	1465	宝輪院	河井入道(丞玄)		た函94・ケ函178・179
文正元	1466		(河井)		た函95
応仁元	1467		河井子掃部助？、野洲小三郎		た函97
2	1468				

註：典拠で「教王」とあるものは「教王護国寺文書」。それ以外は、すべて「東寺百合文書」。

表2　三村庄代官表

年号	西暦	給主	代　官	そ の 他	典　拠
文和3	1354		願西	定祐(雑掌・康永以来)、定俊(雑掌)、蜂屋(守護領)、福善	ル函48・フ函25
4	1355			定俊(雑掌)	た函3・フ函27
延文元	1356				
2	1357		(願西)		フ函29
3	1358				
4	1359				
5	1360				
康安元	1361				
貞治元	1362			林時光	フ函32・タ函69
2	1363				
3	1364			浄円	た函8
4	1365			良賢(雑掌)、林太郎兵衛尉、頼賢(雑掌)	た函8
5	1366				
6	1367				
応安元	1368		林時光		フ函36
2	1369				
3	1370		林太郎兵衛	浄円、浄琳(飛脚)、大河原(奉行人)、良賢(雑掌)	た函13
4	1371		林太郎左衛門尉(時光)	法忍房(林太郎左衛門尉代官)、頼憲(雑掌)、野田五郎左衛門入道、伊佐孫太郎(半済給人)、竹村(奉行)	た函14・15・フ函38
5	1372		林太郎左衛門尉	浄円(奉行)	た函16
6	1373		林時光		フ函41
7	1374		林時光		フ函42
永和元	1375		林時光		フ函45
2	1376		(林太郎兵衛尉＝光能)		フ函48
3	1377		光能	浄円(雑掌)、乗観	フ函50
4	1378		光能		ル函79・フ函50・53
康暦元	1379		林入道、光能		た函19・20・フ函53
2	1380		松寿丸、堀戒阿弥	良阿弥(請人)	ほ函45・京函71
永徳元	1381		玄雅		青蓮院旧蔵古文書
2	1382		守我		た函21
3	1383			少納言房(半済奉行)	た函22
至徳元	1384				
2	1385				
3	1386				
嘉慶元	1387		明義／地下代官＝宇野教林	明義上人、林左近三郎(先代官)	ケ函311・フ函63
2	1388	義宝法印(所務職・正員)	明義／地下代官＝宇野教林		た函26・フ函65
康応元	1389		(宇野教林)		
明徳元	1390		宇野教林	左近将監範氏(地頭代)	た函27・フ函68
2	1391		宇野教林		フ函69
3	1392		宇野教林		フ函70・ケ函291
4	1393				
応永元	1394				
2	1395				
3	1396				
4	1397				
5	1398				
6	1399				
7	1400				
8	1401				
9	1402				
10	1403	隆我	明義／正行房(新御所の代官)		ケ函99・293
11	1404		宇野教林		ケ函106・107
12	1405		宇野教林		ハ函103
13	1406		明義上人	道念入道	た函40・ケ函108
14	1407		宇野教林		ハ函109
15	1408		明義上人、讃岐房(宇野教林)	讃岐房(地下所務)	た函42・ハ函109
16	1409		宇野教林		ハ函117
17	1410		宇野教林	木村孫(弥)三郎(半済給人)、大河原(守護代官)、給人代	た函44・ル函122

「帯請取可致散用」「年貢員数尋究之」などの表現から考えれば、代官としての役割を期待されていたといえる。前掲［史料3］から判明するように林は、年貢収納の実務を取り仕切っていた現地の有力者であったと思われる。[13]［史料3］の康安二年段階では、林は正式に東寺方の代官に補任されているわけではないが、その後同年一二月一六日付の守護代と思われる馬淵道寛の施行状案〈ル函五六〉によるならば、事実上代官として行動していたと考えて良いであろう。

しかしながら、この直後に林の代官就任は頓挫する。貞治元年一二月の林書状によれば〈レ函六九〉、代官得分を巡って、林が代官職辞退を申し出ているのである。すなわち、東寺から提示された得分がわずか五石であることに対し、前代官（願西）の得分が一五石であったことから、「ひらにしたい《（辞退）》」を言いだしたのである。もし自分が代官になれば、たとえ未進があったとしても東寺に損はさせない、とまで宣言したにもかかわらず、あまりの東寺の誠意のなさに激怒したものであろう。「御代くわんしきハ又のそミ申人もさためておゝく候へく候、よの方へ被仰付候へく候」との文言からは林の憤懣やるかたない様子がうかがわれる。ただ林も真実辞退を決意したわけではなく、この文書も多分に脅しと見るべきであるのは、最後の部分で「毎事又々申うけ給候へく候」と今後の交渉に含みを持たせていることからも明らかである。事実、後述のようにこの貞治元年から約二〇年近く、林は三村庄代官であり続けたのである。

（2） 成就心院との抗争

ではその後の三村庄代官林時光の活動を追ってみよう。まず、林が代官となって最初に直面した大きな事件は、成就心院との抗争である。成就心院については不明であるが、西園寺氏に縁のある寺院であったらしい。[14]発端は貞治四年（一三六五）成就心院の雑掌良賢の次の言上状である。

［史料5］ 宝荘厳院引付五月三日条〈た函八〉

宝荘厳院領近江国志万郷雑掌良賢謹言上
欲早被経厳密御沙汰、重被成御奉書、被打渡下地於雑掌、全管領、至林太郎兵衛尉者、違背御奉書被処罪科、全知行志万郷等間事、
副進
一通　綸旨案　貞治三年十二月七日
一通　御奉書案　同年十二月十四日
右、当寺愛染王成就心院者、依為重色異于他御祈禱、為　勅裁、江州志万郷就有御寄附致管領之処、林太郎兵衛尉号東寺雑掌致違乱之間、被成　綸旨於武家被経委細御沙汰、去年十二月十四日雖被成御奉書、曽以不及遵行之条、不便之次第也、所詮為毎日毎夜不断勤行霊場上、殊更武家崇敬、御祈禱御敬信之上者、重急速被成御奉書、被打渡下地於雑掌、全管領、弥抽御祈禱精誠、至彼太郎兵衛尉者、違背　勅裁・御奉書為被処罪科、重言上如件、
貞治四年卯月　日

志万郷（嶋郷でないことに注意）は宝荘厳院領を継承した成就心院が寄進を受けたところ、東寺雑掌と号する林が違乱をし、年貢を収納できない。そこで、朝廷に言上して綸旨を出してもらい、さらに幕府からも奉書をもらったのにまったく効果がない。そこで改めて言上するので林を「違背　勅裁・御奉書」の罪で罰してもらいたい、という内容である。そして実際に綸旨や幕府御教書が出されたようである〈た函八〉。ここで注目すべきは林時光が首謀者とされており、東寺方の現地代表者のような存在と見られている点である。

しかしこのような言い分は東寺方にとって青天の霹靂以外の何ものでもなく、半年後に反論が出された〈た函八〉。言い分は以下の通り。嶋郷（＝三村庄）は元徳二年以来三七年に渡って知行しており、「度々　勅裁・御下

知状」があるのは明らかである。成就心院側の申分はまったくの「謀訴」であり、ましてや「嶋」とあるべきものを「志万」と書き換えるなどの小細工を弄するとは重罪も甚だしい。当然のことではあるが真っ向から対立している。この貞治年間の相論についてはっきりした結末は不明であるが、応安元・二年と東寺に年貢が納められていることからすれば〈フ函三六・三七〉、東寺側の知行が存続していたのは確かである。

しかしここでかの「応安の大法」が発布されたことにより成就心院側の攻勢が再開される。

[史料6] 宝荘厳院評定引付 一一月二六日条〈た函一三〉

敵方申状
宝荘厳院領近江国嶋郷雑掌良賢重謹言上

欲早被経厳密御沙汰、任度々 勅裁并数通御奉書、重被成御奉書仰于守護方、被停止林太郎兵衛尉押妨、被打渡下地於雑掌、全管領、近江国嶋郷間事、

副進

三通 綸旨案 貞治三十二月七日・康安二九月十五日・貞治二九月廿日

一通 御施行案 貞治三十二月七日

四々 御奉書案 当進一通

右、当郷者西園寺家愛染王堂依有御寄附、致管領之処、致当所沙汰人林太郎兵衛尉押妨之間、就訴申被成綸旨於武家之間、被経委細御沙汰、雖被成数通御奉書、守護方曽以不及遵行之刻、幸大法御沙汰被行之間、成安堵之思、属于守護方雖歎申、猶以不事行之条、不便次第也、所詮急速重被成御奉書、被打渡下地於雑掌、全知行、至于太郎兵衛尉者、違背御奉書被処罪科、弥為抽御祈禱精誠、重言上如件、

応安三年六月 日

史料中の愛染王堂は成就心院内の堂舎だと思われる。主張している内容は貞治の時とほとんど変わらず、林時

光が依然として現地の違乱者として見えるのだが、注目すべきは「大法御沙汰」を根拠に自らの正当性を再び主張し始めた点、成就心院側がこれ以後訴状等に一切東寺を出さず、論点をあくまで林の押妨停止一点に絞っている点である。[15] 寺社領安堵の「大法」に乗るためには相手が同じ寺社では説得力がないと考えたためであろうか。

そしてこの言上状の結果であろう、成就心院側の知行を認める幕府よりの御教書・守護施行状・遵行状などが発給されたのである〈追加―七―一～四〉。一方でこの頃の東寺側の訴状には野田五郎左衛門なる者の濫妨停止を求める訴状が頻出し、最大の問題が野田の排除であることがわかる。[16] この野田は守護被官であり、[17] 成就心院側も守護方の人間を語らった上でこの相論に臨んでいたことがわかる。[18] このような状況の中、林は東寺と密接な連絡を取りながら、事態に対処している。引付応安四年三月二五日条〈た函一五〉によれば、林がその代官法忍房を上洛させ、三条大納言家との内縁を利用して勅裁を得るよう、東寺に戦略的な指示を行っていることがわかる。指示の直接の効果か否かは不明だが、一〇日程後に幕府より御教書を獲得している。この御教書を現地での押妨排除に使用したのは林であろう。

その後この争いは幕府の法廷にまで持ち込まれるが、応安七年五月に将軍御教書が発給され〈イ函五一―三〉、東寺の知行が確定したようである。後々まで年貢の収納が行われ続けたこともこの点を裏付ける。

成就心院側が指摘するように、嶋郷の所務は林が掌握しており、その座が脅かされたことによって、図らずも林と東寺との連携が深まったように見える。

(3) 守護方の半済賦課をめぐって

成就心院との抗争がくすぶり続けていた応安四年(一三七一)六月、さらに深刻な事態が勃発する。

［史料7］ 宝荘厳院執務料所等評定引付七月三日条〈た函一五〉

一、江州嶋郷半済飛脚到来事、

於勢州陣去月廿三日以当郷行伊佐孫太郎之由申之、守護書下進之披露之処、当国中合戦之時、猶以当所付給人之例寺領以後曽無其跡、忩下使於伊勢陣、就伊庭入道可歎之、使節可為浄円、粮物少御訪事、彼此混而二貫文被借物所被下之也、但於一貫文者於地下可借之由可仰含之旨、治定了、

この年六月伊勢の南朝勢力蠢動にともない、六角氏に出陣が命令されたらしい。そのため嶋郷が半済として伊佐孫太郎に給付されてしまった。しかし東寺側も迅速に行動を起こし、約一月後には半済停止の文書を獲得している。ただ文書を獲得できたからといって、現地において伊佐の行動を抑止することはできない。次の史料からは、代官林が六角氏家臣伊庭氏との交渉によって、損害を最小限にくい止めたであろうことがうかがえる。

［史料8］　宝荘厳院執務料所等評定引付一〇月二七日条〈た函一五〉[19]

一、三村庄御代官林太郎左衛門尉申条々事、

伊庭方料足事、不可違去年分十貫文歟申之、此段、円良下向之時更々不及沙汰、林又曽無申旨、今更俄令申之条不得其意歟、然而申直半済之段、併伊庭芳恩也、可遣五貫文之旨可下知云々、（下略）

半済を免れたのは伊庭のおかげであるから一〇貫文遣わすようにという申請が林より来たが、寺の使者である円良が在庄していた時には何もいってなかったのに今になって言い出すのは理解できない。とはいえ伊庭の「芳恩」は紛れないので五貫文遣わす、という内容である。そもそも林は地頭方＝武家方の代官であるから、守護方と何らかの、あるいは深い関係を持っていたことは考えられよう。半済が免除されたのは、東寺からの直接の働きかけもあったであろうが、林の守護方との人脈を生かした策動に大きな要因があったのではなかろうか。

（4）終　焉

しかし、この応安四年の散用をめぐって、東寺が林に不信感を持つにいたったようで、林よりの損亡の申し立てについて疑惑が生じている。すなわち、引付応安五年二月一三日条によれば、三村庄の散用が不審であるので、

文書を遣わしたが（代官林から）はっきりした回答をしてこない。そこで三村庄のもう一方は慈恩寺分であるので[20]、慈恩寺に詰問してもらうことにする。ついては明義御房を派遣する、とある〈た函一六〉。注目すべきは、東寺領分の不審な面を、武家方の慈恩寺から問いただしてもらおうとしている点である。ややもすれば武家領―寺社本所領と対立的に見てしまいがちであるが、両者一体となった庄家の運営を（もちろん林が寺家方・武家方両者の代官であることから慈恩寺で尋問ということになったのであろうが）、この事例からうかがい知ることが出来る。さらにその尋問の詳細は次の通りである。

［史料9］　宝荘厳院評定引付七月二四日条〈た函一六〉

去年散用事、於慈恩寺明義房召寄代官林、条々参差之趣一々令問答之処、大略以承伏了、就其代官如令申者、浄円為上御使下向之時、毎事令計沙汰之間、依難背其命無力如是致散用之由令申云々、所詮共以罪科無所遁歟、雖然於代管者無左右器要仁躰不可有之、向後事厳密仰含、不可被改替之、於浄円者、当庄奉行事可止之也、仍自地下注進并年貢等到来之時者、直付奉行、如先々公文不可取次申云々、但於公文職者雖可被召放、先可被指置之、支配状等可致其沙汰之旨、評儀畢、

去年の散用の不審点を、明義が林を慈恩寺に召し出して尋問した。林のいうことには、上使浄円のいうがまま、やむなく散用状を作成してしまった、とのこと。林も浄円もその罪科は逃れがたいが、代官については「無左右器要仁躰」はいないので、今後のことを厳しく申し付けて、留任ということにする。林が代官として任用され続けた理由がはっきりと示されている。現地の事情を知り尽くし、また守護方との強力なコネを有する林をそうそう東寺としても解任できなかったのである。

だからというわけではないであろうが、これ以降立て続けに林の未進が問題となっている。〈た函一七〉では年貢上納にさいしての夫賃・関賃を年貢から立用したことにつき、まったくもって代官の私曲とし、種々問答したも

のの、「国例」を楯にとられ、結局「無力次第也」ということになってしまった。また次のような事例も見られる。

［史料10］ 宝荘厳院方評定引付九月一一日条〈た函二〇〉

一、三村庄代官林入道間事、

嶋郷去年損免事、依無先例寺家固加問答之処、如彼代官林入道令申者、於無先規之条者、敢無子細歟、雖然当世必不追先規・傍例、只随時之儀計也、就中守護方帰依慈恩寺方、既許損免之上者、当寺何可及御豫儀哉、唯慈恩寺損免事、若偽申者、堅被糺明可被行罪科之由申所存之間、此上者任彼申定、可有其沙汰、唯可召置請文之由去年落居了、而当年依明義房既相尋慈恩寺■之処、返事如此、仍被召上彼入道、厳密令問答、先去年損免之十石分、当年所務已前可致沙汰之由、可令問答之由、治定了、

損免について先例がない旨を寺家より申し下したところ、林は「先規がないことは大した問題ではない。今の世の中は必ずしも先規・傍例を求めず、ただその時その時の状況に随って行動するのみである。守護方は損免が認められているのだから、東寺方がどうして損免を行えないことがあろうか」と答えたという。先程指摘した、武家領・寺社領の一体性もさることながら、『太平記』の高師直や京極導誉を彷彿させるような発言が興味深い。

その後も永和五年に損免につき上洛を命ぜられるも「終以不上洛」、さらには「百姓等依令逃散、毎事無正躰」といってわずかの年貢のみを送進する有様であった〈た函二〇・一一月二日・二七日条〉。この件を最後に林時光＝光能は、史料の上に姿を見せなくなる。このように未進を続けながらも（一時的に代官を免ぜられた時期もあったようであるが）、康安年間から二〇年以上もの間代官であり続けたのであった。後掲［史料12］において、嘉慶元年までの五・六年、「林さう三郎」というものが代官であったことが見えるので、永徳元年（一三八一）前後に時光は死去し、跡を子かあるいは一族の「さう三郎」なるものが継いだのであろう。

【明義】

（1）就　任

明義については、近江犬上郡甲良庄にあった成仏寺の僧であったということしかわからないが、おそらくは荘園の経営能力に定評のあった人物なのではなかったか。その活動自体は応安五年（一三七二）から見えるが〈た函一六〉、具体的になってくるのは嘉慶以降である。

嘉慶元年（一三八七）夏、林時光の後継者と思われる林さう三郎は、多大の未進を負ったまま死去した。

[史料11]　宝荘厳院方評定引付　一二月一九日条〈た函二四〉

一、三村去年未進事、

如散用状者、三十三石余有之、其内三十石三斗四升五合明義上人地下代官引負、結句去夏比令死去間、一粒沙汰無之由被仰間、披露之処、就是非又代官不法、衆中更不可聞食入、且余法例難義間一途可有沙汰由増長院方へ可申旨衆儀畢、

その未進分の取り扱いをめぐり、明義の書状が見える。

[史料12]　近江国三村庄代官明義書状〈ケ函三一一〉

（猶々書略）

先日委細之趣慥拝見申候了、抑去年寺用米事、余に無正躰候間、一向失面目、言語道断、生涯浮沈此事候、先代官林さう三郎と申候物ニ此五六年地下事打預候て、如此事出来候、旧冬もさりともと存候之間、連々致催促候之処、此年貢当年春まて延引申候て死去候之間、兎も角も是非之迷惑候、やかても増長院へも可注進候しかとも、余々面目も候ハんとて罷過候を、奉行并衆中かた恥入候、所詮先代官年貢未進候て、死去之間事、被下人於地下、沙汰人并名主百姓等にも可有御尋候、其趣を増長院へも申遣候、千万申候とも衆中御不

審不可存候歟、
一、当年和市事、増長院より起請文を代官可挙進之由被申下候、其までも候ましく候、国の和市不可有隠候、以京都他国之准拠、御不審候ハん事不便之次第候歟、地下へ人を被下候て、十月十一月十二月三ケ月の商人の和市を可有御尋候、年ニよて不定なる事にて、於当国候ても南北之和市ハ多少不定候、これにも守山辺ハ又すこしをとりて候、まして京都西国辺事ハ更々不可成傍例事候哉、他事難尽状候間、以此使者令申候、委細相尋聞召候て、奉行之方へも能様ニ御扶持候へく候、如今者一向愚身の無沙汰より如此事出来候之間、周障無是非候、いかにも有公平之様沙汰候ハやと存候之処、結句如此大儀出来、中々無申計候、彼跡可収公物も候ハす候、最下品之小屋の候つるを諸方之論候つれとも此方へとり候て、其代一貫八百文進之候、
（中略）

十二月十二日　明義（花押）

高井法眼御房

この書状からは、東寺から所務代官に任命されていた明義が、地下代官として林を使っていたことが判明する。前代からの関わりを考えれば、現状を追認し、すでに代官であった林をそのまま任命したものであろう。主張点は、地下代官林が年貢未進のまま死亡したために不納となっており、決して明義の責任ではない。そのことは地下の百姓衆に聞けば確認できる。また和市について、不正を働いているとの嫌疑があるようであるが心外である。和市とはそもそも不安定なもので、近江でも然り、ましてや京都や西国辺りの基準で（収納額が少ないと）判断されては困る、となろう。

結局、この件は給主増長院義宝が辞任するという事態にまで及ぶが、明義が「一向不弁申者似不義」ので「代官犯用分三分一之分三ケ年仁可弁償之」という案を示したことにより、正員・代官ともに現状のままということ

で妥結した〈た函二六〉。

（２） 守護方との交渉

明徳・応永年間に入ると、守護方の半済に悩まされる。

［史料13］ 東寺雑掌申状案〈ケ函八四〉

(折紙見返ウハ書)「嶋郷半済事書遣六角折紙案」

東寺雑掌申近江国嶋郷寺用米事、

右寺用者、自元及半済之御沙汰、慈恩寺当知行送多年之間、欲歎申之処、結句重而及半済之御沙汰之条、所驚存也、二重半済之段、頗以無傍例歟、厳重御願忽可令断絶之条、公方争不被驚思食哉、然者早如元被閣之旨、賜御書下、為全寺用、言上如件、

明徳三年十月　日

慈恩寺は当庄の地頭方を知行していた[21]。この多年にわたる慈恩寺の知行を東寺は「半済」とし、「歎申」さんと考えていたところ、この年さらに半済の対象となったため、六角氏に訴えたものである。ただ前述のように、慈恩寺知行分の地頭方は、六角氏が買得したもので、半済によって没収したものではない。が、このように強弁することで幕府からの半済免除の文書を獲得することに成功している。

［史料14］ 室町幕府御教書〈東寺文書・数一〇〉

東寺雑掌申宝荘厳院領近江国三村庄嶋郷寺用米事、重申状・具書如此、半済尚以難堪之処、以残半分充行被管人云々、事実者甚無謂、不日止其妨、沙汰付雑掌、可被執進請取之状、依仰執達如件、

明徳三年閏十月五日　右京大夫(細川頼元)（花押）

佐々木備中守殿(六角満綱)

この件につき、明義が関わったという史料は残っていないが、種々奔走したであろうことは推測してよかろう。

さらに、応永七年（一四〇〇）一一月には、守護給人が半済を申し懸けて来た。「自元当郷半済之処、重又入半済給人」れるという事態に、即座に守護方へ抗議を行い、さらに明義が守護六角氏に直々に対面して、事情を説明したところ、何とか入部停止の奉書を獲得することができた〈た函三四〉。しかし、これで解決するはずもなく、この後何度となく守護給人の違乱が続く。次の史料は年代未詳であるが、この頃のものである。

［史料15］　近江国三村庄代官明義書状〈ケ函二八八〉

只今夕廿日寺用米事、自守護方料所ニをこない候、書下案文令進之候、明日廿一日地下へ大使を可入候之由申候、早々六角へも可被仰候、又伊庭在京仕候へハ、其方へも可被仰候、入催促候者、乱妨骨（ママ）ニ致沙汰候て、地下事不可有正躰候、早々被経御沙汰候ハてハ可為難儀候、言語道断事候、忩々可有御沙汰候、以此旨可令披露給候、恐々謹言、

十月廿日　　明義（花押）

備後公御房

守護料所とするための「大使」が地下に入るという事態に、在京する守護代伊庭氏に申し入れを行うよう東寺に依頼している。

また応永一〇年（一四〇三）には「新御所之代官」の入部による混乱を東寺に注進している。

［史料16］　近江国三村庄代官明義書状〈ケ函九九〉

（端裏書）「明義上人応永十」

増長院給主得分三貫文事、可存其旨候、

御札到来之後、則御返報可申候由、令存之処、程隔之間于今無其儀候、殊恐入候、抑三村所務職事、如元可

致沙汰之由奉候、目出候、就其候てハ去年去々年未進事、就御状初而存知仕候、去年事ハ存内候、此所為新御所之代管、正行坊地下へ入部仕候て、名々給分等悉令勘落候、地下之式牢籠散々躰候、其後百姓等悉庄家令逃散候、大略ハ及滅亡候之間、地下物忩等狼藉以外事候、如此候へとも、此方の代官百姓隠居候所を相尋候て、様々ニすかし候て、年貢大略ハ致沙汰候歟、正行責取候名々の足、無足ニ成候ハんをは、何と申候とも、其名主も二重ニ弁候ハんとハよも申候ハし、年貢収納候者、能々可致糺明沙汰候、当方ハかりにても候ハす、慈恩寺方以同前候、如此錯乱時ハ自寺家公人・上使をも被下候、地下へも御尋候歟、又慈恩寺へも可有御尋候哉、若慈恩寺方悉収納候て、当寺計相残事者、代官も可為肝謀候、去々年事ハ不可有其隠候、去年又未進事可申付候、不可有子細候、委細事等難及状候、恐惶謹言、

極月十二日　　明義（花押）

金蓮院御坊

「新御所之代官」（＝地頭方代官カ）の正行坊が、「名々給分」を悉く没収し、地下を責めたので、地下は「牢籠散々躰」となり、結果百姓逃散という事態を招いてしまった。「此方の代官」（＝宇野教林）は百姓の隠れているところを尋ね、種々説得し、年貢分についてはほぼ収納できそうであるが、正行坊が責め取った名分に関しては、名主も二重払いはしないだろうから徴収は困難である。このような状況は東寺領のみでなく、地頭方の慈恩寺分においても同様であることを訴えている。翌年四月には逃散した百姓が還住したようであるが、未進年貢の徴収は難しいであろうことを伝えてきている〈ル函二一〇二〉。

(3)　終　焉

以上見てきたように、所務があまりに過酷だったせいであろうか、応永一三年（一四〇六）頃明義は病に臥し、代官職の返上を申し出るにいたる。しかし東寺にしてみれば、いわば「使いやすい」代官である明義をそう簡単

に手放すわけはなく、「病気本復」の情報が入るや否や、即座に代官職再任を申しつける事にしたらしい〈た函四〇〉。明義も「抑三村庄預所事、自衆中奉候之上者、奉行可仕候、此所之所務等先々沙汰仕候之様ニも候ハて、旁難治候程ニ、代官も辞退候、仍難儀之由申候之処、如此重承候、不可有子細候」と、健気にも代官の続投を申し出る。しかしながら、半年も経たない応永一五年（一四〇八）正月五日、ついに明義は力尽きてしまった。

【宇野一族―教林（讃岐房・慈恩寺讃州）】

（1）就任

明義の跡を継ぐことになった宇野教林の代官就任については、応永一五年の次の史料で詳細がわかる。

［史料17］　宝荘厳院方評定引付四月一五日条〈た函四二〉

一、三村代官職事、

彼代官職明義上人申請于寺家、於地下所務者讃岐房取沙汰之、然明義上人去正月五日入滅之間、讃岐房以彼上人由緒、代官職付望申、披露之処、為地下之案内者之間、可被仰付云々、随而代官得分拾肆石漆斗之内参貫文寺家給主方分出之、分米四石五斗歟、宜随年和市、然而捌斗伍舛令加増、自当年以伍石参斗伍舛分、為給主得分可送上之由、対讃岐房問答之処、数重雖令難渋堅責伏之間、可随仰之旨領状申之、請文捧之、就中於年貢之和市者、以告文可注進之由、申含之間、其分可致沙汰之旨、同請文載之、

三村代官充状案
東寺領近江国三村庄寺用米所務職事、慈恩寺讃州被仰付之、其分可被遣書状之由、衆議候也、恐々謹言、

卯月十五日　　杲淳 判

高井法眼御房

明義の生前より「地下所務」を取り仕切っていた讃岐房＝慈恩寺讃州＝教林が、明義の由緒をもって所務代官職を望み、「地下之案内者」との理由で承認された。代官得分と給主得分について一悶着あったが、四月一五日付で正式に就任が決定している。そもそも教林の名は、嘉慶元年（一三八七）の算用状に責任者として見え〈フ函六三〉、明義存生時も在地の実務を取り仕切っていたのは教林であったと考えてよかろう。ただ慈恩寺は前述のように守護六角氏の私寺であり、そのような寺の坊官である人間が、守護と無関係であったとは考えがたい。守護被官でありつつ東寺の年貢収納を請け負っていたとみるべきであろう。

（2） 守護方との交渉

さて、教林就任後も、半済をめぐる守護方との抗争は続いており、応永一七年（一四一〇）一〇月、守護方給人の違乱を訴える申状が出されている〈ル函一二二〉。その結果、守護書下・幕府御教書を獲得した〈た函四四〉。とはいえそれで解決するはずもなく、未進年貢は三〇余石に上っている。

翌一八年の教林の書状には、年貢収納をめぐる動きが詳細に記されている。

［史料18］ 近江国三村庄代官宇野教林書状〈ル函二三八〉

猶々守護方へ御秘計候て、遊阿ミ・三井・楢崎此等は屋形前にても指返物を申仁にて候、為御心得
令申候、愚状之躰可蒙□

去廿五日御書、廿六日晩到来候間、拝見仕候畢、抑伊庭方へ廿四日遣人候て、給人の使を被支候へと申て候へ共、人をも不被出候、無被支事候処、御書下給候間、昨日廿七日付進候へ共、御返事をは自是追而可申由返事候て、使を被帰候間、無力候、内々ハ此給人伊庭之扶持者にて候なる程ニ、さくはうせんの儀にて候、年来の御扶持十石蒙御恩候て、結句給人之方を申候事無是非事候哉、伊庭・大河原同心仕候て、如此沙汰候なる、嶋郷公文職ハ馬渕持候、其代官ニ因幡田と申候者、給人方代官請取候て、地下お被譴責、既十石余押

取候、数多の使もて地下を悪党事ニ譴責仕候間、無是非次第不及注進候、京都之御沙汰如何様候哉、無御心元候、急々公方へも守護方へも被仰候て、一両日中ニも無落居候てハ益々可責執候間、珎事候、たとい地下にて責執候共、京都にて被返候様ニきふく御沙汰候ハてハ毎年可及違乱候歟、歎存候、

一、収納事ハ此方よりも年貢をいそき候へハ、当以給人荒候間、不及収納候、先於京都料足四五指分秘計候て、可進上之由、此使ニ申付候、被着候者請取を可下給候、此等之趣、能々可預御披露候、恐惶謹言、

十月廿八日　　　　　　　　　　　　　教（花押）

□□御奉行所

大意は、守護方給人の違乱は、伊庭氏の黙認のもとに行われており、このような時のために毎年伊庭に一〇石も納めているのに甚だけしからん。嶋郷公文の代官も給人と結託している。早く京都にて公方へも守護へも訴えていただきたい。なお、守護被官の「遊阿ミ・三井・楢崎」は守護に対してもはっきりとものをいえる者であることを申し添えます、となる。教林が守護方の情勢に通じている様子が読み取れる。

［史料19］　近江国三村庄代官宇野教林書状〈ル函二四一〉

猶々守護殿ハ今月十七八日比下国可有事候、それ以前御落居之様ニ御申候へく候、下国候てハ、尚以猛悪之沙汰共可有候間、歎存候、伊庭も只今在京仕候間、其方へも御伺あるへく候哉、既書上候て、屋形には被判形之由、為中へハ其聞候、不審存候、給人方使今ハ政所屋へ毎日被付置候間、珍事候て、重而文令進飛脚候、

畏申入候、抑御成敗何様候哉、待入申候処、御左右于今遅候間、余に無御心元存候間、重而進飛脚候、守護方無去状之間、尚々所務及違乱候、何にも御方便候て、国方奉行なんとにも少礼分をも御沙汰候て、止綺之様ニ書下被召候て、急々可下給候、なにと被思食候共、今時分ハ国方へも少一献をも御沙汰候ハてハ、きと

書下等も不可出候歟、さ様事共申沙汰候て落居候ハヽ、御目出度候、於ゐ中も京都之御沙汰可有厳密之由、名主共にも申触候て、寺家様之御沙汰をかゝやかし申候処、御さ右以外延引候間、於地下も無詞候間、給人苛法譴責等、無是非次第候、結句越米分及違乱候間、珍事無申計候、尚々国方奉行大河原ハ給人一躰物候、遊あミを御かたらい候て、少一献分をも御出候て、書下めされ候て、急々可下給候、以此旨御披露候者、可畏存候、恐惶謹言、

十一月十三日　　　　　　　　　教（花押）

進上　御奉行所

大意は、守護方への働きかけには多少の礼銭が必要であり、地下にも京都から書下が来ることになっており、京都の沙汰は現地でも厳密に執行されるといって「寺家様之御沙汰をかゝやかし」ているのに、今になっても何も音沙汰がないというのはどういうことでしょうか。早く書下を送って欲しい。数日後には守護が下国するとのことです。そうなると守護給人どもはますます図に乗り乱妨を働きます。その前に在京中の伊庭などにも申し入れて書下を獲得していただきたい、となろう。守護勢力とのせめぎ合いが克明に記されている。

応永二一年（一四一四）にも守護方の違乱があったり〈た函四八〉〈フ函八五〉、また応永三〇年（一四二三）には代官を競望するものがあったりしたものの〈た函五四〉、代官を務め続けていたことが確認できる。

応永三三年（一四二六）五月には、守護方から臨時段銭を四度も懸けられ、百姓が逃散する事態となった。この件の解決のため、教林が種々奔走し、守護方からの奉書を獲得しているものの、年末にいたっても「地下逃散未落居」という状況であり〈く函一二〉〈ケ函一一三〉〈ケ函三一五〉、一二月二五日には守護被官堀秀信が、嶋郷公文所に充て東寺へ年貢を納めるよう命じている〈ル函一三九〉。しかし実効の程は定かでない。この混乱がどのように収束したか不明であるが、教林についていえば、翌年一二月の書状では、御節料を進上したことが触れら

れているので〈し函一〇〇〉、ともかくも代官職を保持することはできたようである。

（3）　守護の借銭

しかし正長元年（一四二八）一〇月、東寺分・地頭分を含めた嶋郷全体に守護から三一二貫文を課せられるという事件が起こった。

［史料20］　近江国三村庄代官宇野教林書状〈ケ函一二四〉

相国寺より庄主下向候て、三百十二貫を可請取候由申候、無是非事にて候〳〵、畏言上仕候、抑三村庄御寺用米事、先日注進申候之様、未収納候へ共、京都よりも下候料足を借用候て進上申候、員数事者いかほとにて候とも、此商人進上申候ハん程、御請取候て京進分御請取を可下給候、将又守護殿よりも三村庄嶋郷分に三百十二貫余を寺社本所并給人・給名共ニ、悉々相かけられ支配之間、御寺用にも其支配相懸候ハんよし申され候、但此給人達皆々よりあわれ候て、以目安屋形へ歎申され候、御寺よりもさしあわせて御申もあるへく候哉、御披露あるへく候、委細者重而可注進申候、恐惶謹言、

正長元《》

十月廿三日　　　教（花押）

進上　公文所御坊中

守護の相国寺からの借金を、その領国に負担させようというもので、嶋郷の「寺社本所并給人・給名」すべてに賦課されることになり、そのため「給人達皆々よりあわれ候て、以目安屋形へ歎申」すことになった。東寺よりも守護方へ働きかけを行って欲しいとの内容である。さらに詳しく見てみよう。

［史料21］　近江国三村庄代官宇野教林書状〈フ函九三〉

猶々上米分四百三十石ニ此銭代相懸候間、珍事候、戒上地頭ニなり候て如此事共取沙汰候之間、無是非事候、守護方より御返事延引候者、三宝院様へ御申候て、公方よりの御使を御立候て、御落居

候様御了簡候へく候、此使を一日も御と、め候て、御左右を承候へく候、さ様候ハ、使を御近所におかれ候へく候、

畏言上仕候、抑先日京着之御請取慥下着之間、目出度畏入存候、就其候てハ先度内々注進申候、守護方より相国寺へ借銭事、以目安給人等歎申候処、其返事ニ地頭戒上方よりも上分米ニ、忿々可支配申下候間、三百十一貫六百文分斗別相懸之間、東寺御寺米ニも石別に七斗四升一合充落取候之間、八十四石之内六十六石二斗四升四合銭主方へ可取候間、残御米二十一石七斗五升六合之内十石伊庭方へ取候間、無是非事候、いそき守護方へ以使者可被仰候、さいわいニ伊庭在京事にて候へハ、伊庭方へ可被仰候哉、今程ハ伊庭申事を守護殿には聞入られけに候、此二三年無足候て、結句又当年の御米をたにも如此落取候ハん事無物躰存候、守護方よりの御返事ニより候て、公方様へもいそき御申候て、御使をも御立候ハてハ珍事にて候、殊更当年所務おそなわり候処、御無沙汰候てハ不可有正躰候之間、歎存候〳〵、委細者此使可申上候、預御披露候者可畏入候、恐惶謹言、

正長元
十一月三日　　　　教林（花押）

進上　公文所御坊中

しかしこの賦課が実行されれば、東寺分の年貢八四石のうち六六石余が没収されてしまうこととなる。「今程ハ伊庭申事を守護殿には聞入られけに候」という状況であるし、またこのような事態に備えて長年守護代伊庭氏に毎年一〇石を納めているのだから、伊庭を介して守護に取りなしてもらうよう東寺に要求している。これを受けて東寺側から伊庭に充てて出されたのが次の文書である。

［史料22］　東寺雑掌浄聡書状案〈し函一〇一〉

（端裏書）
「伊庭方折紙案正長元」

東寺領江州三村庄寺用米内地頭戒上坊四分之三之分可有勘落之由相触地下候、言語道断寺家迷惑無極候、所詮留彼催促候之様、可預御下知之由可有御披露御屋形候、大方此寺用雖尫弱在所候、為預御扶持、既拾石分多年契約申候上者、更不可有御等閑事候、寺家一大事此時候哉、若今度属無為候之様、急速無申御沙汰候者、無力向後者可停止契約旨候之由、寺家一同所候也、可得御意候哉、恐々謹言、

正長元
十一月六日　　　　　　　　雑掌
　　　　　　　　　　　　　浄聡

伊庭殿御宿所

嶋郷地頭の戒上坊が嶋郷年貢の四分の三を徴収するといってきた。毎年あなたに一〇石納めているのだから、戒上坊の催促を止めるように。もし止めなければ、今後の契約は停止する。

いつのまにか銭主ではなく、地頭戒上坊が課役を徴収することになっている。この辺り、銭主側から地頭に依頼されたのか、進んで請け負ったのかは明らかでないが、東寺にとっては状況が改善したことになっていない。この後は守護の借銭云々ではなく、いかにして戒上坊の催促を止めるかが焦点となっている。

［史料23］　近江国三村庄代官宇野教林書状〈ケ函二九八〉

支配事、二日ハ石別七斗四升一合充可切落分候、又五日支配状なおし候て石別四斗七升可切落候、

□にて候、御心得あるへく候、

畏言上仕候、抑先度之注進仕候御返事、八日太子堂へ到来候之由承及候之間、十日態人を上候て取下申、一見仕候つる、此折紙ハ伊庭方よりも戒上殿方への折紙候之間、戒上殿方へ御付候て、いなせの御返事をめされ、無子細候者、地下の代官方へ、戒上殿よりも閣候へとの下知の折紙をめされて、可下給候、為中にて此折紙付て候へ共、戒上殿代官不承引候間、いそき注進申候、若又戒上殿方へ寺家よりも御付候ハん事大事ニ御座候者、伊庭方へ被仰候て、被遣候て、戒上殿返事をめされ候へく候哉、御計可有候、いそき〳〵御沙汰

候ハてハ不可叶候、切符を押候て御米を不入間、珎事にて候、地下には守護殿よりの御奉書歟、又ハ戒上殿より下知状にて候ハヽ、不可有子細候、さなく候てハ切符を不可出候、いそき此由可預御披露候、恐惶謹言、

十一月十二日　　　　　　　　教（花押）

進上　公文所御坊中

これは、教林から東寺公文所へ充てた書状である。伊庭から戒上への折紙は入手し、これを戒上の地下代官に提示したが、代官には効き目がない。戒上から直接地下代官に充てた文書が必要である。もし寺家様から戒上に申し入れ難いのであれば、伊庭にいって、戒上からの書状を取り付けるように。地下においては、守護よりの奉書か戒上から下知状でなければ効果がない、という内容である。さらに、翌一三日に同内容の教林の書状が出されて〈夕函二三〇〉、やっとのことで伊庭の文書を獲得することができた。

［史料24］　伊庭満貞折紙案〈夕函一〇六〉

嶋郷之内東寺領上米事、戒上坊より被申子細候間、披露仕候者、万一可被御奉書成候哉、如此折紙御上候者、先御年貢可被中置候哉、仍状如件、

正長元年十一月十四日　　　伊庭六郎左衛門尉 満貞 在判

嶋郷戒上坊御代官

進之候

とりあえずは、地頭の東寺分への違乱を禁じてはいるが、「先御年貢可被中置候」とあるように、東寺側の希望が完全に通った訳でもなかった。この件の最終的な結末は史料が残っておらず不明であるが、東寺がこの年の年貢を確保できたとは考えにくい。

（4）解任

以上のような教林の努力にも関わらず、度重なる守護方の違乱もあってか、永享三年（一四三一）になると、教林がその成績不振を問われるようになっている。

［史料25］　廿一口方評定引付九月二三日条〈ち函八〉

一、三村庄代官可召上之旨、先日内談治定之間、代官可参洛之由、厳密ノ書下遣之間、昨日廿二日彼代官等参洛仕、仍正長元年・永享元年・同二年、此両参年未進以外次第也、厳密可沙汰也、若難渋之儀有之者、就代官職可及御沙汰之由申付処、代官申云、正長元年未進事者、当庄之公文職就テ二替目一未進仕之間、取沙汰事、一向不可叶候、永享元年・同二年未進事者、当年々貢納候者、最前可運上、但去年未進内三石一献分沙汰之間可有御免之由申之間、披露之處、誠正長元年未進事、次ニ去年三石事、有其謂、其外ノ未進分下着仕者、忩可運送之由、可厳密申付之旨衆儀治定畢、

教林が上洛し、種々弁明したものの、正長元年の未進分と二年の一献分三石について宥免を得られたのみで、他の未進については厳しく上納を要求された。にも関わらず翌永享四年（一四三二）も年貢を納められず、ついに六月頃[22]、教林は代官を解任された。引き続き、新代官の選定が行われ八月六日には、浄蔵坊なるものが代官職に補任されている〈た函六一〉。しかし教林もただ解任されたままだった訳ではなく、一二月には再任を画策し、若狭法眼という者が口入を行っているが、「年々未進事外間改替畢、然者口入可被止」〈た函六一〉と一蹴されている。その後教林の動向は見えなくなる。およそ五〇年にわたって東寺に貢献してきたにも関わらず、あっけなく解任されてしまったのである。

【宇野一族―教意（讃岐坊）】

（1）就　任

さて、教林から代官職をいわば奪った形になった浄蔵坊だが、こちらも教林と同様、年貢を納められず、半年も経たない一二月には未進の弁明書を東寺に送っており（教王護国寺文書一一四九）、翌永享五年（一四三三）正月の評議では、二〇貫文もの未進が問題となっている〈た函六二・正月一九日条〉。結局、その後もはかばかしい成果はあがらず、五月には代官罷免が評定で決定されている〈た函六二・五月七日条〉。

この浄蔵の替わりに推挙されたのが、宇野教林の息子讃岐坊教意である〈た函六二・六月二八日条〉。この後永享五年から六年にかけて、教意の代官就任をめぐる史料が多数残っている。

そのほとんどは①請人の起用②前代官浄蔵の妨害の二点についてである。

①については、代官を務めるにあたり、請人を立てることを要求され、抵抗しながらも結局性慶なる人物を請人にしている〈た函六四〉〈ウ函八四〉。

②についていえば、永享六年（一四三四）の七月から一一月にかけて関連史料が多く残っているが、(23)そのうち一一月一日付の教意書状を見てみよう。

［史料26］　近江国三村庄代官宇野教意書状〈タ函二二九〉

毎度かやう申状無勿躰存候、無正躰候物ニ一ケ年御あけ候て如此申候、
畏申上候、抑先日地下へ御おりかみ下給候、以先畏入存候、かの浄蔵か事、守護方女中方の物にて候間、
名主百姓おおとしまわり候、地下人も無理次第とハ心得候へとも、無何さゝえられ候、仍伊庭殿御けいこの
事にて候間、かの御内ニ久松と申候物候て御さゝへ候所ニ、如此ニ浄蔵状出候、御心へためニ進上申候、御
一見候へく候、我々もかいふんハさゝえおき候、延引候共所務ハ仕候へく候、千万我々たいくん〔つカ〕仕候共、向

後寺家のためにて候へハ、
公方様御申候て、御奉行よりも守護方へ御使立候ハてハ、毎年かやうニいらん申候へく候、愚身もしやうかいニなり候ともかいふんハさゝへ候へく候、早々守護方へ之御使を御れうけん候へく候、まつ伊庭方へなりとも、しせんかやうの時之けいこ米をめされ候事にて候へハ、かたく御沙汰候へきよしの御おりかミ一通御下候へく候、万事たのミ入申候、乍去十月中けいやく料足延引候間、まつ引違にて為事（ママ）三貫文進上申候、所務仕候ハヽ、やかて〳〵上候へく候、請人方へ御さいそく事ハ、御無沙汰ニあつかり申候へく候、我々も守護方へ内々申時分にて候、寺家よりも早々御れうけん候へく候、とりしつめ候ハヽ、罷上候て、委細御れい等可申上候、恐惶謹言、

十一月一日　　教意（花押）

進上　公文所

浄蔵は「守護女中」に縁があるということで「名主百姓おおとしまわり」地下人も不承不承従っている。この三村庄は伊庭氏が警固する荘園であるので、伊庭氏被官久松に警固を依頼したところ、浄蔵からも久松充ての書状が出された(24)。このように浄蔵を放っておけば、毎年の違乱は必定なので、公方や守護へ訴えて欲しい。私（教意）からも内々に守護へ申し入れる、という内容である。一方、浄蔵の書状によれば、その言い分は補任料を払ったのだから、代官職は自分のものである、という点につきる。

この浄蔵の行動を背後から支えていた存在が次の史料から判明する。

［史料27］　近江国三村庄代官宇野教意書状〈ケ函二九九〉

三村庄就寺用米事候て、彼浄蔵無理違乱候、仍先日委細御返事下給候間、其分を名主百姓并沙汰人申候間、切符を此方へ可渡由申候へとも、戒上坊より公文方へも、又馬淵殿・伊庭殿代九里方へも以状さゝへ被申候

て、早々彼浄蔵方へ切符を可被渡候由之状共被下候、此上者身心中無是非無念候、くわしくハ此使者可被申上候、御了簡ニあつかり候へく候、まつ引違候て、料足五貫文被進之候、更以無沙汰不儀候、乍去切符所務職事、かいふんさゝへおき候、もし千万かなわす候ハゝ、代官職をしやうひう可申上候、此趣御ひろうニあつかり候へく候、恐惶謹言、

十一月十七日　　　教意《宇野》（花押）

進上　公文所　まいる

これは教意から東寺公文所に送られた書状であるが、波線部によれば、地頭戒上坊と「馬淵殿」「伊庭殿」といった守護被官が浄蔵を支援していたのである〈ケ函二九五〉〈ル函二四六〉。教意は、このままでは「代官職をしやう（上）ひう（表）」せざるを得ないと訴えている。

この訴えの甲斐あってか、一月後には、教意から東寺公文へ「戒上坊へ御使節様御出候て、事為無（マヽ）なりし条、返々畏入候」〈タ函二五〇〉と礼を述べているところから見て、ひとまずは小康状態を保つことができたようである。

（2）解任と再任、終焉

その後永享七年（一四三五）の引付では、教意が代官であることは確実であるが、翌永享八年一〇月の史料では「先代官教意」と記されており〈ケ函一二七〉、解任されたようである。そして、替わりに任命されたのが浄蔵であった(25)。しかしながら永享九年九月には守護六角氏の口入によって教意の再任が認められている。

[史料28]　宝荘厳院方評定引付九月八日条〈た函六七〉

一、三村庄代官事、守護方可申遣趣云、教意事如此御扶持之間、今度計之事者代官職事可仰付之、然者教意食給之、請文等堅可申付、於向後者無沙汰事有之者、他人ニ可仰付之由、宮野・乗南以両使六角方可申遣之由衆

儀畢、

ここにはっきりと、教意が守護に「扶持」されていたことが示されている。ただこうなると浄蔵が黙っているはずがなく、永享一〇年（一四三八）一二月には浄蔵の違乱により、年貢の上納が遅引する事態となっている〈た函六八〉。

守護被官たる寺家方代官が、守護方の違乱により年貢を納められず、結果としてそれが原因で代官職を解任されながら、同じ守護の口添えによってまた再任を果たしている。この時期、荘園の得分をめぐって、寺家方代官、地頭方代官、守護、守護被官、またその被官の利害が複雑に絡み合っていた状況をうかがうことができよう。

以上のように、就任当初から浄蔵との闘争に明け暮れた教意であったが、永享一一年（一四三九）正月に死亡してしまう。

［史料29］　宝荘厳院方評定引付二月二三日条〈た函六九〉

一、三村庄代《教意》去正月円寂、舎弟教賢上洛、教意未進十八貫文内、於十貫文只今可進之、八貫文来秋可進之、御代官可承之由申、披露之処、只今十貫文致其沙汰可申付云々、

訃報をもたらしたのは舎弟教賢であった。

【宇野一族―教賢（大和坊）】

教賢は兄の遺跡を継承することを望み、その条件をめぐっての東寺との交渉が数か月続いたが、永享一一年四月頃には代官職を得たようである〈た函六九〉。ただ他の代官に比べて関係史料が少ないため、具体的な動向はそれ程明らかにできないが、いくつかあげてみると、嘉吉三年（一四四三）には、年貢を納めるのにいかに尽力しているかを訴える東寺充ての書状があり〈夕函二二八〉、また宝徳三年（一四五一）には、代官改替の噂を聞き

弁明に努めていることが、引付に記されている〈た函八一〉。

享徳元年（一四五二）には、例に漏れず代官職を競望する者が登場する。紀田（＝記田・木田）孫左衛門なる者が、代官職を望み教賢と争い、一旦は紀田に決まり東寺へ請文も提出したのだが決着がつかず（教王護国寺文書一四三八・一五一一・一五一二）〈た函八二〉、最終的には「所務を中に置くべし」という裁定が出ている。

［史料30］　近江国守護六角氏奉行人連署奉書案〈ル函一五五〉

三村庄内東寺米代官職之事、自寺家被歎申候間、先置所務於中、木田与大和両人十五日以前企参洛可明申候旨可被申付、不可有遅々由候也、仍執達如件、

享徳元年十二月十一日　　為信　判

了承　判

伊庭出羽守殿

そして、その影響であろうか同年一二月、三村庄から代官を廃止し、直務を行うよう三宝院義賢から口入を行った。その結果六角氏から奉書が出され〈ケ函一四三〉、教賢も紀田も代官職を失ってしまったのである。この間教賢の動向を示す史料はなく、その後も見えない。

【河井重久（新左衛門尉・乗玄・承玄）】

（1）就　任

さて、直務と決まったにもかかわらず、そのわずか半年後には青木入道なる者の代官希望が供僧評定の議題となり、享徳二年（一四五三）七月には、何事もなかったかのように供僧である杲覚の推薦により、山科氏被官河井氏の代官就任が決定された〈た函八四〉〈ル函一九二〉〈ケ函二二二〉。それを承認した守護家臣の奉書〈ル函一五

九〉、河井の請文がある〈セ函三九〉。

その三日後に山科持俊の保証状が出され、さらに翌月には伊庭氏からも追認する旨の奉書が出された〈コ函二五〉〈ケ函一五〇〉。

（2）紀田との抗争

とはいえ、それで安定した荘務を行えるはずもなかった。前代官紀田孫左衛門が「去年帯御補任」しているのだから自分が代官であると称し、河井に代官職を引き渡さず地下に居座っていたのである〈ル函一六一―一〉。このような状況に対し、河井も積極的に活動している。以下、その状況が詳細にわかる史料を引用しよう。

［史料31］　河井重久書状〈タ函一二九〉

将又去年の未進の事ハ、一日五郎四郎方定くハしく被申候へく候か、何と御さた候哉、無御心元存候、

態人を上候て申上候、仍東寺米之事、紀太孫左衛門方者いまたとかく申候て承引仕候ましく候由申候へ共、九里方かたくせいはい候て、紀太方者何共申候へ身のはからいにて候由被申候て、はや公文方□切符を九里方より出し候、さ候間、たゝかんようハ、いせん如申上候にて候、そのいわれハ紀太方の申事にはにんれう（任料）なんとの事を返給候へとハ、何として申上候はんするにても候ハす、多々計会の物にて候へ共、か様の御代官なんとを五年も拾年も仕候ハんする心中にて借物を仕候て、にん料又あなた此方の御礼物なんとにはんしんつかいて候事にて候へハ、そのふんを寺家様よりおほしめし被計候て、御ふちにあつかり候へ、此分おはかいふん御わひ事申候ハんするとて候、そのふんに孫左衛門方ハはんしん米なんと引取候ハんする由申候へ共、それおも九里方堅せんかん（折檻）候て、たゝ五石のふんおひかへ候て、御わひ事申候へとちうふん候、さ候間、公文方其外方々の切符に孫左衛門方前をはんしんきり候、其内を定五石ひかへ候へく候、残之事ハ先御代官

としてかいふん催促仕候へく候、たゝまつ五石の所を寺家様へよきやうに御ひろう候て、御らんきよ（落居）候者、
可有目出度候、

一、しょむの事ハはや公文方切符出候上者、いつ方の切符を出候て、御年貢納候ハんする間、目出度存候、

一、高庄方・立河方申候料足之事、九里方をかたらい候て、二貫文の分公文方切符をきりとめて候、いかゝ仕候ハんするやらん、可然候やうに御れうけんあるへく候、

一、十月分御年貢御料そくの事、此間にやかて〳〵上進上申候へく候、諸事重而申上候へく候、恐惶謹言、

享徳二
十一月十五日　　重久（花押）

三村庄
公文所殿　御宿所まいる

［史料32］　近江国三村庄代官河井重久書状〈ル函一六二〉

先度注進申候、三村庄内東寺御米御年貢事、紀太孫左衛門方雖押候、五石分御本所様より孫左衛門方へ御免候様ニ申上てくれ候へと、九里方口入候間、其分御免も候者、於私畏入候之由雖申上候、其さへ不可叶之由、堅被仰下候間、其子細申候処ニ、其後結句十一石余彼紀太方押不弁候、此趣者去年此御領預申候時、補任料・方々御礼銭以下八貫文入候て、当所務不仕候間、此等之分ニ可給之由申候、

（中略）

一、先度申入候立川方・香庄方両人大和方（宇野教賢）御代官之時取候由申候て、二貫文分ニ二石三斗公文方切符ニ切留候て、九里方より彼両人方へ遣候之由申候、其子細此方より屋形へ申入候、いまた御左右候はす候、御返事ニより可注進申候、如此色々ニ御年貢十九石余ちゝ候間、迷惑仕候、可然様ニ寺家様へ御披露候て、無為候者可目出候、さ候間、十一月分御年貢銭も如此不納之間、不進上申候、一道にて納候はては御年貢難進上申候、為此態人を上候て申入候、此由可有御披露候、恐惶謹言、

享徳二
十二月十五日　　　　　　　　　重久（花押）
三村庄
公文所殿

［史料31］では三村庄公文所に充て、紀田の違乱に対し、守護代伊庭氏の被官九里氏に働きかけ、その「ちうふん」により、紀田に五石を取らせることで妥結したので、その後の年貢は収納できる見込みであること、また現地の土豪と思われる「高《香》庄方・立川《河》方」が年貢のうち二貫文分を横領している旨を寺家に伝えるよう依頼している。［史料32］では［史料31］で示した妥協案を東寺側が蹴ったことで、紀田が硬化し、押領が併せて一一石余に上ってしまったこと、香庄・立河の押領は九里が認めたものであったので、その件を「屋形（＝守護）」へ問い合わせている旨を、同じく公文所に対し東寺に伝えるよう要望している。紀田と香庄・立川の押領に苦労していることとともに、河井が守護へ申し入れを行えるパイプを持っていたことが推測できる。

（3）　最後の代官

この河井と守護とのつながりの深さは長禄二年（一四五八）の事件で明らかになる。

［史料33］　宝荘厳院方評定引付七月一九条〈け函九〉

一、三村代官河井新左衛門入道、此間前六角奉公、仍逐電云々、仍当六角内久阿ミ代官職所望、雖然河井無逐電儀、不可叶之由返答了、

「前六角」＝六角亀寿（後の高頼）が廃され、「当六角」＝叔父の政堯が六角氏家督に据えられたことで、河井が逐電する仕儀になった。ここに河井が山科氏被官でありながら、六角氏に「奉公」していたことがはっきりと記されている。しかし二年後、再び亀寿が家督に復帰するより前の長禄四年二月に代官として東寺に注進状を送っているので〈フ函一三〇〉(26)、中断はあったものの、代官職を保持していたようである。この時点では、守護被官であることがはっきりしていても代官職には何の妨げにもならなかったことがわかる。(27)

その後も、寛正二年（一四六一）の香庄・立河の違乱〈た函九一〉や、同三年の「大風大水」による損免を求める地下の攻勢にさらされながらも〈ケ函一七三〉、何とか代官を務めていた。寛正四年になると、「和市減直」が深刻な問題となっている。

［史料34］　宝荘厳院方評定引付一〇月一九日条〈け函一五〉

一、三村庄年貢四十五貫文、雖請切申、去今両年八木減直前代未聞也、仍去年分先五百疋可預御免也、至当年分者卅貫文可進之、若其儀不可叶者被下上使於国、被見和市分済、任所在可運送申之由、代官申之通披露之処、既請切之上者、此儀雖不可然、去今両年米減直之条、都鄙歴然之間、無力如去年五百疋可被減之、四十貫文可致沙汰之由可有返答之由、衆儀治定了、随而事令治定者、向後之儀請文可有之由、同衆儀了、

［史料35］　宝荘厳院方評定引付一一月一一日条〈け函一五〉

一、三村庄年貢請口四十五貫文内、当年米和市減直之間預御免《十五貫文》、卅貫文可致沙汰之由代官歎申之旨、披露之処、如此申事更雖無其謂、当年京ゐ中和市減少之条、無其隠之上者、無力十貫文可被減之、此外者更不可叶之由、衆儀了、

和市において米の値段が暴落し、請切年貢の四五貫文が支払えないので、当座一五貫文の減免を要求している。これが河井の虚言でなかったことは、東寺側も「当年京ゐ中和市減少之条、無其隠」と認識していることから明らかである。ここで興味深いのは、いわゆる「寛正の大飢饉」の直後であるはずの京都および近国で米の値段が下落している事実である。「寛正の大飢饉」は寛正二年がそのピークとされ、三村庄においても同三年に「大風大水」があって年貢減免が求められている。そのわずか一年後には米価が暴落しているのである。また同じく損免が求められた文正元年に「事外米減直」という状態になっており〈く函二五・一一月二一日条〉、米の不作と米価の関係が単純なものではなかったことが推測されるものの、ここでは指摘のみにとどめざるを得ない。

［史料36］〈ケ函一七八〉

御状委細拝見申候、兼又当年年貢銭之事仰下され候、さ候間八月十五日大風大水に作毛一向正躰なく候て、田をかり候ハて、御屋形様へ侘言を申候、于今所務延引候、次損免之事屋形さまへ申候間、こゝもと道行候て、ふと〳〵罷上候て申上候ハん心中候処、人を御下候間、先料足五貫文ほんそう仕候て進上申候、いかさままかり上候て、地下式可申上候、又ハ此御使委細事ハ申され候へく候、此間も罷上候て可申上候へ共、地下にてあいしらいを仕候間、于今延引申候、此由御心得候て、御寺家様御披露あつかり候ハヽ、可畏入候、恐惶謹言、

十二月九日　　丞玄（花押）

公文所殿
御返報

［史料37］　近江国三村庄代官河井丞玄書状〈ケ函一七九〉

御年貢銭催促のため御使下給候、先度申上候ことく当年之事者、風損干損により候て御百姓等免之事かたく申候て、鎌とめを仕候、作毛を立直候間、さ様之事により候て、所務すてに卅日延引候間、今時分納所申候間、延引にて候処、重而人を御下候間、迷惑にて候、公私の在所も、当年事ハ所務遅々候之間、更々私の緩怠にてなく候、かたく蒙仰候、無御心元候、さ候間、先料足十貫文もたせ候て進上申候、又年内中に拾貫文計之事ハほんそう可申候、其余事ハいか様ニ仰候共、年内中にハ皆済申かたく候、此旨御心得候て、寺家様へも御披露候ハヽ、千万可畏入候、又免なと之事に罷上候て可申所存候処、御使下され候、先々此方にて所務とも仕候て、春成候て罷上、御わひ事をも申候へと申され候間、其分候、委細者此御使ニ被申候、恐々謹言、

十二月十七日　　　　　　　　　　　　　　　　　　　　丞玄（花押）
公文所殿
御返報

［史料36］では河井が守護に対し直接侘言をし（「御屋形様へ侘言を申候」）、損免を求めていることが記され、一方［史料37］では百姓の損免要求の様子が具体的に示されており、その狭間で苦闘する河井の姿が浮かび上がってくる。この後文正元年・二年（一四六六・六七）にも引き続き未進状態で、河井は「何トモ不及了簡」もし無沙汰が続けば代官職を解任されても構わないという請文を捧げている。そして世は戦国時代に突入する。応仁の乱前の当庄に関する最後の史料を掲げよう。

［史料38］　宝荘厳院方評定引付　一二月二〇日条〈た函九七〉

一、自三村浄見罷上申、当庄年貢銭事、半分嶋郷孫次郎給之、残半分者馬渕給之、山内大輔殿ヨリ成敗也、寺納一向不可有之由、河井申通披露之了、

嶋郷・馬渕はいずれも六角氏被官、山内大輔は六角氏当主高頼の後見人山内政綱である。「寺納一向不可有」という言葉を最後に、東寺領としての三村庄は実質的に終わりを迎えた。

おわりに

以上、従来不明瞭であった三村庄の一端を明らかにしてきた。定められた紙数をすでに大幅に超過しているので、あえてまとめることは控えるが、一点だけ当庄の特徴を指摘するならば、守護勢力との密接かつ複雑な関係である。地下代官は守護方の者でありながら、守護給人排除のために尽力している（少なくとも史料上は）。一方東寺側は、現地の事情に精通しており、年貢を送ってくれさえすれば、守護方の者であってもやむなしという態

度を取るようになっていた。しかしこのことは、言葉を換えていえば、守護勢力とうまく関係をつけられれば、十全ではないまでも一定の得分を維持することが可能であることを意味する。応仁の乱直前まで年貢を確保できた荘園がそれ程多くないことに鑑みれば、三村庄は中世後期の東寺にとって重要な存在であったということができるのではないだろうか。とすれば、東寺領全体を考える上でも、当庄の事例はもっと参看されて然るべきであろう。

もちろん本稿は、不十分なモノグラフにすぎず、豊富で興味深い関係史料を消化も紹介もしきれていない。ただ、中世において重要な位置を占めていたといわれる近江国の個別荘園研究として、その一部でも明らかにでき、今後のたたき台になれるとするならば役割の大半は果たし得たことになる。また従来の荘園研究（特に東寺領）の重点が南北朝期に置かれていたことは否めず(28)、その点からすると南北朝期から室町後期までを概観した本稿にも何らかの意義はあろう。触れ得なかった諸側面については今後の課題としたい。

（1）一九二二年刊行。
（2）一九四〇年刊行。
（3）東寺宝物館、一九九三年刊行。
（4）吉川弘文館、一九九三年刊行。
（5）平凡社、一九九一年刊行。
（6）引付記載の一つ書きを一点とした場合。
（7）時代は応仁の乱までとする。また、三村庄関係の記事が多く掲載されている宝荘厳院方引付は、「東寺百合文書」の<ruby>た函に納められており、『大日本古文書　家わけ十　東寺文書』の十三・十四に翻刻されている。本稿でも多くこれによっている。
（8）以下、京都府立総合資料館所蔵の「東寺百合文書」については〈レ函一〉のように〈函―番号〉のみを示す。

(9) 南北朝期~応仁の乱までの領家職については不明であるが、応仁二年一二月に円満院の三村庄における知行を安堵した幕府奉行人奉書があることからすれば(『円満院文書』)、実質はともかく、名目上は円満院が保持し続けていたと考えられる。

(10) 一方、地頭分に関して判明するのは南北朝期以降で、後述のように、守護六角氏が宝荘厳院の寺務から売得したものがそれに当たるらしく、地頭代には守護被官(蜂屋氏)が任命されている。その後応安五年以前には六角氏の私寺である慈恩寺に寄進されたようである。

(11) 当該地域に存在した荘園となると『大嶋・奥津嶋神社文書』により著名な大嶋庄があり、両者の関係が知りたいところである。しかし、残念ながら同文書には「三村庄」という語はまったく表れない。地域的には隣接しており、あるいは重なる部分もあったかも知れず、荘民の入作・出作もあり得たであろうが、史料的に裏付けることはできない。ただ、享徳~康正年間に大嶋神社の神輿が作られるさい、嶋郷全体に奉加銭が求められたらしく、その関係史料が残っている(〈ル函一六二〉〈ル函一六一―三〉等)。

(12) 南北朝期以降、三村庄が現地において、果たして実態のある荘園として認識されていたかは疑問である。史料で「三村庄」という語を使用するのは東寺側の人間のみであり、代官も含めて他勢力の呼称はほぼ「嶋郷」である。年貢に関しても「嶋郷東寺御年米」「嶋郷公文」等の表現が頻出しており、現地の実態としては「嶋郷」という枠組みですべて動いており、「三村庄」とは東寺にのみ存在した呼称なのではなかろうか。

(13) 推定荘域中央部の地名は林である。

(14) 『増鏡』巻五「内野の雪」。

(15) 貞治四年の[史料5]では「号東寺雑掌」とあるように東寺を相手としている。

(16) 野田の史料上の終見は応安七年である〈ト函六一―一〉。

(17) 〈た函一三〉一〇月二〇日条に「佐々木備中大夫判官家人野田五郎左衛門入道」とある。

(18) 近辺に野田という地名がある。

(19) (応安四年)一〇月二七日条。

(20) 慈恩寺は守護の私寺であり〈ル函一二一〉、守護から三村庄地頭分を寄進されていたらしい。〈た函一六〉には

「仍三村庄一方分慈恩寺知行之間」とある。

(21) 註(20)参照。

(22) 〈た函六一〉引付六月二一日条では教林を「先当代官」と呼んでいる。

(23) その他〈し函二三八〉〈し函二三九〉〈ル函二一三〉〈ケ函二七〇〉〈ケ函二七四〉〈タ函二一〉が関連史料。

(24) 浄蔵坊某書状〈タ函二三四〉

尚々申入候、此事ハ御いろいを御とゝまり候ハヽ、悦入候へく候、

態々令参候て、御見参入、委細可申候処ニ、御他行のよし承候間、罷返候、就其候てハ、東寺領之事、御奉行候ハんよし、地下を御ふれ候よし承候、此在所の事ハ、いせん申候ことく、ふにんれうそく《料足》をさた仕候事にて候を、それをハ返弁候ハて、ほかにかいたい候ハ、ふひんのしたいにて候、かたくわひ事申候て、となたへもにても候へ、わたし申ましく候、又こんとも罷上候て、東寺の事うかゝい申候へハ、けうい《教意》方ニあつかり候とも申、又ハちきなう《直納》あるへきよし申つれハ、となたより申候ともわたしましき申よし、東寺へハ申きりて候間、御心そへ候て給候ハヽ、悦入候へく候、御見参入候て、御礼可申候、恐々謹言、

浄蔵
□（花押）

久松殿へ
人々まいる

(25) 永享九年宝荘厳院方評定引付一〇月一〇日条〈た函六七〉に「三村庄先代官宇津呂」と見え、これが浄蔵を指すと考えられる。

一、三村庄先代官宇津呂任去年之御書下之旨、参拾貫文内十三貫余納之、去年公用貳拾貫文沙汰申ニ利平加可給之由申、披露之処、当代官教意近日可有上洛、去年未進事教意ニ可相尋之旨可有返答由、治定畢、

(26) 亀寿の復帰は七月二七日（『史料綜覧』）。

(27) 享徳元年には守護方でないことが代官就任の条件になっている〈た函八一〉。ただ厳密に適用はされなかったようである。なお河井氏は戦国時代最末期まで六角氏被官であった。

(28) 無論、新見庄や垂水庄の例もあるように皆無というわけではなく、室町期荘園の事例をより充実させる必要性を指摘しているに過ぎない。なお、室町期荘園については、『国立歴史民俗博物館研究報告一〇四「室町期荘園制の研究」』(二〇〇三年)・伊藤俊一『室町期荘園制の研究』(塙書房、二〇一〇年)参照。

周防国美和荘兼行方の年貢収取について

髙橋　傑

はじめに

中世後期の荘園制を、中世前期とは質的に異なる新たな荘園制と見て、その特質を軍制や幕府法から抽出しようとする議論が、近年盛んになってきている[1]。これらの研究によって、中世後期荘園制の理論的な枠組みが、主に武家政権との関わりの中で精力的に形作られようとしている。

一方で、中世後期の個別荘園経営のあり方が、在地との関わりの中でどのような特質を帯びるのか、といった点に関しては、まだ研究の余地があると思われる。主な荘園領主が存在する京都の求心性は、幕府の存在のみによって保たれているのではなく、在地との交渉等、各荘園領主の努力によって維持されている側面があることにも、注目しなければならないだろう。

そこで本稿においては、東寺領の中でも遠隔地荘園といえる周防国美和荘兼行方についてとりあげ、その年貢収取を見ていくことで、この課題に取りくみたい。ここでは大きく二つの視点を念頭に考察を進めていくこととする。

一つ目は、荘園が存在する地域との関わりという視点である。東寺領荘園の中でも、存在する地域によって経営はさまざまであるが、地域的な特質と荘園経営がどのように関わってくるのか、考えてみたい。

二つ目は、京都における荘園領主の収取維持努力がいかなるものであったのか、という視点である。収取にあたる人選や、収取の実際を見ていきながら、武家政権への働きかけの他にいかなる努力が可能だったのか、見ていきたい。

なお、美和荘に関わる先行研究としては、佐々木銀弥[2]、京都府立総合資料館の展示図録[3]、國守進[4]、新城常三[5]、田中倫子[6]、脇田晴子[7]、西戸雄一郎[8]、藤井崇[9]のものがあげられる。

一　美和荘兼行方の年貢収納と兵庫

本節では、美和荘兼行方の経営において、周防の地域的な特質とは何だったのか、年貢輸送における特性を見ていきたいと思う。

(一)　美和荘兼行方の収取と代官

最初に兼行方の代官、収取額などについて、すでに國守進によってまとめられているが[10]、行論の関係上今一度整理しておきたいと思う。

周防国美和荘は、承安三年（一一七三）に創建された最勝光院領の荘園として成立したとみられる。正中二年（一三二五）の「最勝光院荘園目録案」によれば[11]、領家に仏師の院修法印[12]が確認され、本年貢五〇石と、綾一重を年二回納めることとなっていた。そして、嘉禄二年（一二二六）に最勝光院が火災にあった際には、寛喜二年（一二三〇）より特別に「御仏造立用途」としてその年貢が用いられた。しかし、これが一段落した弘安七年（一二八四）以降は、本年貢五〇石が寺納されていた。[13]

美和荘の史料上の初見は、徳治三年（一三〇八）の後宇多上皇院宣であり、[14]これによって元来最勝光院領であった美和荘は、春日社に寄進された。但し、兼行方のみは最勝光院領として切り出されることとなった。

しかしながら、正中三年（一三二六）の太政官牒によって最勝光院およびその院領が東寺に付けられた際には、[15]美和荘全体が再び最勝光院領とされ東寺の管領下に入ったと思われる。

元徳二年（一三三〇）、今度は後醍醐天皇が再び美和荘の春日社知行を認定し、[16]その替地として、備中国新見荘を東寺に施入した。[17]しかし、またしても兼行方のみは切り出されて東寺領とされたのである。

このように、美和荘は複雑な伝領形態をとったが、兼行方のみは一貫して最勝光院・東寺領として伝領された。そして、元徳二年成立の新体制の下で、正慶二年（一三三三）、最初に所務職を請け負ったのが景光なる人物であった。

景光は所務職を請け負うにあたり、請文を東寺に提出した。[18]そこでは、一二月中に四〇石を寺庫に納入することが約束され、年貢米が当初より一〇石減額されているが、京都の東寺まで年内に運送することが明確に定められていた。さらに正慶二年分の年貢に関わる記述と思われるが、京都の和市において年貢を銭に換算することが明記されている。これらの事から、東寺が京都において確実に四〇石分の価値のある年貢を確保したい、という強い意向を持っていたことが読み取れるのである。

その後、建武四年（一三三七）には曽我七郎左衛門尉時長が景光とほぼ同じ条件で預所職を請け負ったが、[19]以後周防守護大内氏の家人による押妨が続いたり、その兵糧料所となったりして、年貢は規定通りには納入されなかった。

しかし、永和四年（一三七八）、東寺の妙観院教遍が給主となると、[20]永徳三年（一三八三）ようやく大内氏側と話し合いがつき、年貢が納入されることとなった。[21]この際の現地代官などは明らかではないが、「沙汰人」や「地下代官」と呼ばれる人々が確認でき、教遍の意を受けた人々が現地で活動していた様子がうかがわれる。[22]ただ、代官は京上四〇石を守らず、周防の和市において換金の後に京都に運送されることもあるなど、[23]年貢納入は順調には進まなかった。

そこで、康応元年（一三八九）今度は大力季富が地下代官に任命される。[24]大力氏に関してはいかなる者か不明だが、近隣に大力という地名があり、兼行方近郊に拠点を持つ者であった可能性が高い。しかし、大力氏の代官請も年貢納入の円滑化にはつながらず、最勝光院方供僧たちは守護大内氏の紹介で代官を任命する決断をする。[25]こうして兼行方代官となったのが、大内氏被官の沓屋成重であった。

沓屋氏は東北の豪族安倍氏の末裔と称し、大内家中の実力者であった。応永一一年（一四〇四）、沓屋帯刀（成重）は大内盛見に従い「(大内)家中事令奉行」とされている。[26]このように大内氏との関わりが深い人物が兼行方代官に就任したのである。

では、沓屋氏の兼行方代官としての動静を見ていきたい。沓屋成重が初めて代官に就いたのは、明徳四年（一三九三）のことである。[27]その請文では、京上で四〇貫文の納入が約束され、その内一〇貫文は七月中に、残りの三〇貫文は一二月中に、納入されることとなっている。そして、請切であるからには、さまざまな必要経費は年貢から控除せず、自らが負担するとされている。

その沓屋成重も、応永二年（一三九五）に一度代官職を失うが、これを応永七年（一四〇〇）には回復する。そして、再び代官となった成重は、東寺に対して今まで見られなかったような要求を行ってくるのである。脇田晴子によって紹介されている事例であるが、改めて確認しておきたい。[28]

［史料1］　最勝光院評定引付応永七年一〇月二日条[29]

一、兼行年貢事、《京進》四十貫文難叶、所詮兵庫マテ四十石分令運上、於彼所四十石分可渡申寺家御使之由、重申之、評定之處、先一年分米ニテ令運送、随事様、後々送可有沙汰之《歟》、将又三十五貫分可令致其沙汰歟之處、三十五貫文可治定云々、

［史料2］　最勝光院評定引付応永七年一〇月三日条(30)

一、兼行年貢事、京進三十五貫文不可叶由、堅申之、重評定之處、爾者《先一年分》現米兵庫マテ令運上、随彼和市等、後々ハ代銭三十五貫歟、現米四十石歟、送可治定云々、

その要求とは、現米四〇石を兵庫まで運送するので、兵庫からは東寺が輸送をして欲しい、というものであった。応永七年当時、周防では応永の乱で大内義弘が敗北した後、義弘の弟で幕府に帰順した大内弘茂が周防・長門に入国し、留守を預かっていたもう一人の弟である盛見との抗争が始まっていた。こうした混乱状況の中で、沓屋成重はこのような要求を出してきたのであった。

最勝光院方供僧たちは、兵庫着四〇石を認めるか、京上三五貫文の提案をするかで議論し、京上三五貫文で決着を図ろうとするが、成重は拒否する。そのため、当年限りとしてとりあえず兵庫で現米四〇石の請取を行うこととし、今後は兵庫の和市を見て、京上三五貫文か、兵庫着四〇石かを判断することに決する。東寺が、年貢の京上銭納にこだわっていることから、兵庫から京都までの年貢輸送が簡単なものではなかったことがうかがわれるとともに、荘園領主として、兵庫と京都における米と銭との和市を気にかけている様子が見て取れる。このように、東寺と沓屋氏と双方の経済感覚が試されるのが、年貢請取の場であり、そのポイントが兵庫という地であることが明らかとなった。

その後、応永一八年（一四一一）、年貢が三〇貫文しか納入されなくなったため、東寺は成重を再び改易する。しかし、一〇貫の減額は守護の命によって強制的に徴収された結果で代官の責任ではない、という事情を知った

東寺は、応永二一年（一四一四）沓屋周重を還補する。[31] なお、この沓屋周重は、花押などから成重と同一人物と考えられる。この請文において、年貢は京上四〇貫文である事が確認され、兵庫における年貢の請取問題は解消するかに見えたが、実際にはそうはならなかった。

（2）周防～兵庫の年貢輸送システム

応永二六年（一四一九）、東寺はまたもや兵庫での年貢請取を行わざるを得なくなる。[32] 兼行方代官沓屋周重は、先に見たとおり年貢銭四〇貫文を京都において納入すべく請文を東寺に提出していたが、この年貢を兵庫にて受け取るよう、東寺に要求してきた。

［史料3］最勝光院評定引付応永二六年二月一三日条[33]

一、兼行年貢到来事、

彼年貢去年応永廿五分四十貫文積舩着兵庫浦之由、沓屋備後入道申上之、彼状二月十四日到来、而年貢於兵庫請取先例無之、大内屋形邊遣人、於京都可請取之由、為可治定相尋之處、沓屋代官無之間、内藤此子細令申候之處、彼意見云、此屋形様同家人、所領年貢於兵庫悉請取候、寺領年貢急以下人於兵庫可被請取之由、申之間、下人於彼所、四千疋斩足可取上之間、路次無人数不可然之間、乗南・性順・福石・左衛門次郎・八郎太郎、以上五人差下候、（後略）

これによると、すでに前年分（応永二五年分）の年貢四〇貫文は兵庫に運ばれており、代官沓屋はこれの請取を行うよう東寺に要求している。先に見た事例では米であったが、今度は銭である。

東寺は京都の大内氏の屋敷に人を遣わし、兼行方の年貢を京都まで運ばせるよう、大内の有力被官で長門の守護代である内藤氏に取りなしを願った。しかしながら、内藤氏は在京の大内被官人も兵庫で所領からの年貢請取を行っているということから、この要求を拒否し、東寺自ら人を兵庫に下すよう促したのである。このことは、兼行方が大内被官の請所であるという事に大きく由来するものだが、明確な守護請でない荘園において、こうした主張を守護側が堂々としている点、中世後期の荘園における収取システムが、守護の年貢収取システムに大きく依存していることをうかがわせ、大変興味深い。

では、二度にわたって、代官が年貢請取を要求した地が、なぜ兵庫だったのだろうか。

兵庫では、瀬戸内海を航行してきた海船から、淀川を遡航する川船への積み替えが行われたと考えられる。(34)つまり代官沓屋周重は、兵庫~京の川船の輸送費あるいは陸上の輸送費を東寺に負担させようと考えたのである。(35)新城常三は、高野山領紀伊国南部荘を例に、高野山と地頭とが輸送費を巡る相論を行い、その争点は紀ノ川河口において川船に積み替えた後の輸送費の負担であることを明らかにした。(36)年貢の輸送費を荘園領主、現地代官のどちらがどこまで負担するのかを争っているという点は、まさに今回の事例と一致するものであろう。

一方でこの事例は、周防~兵庫における恒常的な船の行き来を、大内氏が利用していたことをうかがわせる。なぜなら、在京の家人は兵庫で年貢請取を行っており、なおかつ沓屋氏が一切の輸送費を東寺に押しつけるのではなく、兵庫まではすでに年貢を輸送しているからである。この背景にはどのような事情があるのだろうか。

この年貢を兵庫までの輸送した船は、富田の乙増丸という船であった。(37)富田は現山口県周南市の港で、周防国衙領の富田保が設定され、南北朝期以降、陶氏が地頭職を得ていた。

では、この乙増丸という船は一体どのような船であったのだろうか。新城常三の研究によれば、乙増丸が周防国衙領の東仁井令の年貢輸送を行っている様子が、応永一一年(一四〇四)段階で確認でき、おそらくは兼行方の年貢を運んだ船と同じものであるとされている。(38)

とすると、兼行方の応永二六年の年貢輸送には、周防国衙領の年貢輸送のあり方が深く関わっていることにな

表1　周防国衙領の年貢輸送

	年　代	輸送の方法
①	～延文6年(1361)	国衙所属の梶取が運賃なしで運ぶ
②	～宝徳2年(1450)	複数の船頭に輸送が託される
③	～応仁年間以前	国衙船薬師丸単載の形態となる
④	応仁年間	輸送が混乱する
⑤	文明13年(1481)	薬師丸が姿を消す

註：薬師丸は遣明船の候補となるような大型船である。

る。周防国衙領の年貢といえば、東大寺に運ばれているわけだが、一体どのような経路・経緯で周防から奈良まで運送されるのであろうか。先行研究に基づいて整理したい(39)。

中世後期の周防国衙領の年貢輸送は、周防国目代が兵庫までの輸送に責任を持ち、兵庫から奈良までは、東大寺油倉が責任をもつ、というあり方が基本的であった。その国衙領年貢の周防～兵庫の海上輸送の変遷を整理すると、表1のようになる(40)。これによれば、乙増丸が活動していた応永年間は、周防国衙領の年貢が複数の船頭によって運送されていた時期にあたる。このような状況から、周防～兵庫の年貢輸送に従事する船頭は多数存在したと考えられる。

実際、東仁井令の応永一一年の輸送時には年貢が乙増丸他三隻に分散されており、これは海賊や海難のリスクを分散させるためであろうことが新城常三によって指摘されている(41)。このことから、応永二六年段階において、この乙増丸は周防国衙領東仁井令や東寺領兼行方の年貢を混載して、周防から兵庫を目指していた可能性が高いといえよう。

さらに、時代は下るが文安二年（一四四五）の「兵庫北関入船納帳」によれば、上関（山口県上関町）の船が、「南都分」すなわち周防国衙領の年貢と「大内分」すなわち大内氏の年貢とを混載して兵庫に入港している様子が見える(42)。周防国衙領年貢と在京大内被官人の年貢も同一の船で運ばれていたのである。

したがって、応永二六年の兼行方年貢を運んだ乙増丸は、東仁井令・兼行方・大内被官人のそれぞれの年貢を、混載した可能性が高いといえよう。

このような背景で考えてみると、応永二六年に兼行方代官沓屋周重が年貢の兵庫受け渡しを希望したのは、単に兵庫〜京都の輸送費を東寺に押しつけたいという理由だけでなく、周防国衙領の年貢輸送のあり方や、それに基づいた大内氏の京上年貢輸送システムが存在したためであったともいえよう。荘園領主と荘園代官を一対一で見ると、この事例は代官のサボタージュにしか見えないが、周防という地域を通じて見てみると、なぜ年貢納入をめぐる争点が兵庫であったのかという事情が見えてくるのである。

では、このような事態に直面した東寺は、一体どのような対応をとり、年貢収取を維持しようとしたのだろうか。次節で検討したい。

二　東寺の年貢収取活動

前節では、周防という地域性による代官の要求の特異性についてみてきたが、本節では、京都における荘園領主として、東寺が遠隔地荘園年貢の収取を確保するためにどのような活動を行っていたのか、考察していきたい。

(一)　兵庫における年貢請取

本項では、東寺が直接人を下す事例について検討したい。素材は前節でみた応永二六年の兵庫下向である。前節で見たとおり、東寺は兵庫に使者を立てて年貢を収納することとなった。前掲の［史料3］に見えるとおり、使者となったのは、乗南祐賢・性順・福石・左衛門次郎・八郎太郎の五人である。なぜこれらの人物が使者として立てられたのか、そして実際の行程はどのようなものであったのか、検討していきたい。まずはそれぞれの人物について見てみたい。

・祐賢（乗南）……北面乗真祐実流の人物で、中綱層に属する。納所代（応永一七）・学衆方公文（応永三〇〜嘉吉元～）・鎮守八幡宮預（応永三〇～寛正二～）・西院北面預（～永享四～寛正四）・上久世荘上使（～永享九～長禄二～）・河原城荘直務代官（～永享九～）・上野荘代官（～正長元～嘉吉三～）・院町直務代官（～康正二～）の所職を歴任、[43]垂水・太良荘などの寺領の運営にも関わり、応永の末年ころには、矢野荘に上使として下向している。応永二六年段階でどのような職に就いていたかはわからないが、寺領荘園の経営に関わるという以後の経歴から、年貢収納の実務に明るい人物として指名されたのであろう。寛正四年（一四六三）没。

・性順……祐賢の後を受けて、供僧方納所（応永一七～永享一〇）を勤めている。[44]応永二六年段階においての供僧方納所であり、年貢請取の責任者であった。この年貢請取の一行に加わった人物としては、最も妥当な人物である。永享一〇年（一四三八）没。

・福石……門指であり、応永一二年（一四〇五）には、実際に兼行方に下向し、年貢の徴収を行っている。[45]この他、矢野荘、垂水荘、河原城荘等、さまざまな荘園への下向経験が豊富で、後に見るように兵庫周辺の地理にも明るかったようである。

・八郎太郎……上久世定使職道観八郎四郎の子で、本人も応永一四年に定使職を得ている。

・左衛門次郎……門指であり、応永一七年（一四一〇）に矢野荘、応永三二年（一四二五）に三村荘に下向したこともある。

これらの人々が、兼行方の年貢を受け取るために、兵庫へと下向したのである。年貢収納の責任者はもとより、荘園下向経験の豊富な者が選ばれていることに注目したい。さらに、一行の中には特別に選ばれて参加した人々がいた。祐賢と八郎太郎である。彼らは、最勝光院の公人ではないため特別にそれぞれ三〇〇文・二〇〇文を与えられている。このことから、この両名が年貢収取の経験を買われ、特別に雇われていることがうかがわれる。このような実務者は、寺内全体で著名な存在であり、多少の負担をしてでも、彼らを雇いたいという東寺内各組織の事情が垣間見えるのである。

この一行の動向については、どのような旅であったかも含めてさまざまな史料が残されている。まずは、次の史料を引用したい。

［史料4］　最勝光院評定引付応永二六年二月一三日条(46)

（前略）

二月十五日立京著海崎（尼）、同十六日著兵庫之処、船頭越海崎之由申之間、遣福石於海崎、船頭十八日帰兵庫彼年貢肆拾貫文寺家使請取之、十九日立兵庫廿日著京都、就中路次粮物上下貳貫六百三十八文、人夫一人相雇賃百三十文、使者出立帰立以下酒直貳百三十一文、今度下向之人数之内、於乗南・八郎太郎両人者、非最勝光院方公人之間、乗南三連、八郎太郎二連給之、都合入足参貫五百二文、除之、残分参拾陸貫伍百文支配之了、

これによると、代官沓屋周重の書状を受け取った翌日である二月一五日には、京都を出発し、一八日には四〇貫文の年貢請取に成功していることがわかる。そして、一九日には兵庫を発ち、翌二〇日に京都に到着している。この［史料4］とよく符合する史料に、「年貢請取雑用帳」（以下雑用帳）がある。(47)これは、一行が必要とした経費を東寺に報告するために作成された史料であり、応永二六年二月一五日～二〇日までの日ごとの支出明細を書き上げたものである。これを見ると、一行がどのような名目で、いかほどの金額を使ったかがわかる。これをまとめた表2と、［史料4］とをあわせ見ることによって兵庫下向の行程について詳しく見ていきたい。

まず出発前日の二月一四日、雑用帳によれば一二三文の費用で出発の宴が催された。そして翌一五日、京を出発した一行は淀川を下り、帰路から推測するに山崎で船を下り、陸路を進んで昆陽《こや》（現兵庫県伊丹市）にて喫茶をしている。昆陽は、武庫川と猪名川の間に位置する交通の要衝で、しばしば合戦の舞台にもなっている。(48)また、一行は場所こそ特定できないが、団子・餅などを食しながら行程を進めている。そして、昆陽を出た一行は、武

表2　東寺使者の行程と費用

	2月15日		2月16日	
移動区間	京～(船)(徒歩)～昆陽(昼食)～武庫川橋～西宮		西宮～御影～兵庫	
交通費	船賃 草鞋 橋賃 旅籠	12文 10文 15文 72文	旅籠 草鞋	144文 12文
食　品	茶・茶菓子 昼飯 酒肴	64文 60文 58文	茶・茶菓子 昼飯 酒肴	44文 60文 65文
その他	俵・竹の皮	13文	木	4文
計	304文		329文	
	2月17日		2月18日	
移動区間	兵庫～尼崎～兵庫(福石のみ)		兵庫～(馬)～西宮	
交通費	旅籠 福石旅費	132文 67文	旅籠 通行税？ 手輿手間賃？ 馬賃 草鞋 案内者	144文 6文 5文 100文 12文 20文
食　品	茶・茶菓子 昼飯 酒肴	8文 88文	茶・茶菓子 昼飯 酒肴 祝い酒	13文 128文 50文
その他	木 借金	4文 30文	縄・銭俵 宿への礼金 木	21文 100文 4文
不　明			ひてう	20文
計	329文		623文	
	2月19日		2月20日	
移動区間	西宮～越水～武庫川橋～くつかけ？～山崎(全行程馬)		山崎～(船、馬)～京都	
交通費	旅籠 草鞋 橋賃	144文 12文 15文	旅籠 草鞋 船賃 馬賃	72文 4文 12文 410文
食　品	茶 酒 昼食 馬用の大根 人夫の茶 馬借の茶	29文 32文 50文 2文 15文 3文	茶 酒	6文 64文
その他	宿への礼金 木	100文 6文	俵	5文
計	408文		568文	

庫川の橋を一人三文支払って渡り、西宮で宿泊している。[49]また、西宮では、当地の名物である酒を購入している。

この山崎から昆陽を経て西宮に到る道は、古代律令国家が整備した西国街道であり、山崎道ともよばれた。[50]

ここで興味深いのは、旅籠の料金である。表2によれば、旅籠の料金は朝と晩とに支払われ、七二文となっている。このことから、旅籠の料金が食事単位で発生していることがわかり、さらに一行が六人（先に見た五人に人夫一名が加わっている）であることから、一人一二文であることがわかる。また、どの場所でも同じ料金であることから、この地域における統一的な料金が設定されていたことがわかる。

一六日は、西宮から西に進み、名水で有名な御影（兵庫県神戸市東灘区）で喫茶をし、兵庫に到っている。そして兵庫に着いてみると、年貢を輸送してきた船頭が尼崎に出向いているという情報に接することとなる。

一七日、福石は船頭と交渉するため尼崎へと使いに出され、残った人々は兵庫にて待機していた。福石は夕食後には尼崎より戻ったようで、翌一八日の朝食は一行と共にとっている。

一八日、船頭が兵庫に戻り、予定通り年貢の請取に成功する。年貢の請取に備えて銭俵などを購入したり、西宮までの馬を確保するなどの動きが見られる。四〇貫もの銭を受け取る以上、帰路は馬を用いることとなったのだろう。一方で、祝いの酒などを購入したり、宿への礼金を支払うなど、一行を祝賀ムードが覆っていた感がある。こうして無事に請取を終えた一行は、兵庫を出発し西宮で宿泊している。

一九日、西宮で新たに東寺までの馬を調達し、越水（現西宮市越水）で喫茶をし、武庫川を渡ってこの日の内に山崎に到着する。帰路においてのみ、旅籠に酒代として礼金を支払っているのは、祝儀のようなものであろうか。そして、翌二〇日には山崎から乗船し、東寺に到着している。

以上、兵庫における年貢請取の始終を見てきた。そこでは、寺内で年貢収納のエキスパートと見なされる人々が下向に際してどのような旅を行っていたのかの実際を見て取ることができた。荘園現地への使いのなり手が見つからず、路料を上積みしてなり手を見つける史料が東寺百合文書などに散見されるが、彼らの下向の実際はこのようなものであった(51)。このような経験の積み重ねから、年貢収納に秀でた人々が形成されてきたのであろう。

（2） 京都における年貢収取維持活動

前項では、東寺内の年貢収納に秀でた人々による下向を見てきたが、東寺は京都におけるさまざまな関係を頼って兼行方の年貢収取を行おうともしていた。[52] 年貢の兵庫請取は応永二六年以後は見えず、京都での活動が東寺の主たる年貢収取の維持努力であった。ここでは、一般的に知られる幕府・守護への直接的な働きかけではなく、東寺が独自にどのような人脈を頼ったのか、ということについて見ていきたい。

まず、そうした活動の前提となったであろう福石法師の活動を見てみたい。先に見たとおり、福石は応永二六年の兵庫下向の一員である。彼は、応永一一年（一四〇四）、兼行方の代官として現地に派遣されそうになり、門指が代官になるのは先例がないとして、遍照心院（大通寺）の法照法師なる人物を適任者として推薦した。[53] 遍照心院は、この当時西八条にあり、東寺の末寺であった。中世においては寺辺に領地を有していたらしく、応永二〇年には寺領として西八条左右京職巷所が安堵されている。[54] 残念ながらどのような経緯で福石が法照を紹介したのかは定かでないが、実際にこの法照は兼行方に下向し、年貢の収納に成功している。[55] この様に、まずは広義の寺中の人の活用がはかられたのである。

そして、応永三四年（一四二七）代官沓屋氏の年貢納入が滞ったため、東寺は善福寺行日の助けを得て、年貢の納入に成功する。[56] これは大内氏有力被官である内藤氏と有縁であるという行日の働きによるものである。この善福寺は、國守進は山口の寺としているが、[57] 史料からは数日の内に文書のやりとりをしており、在京している内藤氏とも頻繁に連絡をとるなど、行日は京都にいるとも思われる。詳細は不明であるが、会釈料などを支払っているため、東寺の末寺ではないと考えられる。

さらに時代は下って、寛正元年（一四六〇）、またもや代官が年貢を送進しないため、東寺は門指了蔵を兼行方に遣わすが、これに効果がないと見るや、今度は遣明船派遣との関わりで、将軍によって九州に派遣されることになった天龍寺の僧、俊超西堂に頼み、大内方への働きかけを画策した[58]。東寺の意向に応じない大内氏・代官に対して、将軍の権威を背景とした年貢納入の働きかけを行ったのである。しかしながら、俊超は大内方への会釈料まで東寺から受け取っておきながら、大内方への働きかけに失敗し、面目ない旨を東寺に弁明している。失敗こそしたが、東寺の遠隔地荘園の年貢収取努力のあり方として、注目に値しよう。

そして、文明一五年（一四八三）、仁和寺菩提院の代官全住（善住）が筑紫より上洛してくるという情報を受けて、全住に兼行方の年貢催促を依頼した[59]。この全住は、文明一五年頃に仁和寺菩提院領周防国秋穂二島荘の荘務に関わっている形跡がある[60]。秋穂二島荘は、応仁・文明の乱を経た後も大内氏の守護請として仁和寺菩提院が当地行を保っており、東寺は、京都における仁和寺菩提院との関係を利用して、周防の年貢収納の斡旋依頼をしたのであろう。そして、二年後の文明一七年（一四八五）、実際に全住が周防より東寺に書状を送っており、その礼として扇などを贈っていることから、年貢納入に関して何らかの進展があったと考えられる[61]。

このように、東寺は末寺の人材から守護・幕府の影響力を期待できる荘園領主、はたまた近隣に荘園を持つ荘園領主などの広範囲に働きかけを行い、それによって年貢を確保するような状況が、応永年間に存在していたことがわかった。個人的な才覚が関わる面も大きいであろうが、いずれにせよ一寺の枠を超えた荘園維持の努力が行われていたことになろう。

こうした東寺の努力によって、兼行方の年貢収納は維持されてきた。しかしながら、明応二年（一四九三）の事例を最後として、東寺のこのような努力は見られなくなるのである。

おわりに

以上、東寺領周防国美和荘兼行方の年貢収取を例に、中世後期荘園経営の実際を見てきた。応永の末年頃にいたり、東寺は現地代官による年貢銭京上拒否といった事態に直面した。その現地代官は守護の有力被官であり、年貢銭請取のために兵庫まで下向してくることを東寺に要求した。この背景には、東大寺領周防国衙領の年貢収納のあり方があった。東大寺は兵庫で年貢請取を行った後、自らの組織で奈良まで運び、さらに守護大内氏の被官たちも、兵庫で請取を行った年貢を京都まで自らが輸送していたのであった。東寺からみれば突然の申し出であったが、周防という地域から見れば、兵庫における年貢の引き渡しはあり得る選択肢の一つであった。

東寺は寺内でも年貢収取に長けた人物をもって、兵庫における年貢銭の請取に対応した。ともかくも、兼行方をめぐる年貢収取において、新たな先例を作ったのであった。以後、東寺は大内氏に働きかけることはもちろん、京都という地の利を生かして他の荘園領主に協力を求めながら、さまざまなアプローチで荘園維持の努力を行っていた。

荘園領主・現地を一対一でみると、年貢の兵庫請取は荘園解体の端緒と考えがちだが、実際に年貢銭は受け渡されており、地域における年貢納入あり方が、個々の荘園の収取のあり方を飲みんだ事例だったと考えることもできよう。この様に、中世後期の荘園領主は、各荘園の地域的な特性に直面し、それに対応し得た場合に、収取を維持することができたのである。

(1) 工藤敬一『荘園制社会の基本構造』(校倉書房、二〇〇二年)、高橋典幸「荘園制と武家政権」(『鎌倉幕府軍制と御家人制』吉川弘文館、二〇〇八年。初出、二〇〇二年)、伊藤俊一「室町幕府と荘園制――在京武家政権の基礎構造――」(『年報中世史研究』二八号、二〇〇三年)、『国立歴史民族博物館研究報告一〇四、室町期荘園制の研究』(二〇〇三年)、高橋一樹『中世荘園制と鎌倉幕府』(塙書房、二〇〇四年)、岡野友彦「「応永の検注帳」と中世後期荘園制」(『歴史学研究』八〇七号、二〇〇五年)など。

(2) 佐々木銀弥『中世商品流通史の研究』(法政大学出版局、一九七二年)。

（3）『第五回東寺百合文書展　中世の運送と交通』（京都府立総合資料館、一九八八年）。
（4）國守進『田布施町史』第三編第一章（田布施町、一九九〇年）、同「美和荘」（東寺宝物館『東寺とその庄園』、一九九三年）。
（5）新城常三『中世水運史の研究』（塙書房、一九九四年）。
（6）田中倫子「年貢輸送のありさま語る史料」（上島有・大山喬平・黒川直則編『東寺百合文書を読む』思文閣出版、一九九八年）。
（7）脇田晴子「東寺百合文書と流通史研究」（京都府立総合資料館編『東寺百合文書にみる日本の中世』京都新聞社、一九九八年）。
（8）西戸雄一郎「周防国美和荘兼行名の代銭納と瀬戸内海流通」（『ぐんしょ』五九号、一九九七年）。
（9）藤井崇「盛見期の大内氏分国支配システム」（『ヒストリア』二〇一号、二〇〇六年）。
（10）註（4）國守諸論文。
（11）「東寺百合文書」（以下東百）ゆ一。
（12）院修の名は、永仁二年（一二九四）九月二四日造立の高野山常喜院「地蔵菩薩座像」（重文）の胎内銘に見られる。
（13）「最勝光院領荘園目録案」は、その末尾に最勝光院公文が「凡近年背先例、不被成返抄於執事公文之間、御年貢済否事、委不存知之」と記しているように、正中二年をさかのぼった最勝光院領の様子を記していると考えられる。
（14）東百ウ三〇ノ一。
（15）壬生家文書太政官牒、鎌倉遺文二九四四〇。
（16）後醍醐天皇綸旨案、東百ウ三〇ノ二。
（17）後醍醐天皇綸旨案、東百ゐ四〇ノ一。
（18）景光周防国美和庄兼行方所務職請文、東百レ二九。
（19）曽我時長周防国美和庄兼行方預所職請文案、東百け二ノ六。
（20）最勝光院方評定引付永和四年二月二一日条、東百る六ノ二。

(21) 最勝光院方評定引付永徳三年一〇月二七日条・一二月六日条、東百る九ノ五・六。
(22) 最勝光院方評定引付至徳元年四月三日条、東百る一〇ノ二、最勝光院評定引付康応元年四月七日条、東百け五ノ二。
(23) 東寺書下案、東百さ六二。
(24) 最勝光院方評定引付康応元年八月一七日条、東百け五ノ四。
(25) 最勝光院方評定引付明徳四年七月一〇日条、東百る一五ノ七。
(26) 最勝光院方評定引付応永一一年八月一六日条、東百る二〇ノ一三。
(27) 沓屋成重周防国美和庄兼行方代官職条々請文、東百セ二八。
(28) 註(7)脇田論文。
(29) 東百る一八ノ一二。
(30) 東百る一八ノ一三
(31) 周防国美和庄兼行方代官沓屋周重年貢請文、東百サ二八。
(32) 美和荘兼行方における先行研究のほぼすべてが、この応永二六年の年貢請取問題に言及している。
(33) 東百る三一ノ三。
(34) 註(5)新城著書。
(35) 時代は下って享徳四年(一四五五)には、淀川の関のために年貢納入が遅延しているため、兵庫で年貢請取を行うべきである、という主張が東寺の寺内でなされている。最勝光院方評定引付享徳四年七月四日条、東百る五八ノ四。
(36) 註(5)新城著書。
(37) 沓屋周重書状、東百さ二〇四。
(38) 註(5)新城著書。
(39) 本多博之「中世後期東大寺の周防国衙領支配の展開」(『日本史研究』二九六号、一九八七年)、永村真『中世東大寺の組織と経営』(塙書房、一九八九年)。

(40) 表1は、註(5)新城著書をまとめたものである。
(41) 註(5)新城著書。但し、東仁井令とその他の周防国衙領の年貢輸送のあり方は若干異なり、リスクを分散するために複数の船に年貢を積むあり方は、周防国衙領には必ずしも当てはまらないとしている。しかしながら、周防～兵庫を行き来する船頭が多かったことは両者に共通しているといえよう。
(42) 註(5)新城著書。
(43) 富田正弘「中世東寺の寺官組織について――三綱層と中綱層――」(京都府立総合資料館『資料館紀要』一三号、一九八五年)。
(44) 註(43)富田論文。
(45) 次郎四郎請文、東百さ八五。
(46) 東百る三一ノ三。
(47) 教王護国寺文書一〇二八。
(48) 寿永三年(一一八四)、一ノ谷合戦の前、京都を進発した源義経・範頼がこの地に陣を敷き、元弘三年(一三三三)、六波羅軍を迎え撃つ赤松則村もここに陣を敷いている。
(49) [史料4]では、尼崎に宿泊したことになっているが、雑用帳の方がより実際を知るものが記した可能性が高いため、ここでは西宮とした。
(50) 『角川歴史地名大辞典 CD-ROM版』(角川書店、二〇〇二年)。
(51) 東大寺油倉の兵庫～奈良の輸送経費と比較すると、かなり割高であることが新城によって明らかにされている。註(5)新城著書。
(52) 伊藤俊一は、代官沓屋帯刀を在京有徳人と有力守護被官をつなぐパイプ役と評価し、在京領主の荘園支配の特徴を示すものとしている。註(1)伊藤論文。
(53) 最勝光院方評定引付応永一一年八月一六日条、東百る二〇ノ一三。
(54) 後小松上皇院宣案、東百ヰ六八。
(55) 最勝光院方評定引付応永一一年一一月二〇日条、東百る二〇ノ一五。なお、註(9)藤井論文にこの経緯についての紹介がある。

(56) 最勝光院方評定引付応永三四年二月二日条、東百る三六ノ二。

(57) 註(4)國守諸論文。

(58) 最勝光院方評定引付寛正元年一月二四日条～一二月一六日条、東百け一一ノ一・一〇・一二。

(59) 最勝光院方評定引付文明一五年六月一日条、東百け一一ノ一二。

(60) 田中倫子「中世後期の秋穂二島荘」(『秋穂町史』第五章、一九八二年)。

(61) 最勝光院方評定引付文明一七年八月二七日条、東百け一一ノ一二。

〔付記〕なお、脱稿後、藤井崇「一五世紀大内氏分国における代官請負制について――周防国美和荘兼行方――」(池享編『室町戦国期の社会構造』吉川弘文館、二〇一〇年)が発表された。本稿と関わる成果であるが、言及することができなかった。お詫びするとともに、是非ご参照いただければと思う。

新見荘祐清殺害事件の真相

清水克行

はじめに——通説への疑問——

寛正四年（一四六三）八月、備中国新見荘の直務代官祐清の殺害事件は、日本中世史上に起こった無数の殺人事件のなかでも、為政者以外の者が殺害された事件としては、おそらく最も著名なものといっていいだろう。本稿は、東寺百合文書として残された、この有名な事件に関する諸史料を再読することで、通説とは異なる事件の「真相」に迫ることをめざすものである。すでにこの事件の背景や経緯については、数々の研究論文や一般概説書などで繰り返し言及されている。まずは、ここであらためて、それらの通説に基づきながら、この事件の概要を振り返ってみることにしよう。[1]

(1)寛正三年（一四六二）八月、荘民たちの努力により守護勢力を斥け東寺の直務荘園となった新見荘に、東寺僧である祐清は直務代官として下向する。しかし、荘民たちの期待とは裏腹に、新代官祐清は荘民に対して苛烈な姿勢で臨み、荘民たちとの軋轢をものともせず、未進年貢の徴収をこれまで以上に強硬におしすすめる人物だった。

(2)着任からちょうど一年が過ぎた寛正四年八月二五日、祐清は中間の兵衛二郎と彦四郎をつれて荘内の「御宮めぐり」に出発する。ところが、同日未刻（午後二時頃）、祐清は通りかかった地頭方の名主谷内の屋敷のまえで家の者たちから下馬をしなかったことを咎められる。慌てて祐清は非礼を詫び下馬したが、突然、その場に割って入った谷内と同じく地頭方の横見の二人によって斬り殺されてしまう。酉刻（午後六時頃）、からくも凶刃から逃れた中間の彦四郎から事情を聞いた領家方の荘官である三職（金子衡氏・福本盛吉・宮田家高）と百姓たちは、すぐさま現場に駆けつける。しかし、すでにそこに犯人がいないことを知ると、三職と百姓たちは谷内の家に放火し、ついで犯人を追って地頭方の政所にも放火を行う。

(3)以上が殺害事件当日に起きた出来事の概略であるが、この事件には背後関係が存在したとされている。じつは祐清は、殺害される前月に「未進」を重ねる節岡名の正分名主豊岡高久を「御成敗」しており、今回の祐清殺害は谷内・横見が豊岡の親類に「敵打」を頼まれたすえのことだったらしいのだ。つまり、事件はたんなる偶然の所産ではなく、祐清に恨みをもつ者たちによる依頼殺人、謀殺だったということになる。

以上の(1)の状況証拠と(3)の事後証言を背景として、これまでの研究では(2)の祐清の殺害事件は、祐清が荘民の潜在的力量を見誤り時代錯誤の支配を強行しようとしたことの当然の帰結であり、東寺の反動的支配終焉の象徴的事件とされてきたのである。一例をあげれば、一九九一年刊行の『岡山県史　中世II』などでは、「この事件は当時の地下の農民の動向を察知しえなかった、東寺という古い荘園支配体制に依存した者の悲劇であったといえよう」と評価されている。

しかし、よくよく考えてみると、この事件には不可思議な点が多い。たとえば、祐清を殺害したのは地頭方（当時の地頭は相国寺末寺の善仏寺）の名主たちであり、祐清と直接に利害対立のある領家方の百姓ではない。これはかりに依頼殺人だとしても少々迂遠な方法ではないか。しかも祐清が殺害されたことに怒った領家方の百姓たちは、その直後に祐清を殺害した地頭方の名主屋敷や政所を攻撃しており、以後もこの事件をきっかけに地頭方と領家方の険悪な関係は継続することになる。だとすれば、祐清殺害事件と領家方百姓の東寺支配に対する不満を因果関係として結びつけていた、これまでの祐清殺害事件の評価ははたして正しいものなのだろうか？

一　こゝちよく候間、我らまて目出候——百姓たちは事件をどうとらえていたのか？——

（一）領家方百姓の意識をめぐる通説

生前の祐清が実際に苛烈な年貢徴収を行い、その結果として領家方の荘民たちとのあいだに深刻な摩擦を生んでしまっていたということは、どうもまちがいない事実であったらしい。このことは最新の研究でも重ねて明らかにされているところであり、[2]この事件を考えるさいの大前提として、まず押さえておきたいところである。しかし、問題なのは、実際に祐清を殺害したのは当の領家方の百姓ではなく地頭方の名主であり、また殺害事件後に、領家方百姓は祐清を殺害した地頭方百姓に感謝するどころか、むしろ強い怨恨を抱くことになっているということである。この不可解な事態については、これまでの数多の先行研究もじつは明瞭な説明ができていない。

たとえば、初めて新見荘に関する本格的な通史叙述を行った高尾一彦も、領家方百姓と対立していた祐清を地頭方の名主たちが殺害した理由を、「地頭方の農民も領家方の農民も庄園体制の枠をこえて密接な関連を相互にもっている。とくに名主層は、姻戚親類の社会関係や、商業の如き経済関係においてしかりであろう。さればこそ領家方の豊岡の仇を地頭方の横見・谷内が打つといったことにもなるのである」と、苦しい説明をしている。[3]もちろん、常識的に考えて、隣接する領域の双方に姻戚関係や経済関係の結びつきがなかったと考えるほうが不自然だろう。しかし、残念ながら、現在残されている新見荘関係の史料のなかには双方の領域の姻戚関係・経済関係を明示するものは存在しない。このように、史料的な裏づけがないまま強引に領家方と地頭方の連帯を強調するような見解は、その後も継承され、最近にいたるまで研究史のうえで繰り返し唱えられている。[4]

このほか、史料を提示して領家方と地頭方の連帯を指摘したものとして、佐藤和彦の見解がある。[5] 佐藤は「領家方といい、地頭方というのも権力内部の支配領域をめぐる呼称であり」「両地域の農民の間には、強い連帯感＝『仲間』意識が存在していた。かれらは、分裂支配策に乗ぜられることを末代までの恥辱と受けとめていたのである」として、あくまで政所焼打ち後の対立は例外的な事態で、基本的に双方は「強い連帯感」をもっていたと主張している。しかし、残念ながら、そこでも佐藤が根拠にあげている史料は次のようなものだった。

当庄之事ハ地豆《(頭)》・両《(領)》家入くミの事にて候、あさゆふより、あい候中ハにて候か、此方よりやき《(焼)》、又此方より所はら《(払)》うを、かたきつくり候ハん事まつ大《(末代)》までのちしよく《(恥辱)》にて候、[6]（傍線筆者、以下同）

政所焼打ち事件の後、東寺は領家方百姓に対して、焼打ちの非を認め自分たちが焼いた地頭方政所を建て直すようにと命じている。この史料は、そのときの領家方百姓たちの反論内容を語るものである。文意は「新見荘は地頭方と領家方の土地が入り組んでいて、双方の百姓が朝夕に顔を合わせる関係にある。にもかかわらず、こちら側で焼打ちしたものを、敵対しているこちら側が建て直すなどという間の抜けたことをしたら、それは私たちにとっては末代までの恥辱である」となる。じつは佐藤は、この史料の傍線部の平仮名を「朝夕寄合候、仲間」と読んで、双方で頻繁に「寄合」が開催され、互いが「仲間」と認識していた、と解釈してしまっているのである。これは明らかに史料の誤読であり、史料全体の文意としても、むしろ佐藤の指摘とは逆に領家方百姓らの地頭方百姓に対する強い憎悪を物語るものといえるだろう。

（2）　祐清の死に歓喜する百姓？

ところで、これまでの研究のなかで、祐清の殺害が領家方の百姓たちの意に沿うものだったという論拠として、しばしば言及されてきた一点の史料がある。筆者の見るところ、祐清殺害が領家方百姓たちに歓迎されるものだったとする論拠は、さきに佐藤が掲げた史料を除けば、唯一、この史料が見られるだけである。次に、その全文を引用して検討してみよう。

「百姓《(折裏奥書)》ノ折紙寛正四　九　三」

畏申上候、

抑御代官之事、可然様ニ御談合候て、早々御下向候やうニ、御注進可給候、我らも涯分御年貢本奔《(奔走)》可申候、

返々今度子細こゝちよく候間、我らまて目出候、恐々謹言、

おく里村
御百姓等

八月廿七日

三職御中(7)

この申状は、祐清殺害事件のあった二日後の八月二七日に領家方の「奥・里村」の百姓たちが三職たちに宛てて出したものである。前半部では、祐清のかわりとなる新代官の下向を東寺に嘆願するよう三職たちに要請しているが、これまで注目されてきたのは傍線を引いた後半部分である。直訳すれば「返す返すも今度のことは気持ちのよいことでしたので、私たちまで嬉しいことです」となる。さて、ここでいっている「こゝちよく候」とは、いったい何を指しているのだろうか。

これまでの研究では、一般的にはこれを祐清の殺害を指すものとして理解してきた。たとえば、工藤敬一は概説書のなかで、「奥里村は節岡名のある村である。その百姓たちが祐清殺害を『こゝちよく《(ママ)》目出候』といっているのは、当然年貢未進闘争の先頭にたって成敗された正分名主豊岡への同情と、祐清への報復の気持ちが込められていたからであろう。祐清は彼らが期待した直務代官とはまるで反対の憎しみの対象でしかなかったのであ

る」と述べている。(8) つまり、豊岡を誅殺し強引な年貢徴収を行った憎い直務代官の横死を、豊岡が名主を務めた節岡名のある「奥里村」の百姓たちは「こゝちよく候」、つまり痛快な出来事だと喜んでいる、というのである（ただ、細かい点を指摘すれば、新見荘は奥村と里村から構成されており、ここでいう「奥・里村」とは事実上、新見荘領家方と同義であり、「奥里村は節岡名のある村である」のは当たり前のことである）。

また、小森正明も、この史料に触れて「荘内の奥里村から、三職に宛てられた申状では、このたびの祐清殺害について、『今度の子細、ここちよく候間、我々《ママ》まで目出候』と述べており、はっきりと祐清殺害を歓迎している様子が窺われる。厳しい収奪を強行してきた祐清への、これが百姓達の偽わらざる心情ではなかったろうか。祐清は、彼らが期待していたような直務代官ではなかったのである。彼らは、次の直務代官の下向を早速要望しており、『ここちよく候』という感情は、祐清個人に向けられたものであったことは確実であろう」と解説している。(9) このほかに研究史上では、わずかに三好基之のみが『岡山県史　通史編』で「『この度の子細』とは、地頭方政所の焼打ちを意味している」ことを指摘しているが、とくに論拠も示されておらず、この指摘がその後に継承された形跡もない（辰田芳雄氏のご教示による）。

（3）関連史料の整理による通説の再検討

では、問題の八月二七日付の百姓申状の意味内容を深く理解するためにも、東寺百合文書として残された同日の日付をもつ新見荘関係史料を見てみることにしよう。八月二七日の日付をもつ文書は、このほかに三点確認でき、いずれも三職たちが現地の状況を報じた、いわゆる三職連署注進状といわれるものである。そしてまた、この八月二七日の文書群が、二五日に起きた祐清殺害を東寺へ告げる第一報でもあった。以下、三点の三職連署注進状の内容を順に列記しよう。

［史料A］

畏申上候、抑御代官今月廿五日当庄　御宮めくり被召候、左候間、地頭方相国寺之善仏寺御領中ニ、谷内と申地下人、家を作候処にて、下馬とかめ仕候て、谷内・横見と申者、両人して打申候、我らか在所より一里計候所の御宮にて、おつかけ打申候、（後略）(10)

［史料B］

重而申上候、当庄地下人節岡之正分名主豊岡と申者、連々の未進仕、くわんたいを至（致）候之間、先月ニ　上意と被仰候て御成敗候之間、無相違候、さ候間、今度之下馬とかめを、豊岡かしんるい（親類）ニたのまれ候て、うち（討）候なとゝかこつけられ候、たとへ敵打と申候共　上意にて御成敗候上ハ、猶々横見・谷内両人、くわんたい（緩怠）にてあるへく候哉、其上、下馬とかめれきせん（歴然）にて候、（後略）(11)

［史料C］

畏申上候、抑数通申上候へ共、重申候、御代官御下向之内ハ、とても我ら御年貢納申候ハんする間、先拾貫文之さいふ（割符）壱ツ、かり候て上せ申候、御代官いそき之御下候ハ、目出候、（中略）返々御代官、此御僧と御下候ハヽ、地下百性（姓）等も悦喜可申候、殊更御百性等も、京都へ御代官之事、早々御下候様ニ御申候へと、我らか方へ、折帋をくれ候、同上せ申候、委細ハ此僧申上へく候、恐惶謹言、(12)

まず、同日付であるこれらの史料群を書かれた時間順に正しく位置づけておこう。ちなみに、『新見市史』所収の「新見荘史料編年目録」では［史料A］が六六三号、［史料B］が六六七号、［史料C］が六六五号、さきの百姓申状が六六六号として配列されている。しかし、それぞれの書き出しの文句に注目すれば、［史料A］が「畏申上候」、［史料B］が「重而申上候」、［史料C］が「数通申上候へ共、重申候」とされており、これらが［史料A］→［史料B］→［史料C］の順で書かれたものであることは明らかである。さらにいえば、封紙ウワ書の追筆部分には、それぞれ［史料A］には「寛正四　九　三　一」、［史料B］には「二　寛正四　九　三」、［史料C］には「寛正四　九　三　三」とあり（傍点筆者）、これらの傍点を付した数字は九月三日に注進状を受理した東寺側が整理のために書き加えたものと判断されるため、ここからも三点の文書の書かれた順番は［史料A］→［史料B］→［史料C］と考えてまちがいないと思われる（なお、［史料A］［史料B］の傍点数字は『岡山県史　家わけ史料』の翻刻には漏れている）。

それぞれの史料は、まず第一報である［史料A］によって祐清殺害事件の概要が報告され、同日付第二報の［史料B］で事件の背後関係に関する事柄が報告され、最後の［史料C］によって割符進上の連絡と新代官の下向要請がなされている、ということになる。ここで問題なのは、［史料C］の傍線部である。ここでは三職たちによって新代官の下向が要請された後、それが三職たちだけの意向ではなく、一般の百姓たちの総意でもあることが強調されている。そして、その百姓たちの総意は「折帋」のかたちで三職たちに届けられており、今回、［史料C］とともに、その「折帋」も東寺へ送付するとの趣旨が書かれている。ここでいっている百姓たちが新代官下向を要求している「折帋」とは、さきの同日付の百姓申状であることは文書の内容上からも形態上からもまちがいないだろう（実際、折裏奥書に「百姓ノ折紙」とあるとおり、この百姓申状の形態は折紙である）。つまり、三職たちは自分たちの行っている新代官下向要請に説得力をもたせるために、百姓たちの申状を参考資料として添付して東寺に送付したのである。だとすれば、その申状のなかで、先行研究がいうように百姓たちが「祐清殺害を歓迎している」記述がなされるなどということは、万に一つもあるわけがないだろう。

なお、後日新見荘に下された上使の注進状のなかでは、祐清殺害後に領家方の百姓たちが行った報復としての地頭方政所焼打ちは「ここちよくそのせいはい《（成敗）》お、いたされ候」と表現されており、焼打ちの成功は東寺に対する忠節として、褒美の対象にすらなっていることがうかがえる。(13) こうしたことから連想すれば、おそらく、八月二七日付の百姓申状のなかで百姓たちが述べた「今度子細こ丶ちよく候間、我らまて目出候」という一文は、決して祐清の殺害が痛快であったと述べているわけではなく（そんな物騒な文書を三職が東寺に送るわけがない）、三好の解釈のとおり、その後の地頭方への報復攻撃の成功を百姓たちが祝福しているものと理解するべきだろう。とすれば、ここでもこの史料から領家方の百姓全体の祐清への不満や怒りを読みとることは不可能であり、むしろこの史料からも領家方百姓たちの地頭方への強い敵意が読みとれることになる。

以上の考察により、地頭方名主による祐清殺害を領家方百姓が歓迎していたことを示す史料的根拠は皆無となった。領家方百姓たちは年貢徴収に関して生前の祐清と深刻な対立を抱えていたものの、その死にさいしては、積極的に地頭方へ報復に乗り出し、地頭方名主たちの凶行を後々まで決して許さなかったのである。では、そうなると「事後証言」として登場した、祐清殺害はじつは豊岡高久の敵討ちだったという言説は、いったいどのようなものだったのだろうか。次節では、その問題を検討してゆきたい。

二　敵討なんどと申しかけらるる子細候とも、下馬の子細にて候

——三職たちは何を恐れていたのか？——

（一）　祐清殺害事件の詳細

有名なわりに祐清の殺害時の状況を物語る史料は案外に少ない。前節で紹介した事件の第一報としての［史料A］と、それに基づいた引付の記事があるほかは、事件後に東寺から新見荘に派遣された本位田家盛によって書かれた次の注進状のなかの一節があるぐらいである（文意がとりやすいように会話部分に括弧を施した）。

（前略）其ゆわれハ、「此方之代官、下馬を仕候ハぬ」とて、家つくりの物共、をん(追)かけ候、さ候間、「谷内方家共不存候て、下馬を不申候、御免候へ」と申候て、代官下馬候し、乍去、大せ(大勢)ぬきつれをんかけ候間、

祐清もぬき候て、かまゑ候所ニ、「さ候ハ、太刀を御さし候へ」と申候てをんかけ、よこみ《横見》・谷内と申物申候間、「下馬仕候上ハともかくも」と被申候て、太刀をさし候所をよこみ・谷内両人してうち候て、馬・太刀・具そく、其身のいせう《衣装》まて、はき《剝》取候（後略）(14)

これによれば、最初、祐清は建築中だった地頭方の名主谷内の屋敷のまえで、谷内の配下で家作りをしていた者たちから家の前で下馬をせずに通り過ぎようとしたことを咎められ、追い詰められたという。そのとき祐清は「谷内の家とも知らずに下馬を行わなかったのだ、許してくれ」と一度は謝罪して、下馬を行ったらしい。しかし、谷内の配下の者たちが大勢で抜刀して追いかけてきていたので、祐清も刀を抜きにらみ合う形勢になっていた。そこに横見・谷内という二人の名主が追いかけてきて「でしたら、刀をお収めください」といって仲裁に入る素振りを見せたので、祐清も「こちらも（非を認め）下馬したのだから、ともかくも……（刀は収めよう）」といって刀を収めた。すると、そこを狙って横見・谷内の二人が突然祐清に斬りかかってきたため、祐清はあえなく落命してしまった、というのである。［史料A］で描かれている事件の経緯もこれとほぼ同内容である。これらの史料にはどこにも「敵討ち」云々という記述はみられない。これだけなら事件は単なる偶発的な出来事であったとしか理解できないだろう。では、通説にいう豊岡高久の「敵討ち」という話は、何を史料的根拠にしたものなのだろうか。

（2） 祐清殺害事件関連文書にみえる二つの言説

じつは、通説にいう「敵討ち」説は、次の二つの史料を根拠として成り立っている。一つは、すでに引用した八月二七日付の事件の第二報、三職連署注進状の［史料B］である。そこでは、すでに同日付で事件の第一報が東寺に告げられた後、その日のうちにあらためて三職たちによって事件の背後関係についての報告がなされているのである。その趣旨は、事件の前月に祐清が豊岡高久を誅殺するという事実があったことを述べたうえで、その誅殺と今回の事件が無関係であるということを強調するものだった。具体的に［史料B］で傍線を引いた該当部分を少し言葉を補って現代語訳すると、およそ次のような文意となるだろう。

そういうわけですので、（敵方は）今回の下馬咎めを、豊岡の親類に頼まれて（祐清を）討ったのだなどとかこつけています。たとえ（敵方が）敵討ちだなどと申していても、（そもそも豊岡は）上意によって御成敗されたのですから、（たとえ祐清殺害が敵討ちであったとしても、その敵討ち自体が成り立たないものであり）横見・谷内の二人の過失ではありませんか。そのうえ（そもそも今回の事件は敵討ちではなく）下馬咎めであることは明らかです。

つまり、この史料自体は通説とは逆に今回の祐清殺害事件が祐清による豊岡誅殺事件とは一切無関係であることを強調したものなのである。同じことは、残されたもう一点の史料についてもいえる。次に引用する事件の二か月後の一〇月二二日付の三職連署注進状でも、三職たちは同様の主張を繰り返している。

（前略）以前申上候ことく、もし相国寺すいせい（薬西堂）とふ様より、かたきうちなんとゝ申かけらるゝ子細候とも、下馬の子細にて候、さ候へハこそ、我ら時をうつさす、おしよせ候て、祐清之てき人をも、うち候ハんと仕候へハ、はやおちうせ候、さ候間、地頭方政所々彼らてき人こもり候由、人々申候間、同おしよせ候へハ、そこをもおちうせ候、見候へ者、あんのことく、祐清上人其きわ、めされ候騎馬、彼政所家ニつなかれ候間、此上ハ、一向とうそく（盗賊）の儀にて候と存候て、敵人之家、同地頭方政所所を焼払候、いかやうニ相国寺より申され候とも、此分御沙汰あるへく候、是もふそくと存候、彼の敵人共ニ生涯させられ候ハてハ、叶ましく候、すてニ此方之代官を下馬とかめにてうたれ候上ハと御沙汰あるへく候、是ハ若相国寺様より申され候ハん時、御存知候ハてハと奉存候て、御心への為ニ念比ニ申上候、委細ハ、とても彦四郎方罷上候間、御尋あるへく

候、恐惶謹言、(15)

当時、新見荘地頭職をもっていた相国寺には、足利義政政権のもとで「黒衣の宰相」として絶大な権力を握っていた禅僧・季瓊真蘂がいた。彼は祐清殺害事件直後に領家方百姓によって行われた地頭方政所焼打ち事件を祐清殺害事件以上に問題視し、自らの政治力を背景に幕府に訴訟を起こし、すでに東寺側の非を執拗に攻撃していた。この史料は、そうした政治情勢を察知した三職たちが自分たちの行った焼打ちの正当性を東寺に訴えるべく書かれたものである。ここでもやはり傍線部を中心に言葉を補って現代語訳すれば、その内容は次のようなものになるだろう。

以前に申し上げましたように、もし相国寺の季瓊真蘂様から敵討ちなどと言いがかりをつけられても、(今度の殺害事件の原因は)下馬の問題によるものです。そうであるからこそ、私たちは時を移さず押し寄せて、祐清の敵を討ち取ろうとしたのです。(中略)相国寺から何といわれたとしても、このことは(十分に)御理解しておいてください。(中略)すでにこちらの代官を下馬咎めで殺害されたうえは(犯人を殺害しないかぎりは納得できない)と(相国寺に対して)対処してください。これはもし相国寺様から言いがかりをつけられたとき、ご存知なくては(大変だ)と思いまして、念のために詳細に申し上げました。

やはり、この史料でも祐清殺害事件は豊岡誅殺事件と因果関係はなく、あくまで「下馬咎め」という言いがかりを発端にした偶発的事件なのだということが繰り返し強調されている。じつは祐清殺害事件が「敵討ち」であると明言している史料はひとつもなく、これまでの研究は、このわずか二点の「敵討ち」の可能性を否定する史料の反対解釈から事件の真相が「敵討ち」であると考えてきたにすぎないのである。むろん、三職たちがここまでムキになって繰り返し事件の偶発性を主張するのはかえって怪しい、と疑うことはできるだろう。しかし、逆に彼らの主張が虚偽であるという証拠もどこにもない。いずれにしても少なくともこの二点の史料から、私たちは祐清殺害事件の真相は通説でいわれるほど単純なものではなく、当時から事件の真相をめぐって相反する二つの言説が存在したらしいことを知ることができるのである。

では、その相反する二つの言説のそれぞれを詳しく検討してみることにしよう。まず一つは、三職たちが必死になって打ち消そうとしている、「祐清殺害は豊岡の親類に頼まれた敵討ちである」という「敵討ち」説である。中世社会においては、敵討ちが合法的な行為として暗黙のうちに認められていた。(16) そうした当時の社会通念に照らせば、もし祐清殺害が谷内らによる敵討ちだったとすると、谷内らのしたことは何ら問題のない行為となってしまうのである。事実、[史料B]によれば、現地では事件の直後から地頭方によって谷内らを擁護する「敵討ち」説が唱えられていたらしい。すると逆に祐清の復讐として地頭方政所を焼打ちした領家方の行為のほうが、罪のない谷内家や政所を焼打ちにしたわけだから、むしろ不当行為ということになってしまう（通常、敵討ちに対する敵討ちは認められない）。三職たちが必死になって「敵討ち」の可能性を否定していたのも、すべてはこうした事情からだった。今後の相国寺との訴訟を考えたとき、彼らは何としても自分たちの行動を正当化しなければならなかったのである。相国寺側の史料が残されていないため断言はできないが、おそらく「敵討ち」説は当時、すでに相国寺側からも訴訟の過程で主張されかねないような状況が存在していたのだろう（なお、[史料B]で三職たちが「かりに祐清殺害が豊岡の敵討ちだったとしても、豊岡は上意によって成敗されたのだから、それに対する敵討ちは無効である」という主張を行っているのも、「敵討ち」説に対する予防線だったとみるべきだろう）。

そして、それと相対するもう一方の見解が、三職たちの主張する「祐清殺害は下馬咎めをきっかけとした殺害である」という「下馬咎め」説である。この場合、祐清を殺害した谷内・横見の非は明らかであるから、領家方が直後に行った報復攻撃も当然、正当なものとして認められる。「下馬咎めは歴然である」と三職たちが気色張るのも当然のことといえる。

以上のように、祐清殺害の真相をめぐる言説は、「敵討ち」説にせよ「下馬咎め」説にせよ、いずれもすべてその直後の地頭方政所焼打ち事件をめぐる相論を想定した、それぞれに政治的な意味合いをもった言説だったのである。これまでの研究の最大の問題点は、このことを意識せず、それぞれに相反する二つの言説のうち、具体的な情景がうかがえる「下馬咎め」を実際に当日に起きた出来事と位置づけながらも、「敵討ち」を事件の「真相」として評価することで、祐清の死を階級対立の帰結として意味づけようとしたという点につきる。当事者間の食い違う二つの言説を無批判に接合させて事件を再構成してしまっているという点で、やはり恣意的な解釈だったというべきだろう。

(3) 原因は「敵討ち」か?「下馬咎め」か?

では、事件の真相は、はたして「敵討ち」だったのか、「下馬咎め」だったのか?

結論からいえば、筆者は、この事件は三職たちのいうとおり「下馬咎め」を発端とした偶発的なものであったと考える。というのも、「敵討ち」と考えるには、その前後の領家方と地頭方双方の動向にあまりに不自然な点が多いからである。

まず領家方の動向から不可解な点を三点ほど指摘しよう。第一点めは、冒頭から述べているとおり、祐清殺害が領家方百姓による依頼殺人だとした場合、直後に彼らが地頭方政所を復讐のために襲撃している理由が説明できないということである。そして第二点め、それがもし豊岡遺族による個別の依頼殺人だとした場合も、領域を異にする地頭方名主への謀殺依頼はあまりに手段として迂遠であるということ。また第三点めとして、その後の史料を見ると、事件翌年の寛正五年には豊岡高久が名主を務めていた節岡正分名の名主に、祐清に誅殺された豊岡高久の一族と考えられる豊岡三郎という者が任ぜられていることが確認できる。(17)もし豊岡の「親類」に依頼されて祐清が殺害されたとしたら、にもかかわらず、このようにその一族の者が事件後も領家方のなかで名主職に就いていることは理解しがたいことではないだろうか。

次に敵対する地頭方（相国寺）の動向に眼を移そう。こちらの第一の疑問としては、三職たちの心配をよそに、この後の長い相論の過程で相国寺側から祐清殺害が「敵討ち」であったとする主張や、実行犯の行為を正当化する主張が展開された形跡がまったくうかがえない、という点があげられる。相論の経緯を見てみても、相国寺はきっかけとなった祐清殺害事件には一切言及せず、一貫して政所焼打ち時の領家方の掠奪行為（＝過剰報復）の有無を争点として東寺を攻撃しているのである。かりに事件の真相が「敵討ち」であったのなら、相国寺の法廷闘争はこうした形態をとらなかったのではないだろうか。

そして、もう一つのより決定的な疑問は、相国寺が事後に祐清殺害犯の処罰を行っているという事実である。事件の翌年六月に本位田家盛らから東寺に送られた注進状には、「谷内か家をハ去年十二月ニこほち《（毀）》のけられ候、いま一人の横見ハ我か家ニ其まゝ候」という文句がみえる(18)。ここで領家方の百姓たちは谷内の家が闕所となり破却処分を受けたのに横見の家に対する処分がまだなされていないということを非難しているのだが、見逃せないのは、事件の四か月後の一二月に地頭方では主犯格の谷内に対して住宅破却という処罰が執行されているという点である。相国寺は祐清殺害事件については争う姿勢を見せないどころか、その年のうちに殺害犯の非を認めてそれなりの処分を済ませてしまっていたのである。

以上の諸点から筆者は、この殺害事件は通説と異なり「下馬咎め」による偶発的事件だったのではないかと考えている。たしかに三職たちの必死の抗弁内容をみるかぎり、実際に現地では敵方から苦しまぎれに「敵討ち」説が主張されていたらしい。しかし、それは地頭である相国寺によって訴訟の場で採用されることはなく、現実の事件も背後関係のない偶発的なものだったと思われる。その意味では三職たちの力みかえった抗弁は、まったく取り越し苦労だったことになる。

では、取り越し苦労であったにもかかわらず、なぜ三職たちはそこまで「敵討ち」説を採み消すのに躍起になっていたのだろうか。一見、不可解なことではあるが、これについては、その後の政所焼打ち事件をめぐる三職たちの言動をみると納得できる部分が多い。というのも、三職たちの焼打ち事件に関する注進状をみるかぎり、事件後の彼らには明らかに自らの不利を自覚して、必要以上にこの問題に神経質になっていた気配がうかがえるのである。たとえば、彼らは自らの報復攻撃の正当性については東寺に対して高らかに主張するのだが、じつは史料上で「取りちらし」とよばれる、焼打ちの混乱に乗じた自らの掠奪行為については意図的に報告から省き、口をつぐんでしまっている（実際には彼らの掠奪行為は、この後、次々と敵方から暴露されてしまうのだが……）。

また、三職たちは［史料A］で殺害当日の祐清の行動を「御宮めぐり」と報告している。しかし、これについても辰田芳雄の年貢未進徴符の分析より、殺害当日も祐清は節岡太郎兵衛から去年の未進分として一〇〇文を徴収していることが判明している。「御宮めぐり」と言いながら、じつは祐清は殺害当日も年貢徴収業務に当たっていたのであって、彼は死去の当日まで強引な所務による徹底した年貢収奪の姿勢を変えていなかったのである。(19)おそらく三職たちが、あえて未進年貢徴収業務を「御宮めぐり」と証言したのも、相国寺側から「敵討ち」説が持ち出されるのではないかという疑心暗鬼のなかで、祐清の殺害と彼の強引な年貢徴収業務が因果関係のあるものととらえられることを警戒したためだろう。

客観的に見ても事件後の領家方の人々の報復は明らかに過剰であり、これらのささやかな作為の跡を見るかぎりでも、どうも彼ら自身そのことを自覚していたことはまちがいないようだ。身にやましい部分がありながらも、それをなんとか正当化するために、三職たちには初発の祐清殺害事件が不当なものであったことを強調しなければならなかったのである。けっきょく彼らが実際には一度も相国寺側から主張されることのなかった「敵討ち」

説を過度に警戒していたのも、そうした心理によるものだと考えられる。

三　家を作り候処にて、下馬咎め仕候――なぜ事件は起きたのか？――

（一）「下馬咎め」の法慣習？

では、祐清殺害事件が「下馬咎め」を発端とした単なる偶発的な殺人事件だとして、なにゆえその偶発的な事件は起きてしまったのだろうか。最後に、なぜ祐清は「下馬咎め」で殺されねばならなかったのか、その実際に起きた事件の背景について考察しておきたい。

祐清殺害事件を語るとき、これまでも必ず言及されてきたのが［史料A］で三職たちが語った「家を作り候処にて、下馬咎め仕候」という一節である。この一節をもとに、これまでは、このときの「下馬咎め」の原因は祐清が建築中の家の前を乗馬のまま通り過ぎようとしたため、と考えられてきた。しかし、そもそもなぜ建築中の家の前では下馬しなければならないのだろうか。「普請の所では下馬をするのが『地下の作法』であったという指摘もあるが、[20]類似の法慣習を筆者は他に知らない。研究者のなかには、これを「中世社会史を考える上で興味深い問題であろう」としながらも、「当時、普請中の家の前では、下馬するような習俗が一般的であったのかどうかは、残念ながら不明である」として、これを一般化するのに躊躇を示しているものもある。[21]また、網野善彦も、笠松宏至との対談のなかで類似の事例を問われて、「それは大変面白い問題だけれどもぼくも知りません。ただ名主の家の図面があってここまで下馬すると書いてあります。やはり建築の場は神聖なんでしょうか」と発言している。[22]はたして［史料A］から「建築中の家のまえでは下馬するべきだ」という法慣習を析出してきた、これまでの理解は正しいものなのだろうか。ここでも、もう一度関連史料を再読してみよう。

（2） 谷内家差図が語るもの

祐清が下馬咎めを言いかけられた経緯を語るうえで、ひときわ注目されるのは、事件の経緯を詳細に書き込んだ次に掲げる一枚の差図である。[23] この差図が地頭方政所と谷内家を描いたもので、そこにある書き込みが祐清殺害事件とその後の地頭方政所焼打ち事件に関する情報であるということは、すでに酒井紀美によって明らかにされているところである。[24] その酒井の成果に従えば、この絵図の向かって右側の「谷内家主殿東向」と書かれた区画がまさに殺害事件の起きた谷内家の母屋であり、左側の「客殿東向」と書かれて堀をめぐらした区画が谷内家の客殿であり、同時に焼打ちをうけた地頭方政所であった。つまり地頭方では、谷内のような有力百姓の敷地の一角の客殿を借りて、荘園経営のオフィスとしての政所を設営していたのである。この二つの建物が並び立つ手前にある一本の「路」を、事件当日、祐清は左から右に向かって乗馬して通行しようとし、運悪く遭難してしまったらしい。

しかし、この差図を読解するときに留意しなければならないのは、この差図が客観的に事件の概要を図示したものではなく、この差図もやはり、その後の領家方と地頭方の相論の過程で作成されたものである、ということである。この差図の内容は本位田家盛注進状の内容と対応していることから、おそらく今回の事件をうけて本位田家盛注進状に添付され、現地から東寺に送られたものであると思われる。そのことを念頭に置いて差図のなかのそれぞれの書き込みに注意してみると、やはり、ここでも方位や地目を示す言葉以外は、いずれも領家方にとって都合のいいことばかりが強調されていることに気がつく。それらの書き込みの訴えるところは、大きく分けて以下の三種類にまとめることができそうである。

まず一種類めは、その後の地頭方政所に対する領家方の百姓たちの放火・掠奪が限定的なものだったことを示す書き込み。「これハ一向いろハす候」（ここにはまったく手をつけていない）とか、「其上不焼候」（まして放火な

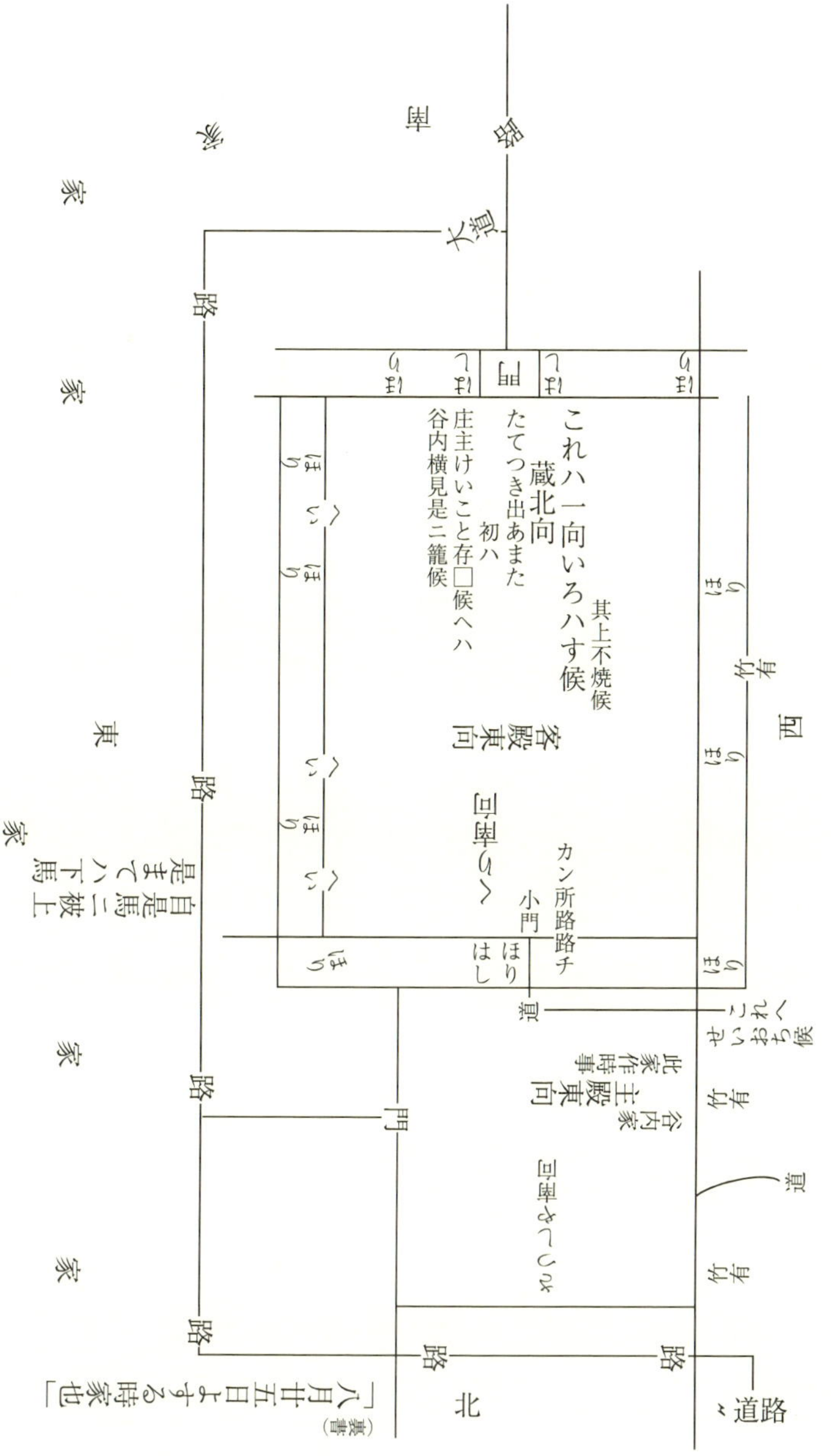

新見荘地頭方百姓谷内家差図（ナ函399、『岡』608、『新』698）

どしていない）といった記述は、いずれもこれに該当する。これらを通じて、領家方は自らの行った政所焼打ちが、あくまで報復行為もしくは殺害犯に対する検断行為の常識的範囲内であることを主張しようとしているのだろう（実際にはかなりの逸脱を犯していたのだが……）。

そして、二種類めは、襲撃時に殺害犯の谷内・横見がたしかに政所内にいたことを示す書き込み。「たてつき出あまた、庄主けいこ《警固》と初ハ存□候へハ、谷内・横見、是ニ籠候」（楯が数多く突き出ており、最初は庄主の警護のためかと思ったが、谷内・横見はここに逃げ込んでいた）とか、「これへせい《勢》おち候」（ここから軍勢は逃走していった）といった記述が、それに当たる。中世社会においては犯罪者が立ち寄っただけの家屋も「寄宿の咎」として当然のように検断の対象となる。しかし、犯罪者が立ち寄ってもいない無関係の家屋を襲撃・放火し、ましてそこが荘園経営のための重要施設であったとすれば、その行為は決して許されるものではないだろう。そのため領家方としては、これらの情報を差図に書き込むことで、なんとしてでも襲撃時に犯罪者がその場所にいたことを立証する必要があった。また、このとき政所に籠もっていた地頭方の人々が決して無抵抗ではなく「勢」とよばれるほどの集団で「楯突き出」という重武装をしていたという記述も、もしそれが本当ならば、そこを襲撃した領家方にとっては有利な事実となるだろう。

そして最後の三種類めの書き込みが、他でもなく祐清が建築中の家の前で下馬したことを示す書き込みである。「是まてハ下馬、自是馬ニ被上」（ここまでは下馬していたが、ここからは馬に乗った）や、「此家作時《マヽ》事」（この家は建築中であった）といった記述が、それに当たる。一見すると何ということもない記述に思われるが、これまでの他の記述がいずれも領家方にとって都合のよい事実ばかりを述べたものであることを考えると、これらの記述にも領家方にとって有利な意味合いがあったと考えるべきだろう。まず、「是まてハ下馬、自是馬ニ被上」という書き込みである。ここで祐清が向かって左側から右側に向かって道を通行していたとすれば、この書き込みは

「政所の前までは下馬していたが、谷内家の前からは馬に乗った」ということを意味していることになる。こうした書き込みを祐清を擁護する立場の領家方の者がわざわざしているとすれば、むしろ彼らは「政所の前までは下馬していたが、谷内家の前からは馬に乗った」ということを正当な行為として主張していると考えるべきではないだろうか。つまり、彼らは「政所の前では下馬するのは当然だが、谷内家の前では下馬する必要はない」と考えていたとしか思えないのである。そして、その問題の谷内家については「此家作時事《ママ》」という註記をわざわざ行っている。また実際に［史料A］の注進状でも、三職たちはわざわざ谷内らが「家を作候処にて、下馬とかめ仕候」と指摘している。

とすれば、これまでの解釈とは正反対に、三職たちの主張の背後にある論理は、むしろ「建設中の家には下馬する必要はない」というものだったのではないだろうか。つまり、建築中の家というのは家としては不完全なものだから敬意をはらう必要はない、というわけである。「建築中の家の前では下馬しなければならない」という類例も確認できない奇妙な法慣習を想定するよりも、こちらのほうがよほど自然な解釈だと思うのだが、どうだろうか。「祐清は礼儀をわきまえた人物で、殺害時にも彼は建設済みの政所家のまえではしっかりと下馬していた。しかし、地頭方の者たちは祐清に対して、本来その必要のない建築中の隣家に対しても下馬することを要求し、下馬咎めを言いかけてきた。これはまったく不当な言いがかりである」。この書き込みに込められた三職たち領家側の者の主張を代弁すれば、以上のようになるのではないだろうか。

しかし、これはあくまでも一方の領家方の言い分にすぎない。紛争になる以上、地頭方にもそれなりの言い分があったはずだ。いまここで地頭方が下馬咎めを言いかけてきた理由を忖度すれば、おそらくそれは先に指摘した地頭方政所と谷内家の微妙な関係にすべての原因があったのではないかと思われる。つまり、酒井が明らかにしたように、地頭方政所は規模こそ大きいが、現実には谷内家のあくまで「客殿」にすぎなかった。そのため、見た目とは異なり、谷内家の人々から見れば、地頭方政所と谷内家は不可分の存在、もしくは重要度では「主殿」のほうが勝っている存在だったはずである。にもかかわらず、「客殿」である政所に敬意を表わしながらも、建築中とはいえ、谷内家の「主殿」を無視して乗馬する、という祐清の行為を彼らは心底許せなかったのではないだろうか。祐清にしてみれば路頭礼を十分に意識したうえで政所には敬意を払い下馬し、建築中である谷内家にはその必要がないと考えて乗馬したわけだが、同じことが谷内家の家人たちには自分たちを蔑ろにした無礼な行為と映ってしまったのである。この行き違いに一連の悲劇のすべての原因があったといえよう。だとすれば、けっきょく祐清殺害事件は、通説でいわれるような「敵討ち」を目的とした謀殺などではなく、百姓家の客殿を転用するという当時の政所建築の微妙な性格をめぐり、双方の敬礼認識の差異により起こった不幸な事件だった、ということになるのではないだろうか。

おわりに

以上、史上著名な祐清殺害事件に対して、思い切って、まったく異なる私見を展開してみた。はたしてこの解釈が「真相」であるかどうか、すべては読者のご判断に委ねたいと思う。しかし、事件の「真相」がどうであれ、この考察を通じて筆者が学んだことが二つある。最後にそのことを述べて、本稿の結びとしたい。

一つは、一連の祐清殺害事件の関連史料は、すべて、その後の政所焼打ち事件をきっかけとした地頭方と領家方との対立が背景にあるものとして注意深く読解される必要がある、ということである。これまでの研究は事件自体の有名さのわりに、この点についてあまりに無自覚だったのではないだろうか。祐清殺害事件に関する一連の史料は決して無垢な真実を描いたものではなく、その後に続く領家方と地頭方との相論を念頭に置いた、いわば相論文書として、今後は読解される必要があるだろう。

そしてもう一つ気づかされたのは、これまでの研究が、いずれも祐清殺害事件をあまりに領主―百姓間対立の帰結として捉えようとしすぎていたために、いずれも事件の詳細や当時の人々の行動原理を正確に読みとり損なってしまっているということである。この事件では領家方の百姓たちは、支配者である祐清に対する日常的な不満とは明らかに別の行動原理で動いている。それは、同一集団に属する者のうけた損害を集団全体の損害と認識する、いわば中世的集団主義の論理である。他領の者によって自らの代官を殺害された怒りは、日頃の祐清の支配への反感を遙かにうわまわるものであり、それが人々をして地頭方政所焼打ちへと向かわせたのである。この点を抜きにして、この事件とそれに続く政所焼打ち事件を正確に解釈することは不可能であると思う。

また、この事件の経緯を微細に追跡してみると、復讐行為を正当と考える当時の人々の価値観や、下馬をめぐる解釈の相違など、非常に興味深い中世人独特の意識や習俗がいくつも見え隠れする。祐清殺害事件は、領主―百姓間対立や反動的支配の帰結としてではなく、こうした中世人の集団主義や、報復正当観、相反する法慣習の並存という社会実態や心性を反映した一紛争事件として、今後、正当に位置づけなおされる必要があるだろう。思うに、この事件にかぎらず、この荘園の歴史はこれまで支配関係論の枠組みで語られすぎてきた。もちろんそうした視点も重要ではあるが、新見荘の歴史は、そうした〈垂直関係〉の支配関係論ではなく、〈水平関係〉の社会関係論としても、まだまだ読みかえられる余地を残しているように思う。

(1) 本事件に関する先行研究は膨大な数にのぼるので、本稿に直接関連しないものについては、さしあたり京都府立総合資料館編『東寺百合文書にみる日本の中世』(京都新聞社、一九九八年)の「東寺百合文書関係論文目録」を参照されたい。

(2) 辰田芳雄「祐清殺害事件新論」(『日本史研究』四九二号、二〇〇三年)、渡邊太祐「新見荘祐清殺害事件と豊岡成敗」(『日本歴史』七一八号、二〇〇八年)など。

（3）高尾一彦「備中国新見荘」（柴田実編『庄園村落の構造』創元社、一九五五年）。
（4）前掲渡邊論文でも、豊岡事件の経緯を詳細に明らかにしながらも、肝心の部分で「交流や繫がりがあったと考えるほうが自然だ」として、ほとんど無根拠に祐清殺害を豊岡高久の敵討ちとして説明してしまっている。
（5）佐藤和彦「中世備中の農民闘争」（同『日本中世の内乱と民衆運動』校倉書房、一九九六年、初出一九七八年）。
（6）本位田家盛注進状（「東寺百合文書」ツ函二六二、『岡山県史　家わけ文書』一四四号、『新見市史』所収「新見荘史料編年目録」六七六号）。以下、本稿では「東寺百合文書」については文書名を省略し、『岡山県史　家わけ文書』は『岡』、『新見市史』所収「新見荘史料編年目録」は『新』と略記する。また、引用史料は主に『岡山県史』の翻刻によったが、写真帳と文意に基づき、一部よみを改めた部分がある（高橋敏子氏の御教示による）。
（7）新見荘奥・里村百姓等申状（サ函一二一、『岡』三六九、『新』六六六）。
（8）工藤敬一「悲劇の代官祐清」（同『荘園の人々』教育社新書、一九七八年）。
（9）小森正明「直務代官の支配」（阿部猛・佐藤和彦編『人物でたどる日本荘園史』東京堂出版、一九九〇年）。
（10）新見荘三職連署注進状（サ函一一〇、『岡』三六七、『新』六六三）。
（11）新見荘三職連署注進状（え函三六、『岡』九〇八、『新』六六七）。
（12）新見荘三職連署注進状（サ函一一一、『岡』三六八、『新』六六五）。
（13）本位田家盛注進状（サ函一一五、『岡』三七一、『新』六七一）。
（14）本位田家盛注進状（ツ函二六二、『岡』一四四、『新』六七六）。
（15）新見荘三職連署注進状（サ函一一八、『岡』三七四、『新』六七四）。
（16）拙著『喧嘩両成敗の誕生』（講談社選書メチエ、講談社、二〇〇六年）。
（17）備中国新見荘領家方年貢銭未進徴符（赤松俊秀編『教王護国寺文書』一七四〇号、『新』七八一）。
（18）新見荘上使本位田家盛・上総増祐連署注進状（サ函一三八、『岡』三九三、『新』七二二）。
（19）前掲辰田論文。
（20）池田好信の理解（上島有・大山喬平・黒川直則編『東寺百合文書を読む』思文閣出版、一九九八年、一四〇頁。前掲『東寺百合文書にみる日本の中世』二六一頁）。なお、これまでの研究のほとんどは、このときの谷内家の状態を「普請」と表現しているが、中世語で「普請」は土木工事を意味することから不正確な表現である。この場合は、史料上の表現からも「作事」（家屋建設）という語を使うべきだろう。

(21) 前掲小森論文。

(22) 網野善彦・笠松宏至『中世の裁判を読み解く』（学生社、二〇〇〇年）六六頁。網野善彦「百姓と建築」（『網野善彦著作集　第九巻　中世の生業と流通』岩波書店、二〇〇八年、初出一九九九年）参照。

(23) 新見荘地頭方百姓谷内家差図（サ函三九九、『岡』六〇八、『新』六九八）。

(24) 酒井紀美「徳政一揆と在地の合力」（同『日本中世の在地社会』吉川弘文館、一九九九年、初出一九九四年）。

備中国新見荘における代官新見国経期の公用京進と商人の活動

辰田芳雄

はじめに

東寺領備中国新見荘では寛正二年（一四六一）以後直務支配が展開するが、応仁・文明の乱後は請負代官により所務が行われる。明応の政変前夜の政治動向を背景に、延徳三年（一四九一）に細川政元の有力内衆秋庭元重―妹尾重康の代官請が成立したが、[1] 明応七年（一四九八）に妹尾重康とその息妹尾重保が死去したことに加え、京兆家内紛や秋庭元重の勢力衰退により、明応一〇年（一五〇一）には新見国経が代官として就任した。[2]

本稿では、明応一〇年から天文四年（一五三五）頃までの東寺領新見荘代官新見国経期の公用（年貢と公事）送進を具体的に検討することで中世後期の荘園制のあり方を考察する。

一　代官新見国経期の公用京進

新見荘を対象にした商業・流通史の研究は、杉山博により土台が作られたのち、[3] 多くの研究者によって深化されている。[4] 特に、新見荘の為替（割符）の研究は最近とみに盛んになっている。[5] しかし、代官新見国経期の詳細な研究は、近年の川戸貴史以外にはほとんど知られていない。川戸は、杉山が作成した公用送進の一覧表を参照しながら典拠を示して送進物一覧を新たに作成し直している(6)。また、『新見市史通史編上巻』(7)でも同様なものが作成されていた。ところが、これらの一覧表のデータのなかには史料の読み間違いや記載の誤りにより不正確な部分がある。そこで、典拠史料を再確認して改めて京進された公用一覧を作成した（表1）。

表1では、公用銭と公事とを分別した。その理由は、公用銭はのちに代物納されるものの原則的には銭納され、

紙(束)	蠟(斤)	鹿皮(枚)	公用銭換算(貫)	典　拠
			30	ひ142、け60
			70	ひ142、け62
10.5			68	ひ142、け63
			85	ひ142、け64
			55	ひ142、け65
			98.1	ひ142、け66
			20	ひ142、け67
			16	ひ142、け68
			20	ひ142、け70
			46.5	ひ142、け72
(15貫文分)			80	ひ142
			30	け75
140	12		74	ひ142、け75、76
48	6		70	ひ142、け77、78
60			73.4	け78
40			30	け79
60		35	17.375	け80
109	3		48.85	ひ142、け81
285	1	140	64.621	ひ142、る66
200	1		29.5	ひ142、る67
256			53.5	る68
60			31.23	る69
340	5		70	け83
30			0.3	け85
65			48.2	る70
76			43.333	る71
189	5		60	る72
60			40	る73
142.5			46.05	る74
			50	る75
10			10.1	る76
			40	る77

表1　代官新見国経期の公用送進物一覧

年	公事	公事納入日	割符	現銭(貫)	漆(桶)
文亀元(1501)	大・小桶各1	11/21		30	
2(1502)	大・小桶各1　紙5束	12/13		70	
3(1503)	大・小桶各1　紙10束5帖	12/22		68	
永正元(1504)	大・小桶各1　紙10束5帖	12/27		85	
2(1505)	大・小桶各1	12/14		48.5	指中2
3(1506)	大・小桶各1　紙10束	12/24		91.6	指中2
4(1507)				20	
5(1508)	大・小桶各1　紙10束	1/10		10	指中2
6(1509)					
7(1510)	大・小桶各1　紙10束	1/13	1	10	
8(1511)					
9(1512)	大・小桶各2　紙10束	2/6、12/20	1		指中11
10(1513)	大・小桶各1　紙10束5帖	3/19			
11(1514)	大・小桶各1　紙10束5帖	1/22			指中9
12(1515)	大・小桶各1　紙20束5帖	1/24、12/30		30	指中6
13(1516)	紙10束	12/28		0.7	指中14、一升桶3
14(1517)	大・小桶各1　紙10束5帖	12/5			指中8
15(1518)	大桶1	12/20			指中8
16(1519)	小桶1	4/18			指中2
17(1520)	大・小桶各1　紙10束	8/10、11/10			指中9
大永元(1521)	指中2・小桶1	5/24、12/28			指中6
2(1522)					指中2
3(1523)	指中1・小桶1	4/7			指中5
4(1524)					指中14、一升桶1
5(1525)					指中9
6(1526)					
7(1527)					
享禄元(1528)					指中12　小桶2
2(1529)					指中10
3(1530)	大・小桶各1　紙10束	4/7			指中10
4(1531)	一升桶1	6/2			指中9
天文元(1532)					指中9
2(1533)					指中15
3(1534)					指中3
4(1535)	指中1・一升桶1	12/8			指中12

註1：公事は公事漆・公事紙として納入されたものに限る。寺内で公事に転用したものは除いた。
　2：公用銭換算は、現銭はそのまま、代物納の場合は銭換算をして、当年の合計で記した。概数の年もある。
　3：典拠はすべて「東寺百合文書」の函・番号。

公事は漆と紙の現物で京進されるべきものであったことと、東寺側では公用銭と公事では使途も異なっていたからである（この区別の詳細は後述する）。また、典拠としたのは最勝光院方評定引付（以下、「引付」と略す）とそれを補う「新見荘公用寺納分注記」(8)などで、専ら東寺側が受け取ったことが確認できる史料に限定した。(9)この表をもとに代官新見国経期の公用京進の特徴を順次検討する。

（一） 割符の性格

まず、割符による年貢納入について考察する。寛正二年以後の直務支配の時期には割符による公用京進が頻繁であったが、代官秋庭重康―妹尾重康期には、明応元年（一四九二）・明応三年・明応六年・明応七年に送進された総額六〇貫文分に減少する。そして、表1によれば代官新見国経期における割符による納入は永正七年（一五一〇）と永正九年（一五一二）の二回のみである。割符による公用の送進の減少は、違割符が原因であるとされる。違割符は、商人が割符の振り出し時に購入した荷物の未着・遅着により発生するものであると、以前拙稿で確認した。(10)そこでは、三つの事例をあげて違割符の意味を解明したが、さらにここにもう一例をあげて割符と、割符と同時に運送される荷物の動きを見ておく。新見荘では寛正三年にも違割符が発生した。田所金子衡氏の書状(11)では、次の通りである。

国にてとりつき《取次》申候さいふ、京都にてこたゐす候よし、仰かふむり候、やかて国にて、さいふにても候へ、見《現》銭にても候へ、取りかへし進上申へく候、諸事重申入へく候、

さらに、門指了蔵の書状(12)では、次の通りである。

ちかいさいふ事、上使様よりかたく仰せ下され候、其分申て候、乍去、よそのあき人《商》ニ、はや代わたし候上ハ、これをとりかへさる丶事にて候間、田所方《金子衡氏》も、とうかん《等閑》なくさいそく《催促》申され候、此さいふ、こ丶もとの

とりつきぬし《取次主》候へ共、つ《津》の国わたなへ《渡辺》のあき人のさいふにて候と申候へ共、こゝにてつめハ、とりつきぬしをせつかん《折檻》仕、しち《質》をもとり、寺家の御そん《損》にハなしまいらせましき由、田所方かたく申され候、

これらの事例によれば、違割符になった場合依頼者がその損害を取り返すことができることがわかる。割符の送進に損害賠償請求権が付いていることが、割符の性格を理解する上で重要である。この場合、割符の発行者（年貢送進システムの元締め）は摂津国渡辺の商人であるが、取次主は新見在住の人物である。その取次主を折檻して、質を取り、損害を取り返すとしている。信用に乏しい割符（損害賠償が得にくい年貢送進）の場合は、質を取る事例が他にも見られる。[13]また、この割符が違割符になったのは、了蔵の書状に「よそのあき人ニ、はや代わたし候上ハ」とあることから、年貢銭により購入した商品が年貢送進システムの一環を構成する別の商人に渡り、その商人の荷物が渡辺の商人のもとに未着になったためと考えられる。

戦国期になると、多くの場合戦乱などによる路次困難な状況が違割符を生み出す。従って、戦国期において割符が使用されなくなるのは必然であろう。ここで、割符の盛衰を少し詳細に見てみよう。年貢送進のための割符は、商人に託した年貢銭（年貢銭自体や年貢銭で購入した商品）の預かり証（半券）である。割符による年貢送進システムのメリットを確認すると、三職や請負代官にとっては、商人に年貢銭を預けて割符（預り証）を得るだけで、荘園領主への年貢送進の処理を終えることができる点にある。しかも、輸送は保証される。一方、商人は三職や代官から得た年貢銭により商品を在地の和市で購入し、それを京上して売却し都鄙間価格格差を利用して利益をあげることができる。さらに運送手数料が得られる。このような年貢送進システムは、運送が比較的安全であり、且つ都鄙間価格格差が大きい場合に安定的に機能する。畿内商人にとっての需要も大であるから、物流システムも整備されるであろう。この割符による年貢送進は、在地の年貢送進者と畿内商人との互恵的システムであった。

しかし、応仁の乱以後になると、畿内商人にとっては京都での物価下落により和市を利用した利益が減少し、[14]路次物騒により輸送ルートの確保が困難となった。これにより、新見から京都へと荷物を運送する保証が困難になり、割符の発行が減少した。割符とは損害賠償付年貢銭輸送契約証とも言えるから、商人は割符（預かり証）を出してまで輸送をしなくなった。そこで、年貢銭の輸送は、割符に依らない形態となった。つまり、在地の代官は商人に損害賠償を前提とした安全な年貢輸送の委託ができなくなった。ところが、割符という損害補償付き預かり証を利用した年貢の輸送になれた在地では、商人の存在なくして年貢の輸送は困難になっていたので、割符の発行が停止されても、年貢の輸送は商人に頼らざるを得なかった。従って、一五世紀末以降の代官と荘園領主は、輸送過程で障害が発生した場合に補償が得られないことを承知のうえで、年貢送進を商人へ委託せざるを得なかったのである。この段階では、年貢送進は畿内商人と請負代官との互恵的システムではなくなり、畿内商人の都鄙間物流に便乗してなされることとなった。このことは、第二節であらためて論じる。

(2) 公用の割符による送進から現銭納・代物納へ

次に、表1に見えるとおり、一六世紀には割符が減少して現銭納や代物納が公用送進の中心になるが、このことの意味を考察してみよう。

割符での年貢銭の納入の場合は、まず代官が年貢銭（或いは現銭化する前の現物年貢）を割符の取次人に渡して割符を得て、東寺へ送進する。割符取次人は新見の市場で現地の和市により商品を購入し畿内の商人のもとへ輸送する。商品が商人のもとへ到着したことが確認されたのちに、商人は東寺から提示された割符に裏付をして現銭化するのである。一方、現銭納は新見の市場で換金された年貢銭が京都へ輸送される。商人の交易活動をともなわない単なる銭の運搬となったのである。この変化理由は、先述したとおり京都での物価下落と路次物騒による商人の割符停止にある。

さらに、現銭納にかわり代物納（漆・紙・蠟などで納入すること）になる。現銭納は永正一三年（一五一六）が最後である。永正二年（一五〇五）から指中桶での漆の送進により代物納がはじまる。この現銭納から代物納への変化については、「代銭納から現物納」と表現した川戸貴史の綿密な研究がある。川戸は、漆が新見荘で余剰生産物として流通し売価も京都に比べ安価であったことが、公用銭に代えて納入された理由であるとし、代官が漆の都鄙間物価格差を利用して資産蓄積を行ったとした。さらに、年貢銭に「悪銭」が混入することを仏事田年貢銭の史料の詳細な分析から明らかにした上で、「悪銭」売買禁止の永正二年の撰銭令[15]に注目し、東寺が「悪銭」問題に窮して現銭納を忌避し漆中心の代物納を容認したと考察した[16]。つまり、現銭納から代物納への変化は、代官側の資産蓄積[17]と東寺側の要請が要因となり、双方の利害の一致により実現したとする。このことを今一度確認してみよう。

東寺は、永正二年に公用銭を漆で納入することを問題にした[18]。

一、新見御公用之事去年未進分二十五貫文之内五貫文者、去卯月十五日出之、残分事、漆二桶有之、且有寺納者、可畏存之由、又三郎（新見政直）方堅御侘事申之間、披露候処ニ、如此シロ（代）物ハ雖不可叶、只今計ハ漆ニテ可被召、於自今已後者、一向不可有承引之由、堅可申遣之由、衆議治定了、

この史料で、公用銭未進二〇貫文のうちに漆二桶を宛てることを新見政直が要請したこと、原則として漆による代物納は認めないこと、しかしこの回に限り認めること、以後はけっして代物納は認めないことを最勝光院方評定で決議したことがわかる。この漆は、「引付」五月二六日条によれば、公事銭の代六貫五〇〇文分[19]として分配された。次に翌年の永正三年の「引付」を見てみよう[20]。

就中、漆事、公用分ニ可寺納之由、新見又三郎（政直）弥令侘事、寺家無許容、然而及数ケ度、懇切ニ申之間、如去

年二桶分代六貫五百文也可寺納之由、衆儀候間、其分申遣候間、今日持来了、

ここでも新見政直が漆による代物納を要請している。東寺は当初漆納を許容しなかったが、新見政直の数度にわたる懇切な申し出により了承した。この年には現銭二〇貫文のうち二〇〇文余の悪銭が混入する事態(21)があったが、注目すべきは新見政直が公用銭の漆による代物納を主導したことである。新見政直は、新見国経が代官職を得る際に奔走した(22)人物であるが、東寺と壬生官家小槻氏との関係を調停したり(23)幕府奉行人との交渉をするなど外部交渉役となった(24)だけでなく、新見荘からの公用の取次(25)などの東寺と在地を結ぶパイプ役も担った(26)。公用の京進は商人の都鄙間物流システムのなかで行われたので、個々の物流を担った商人やその組織に精通した人物が必要とされた。こうした役割を果たした人物こそが新見政直や後述する慈雲庵宗見であった。新見政直が繰り返し公用の代物納を要求したことが現銭納から代物納への契機とするなら、在地の請負代官や都鄙間物流を委託された商人の側にその要因があると考えられる。

(3) 公事の性格と意味

さらに公事と年貢の性格の違いについて検討する。新見国経の代官職請文(27)では、「御公用、不謂庄下之水旱風虫損、毎年百貫文、無懈怠可致其沙汰事」「御公用漆五升弐合庄之舛定、紙拾束五帖、両種共ニ九月中ニ、任先例、可致寺納之事」とある。前者の「御公用」とは、請切代官制における請切年貢高で一般には公用銭と表現される(28)。後者の「御公用漆・紙」は、公用銭とは別に納入する公事(29)である。つまり、新見国経の請切額は、公用銭一〇〇貫文、公事漆五升二合と公事紙一〇束五帖であった。この公事漆と公事紙の契約額は、前代官秋庭元重—妹尾重康の時と同様であり(30)、それを踏襲したものである。しかし、請文に記された公用銭・公事の量と実際に納入すべき量とを比較すると、公事紙一〇束五帖の量は変わらないが、公事漆の納入量は大桶一（二升）と小桶一（一升）

が恒例となった。[31] この公事漆「大小二桶」の初見は明応二年（一四九三）である。

表1で代官新見国経期の公事の納入日に注目すると、文亀元年（一五〇一）から永正一五年（一五一八）までの間は、一二月・一月が多い。おそらく、代官請文では九月中に納めると記されているが、実際には歳暮として年末に納められたようである。[32] 一月やそれ以後に京に到来した場合は、戦乱などで路次が困難であったことによると思われる。

ここで荘園領主東寺にとって新見荘からの公事とは何かを考察しよう。まず「引付」により公事のうち漆大小二桶の分配の様子を考察する。文亀元年には、次のようであった（「百合」け六〇、「引付」一一月二四日条）。

一、新見庄公用、去廿一日拾貫文、漆弐桶大小寺納、仍於斫足者、去廿二日支配、漆弐桶之分弐升六合塗師カ升ノ定有之、十口各大合二坏、皿合三坏宛之、公文并塗師等各一皿宛、如例支配了、

文亀二年は、次のようであった（「百合」け六二、「引付」一二月一〇日条）。

一、如先規、弐桶到来、仍支配之趣、披露了、
　大小弐桶分ニ弐升六合有之 塗師升定、
十口 加奉行分定 各三合宛有之 塗師定
　公文并塗師、各一皿取之、先規如此、

最勝光院方は、正中二年（一三二五）に後醍醐天皇の御願により成立し、講堂に仁王般若秘法を修す六口供僧と灌頂院護摩堂に長日護摩を修す三口供僧の合わせて九口で構成されていた。そこで、公事漆はその年の年預（奉行）分を加えて一〇口分に分配され、公文と塗師に一皿ずつ与えられる。右の史料では、塗師の枡では二升六合であった漆は、三升二皿に別の枡で延ばされて分配されている。なお、「大合二坏」と「皿合三坏」が「三合」に相当するので、一合＝三皿であったことがわかる。[33] こうして、文亀元年と文亀二年は、供僧一口あたり三

合（＝二合三皿）が分配された。

ところが、公用銭（年貢）の代物である漆は、例えば次のように分配される。(34)

注進　去年新見荘御年貢代支配状事

合拾貫文 但、漆五十七合有 壱合別百七十六文

四百文　但、漆二合　　官家

九十文　但、漆皿一半ヘラ一　講堂御支具　三ヶ月分

六十文　同皿一ヘラ一　護广(摩)御支具　三ヶ月分

四十五文　同皿三分二ヘラ一　塔御支具

弐百文　同一合三分一ヘラ一　漆分酒直料

以上七百五十九文

残九貫弐百二文内

百八十四文　但、漆一合ヘラ二　公文所分

残九貫十五文

講堂七口御分　四貫百九文　口別五百八十七文 但漆三合皿一ツ

護广三口御分　一貫四百十六文　口別四百七十二文 同二合皿二ツヘラ一

三聖人并公文分　一貫四百十二文　〻〻三百五十三文 同二合

両雑掌　五百八十七文 弐百九十三文 漆一合皿二ツ内少取之

預以下十二半　一貫四百八十八文　人別百十九文 漆皿二ツヘラ一

右、支配状如件、

享禄三年卯月十一日　　　　公文

寺内での分配の割合がわかりやすい漆一〇貫文分の支配状を示した[35]。これによれば、まず官家（壬生の小槻家）への本役、各堂舎の用具費用、漆分配の実務をする漆師への酒代、さらに公文所の取分を支出し、そして講堂供僧（六人）・灌頂院護摩堂供僧（三人）・三聖人と公文（四人）・雑掌（二人）・預以下の公人（一二人半）へ一定の割合で分配される。口別（一人宛）では、講堂供僧に対して灌頂院護摩堂供僧はその八割、三聖人と公文は六割、雑掌は五割、預以下の公人は二割である。年貢として納入された漆は、最勝光院方に関わる寺内組織に現物で分配されるしくみになっていることがわかる。これは、年貢として上納された紙や蠟の場合でも同様である[36]。

ところが上述したように公事は明らかに年貢とは区別されていた。公事漆は大・小の一対の桶で送進され、公事紙は国節料紙[37]と呼ばれる上質なもので、上記の如く供僧得分として分配される[38]。公事は年預（奉行）には一口分加算されるので、年内に納められれば問題ないが、翌年になるとどちらの年の年預の取り分となるかが直ちに問題になった[39]。この問題は、「一巡之御法」、「一巡之法度」[40]として定められ、寺内では重要視された。さらに、公事が納入されない場合、年貢の漆や紙が公事として流用された[41]。公事と年貢では分配のルールが異なるので、供僧にとって公事漆や公事紙は特別の意味を持った。それ故に新見荘の代官にとっては、公事送進こそ新見荘の当知行が確認される奉公と認識され、年貢送進以上に在地支配の正統性確保のためには重要であったと思われる[42]。

以上、代官新見国経期の年貢・公事の京進変化とその意味を考察した。代官と商人にとって互恵的存在であった「割符による年貢送進システム」がなくなった後、代官と東寺は公用の送進をまったく商人の商品物流システムに委ねることとなり、商人が一六世紀の荘園制を支えた。次節では、代官・商人・東寺の三者の間にあって都鄙間物流を統括した人物に焦点を当てて、中世後期荘園制の展開を考察したい。

二　慈雲庵宗見の役割と商人の活動

代官新見国経期における新見から東寺への公用の送進のあり方を具体的に見てみよう。この時期には、多くの商人が公用送進に携わっているが、その商人を統括していた人物に慈雲庵宗見がいる。宗見がどのような出自であるかは不明である(43)。そこで宗見の活動を検討するために、表2を作成した。この表から宗見が新見荘から東寺への公用納入に際して極めて重要な役割を果たしていることがわかる。宗見の初見史料を見てみよう。在京の新見政直宛の代官新見国経の書状である(44)（表2No.1）。

商人大郎五郎罷上候間、以書状申入候、
一、今月二日津々二郎衛門かたより便宜候由申候間、御本所漆・帋先上申候、定而京着候哉、
一、御本所御公用只今上申候、当年如何候哉、下地催促堅仕候へ共、米・大豆之和市事外多候て、代方なと一向納かね候、さ様儀より、御公用すき〳〵と上不申候、弥さいそく仕、春ニ成、少事なり共上可申候、
一、ほうりん（宝輪）院様公文殿（敬宝証玄）先度預御状候、畏入候、尤只今返事、可申入候へ共、（中略）
一、宗見（宗承）只今上可申候へ共、我ら歓楽かいしやく（介錯）此方衆余ニ無調法候間、少減之間留申候、御本所ニも可有御不思議間、此分内々可有御意得候、歓楽者しやくしゆ（積聚）ニて候、今月二日書状ニ申候間、只今委不及申候、明春者、目出早々可申入候、恐惶謹言、
（永正二）十二月十三日　国経（花押）
（新見政直）又三郎殿参人々御中

この書状には、いくつかの注目すべき点がある。まず、本来京都にいるはずの宗見が新見に下向している点である。おそらく宗見が東寺の上使のような役割を担って在地の所務を行っていたのであろう。宗見が東寺の上使

として新見荘へ下向したことは、表2のNo.9やNo.31でも確認されるし、No.20では宗見が使僧を派遣している。請切代官制にあっても、宗見は荘園領主からの上使として派遣され、荘園経営に密接に関係している。次に、新見から京都への書状の送付や物資の輸送が、商人の都合（「便宜」）に合わせてなされている点である。「御本所漆・帋」（公事）は、「津々二郎衛門かた」の「便宜」で送られたし、この書状自体も「商人大郎五郎」が上洛する機会をとらえて送られている。表2によれば、年貢公事送進の可否は「便宜」の有無による。例えば、No.28新見国経書状によれば「幸便相尋可上申とハ申度候へ共」、No.33では「無好便、于今罷過候」、No.35では「以好便、一筆令申候」、「船便宜候ハて、つらしま《連島》辺ニ、逗留仕候つる由」の表現が見られ、新見から京都への物流は専ら商人の「便宜」に依存している。管見によれば、東寺へ公用の運送にあたった商人でその名がわかるのは、右史料の大郎五郎以外に、しんか五郎三郎・臣下二郎三郎・かさはや中間五郎二郎・伯州之彦次郎(45)・しんか新九郎(46)・臣下与三左衛門尉(47)であるが、多く場合はその名を記されず単に商人とされる。

上記の書状はたまたま宗見が新見に滞在中に新見国経が新見政直へ宛てたものであるが、新見国経から東寺の公文などへの書状には、「尚慈雲庵《宗見》、可被申候」（No.6）の如く、詳細については宗見が述べる旨が記されているのが常である（No.9、No.10、No.14、No.15、No.17、No.20）。このことから、代官新見国経から東寺への書状は、東寺へ直接に届けられるのではなく、宗見への書状とともに宗見のもとへ送付され、宗見が東寺へ持参していたことがわかる(48)。そして、宗見は東寺宛の書状の内容に加えて在地情報などを披露し、東寺側の公用未着・遅着への疑惑への返答をするだけでなく、供僧評定への意見も述べている(49)。宗見は新見と東寺を繋ぐ要の立場で、双方が利益を得るための媒介役であった。

さらに、宗見が京都周辺の商人の活動情報に詳しかったため、東寺に多大の利益をもたらした事例を紹介する（No.21〜No.24）。

表２　慈雲庵宗見に関する記事の一覧

No.	年	月　日	記　　事	典　　拠
1	永正２年(1505)	12月13日	宗見、新見国経看病のため在地逗留	い56　新見国経書状→新見政直
2	永正３年(1506)	６月24日	宗見、公用５貫文を藤次郎とともに持来。引付での宗見初見	引付け66
3	永正７年(1510)	１月13日	宗顕、寺家に対して新見荘の所務について意見をし、評定で可決される	引付け70
4		５月24日	宗顕、近日に公用1000疋京着の報告。割符の裏付は、錦少路町御徳で。28日に渡進	引付け70
5		12月24日	宗顕、公用1000疋の運送情報を伝える	引付け70
6	永正８年(1511)	12月10日	「尚慈雲庵、可被申候」	ゆ53　新見国経書状→公文殿
7	永正９年(1512)	１月29日	宗憲、公文証玄へ公用到来情報。宗憲が10貫文の割符を持来、公文が現銭化。供僧は宗憲へ代物納不可を堅く申す	引付け72
8		10月9日	宗見、代官蔵人からの一昨年の未進分年貢と９月書状を持来	引付け72
9		12月14日	「巨細之段慈雲可被申候」。「慈雲庵可被申候」	フ226　新見国経書状→公文殿
10	永正10年(1513)	３月５日	慈雲庵宗見、上使として下向し年貢催促の所務。「定而宗見可被申入候」	フ167　新見政直書状→宝輪院
11		３月７日	宗見、早々に上洛すべきところ、延引。「委曲慈雲庵可被申入候」	フ185　新見国経書状→宝輪院
12	永正12年(1515)	12月13日	８月より戦争になり、地下が年貢の所務が不可能になったことを宗見へ９月に注進した	ゆ78　新見国経書状→公文殿
13	永正13年(1516)	１月14日	宗見、東寺へ蠟鍋２斤・漆桶３・紙23束・料足700文を持来	引付け77
14		３月２日	年貢収納の詳細を「定宗見、可被申候」	ゆ57　新見国経書状→公文所
15		３月26日	祈念の依頼について「委曲慈雲庵可被申候」	ニ240　新見国経書状→公文所
16		10月19日	宗見、京都より漆大切のため漆上納の指示・要請	ゆ67　新見国経書状→公文殿
17		12月16日	東寺への祈禱の依頼につき「委細者、宗見のかたへ申候間、定可被申候」	ゆ80　新見政直書状→公文殿
18	永正14年(1517)	３月22日	年貢納入の遅れは幸便なきことや病に伏していたことを「委慈雲庵可被申候」	え71　新見国経書状→公文殿
19		５月17日	宗憲、新見国経の年貢寺納情報を供僧評定で申す	引付け78

20		12月15日	慈雲、公用について使僧を在地へ下す。「委細慈雲可被申候」	ゆ79　新見国経書状→公文殿
21	永正17年(1520)	2月18日	新見宗見、備前・播磨の通路が途絶えたため、去年公用の不寺納の情報を伝える	引付け81
22		閏6月16日	新見宗見、山崎之常磐納所五郎三郎(しんか)の備中下向情報を得て、寺家に彼に年貢注進を委ねることを提案	引付け81
23		8月10日	新見宗見、備中へ下向した五郎三郎が罷上との情報、50貫文分到来	引付け81
24		8月14日	新見宗見としんかへそれぞれ100文、粉骨分100疋	引付け81
25	大永元年(1521)	12月28日	公用を「都合商人運送之間、慈雲庵令寺納了」	引付る66
26	大永2年(1522)	1月11日	宗見が年始御礼に来臨、「如前々、千疋持来之間、如形一献有之」	引付る67
27	大永3年(1523)	4月25日	宗見、公事紙の弁進を請乞う。宗見、紙108束を10貫文、漆指中5桶を20貫文、計30貫文の請取を要求	引付る68
28	大永7年(1527)	3月27日	慈雲、路次不通による公用の上納状況を申す。宗見が年老いてはたと力を落とした	よ181　新見国経書状→公文殿
29		4月19日	宗見、3月頃紙・漆を播州まで運んだが争乱で不到来と申す	引付け85
30	享禄元年(1528)	9月11日	借銭の返済として小桶1つ宗見方へ	引付る70
31	享禄3年(1530)	4月1日	慈雲庵、享徳2年冬より公用催促のために備中国へ下向。今日、上洛	引付る72
32		4月11日	宗見へ備中下向の粉骨分として指中1桶	引付る72
33	享禄4年(1531)	5月15日	「慈雲庵可被申入候」	ヌ240　新見国経書状→公文殿
34		6月2日	慈雲庵、公用到来で送状持来。引付での宗見最後の記事	引付る73
35	享禄5年(1532)	5月14日	公用漆・紙15貫文分、臣下二郎三郎に託し、慈雲庵へ。慈雲庵が他行であれば、薬屋通正四郎左衛門尉へ荷物を	さ154　新見国経書状→公文殿
36	天文2年(1533)	6月23日	「慈雲定可被寄年罷候、万せうし(笑止)存候」	ヤ215　新見国経書状→公文殿
37		11月10日	「宗見之儀、無是非候、彼跡つき之事、委細心得申候」	ヤ229　新見国経書状→公文殿

註1：典拠は、「東寺百合文書」の函・番号。引付は、最勝光院方評定引付。
2：No.9は年欠文書で年代比定が困難であるが、ひとまずここに置く。
3：慈雲庵宗見の人物名表記は原史料通りとした。

永正一七年（一五二〇）一一月一八日の宗見の注進によれば、去年新見から三日間路次を進んだが、備前・播磨両国は一向通路がなく、結局公用を「国人」（代官新見国経方）が持ち帰った。閏六月一六日には、宗見が「寺家が代官新見国経と打ち合わせたうえでしかるべき商人を下向させ代官から商人に公用を渡すように」と注進した。そして、「山崎之常磐納所五郎三郎異名しんか」が幸いに備中へ下向するので、代官新見蔵人国経へ寺家から書状を認めて、五郎三郎へ公用を渡し京へ運ばせたらどうかと提案した。そして公文証玄から新見国経へ次のような書状が書かれた[50]。

去六月五日御状、後六月十五日自慈雲庵（宗見）到来、拝見申候、如仰、当年者未申承候、御慶珍重存候、仍去年御公用銭事、于今依無御運上、御願忽ニ可及退転候之間、公私不可然候、但、播・摂両国通路相留候故、非御如在旨、委細承候、於寺家、具致披露候処、如何様にも路次之儀、御調法候て、去年分御公用銭并公事紙・同漆以下、如先々、悉御寺納候様ニ、堅可申下之由候、若猶遅怠之儀候者、諸役者以下不可随御願候之間、無闕所様ニ、早々御運上肝要候、就中、山崎常磐被官五郎三郎異名しんかと申候哉、幸罷下候之間、彼仁被仰合、御公事以下可被渡候、慈雲庵内々彼仁可然之旨、被申候間、如此候、巨細自慈雲、可被申入候、恐々謹言、

後六月十九日　　証玄　判

新見蔵人殿御宿所
尊報

この書状でも代官新見国経と東寺の間には宗見が仲介に入っていることがわかり、代官への公文の書状に加えて宗見の書状も同時に送られた。そして、「引付」八月一〇日条では、商人しんか五郎三郎は、漆サシ中桶九ツ（三三貫五〇〇文分）・雑帋百十束（一二貫文分）・蠟三鍋（四貫五〇〇文分）の公用計五〇貫文分を備中より運送したことが記されている[51]。この公用の運送情報についても「新見宗見来テ申、先度備中へ被下候五郎三郎異名しんか、

一両日以前罷上候」とあるように五郎三郎の京着以前にその情報を得ている。宗見は、畿内に確かな商人ネットワークを形成している。なお、商人しんか五郎三郎は以後も東寺から信頼される商人として荷物の運送に携わっている。

宗見は東寺の上使的役割で新見に下向して年貢の所務を行うこともあったが、多くは在京して物流商人のネットワークの要の位置にあり、東寺への公用納入業務の中枢を担っていた。宗見は、公用の現銭納・代物納が一般化する以前には割符の裏付も行っている。No.4では、「昨日廿四日宗顕来云、近日、新見庄公用千疋京着候、割符之裏付、錦少路御徳ト云也、今月廿八日ニ可進之由申定畢」とあり、宗見が新見から送付された割符を得て商人錦少路御徳に持ち込んで裏付をし、四日後に現銭化している。No.7でも宗見が割符を「持来」している。この割符の受取・裏付の業務は代官秋庭元重―妹尾重康期における妹尾重康の役割と同様である。また、東寺は、「此夏備中ノ商人拾貫文ニ引替寺納申間、只今漆三桶ニテ返弁」(52)とあるように商人から借銭しているが、宗見も公事未進を立て替えたり(No.27)、寺家に融資をしたりしている(No.30)。

以上のように宗見は新見荘代官の東寺への公用納入をさまざまな形で媒介している。これを列挙すると、①公用の寺納、②上使として下向し所務、③商人の都鄙間の動向を把握したうえでの商人利用、④割符の受取と裏付、⑤公事未進の時の立て替え、⑥寺家への融資、などである。

戦国時代になると各地で大名や国人の抗争が激しくなった。しかし、新見・京都間の交通が困難になっても、慈雲庵宗見や臣下五郎三郎などの商人の活動によって都鄙間輸送が確保された。新見国経のあとの代官新見貞経期になると、さらに商人の活動が目を引くようになる。(53)東寺への公用は、専ら商人のネットワークによって上納されたのである。

おわりに

一六世紀前半は荘園制の決定的崩壊期と言われる。また、中世後期における荘園制は、荘園領主である中央都市貴族層や有力寺社が武家を頼りにした請切代官制を採用して荘園領主の支配は有名無実になり、荘園領主は荘園制へ寄生する存在になると言われる(54)。ところが、ここで見たように一六世紀になっても新見荘では請切代官が相当量の年貢・公事の京進を継続して荘園制は存続する。なぜ、応仁の乱以後も一世紀以上に渡り、公用が中央都市貴族や寺社へ送進されるのかは、国家秩序の問題として考察されねばならないと思う。しかし、この問題を正面から論じるのは後日を期すとして、ここでは公用の送進の実態を整理した。

一六世紀になると公用の送進方法が割符による京進から現銭納・代物納に変化した。一五世紀までは割符による公用送進は在地の代官と畿内商人の互恵的システムとして成立していたが、京都での物価下落や路次物騒が原因で割符によらない現銭納・代物納となった。年貢の現銭納・代物納は、商人が独自に形成している都鄙間物流システムに便乗して行われたので、年貢送進は専ら商人に委ねられた。中央の荘園領主は地方からの年貢送進を畿内商人の都鄙間交易活動に依存することになったが、畿内商人の活動を熟知し掌握できるマネージャーの存在なくしては年貢・公事の収納は困難であった。新見荘においては、初期には新見政直、次いで慈雲庵宗見がこの公用収取マネージャーとして活躍し、商人による公用京進システムを統括した。以下の史料は代官新見国経が東寺公文に宛てた書状（表2No.35）である。

以好便、一筆令申候、仍去三月十日比候哉、風早中間五郎次郎罷上候間、以書状、申入候、（中略）只今、為御公用、漆指中桶三・中折紙三十束・小帋二束、十五貫文分ニ寺納申候、慈雲庵（宗見）可被届申候、臣下二郎三郎と申者ニ、荷物者渡候、若慈雲庵、他行なとの事候者、薬屋道正四郎左衛門尉ニ、荷物可渡之由、申付候

間、可有御尋候（後略）

この書状は、公用送進のしくみが荘園領主の手から離れ、風早中間五郎や臣下二郎三郎のような商人やその商人たちを統括する慈雲庵宗見のような存在により維持されたことを物語っている。そして、主に在地にあった代官新見国経は、在京の一族新見政直や慈雲庵宗見を媒介に公事・年貢を京進することで在地での当知行が安堵され、国人としての支配を展開した。つまり、一六世紀における荘園制は、国人代官の当知行安堵（近隣勢力排除）を実現するための公用送進と商人の利害が一致して展開していたのである。

（1）拙稿「明応の政変前夜の政治動向と新見荘――「代官妹尾重康」期について――」（『岡山朝日研究紀要』二八号、二〇〇七年）。
（2）「東寺百合文書」サ函三三一号文書（以下「百合」サ三三一の如く略す）、明応一〇年二月二〇日、新見国経備中国新見荘領家代官職条々請文。
（3）杉山博『庄園解体過程の研究』（東京大学出版会、一九五九年）。
（4）鈴木敦子『日本中世社会の流通構造』（校倉書房、二〇〇〇年）など。
（5）拙稿「年貢送進手段としての割符について――裏付の意味を中心に――」（『岡山朝日研究紀要』二七号、二〇〇六年）。伊藤啓介「割符のしくみと為替・流通・金融」（『史林』八九巻三号、二〇〇六年）。早島大祐『首都の経済と室町幕府』（吉川弘文館、二〇〇六年）。
（6）川戸貴史「中世後期荘園の経済事情と納入年貢の変遷――東寺領備中国新見荘の事例から――」（『歴史学研究』七八〇号、二〇〇三年。『戦国期の貨幣と経済』吉川弘文館、二〇〇八年に再録）。
（7）『新見市史通史編上巻』新見市史編集委員会、一九九七年。
（8）「百合」ひ一四二。文亀元年から大永二年まで一年単位で統計してある。
（9）川戸貴史もこの方針で表を作成した。代官側の書状に記された送進公用は、京着しなかった場合もあるからである。
(10) 拙稿「年貢送進手段としての割符について――裏付の意味を中心に――」(『岡山朝日研究紀要』二七号、二〇〇六年)。
(11) 「百合」サ九四、寛正三年二月五日、田所金子衡氏書状。
(12) 「百合」え三二、寛正三年三月一八日、了蔵書状。
(13) 「ちかいさいふ《(違割符)》事、度々仰下され候、あき人《(商)》のさいふをとり候へハ、内々、国へ中嶋のあき人のさいふにて候、其のしち《(質)》物ニ、くろかね《(鉄)》をと、めおき候、けに〱、うけ候ハすハ、うり候て、進上申へく候」(「百合」ゆ三三、寛正四年二月二六日、金子衡氏書状)。
(14) 百瀬今朝雄「室町時代における米価表――東寺関係の場合――」(『史学雑誌』六六編一号、一九五五年)、註(6)川戸前掲論文。
(15) 『中世法制史料集第二巻室町幕府法』一〇九頁。
(16) 註(6)川戸前掲論文。川戸は、東寺が寺院経営の用途として漆を必要としていたこと、さらに米に対する漆の相対的価値の上昇により、漆納を主体的に求めていたとしている。
(17) 川戸は、代官による年貢納入の意味を対立する他勢力の介入から新見荘支配を守るためのものとし、年貢納入が杉山博のいうような「好意的献上物」ではなく当知行安堵実現のための手段であると論じている。この見解は、安西欣治『崩壊期荘園史の研究』(岩田書院、一九九四年)から始まり、最近では清水克行「荘園制と室町社会」(『歴史学研究』七九四号、二〇〇四年)や田中大貴「在地領主結合の複合的展開と公武権力」(『歴史学研究』八三三号、二〇〇七年)にも継承されている。筆者もこの見解に賛同する。拙稿「中間地域における戦国期荘園の展開とその意味――東寺領備中国新見荘代官新見国経期を事例に――」(『岡山朝日研究紀要』三〇号、二〇〇九年)。
(18) 「百合」け六五、永正二年「引付」、五月二一日条。
(19) これにより、この漆二桶は各二升入りの指中桶であることが判明する。
(20) 「百合」け六六、永正三年「引付」、六月二四日条。
(21) 「百合」け六六、永正三年「引付」、三月一五日条。

(22)「百合」サ二二六、文亀元年七月二四日、新見荘領家方年貢注進状。「百合」サ二三〇、文亀元年九月二日、宝輪院宗承書状案。なお、新見政直は大山荘の代官職も競望している（「百合」ノ三三五、永正五年八月一日、新見政直書状）。

(23) 東寺は壬生官家である小槻家へ年貢上納する契約をしていたが、以前から相論があった。これを新見政直が解決している。「官家本役事、毎度本役不足之間、年々未進有之由申懸、令催促之間、新見又三郎令口入、数篇問答共、事尽之間、様々落居、去年分マテ悉皆五貫文ニテ領掌落居者也」（「百合」け六六、永正三年「引付」、三月一五日条）。

(24)「百合」サ二四八、永正五年九月一四日、新見政直書状。

(25)「百合」サ二四一―一、永正四年五月一二日、新見荘領家方公用銭請取案。「百合」サ二四一―二、永正四年正月一一日、新見荘領家方公用銭請取案。

(26)「百合」け六二、文亀二年「引付」、一二月一〇日条、一二月二〇日条。「百合」け六六、永正三年「引付」、三月一五日条。「百合」け六七、永正四年「引付」、六月一六日条。

(27)「百合」サ二三一、明応一〇年二月二〇日、新見国経新見荘領家代官職条々請文。

(28) 田沼睦「室町期荘園研究の一、二の視点」（和歌森太郎先生還暦記念論文集編集委員会編『古代・中世の社会と民俗文化』弘文堂、一九七六年。『中世後期社会と公田体制』岩田書院、二〇〇七年に再録）。

(29) 漆は公用漆と公事漆とにはっきり区別されている。例えば、「百合」る六六、大永元年「引付」、五月二四日条。

(30)「百合」セ五九、延徳三年一〇月二八日、妹尾重康新見荘領家方代官職条々請文。なお、東寺の直務支配が開始された寛正二年一一月一五日の年貢等注文（「百合」サ八九）では、漆五升・紙一〇束とあり、これは「永享十年八月日付古帳」の規定であるとの註がある。なお、文明一一年閏九月二一日の山田具忠代官職請文（「百合」ホ五九）には公事の契約は記されないが、文明一七年六月一日の直務代官祐成の請文には「一、漆并紙等、如先々可納申事」とある。

(31)「大桶一　二升二合余　一升別、塗師申合ニ十一合　小桶一　一升一合　已上三升三合、此分ハ国ノ升ニ三升ノ分歟、但如本帳者、五升余歟、然者二升不足」（「百合」け五〇、明応二年「引付」、二月四日条）。新見の桝で計量した大桶＝二升と小桶＝一升を加えた三升は、本帳＝永享十年帳に比べると二升少ないと記している。
(32)「百合」フ二三六、(永正九年ヵ)一二月一四日、新見国経書状。
(33)一合を大合とし、一皿を小合とする同様の記述が「百合」け五二、明応四年「引付」、一二月二〇日条の末尾に見られる。なお、この史料では塗師が加藤と称することがわかる。
(34)「百合」る七二、享禄三年「引付」、四月一一日条。
(35)現在知られている年貢漆支配状は、その写しを含め六六通ある。漆の量は升・合・皿・ヘラの助数詞で表現され、一合＝三皿、一皿＝一〇ヘラの関係にある。漆は現銭化されて分配されるのではなく、省陌法で計算された銭高に応じて漆師により現物で分配される。漆一桶の中味は一定ではないが、大永五年(一五二五)以後指中三桶が一〇貫文分である。指中桶三桶＝一〇貫文の一定の関係は新見荘代官側により決定され、京都での和市とは関係なく最後まで継続した。拙稿「年貢漆支配状について」(『岡山朝日研究紀要』二九号、二〇〇八年)。
(36)漆は、分配に手間がかかるので漆師の手間賃が必要であるが、紙の分配は容易であるのでその費用は必要ない。
(37)「百合」フ二三六、(永正九年ヵ)一二月一四日、新見国経書状。「百合」る七二、享禄三年「引付」、四月一日条。
「百合」る一〇五、永禄五年「引付」、七月一八日条など。
(38)通常の公事では供僧一人に漆三合と紙一束が支給される。漆は公文と塗師に一皿ずつ、紙は公文に五帖与えられる(「百合」け六三、文亀三年「引付」、一二月二二日条)。
(39)「漆桶大小二之事、(中略)近年々貢未進候時、以漆進之時者、雖為去年分、於漆桶者、当奉行へ被付之儀、為近例之間、准彼例、雖為公事漆桶、向後於桶者、就支配之会所、当奉行へ可被渡付之由、衆儀了」(「百合」け六八、永正五年「引付」、正月五日条)。なお、大永五年に公用の奉行得分規定が変更され、九月一日以後の寺納分は当奉行の得分となり、八月までは先奉行の得分となった(「百合」る七〇、享徳元年「引付」、九月一一日条)。
(40)「百合」け八一、永正一七年「引付」、二月一八日条。
(41)大永元年以後しばらくの間、公事が年貢と区別して送進されないので、東寺内で年貢を公事分にして分配した。例えば、享徳元年に到来した指中桶一〇桶のうち三桶を大永六年から大永八年の三か年の公事漆に割り当てている(「百合」る七〇、享徳元年「引付」、九月一一日条)。

(42) 新見国経が公事・年貢を東寺へ送進したのは、在地支配の正統性を確保するためだけでなく、武運の祈禱依頼や巻数の獲得にもあった（「百合」ニ二四〇、（永正一三年）三月二六日、新見国経書状。「百合」ゆ八一、（永正一三年）一二月一六日、新見国経書状）。

(43) 宗見が慈雲庵と号するのは、「百合」け七二、永正九年「引付」、二月一〇日条などに見える。表2に示したように、宗見は宗憲・宗顕とも記される。なお、馬田綾子校訂『東寺過去帳』（『東寺における寺院統括組織に関する史料の収集とその総合的研究』科研報告書（研究代表者高橋敏子）、二〇〇五年）によれば、「№1094（表書）日銭屋《ヒセニヤ》宗顕（裏書）同年三月（永正九年）」と「№1366（表書）宗憲見（裏書）永正十七七廿七 西院番衆 五七」との二人の人物が注目されるが、宗見の活動は天文二年まで確認できるので該当しない。しかし、親子でその仕事を引き継いだとすると、日銭屋であった可能性は否定できない。なお、新見国経書状では宗見に対して尊敬語を使用している。永正一七年「引付」では「新見宗見」と記しているので、新見一族の可能性もある。

(44) 「百合」い五六、永正二年一二月一三日、新見国経書状。

(45) 「百合」さ一四三、（天文三年ヵ）三月一〇日、新見貞経書状。

(46) 「百合」さ一四六、（天文九年ヵ）三月一八日、新見貞経書状。

(47) 『教王護国寺文書』二六三七、天文二一年七月一六日、新見荘公事物送進状。「百合」ニ三二九、（永禄三年）九月一〇日、新見貞経書状。

(48) 具体的には、例えば「新見荘年貢、去々年未進分ニ、自代官蔵人方寺納、九月　書状到来、宗見号慈雲庵持来、去年之年貢、自国方、押取之間、未進分不寺納之由、以書状申之間、此旨披露了」（表2№8）。また、代官の書状の内容に見えないことを宗見が代官の主張として代弁した事例としては、表2№18と「仍自去年丙子至今度、紙・漆運上分、去年分五十貫文分令寺納之由、蔵人申上旨、宗憲申之」（表2№19）。

(49) 例えば、「当年宗顕申云、如近年者、新見庄公用、依国方違乱、有名無実之間、代官蔵人方ヨリ同名一人出与力ヲ、新見之公用、如本法、可有御寺納歟」（表2№3）。

(50) 「百合」け八一、永正一七年「引付」、閏六月一六日条。

(51) 商人しんか五郎三郎は摂州で乱妨されながら、無事に荷物を京着させたことを東寺から高く評価され、「度々酒食百文」、「粉骨分百疋」を与えられている。なお、この摂州での乱妨事件について東寺は「秋庭所へ今度同荷ヲ着候使僧ニ」その真相を確かめさせている。このことで、しんか五郎三郎は、備中で東寺以外にも秋庭の荷物も集荷したことがわかる。

(52)「百合」け七九、永正一五年「引付」、一二月二五日条。

(53)「百合」る七八、天文五年「引付」から「百合」る一〇一、永禄元年「引付」までの記述を見ると、商人が路次で公用を盗賊に取られるなど、商人の公用輸送の記事が多数ある。拙稿「中間地域における戦国期荘園制の展開(続)――東寺領備中国新見荘代官新見貞経期と三村家親・元親期について――」(『岡山朝日研究紀要』三一号、二〇一〇年)。

(54) 田沼睦『中世後期社会と公田体制』(岩田書院、二〇〇七年)。

〔付記1〕 拙論は、二〇〇八年二月に成稿し、大半は二〇〇九年八月二九日に行われた第Ⅲ期第一八回東寺文書研究会(於東京大学)で「一六世紀の新見荘の都鄙関係」と題して報告した。本来は、この論考の刊行後、姉妹編として、「中間地域における戦国期荘園の展開とその意味」(『岡山朝日研究紀要』三〇号、二〇〇九年三月)と「中間地域における戦国期荘園制の展開(続)」(『岡山朝日研究紀要』三一号、二〇一〇年三月)を発表する予定であったが前後した。

〔付記2〕 史料検索には「東寺文書検索システムデータベース」(東寺文書データベース作成委員会 代表富田正弘)を使用した。「東寺百合文書」は『岡山県史第20巻家わけ史料』(一九八六年)の読み本を参照した。

〔付記3〕 成稿後、吉永隆記「備中国新見氏の在京活動――「真継家文書」の再検討――」(二〇一〇年九月、日本古文書学会大会)に接したが、論考できなかった。吉永は、在京新見氏が御蔵職の保持を背景に鋳物師組織を統括していたことを重視して、新見氏の経済活動や流通ネットワークの形成を考察しようとしている。

室町期東寺の寺院運営に関わる夫役と膝下所領

西尾知己

はじめに

近年、中世後期における荘園制論の進展に対応して、権力体系・地域社会のなかでの領主の位置づけについても新たな研究の方向性が提示されている。それらの諸研究で注目したいのは、武家領の実態が明らかになるなかで、これまで寺院や公家など本所一円領に固有の特質とされてきた諸要素（たとえば、公方年貢・加地子を核とした収取体系、自治的な村落・寺社を含む荘内の社会編成、在京領主の代官に依存した所領支配と経済的困窮など）が、武家領でも確認できることがわかってきた点である。(1) このことは、中世後期における権門寺院領主の問題も武家領主を含めた領主一般の問題としてある程度位置づけが可能であることを示している。現に高野山・根来寺・石清水八幡宮寺など一部の地方有力寺院(2)については、その領主支配の性格が明らかにされつつある。

しかし、京都・奈良に位置して公武政権主催の祈禱・法会に参加する一方でその保護を受けてきた権門寺院については、その性格の一部が切り取られて荘園領主の性格を論じるために利用されることはあっても、領主としての全体像が明らかにされているとは言い難い状況にある。これらの権門寺院については、まずその所領支配の特質について、多様な側面から一つ一つ地道に読み解いていく必要があるだろう。

よって本稿では、以上のような観点に基づき、室町期における東寺の例をとりあげ、その所領支配について、特に夫役徴発の面から考察を加える。夫役徴発の問題をとりあげる理由は、第一に、近年、中世後期の夫役について守護や武家領主による徴発の実態が明らかにされつつある一方で、寺院領主の夫役徴発については、いまだ多くの不明な点を残していると考えられるからである。

また第二に、中世後期の東寺・東寺領に関する諸研究に、次のような問題点があると考えられるからである。ここで、室町期の東寺・東寺領に関する先行研究を整理するなかで東寺における夫役徴発の問題を考えることの意味をさらに明確にしておきたい。

室町期の東寺を考える上で、まずとりあげるべきは網野善彦の研究であろう(3)。網野は、鎌倉末期から南北朝期に供僧組織の確立と軌を一にして寺領荘園支配の体制が形成されていくことを明らかにした。その上で、室町期の東寺と東寺領荘園の状況については、寺院内部の安定という側面と所領現地における潜在的な矛盾の増幅という側面とが混在するという状況認識のもと、停滞期と評価した。

この室町期の状況に関する網野の評価はいまだ見通しの域を出なかったが、その後の研究では、氏の見解が基本的に継承されている。すなわち、まず後者の在地における矛盾の増幅という側面に関しては、村落論(4)・守護論(5)が進展する中で、東寺が次第に荘園に対する影響力を後退させ、その支配から遊離していく過程として具体化されている。一方、前者の寺院内部の安定という側面については、東寺の諸組織・諸事業に関する研究が進む中で、幕府・真言宗門徒を後援者として、あるいは弘法大師信仰(6)を背景にして、造営・修理事業を安定的に推進すると(7)ともに、寺僧の止住条件が安定していった(8)、という動向が示されているのである。

以上のように、網野以後の研究によるならば、室町期の東寺は荘園支配から遊離しつつも、それ以外の要素に依存することで寺院の安定を保っていたことになるだろう。

しかし、本稿で取り扱う夫役（労働力）の問題は、造営事業を進めたり、寺僧の活動をサポートしたりする上で、金銭・物資とともに重要な要素であるが、先行研究が示した図式とは異なり、東寺領との接点を持たざるを得ないのではないだろうか。なぜなら、近世の「日用」のような雇用労働者層が確立していない中世[9]では、労働力の問題を完全に雇用（金銭）の問題に代置できず、寺領よりの夫役徴発に依存せざるを得ないと推測されるからである。しかし東寺の夫役の問題やその賦課がもたらす所領現地への影響の問題については未だ多くの課題を残しているのが現状である。室町期における東寺の領主としての性格をより総合的に明らかにしようとする時、この点は検討しておく必要があるだろう。[10]

そこで本稿では、まず、東寺の寺院運営に関わり徴発された夫役について、それを負担する所領を検出し、そのなかで夫役負担地としての膝下所領の重要性を明らかにする。次に、夫役の徴発が膝下所領に与えた影響とその影響の背景にある東寺の動向を検討する。そして以上の検討を通じて、寺院運営の安定と所領現地の矛盾との関係を再構成する中で、室町期東寺の領主像に新たな一側面を加えたい。

一　室町期における東寺の運営に関わる夫役

中世においては、幕府・守護、領主、村落によって、勧農・領主直営田の耕作[11]、陣夫・築城夫[12]、造営役[13]、年貢輸送[14]などさまざまな用途で夫役が徴発された。

寺院でも、勧農や年貢輸送に関わる夫役のほかに日常の寺院運営や寺僧の活動のために多くの人夫が必要とされたことは想像されるが、その全容については明らかにされておらず[15]、この点は東寺の場合も例外ではない[16]。そこで本節では、室町期の東寺の運営に関わる夫役について、用途の面から、①造営・修理、②境内清浄の維持、

③寺僧の活動補助、④寺領経営の補助に大別した上で、それぞれの具体的な使役のあり方や人夫を供出する所領について検討を加えることにしたい。

(一) 造営・修理・堀掘削事業

仏教が広く民衆に受け入れられた中世社会では、有徳人・政治指導者の経済援助を受けて寺院の堂舎造営が盛んに行われ、造営後の堂舎も常に修理された。室町期の東寺でも西院・塔婆などの大規模な造営・修理や築地・屋根・障子などの日常的な修理が行われた(17)。また、土一揆の蜂起が盛んになると防御施設としての堀の掘削や楯の設置も行われ(18)、東寺ではそれらのさいにも多くの人夫が徴発された。

造営・修理事業における夫役の徴発状況を知る上で参考になるのは、事業の収支を記録した造営方算用状である。同算用状は一四世紀末から一六世紀半ば頃にかけて多数現存する。算用状の書式は時期により異なるが、応永二〇年代の算用状は一〇文単位の事項まで細かく用途が記されている点に特徴がある。この特徴は夫役の徴発状況を知る上で極めて有用である。なぜなら、東寺では徴発した人夫に一日一〇文ほどの酒直・中食代を下行することになっていたが、応永二〇年代の算用状では支出項目に「十文　サン《散》所人夫一人」というように、使役された人夫の人数・属性が細かく記載されており、それらの項目を集計することで、夫役徴発の状況を復元することができるからである。特に応永二〇年(一四一三)から二一年には、一か月から二か月ごとに算用状が作成され、一年間にわたってほぼ欠けることなく一〇通の算用状が残されているので、一年を通じて徴発状況を復元することができる。そこで、その一年間に徴発された人夫の所領・所属、のべ人数を整理したのが表1である。

表より、散所法師、寺内諸階層(寺内・坊中の者や公人・宮仕など)、寺辺所領(柳原・院町・山吹町・小屋町など)、膝下荘園(上下久世荘・植松荘・上野〔上桂〕荘・拝師荘など)から年間のべ一七〇〇人近くの人夫が徴発されていることがわかる。むろん、その年に行われた事業の質量によって人数の増減はあったものと思われる[20]が、多くの人夫が造営・修理事業に投入されたことを確認しうる。

なおこのほか、表1では雇用人夫（史料上では「ヤトヒ夫」「賃夫」「日役」などと記される）が一名確認される。前述の寺領などから徴発された人夫（以下、単に「寺領人夫」と総称することにする）と異なり、雇用人夫は「賃」として五〇文から一〇〇文ほどが支給されたようにコストがかかる。そのためか、雇用人夫が多く見られるのは大規模な造営事業に限られ、少規模の修理で利用されることは少ない。また、雇用人夫は寺領人夫を調達できない場合の埋め合わせとして雇われる事例が見られる（たとえば後掲［史料6］参照）。よって、雇用人夫の利用は補助的であり、主たる負担者は寺領人夫であったといえよう。

表1　応永20～21年造営方算用状に見る
所領・所属別人夫徴発のべ人数一覧

所領・所属	人数	所領・所属	人数
散所	359	公文所地	9
二郎	229	拝師荘	8
坊中	218	増長院御地	8
下久世荘	136	東九条	7
寺内	113	宮仕方	7
植松荘	107	河原物	7
上久世荘	103	仏事田	7
公人方	64	宝荘厳院	5
柳原	45	小屋町	4
院町	42	八条町	3
山吹町	42	大悲心院	3
巷所	41	八条大宮	2
唐橋猪熊大宮	28	雇用人夫	1
上野荘	17	所属不明	60
水田	12	（合計）	1687

註1：表作成にあたっては下記史料を参考にした。
・応永20年6月12日造営方算用状（東百キ22）
・応永20年8月25日造営方算用状（東百キ23）
・応永20年9月18日造営方算用状（教王護国寺文書995）
・応永20年10月5日造営方算用状（東百キ24）
・応永20年10月29日造営方算用状（東百キ25）
・応永20年11月18日造営方算用状（東百キ26）
・応永20年11月晦日造営方算用状（教王護国寺文書1000）
・応永20年12月25日造営方算用状（東百キ27）
・応永21年4月15日造営方算用状（教王護国寺文書1005）
・応永21年5月2日造営方算用状（東百キ28）
2：「二郎」は個人名。

（2）境内の清浄維持に関わる業務

寺院で清浄が強く意識されたことはよく知られているが、日常的な管理を怠るとたちまち「諸堂庭草生重而、見苦候[21]」という状況になった。よって、境内の掃除・敷砂・池堀などのメンテナンス業務は軽視できず、その労働力の確保にも関心がもたれた。

東寺では応永末年頃までに寺僧若衆を構成員とする掃除方と呼ばれる組織が成立し、掃除業務の管理体制が次第に整備されていった[22]。その掃除方の管理の下で行われた一年間の業務と夫役徴発の状況を知る上で参考となるのが、次の史料である。

［史料1[23]］

当年人夫参数之事、

一、長日人夫之事　三百十六人

一、列参三箇度分　百六十三人

一、塔池堀人夫事　諸坊中青侍、中居・力者以下卅六人　植松庄卅二人、久世上下庄四十六人　以上百十四人

一、宝菩提院池　上野庄廿四人

一、八足下土置　中綱五人、職掌二人、人夫十四人　已上廿一人

［史料1］は掃除方の評議内容を記録した若衆掃除方評定引付宝徳二年（一四五〇）末尾の記事であり、一年間に徴発した人夫の所領・所属、のべ人数が整理されている。

そこで、この［史料1］によりつつ、業務内容と夫役徴発の状況についてさらに深く検討してみよう。

まず一条めの「長日人夫」とは散所が従事する長日掃除の人夫を示すものと思われる。若衆掃除方評定引付永

享元年（一四二九）六月二二日条[24]によると、四足門から八足門（現在の北総門・北大門を結ぶ通路の区域）と湯屋の掃除を行ったようである。なお同日条によると、この他御影堂とその周辺地域では西院常住の人夫一人が長日掃除に従事していたが、［史料1］ではその点の記載はない。

二条めの「列参」は、明応四年（一四九五）分掃除方用脚算用状[25]に銭の下行項目として「三月十四日南小路烈参」とあることから、南小路居住の散所が負担する夫役だったようである。長日掃除と区別して用いられていること、「烈参」とされていることからすると、長日掃除のように一日一人から数人ずつが長期間にわたって勤仕する形ではなく、臨時に数十人単位で徴発される形の夫役を指して、このように呼んだものと思われる。

以上は主に散所を対象として徴発された夫役になるが、以下の三項目はその他の寺内諸階層・寺辺所領・膝下荘園から徴発した夫役であり、池堀・土置（敷砂）のために合計一五九人が動員されている[26]。

なお、寺辺所領の人夫が掃除に従事する事例はこのほかにも見られる。たとえば、毎年三月二一日に行われた灌頂院御影供の前には「御影供以前掃地事、長日散所之外、如レ例、新巷所之人夫在所灌頂院南向・款冬人夫在所長僧坊・木屋之人夫自八足至四足、当年依レ有二拝堂一、八足ヨリ東路、五段田之人夫、可二仰付一之由衆儀畢[27]」とあるように、長日掃除を行う散所以外に、新巷所・款冬（山吹）町・木屋町・五段田の人夫が動員されることになっていた。この御影供前の掃除は、その後担当する所領が八条院町・柳原に変わるが[28]、天文年間まで継続した[29]。また、六条河原者も年間六〇日の掃除役を東寺に対して勤めることが定められていた[30]。ただし、河原者は「中食并酒肴等不レ可レ給レ之」とされ、現に寛正三年（一四六二）足利義政の東寺御成では中食・酒直を与えられず、「日役」すなわち雇用人夫と同等の扱いを受けており[31]、この点で寺領人夫とは性格が異なる。

以上のように、境内の清浄維持には、散所を中心としつつも、寺内・膝下荘園・寺辺所領などさまざまな所領から人夫が徴発されていたのである。

（3）寺僧の活動への補助

寺僧個人の活動についても夫役は徴発された。用途はさまざまであったが、最も多くの例を確認できるのは寺僧の移動や日常的な活動の補助と初度灌頂での授与阿闍梨・受者への補助である。

まず、寺僧の移動・日常的な活動の補助については、この夫役を負担したのが上久世荘であったため、同荘を支配する鎮守八幡宮方の評定引付に関連記事が見られる。そこで同引付を紐解いてみると、永享一二年（一四四〇）七月二三日条で、[32]「長夫」・「終日」輿舁・「近所」輿舁という三種類の夫役に分類されているのが確認できる。同日条によると、終日輿舁は石清水八幡宮・篠村八幡宮など京都郊外よりさらに一歩外に出た地域まで、近所輿舁は「洛中洛外」まで寺僧を輿で運ぶ役とされている。輿舁を徴発する目的は特定しづらいが、石清水・篠村両八幡宮への移動は、篠村御講[33]・石清水大乗講[34]のような宗教行事に参加するさいの移動のためのものと思われる。また、寺外との交渉に関わる支出の状況を記載している五方の散用状を見ると、寺僧が真言宗の貴種僧や幕府要人宅へ向かうさいの輿舁に対して粮物を下行している事例を確認することができるから、この場合にも人夫が利用されたものと思われる。

なお、長夫についても同日条に業務内容が明記されておらず、よくわからない。山科家の長夫について検討した高橋慎一朗によると、その労働内容は、当主らの外出の供・物品の運搬・使者としての往来・土木作業・宿直・番など、荘園領主の身の回りの基礎的労働であったという。[35]よって、おそらく東寺における長夫も各寺僧の身の回りの雑事に駆使されたものと思われる。

次に初度灌頂における授与阿闍梨・受者への補助について検討しよう。密教教団の存続・発展のためには仏法を担う僧が常に再生産され続ける必要があり、そのため密教の法門を伝授する儀式である伝法灌頂・許可灌頂などは極めて重視され、盛んに行われた。[36]灌頂を行うためには、道具の運搬、荘厳のための労働力が必要とされたので、東寺寺僧が灌頂を行う場合、次の史料のように寺家から人夫が補助された。

[史料2](37)

一、宝輪院法印受与〔授〕、受者少輔阿闍梨以二人夫事一被レ申之間、披露之処、両人共初度之上者、任レ例、各二十人宛、人夫可レ進之由、衆儀畢、

[史料2]では、宝輪院覚寿を授与阿闍梨、少輔阿闍梨覚祐を受者として行う灌頂において、両人が阿闍梨・受者として初めて行うということで人夫二〇人ずつがあてがわれている。この人夫は別の事例で「例式下久世召夫」(38)と記されているように下久世荘より徴発されることになっていた。

以上のように、上下久世荘の人夫は、寺僧の宗教活動、寺家の対外交渉を支える労働力として重要な役割を果たしていた。

(4) 遠隔地荘園への上使下向の随伴

東寺では、矢野荘など遠隔地所領の支配を円滑に進めるため寺家の公人層を上使としてしばしば現地に派遣し、内検・未進年貢の催促などを行わせた。上使派遣にさいしては随伴者として下久世荘の人夫が添えられた。次の史料はその一例である。

[史料3](39)

一、矢野庄代官中野三郎左衛門種法、来月三日下向之時、上使乗真主従同下向、御訪分百五十疋賜レ之、同下久世召夫一人可レ差二賜学衆方一之由、評義了、(以下略)

[史料3]は廿一口方評定引付永享二年(一四三〇)七月二八日条である。矢野荘代官とともに現地に下向した上使の東寺公人乗真に対して下久世荘人夫一人が付けられていることがわかる。このように、下久世荘の人夫

は、東寺の遠隔地荘園の支配を末端で支える労働力としても活用されていたのである。

以上、東寺では、さまざまな目的により、散所・寺内諸階層・寺辺所領・膝下荘園（以下、膝下所領と総称する）より人夫役が徴発されたことを確認した。このことは、膝下所領が東寺の運営にいやおうなしに密接な関係を持たざるを得なかったことを示している。

注意したいのは、以上の夫役徴発の環境が必ずしも中世を通じて自明のものだったわけではない点である。たとえば、上久世荘が負担した寺僧の活動補助に関わる夫役は、鎌倉期には太良荘が負担していた[40]。また、院町・柳原など寺辺所領で負担していた灌頂院御影供前の掃除役も、鎌倉期には平野殿荘に対して「為二掃除一、人夫尤大切事候、五人五ヶ日役随二身鋤・鍬一、今月御影供以前十五日可レ令レ戻」[41]と指示されているように、同荘が負担することとなっていた。以上の事例からすると、本節で示した夫役徴発のあり方は中世後期特有の状況であったといえるだろう。

夫役徴発における中世前期から後期への転換は、鎌倉末期から南北朝期の東寺領の再編成に対応する変化であったものと思われる。鎌倉中期の供僧料所は若狭国の太良荘・大和国の平野殿荘のように比較的遠方の所領が多かったが、南北朝期に入ると、室町期における夫役徴発を支える膝下所領が東寺領となっているからである[42]。夫役負担地として膝下所領が意識されるようになるのもこのころからだったのであろう。

ただし、南北朝期の段階では、夫役徴発の状況を知りえる史料は極めて少ない。これは史料の残存状況のためばかりとはいえない。なぜなら、上野荘では年貢の一部を敷砂料に宛てることになっていたが、内乱中は年貢が確保できず「荘二厳仏庭一之条、更不レ可二事行一、仍先為レ全二僧宝止住一、可レ支二配衆中一」と、夫役を必要とするような敷砂などの荘厳よりも寺僧の止住を優先して、敷砂料を供僧に分配していたからである[43]。つまり、内乱期には夫役徴発を生むような事業に費用を割くことができなかったため、夫役の需要が生まれない状況にあったのである。

以上から、寺院運営に関わる夫役を膝下所領が負担する仕組みが機能し始めるのは内乱の終結した室町期に入ってからであったと考えられる。すなわち室町期の東寺では、金銭面では政治権力・真言宗門徒からの献金や弘法大師信仰を背景として獲得した地主・作主得分への依存を深める一方で、労働力の面では膝下所領への依存を深めていったのである。

先行研究によると、中世後期に在地領主は散在的な所領構成から本領を中心とした地域的所領を形成する傾向を強め、[44]寺院領主でも高野山・根来寺のように膝下所領を核とした所領を形成し、[45]彼らの経営を支える重要な基盤としたという。東寺の場合、膝下所領に対して、在地領主や高野山のように強力な収取体制を構築したわけではないが、日常の寺内運営に関わる夫役の負担地として特殊な位置づけを与えてはいたのである。

二　夫役徴発の膝下所領への影響とその背景

では、室町期に夫役を負担するようになった膝下所領ではその賦課をいかに受け止めたのであろうか。東寺領に関する諸研究では、公事の一種として夫役に言及したものはある。[46]しかし、その賦課が室町期の寺領現地にいかなる影響を与えたのか、という点については具体的な検討はなされていない。そこで本節では、散所と並んで最も多くの夫役を負担した上下久世荘の事例をとりあげ、この点について検討を加えたい。[47]

室町期の久世荘については、村落の構造[48]や武家の荘園侵略[49]の観点から多くの研究が残されている。また、膝下所領ゆえに東寺の強い支配下にあったことは認識され、その支配政策についても検討されている。[50]特に夫役の問題については上島有[51]が詳細な検討を加えている。

ただし上島は、室町期の夫役における未進の背景について百姓側の滞納という面を重視し、東寺による支配の衰退と直結させているが、一方で前節で示したように久世荘の夫役負担は東寺領全体の中では群を抜いており、現実に東寺の寺院運営において重要な役割を果たすようになっていた。このことを前提とするなら、未進の背景についても百姓側の動向だけでなく、東寺側の動向からも考える必要があるだろう。

そこで以下では、東寺の夫役徴発が久世荘に与えた影響とその背景にある東寺の動向につき検討を加え、それを通じて東寺の安定と寺領の矛盾との関係性をより明確にしたい。

（一）上下久世荘での夫役の徴発とその影響

まず、東寺の夫役徴発が与えた影響について考えたい。そのさい、以下では、上久世荘・下久世荘と東寺が夫役をめぐって対立している場面に注目したい。そして、その対立における東寺側の動向・意識を明らかにするなかで、右記の点を考えたい。

①上久世荘における対立とその背景

上島によると、上久世荘では、農業労働が多忙を極める五月・六月を除いた一〇か月の間に、二四〇人の夫役が反別一人の割合で名主に賦課されていたという[52]。この賦課のあり方は、室町期には一部が代納化したように若干の変質を確認でき、未進も見られた。しかし、未進の規模を見てみると、応永期に一時膨らんだ時期があったものの、長禄二年（一四五八）から寛正二年（一四六一）末に未進が問題化した時期でも四年間の総計で「一百余人」[53]、つまり一年で換算すると平均三〇人足らずであった。よって毎年のべ二〇〇人ほどの人夫は確保していたことになり、比較的夫役の徴発は安定していたといえよう。

その上久世荘では、夫役の賦課をめぐって東寺と対立する場合もあった。しかし、その対立は東寺の上久世荘に対する支配の低下と必ずしも直結しないのではないか。それは、次にあげる夫役賦課の時期をめぐるやりとりからもうかがうことができる。

［史料4］(54)

一、久世人夫事、於二五六両月一者、自二往古一御免了、就レ其、五六両月潤月之時、有二其沙汰一否、不審之処、百姓等申分、自二往古一無二其役一云々、尚以不審之間、手文等雖二披見一、可二召使一支証更以無レ之、且過分之至也、先例若五六潤月分人夫可二召遣一支証有レ之歟、猶々可レ尋レ之云々、

［史料4］は、鎮守八幡宮方評定引付応永三二年（一四二五）閏六月二一日条である。史料によると、五月・六月が閏月になった場合の夫役賦課の有無について上久世荘の百姓に尋ねたところ、百姓らは先例がないと応答してきたという。たしかに、この企図は確たる根拠に基づくものではなかったようで、東寺側でも先例を見出すことができていない。しかし注意したいのは、それでも東寺側では先例を探して賦課を実現させようとしている点である。ここからは、応永末年の段階で、先例の明確でない閏五月・閏六月における夫役の賦課を新たに確立させようとする東寺側の意思を読み取ることができる。

さらに、永享年間になると、賦課の時期について、上久世荘側より次のような歎願が提出されている。

［史料5］(55)

一、付二長日人夫事一、先奉行無量寿院時、三ヶ条以二目安一歎申、

一、正二三四月中被レ召二仕方々一、其当月者被二差置免一之、五六両月被二召出一事、為二地下之耕作一、為二寺家一、両月被レ免二指置一候之処ニ、如レ此御沙汰、地下之難義、言語道断次第由申事、

一、御遠行時、長夫被二召仕一事、

一、被二召出一御輿被レ昇事、

右、条々百姓等一揆仕、雖二如何様ニ蒙レ仰候一、於二此三ヶ条一者、不レ可レ随レ仰由、堅歎申、

（後略）

［史料5］は、東寺の夫役賦課に対して、永享一二年（一四四〇）七月以前に上久世荘百姓側より東寺に対して訴訟された事項を記した鎮守八幡宮方評定引付の記事である。

史料で上久世荘百姓は、東寺側が、本来長日夫役を賦課できないことになっている五月・六月に、一月から四月の賦課が差し置かれたからといって賦課している点（第一条）、寺僧の遠出のために長夫を賦課している点（第二条）、輿舁のための夫役を賦課している点（第三条）をとりあげ、それらの賦課に随うことはできない、と主張している。

注意したいのは、東寺側が、応永末年には賦課をためらっていた五月・六月にも夫役を賦課しようとしている第一条めである。ここからは応永末年から永享年間にかけて、東寺が賦課の時期に関するこれまでのルールを次第に逸脱しようとしている状況を読み取ることができる。つまり、以上の東寺と上久世荘の対立は、東寺による賦課の恒常化という志向が強まる過程で生まれてきたのである。このような賦課の時期をめぐる争いは文亀年間（一五〇一～一五〇四）まで見られるから(56)、ほぼ一五世紀を通じて争われたということになろう。

②下久世荘における対立とその背景

下久世荘は、上久世荘と異なり地下負担の「召夫」という形で臨時夫役を負担することが多く、造営修理・長夫・上使下向への随伴などの業務に従事したことはすでに述べた。

この下久世荘でも次の史料のように矛盾が表面化していた。

［史料6］(57)

一、下久世召夫事

乗真幡（播）州下向申二請召夫一之間、一人可レ進之由、加二下知一之処、一年之中、両度幡州難レ堪之間、難レ進之由、堅重雖レ加二下知一、不レ可レ叶之旨、令レ申之間、雇二賃夫一、乗真下向了、然者、於二下久世一者、可レ有二御罪科一歟、可為二何様一哉之子細披露之処、召二上公文一、以二公文所・上使両使一、可レ沙二汰五百疋之科怠一之旨、衆儀治定訖、

［史料6］は鎮守八幡宮方評定引付永享元年（一四二九）九月二五日条である。東寺では下久世荘に、播磨矢野荘に下向する上使の乗真に随伴する人夫を出すよう命じたが、下久世荘側がそれを拒否した。よって、乗真に対しては雇用人夫を添えて下向させた上で、下久世荘に対しては、公文を召し上げること、罰金として五貫文を科すことを評定の場で決定している。

注目したいのは、下久世荘側が、人夫の播磨への下向命令について、一年に二度目で耐え難いと主張している点である。(58) 同様の訴訟は長禄二年（一四五八）(59)までに数度見られるから、下向の回数をめぐる問題はかなり長期間にわたって争われたことになる。

さて、このような下久世荘側の主張については、荘民側のしたたかな要求であり、単純に荘家側の困窮を示すものとは言い切れない、と解釈する余地もあろう。しかし、この場合はあながち荘民側の誇張とも言い切れないように思われる。それは、東寺側に次のような認識が存在したからである。

［史料7］(60)

一、深清僧都、就レ令二坊建立一、下久世庄召夫参拾人給者、可二畏入一之由被レ申、披露之処、卅人被レ遣事、其例無レ之、近日人夫召仕事繁、云二次第耕作間一、云レ旁、雖二不便思食一、先近例、宝勝院坊建立之時、弐拾人被レ遣レ之、仍今度弐拾人可レ被レ遣之由、評儀畢、

［史料7］は、［史料6］から八年後の永享九年（一四三七）に、東寺寺僧深清が住坊を建立するにあたり、下久世荘召夫三〇人の給付を求めたさいの鎮守八幡宮方評定引付の記事である。注意したいのは、傍線部のように

東寺側が下久世荘に対する過重な夫役の賦課を自覚している点である。東寺では地下に犠牲を強いていることを知りつつも、下久世荘に対するさまざまな形での夫役の徴発を拡大させていたことがうかがわれる。このような東寺側の認識を前提に置くなら、［史料6］における下久世荘側の反発はそのような徴発拡大が招いた一つの矛盾と考えてもいいのではないだろうか。

以上のように、上下久世荘では応永末年から永享年間に東寺と久世荘側との夫役賦課をめぐる矛盾が対立に発展していた。そして対立の背景には、荘園現地の動向というよりも、応永末年から永享年間にかけての東寺による夫役賦課の拡大・恒常化への傾斜という事実が大きく関係し、東寺寺僧自身もその点を自覚していた。

では、なにゆえ東寺では夫役の賦課を拡大しなければならなかったのだろうか。これを知るためには、応永末年から永享年間という時期が東寺の寺院運営にとってどのような時期にあたるのかを探る必要があるだろう。そこで、室町期における変化の過程を追うことのできる上使派遣・造営事業・輿舁駆使の側面から、その点を検討したい。

（2）矛盾を起こす背景としての東寺の動向

まず、下久世荘で問題となっていた矢野荘への上使派遣について検討してみよう。この事例で注目したいのは、上使の下向が応永末年以降頻繁に行われるようになる点である（表2参照）。おそらく、上使派遣のたびに下久世荘より人夫が徴発されたものと思われ、［史料6］での下久世荘側の非難は応永末年以来のこのような状況を背景としていたに違いない。事例の途切れる寛正年間（一四六〇～一四六六）頃は、矢野荘において頻繁な上使の派遣をともなう直務支配が困難となり、請切代官に転換しつつあった時期にあたる。[61]前述のように下久世荘の訴訟が確認できるのはその直前の長禄年間頃までであるから、東寺と下久世荘側との矛盾は、矢野荘の直務支配

表2　矢野荘への上使派遣事例一覧（応永以降）

年	西暦	月	上使名	派遣理由	典　拠	相生市史
応永2	1395	8	乗観	?	廿：ネ68	282
3	1396	?	?	代官錯乱への対応	学：ネ70	291
12	1405	4	乗観	対守護沙汰料足催促	廿：く2	307
12	1405	11	乗観	未進年貢催促など	廿：く2	310
28	1421	2	乗喜・福石	未進年貢・段銭催促など	学：ラ22／廿：ち4	344・346
30	1423	11	定善法師	和市把握	廿：く10	356
31	1424	3	乗喜	代官算用の代行など	学：ネ100／廿：く11	356・357
34	1427	9	乗南	?	廿：天地24	365
35	1428	2	乗南	守護に書状送付	廿：ち7	367
正長元	1428	12	乗真	年貢催促、和市把握	廿：ち7	371
2	1429	2	乗南	守護狼藉防止	廿：天地25	372
2	1429	8	乗真	名主職安堵酒肴料催促	廿：天地25	376
永享2	1430	7	乗真	庄家入部	廿：く13	379
3	1431	1	乗真	未進年貢催促	廿：ち8	381
3	1431	12	乗真	未進年貢催促・翌年所務	廿：ち8、天地26	384
5	1433	8	乗南・浄円	内検執行	廿：ち9	389
9	1437	10	乗真	内検執行	廿：ち11	406
10	1438	3	乗真・正観	未進年貢催促	廿：ち12	408
11	1439	?	乗真	?	廿：ち13	413
13	1441	2	乗真	未進年貢催促	廿：天地27	414
嘉吉元	1441	8	?	?	廿：天地27	415
元	1441	10	乗真	内検・所務執行	廿：天地27	416
3	1443	9	乗南	内検執行	廿：ち14	422
文安元	1444	冬	五郎四郎	播磨の陣に派遣	廿：く17	424
2	1445	1	乗真・正願	未進年貢催促	廿：く17	423
2	1445	9	乗真・正願	内検執行	廿：く17	425
2	1445	10	?	内検執行	廿：く18	426
4	1447	9	乗真	内検執行	学：ネ110／廿：く19	427・428
6	1449	2	五郎四郎	未進年貢催促	廿：ち15	431
宝徳元	1449	10	?	内検執行	廿：ち15	433
3	1451	10	乗真・乗善	内検執行	廿：天地30	438
享徳元	1452	9	乗真・乗観	内検執行・当年所務	廿：く20	440
元	1452	11	乗観・敬性	当年所務	廿：く20	441
3	1454	12	乗琳	?	廿：天地31	444
4	1455	5	乗観	山名氏への使者	廿：ち16	448
4	1455	6	乗真	但馬国への使者	廿：ち16	449
4	1455	6	増祐	詫言	廿：ち16	449
康正元	1455	9	乗琳	但馬国への使者	廿：ち16	450
元	1455	9	増祐	備後への使者	廿：ち16	450
元	1455	10	徳円	三宝院書下送付	廿：ち16	451

元	1455	11	徳円	？	廿：ち16	452
元	1455	12	増祐	地下沙汰	廿：ち16	453
元	1455	12	快増	田所解任通知	廿：ち16	453
2	1456	1	徳円法師	公方奉書送付	廿：天地33	454
2	1456	9	五郎四郎	？	廿：天地33	455
3	1457	4	小次郎	加賀法橋上洛催促	廿：く21	457
3	1457	6	乙石法師	加賀法橋上洛催促	廿：く21	457
3	1457	9	乗真・乗琳	内検執行	廿：く21	457
長禄4	1460	閏9	清増・乗琳	内検執行	廿：く23	466
文正元	1466	6	了蔵	庄家への通知	廿：く25	487

註1：「典拠」欄の「学」は「学衆方評定引付」、「廿」＝「廿一口方評定引付」を示す。
　2：「相生市史」欄の数字は、『相生市史』第7巻中の当該事例掲載頁を示す。

が抱える構造的な矛盾であったことが確認される。

次に造営事業について見てみると、先行研究では大規模な造営事業・日常的な修理事業の双方とも、応永後半期以降が事業の拡大・恒常化の時期とされている点が注目される。(62)

まず大規模な造営事業は、南北朝期末の康暦年間（一三七九～一三八一）の御影堂再建以後しばらく確認されないが、応永後半期以降になると、応永二〇年・永享四年の御影堂修造、永享七年の塔婆修造(63)とさかんに行われている。また、日常的な修理事業についても、造営方の支出が永享後半期より大規模事業のない年でも一〇〇貫文を越えるようになることから、恒常的に行われるようになっていたことが推測される。このような造営事業の拡大・恒常化は、当然それと表裏の関係にある夫役徴発の拡大・恒常化を招くことになる。

最後に上久世荘が負担した輿昇について、その主要な用途の一つである寺外交渉の面を見てみると、寺外交渉の費用を捻出する五方が応永年間～嘉吉年間に廿一口方から分化しており、分化の背景には寺外交渉の増大という状況が想定されている点が注目される。(64)寺外交渉の増大はそれに関わる移動、すなわち輿昇の利用増加と直結する。

これらの動向から、応永末年から永享初年にかけての東寺ではさまざまなシステムが確立するのにともない、夫役の需要が拡大・恒常化していったことがわかる。東寺と上下久世荘との矛盾は、まさにその東寺のシステム整備の中で拡大したものだったといえるだろう。

以上、本節では応永末から永享年間に東寺の運営システム整備にともなう夫役の需要拡大を背景に東寺の膝下所領に対する夫役賦課が過重となり、上下久世荘との矛盾が次第に鮮明となっていった点を指摘した。上島は未進の存在から東寺による支配の衰退を読み取ったが、本節の結論を考慮に入れるならば、同荘の夫役をめぐっては東寺の逸脱する賦課と村落側の未進とがせめぎ合っていた様子を知ることができ、必ずしも支配の衰退とは言い切れない(65)。

そして、東寺と久世荘の矛盾は長い場合には一五世紀を通じて継続した。室町期東寺の安定を支えた労働力の徴発は、膝下所領との矛盾の拡大と表裏の関係にあったといえよう。

おわりに

室町期の東寺では、造営・修理、境内清浄の維持、寺僧の活動の補助、寺領経営など寺院運営に関わる諸分野で膝下所領より夫役を徴発した。とりわけ、寺領支配・権力との交渉・伽藍の維持など室町期の東寺を支える仕組みが確立する応永末年以後になると夫役の需要は拡大・恒常化していった。その結果、室町期の寺院運営は安定することになるのであるが、一方でそのために膝下所領では東寺による夫役徴発の拡大・恒常化が問題となり、永享年間には東寺との矛盾が鮮明となっていたのである。

本稿の結論は、東寺領全体を視野に入れた上で整理し直すならば、室町期における寺院運営との連動性という点において、久世荘・上野荘・植松荘などの膝下所領が、矢野荘・大山荘・新見荘などの遠隔地荘園に比べ強かったということになる。このような相違は当然の事実といえるかもしれないが、東寺の場合、ともすれば所領支配からの遊離という側面が強調されていたことも事実である。本稿では東寺においても、その領主支配を全体として考える場合には、膝下所領と遠隔地所領とで支配のあり方を区別するべきで、そのさい、夫役負担の問題がその区別をする上での一つの指標となり得ることを示したわけである。

なお、以上の検討からすると、守護役への対応などの面でも膝下所領と遠隔地所領では何らかの差が生まれたことが想定される。この点の解明は、東寺の領主としての全体像、ひいては中世後期における全領主層の中での東寺の位置づけを明らかにする上でも重要な論点となるものと推測されるが、本稿では検討できなかった。今後の課題とせざるを得ない。

(1) 湯浅治久『中世後期の地域と在地領主』(吉川弘文館、二〇〇二年)、伊藤俊一「室町幕府と荘園制」(『年報中世史研究』二八号、二〇〇三年)、清水克行「荘園制と室町社会」(『歴史学研究』七九四号、二〇〇四年)など参照。

(2) 熱田公『中世寺領荘園と動乱期の社会』(思文閣出版、二〇〇四年)、山陰加春夫『中世高野山史の研究』(清文堂出版、一九九七年)、同『中世寺院と「悪党」』(清文堂出版、二〇〇六年)、小山靖憲『中世寺社と荘園制』(塙書房、一九九八年)、鍛代敏雄「石清水八幡宮寺と境内都市『八幡』の検断と訴訟」(二木謙一編『戦国織豊期の社会と儀礼』吉川弘文館、二〇〇六年)など参照。

(3) 網野善彦『中世東寺と東寺領荘園』(東京大学出版会、一九七八年)。

(4) 東寺領の事例をとりあげたものとしては、久留島典子「東寺領山城国久世庄の名主職について」(『史学雑誌』九三編八号、一九八四年)、同「ある『庄家の一揆』」(『歴史科学と教育』九号、一九九〇年)、同「中世後期の『村請制』について」(『歴史評論』四八八号、一九九〇年)、稲葉継陽「庄家の一揆と地域社会」(同『戦国時代の荘園制と村落』校倉書房、一九九八年、初出一九九六年)参照。

(5) 東寺領の事例をとりあげたものとしては、伊藤俊一「中世後期における『荘家』と地域権力」(『日本史研究』三六八号、一九九三年)、岸田裕之「室町幕府・守護と荘園」(網野善彦ら編『講座日本荘園史4　荘園の解体』吉川

弘文館、一九九九年)、辰田芳雄『中世東寺領荘園の支配と在地』(校倉書房、二〇〇三年)参照。

(6) 弘法大師信仰とそれを背景とする財源確保の問題については、橋本初子『中世東寺と弘法大師信仰』(思文閣出版、一九九〇年)、阿諏訪青美『中世庶民信仰経済の研究』(校倉書房、二〇〇四年)参照。

(7) 東寺の造営事業については、第三回東寺百合文書展図録『東寺の造営』(京都府立総合資料館、一九八六年)、伊藤俊一「室町時代における東寺修造勧進」(東寺文書研究会編『東寺文書にみる中世社会』東京堂出版、一九九九年)、金子拓「室町期東寺造営方の活動とその変質」(『史学雑誌』一一三編九号、二〇〇四年)、太田直之「中世後期東寺大勧進の再検討」(『日本歴史』七〇六号、二〇〇七年)など参照。

(8) 富田正弘「観智院宗宝の生涯にみる教学と寺役」(中世寺院史研究会『中世寺院史の研究』下、法蔵館、一九八八年)、本多毅「中世東寺における寺僧集団」(『仏教史研究』三七号、二〇〇〇年)など参照。

(9) 深谷克己『百姓成立』(塙書房、一九九三年)三五頁など参照。

(10) なお、安定と矛盾の混在という状況をいかに読み解くべきか、という問題設定の重要性については、すでに上川通夫「寺院史研究と東寺」(東寺宝物館編『東寺とその庄園』一九九三年)において意識されている。

(11) 宝月圭吾『中世灌漑史の研究』(畝傍書房、一九四三年)、大山喬平「中世における灌漑と開発の労働編成」(同『日本中世農村史の研究』岩波書店、一九七八年、初出一九六一年)、富澤清人「荘園制下における村落と農民」(同『中世荘園と検注』吉川弘文館、一九九六年、初出一九七六年)、前掲註(4)稲葉著書など参照。

(12) 稲葉継陽「中世後期における平和の負担」(『歴史学研究』七四二号、二〇〇〇年)、同「村の武力動員と陣夫役」(歴史学研究会編『戦争と平和の中近世史』青木書店、二〇〇一年)など参照。

(13) 黒川直則「東山山荘の造営とその背景」(日本史研究会史料研究部会編『中世の権力と民衆』創元社、一九七〇年)など参照。

(14) 高橋慎一朗「室町期の都市京都における長夫勤仕の実態」(義江彰夫編『古代中世の政治と権力』吉川弘文館、二〇〇六年)、徳永裕之「中世後期の京上夫の活動」(遠藤ゆり子ら編『再考　中世荘園制』岩田書院、二〇〇七年)。

(15) 渡辺澄夫「均等名総論」(同『増訂畿内庄園の基礎構造　上』吉川弘文館、一九六九年)、永原慶二「荘園領主経

済の構造」（『永原慶二著作選集　第三巻　日本中世社会構造の研究』吉川弘文館、二〇〇七年、初出一九六五年）、前掲註(2)熱田著書、安田次郎『中世の奈良』（吉川弘文館、一九九八年）などの研究は確認される。しかし、これらの研究は興福寺や王家をとりあげており、その点で「はじめに」で述べたような問題点を残している。

(16) なお、高橋慎一朗「鎌倉期の若狭国太良庄の長夫について」（前掲註7『東寺文書にみる中世社会』）、金子拓「寛正三年足利義政東寺御成と東寺の寺院経済」（羽下徳彦編『中世の社会と史料』吉川弘文館、二〇〇五年）、などの論文では、東寺の夫役について検討がなされている。

(17) 前掲注(7)諸論文参照。

(18) 土一揆における寺院の動向については、中村吉治『土一揆研究』（校倉書房、一九七四）、神田千里『土一揆の時代』（吉川弘文館、二〇〇四年）参照。

(19) このような雇用労働と無償労働との中間的なあり方について、大山喬平は「雇仕労働」と呼び、中世社会の一般的な夫役徴発形態だったことを指摘している。大山喬平「中世社会の農民」（前掲註11著書、初出一九六二年）、前掲註(11)大山論文参照。

(20) 応永二〇年から二一年の場合、御影堂の大規模な修造事業が進められていた（前掲注7太田論文参照）ので、例年に比べると徴発人数が多かったものと推測される。

(21) （文永七年）三月五日東寺公文頼尊書状（「東寺百合文書」ヨ函一五号〔以下、東百ヨ一五と略記〕、『鎌倉遺文』一〇五九四）。なお、本文書は『鎌倉遺文』では「某書状案」とされているが、差出人は東寺公文であった頼尊である。この点については宮﨑肇氏よりご教示いただいた。

(22) 拙稿「室町期東寺寺僧の自治と老若」（『日本歴史』六八二号、二〇〇五年）参照。

(23) 東百け六。

(24) 東寺霊宝蔵中世文書（以下、霊宝蔵と略記）一箱一八。

(25) 霊宝蔵二箱三六。

(26) なおこのうち、上野荘は掃除役として毎年四〇人を負担することになっていた（若衆掃除方評定引付宝徳二年三月二九日条〔東百け六〕）が、実際には久世・植松など他の膝下荘園からの人夫もしばしば臨時の掃除役に徴発された。
(27) 廿一口方評定引付寛正六年三月一五日所引若衆掃除方評定引付応永三三年三月一三日条(東百け一七)。
(28) 文安三年(一四四六)分造営方散用状(東百キ六七)では、「三月廿一日掃除用」として院町・柳原人夫に対して酒直が下行されている。
(29) 院町人夫は天文三年(一五三四、東百わ九〇)、柳原人夫は天文九年(一五四〇、東百わ九七)まで費用の下行が確認される。なお、灌頂院御影供は文亀二年(一五〇二)以後、近世にいたるまで執行されなくなっていた(上島有「近世とその後の東寺」同『東寺・東寺文書の研究』思文閣出版、一九九八年)が、掃除は行われたようである。
(30) 永和四年六月三日六条河原者彦太郎・五郎連署東寺掃除人夫役請文(東百ユ四九)。
(31) 寛正三年御成方掃除料足下行切符(東百モ一〇五)。
(32) 東百ワ五六。
(33) 鎮守八幡宮方評定引付康正三年閏正月一八日条(東百ワ七三)では、東寺寺僧が参加していることを確認できる。
(34) 村井陽子「中世石清水八幡宮寺における仏事勤修の意義」(『史艸』四四号、二〇〇三年)によると、東寺寺僧の出仕が見られる。
(35) 前掲註(14)高橋論文参照。
(36) 永村眞「『印信』試論」(同『中世寺院史料論』吉川弘文館、二〇〇〇年、初出一九九四年)参照。
(37) 鎮守八幡宮方評定引付文安三年三月二一日条(東百ワ六一)。
(38) 鎮守八幡宮評定引付応永二九年七月八日条(東百ワ三七)。
(39) 廿一口方評定引付永享二年七月二八日条(東百く一三)。
(40) 前掲註(16)高橋論文参照。
(41) 前掲註(21)参照。
(42) 前掲註(3)網野著書。
(43) 学衆方評定引付文和二年九月三日条(東百ム二七、天地五五)。

(44)村田修三「国人領主の所領形態について」(岸田裕之編『中国大名の研究』吉川弘文館、一九八四年、初出一九六九年)。
(45)前掲註(2)諸論文参照。
(46)上島有『京郊庄園村落の研究』(塙書房、一九七〇年)、秋山國三・仲村研『京都「町」の研究』(法政大学出版会、一九七五年)、宇那木隆司「中世後期における東寺散所について」(『[世界人権問題研究センター]研究紀要』三、一九九八年)、前掲註(16)高橋論文など。
(47)なお、散所に対する夫役の賦課の問題については、前掲註(22)拙稿参照。
(48)前掲註(46)上島著書、前掲註(4)久留島諸論文、前掲註(4)稲葉著書など参照。
(49)田中倫子「戦国期における荘園村落と権力」(『日本史研究』一九三号、一九七八年)。
(50)工藤敬一「荘園制の展開」(『岩波講座日本歴史』五、岩波書店、一九七五年)、前掲註(4)久留島「東寺領山城国久世庄の名主職について」など参照。
(51)前掲註(46)上島著書。
(52)前掲註(46)上島著書。
(53)寛正二年一二月五日井上道林等連署山城国上久世庄長日人夫役請文(東百な一八九)。
(54)東百ワ三九。
(55)鎮守八幡宮方評定引付永享一二年七月二三日条(東百ワ五六)。
(56)文亀二年七月二四日山城国上久世庄百姓申状(東百キ一二八)など参照。
(57)鎮守八幡宮方評定引付永享元年九月二五日条(東百ワ四四)。
(58)たしかに、同年引付の二月一九日条でも上使が派遣されていることが確認される。
(59)鎮守八幡宮方評定引付長禄二年閏正月一八日条(東百ワ七三)。
(60)鎮守八幡宮方評定引付永享九年二月二二日条(東百ワ五一)。
(61)『相生市史』第二巻二八八頁参照。
(62)前掲註(7)諸論文。

（63）永享九年塔婆修理要脚散用状（東百キ四七）、永享九年塔婆修理料足散用状（東百キ四八）参照。

（64）佐々木銀弥「荘園領主経済の諸段階」（同『中世商品流通史の研究』法政大学出版局、一九七二年、初出一九六九年）、岡田智行「東寺五方について」（『年報中世史研究』七号、一九八二年）、田中浩司「中世後期における『礼銭』『礼物』の授受について」（『〔中央大学〕経済学論纂』三五巻四号、一九九四年）参照。

（65）応永末年という時期は、上下久世荘における沙汰人・年寄層が登場し始める時期とされている（前掲註4久留島「中世後期の『村請制』について」）が、この点も東寺の動向との関連性を想定すべきかもしれない。しかし、具体的な検討は今後の課題である。

中世後期における村の惣中と庄屋・政所——山城国上野荘の場合——

西谷正浩

はじめに

本稿は、室町～戦国期の山城国上野荘（上野村）における、村落の自治的政治組織（惣百姓中、惣中）とそのなかに生まれた政所（庄屋）の動向を描いたモノグラフである。(1)

かつては、中世の村と近世の村の間に断絶をみる考えが有力であったが、一九八〇年代以降の中世村落論では、村の主体性・自立性が重視され、中・近世の村の連続性が論じられるようになった。庄屋・政所は、従来の学説では、近世領主が村に新たに設定した支配権力の末端機構で、中世・近世の村の断絶を象徴する存在とみなされたが、こうした認識に変更をもとめる説が、一九八七年、藤木久志によって提示された。藤木は諸地域の史料を博捜して、中世後期に現れる庄屋・政所を自立的な村を代表する存在と捉え直し、これを近世庄屋の源流に位置づけた。(2)

藤木の理解は、現段階でも庄屋成立論の最有力の学説といってよいが、これとは違う見方もある。藤木に先んじて近世庄屋の成立を論じた水本邦彦は、中・近世村落の連続性を指摘しつつも、中世史料にみえる「庄屋」と近世のそれは異質であり、近世の庄屋は、領主が村支配のために惣村を領導した年寄衆のなかに創出した組織だとした。(3) また藤木論文以降の仕事によって、領主が設置した中世の庄屋・政所も確認された。(4) さらに、庄屋・政所不在の所領・村もある。しかしその一方で、藤木が説いたように、村の公共性を担い、地縁共同体を代表する庄屋・政所も確かにいた。このように中世の庄屋・政所の実態はなかなか多様であり、単一の属性では割り切れない。

さて、本稿では以下の手順で考察を進める。まず第一節では、室町前期の上野荘の状況を観察し、つづく第二節では、村の惣中の活動とそこから政所が立ち現れてくる過程をおう（庄屋と政所は同義語だが、山城では政所のほうが一般的である）。さらに第三節では山城国のいくつかの地域の政所を紹介するが、これは上野荘の政所を相対化し、その歴史的な位置づけを探るためにほかならない。そして、最終の「結び」は全体のまとめにあてた。

一　室町期上野荘の世界

（一）　荘園と惣荘

正和二年（一三一三）一二月七日、後宇多法皇が東寺興隆のために四荘園を寄進し、その一つとして山城国上桂荘は東寺領となった（『上桂』二九号）。上桂荘には東寺領と西芳寺領の二つがある（『革嶋家文書』一三〇号、永正一七年七月吉日革嶋就宣知行分目録〈京都府立総合資料館『資料館紀要』五・六・二五号、一九七七・一九七八・一九九七年〉）。東寺領は上野荘と称されることが多く、「上桂内上野庄」（『上桂』八一三号）ともみえる。鎌倉・南北朝期には、両上桂荘は桂川をまたいで存在したが、おそらく、桂川北岸の地域（東寺領）を南岸部と区別して上野荘とよんだのだろう。

上野の地域は桂川流域の氾濫平野に位置し、桂川の洪水による河道変遷にさらされた。現在桂川は上野の北を通るが、鎌倉期には南側を流れた。今の北側の河道は、一四世紀末ころには形成されていたが、この河道の変化にともない、上野の中心的な水田地帯は壊滅したと考えられている。[5] さらに河道変遷の影響は、その後もなかなか収まらなかった。一五世紀前半ころまでは、たとえば「依二正長二年八月十八日洪水一、井口并溝悉埋、□（田カ）皆成二白河原一。既十三ヶ年之間、御年貢無二一粒一、成二亡所一者也」（『上桂』四四一号）というように、東寺の記録に上野荘の洪水被害の記事が頻出する。こうした苛烈な自然の脅威が緩和されて用水施設が安定化するのは、ようやく一五世紀半ばを迎えるころであった。

さて、寛正六年（一四六五）の譲位反銭一献料注進状（『上桂』六三一号）によると、東寺領上野荘の田地は「本荘」が一二町六反、「散在」が三町（二カ）一反の合計一五町八反で、この他に畠地があった。本荘は上野村の地域をいい、散在は徳大寺・千代原（桂中荘）など近隣の村々に点在する荘地をさす。一方、室町期には村落が成長をとげ、いわゆる荘園と関わりをもちながら地域社会を構成するようになった。この村は「惣荘・荘・郷・里」とも称された（『上桂』五九七・六〇四・六〇六号、記録一六八号〈四三四頁〉）。山城の桂・西岡の地域では、諸荘園の荘地が複雑に入り組んでいたが、荘園の領主（本所）とは別に、各地域の主要な領主が惣荘（村）を知行する領主（本所）とみなされた[6]（『上桂』参考七号）。後者の「そう（惣）庄御もち」の領主にたいして、散在地の荘園領主は「いれくミ（入組）の本所」といった（『上桂』五九八号(1)）。

荘園・上野荘の領主東寺は、上野惣荘（上野村）の惣荘の領主であったが（『革嶋家文書』一三〇号）、千代原惣荘（千代原村）では入組の領主の一つにすぎなかった。寛正二年（一四六一）に千代原惣荘内の上野荘散在地で殺人事件がおきたさい、東寺は領主権限にもとづいて検断を行おうとしたが、すでに惣荘領主の宝寿院（天竜寺塔頭）が当事者の家を検封していた。これにたいし東寺は「験（検）断等事、為二各々領主一令二沙汰一之条、其例定有レ之歟」（『上桂』六〇〇号）と、検断権は土地領有関係によるとして同院の行動を非難したが、一方、宝寿院のほうも「千代原惣荘内の土地は、他領であっても当院（惣荘領主）の検断権に属する」（『上桂』六〇五号）といって譲らなかった。結局ここでは、地域慣行にしたがって土地領有者の東寺の言い分が認められたが（『上桂』五九八号(1)、六〇八号）、本来は存在しなかった権利を宝寿院が主張できたのは、地域社会のなかで惣荘領主の立場が次第に重みをまし、権限を拡大したことの現れと理解される。

なお、この一件にかかわる次の発言は、惣荘領主の要件がなにかを示唆する。すなわち宝寿院は、入組の本所東寺が「東寺之御判ニ千代原之事ハ、不レ入」（『上桂』五九七号）のにたいして、自らは「当院領山城国桂中庄者号ニ千代原一、鹿苑院《(足利義満)》殿御寄附地也。殊為ニ守護使不入・臨時課役以下免除之地一、于レ今無ニ相違一致ニ検断一在所也」（『上桂』六〇五号）と述べるが、これは、同院が所持した公験に千代原荘の名前があることを意味しよう。また上野惣荘の本所東寺の公験には、上野荘の名が載っていた（『上桂』五七四号）。以上からすると、室町幕府発給の公験にその地域名を冠する荘園の記載があることが、惣荘領主の重要な条件であったとみられる。

このように室町期において東寺は、荘園の上野荘の領主であると同時に、上野惣荘（上野村）の領主でもあった。そして、上野惣荘は近世の上野村につながる。つまり東寺領上野荘は、荘園の動きを通じて村落の様相を探りうる貴重な事例ということになる。以下、室町期の上野荘（惣荘）の世界について百姓たちの動向を中心にみていきたい。

(2) 上野惣荘の世界

一九九〇年代以降の村落論では、侍衆の存在がとくに強調されるようになった。村の侍衆は、惣村の運営を担うとともに、加地子等の在地剰余の集積者でもあり、中世後期社会を特徴づける存在とみられている(7)。一四世紀の上野荘では、侍身分に属する在村の下司が荘務をとり、領主と在地の仲介役をつとめたり、売券に証判を加えたりして、在地社会で中心的な役割を果たしていた。ところが、応永一〇年（一四〇三）の文書（『上桂』三五二号）を最後に下司がみえなくなり、具体的な経緯は不明だが、上野荘から下司職が消滅する。またこれ以降、少なくとも一五世紀の間には、上野惣荘では名字や実名を名乗る住人が検出できない（名字を名乗る者はみな「散在」＝隣村の者）。中世村落は、基本的に侍分と地下分の二階層からなるが、名字と実名は侍身分の表象にほかならない[8]。つまり室町期の上野惣荘は、侍身分の者がいない、地下分の一般百姓のみの、いわゆる村人型の村落となったのである。

この上野荘において検断・検封にかんする事件を整理したのが、表1である（以下は表1の番号）。ここでは、この表にもとづいて在地社会の状況を探っていく。

まず気づくのは件数の多さである。一三五〇年代から一四一〇年代までは稀であったのが、一四二〇年代から三〇年代にかけて多発し、とくに二〇年代後半には連続しておこっている（六〇年代に三件あるが、⑬は子供の些細な盗犯、⑭は千代原村の事件）。上野惣荘は棟別役がかかる屋敷が六、七軒しかない小村であったが、これは「大庄」の上久世荘と比べても発生件数が著しく多い（『上桂』記録一五九号〈四二〇頁〉、記録一六〇号〈四二二頁〉）。また内容においても、放火や計画的とも思われる殺人事件など（⑧⑨）、凶悪な犯罪が目につく。ところが、時代が降って長享二年（一四八八）の⑯の殺人事件では、「闕所屋、於二当庄一近比無レ之」（『上桂』記録一八三号〈四五三頁〉）とみえる。つまり室町期の上野荘は、一五世紀の二、三〇年代にはかなり殺伐とした状況であったのが、次第に緩和され、その半ばにはかなり安定化したようすがうかがえる。

次に注目したいのが、地下百姓どうしの一種独特な主従関係である。主従関係の現れるものが四件ある（②⑧⑨⑯）。一四世紀後半の②は、田草取りのさい、酔って口論となり主人が従者を殺害した事件である。これはままある事件といえるが、正長元年（一四二八）の二件はかなり珍しい。⑨は有力百姓妙道の下部殺害事件である。

表1　上野荘の検断・検封事件

年	事　　項	典　　拠
①文和２(1352)	百姓七郎男逐電により住宅を闕所とする	天地55引付□/□条(記録21号)
②貞治６(1367)	与平次が下人を殺害し逐電。同人住宅は破壊し地蔵堂に寄進父行円には科料2100文を課し、住宅検封を免ず	ム44引付７/３・４条(記録37号)
③応永32(1425)	兵衛二郎家を検封。同人雑具は地下が預かる	教王1109号(上桂419号)
④応永32	右衛門三郎住宅を検封	ち６引付３/30条(記録97号)
⑤応永32	衛門二郎家を検封。恐らく赦免	ネ102引付５/18条(記録98号)
⑥応永33(1426)	逐電屋を地下として４貫文で請け留める	く12引付12/４条(記録99号)
⑦応永34(1427)	両屋を検封	天地24引付７/５条(記録100号)
⑧正長元(1428)	行見屋の放火犯として次郎屋・道証屋を闕所にする	ち７引付６/29、７/13条(記録102号)
⑨正長元	下部殺害により妙道住宅を検封。一荘の嘆願ですぐに赦免	ち７引付７/28、８/７条(記録102号)
⑩永享６(1434)	宮座で刑部二郎と兵衛四郎が喧嘩・死亡し家検封	ち10引付２/30条(記録108号)
⑪永享７(1435)	行泉跡下地点札	く14引付４/23条(記録111号)
⑫文安３(1446)	三郎太郎・二郎太郎両人屋雑具を注進(国方検断)。二郎太郎屋は科料沙汰で赦免	く19引付10/23、12/19条(記録127号)
⑬長禄４(1460)	三郎二郎子エンドウを盗み父家を検封。のち御免	く23引付５/９、６/４条(記録149号)
⑭寛正２(1461)	上野荘散在地千代原村の西弥四郎と太郎九郎・孫九郎兄弟の喧嘩で兄弟死亡、西逐電により３名屋敷を闕所	く24引付１/22、５/６条(記録151号) ほ68(上桂595号)
⑮寛正２	次郎三郎逐電し、同人屋については重ねて評議あり 翌３年、同人屋は寺家へ召さず	く24引付10/24条(記録151号) ち17引付12/７条(記録153号)
⑯長享２(1488)	弥三郎が三郎五郎を殺害し逐電。同人逃亡を助け扶持者兵衛三郎が妨害。３名の屋を検封(弥三郎以外は免許)	け44引付４/28、６/12条(記録183号)
⑰明応３(1494)	左衛門太郎家に火付し、犯科人兵衛三郎・与五郎親子を追放	教王2082・2083号(上桂714・715号)
⑱永正９(1512)	百姓孫が年貢未納で逃亡。私宅を検封	ち27引付10/３条(記録194号)

注：典拠欄の記載は、以下のようにした。
1）東寺百合文書は、函の通称と文書番号を記す。
2）教王護国寺文書は、「教王」と略記し、刊本『教王護国寺文書』の文書番号を記す。
3）評定引付の場合は、「引付」と略記し、月・日を記す(たとえば④で３/30条とあるのは、応永32年３月30日条を意味する)。
4）括弧内には『山城国上桂庄史料』の文書番号を記す。同書所収の文書史料は「上桂」、記録史料は「記録」と略記し、その史料番号を記す。

詳しい経緯はわからないが、下部殺害の科で妙道がいったん荘家を追放されたこと、真犯人は妙道の別の下人であること、その下人を妙道が保護したことからすれば、主人の妙道が被害者の下人を別の下人に命じて殺させたというのが実態に近いとみられる。事件後程なく、妙道はこの件に関与していないとの一荘の嘆願がなされ、彼は還住を果たした。妙道は村にとって不可欠の人物だったのだろう。⑧は、これも有力百姓の行見宅の放火事件である。犯人糾明のために地下の要請で村起請が行われ、次郎という者に失が現れ、次郎と道証の屋が闕所となった。⑨の事例を参照すると、次郎の失で血縁関係にないとみられる道証が処分されたのは、次郎が道証の扶持人（下人）であり、道証が次郎に放火を命じたと推定されたからではないか（中世史料では親子・兄弟関係は明記される傾向がつよい）。法名を名乗る道証は入道成をとげており、村の一廉の人物とみられる。みぎの推測の当否はともかく、いずれにしろ、永享初年のころ、行見と道証といった村の乙名百姓の間に深刻な対立があったことは疑いない。最後に長享二年（一四八八）の⑯では、三郎五郎を殺した地下人弥三郎を村人たちが討ち取ろうとしたところ、弥三郎を扶持する兵衛三郎が妨害して逃亡を助けたので、両名の屋が闕所とされたという。

以上の四件のうち三件は下人の家が検封されており（②⑧⑯）、彼らが主人とは別に世帯をもつことがわかる。もとより、中世社会では、百姓どうしの主従関係は珍しくはないが、主人の命で凶悪犯罪におよぶような事例は、なにかしら武士かヤクザの世界のようで、百姓のそれとしては異様の感を拭えない。一五世紀第2四半世紀ころの上野荘では、特殊な人的依存関係を生みだすような独特の磁場が働いていたとみられる。

続いて③の兵衛二郎の一件をとりあげる。兵衛二郎は、応永三二年（一四二五）、本所にたいし不法の子細があったということで闕所処分をうけた（『上桂』四一九号）。牛一頭と犂・馬鍬・鍬・鉞などの農具を各一具ずつバランスよく所有することから、標準的な経営規模をもつ中層農民と評されるが、豆・粟各一俵と籾米・芋茎・乾菜・味噌などの食料を蓄えており、中世の百姓としては並みよりは上の豊かさといえる。(9) また兵衛二郎は、槍

表2　応永24年納帳にみる年貢米納入ランキング（上野村住人分）

	名　前	納入額（石）
1	行　泉	8.424
2	行　見	6.26276
3	衛門太郎	5.2277
4	衛門次郎	2.97613
5	左衛門三郎	2.375
6	左藤五	1.36334
7	右馬次郎	0.48
8	道　教	0.451
9	右馬五郎	0.35
10	兵衛次郎	0.30933
11	彦太郎	0.2767
12	右衛門三郎	0.23333
13	三郎五郎	0.1167
		合計28.84599石

二枝と弓一張、的矢一手を所持し、武具の装備においては、同階層の百姓たちに比べてかなり優れている。

表2は、応永二四年（一四一七）の上野荘の年貢米納入者の一覧である（『上桂』四〇七号）。兵衛二郎（兵衛次郎）は一三名中一〇位であった。彼には衛門太郎（右衛門太郎）・衛門次郎（右衛門二郎）・右衛門三郎・右衛門四郎という兄弟がいたが（『上桂』四〇八号）、表2では、兄の衛門太郎と衛門次郎は三位と四位、右衛門三郎は一二位にあたる。もちろん農業の規模だけで貧富は論じられないが、兵衛二郎の家財とみぎの順位から判断すると、総体的にみて上野惣荘は豊かな村だという印象をうける。

しかし前述したように、上野の自然環境は、農民に安定した条件を与えてはいなかった。一五世紀前半期は桂川の大きな河道変動の時期にあたり、その影響をまともにこうむった上野荘では、用水路や堤防の破損と復旧が毎年のごとく行われ、「亡所」といわれる時期さえあった。だが、洪水の被害は、必ずしも村人に労苦を課したばかりではなかった。

用水路・堤防の構築・修理の費用は、もっぱら領主と荘外の名主（加地子名主）によって負担され、地域住人らが工事にあたった[10]。一五世紀の初頭、上野荘の名主たちは、連年のように「井堀」（井溝の復旧）の合力を命じる本所の書下をうけ、井料の負担を強いられたが（『上桂』記録七三号〈二五三頁〉、記録七四号〈二五六頁〉）、とくに応永一六年（一四〇九）前後の負担は重かった。

上野荘の灌漑施設は、応永一四年（一四〇七）の洪水の後、「古井」の水便が悪くなり、「新井」の構築が図られた（『上桂』記録七四号〈二五六頁〉、記録七六号〈二五八頁〉）。応永一六年には、諸名主に反別五斗の合力を命じて「新井」が造成されたが、八月の洪水で塞がり、翌一七年には、修復のために反別二斗が課された（『上桂』三八九号）。また応永一八年にも、諸名主に反別四五〇文が懸けられている（『上桂』三九二号⑵）。応永一六〜一八年のケースは、同荘の荘田数一二町六反から割りだすと、それぞれ概算六〇貫文、二〇貫文、五〇貫文をこえる投下とみられる（かりに一石一貫文で算出した）。

だが、桂川の大水被害はこれで終わらない。正長二年（一四二八）の洪水で壊滅的被害をうけ、ようやく永享七年（一四三五）に井料を負担して井溝の復興をとげたところが、一作におよばないうちに大水にあい、またも埋まってしまう。この事態は、上野荘内の所有地にたいする名主の経営意欲をすっかり萎えさせたらしい。再度の復興費用の供出をもとめた本所の命に応ぜず、「令二退屈一捨二名主職一」たので、永享一〇・一一年（一四三八・三九）度には、本所自身が二〇〇余貫文をだして「堀二付今井口一」たという（『上桂』四四一号）。けれどもこれも事行かず、文安二年（一四四五）四月の宝泉院快寿等連署置文案（『上桂』四五四号）によると、さらに東寺は、嘉吉二・三年（一四四二・四三）に三〇〇余貫文、文安二年に一〇〇余貫文の井料の支出を余儀なくされた。

このように莫大な井料が上野荘につぎ込まれたが、もとより、みぎはその全てではない。では、この巨額の資金はどこに流れたのか。これを直截に語る史料はないが、以下の事柄はおおよその答えを教えてくれる。

まず、上野荘の新井口が埋まったさいに、百姓が復興費用を「参百疋功労」と上申した事例があるが（『上桂』記録七四号〈二五五頁〉）、これは百姓の工事見積の能力を示している。また前述した応永一八年の工事は、五〇貫文以上の経費を要した工事だったが、このとき「上野荘御百姓中」は、本所の書下で諸名主から反別四五〇文宛を「急速取二立之一、可レ遣二銭主方一」（『上桂』三九二号⑵）との下命をうけた。つまり、百姓たちが金融業者から工事費を調達し、後日名主の拠出金で返済したのである。このように、領主に着工をうながした上野荘の百姓中は、単なる現場の手足ではなく、工事の枢要を担う存在とみられる。とすると、投下された費用の主たる受取手が彼らであった蓋然性はきわめて高いといえる。

さらに次節の考察を先取りすれば、当該期の上野惣荘の中心には乙名たちがいた。中世後期の村には、正規の成員権を有する村人《むろと》のほかに、村民権をもたない「村人ニテ無物」が居住した。長禄四年（一四六〇）の今堀神事定書（『今堀日吉神社文書集成』三七一号）は「ヨソ《(余所)》カラキ《(来)》テ、村子ゆウ《(云)》テ、エホシキテ《(烏帽子着)》村ツク」のを禁止したが、このことは、中世後期村落においてある程度の人口の流出入が存在し、ときによそ者が厳しい村落の排他性を乗り越え、烏帽子成して村人となった事実を示唆する。前述した状況からみると当該期の上野村には、他所からそれなりの人口の流入があったことが予想される。おそらく村の乙名たちが、村人・非村人からなる惣荘の住人を中心に労働力を調達し、工事を進めたのではないか。ちなみに、灌漑・堤防の工事は、領主が領民を自由に駆使できるたぐいのものではなく有償労働であったが、永享一〇年（一四三八）度の新井口建設工事の算用状（『上桂』四三八号）によると、一五日間の作業において、日食代が一人宛五〇文の三三七人分で一七貫三四文、地下人の日当が一人宛三五文の二四三人分で八貫七六六文、酒肴代が一五貫九九一文、合計四一貫七九三文を要したという（数字は史料のまま）。末端従事者の実収入は不明だが、計算上では食糧代・日当だけですでに一人宛八五文に達する。

室町前期の上野荘では地域社会の要である下司がいなくなるが、これにより在地秩序の流動化がおきたとみられる。また洪水による井溝・堤防の破壊は、惣荘に巨額の復興資金と公共事業をもたらしたが、乙名百姓をとりまく独特の主従関係と乙名間の厳しい対立も、あるいは、それをめぐる利権の構造が生みだしたものかもしれない。ともあれ、当該期の上野荘がすぐれて個性的な地域であることは間違いない。ここは、厳しい自然に人間が対峙したある種のフロンティアの地であり、地下分の百姓たちがヘゲモニーを握る独特の権力構造の村であった。

ただし一五世紀後半には、桂川の河道が安定するとともに、検断件数の減少からみて、村の政治秩序も一定の平衡に達したように察せられる。

二　村の政治構造

(一)　室町前期の惣中

中世後期の村では、住人による自治的な村落運営がなされた。近隣の下久世荘や上久世荘では、沙汰人・年寄などとよばれた荘官や侍衆が村の政治の中枢にいたが、[11] これが一般的な室町の村の姿であった。一方、上野惣荘は侍衆不在の地下百姓の村だが、やはりここでも村人たちの主体的な活動がみてとれる。領主東寺の記録に「百姓・地下」として立ち現れる村人たちは、灌漑問題に象徴されるように、「地下の案内者」として在地の状況を上申し、領主と交渉を重ね、村のために利益を引きだした。また彼らは、村の宗教施設を修理したり（『上桂』記録一〇三号〈二八九頁〉、記録一一〇号〈三一一頁〉）、家数の維持を企図したり（『上桂』記録九九号〈二八三頁〉）するなど、村の秩序の安定と公共性を積極的に担っていた。ここでは、こうした村の自治的組織を「惣中」とよぶ。では、上野惣荘の惣中の内実はどのようであったのか。ここではまず、前節でとりあげた兵衛二郎が還住を果たしたさいの請文を手がかりに考えていきたい（『上桂』四二〇号）。

応永三二年（一四二五）四月に検封をうけた兵衛二郎が、早くも翌五月に還住できたのは、「惣庄御百姓等、別而就二申請一、御免之上者、向後自然彼者不儀不法事出来候者、就二惣庄御百姓等一、可二懸承一候」というように、上野惣荘の百姓中（惣中）の強い働きかけがあったからであり、惣中がその身元を引き受けた。そして、この請文に署判を加えた、衛門太郎・衛門二郎・行見・行泉の四人は惣中を代表する人物とみられるが、確かに実態もそれにふさわしい。

薗部寿樹によると、中世後期の村落では、村において身分が管理されており、宮座で年﨟（﨟次）を積むとともに、村落鎮守社に頭役・官途直物などの経済的奉仕を果たすことによって、順次烏帽子成・官途成・乙名成・入道成をとげ、共同体内での地位を確立したという。[12] 前掲の表2では、署判者の行泉・行見・衛門太郎・衛門二郎は、上野荘の年貢米納入者の上位四名にあたり、村の富裕層とみられる。入道成した行泉・行見は、おそらく最長老格の乙名（老、大人）であろう。

東寺公文所の明済は有徳人として知られた人物で、莫大な資金を東寺関係者や寺領の百姓らに貸し付けていたが（「東寺百合文書」チ函七五、応永二〇年九月一六日前東寺公文所明済跡借物注文）、この融通先に「上野荘百姓等・上野連判」とならんで（総額八貫文）、年貢納入量第一位の行泉（行仙）の名前がでてくる（総額一〇貫五〇文）。前者は荘入用にたいする惣中としての借金を表すと理解できるが、後者のほうは、行泉の立場からすると、彼が惣中を代表して借主にたった可能性も考えられる（行泉借用分は全額返済）。同じく第二位の行見は前述の放火事件の被害者だが、正長元年（一四二八）には、妙道とともに兵衛四郎という者が還住したさいの身元引受人になっている。行見はかつて上野荘下司の「重代下人」であり、その縁から旧下司屋敷の茶園を受け継ぎ、年ごとに茶を東寺公文所代の乗喜に送進したという（『上桂』記録七七号〈二五九頁〉）。さらに第三位・四位の衛門太郎と衛門二郎は、兵衛二郎の兄でもあるが、すでに応永六年（一三九九）と推定される文書に同名で現れており（『上桂』八八二号。なお『上桂』三四五号文書を参照）、応永三二年当時には十分な貫禄をそなえた乙名だったとみられる。なお、妙道は二人のいずれかの入道名と思われるが、[13] 前節でふれたように、彼は少なくとも二人以上の下人を抱えており、下部殺害の科で荘家を追放されたさいには、一荘をあげて嘆願がなされ還住を果たしている。

中世後期の村落は排他的な構造を有した。村には、宮座を構成し、惣有財の利用や衆議への参加を認められた正規の成員権をもつ「村人《むろと》」のほかに、それをもたない「村人ニテ無物」が居住しており、両者は明確に区別されていた。さらに村人も一列ではなく、村人のなかで年﨟を積み重ね、かつ村にしかるべき経済的奉仕を務めた者のみが、諸通過儀礼をへて乙名となりえた。[14] つまり一五世紀前半期の上野惣荘は、長老格の乙名たちが集団でヘゲモニーを握る村であったとみられる。鎮守社の三宮社（産ノ宮、産土神社）の宮移神楽にさいして領主に助成をもとめた「上野沙汰人等」とは、彼らのことであろう（『上桂』記録九二号〈二七四頁〉、記録一〇三号〈二八九頁〉）。上野荘の乙名百姓たちは村の富裕層で、配下に小百姓らを下人（扶持人）として抱えるとともに、荘外の勢力とも縁故を有するような存在であった。

なお、侍衆のいる一般の村と比べた場合、上野のような地下百姓の村には一つの弱みがあった。桂・西岡の地域において、諸郷を貫通する用水路は個別村落を越える広域的な公共性にかかわるテーマといえる。灌漑秩序を支えたのは村々（郷々）の連合であったが、その担い手は「諸郷沙汰人」とよばれる侍衆の者であり、彼らの「会合」によって基本的枠組が定められた（『上桂』四三九号）。そして上野村でも、近隣の村々と利害の調整を要する問題がときに生じたが、ここで隣郷の面々との交渉役を務めたのは、もっぱら侍身分に属する代官や東寺公文所らであり、村の乙名たちが前面に登場することはない（『上桂』六二四号、記録一五四号〈四〇一頁〉など）。つまり、地侍衆がヘゲモニーを握る地域秩序のなかでは、地下百姓は対等の交渉者とは遇されておらず、彼らが指導するタイプの村はいくぶん不利な条件のもとにおかれていたことは否めない。

（2）室町後期における惣中の変質——政所の成立——

一五世紀前半期の上野惣荘は長老支配体制の村であったが、後半期以降には、二つの点で村の政治構造の変化が明らかとなる。すなわち、一つは長老支配の衰退傾向であり、一つは政所という突出した存在の成立である。

寛正二年（一四六一）に千代原村にある上野荘散在地で殺人事件がおきたさいに、上野荘の領主東寺は「上野

表3　永正9年内検帳にみる名請田地面積ランキング

	名　前	面　積
		反　歩
1	太郎三郎	7.240
2	次郎太郎	7.200
3	弥九郎	6.240
4	彦兵衛(兵衛)	6.090
5	念阿弥	2.240
5	左衛門五郎	2.240
7	弥四郎	2.150
8	弥三郎	2.000
8	与三郎	2.000
8	九郎衛門	2.000
11	左衛門三郎	1.260
12	小太郎	1.120
12	衛門次郎	1.120
14	弥次郎	1.000
14	兵衛三郎	1.000
14	太郎五郎	1.000
14	次郎三郎	1.000
14	三郎次郎	1.000
14	与太郎	1.000
	惣荘	0.240
	地蔵田	1.120
	仮屋	5.000
	合計5町9反100歩	

百姓道春以下三人」を召して事情を聴取した（『上桂』記録一五一号〈三八〇頁〉）。ことは、第一節で紹介した東寺と宝寿院の相論にかかわるものであるが、ここで上野荘百姓の道春と三郎次郎は領主の諮問に答えて、惣荘の領主ではなく、いわゆる荘園の領主が検断権を行使するのが桂地域の慣行である旨を報告し（『上桂』五九八号(1)）、東寺はこれにもとづいて申状を作成した。また同じく寛正二年、梅宮別当中野《（賢祐）》の上野荘内の加地子名主職が闕所となり、同地の百姓が改められたさいにも、道春・左藤三郎・三郎四郎の三名が東寺に注進状を認めている（『上桂』六一二号）。行泉・行見・妙道に続く世代のリーダーが長老格の道春であることは疑いないが、それと同時に、官途成していない若衆格の三郎次郎や三郎四郎が道春とならんで署判を加えている事実には、やはり注目しなければならない。

永正九年（一五一二）の上野荘内検帳（『上桂』七六七号、七六九号）の百姓名請地を集計したのが、表3である。[15]前掲の表2と比べて、上位三人の太郎三郎・次郎太郎・弥九郎をはじめ、官途成前の若衆が目立つが、おそらく彼らは村の有力な家の出の者であろう。戦国期に入ると一般的傾向として、村落運営における乙名衆の支配力の低下や若衆勢力の増大が指摘されているが、[16]こうした流れは上野村にも該当する。そして一五世紀後半以降、惣荘を代表してだされた文書でも乙名でない人物が散見されるようになるが、後述するように、このことは、乙名たることを村指導者の要件とした長老支配体制の弛緩と特定の家筋を中心とした新秩序の形成を意味するものと考えられる。

さて、次に上野荘における政所の初見史料を掲げよう（『上桂』七一四号）。

就二明応参年正月廿一日夜上野庄左衛門大(太)郎家火付一、申上候。仍犯科人兵衛三郎・同子□(与)五郎、彼両人所行必定候。堅可レ預二御罪科一候。万一、率尓之子細於申上候者、此為二連判之衆一、罷出可二申入一候。仍地下一同ニ所ニ申上一如レ件。

明応参年正月廿七日　政所 太郎三郎（略押）○以下一一名略。

明応三年（一四九四）正月二一日夜、荘民左衛門太郎家の放火事件が起き、兵衛三郎・与五郎親子の所行と判明した。罪を認めた日の翌日の二九日、兵衛三郎親子は死罪を免れるなら地下・隣郷に今後立ち入らない旨の請文を提出するが（『上桂』七一五号）、「東寺過去帳」（東京大学史料編纂所影写本）によると、息子の与五郎は「於二上野庄一依二火付一、一庄老若来而訴訟。仍為二寺家一令二糺明一、被レ誅レ之。不便〳〵。明三・正・卅」とあって、正月三〇日に領主東寺によって死罪に処された。またみぎの文書では、当事者の左衛門太郎と兵衛三郎を除き、「地下一同」として政所の太郎三郎を筆頭に一一名が署判を連ねるが（道円・五郎次郎・彦三郎・兵衛太郎・三郎次郎・五郎太郎・右衛門二郎・弥五郎・二郎太郎・左衛門三郎・弥九郎）、ここに弥五郎の子弥三郎の名前はみえない。「地下一同」とはいっても、村人《むろと》の全員ではなく、彼らは村人の家の家長かと推測される。

政所の太郎三郎は、やがて官途成して太郎衛門を名乗った。降って永正九年（一五一二）一〇月に逃亡百姓孫の未進年貢を立て替えた「庄屋」の太郎右衛門とは、彼のことにほかならない（『上桂』記録一九四号〈四七八頁〉）。さらに、太郎三郎の次世代にあたる政所も太郎衛門といった。すなわち、少なくとも一五世紀末期には、官途成して代々太郎衛門を称した、上野荘政所（庄屋）家の成立が知られるのである。上野荘の政所にかんしては、領主による任命の所見がまったくみられない。つまり、その地位は領主補任の職ではなく、村の政治関係のなかから自生的に誕生した職務とみて間違いないであろう。

では、この政所の成立はいつまでさかのぼれるのか。文明一六年（一四八四）一二月、上野荘の百姓らが年貢減免を申請しているが（『上桂』六七三号）、荘民を代表して署名した五人（太郎衛門・弥四郎・徳阿□・兵衛三郎・虎三郎）の筆頭にある太郎衛門とは、おそらく先代の太郎衛門であろう。ここではとくに肩書きはないが、署判の位置からみて、彼が政所であった可能性は高いと思う。また四年後の長享二年（一四八八）には、東山殿普請料の賦課に反発して百姓らが訴状を提出したが、その署名者は徳阿弥・兵衛三郎・彦三郎・弥四郎と太郎三郎の五名であった（「東寺百合文書」チ函一四三、長享二年一二月一五日上野荘百姓等連署申状、『上桂』記録一八三号〈四五五頁〉）。太郎衛門家はこの四年間に代替わりをしたらしい。

ちなみに菅浦では、文明二年（一四七〇）、領家と渡り合って年貢減免をなしとげた道清が、「廿人宿老」中から政所職の世襲を認められたという（『菅浦文書』一二六号）。具体的な事情はわからないが、若衆である明応年間の太郎三郎を初代の政所とするよりも、先代からの世襲とみたほうがよいように思う。ただし世襲制が確立したとはいっても、この政所を過度に隔絶した存在と捉えてはならない。表3のデータによると、第一位とはいえ政所家の経済的優位は相対的なものであるし、なによりもみぎで紹介した三通の文書において政所が他の百姓と並列して現れた事実は、村が政所の専裁を許す段階にはなく、いまだに村人の集団的指導体制にあったことを示唆する。

このように一五世紀後半期の上野惣荘では、長老層の集団支配体制が崩れて特権的な家筋が登場し、それを中心に新しい政治構造が立ち現れてきた。さらに一六世紀には、上野村でも惣中の自治はいっそうの高まりをみせ、領主支配から自立した段階に達したとみられる。では、本節の最後に、年貢の村請の問題にふれよう。

（3） 村請制の成立と惣百姓代

室町期の上野荘では代官請負制がとられたが、代官の定員は二名で、その職務は「所務職」と認識され、補任者の寺家にたいし年貢・公事の寺納や新開田畠の興行などに責任をおった（『上桂』記録一八六号〈四六一頁〉）。また、預所職は東寺の院家宝生院が代々相伝し、「給主職」とよばれたが（『上桂』記録一四九号〈三七三頁〉）、単なる得分権者的存在にすぎず、荘園所務の決定権は東寺の寺僧組織が掌握した。廿一口方評定引付長禄元年（一四五七）八月晦日条（『上桂』記録一四二号〈三四六頁〉）によると、当荘の年貢収納業務は、百姓が東寺の惣蔵に年貢を搬入して、東寺公文所・納所が百姓に請取を発給し、代官が百姓の進未を沙汰する、という手順で進められたことがわかる。つまり室町期の上野荘では、領主が個別的に百姓を把握し、その責任にもとづいて年貢を徴収するという荘園制本来の原則にそくしたかたちで収取が行われていたのである。

応仁・文明の大乱をへて一六世紀の半ばを迎えるころには、武士の押妨や半済を称する者たちの違乱により（『上桂』八〇六号、八〇九号）、東寺の上野支配はすでに大きく傾いていた。だがそれでも東寺は、請負代官を通して百姓の個別的把握をめざすという建前をそう容易には捨て去ろうとはしなかった（『上桂』八一五号）。では、その実態はどのようであったのか。天文二三年（一五五四）の暮れに、上野荘の代官浄泉（忠尊）が上野荘百姓中に発給した年貢米請取を掲げよう（『上桂』八一八号(1)）。

納　上野庄御年貢米之事

合卅七石八斗八升三合　但此内損免・諸引物下ニ行之一。惣百姓代大郎衛門弁。

右、且所レ納如レ件。

天文廿三年十一月廿一日　浄泉
　　　　　　　　　　　——判

年貢米請取はみぎを含めて三通あるが、年貢額はいずれも三七石八斗八升三合という。おそらくこれは、田数に機械的に反別六斗を乗じて算定した数値であって、(17)百姓中が領主と結んだ名目上の請負総額とみられる。さらにここから、「此内損免・諸引物下二行之一」というように、諸引物（荘引物）と損免（内検免・惣荘免）を控除し、その残りが実際の領主の収取分となった。荘引物は百姓中の指出にもとづくが、その内訳は神事米・井料・内検仮屋代・舟渡代・供夏花代・職事給・政所給など総計一五石五斗五升で、地域の公共的支出と役職給が中心である（『上桂』八一九号）。また損免分のほうは、算定基準田数が固定化することから、かつてのような実検にもとづく田地ごとの損免認定ではなく、領主と地下の交渉によって免除総枠を決したものと理解される。そして請取の年貢米総額の下に「惣百姓代大《（太）》郎衛門弁」との記載があるが、この「惣百姓代大《（太）》郎衛門」とは政所の太郎衛門にほかならず、惣荘で請け負った上野村内東寺分（東寺領上野荘）の年貢を、彼が惣百姓中を代表して弁済したことを表していよう。さらに太郎衛門は、政所給として東寺から米三石を下行されたが、おそらくこれは、主として年貢収納業務にたいする報酬だと思われる。なぜなら、総額だけが決まった年貢は、実態にそくして個々の土地・百姓に賦課し直す必要があり、ここでこうした分配にあたる人物としては政所がふさわしい。上野村の政所は庄屋とも称されたが、近世の庄屋とかなり近しい性格をもつ存在といえよう。

このように上野荘の年貢収納体制は、室町期には個々の百姓の責任で年貢を納めていたのが、一五五〇年代ころには、村請制がとられ、政所が惣百姓代として年貢収納に責任をおった。もとより、一六世紀の畿内では、村請制や惣百姓代（惣代）の存在はすでに珍しくないが、地下百姓の村である上野村で確認できることは、地下百姓たちの力量を評価するうえで、やはり留意しておきたい。

三　諸地域の政所

いわゆる荘園の政所は、荘園領主の領主権を在地において代表する機関であり、この荘政所（領主政所）の役割を在地社会（村）の有力者が代替するなかから村の政所（百姓政所）が現れてくるようすを、酒井紀美が論じている[18]。また前節で紹介した上野惣荘の政所は、村落のなかで自生的に成立した役職であったが、おそらくそれらと共通点をもつことから「政所」を称したのであろう。このように地域の公共性を担う政所（庄屋）は、中世村落にとって重要な存在であることは論を俟たないが、果たしてそれは、どれほど一般的であったのか。ここでは、この問題を考えるために、東寺関係文書に現れるものを中心に山城の村々の政所をいくつか紹介してみたい。

①千代原村（桂中荘）……すでに紹介した寛正二年（一四六一）に千代原惣荘内の上野荘散在地でおきた殺人事件のさい、検断を行った領主の宝寿院が、犯人家の戸板などを同地の「政所屋大夫か所」に運びとったという（「東寺百合文書」せ函六三）。

②上桂東荘……上桂東荘とは徳大寺村であろう。永正八年（一五一一）の田地売券（『上桂』七六四号）によると、売却された田地三反では、本所に納める年貢公事のほかに、上桂東荘政所が、九年に一度、村落鎮守社の三宮殿（三宮社）の年頭銭一五〇文を徴収した。

③上野荘……上野荘の関係史料には、前に述べたのとは異質な政所が登場する。明応六年（一四九七）六月、灌漑施設の復旧工事にたいし、本所の東寺が下行した樽代三貫文の請取には、「寿念寺政所 彦三郎・川嶋政所 左衛門太郎・長国寺政所 弥五郎・北ノ御所政所 太郎三郎」の四人が名を連ねる（『上桂』七三〇号）。人名の肩書きにある北御所・長国寺・川嶋（革嶋泰宣）は名主（加地子名主）と確認でき、こうした名主のなかには代官を補任する者もいた（『上桂』四七二号、記録一八三号〈四五二頁〉）。また、彦三郎以下の四人は上野荘の村人で、とくに太郎衛門

は村の政所でもあった（『上桂』七一四号）。つまり、彼らは各所の政所を名乗ってはいるが、村役人のたぐいではなく、名主や名主代官のもとで現地管理にあたった百姓にほかならない（『上桂』七二九号）。

④上久世荘・下久世荘……両荘は中世の村と重なり、近世の上久世村・下久世村となる。両荘にかんしては膨大な関係文書が伝わるが、下久世荘では一六世紀中期まで政所の所見がない。また上久世荘では「上久世政所方」が現れるが、これは下久世荘公文が未進徴符（「東寺百合文書」ケ函一八〇）のなかで上久世荘公文をたまたまよんだもので、例外としてよい。つまり一六世紀後期を迎えるまで、両所には正式の役職としての政所は存在しなかった。ところが、天正一三年（一五八五）八月六日の文書には下久世政所と中久世政所が登場し、京都所司代前田玄以の奉行人松田政行に東寺納入分の年貢高を報告した（「東寺百合文書」ケ函二一四・二一五）。なお、同年の山城国検地では、五月一三日に羽柴秀吉が、公家・寺社に当知行分の指出の提出を命じている（『大日本史料』十一編十五、同年五月一三日条）。

⑤西九条村……西九条は諸本所の散在所領が複雑に入り組んだところで、特別有力な領主はいなかった。永正一一年（一五一四）、西九条を拝領したとして伊勢貞陸代官の河村・田部の両人が「西九条両政所屋」に赴き、惣荘の使者に返答したというから、一六世紀初頭、二人の政所が存在していた（「東寺百合文書」ヲ函一七六）。中世の山城国では、近世の庄屋にあたる存在は政所とよばれることが多いが、降って天正一三年（一五八五）一二月には、太閤検地の検地奉行松浦重政が「西九条之儀、御検地以来、ふミあらし候之条、当年之儀者、此四人ニ庄屋申付候条、被レ得二其意一、庄屋之事、無二相違一可レ被二申付一候」と東寺下代中に通告しており、検地施行者による庄屋の選任と推挙があったことがわかる（「東寺百合文書」リ函二一〇）。

さて、いずれも断片的な史料なので確言はできないが、みぎの事例からも、一五世紀後半ころから山城国の村々に百姓政所と思われる存在が叢生したようすがうかがえる。[19] しかしその一方で、上久世・下久世のように、政所のいない村も少なくなかった。両荘で村落を指導する新たなポストが未成立であったのは、下久世では公文久世氏の地位が安定していたこと、上久世では侍衆の集団指導が確立し、そのなから一人が台頭して特別な地位にたつのをこばむ政治力学が働いていたこと（「東寺百合文書」を函四〇一、文亀二年九月二二日上久世荘諸侍連署申状）が原因とみられる。さらに洛北の市原野や野中では、村のリーダーを「一和尚」とよび、その地位は「地下老者十人」の持ちまわりであったという。[20] このように村内部の政治関係はそれぞれに個性的であり、中世村落のすがたは多様だといえる。また、政所を称した者のなかには、領主が収取確保のためにおいた役職や地主の現地管理者にすぎないケースも含まれていた。

ところが近世になると、地域行政にかかわる庄屋（あるいは政所）が村々で普遍的にみられるようになる。水本邦彦は近世の庄屋について、史料を提示しつつ、「天正段階において庄屋は存在」しておらず、近世領主が作りだした組織であると論じた。[21] 山城でも天正一三年検地を契機にそれまでなかった地域に政所が現れ、また検地奉行による庄屋の選任があったことからすれば、庄屋（政所）の普遍化の過程において領主権力の果たした役割は、確かに看過できない。

しかし、庄屋（政所）の地位を領主の創出と言い切ることはできない。前節でみたように、近世庄屋の原形は一五世紀後半の村落に存在していた。すなわち、中・近世における庄屋（政所）の展開は、こう位置づけられよう。中世村落の具体的なありかたは多様であり、村内の政治関係におうじてさまざまなかたちで自治が展開されていた。近世の領主はこうした中世村落の達成を前提に、そのなかの一つのかたちを選びとり、支配の効率化をもとめて画一化を推し進めていった。

結び

村落は、人間が自然と対峙する場であり、日々の生産活動が営まれ、その条件を整えるために自然の改造も試みられた。また民衆にとって村落は、自らの立場を確保するための政治的結集の組織でもあった。この公共世界は、ゲマインシャフト的な一体感を理想としつつも、実際には内部対立が存在し、排除の力学が働く、一つの政治の場として展開した。こうした村落社会のありかたは、中世の上野惣荘（上野村）でもみてとれるところだが、ここでは、とくに村の政治的側面を中心に、本稿の論点を整理しておこう。

(1) 一四世紀には、上野荘下司が在地秩序の中心的な担い手として存在した。一五世紀初頭に下司が消えて以降、上野惣荘は、侍分の者がいない、地下百姓の村となった。

(2) 室町前期には、自然環境の不安定さに下司の不在が相俟って在地秩序が流動化し、このなかで村の「公」を紡ぎだすことが住人の課題となった。村人たちは、宮座の身分システムに準拠することによって安定した村落秩序の創出に成功し、乙名百姓による長老支配の村が立ち現れた。

(3) 室町後期〜戦国期には、長老支配の衰退傾向と特定の家筋の台頭がみられる。一五世紀後期には、村のなかから自生的に世襲の政所家が成立し、一六世紀中葉には、この政所を代表として年貢の村請制が行われた。

(4) 近世庄屋の源流は、中世村落の自治の伝統とそこに現れた庄屋・政所に存在する。近世領主は、中世村落の多様なる達成のうちから一つのかたちを選びとり、これを一般化したとみられる。

上野惣荘は、中世では珍しい地下百姓の村であったが、これは一面で近世村落のすがたを先取りしている。上野の事例は、中世の地下百姓の政治的力量を推し量るための一つの試金石ともいえよう。

（1）上野荘の関係文献は、伊藤一義「山城国東寺領上野荘下司秦清兼の一動向」（『法制史研究』四二号、一九九二年）を参照。上野荘史料の煩雑さが研究の進展を妨げてきたが、上島有を中心とした人々の地道な努力によりようやくその隘路が開かれた（同編『山城国上桂庄史料 上・中・下巻』東京堂出版、一九九八～二〇〇三年）。本稿では、同書を『上桂』と略記する。なお、史料引用のさいには、写真版によって読みを改めたところがある。

（2）藤木久志「中世庄屋の実像」（『戦国の作法』平凡社、一九八七年）。

（3）水本邦彦『近世の村社会と国家』（東京大学出版会、一九八七年）。

（4）安国陽子「戦国期「庄屋」考」（『寧楽史苑』三六号、一九九一年）。志賀節子「戦国初期京郊山科東庄における領主と村」（『日本史研究』五〇四号、二〇〇四年）。

（5）金田章裕『微地形と中世村落』（吉川弘文館、一九九三年）五六頁。

（6）ここでは惣荘と村（惣村）はおおむね重なり合うが、複数の村を包含する地域を「惣荘」と称したところもあり、研究史上の惣荘概念は、基本的に後者のイメージにもとづく。

（7）池上裕子「戦国の村落」（『岩波講座 日本通史 中世4』岩波書店、一九九四年）。

（8）拙著『日本中世の所有構造』（塙書房、二〇〇六年）三一三～一四頁。

（9）黒田日出男『日本中世開発史の研究』（校倉書房、一九八四年）四七～九頁。網野善彦『中世再考』（日本エディタースクール出版部、一九八六年）八四～七頁。

（10）灌漑問題については寶月圭吾の古典的研究がある（『中世灌漑史の研究』畝傍書房、一九四三年、復刊・吉川弘文館、一九八三年）。また、最近の成果として、水野章二「中世の水害と荘園制」（遠藤ゆり子・蔵持重裕・田村憲美編『再考 中世荘園制』岩田書院、二〇〇七年）がある。施設維持のために領主は毎年定額の井料を支給したが、臨時的な整備費は、基本的に名主の負担とされた（『上桂』四七四号）。

（11）久留島典子「中世後期の「村請制」について」（『歴史評論』四八八号、一九九〇年）。

（12）薗部寿樹『日本中世村落内身分の研究』（校倉書房、二〇〇二年）九三～四、一四六～五三頁。

（13）応永三二年（一四二五）の史料（『上桂』四二〇号）を最後に衛門太郎・衛門二郎兄弟の名が消え、正長元年（一四二八）の史料（『上桂』四三三号）から妙道が現れる。

（14）註（12）薗部前掲書、二九三〜三〇三頁。

（15）両内検帳の合計は六町弱で、本荘田地の半分弱にあたる。なお、七六七号文書の太郎三郎と七六九号文書の太郎衛門は同一人物とみられるので、太郎三郎分として合算した。

（16）藤木久志「村の若衆と老若」（註2藤木前掲書所収）。註（12）薗部前掲著書、一五〇〜五三頁。

（17）対応する算用状があり、すべて田数・分米が同じ（『上桂』八一〇〜六号）。算用状の年貢額は田数に反別六斗を乗じた数値で、請取はこれに控除を加えたものであろう。

（18）酒井紀美『日本中世の在地社会』（吉川弘文館、一九九九年）一一〇〜一四頁。

（19）小塩荘などでも政所の存在が知られる（『九条家文書』五七四号、一五八一号）。

（20）稲葉継陽『戦国時代の荘園制と村落』（校倉書房、一九九八年）二七六〜七九頁。

（21）註（3）水本前掲書、一六〜七頁。

葛野大堰と今井用水——地域史への試み——

大山喬平

はじめに

東寺百合文書のなかに一枚の印象的な絵図（差図）が残されている。桂川用水の状態を描いた明応五年（一四九六）の絵図である（ツ函三四一号）。絵図が描いているのは、北は現在の嵐山渡月橋（京都市右京区）のあたりから、南は向日神社（向日市）のあたりまで、昔の山城国の葛野・乙訓両郡と紀伊郡の一部にまたがる広い空間であって、これを上空から眺めるように表現している。この点でこれは個々の荘園を描写した通例の中世荘園図とは趣を異にしていて、墨一色のいわゆる差図である。山城盆地の西よりを流れる桂川は、現在でも渡月橋の近くでは大堰川、盆地へ出るまでを保津川というが、古い時代にはもっぱら葛野川、なかごろは大堰川（大井川）といわれ、後になって桂川の名称が一般化していく。一つの川であるが、それぞれの名称にはそれぞれの自然的・時代的背景をともなっていた。

この絵図は用水相論図である。桂川周辺の郷々村々が、どういう形でこの川の水を引き入れ、これを配分しあっていたかを簡明に描いている。そこに見える郷々村々は上久世・下久世・上桂・上野・河嶋（革島）・寺戸など、戦後の中世荘園史研究をリードしてきた研究史上に有名な諸荘園と同じ名前が並び、またこれら諸荘園を名字の地とする国人・地侍層の故地でもあって、その点でも印象深い絵図である。寳月圭吾の古典的な研究以来、最近の黒田日出男、玉城玲子の研究にいたるまでこの用水図（本稿では明応絵図とよぶ）に言及する論文も数多い。(1)

かなりの広域をあつかったこの絵図には白紙のままに残された空白部分がある。絵図の右岸に描かれた一井と左岸に描かれた二井の下流域である。本稿ではこの空白部分を埋めてみたい。そのことによって古代から中世後期にかけてのこの地域の歴史的変転が浮かび上がってくるだろう。

一　地域図と付表

桂川用水地域図（以下、地域図と略称）と付表（桂川用水の村々）を用意した。地域図は右の明応絵図とほぼ同じ範域をカバーするように作成してある。

地域図には左上から右下にかけて桂川（大堰川）が蛇行しながら流れている。明応絵図と同じである。下図に使った明治四二年（一九〇九）測図地形図には郡界の記入がある。地域図ではこの郡界を見やすいように太くしてある。地域と国によって事情は異なるのだが、一般的にいって畿内近国の郡界は古代以来、比較的変動がなかったもようである。私がここで郡界を見やすくしたのは、右の原則がこの地域にあてはまるか試して見たかったからである。

明治の郡別でいうと、地域図の主要部を占めているのは葛野郡であるが、南側に乙訓・紀伊両郡が顔を出している。ここでは右岸が乙訓、左岸が紀伊郡にあたる。上流にある葛野の郡域はこの川の両岸にわたっている。本稿がおもに取り上げるのは葛野の右岸であるが、地域図では右岸に法輪寺・松尾社・天皇の杜古墳・樫原廃寺を、

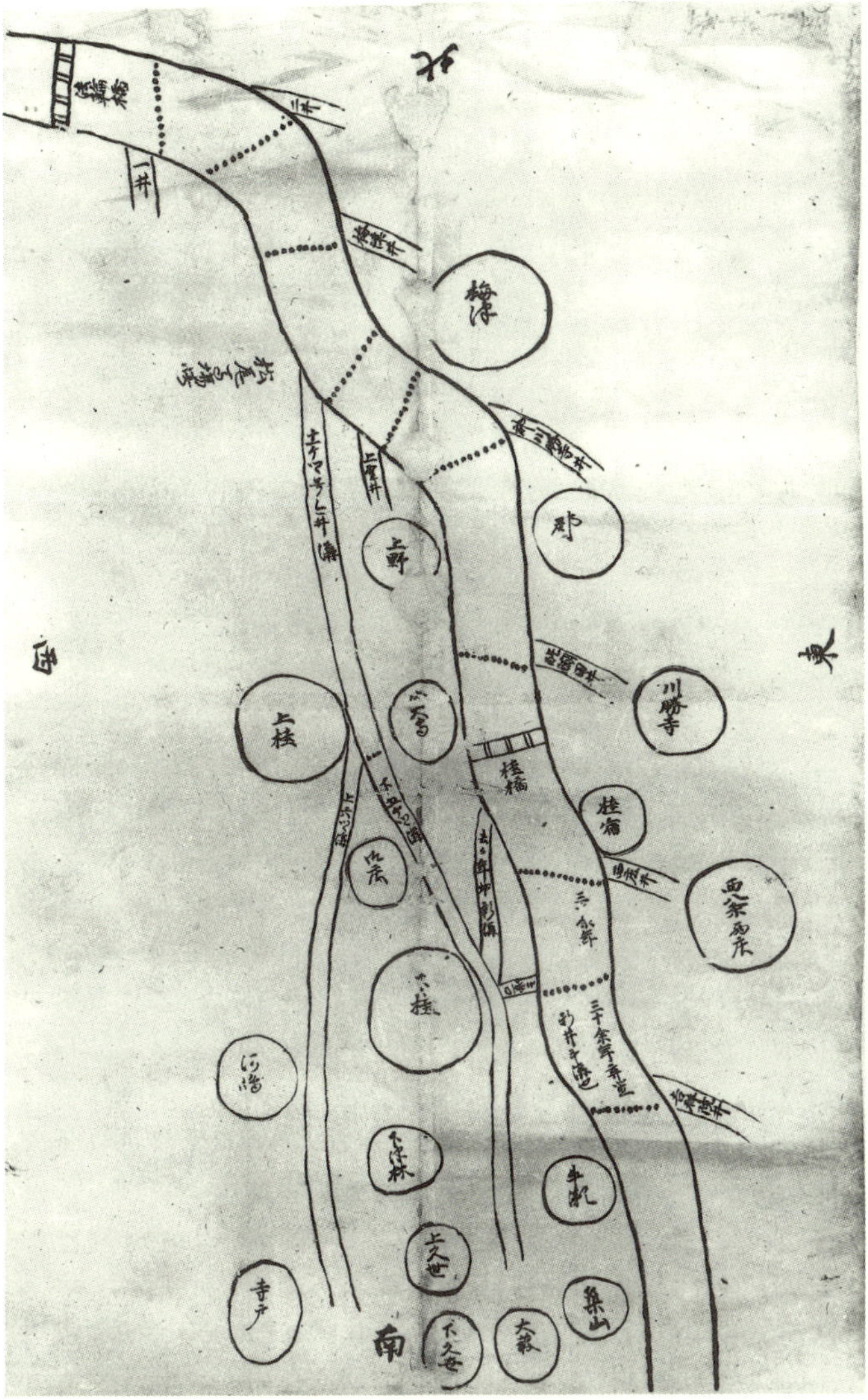

桂川用水差図（明応絵図）
（「東寺百合文書」ツ函341号、京都府立総合資料館所蔵）

そして左岸に広隆寺を特別に大きく記入し直している。これらはいずれも古代以来の葛野郡域を形成した文化的・歴史的拠点である。葛野郡にはこのほかずっと東によって北野廃寺があるが、これは地域図の外に飛び出してしまっている。(2)

明治時代にはまだ都市化の進行が比較的ゆるやかであったから、当時の地形図には、近世以来の集落がはっきりと描出されていることが多い。掲載した地域図は縮小されていて集落名が読みとりにくいので、村落名をアルファベットないし数字に置き換えて、付表をつけた。アルファベットと数字は近世村の空間配置とその景観をできるだけ損なわぬように集落部分（居住地域）を避けて置いている。

付表の村落名は、ここにある歴史的な用水路ごとにグループ分けして示した。このうちAグループは近世の一井川用水を受ける一〇村であり、これはアルファベット表記（a）〜（j）で示している。アルファベットの順番は「葛野郡各町村沿革調」が記す一井川二ノ井組における堤防普請人夫要請をうける村々の記載順によっている（後述）。一井川用水の歴史は古く、古代の秦氏が築造した葛野大堰の後身だと判断される。(3) 本稿では近世村（a）〜（j）の一つ一つがどこまでその歴史を遡りうるかが問題である。

残りのB・C両グループの郷々村々はいずれも明応絵図に見える一五世紀末の一八個の地名である。これは数字表記（1）〜（18）にしてある（但し(13)を除外。後述）。このうちB（1）〜（13）は右岸、C（14）〜（18）は左

付表　桂川用水の村々

用水路	郷々村々(宿)		
A　(右岸) 一井川用水 (葛野大堰の後身)	a	上山田	
	b	松室	
	c	松尾谷(谷)	
	d	下山田	
	e	御陵	
	f	岡	
	g	川島	
	h	下桂	
	i	千代原	
	j	上桂	
B　(右岸) 明応絵図 十一ヶ郷(号今井) その他	1	上久世	上・地
	2	寺戸	上
	3	河嶋	上
	4	下桂	上・下
	5	下津林	上
	6	徳大寺	下
	7	牛瀬	下・地
	8	下久世	下・地
	9	大藪	下・地
	10	築山(三古寺)	下・地
	11	上野	
	12	上桂	
	13	御庄	
C　(左岸) 明応絵図	14	梅津	
	15	郡	
	16	川勝寺	
	17	桂宿	
	18	西八条西庄	

上…「上五ヶノ井」の五ヶ郷
下…「下六ヶノ井」の六ヶ郷
地…「地蔵河原井」の西岡五ヶ郷
（「下五ヶ庄」ともいう）

【出典】
明応4年8月日五ヶ庄沙汰人目安
明応5年4月日松尾御前淵用水注記

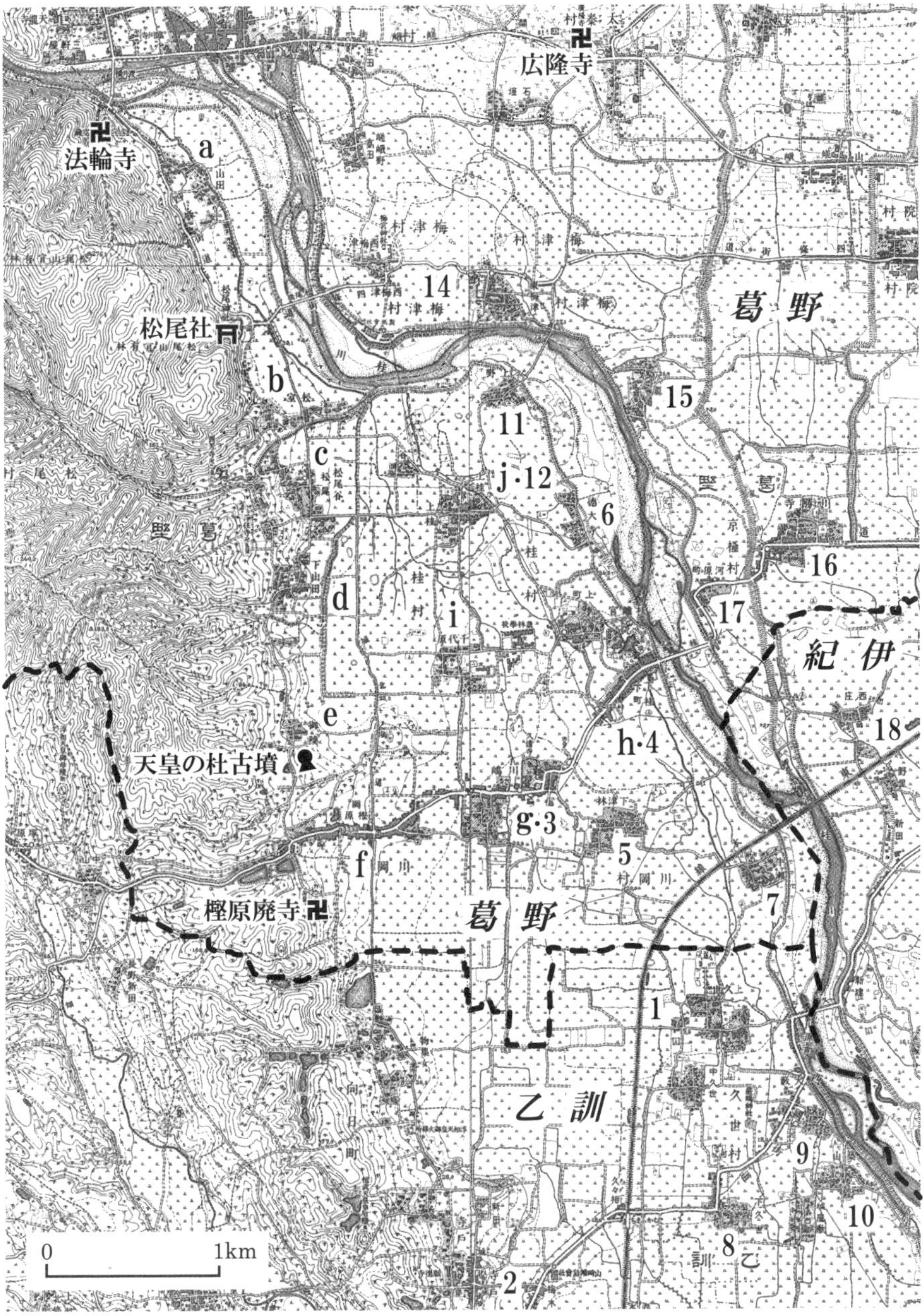
広隆寺
法輪寺
a
14
松尾社
b
15
11
c
j·12
6
葛野
16
17
d
i
紀伊
e
18
天皇の杜古墳
h·4
g·3
f
5
7
樫原廃寺
葛野
1
乙訓
9
10
8
2
0
1km

桂川用水地域図

岸に位置する村々である。右の一八の地名は多く中世の荘園名として史料上に所見するが、この名称はそのまま近世村の呼称となり、さらに絵図が「十一ヶ郷溝」「下五ヶ郷溝」「上六郷溝」などと記すように現実生活のレベルでは、それぞれが中世の「郷」と認識されていた。(4)

なお地域図では川嶋(g・3、河嶋)・下桂(h・4)・上桂(j・12)の三集落については、アルファベットと数字が重なっている。江戸時代、この三村へは一井川(葛野大堰の後身)からも、十一ヶ郷溝(今井溝)からも水が届いたのであった。

絵図が作成された明応の水争い(相論)の当事者は、右岸では十一ヶ郷溝のうちの下方井(明応絵図の下五ヶ郷溝)に途中から連結していた地蔵河原井の用水を受ける上久世(1)・牛瀬(7)・下久世(8)・大藪(9)・築山(10)の五ヶ郷(付表の[地]マーク)であり、相手側は左岸の西八条西庄(18)であった。(5)近代になってからこの地域に東海道線が敷設された。上久世以下の五ヶ郷はすべて東海道線と桂川とに挟まれた桂川低湿地に位置する。ここでは牛瀬(7)が葛野郡であるほかはすべて乙訓郡の荘園である。一方、左岸の西八条西庄(18)は紀伊郡に属していた。明応の相論で両者が争ったのは、下桂(h・4)の地にあった地蔵河原に設置された用水取入口の場所(位置)であった。(6)

明応絵図の右岸地域(付表のB)に見える一三個の地名のうち、十一ヶ郷溝(今井)の用水を受けていないのは、上流部に位置する上野(11)と御庄(13)である。

このうち上野については、永享五年(一四三三)に上野庄百姓等が十一ヶ郷の分流「五ヶ庄井」からの用水を所望したことがあり、要請を受けた東寺が五ヶ庄井の井守役を務める上久世公文にこの件の取り計らいを命じたことがあった。(7)上野は上久世と同じく東寺領であった。このようにして上野庄へ時として「五ヶ庄井」の水がくることがあったとしても、それはこの庄にとっての本来的な当然の権利としてではなかったのである。

ここで上野（11）と上桂（12）の関係に言及しておきたい。東寺領上野庄を指してまた上桂庄ともいったからである。上野のあたりはその昔広く上桂と称された土地であった。長徳三年（九九七）、玉手則光なる人物が所領一所を大納言局に寄進した。寄進された土地は「在山城国上桂」と記されていて、その四至は「限東桂河東堤樹東、限南他領堺入交、限西五本松下路、限北□河北梅津堺大榎木」と記されていた。(8) またこの土地は桂津守の建立になり、津守・津公・兼枝・則光と相伝（次第知行）してきたとある。寄進に際して玉手則光はこの地の中司職となり、則光の子々孫々がこれを相伝すると述べていた。ところで寄進を受けた大納言局が長久四年（一〇四三）にこの土地を譲与するさい「かみかつらのしやうかみのともいふ」と書いている。(9) これが上野の地名の初見である。

明治の地域図を見ると上桂（j・12）と上野（11）とは別個の集落である。ところで東寺百合文書に鎌倉末の上野庄の差図が含まれている（ヌ函三五一号）。正和五年（一三一六）のものであるが、そこには櫟原・郡・足長・尾花など葛野郡の条里を示す里名が見えている。このうちの櫟原里の一八坪の部分に「上野里」という記入がある。この「上野里」表記が条里制の里を意味しないことがその書様からして明らかである。金田章裕はこの「上野里」の地点が、後世の上野の集落部分に該当すると指摘している。(10) 金田は右の差図から「ルーズな構造の疎塊村」を読み取っているが、それはともかくとして鎌倉時代の末までに上野のムラが成立していたことが明らかである。さかのぼって長久四年（一〇四三）の「上桂庄」は「かみの」ともいったという。これは一一世紀中葉における上野という集落（ムラ）の存在を暗示する記載であり、玉手則光の寄進の時期からするとさらに一〇世紀末にさかのぼるかもしれない。

荘園制の枠組みでいうと上桂の地にあったのだから上桂庄なのであるが、すぐ横に上桂の大きな集落があったのでは紛らわしい。後世、後宇多上皇が正和二年（一三一三）にこの土地を東寺に施入したさい、自筆の施入状に後宇多自身が「上桂庄」と書いていたにもかかわらず、寄進をうけて現地の経営に腐心した東寺の道我がもっぱら「上野庄」といっていたこと、さらに正和四年（一三一五）の後宇多院宣も「上野庄」を使ったことなどが考え合わされる。[11]明治時代と同じく、上桂も上野も一一世紀にはそれぞれ別個のムラをなしていたのではないか。上桂のムラのほうが古い由緒をもつこの地域の中心的な集落であり、上野はそうした上桂の地域に成立した新しいムラだったのではなかろうか。

さて明応絵図に見える一八個の地名のうち、近世村にその名を留めないのが御庄（13）である。絵図の御庄は十一ヶ郷溝が上方と下方とに分流する地点に書き込まれている。分水地点は現在も確認でき、そこは上桂の集落の東のはずれで国道九号線のすぐ北の「御正町」に位置している。交通のはげしい国道には「御正町」という大きな標識もある。分水地点に立って西を向くと、上桂の静かな旧集落を通る一本の東西道の先に村の鎮守の赤い鳥居が見えている。明応絵図の「御庄」記載はこれも紛らわしいのであるが、集落ではなく垣内名称をもとにする用水の分岐点表示のものだったのであろう。本稿の地域図には御庄（13）を記入していない。[12]

二　今井用水の成立

明応絵図が注目を浴びる由縁は、桂川右岸に十一ヶ郷溝という一本の長大な用水路が描かれているからである。金田章裕の研究によると、この長大な用水路の構築はさほど古くはなく鎌倉末・南北朝期のことであって、それ以前は荘園ごとに個別の用水路を引いていたという。[13]十一ヶ郷用水のことを明応絵図は「号今井」といっていたが、この用水の成立については東寺百合文書その他関連史料から、さらに詳しい事情が見えてくる。

すなわち明応五年（一四九六）四月、東寺では久世上・下の沙汰人に尋ねて松尾御前淵に取水口をもつ十一ヶ郷の分流地点の差図を描き、かつ上五ヶ郷と下六ヶ郷の郷名を列挙した文書を作成している。[14]それによると上五ヶ郷とは上久世（1）・寺戸（2）・河嶋（3）・下桂（4）・シモト林（5）の五郷であり、下六ヶ郷とは下桂

（4）・徳大寺（6）・牛瀬（7）・下久世（8）・大薮（9）・築山（10）の六郷であった。またこの差図には、「上五ヶノ井」に「今井」「亀ノ井」と注し、「下六ヶノ井」には「高ハ子」と注している。下桂（4）だけが双方の用水路の水を引水していたことがわかる。別の史料によると「上方井」は「西井」ともいった。地域の西側山寄りを流れるからである。[15]

十一ヶ郷用水（今井）は一挙に成立したものではなかった。それを推測させるものとして暦応二年（一三三九）七月の久世・河嶋・寺戸三郷の今井用水契約状をあげることができる。[16] この三郷はこの時、今井用水の利用にさいし「一身同心し、合体の思い」をなして事にあたることを互いに誓約している。ここに見える久世とは上久世を意味した。久世郷を代表して署名したのが「上久世季継」であったことが注意される。この時点では、この三郷が今井用水の水を受けていたのである。

暦応二年に上久世・河嶋・寺戸三ヶ郷用水として出発していた今井用水は応永二六年（一四一九）までの八〇年間に、十一ヶ郷用水へと変貌していた。すなわち応永二六年、十一ヶ郷用水をめぐって、上方五ヶ庄と下方用水を利用する名主百姓らが争っており、上久世庄を領知する東寺八幡宮供僧等が、下方百姓の妨害を訴えでている。彼等の訴状の文言とそれに付せられた紛争現場の差図から次のような諸点が明らかである。[17]

ⓘ十一ヶ郷用水にはまず桂川の本流に設置された「梅津前五ヶ庄大井手」があって、その水が二次的に「上方五ヶ庄今井」と「下方井」とに分流していたこと。

ⓘⓘこのうち「上方五ヶ庄今井」は、上久世庄と寺戸へ向かうほか、途中で革嶋・富田庄・下桂へと向かう用水路を分岐させていたこと。

ⓘⓘⓘ「上方五ヶ庄井」を経由して下桂へ向かう水路は三本あって、その一つが「亀井」であったこと。

ⓘⓥ上方・下方の分岐点には頑丈な石畳で構築した「横井」という井関が描かれているが、訴状には「石を畳み

水を堰き、上方の田地を養い、石の間の漏れ水をもって、下方の田堵を養うは、この河の大法、往古の規式なり」という有名な文言が記されていた。すなわち右の横井は下方へ向かう水を堰きとめ、上方五ヶ庄への水を確保する構造になっており、相論における一方当事者の作成になるというバイアスは考慮しなければならないとはいえ、歴史的に見ればここでは水利権は圧倒的に上方に有利であったこと（ちなみに明応絵図にも横井が下五ヶ郷溝の入口にしっかりと書き込まれている）。

ⓥ下方のうちの重要水路を「高羽井」といったこと。

ここで注意したいのはⓘⓘであって、ここから暦応の三ヶ庄（上久世・河嶋・寺戸）に加えて、富田庄と下桂がここに加わることによって上方五ヶ庄の組織が成立したことが知られる。ここに見える富田庄がさきに見た「シモト林」（下津林）を指すことも明らかである。この上方五ヶ庄の組織はおそくとも康暦二年（一三八〇）には成立していた。この年、久世・寺戸・河嶋・富田・下桂の五郷（庄）が、松尾社境内における取水口を石塔口とする旨の請文を提出している(18)。

以上見たように、最初、暦応年間に三ヶ庄井として出発していた今井用水は、つぎの段階（康暦二年以前）で「五ヶ庄井」になり、最終段階（応永二六年以前）で下方六ヶ庄（郷）へも水を分けることによって、最終的に「十一ヶ郷用水」として姿を現わしたのであった。

明応の相論はその後に起きた。はじめから条件の良くなかった下方井の用水は、末端部で枯渇しがちであった。このために下桂の地点において地蔵河原井が掘られ、これが下方井に連結されたのであった。これを利用したのが上久世（1）・牛瀬（7）・下久世（8）・大藪（9）・築山（10、三古寺とも見える）の西岡五ヶ庄（紛らわしいが「下方五ヶ庄」ともいっている）であって、新設された地蔵河原用水の取水地点をめぐって、対岸の西八条西庄（18）と争うことになる。地蔵河原井の掘削は大旱魃の長禄三年（一四五九）と文明一一、一二年（一四七九、八

○）のことであった。明応絵図が「今堂口」「去々年掘新溝」などと記す用水である。[19]
西八条西庄の作成になる明応絵図は十一ヶ郷の分岐点に「上六郷溝」「下五ヶ郷溝」と書き込んでいる。これは正確ではない。十一ヶ郷とは上方の五ヶ庄（付表の上マーク）と下方の六ヶ庄（付表の下マーク）のことであって、後に成立した地蔵河原用水の西岡五ヶ郷（庄）（付表の地マーク）とは別物である。西八条西庄には対岸にあった用水の右のような歴史的事情の認識に混乱があったことが分かる。

三　葛野大堰の開削――秦氏本系帳の七世紀――

「秦氏本系帳」の二つの逸文（A・B）は、葛野の地の古い時代の歴史的事情を語る貴重な文字史料である。[20]

A　秦氏本系帳に云く、正一位勲一等松尾大神の御社は、筑紫胸形に坐す中部大神、戊辰年の三月三日、松埼の日尾又、日埼の岑と云ふに天下り坐す。大宝元年、川辺腹男秦忌寸都理、日埼の岑より、更に松尾に奉請す。又、田口腹女秦忌寸知麻留女、始て御阿礼を立つ乎。知麻留女之子秦忌寸都駕布、戊午年より、祝と為り、子孫相承けて、大神に祈り祭る。其より以降、元慶三年に至りて二百三十四年。（「本朝月令」四月松尾祭、原漢文）

B　秦氏本系帳に云く、葛野大堰を造ること、天下に於いて誰か比検するもの有らんや、是れ秦氏、種類を催し率いて造り搆ふる所なり。昔、秦昭王、洪河を塞ぎ堰きて、溝澮を通し、田萬頃を開く。秦の富、数倍せり。所謂、鄭伯之沃、衣食之源也。今の大井堰の様、則ち彼の造る所に習ふ。（「政事要略」、原漢文）

右のAは秦氏にかかわる松尾社の創始を語る説話であるが、ここでは筑紫宗像にいます中部大神が戊辰の年の三月三日に松埼日尾（日埼岑）に降臨したこと、大宝元年（七〇一）に川辺腹男秦忌寸都理が日埼岑から松尾にこの神を奉請して、田口腹女秦忌寸知麻留女が始めて御阿礼を立てたこと、知麻留女の子の秦忌寸都駕布が戊午の年に祝となり、子孫相承して大神を祈り祭るようになったこと、それから元慶三年（八七九）まで二三四年に

なると記されている。(21)

この記事で実年代がはっきりしているのは大宝元年と元慶三年とであるが、従来の研究は「日本三代実録」元慶五年（八八一）三月二六日条の「是日制、令五畿七道諸国諸神社祝部氏人、本系帳三年一進」の記事を根拠に、元慶三年を五年の誤写と見ている。(22)ただ右の元慶三年を手がかりにして二三四年以前をみると、これは大化元年（乙巳、六四五）にあたる。現行の本系帳は大化を大宝に写し違えたのではないか。もしそうであればこの神は戊辰の年（六〇八、推古一六）に日埼岑に降臨し、大化元年（六四五）に秦忌寸都理が松尾の地にこれを勧請し、同時に知麻留女が御阿礼をはじめ、次の世代にあたる都駕布が戊午の年（六五八、斉明四）にはじめて松尾の祝となり、これ以後、子孫が相承して大神を祭ってきたということになる。これは従来の推定より六〇年ばかり繰り上がることになるが、古代国家確立過程における政治的局面は、両者かなり異なったものになる。

詳細は古代史の専門家に任せたいが、Aの記事において私がとくに注目したいのは、秦忌寸都理が川辺腹男、同じく知麻留女が田口腹女とされている事実である。ここにあるのは葛野の川の川辺の男性（腹男）と、そこからの水を受ける田口の女性（腹女）とからなる一対の男女とその子孫による、この大神の祭祀創設説話にほかならない。そしてまた一対の男女を結ぶものが、Bの逸文に見える葛野の川の大いなる井堰とその用水路であったこともまた疑いを容れないところである。

Bの記事は、秦氏が種類（一族）を率いて葛野大堰を築造したことを伝える有名な文章であるが、ここで私が注目したいのは文末に見える「今の大井堰の様、則ち彼の造る所に習ふ」という表現である。「彼の造る所」とは直接には中国四川省の都江堰を指すのであるが、この一文から元慶の時点、すなわち九世紀後半においてもこの大堰が正常に機能しつづけていたことが分かるであろう。葛野大堰は古代における安定的な用水路として九世紀後半に確実におよんでいたのである。(23)

頭に郡名を冠するこの井の名称は、葛野一郡を代表するにたる巨大な井堰にこそふさわしい。葛野の地は秦氏の進出と大いなる井堰の構築とによって、その面目を一新していったにちがいない。本系帳における秦氏はこの開削工事を、自分たちの遠い父祖の地における秦の昭王の大事業になぞらえながら語り伝えていた。秦の昭王の時代、鄭伯は洪河を塞ぎ堰き、溝渣を通して、広大な田地を開き、国を豊かにしたというのである。(24)秦氏による葛野大堰の開削を考古学では松室遺跡の発掘成果などをもとに古墳時代後期にあてている。(25)本稿の推定とは微妙なずれがあるが、南河内における狭山池の造成には六一六年（推古二四）の伐採木が使用されており、この池の造成は七世紀の前半であった。右に推定した松尾大神の奉請年次ならびに葛野大堰の開削の時期は、南河内の狭山池に遅れることほぼ四半世紀ではあるが、同じく七世紀の前半に属している。松尾神社の裏山に大きな磐座が位置している。松尾の神は本来、比叡と同じく大山咋神であった。古事記上巻に、大年神の子供を列挙して「大山咋神、またの名は山末の大主神。この神は近淡海国の日枝山に坐す。また葛野の松尾に坐す。鳴鏑を用つ神ぞ」とみえている。

この松尾の山裾を秦氏開削の葛野大堰が通っていた。大堰のほとりには新しく社殿が建てられ、宗像の大神が奉請されて、秦氏がこれを祭ることになる。現在、二本に分かれたこの用水路のうちの一本（西一井川）は松尾社の楼門と拝殿の間を流れ、他の一本（東一井川）は楼門の外側を流れ下っている。秦氏は古代における土木技術の粋を集めて、山背盆地における葛野の川の最上流部に安定した取水口を開削し、そこからほぼ等高線に沿うようにして山麓をめぐる長大な用水路を確保し、ここに社殿を設けて松尾の神を祭り、これを秦氏本系帳に書き付けたのであった。時は古代国家創生の波瀾と激動の時期にあたっていた。なかば伝承の世界に踏み込まざるをえないが、秦氏が祭る松尾大神のこの地への本格的な進出を七世紀の半ばではないかと考える理由である。

この葛野大堰が大堰川にある巨大な中島と一体の構造をもって構築されていた事実に最初に言及したのは考古

学の森浩一であった。森は中国四川省の都江堰と対比させながら中島によって左右に分流する川の流れを利用して、ここに取水口を取り付け、安定的な水の確保に成功したこの大堰の技術構造を説明している。[26]

地域図を見てほしい。地域図の左上に法輪寺が見えるが、その山裾を一本の道が大きな中島を渡って対岸へと向かっている。ここにあるのが渡月橋で明応絵図では法輪橋と書いている。もっとも明応絵図に中島は見えない。しかし当時これがあったことは他にも史料があって疑いえないところである。[27] 江戸時代、一井川水路の用水取入口は現在と同じく、中島の南を流れる迂回路に設けられていた。保津峡の渓谷を抜けて山城盆地に出たこの川水は本流に設けられた大堰に遮られて水位を上げ、南の迂回路に廻ってくる。この部分に取水口を設けて用水を取り込み、松尾の山裾を巡って桂川右岸へと長大な水路が向かっていた。中島が大きくかつ堅固であれば、この川の激流から右の取水口は安全であった。不要な水はまた本流へと戻っていく。現在につづくこの構造の基本は秦氏本系帳の時代から変化はなかったであろう。

現在の一井川は堤防を出た地点で東・西に分岐する。水の配分率は、西が三分の一、東が三分の二で、これはおそらく江戸時代以来同じである。[28] このうち東一井川が右岸地城における二ノ井、西一井川が一ノ井である。明治のはじめ「東一の井川」にかかわる「二ノ井組」の村々の組織があった。これが地域図のアルファベットの村々（a）〜（j）である。

桂川右岸の堤防は松室村（b）の地点が重要であった。「葛野郡各町村沿革調」の調査によると、松室村の水位が「常水」より六尺（約二メートル）以上の出水になると、決壊の危険があり、地元松室村から「二ノ井組」の一〇村へ急報して人夫が駆けつけることになっていた。一〇村とは上山田（a）・松室（b）・松尾谷（c）・下山田（d）・御陵（e）・岡（f）・川島（g）・下桂（h）・千代原（i）・上桂（j）である。[29] この村々の配列を見てみよう。上流の上山田（a）を起点として逆時計廻りに山裾を（b）、（c）、（d）、（e）と来て山陰街道にいたり、あとは街道沿いに（f）、（g）を通って下桂（h）にいたり、さらにここから北上して千代原（i）から上桂（j）まで戻っている。ここには（a）〜（j）ラインとでも称しうる一本のラインが見えている。このラインの村々の内側が葛野大堰の後身をなす一井川用水の灌水地域にほかならない。

堤防の決壊場所が松室（b）の地内であれば、上流の上山田（a）への影響は少ない。上山田地内の堤防については上山田の人夫で予防措置を行い、「自然危険」の場合のみ「二ノ井組人夫」が駆けつけるきまりもあった。樫原公会堂所蔵文書によると、慶応二年（一八六六）七月に上山田村から「二ノ井堤組合村々」の「御役人御中」にあてて「二ノ井堤」の普請入用の負担免除と引きかえに、上山田領の「上堤破損」について迷惑をかけない旨の一札が提出されている。[30] 樫原は岡村（f）の後身であってこの文書は岡村村有文書として伝来したものである。

享保五年（一七二〇）に上山田村にあった二ノ井の伏樋が取り替えられた。この時「有来ル通ニ、伏樋ノ広サ厚サ」を定めている。[31] 水利慣行はその性質上一般に容易なことで変更され難いものであった。またこの時の費用は「水入二千石余ノ高割出銀」とあり、この水路の水掛かりの田地が二〇〇〇石余であったことも分かる。[32]

東一井川水路と対になる西一井川の村々は、江戸時代には松尾の神領であった。上山田（a）・松室（b）・谷（c）・下山田（d）の四村である。[33] ここに見える山田の地名は倭名抄の郷名山田郷に見えている。上山田（a）と下山田（d）は現在では離ればなれであるが、古い時代には一つにまとまっていたのだろう。西一井川は古代の山田郷に対応する用水ではなかったか。一方の東一井川は山田郷に限らず桂川右岸の葛野郡のうち山寄りの丘陵地帯に広く水を送っていたらしい。

近世の一井川灌水地域は（a）〜（j）ラインの村々を限界としていた。すなわちこの水は葛野の郡界を越えることなく、山陰街道沿いの村々を行き止まりとした。流末は下桂（h）まで行ってはいたが、その多くは山寄りの村々であり、桂川に近い低地部分には及んでいなかった。
周辺に住宅が建ち並んで今ではすっかり汚れてしまったが、昭和三〇年代、この水路はまだ鮎が泳ぐ清流であったと聞く。松尾の山続きにあたる丘陵部の先端、乙訓との郡境に近く樫原（岡村）において樫原廃寺跡が発掘されている。その塔は八角の瓦積基壇をもち、廻廊を巡らす壮麗な古代寺院址で、眼下に葛野の平野部を見晴るかす場所にあたる。ここは近世の一井川用水の最終到達地点でもあった。この事情は恐らく古代の葛野大堰においても同様であったのではないか。(34)

四　道昌の事績――桂川左岸の九世紀――

さきに見たとおり九世紀段階にいたっても秦氏開創になる葛野大堰は右岸にあってなお健在であった。同じ九世紀、左岸の状態はどのようなものであったか。つぎにこれを問題にしたい。明応絵図にある二井の下流域の状況である。

渡月橋から松尾橋にいたる左岸を罧原《ふしはら》堤という。延暦一九年（八〇〇）一〇月、政府は山城・大和・河内・摂津・近江・丹波の一万人を動員して葛野川の堤を修築し、大同三年（八〇八）にも、有品親王、諸司把笏の者、さらに内親王および命婦から葛野川を掘るために役夫を出させている。(35)平安遷都（延暦一三、七九四）の後、九世紀に入って政府は度々葛野川の堤防工事に意を尽くしていたのであるが、その力点は左岸にあったと思われる。しかし慶滋保胤の池亭記（天元五年、九八二）が記すように、こうした努力も困難を極めていた。

こうしたなかで注目すべきものは道昌僧都（～八七五）の活躍である。道昌は俗姓秦氏、讃岐国香河郡の人で、幼少から仏道に帰し、三論を学び、神護寺僧都空海（七七四～八三五）から真言法を受け、朝野の尊崇をうけた。とくに広隆寺の再興につとめ、葛野川の治水に功績をあげ、嵐山に法輪寺を創建するなど、葛野の地域史に大き

く深くかかわった人物である。貞観一七年、七八歳で亡くなったとき少僧都法眼和尚位の位にあったという。(36)

C　道昌は唯に智徳既に高く、詞恵の尽妙なるのみに非ず。兼て復た済事之方、俗務を廃せず。承和中、嘗て大井河の堰決す。　詔して道昌をして其防遏を監せしむ。道昌躬自ら率先して其功業を創すに、衆人子来りてこれを成すこと日ならず。故老咸な涕を収めて曰く、図らず、今日復た行基菩薩之迹を見んとは矣。

（「日本三代実録」原漢文）(37)

D　同御宇《（清和天皇）》、貞観年中、大井河の水暴漲し、帝都に流入せんと欲す。郷民防遏し難し。群臣議して曰く、洪水を制止すること、人力の及ぶ所に非ず。神呪を仮らずんば、争でか河伯を降さん。天皇これを聞き、道昌僧都に勅して、此像に祈らしむ。僧都修法するに、洪水時に減じ、帝都の人、忽ち溺水の難を免がる。然る後、其流を裂き分けて、広隆寺水路と為す。今に至り村民、広隆寺井手と曰ふ。

（「広隆寺来由記」原漢文）(38)

右のうちCは「日本三代実録」が載せる道昌の卒伝記事、Dは中世も終わり、明応年間の「広隆寺来由記」の文章である。同じ個人の同じ事績を語りながら、両者の書様の懸隔ははなはだしい。道昌卒伝をのせる「三代実録」の記事は、虚飾が少なく客観的であって、彼の本来の歴史的事績を正確に伝えようとした文章である。いっぽうDの「広隆寺来由記」は、文中に「此像」とある広隆寺本尊薬師如来像の霊験と、道昌の法力の不可思議さを力説するものであって、後世流行のありふれた霊験譚の一つである。両者の史料的価値の優劣はもちろん明らかである。

卒伝Cは承和年中（八三四〜八四八）に大井河の堰が決壊したさい、道昌に詔して、その防遏を監督させた。道昌は自ら率先して、その事業を起したところ、多くの人がやって来て、日ならずしてこれを成し遂げることができた。これを見た故老たちは皆、今日になって又、行基菩薩の再来を見ることができるとは思わなかったといって涕を拭ったと記す。涕とは鼻水混じりの涙の意であって、故老たちの感激のさまがよくわかる。

こうした道昌についてCは、道昌の人となりを彼は智徳が高く、コトバが立派であったばかりでなく、「済事之方」をも兼ね、「俗務」をもよくこなしたと書いている。こうして道昌に関する早い時期の記述は、この道昌が神護寺空海の弟子として真言法を行うばかりか、実務に秀でており、八世紀における行基（六六八〜七四九）の事績を髣髴させるような大土木工事のエキスパートであったことを伝えている。おそらく彼は古代の行基の業績を継ぎ、さらに一二世紀末になって現われる真言僧文覚やさらには俊乗房重源の事績の先駆をなすような位置を、この国の九世紀の歴史に留めた傑出した僧侶であったとみてよいであろう。彼の周辺にこうした僧侶たちがいたことを追塩千尋が指摘している。(39)

このような「三代実録」の記述と比べて、明応八年（一四九九）のDの「広隆寺来由記」の文章は、人間の力を超えた道昌の法力を謳いあげたもので、歴史的事実を離れて伝説化がいちじるしい。道昌についてもこうした類書が多いが、そうした中でこの「来由記」Dをとりあげた理由は、ここに見逃せない記述がおりこまれていることによる。

すなわちDには、大井川の水が溢れて、帝都を直撃しようとしていたこと、道昌僧都の修法によって洪水が時に減じ、帝都の人がたちまち水に溺れる難を免れたことが記される。重要なのはここに「然る後、其流を裂き分けて、広隆寺水路と為す。今に至り村民、広隆寺井手と曰ふ」と記すことである。明応年間、太秦方面へと向かう一本の井手が「広隆寺井手」と名づけられており、これが道昌による葛野川左岸における護岸工事の完成とともに開削されたと記憶されていたことである。(40)峡谷を出た葛野川の奔流がそのまま東進して左岸を直撃し、帝都を洪水の危機にさらそうとしたとき、薬師の神呪をかりることによって流路を南に変えて帝都を救った。このとき道昌は、桂川の流れを「裂き分けて」これを「広隆寺水路」となしたのであり、村人はこれを「広隆寺井手」と称したというのである。これが明応絵図にみえる二井であったにちがいない。

道昌以前にもさまざまな試みがなされていたかも知れないが、この地域の様相を大きく変換させたのは道昌の護岸工事と広隆寺井手の開削であったと中世の末に記憶されていたのである。九世紀のなかばになって葛野川の治水対策がそれなりに進み、道昌の事績がこうして後世に長く記憶されるようになった。その時、すでに平安遷都から七〇余年が経過していた。

江戸時代、正徳三年（一七一三）に広隆寺井手には川端村・太秦村・大石村・高田村・梅津村の五ヶ村立会の井堰が設けられていた。(41) それなりの長大な水路である。井手は後に改修されて西高瀬川に変身している。近世の西高瀬川は等高線に沿って緩やかに流れていたが、灌水域は太秦広隆寺の前面に広がる低地部分であった。用水路より北側は広沢池の水掛かり地域であったが、そこにおける水田化率は後世にいたるまできわめて小さいものであった。(42) このことも道昌の事績がこの地域において長く記憶された由縁であろう。

五　嵯峨野の興宴──梁塵秘抄の一二世紀──

再度、桂川右岸に目を転じて見よう。院政時代一二世紀における葛野の地は、法輪寺と松尾社を擁して、この国の代表的な霊験所として梁塵秘抄に謡われている。目の前を大堰川が流れ、ここはまた「嵯峨野の興宴」の場でもあった。梁塵秘抄には地名が多く詠み込まれている。ここから一二世紀におけるこの地の郷や村の様子を何ほどかうかがって見たい。

E

〇何れか法輪へまいる道、内野通りの西の京、それ過ぎて、や、常盤林の彼方なる、愛行流れ来る大堰川、

三〇七番

〇嵯峨野の興宴は、山田う桂、まうまう車、谷、千代か原、亀山、法輪、や、大堰川、ふちふち風に、神さび

松の尾の、さいその如月の、初午に富くばる、三〇八番

○嵯峨野の興宴は、鵜ぶね、筏師、ながれもみじ、やまかげひびかす、笙の琴、浄土のあそびに、ことならず、三〇九番

（梁塵秘抄巻二 霊験所歌）(43)

すなわちここに見られる霊験所歌三首は、一二世紀のこの地域の歴史的特徴を鮮やかに具体的に謡い込んでいる。右の第一首目は、都から法輪への参詣道を謡っている。法輪（寺）の真下は大堰川であったが、ここには艶かしい（遊女の）愛行が流れていた。人びとは内野通りに西ノ京を過ぎ、さらに常盤の林を過ぎて大堰川を目指したのであった。この道は後世の嵯峨街道の道筋に合致する。内野を通って西ノ京を西へ、広隆寺の門前（このあたりが常盤林）を通り、下嵯峨村で大井川左岸へ出て渡月橋に達する。掲載した地域図では、広隆寺の門前を東西に横切っている道である。

三首は互いに響きあっている。順番は逆になるがここでは三首目をさきに見ておきたい。ここで「嵯峨野の興宴」に登場するのは鵜舟・筏師・流れ紅葉・山陰に響く笙の琴である。形のない楽の音を含めて、すべてが大堰川の流れに広がる情景である。大堰川に浮かぶ鵜舟（鵜飼）と筏師、そして川面の紅葉と、ま近く迫る山かげに笙の琴が響いて、さながらこの世における「浄土の遊び」を現出している。「嵯峨野の興宴」はこの川で生業を営む鵜飼や丹波山地からの筏を操る筏師の存在を伝えている。興宴は何よりもこの川の存在とともにあったと見ていい。

問題は二首目である。ここには地名の類が最も多く読み込まれている。一首目ですでに大堰川（嵯峨野の現地）に到着していて、二首目と三首目で「嵯峨野の興宴」を謡っている。三首目は山かげを行く大堰川の川面のありさまを謡いこんで、ここは「まるで浄土のようだ」という。二首目はその中間である。ここで繰り広げられる「嵯峨野の興宴」とは、山田、桂、さらに谷、千代が原に、亀山、法輪とあって、くるくる廻る車に乗り、大堰

川のいくつもの淵を吹き渡る風と、神さびた松尾の神前に見る最初の如月（二月）の初午の賑わいとして描かれている。

二首目の問題の一つは「山田う桂」にある。竹柏園旧蔵本「梁塵秘抄」はここを「や万たう」と記すのだが、小林芳規解説はこの「た」を「於」の草体仮名の誤写と見て、ここを「山負う桂」と読み、ここにある「桂」を桂川の意と解している。(44)ところで山田とはさきの（a）〜（j）ラインの村々のうちの（a）と（d）に見える上・下両山田村である。両者はずいぶん隔たっているが、付近一帯は倭名抄が伝える古代の山田郷の地であって松尾社はその中心に位置する。そしてこの山田郷については現に古代の葛野の郡印三四を全面に捺した寛平八年（八九六）二月二五日の山田郷長解が原文書のままで残されている。(45)

一方、ここに見える「桂」は地名であって川の名称ではない。上桂（j）の名称がすでに長徳三年（九九七）の玉手則光寄進状に見えていたこと、それが現在の上野（11）を含む広域地名であったことはさきみた。この上桂（j）に対して、山陰街道の桂川渡河地点に位置するのが下桂村（h）である。下桂の地には江戸時代の初めに桂離宮が設けられていた。上・下の桂は随分離れているようであるが、これは上・下の山田村の場合と同様である。古代の山田郷と並んで、上桂から下桂にかけての広い空間が一個の地域として、梁塵秘抄のころの桂の地であったと見てよいであろう。

延暦一八年（七九九）、政府は山城国の葛野川がいつも洪水を起こして、大寒の節には人馬共に凍り、旅人が公私ともに苦しむので「楓」と「佐比」の二つの渡に「度子」を置き、以て民苦を省いているが、この「楓」はカツラと読むのであろう。(46)中世、桂橋のたもとに桂宿も成立していた（明応絵図）。小林のように原文を「山負う桂」と読み直してこの「桂」を桂川と解すると短い歌詞の中に同じ川が再度「大堰川」として顔を出すことになり不自然である。松尾社の周辺を占めた山田郷の地はどこから見ても山が迫り「山負う」の表現がふさわしい。

しかし桂の地はすでに山を遠く離れすぎている。地域図の（b）地点すなわち松室のあたりでこの川は大きく東へ迂廻し山から離れているからである。(47)

第二の点はこの歌の「てうかはら」の読みである。注釈ではこれを「朝が原」と読み、広沢の東の「朝原」と「千代原」をあげるが、これは地域図に見る千代原（i）でなければならない。この村は上桂（j）の南、下桂（h）の西に位置している。東寺百合文書には明応相論にさいして五ヶ庄が作成した別の用水差図が残されている。(48)こちらの差図には法輪寺橋の下手右岸に「谷山田井手」と「千代原井手」の書き込みがある。規模の大きい十一ヶ郷溝とは別に、村ごとの小規模な用水路の設定も同時にあったのであろう。この差図は一五世紀の桂川右岸にすでに谷（c）・山田（d）・千代原（i）の各集落の成立があったことを示している。梁塵秘抄三〇八番はさらにさかのぼって院政期におけるこれら集落の存在を予感させるに十分のものがある。事実、長寛二年（一一六四）に本領主藤原某が作成した葛野郡山田郷内の「堂舎田畠等注進目録」には「山田郷谷村畠一段二百歩」「谷村築垣東田二段」などの記載があって、右の推定を裏づけている。一二世紀なかば、葛野郡山田郷の内部に谷村が確実に成立していたのである。(49)

第三の点は「車谷」の解釈である。先行の注釈はいずれもこれを一語と見て未詳とする。私見ではこれは車と谷に分けて解釈するのがいい。松尾社の南に一本の谷筋が存し、このあたりに松尾谷村（c）が位置している。この谷筋を入った場所に暦応二年（一三三九）、夢窓疎石によって西芳寺が再興されている。石庭で有名な苔寺である。近世の松尾谷村はまた谷村ともいっていた。

なお「まうまう車」はあるいは車船ではなかろうか。梁塵秘抄四七四番にある「須磨の関　輪田の岬をかいまうたる車船、牛窓かけて潮や引くらん」を想起させる。輪田岬を行くこの車船は有名であった。「歌枕名寄」に「車船輪田の崎をかいめぐり牛窓かけて潮やひくらむ」、「藻塩草」五に「車ぶねわだのみさきをかいめぐり、うしまどかけて塩やみつらむ」がある。注釈はこの車船に注して「前進後退が容易」とする。院政期の大堰川にもこのような車船が行き来したのであろうか。

以上縷々述べて来たように、右の三首には、法輪（寺）、内野、西ノ京、常盤林、大堰川（二〇七番）、嵯峨野、山田、桂、谷（松尾谷）、千代が原、亀山、法輪、大堰川、松の尾（社）（二〇八番）、嵯峨野（二〇九番）といった地名、寺社名、川の名称が詠みこまれている。大堰川右岸は松尾の山蔭にあたる山田の地と、川の迂廻によって広がった桂の地の対比として存し、南に谷と千代原が、そして北に法輪と亀山が位置し（亀山は左岸であるが）、ここを流れる大堰川の淵々には風が吹き、その中心にあたる松尾の社の神さびた趣きがあって、年の初めの如月（旧暦二月）の初午に人々が集うのであった。一二世紀のこの地の情景である。

六　なぜ今井か――明応絵図の一五世紀――

遠く丹波山地に源流を発し、保津川の渓谷を抜けて山城盆地に出た大堰川は、やがて桂川と名を変えながら葛野の郡域を抜け、さらに乙訓・紀伊二郡を左右に分けながら流れくだる。葛野・乙訓・紀伊の三郡にわたるこの地域の歴史は、この大河の恵みとともに織りなされてきた。

この地域の古代から中世への転換は、七世紀における古代豪族秦氏による葛野大堰の掘削ならびに松尾の神への祭祀創設と、一四世紀から一五世紀にかけて開削整備されていった十一ヶ郷用水（今井）との歴史的対比によってその骨格が浮かびあがってくるだろう。

古代の葛野大堰はこの河の右岸にあって現在の渡月橋の辺りで取水され、松尾の山裾をめぐりながら、広大な地域に安定的に水を供給することに成功していた。平安時代の秦氏はこの開削を大化元年（六四五）のことであったと伝承していたと思う。大堰のほとりには松尾社が位置し、秦氏の一族が祝としてこの神を祀った。葛野大堰の後身は近世、東西の一井川として存続した。一井川の水は葛野の山寄り、なだらかな丘陵台地に立地する十ヶ村に供給されていたが、葛野の郡界を越えることなく、また河寄りの低地地帯にも届いていなかった。葛野大堰が古代の安定した長大な水路であったことは、大堰川の中島を巧みに利用したその土木技術の高さに大いに関係していた。

古代の葛野大堰が安定したものであったのに対し、左岸がようやく安定してくるのは九世紀における道昌僧都の活躍をまたねばならなかった。道昌は空海の弟子として真言法を行うだけでなく「済事之方」を兼ね「俗務」をもよくこなしたという。彼はこの国の九世紀を代表する土木工事のエキスパートであった。中世の末にはこの道昌が広隆寺井を開削したと伝承されていた。明応絵図の二井である。

一四世紀に入ると松尾社の付近（松尾馬場崎）で取水する新たな大規模用水路が姿を見せるようになる。これが今井である。今井は最初、上久世・寺戸・河嶋三ヶ郷の主導によって暦応二年（一三三九）までに構築され、その後、康暦二年（一三八〇）までに下桂・下津林の二郷が加わって上方五ヶ庄井となり、さらに桂川の川辺に近い低湿地部分に散開する下方六ヶ郷（庄）の加入によって応永二六年（一四一九）以前に十一ヶ郷用水として成立した。

十一ヶ郷のうち下方六ヶ郷はその水利権において不利な条件におかれていた。後に下桂の地に地蔵河原井が掘削されたのは、下方井の流末に位置する村々が新しい用水路を掘削してこれを下方井に連結させようとする試みであった。上久世庄はこの試みにも参加していた。

今井用水を受けた中世の十一ヶ郷（庄）は、いずれもこの地域の近世村の前身をなした。同じ明応絵図に見える上野も上桂も鎌倉のみならず、さらにさかのぼって院政期にはすでにそれぞれが一個の集落（ムラ）をなしていたことが想定される。また一二世紀の梁塵秘抄にも山田、谷、千代原など、この地の近世村につながる地名が読み込まれている。こうしてこの地域の村々の長い歴史が少しずつ見えてくるようである。

(1) 寶月圭吾『中世灌漑史の研究』畝傍書房、一九四三年。黒田日出男「中世農業と水論――八条朱雀田地差図・桂川用水差図――」(同『中世荘園絵図の解釈学』東京大学出版会、二〇〇〇年、初出一九八七年)。玉城玲子「中世桂川用水の水利系統と郷村」(増尾伸一郎他編『環境と心性の文化史』上、勉誠出版、二〇〇三年)。本稿では玉城から直接にまた論文を通じて種々教示をいただいた。なお玉城の努力になる向日市文化資料館特別展図録『桂川用水と西岡の村々』(一九九七年)が充実した内容を備えている。

(2) この他にも重要な歴史的拠点はある。これらは論述の関係で省いている。

(3) 玉城前掲註(1)論文。京都府農林水産部耕地課整備室『嵯峨嵐山一の井堰』二〇〇六年など。なお用水取入口にはこの事を記した京都府知事林田悠紀夫揮毫の大きな石碑が立つ。

(4) ただし明応絵図の桂宿(17)だけは「河原町」に名称変化している。橋を渡れば下桂(4)の「下町」である。

(5) 明応四年八月日西岡五ヶ庄沙汰人等申状案(「東寺百合文書」カ函一五七号)など。ここには「桂庄地蔵河原、川西頬用水井口事、自往古号地蔵川原井、守水便五ヶ庄進退仕処、西庄公文福地新左衛門光長、就　公儀、構新井於神領上之由、掠申」とある。

(6) 黒田前掲註(1)論文がこの間の事情を詳しく分析している。

(7) 廿一口方評定引付　永享五年四月二日条(「東寺百合文書」ち函九号)。この後、永享一〇、一一年のころ、十一ヶ郷は会合して、取水地点の移動などについて同意を与えたが、下桂・河嶋・下津林三ヶ郷がこれに異議を唱えていた。永享一一年五月日東寺雑掌申状案(「教王護国寺文書」一二二三号)。

(8) 長徳三年九月一〇日玉手則光寄進状案(上桂庄相伝文書案、「東寺百合文書」ヨ函八四、『山城国上桂庄史料』上巻　五九号)。四至の記載を見ると、上野庄(上桂庄)は東と北を流れる桂川の流路を庄内に取り込んでおり、対岸の堤防や大榎木などを堺だと記していた。引用の欠字部分は「桂」である。一〇世紀末の上野は現在と同様、北と東をこの川が流れていた。

（9）　長久四年正月一〇日大納言局譲状案（前掲註(8)上桂庄相伝文書案）。

（10）　金田章裕A「桂川の河道変遷と東寺領上桂荘」（『微地形と中世村落』吉川弘文館、一九九三年、初出は一九九二年）、同B「上桂庄差図と桂川」（『東寺とその庄園』東寺宝物館、一九九三年）。

（11）　正和二年一二月七日後宇多院宸翰施入状（「東寺文書」）、正和四年一一月二四日後宇多院宣（「東寺百合文書」せ函）、正和二年九月日山門東塔北谷衆徒重申状（「東寺百合文書」シ函）など。なお、この荘園については図録『上桂庄――伝領と相論――』（武田修担当　京都府総合資料館、一九九〇年）が便利である。

（12）　なお黒田前掲註(1)論文は御庄を近衞家領の荘園であったと指摘する。

（13）　金田前掲註(10)論文B。

（14）　明応五年四月松尾御前淵用水注記（「教王護国寺文書」二一二九号）。

（15）　天正一三年閏八月二日上久世庄井料引替日記（「東寺百合文書」む函一四〇号）。

（16）　暦応二年七月九日久世・河嶋・寺戸三郷今井用水契状（「革嶋家文書」七四号）。二年の「二」は残画のみが残る。あるいは三年か。

（17）　応永二六年七月日東寺供僧等連署申状并具書案（「東寺百合文書」い函二一号）。

（18）　文明一一年六月七日室町幕府奉行人連署奉書案（「東寺百合文書」を函二五七号）。

（19）　今堂口が長禄大旱魃のさいの新溝だったのであろう。明応絵図はここに「三十余年棄置新井手溝也」と書いている。

（20）　北条勝貴A「松尾大社における大山咋神奉仕の原初形態」（『歴史における史料の発見』上智大学、一九九七年）、同B「松尾大社における市杵嶋姫命の鎮座について」（『国立歴史民俗博物館研究報告』七二集、一九九七年）がこの史料を詳細に検討している。

（21）　ミアレとは神の誕生ないし来臨をいう。「ひさかたの天の原より、生来神《あれきたる》のみこと」（大伴坂上郎女）（「万葉集巻三・三七九」）。「昔、息長足比売天皇のみ世、住吉の大神現出《あれいでまして》、天の下を巡り行でまして」（摂津風土記逸文）など。

（22）　西田長男は本系帳の「至于元慶三年、二百三十四年」を「至于元慶五年、百六十四年」の誤写と推定する（「日本神話の成立年代」『日本神道史研究』一〇古典編、講談社、一九七八年、初出は一九五六年)。北条も大宝元年を基準にして文中の戊午、戊辰の実年代の推計を試みた(北条前掲註(20)論文B)。

(23) 井上満郎「葛野大堰と賀茂改修」(『古代文化』二三巻一号、一九七一年)、同「平安時代の秦氏の研究」(『日本歴史』三四〇号、一九七六年)、同『渡来人』(リブロポート、一九八七年)、森浩一「溝・堰・濠の技術」(森編『古代日本の知恵と技術』大阪書籍、一九八三年)などが葛野大堰に触れている。

(24) 中国四川省成都の平野を潤す都江堰は紀元前二五六年の完成。世界文化遺産に指定されている。二〇〇八年の四川大地震でテレビの画面をにぎわした。

(25)「松室遺跡」(『昭和58年度京都市埋蔵文化財調査概要』、『昭和59年度同上概要』)。葛野大堰との関連が想定されているSD9の溝については、考古学の側からのさらに確定的な結論を期待したい。

(26) 森前掲註(23)論文。ただし森は葛野大堰を左岸にあったと説明する。

(27)「山城国臨川寺領大井郷界畔絵図」(貞和三年、天龍寺蔵)、「山城国嵯峨諸寺応永鈞命絵図」(応永三三年)など。「応永鈞命絵図」によると当時の法輪橋は現在の渡月橋よりもやや上流である。貞和絵図は中島を「臨川寺領」とする。中島の形状は「応永鈞命絵図」がより実測に近く、現在と同じく本流が北を流れている。なお大村拓生「嵯峨と大堰川交通」(『中世京都首都論』吉川弘文館、二〇〇六年)参照。

(28) 明治初年の「京都府地誌」(葛野郡村誌二)は松室村の項で、「一ノ堰川」を「巾一間」、「二ノ堰川」を「巾約二間」とする。両者の川幅は1対2である(『史料京都の歴史』15、西京区一一〇頁)。なおこの地誌は明治八年の太政官達「皇国地誌編集例則」等にもとづいて京都府が編輯提出した「地誌」の稿本。

(29)「葛野郡各町村沿革調」松室村(同右書、西京区一〇九頁)。

(30) 慶応二年(一八六六)七月　上山田村庄屋年寄一札(樫原公会堂所蔵文書、同右書、西京区一〇八頁)。

(31)「種愷日記」享保五年二月二六日条　松室家文書(同右書、西京区八一頁)。

(32)「種愷日記」享保一六年二月六日条(同右書、西京区八三頁)。

(33)「一ノ井養水溝、専ラ社領係リ」といわれている。社領とは神領四ヶ村(谷村・松室村・上山田村・下山田村)を指す。享保一九年松尾社神方等覚書写　山田家文書(同右書、西京区八四頁)。

(34) 杉山新三『よみがえった平安京　埋蔵文化財を資料に加えて』（人文書院、一九九三年）、佐藤興治・杉山信三「樫原廃寺跡の発掘調査概報」（『仏教芸術』六六、一九六七年）、佐藤興治「樫原廃寺発掘調査概要」（京都府教育委員会『埋蔵文化財発掘調査概報』一九六七年）。

(35) 『日本後紀』巻九逸文　延暦一九年一〇月己巳条（『日本紀略』）、同巻一七、大同三年六月壬申条、七月辛丑条（同上）。「防葛野河使」も設置されていた（貞観三年三月一三日太政官符『類聚三代格』）。

(36) 薗田香融「嵯峨虚空蔵略縁起――ある密教寺院に関する覚書――」（『関西大学文学論集』五巻一・二号、一九五六年）、小山田和夫「『法輪寺縁起』所載道昌略伝について――『日本三代実録』道昌卒伝との関係を中心に――」（『立正史学』四五号、一九七九年）、追塩千尋「道昌をめぐる諸問題」（『南都仏教』六七号、一九九二年）、堀裕「「化他」の時代――天長・承和期の社会政策と仏教――」（古代学協会編『仁明朝史の研究――承和転換期とその周辺――』思文閣出版、二〇一一年）など。

(37) 『三代実録』貞観一七年二月九日条。

(38) 「山城州楓野大堰郷広隆寺来由記」（『大日本仏教全書』寺誌叢書第一）。奥に「明応八年己未七月上澣記之　権僧正済承」とある。

(39) 追塩前掲註(36)論文。堀裕論文もこのことを述べている。

(40) 本文に「彼像」とあるのは広隆寺本尊薬師如来のこと。この像はその昔、西山に入って薪を採ることを業とした樵夫がある日、乙訓社（向日明神）の社前で一本の枯木が光を放つのを見て、その木で作ったとされている。樵夫は向日明神の仮の姿であった。その後、像は西皐《にしおか》の願徳寺に安置されていたが、広隆寺が借り受けて返却しなかったという。なお「法輪寺縁起」によると道昌が願徳寺の薬師を広隆寺に迎えて清和天皇の病気平癒を祈ったのは貞観六年（八六四）二月、この道昌が勅をうけて宮城を葛野川の脅威から救って律師に任じ、元興寺別当に補せられたのは同一〇年（八六八）五月八日であったという。ここでは葛野川左岸の「一の井」（広隆寺用水）の構築は貞観年中であったと想定されている。

(41) 明和八年七月日太秦村・大石村・高田村・梅津村連判陳状（嵯峨野村「海老名家文書」『史料京都の歴史』一四、右京区四二九頁）。

(42) 「広隆寺来由記」も秦川勝が蜂岡寺(広隆寺)に寄進した土地を「寺前水田三十町、寺後林野六十町」と記す。地形の関係からして広隆寺の背後の丘陵地に大堰川の水は来ない。右の記述は寺後の土地が長く「林野」状態であったことを示唆する。
(43) 歌詞については小林芳規・武石彰夫校注「梁塵秘抄」(『新日本古典文学大系』五六、岩波書店、一九九三年)を参考にして私見を加えた。
(44) 小林芳規「梁塵秘抄の本文と用語」(同右書、「梁塵秘抄」解説)は「梁塵秘抄」に見える誤写を分類した貴重な仕事であるが、この中でこの事例を誤写I類に分類している。
(45) 寛平八年二月二五日山城国山田郷長解(「東文書」平安遺文一八一号)。
(46) 『日本後紀』巻八 延暦一八年一二月癸酉条。なお広隆寺は「葛野郡楓野大堰郷」にあった。前掲註(38)の「広隆寺来由記」は聖徳太子がこの地へ来たさい「楓林之中に大桂樹」があって「異香芬馥」としていたと記す。
(47) 「山田う桂」の「う」は音調を整えている。今様は口称するための歌謡「声わざ」の芸であった。
(48) 年未詳桂川井手取口差図(「東寺百合文書」ひ函二六六号)。この差図は明応相論のさいのものと推定される。
(49) 長寛二年七月日 本領主藤原某注進堂舎所領田畠等目録(東文書 平安遺文七—三二九四)。なお、松原誠司「松尾社境内地の成立と性格——「松尾大社及び近郷図」に関連して——」(『日本歴史』五一八号、一九九一年)。

Ⅲ

——権力の裁許、政治勢力の地域的展開

六波羅探題における「内問答」と「言口法師」

酒井紀美

はじめに

今日、私たちは日常的に、「声」によるコミュニケーションと「文字」によるコミュニケーションの両方を使い分けながら互いの意志疎通をはかっている。その点は中世社会においてもなんら変わりはなかった。ただし、「声のことば」は口から発せられたとたんに消えてしまうので、今の私たちが中世の人々の声そのものを聞くことはできない。声は時間のカベを越えられないものだから、彼らの声が今日の私たちの耳にまで届くことはないのである。しかし消えてしまった「声のことば」そのままでなくとも、残された文字史料の中からその痕跡を見つけ出し、「声」が当時どのように生きて機能していたのかを考えてみることはできる。(1)

中世社会において、「声のことば」が果たしていた機能を考えるうえで最も注目されるのはどのような場であろうか。もちろん、中世の人々が声をもってコミュニケーションを行う場面は社会のどこででも見られたには違いないが、特にそれが重視され、文字史料として表記され後代にまで残されるということになれば、まず思い浮かぶのが「訴訟の場」(2)ではないだろうか。そこでは、訴人や論人、また証人たちが熱弁をふるい、それぞれの主張を展開した。訴訟をめぐって生み出された文書を注意深く観察すれば、そこに多くの「声のことば」の片鱗が見いだされるに違いない。

そこで本稿では、鎌倉後期の永仁年間（一二九三〜一二九九）、東寺領大和国平野殿庄の訴訟に関する史料をとりあげて考察する。この時期の平野殿庄は、近隣の村々との山堺相論を底流にしながら、互いに権益を争う村々のそれぞれの領主である東寺と興福寺一乗院の対立、あるいは平野殿庄支配をめぐる仁和寺菩提院と東寺供僧の抗争というように、さまざまなレベルの対立と緊張をはらみながら事態が進展していく。そして永仁三年（一二九五）一〇月以後になると、ついに東寺が自領の平野殿庄「下司以下庄民等」を六波羅探題に訴えるという局面をむかえるにいたる。

当庄については早くから悪党に注目した数多くの研究があり、[3] さらに近年は興福寺の大和一国検断とのかかわりを軸に考察したものや、[4] 朝廷や幕府への訴訟の構造を論じたものなど、[5] 多様な視角から議論が深められてきている。本稿は、それらの先行研究に導かれながら、永仁年間後半というきわめて限られた時期の訴訟のありさまを追いかけ、「声のことば」が果たしていた役割について考えてみたいと思う。

一　「大和国平野殿庄相論文書案」について

「東寺百合文書」と函五一号「大和平野殿庄相論文書案」[6] は、いくつかの具書案を除くと、正応六年（永仁元、一二九三）から永仁六年（一二九八）までの六年間に出された文書の案文からなっており、その総数は六〇通を越える。岡本隆明によって、この多数の案文はそれぞれの時期に書かれた案文というわけではなく、東寺が訴訟に臨むにあたって、それまでに出された関連文書を数人が手分けして一時に集中的に書き写したものであることが、筆跡などを比較し検討した結果、明らかにされた。[7]

その文書案の最初に収められている正応六年一月日「平野殿庄百姓等申状案」（と函五一—一）では、興福寺一乗院家領の安明寺・吉田庄百姓等が甲冑を帯び弓箭を捧げ数百人の人勢で平野殿庄に乱入し、力づくで山木を伐り萱草を刈り取り、さらに平野殿庄の百姓等を刃傷するに及んだので、所当の罪科を下してくれるようにと訴えている。これをもとに平野殿庄雑掌の加治木頼平は正月一七日に挙状を出し（と函五一—二、以下「と函」を省略する）、それを受けて東寺の供僧祐遍が一八日に朝廷に訴え（五一—三）、二一日に安明寺住人と吉田庄民の新儀沙汰を止めるようにという伏見天皇の綸旨を得た（五一—四）。同趣旨の綸旨は同年四月と六月にも出されているが（五一—一六・二二）、一乗院家領の百姓等はこれを聞き容れなかった。そのため、翌永仁二年（一二九四）二月には供僧祐遍が「此上者、早被仰下武家、被召上下手人等候之様(8)」にと朝廷に要請し、「武家」の力を得て事態の打開をはかろうとした。三月日の平野殿庄百姓等重申状案（五一—七）では、この方針を受けて「被申下綸旨於武家、悪行張本之者、成疵刃傷之輩、皆以自武家欲被召取」と主張し、「刃傷人交名注進状」を副進した。さらに、八月日の百姓等申状案（五一—一〇）には、「早任傍例、被成遣　綸旨於武家、被召出刃傷以下狼藉造意之下手人等、為被行違　勅狼藉罪科」とあり、「違　勅狼藉罪科」が、武家による下手人召し捕りを要請するうえでの重要な点として強調されている。(9)

この方針が永仁三年（一二九五）八月まで一貫して続く。ところが、同年一〇月にいたって、東寺の姿勢は一変する。

> 欲早被申下　綸旨於武家、当庄下司以下庄民等違背寺家教命下知、押止乃貢以下雑公事等、被勘糺此等乱謀、且令究済年々乃貢以下雑公事、於其身者、早被召上、行所当罪科被処反逆罪事、(10)

これが新たに東寺が訴えた内容である。武家にその身の召し上げを求める対象が、これまでのように隣郷の庄民等ではなく、ここでは自領内の「下司以下庄民等」に変わっている。隣郷との堺をめぐる闘争に事寄せて、東寺への年貢以下雑公事納入を拒んでいる「大張本」は、実際のところ平野殿庄の下司清重・惣追捕使願妙とそれに与同する庄民たちだというのである。[11]

当然のことながら、東寺の突然のこのような方向転換に対して平野殿庄百姓等は反論を加え（永仁四年九月日百姓等陳状案／五一―二七）、下司と惣追捕使は請文を出した（両庄官請文案　同九月一四日／五一―二六）。それに対して東寺側がさらに平野殿庄雑掌尚慶二問状案（同一〇月日／五一―二八）を書き、永仁五年（一二九七）三月には庄官百姓等重陳状案（五一―三二）、八月に雑掌尚慶三問状案（五一―三三―一）といった具合に、東寺側と百姓等側から互いの言い分を主張しあう訴陳状が出された。これらを受けて、同年九月七日の六波羅御教書案（五一―三四）では、平野殿庄土民等の召し上げを触れるようにと使者深栖八郎蔵人に命じている。この御教書案の端書には「五番手奉行津戸信濃房」の名が記されており、平野殿庄土民等を召し上げたうえで、東寺の平野殿庄雑掌が土民等と対決する場は、六波羅探題の五番引付の座に決まった。[12]

この時「押領悪党人等交名」（五一―四一）にあげられているのは、「大張本惣追捕使願妙・同子息清氏一類以下所従等、下司清重子息三人〈父子四人〉」と「源内」以下一三人の土民たちである。そのうち下司清重からは、この年の一二月から翌永仁六年（一二九八）正月にかけて東寺に何度か書状が届けられ、年貢納入のために寺から使者を下してほしい、[13]上京して事情を申し上げたいが所労のため代理の者を参上させる、[14]今後は「召文の人数」から自分を除いてほしい（五一―四七）などと要請があった。

この一連の案文群の最後（五一―六一）は、

一、当年所務、自御寺、預所殿ニテモ御使にても御下向候者、相共加催促候て、惣追捕使方ヲモ可致沙汰候、但惣追捕使、若我方事にハ下司ハ相綺へきそとて、何申沙汰仕候ハんも不叙用候者、不及力候、其条御使定御見知候ハんか、雖然、先及所存候之程者、任先例可致沙汰、

一、惣追捕使方年々御年貢事、先雑掌弁候哉否、一切不存知候、但前々者庄内御年貢等の返抄にハ、下司加判刑(形)、送文等ヲ進上候ハ、下司の沙汰にて候条勿論候、而御訴訟之後、御年貢、惣追捕使方ノ返抄、加判刑候事候ハす候、仍注申状如件、

永仁六年八月十八日　　平用清　在判

(奥裏書)「平野殿下司代子息次郎　申語云」[15]

という文書である。ここで下司清重の代理として東寺に参上してきた子息の用清は、惣追捕使方のことには力が及ばないものの、下司として年貢納入に尽力する旨を主張し、惣追捕使方とは一線を画する立場を強調している。奥裏書には「平野殿下司代子息次郎　申語云」との注記があって、この文書が次郎用清の口頭で語った詞を書き留めた「申詞記」であることを示している。一連の案文群の筆写がこの「次郎用清の申詞記」で終えられている点から考えると、と函五一号「大和平野殿庄相論文書案」六十余通の筆写目的が、これまでに平野殿庄をめぐって出された多くの文書を書き写し、そこに記された論点をまとめ直して、このすぐ後にひかえている六波羅探題での平野殿庄土民等との「対決」に備えるものであったことは明白である。

二　十八口供僧月行事日記并引付

この一連の案文群の筆写が終了する永仁六年八月という、まさにその時点から書き始められているのが、「十八口供僧月行事日記并引付」[16]である。ここには、この時期の平野殿庄の訴訟について、興味深い記事が載せられている。以下、この記録の中から平野殿庄にかかわる箇所だけを抜き出し日付順に示しながら、その動きを追ってみることにしたい。

永仁六年八月十三日始記之、

（中略）

一、同（八月）十七日　平野殿下司参着云々、

一、同十八日　平野殿御評定人数事

（供僧等交名を省略）

　　已上当御参十八

一、下司申語、別紙有之、可○有自今年庄務之由、被治定了、

（不参の供僧等交名を省略）

一、紏返物事、下司罷下向、相触百姓等後、○来廿五日以前可申左右之旨、申上了、

一、平野殿雑掌職、可賜当公文快実之旨、治定了、

ここに見える八月一七日に参着した下司というのは、所労の清重に代わって上洛した子息の次郎用清のことである。翌一八日に供僧等の評定が開かれ、その場で彼が「申し語った」内容を別紙に記したとあるが、それが先に示した「平野殿下司代子息次郎　申語云」と奥裏書に注記のある「申詞記」ということになる。またこの時、評定に参加した供僧たちは、供僧方公文快実を新たに「平野殿雑掌職」に任命している。以後、「平野殿雑掌」として訴訟の場で中心となって活動するのがこの公文快実である。

次に、九月の記事を見ると、

　九月一日

平野殿沙汰事

　評定衆

（供僧等交名を省略）

已上七ミ八人

此外当住相触人数

（供僧等交名を省略）

下司清重　惣追捕使願妙等、於六波羅、可被行重科之由、公文下知了、

（中略）

五日評定人数

（供僧等交名を省略）

（中略）

平野殿事、惣追捕使、六波羅奉行之許参之間、於彼所、為問答、日来文書正文、公文尋申之間、渡給了、

公文請文在之、

（中略）

平野殿事

十二日、願妙子息宮内左衛門（平清氏）、奉行許出合テ、内問答、但金吾無言之間、言口法師ヲ相語令問答了、快実出合問答、仍両方詞記置て、可合御平（評）定○引付之由申了、

とある。この記事によれば、六波羅探題の奉行のもとでの問答は九月一二日に行われた。下司清重は、この場には召喚されなかった。先に見た子息用清による言い分が認められて「召文」の人数から除かれたものと思われる。惣追捕使願妙の代理として子息宮内左衛門（＝「金吾」）が奉行のもとに出頭し、雑掌快実とのあいだで「問答」が行われた。「仍両方詞記置て、可合御平（評）定」とあるように、ここで双方が語った「詞」は記し置かれ、「申詞記」が作成された。これが次に開かれる引付の場に持ち出され、その評定にかけられることになった。

三　六波羅探題での「内問答」

この九月の記事には、注目される点が二つある。

まず一つは、九月一二日に六波羅の奉行のもとに双方が出合って行われた問答が、「内問答」と呼ばれている点である。「沙汰未練書」には、

一、問答事　先以件訴陳具書等案文、廻其手頭人、衆中能々可訓釈也、次於奉行所遂内問答、其後於引付可遂問答也、

とある。[17]これによれば、「内問答」とは、「引付之座」で行われる「引付問答」に先立って、奉行のもとで訴論人の双方が問答を遂げることを指している。これまで、「沙汰未練書」のこの記事以外に、具体的に「内問答」の実態を示す史料はないとされてきた。[18]ところが、ここにとりあげた「十八供僧月行事日記并引付」の九月一二日条の記事は、鎌倉後期の六波羅探題において実際に「内問答」が行われていた具体的な様子を示しており、その点からも、これは注目すべき史料である。

正式の問答が「引付之座」、つまり番に組織された引付衆の評定の場で行われるのに対して、それに先立って行われる「内問答」は、その裁判の担当奉行（本奉行）のもとで実施される。この場合は、「五番手奉行津戸信濃房」の宿所で行われた。前節の最後で触れたように、奉行の前で対決した「両方の詞」はできるかぎり語られた詞をそのまま文字にするかたちで記し置かれ、その「申詞記」が後日「引付の座」での評定に合わされるのである。

しかし、「内問答」で行われるのは、これに尽きるものではない。「十八供僧月行事日記并引付」の九月五日条を見ると、「平野殿事、惣追捕使、六波羅奉行之許参之間、於彼所、為問答、日来文書正文、公文尋申之間、渡

給了、公文請取在之、」とある。つまり、平野殿の惣追捕使が六波羅奉行のもとに参上してくることになった。その場で惣追捕使側と問答することになる東寺の平野殿雑掌快実から、この訴訟に関係する文書の正文について問い合わせてきたので、寺家では公文快実に正文を渡し、請文（請取状）を出させた、と書かれているのである。

東寺文書の中には、この時に快実が書いた以下のような文書請取状も残されている。

（端裏書）
「平野殿文書公文請取　永仁六　九　五」

注進　平野殿御庄々官百姓等請文陳状事

合

三通　御使深栖八郎蔵人請文并願妙・清重請文一紙申之、百姓等陳状等、以上正文銘永仁四九廿四

三通　御使同請文并願妙・清重請文一紙申之、百姓等陳状、以上正文永仁五四一
　　　具書　綸旨并寺家御挙状案

四通　御使并願妙以下百姓等請文　以上正文永仁六々十一
　　　具書　返抄案

三通　御使并清重已下百姓等請文　以上正文永仁六々十一
　　　柘植又二郎

二通　御使請文并願妙陳状　以上正文永仁六正廿九
　　　深栖

二通　御使請文并清重陳状　以上正文永仁六正廿九

右、件請文陳状、敵人上洛之上者、続整訴陳、可遂問答之由、令申奉行人候間、下賜之候了、仍請取状件如、

永仁六年九月五日　　快実（花押）(19)

この快実の請取状を見ると、たとえば最初の三通の場合、御使深栖八郎蔵人請文は永仁四年九月廿日、願妙・清重請文は同九月一四日、百姓等陳状は同九月日の文書であるから、「銘永仁四九廿四」という注記はそれぞれの文書の書かれた日付ではない。ここに「永仁六々十一」と注記のある四通の文書について、先にあげた函五一

号「大和国平野殿庄文書案」の中からこれに該当するもの（四五・四六・四九・五〇）を見てみると、すべてに「永仁六々十一」との端書が筆写されている（百姓等請文案（四六）だけは「永仁六々十」とあるが、これは「一」を書き落としたものと考えられる）。つまりこれらの案文の端書にある日付は、正文の端裏に記されていた日付を写したもので、それは六波羅探題の奉行が文書を受理した日付を端裏銘として書き付けたものである。

快実はこの請取状の最後に、なぜこれらの正文を寺家から下し賜る必要があるのか、その理由を「敵人上洛の上は、訴陳を続ぎ整え、問答を遂ぐべき旨、奉行人申さしめ候あいだ」と記している。つまり、訴訟の相手方が上洛してくるので、これまでに出された訴陳を「続ぎ」、「問答」を遂げることになる旨、六波羅奉行人から連絡があったので、これらの正文を申し請けることになったのだというのである。

これらの記事により、六波羅の奉行のもとで行われる「内問答」とは、双方が互いの言い分を口頭で申し述べ合う「対決」の場であるだけでなく、同時にこれまで双方から出された訴陳状を「続ぐ」（＝継ぐ）場でもあったことがわかる。

快実が持参する正文一七通は六波羅の御使二人の請文の他には庄官や百姓等の陳状のみで、これまでに東寺側が出した訴状の正文は一通もない。東寺側の訴状は、提出された際に六波羅探題の奉行による銘が加えられて、訴訟の相手方である庄官等の手もとに置かれていたはずである。東寺側と庄官百姓等側から出された訴状と陳状は、正式に六波羅奉行人によって受理され銘を加えられ、それぞれ相手方に渡される。双方で、その内容を十分に検討したうえで、反論と自己主張を記して重ねて訴状と陳状を出す。この繰り返しの中で、双方の手もとには相手方の正文が残されていく。双方がそれをすべて、「内問答」の場に持参し、奉行が互いの言い分と齟齬がないかその内容を確認したうえで、正式の訴陳状としてそれらを「続ぐ」作業が行われるのである。

この六波羅での「内問答」は永仁六年九月一一日に行われた。その直後の一〇月に、東寺から朝廷に訴え出た

平野殿雑掌重実重申状[20]にも、

東寺領大和国平野殿庄雑掌重実重言上

欲早被経御　奏聞、仰憲法奉行、違　勅悪行、本所□□(敵対)、□□□□(武家召符カ)違背悪党人願妙・清重・清氏□□(以下輩)等、任交名旨、不日召取□(其)身、急速可有誡沙汰由、重被申送　院宣於武家子細事

副進

二通　綸旨并西薗寺家御施行案

八通　武家御教書案

一通　悪党張本願妙一類交名注文

已上当進之、

一巻　両御使請文　正文

一巻　願妙・清重・清氏等請文・陳状　正文

一通　悪党人等交名注文

已上具書等、正文本奉行津戸信濃房許、続置之畢、

(中略)

而為津戸信濃房之奉行、去九月十二日、召合両方、乍続置訴陳状、不令知訴人、隠密違　勅狼藉、本所敵対之次第、(後略)

と記されており、九月一二日に奉行津戸信濃房の許に訴論人双方が召し合わされ、すでに受理された訴陳状の正文を「続置」という作業が行われたことが明らかである。六波羅の奉行のもとで為される「続置」とは、互いが持参した訴陳状正文の内容と双方の口頭での言い分が矛盾しないかを確認しつつ、それぞれの正文の継ぎ目に奉

行が「継目裏判」「継目封」を加え一巻にまとめる作業のことであり、これをもって訴状も陳状も正式のものとして確定される。この平野殿雑掌重実重申状の副進文書中に「一巻　願妙・清重・清氏等請文・陳状　正文」とあるのは、「続置」かれた結果として「一巻」にまとめられた陳状を指すものだと思われる。

このように、六波羅探題の本奉行のもとで行われる「内問答」では、訴論人双方を召し合わせ口頭による対決を実施してその「申詞記」を作成することと、双方から出された訴陳状正文を「続置」いて内容を確定すること、この二つの作業がなされた。これによって、次に「引付の座」で行われる評定のための準備が完了する。

四　「対決」の場での「言口」と「無口」

さて、「十八口供僧月行事日記并引付」の記事で注目される二つ目は、この「内問答」の場に出頭してきた惣追捕使願妙の子息宮内左衛門（＝「金吾」）が「無言」のゆえ、「言口法師」を相語らって問答をした、と書かれている点である。

問答の場での代理人に関しては、早くに石井良助が、問答の場合に「幼稚」の者に代わって親族が「申口」として臨むことがあったと指摘している[21]。しかし、ここでの例に見えるように、対決の場に臨む者が「無言」のゆえに、弁論に長けた別人が「言口」として同席したり代理人に立ったりすることもあったのである。

ただし、一般的に「無言」というと、たとえば『日本国語大辞典』（小学館）には「物を言わないこと、口をきかないこと、沈黙を守ること」と説明があり「無言の行」などの例もあげられ、十分に話せるのだけれども意識的に口を開かないという意味のことばだとされている。これが「無口」や「無舌」となると、「口数が少なく黙りがちなこと、寡黙なこと」「弁論の能力が劣ること」という意味合いをもつようになる。ここに惣追捕使の子息が「無言」だったから「言口法師」を語らったとあるのは、彼が意図的に口を開かなかったというわけではなく、むしろ問答の場に臨んで臨機応変に丁々発止とことばを戦わせることができないという弁舌能力の不足を意味するものと考えるべきであろう。そして、その対極にあるのが、その能力に長けた「言口」ということになる。

鎌倉時代の幕府法廷は、こうした場合に、「言口法師」のような者が、代弁者として対決の場に立つことを認めていたのである。そう考えてみると、寛元二年（一二四四）七月の名手庄丹生屋村相論六波羅問注交名日記[22]に、名手庄官等と共に六波羅探題での問注に臨んだ高野使者交名の中に、「賢立 智眼房 言口」と特に注記された僧侶のいたことが想い起こされる。対決の場に臨むグループの代表者としてもっぱら意見を述べる者を特に明示するために「言口」と記されているのであろうが、あるいは彼も「言口法師」であったのかもしれない。江戸時代の公事宿や近代社会になってから登場する代言人のような存在が、訴訟の場で果たした役割についてはすでに指摘されているところであるが[23]、そうした存在の源流は中世の「言口法師」にまでさかのぼることができるのではないだろうか[24]。

訴訟の場での「無口」については、『政基公旅引付』の永正元年（一五〇四）七月五日から一〇日にかけて、去春に盗みの罪で首を切られた正円右馬の事件について弟の高野僧順良が再審要求をした時の経緯が注目される[25]。この盗難事件で訴人だった彦五郎左近は「天情無口なる者」なので、もしも再審の法廷に立って一言も発しないようなことになれば、以前に正円右馬に対して下した九条政基の成敗が「未尽」だったことになるのではないかと問題になり、「無口」な訴人の彦五郎左近だけを高野僧と対決させるのは心許ないから、その時に証人だった亀源七もあわせて一緒に呼び出して事に臨もうと方策が立てられた。しかし、この再審要求は結局、領主の政基の預かり知らないところで事の決着がはかられ、唐突に高野僧が訴えを取り下げ高野山に帰ってしまい、「天情無口」なこの訴人が対決の場に臨むような事態にはならなかったのだが、この時に見せた政基の奉行や番頭たちの周章ぶりは、法廷での問答・対決に臨む者の弁論能力の有無が、いかにその裁定を大きく左右するものだったかをよく物語っている。

五　諸衆の「口説書」をもって

ところで、六波羅探題の奉行人の許で行われた「内問答」において、東寺側の言い分を申し立てたのは供僧方公文快実で、彼はこの直前の八月一八日に「平野殿雑掌」に任命されたばかりである。先にあげた「十八口供僧月行事日記并引付」の永仁六年一二月一一日の記事には、

一、公文、平野殿惣追補(捕)使職事、此庄沙汰遂本懐、令追出惣追補(捕)使者、於件跡者、可充給公文之由治定了、

とあって、この訴訟が東寺側の望み通りにうまく運んで平野殿庄の惣追捕使を庄内から追い出すことができたならば、その跡職は快実に与えることを決めている。まだ訴訟の行方がどうなるかもわからない段階で、雑掌快実がその任務を遂行し得たならば、その賞として平野殿庄惣追捕使職に補任することが約束されたわけである。

しかし、事は東寺の望むような方向にはすぐに進展しなかった。そのため、それが単なる口約束に終わることを心配した公文快実が次のような要求を出している。翌正安元年（一二九九）八月二日の東寺供僧評定事書(26)に、

（端裏書）「平野殿

願妙跡事、公文可充給由事」

正安元年八月二日評定

平野殿庄沙汰、惣追捕使願妙跡事、此沙汰当雑掌快実於致入眼之功者、彼跡可充賜快実之由、去年十二月十一日評定之時、月行事雖被注付、未預其色目之旨令申之間、以諸衆口説書、賜快実状云、

平野殿庄惣追捕使願妙跡事、彼沙汰於令落居者、願妙之跡有御検知、随其分限可有御計之旨、衆中御評儀治定之由、宮内卿（定厳）法印御房可申之旨所候也、恐々謹言

八月二日　　専増

播磨（快実）法橋御房

今月二日　評定衆

法印「能済」（自署）　　法印　定厳

法印「遍禅」　　法印「房俊」

権大僧都「有海」　　権大僧都「宗誉」

権大僧都「亮禅」　　権少僧都「教能」

権少僧都「厳乗」　　権律師「正厳」

阿闍梨「厳忠」

此外乍被見住、評定依障不出人々、此由申送候処、可同申衆儀之由被申人々、刑部卿大僧都、少納言僧都、大進律師、大蔵卿阿闍梨、已上、

大夫阿闍梨、折節他住之間、不能申遣、

とある。この訴訟が東寺の勝訴として決着すれば、「入眼之功」として快実に惣追捕使職を与えることが去年の一二月一一日の評定で決まり、月行事がその旨を引付に記し置いた。しかし、その衆中の決定を示す確かな「色目」（＝式目）をもらっていないと快実から申し入れがあったので、先の約束を確かなものとするために、十八口供僧等の意を受けた「東寺書下」が播磨法橋快実に与えらることになった。

ここに引用した東寺供僧評定事書には、この「書下」の写しが載せられているが、それに続けて「今月二日評定衆」として、奉行の宮内卿法印定厳をはじめこの評定に参加した供僧等全員が自署し、さらに他住していて意志を確認できない一名を除き、寺内にいながら評定に参加できなかったすべての供僧に連絡を取って、衆中の意見に同意する旨を口頭で述べさせたことが明記されている。衆中の決定を示す確かな「色目」が欲しいという快実に対して、供僧等は「諸衆口説書」をもってそれに応えた。「諸衆口説書」とは、こうした手続きを踏むことによって、それが供僧等全員の総意であり、彼らすべてが口頭で承認したことを示す、ある意味では誓約書に近いものとして位置づけられていたのである。(27)

おわりに

以上、大和国平野殿庄の訴訟をめぐる動きを追いかけてきて明らかになったのは、六波羅探題において、「引付の座」の評定に先立って、本奉行のもとで行われる「内問答」では、

①訴論人双方を召し合わせ、対決の場で彼らの語った詞をできるだけ忠実に文字に表した「申詞記」を作成する

②訴論人が持参した訴状・陳状の正文について、奉行は双方にその内容を確認させながらこれに「続目判」を加えて一巻にまとめ、正式の訴状・陳状として確定する

という作業がなされたことである。

また「内問答」に臨む当事者が「無口」で弁論能力に欠ける場合には、弁舌に長けた「言口法師」を代弁者に立てることが認められていた。今日の裁判でも、作成された多くの書類があるにもかかわらず、必ず口頭での弁論、「声のことば」による主張や証言の場を設けており、また弁護人の支えを不可欠のものとして認めている。このように、「言口法師」の同席を認めた鎌倉時代の法廷も、「声のことば」の役割の大きさを十分に認識してい

たのである。

中世社会の様子を今日にまで伝えるものが文字史料に限られるとしても、その中の「詞」「言口」「口説」などの語に注目することによって、「声のことば」が当時の社会で果たしていた役割の大きさをうかがい知ることはできる。本稿は、その試みの一つであり、今後もこの点について考えていきたい。

（1）中世の文字史料の中に対比的に出てくる「言・語・詞」と「文・記・状」が、それぞれ「声のことば」と「文字のことば」を示すものだと考え、私はこれまで「申詞と申状」（『歴史評論』六〇七号、二〇〇〇年）、「申詞について」（『市大日本史』五号、二〇〇二年）、「中世の詞とその力」（佐藤和彦編『中世の内乱と社会』東京堂出版、二〇〇七年）を書いた。なお、最近刊行された蔵持重裕『顔と詞の中世史』（吉川弘文館、二〇〇七年）も、同じような問題関心から興味深い事例を提示している。

（2）村井章介「中世文書論」（『古文書研究』五〇号、一九九九年）も、「最も中世らしい書面群の機能や伝来のあり方は訴訟にかかわるそれではないか」と指摘している。

（3）坂井孝一「大和国平野殿荘の悪党」（『創価大学人文論集』六号、一九九四年）は鎌倉後期の平野殿庄で起きていた事態を東寺がどのようにとらえて対処していったか時期を区分しながら論じ、平野殿庄の悪党をめぐる先行論文についても包括的にまとめている。

（4）田村憲美「鎌倉後期大和国の興福寺検断と地域社会」（東寺文書研究会編『東寺文書にみる中世社会』東京堂出版、一九九九年）。

（5）近藤成一「悪党召し捕りの構造」（永原慶二編『中世の発見』吉川弘文館、一九九三年）。畑野順子「鎌倉期東寺供僧の訴訟と法印厳盛」（『鎌倉遺文研究』一一号、吉川弘文館、二〇〇三年）。

（6）『大日本古文書　家わけ十　東寺文書三』と函―八五に、六十余通の文書案が翻刻されている。以下「と八五」のように略記する。

（7）二〇〇四年一二月一一日の東寺文書研究会で岡本隆明が「と函五一号文書の筆跡と供僧」と題する報告をし、この相論文書案が短期間に数人で手分けをして筆写されたものであると指摘した。詳細については、本書所収の岡本論文「公文快実とその文書」を参照されたい。なお東寺文書の中には、これ以外にも「や函一一〇」（『若狭国太良荘史料集成』第二巻一二〇号、小浜市、二〇〇八年）のように関連文書四五通を網羅的に写した案文群がある。

（8）ヨ函五三「祐遍書状案」（『鎌倉遺文』一八四八〇／「『鎌倉遺文』所収「東寺文書白河本」の校訂(3)」一二七『鎌倉遺文研究』二号、一九九九年）。

（9）この点については近藤成一が「違勅院宣・綸旨が発給されたならば本所一円地における事件であっても」幕府が関与できるようになった、と指摘している（前掲註5近藤論文）。

（10）平野殿庄雑掌尚慶申状案（五一―一八）。

（11）この永仁三年一〇月日の雑掌尚慶申状案（五一―一八）の「端書」には、「初度申状案」とあり、翌永仁四年（一二九六）四月七日の伏見天皇綸旨案（五一―一二〇）を受けて出された六月六日の六波羅御教書案（五一―一二三）の「端書」には「御教書初度」とあって、東寺がここで新たに仕切り直しをして事態の収拾をめざしたことは明らかである。

（12）と函一〇四（『大日本古文書　東寺文書二』と八三）「僧道性書状」では、自分が「大事正文」を片時でも所持するのは心苦しいから「平野殿御庄御使請文・庄官等陳状以下」の文書の正文を東寺に進上する旨を述べ、さらに「当奉行者五番之手ニ天候也、若御所縁此衆中候者、尤可有御秘計候」と、六波羅探題の担当奉行は「五番之手」なので、「五番之手上衆并奉行人名字」を注進するから、東寺の衆中に所縁の者があれば秘計をめぐらすようにと申し送って来ている。この「道性書状」の端裏書には、「平野殿文書　正文　永仁六　八月十八日」と記されており、この時に送られてきた正文が快実に引き渡され、快実が六波羅に持参した正文の一部にあたることは明らかである。これらの点を考えれば、道性は快実の前にこの訴訟の実務を中心的に担っていた者だったと思われる。

（13）平野殿庄下司平清重書状（ウ函一九／「『鎌倉遺文』未収録東寺百合文書(8)」三八七、『鎌倉遺文研究』八号、二〇〇一年）。

（14）平野殿庄下司清重書状（と函四七／『大日本古文書　東寺文書二』と七八）。

（15）『大日本古文書　東寺文書二』ではこの文書名を「申状案」としている。またこの正文が『同書』と八四に収められているが、これも「下司代平用清申状」となっている。端裏書に「下司清重子息申状」とあるためだが、これは永仁六年の「十八口供僧月行事日記并引付」の記事にも明らかなように、彼の語った詞（声のことば）を東寺の供僧が書き留めたもので「申詞記」というべきものである。

(16) 「東寺百合文書」う函六―(一)(二)(三)。これは『若狭国太良荘史料集成　第二巻』四八号（小浜市、二〇〇八年）に翻刻されている。筆者はこの史料集の下原稿作りをさせていただいた。そのさい、「言口法師」の「言口」、「内問答」の「内」の字を誤読しており、高橋敏子氏からご指摘を受けた。本稿のキーワードとなった「言口法師」「内問答」は共に、この時のご教示の賜物であり、その旨を明記して高橋氏に感謝申し上げたい。

(17) 『中世法制史料集　第二巻』（岩波書店、一九五七年）付録一。

(18) 石井良助『中世武家不動産訴訟法の研究』（弘文堂書房、一九三八年）の一九一頁には、口頭弁論を当時「問注」「問答」あるいは「対決」と呼んだこと、「内問答」についてはこの「沙汰未練書」の記事以外に具体的な史料はないこと、などが記されている。

(19) 「東寺百合文書」ネ函二〇（「『鎌倉遺文』未収録東寺百合文書(10)」三九三、『鎌倉遺文研究』一〇号、二〇〇二年）。

(20) 「東寺百合文書」ネ函二二一（「同前(11)」三九七、『同前』一一号、二〇〇三年）。

(21) 石井良助前掲書、一六・七頁。

(22) 『大日本古文書　家わけ一　高野山文書一』三九四。この史料は、筆者が東寺文書研究会で報告をした時に、山家浩樹氏・田中ひな子氏からご教示を得たものである。なお、熊谷隆之「六波羅における裁許と評定」（『史林』八五巻六号、二〇〇二年）も「高野山文書」中のこの史料に注目し、「六波羅で問注が断続的に計七日間おこなわれたのち、〈読合〉や〈詮句〉を経て、六波羅奉行人の手による問注記が作成されている」と指摘している。熊谷は六波羅裁許状の様式的考察から六波羅における訴訟手続きと制度的整備の過程を詳細に追究し、裁許方式が建治三年（一二七七）を画期に「問注記」型から「評定事書」型へ移行すると位置づけた。しかし、ここにとりあげたように永仁六年（一二九八）にいたっても六波羅では「対決」「召決」が、次の「引付評定」への準備過程として行われており、口頭で互いの言い分を主張し合う「対決」は、なお重要な役割を果たし続けたのではないだろうか。

一五世紀末、桂川用水相論で西岡五ヶ郷の代表として室町幕府法廷に立った久世弘成も「器用言口」と呼ばれ賞賛された（拙著『中世のうわさ』吉川弘文館、一九九七年）。

(23) 荃田佳寿子「公事宿から代言人へ」（『日本歴史』四九一号、一九八九年）。

(24) この点は、東北中世史研究会で入間田宣夫氏のご教示を得た。

(25) 『政基公旅引付』（和泉書院、一九九六年）。

(26) 「東寺百合文書」ネ函二三（『鎌倉遺文』未収録東寺百合文書(11)」四一一、『鎌倉遺文研究』一一号）。

(27) しかし、このことは、惣追捕使願妙等が庄内から追い出され快実がその跡職を得たことを意味するものではない。正安元年八月二一日の「快実書状」（「東寺百合文書」無号八一／「同前」四一二）によると、惣追捕使願妙とその子息清氏が召文に応じて参上するというので六月七日に当参の供僧等による評定がなされ、その身を捕えておこうとしたが、彼らはひそかに逃げ下ってなおも庄家の濫妨を続けているという。悪党張本として東寺から訴えられた庄官等は、これ以後も庄内で活動を続け、結局のところ快実が当庄の惣追捕使に任ぜられることはなかった。

〔追記〕本稿は、二〇〇五年六月二五日に日本史研究会の歴史学入門講座で報告した「中世人の聲と語らい」、同年七月三〇日東寺文書研究会での「言口と無口」、同年一二月一〇日に東北中世史研究会で報告した「申詞と言口」をもとにまとめたものです。それぞれの会において貴重なご意見をいただいた皆様にお礼を申し上げます。

観応の擾乱以降の下文施行システム——尊氏・義詮下文施行状を中心として——

亀田俊和

はじめに

本稿の目的は、観応の擾乱以降の下文施行システムについて実証的に解明することである。以前筆者は、下文施行状を中心とした執事施行状について論じた。[1] ただ、観応の擾乱以降における下文施行の展開については、紙数の都合もあって基本的・実証的な分析が不充分であった。南北朝期全般にわたる施行体制を解明する基礎的な作業は、幕府政治史・法制史を理解する上でもきわめて重要であると考える。

すでに一九六〇〜七〇年代にかけて、高師直から畠山基国までの将軍・執事（管領）・引付頭人の権限については小川信が、執事仁木頼章の権限については森茂暁が詳細に解明している。[2] しかし執事の権限の大まかな分析にとどまっており、新たな知見を加える余地がある。

本稿で扱う時期は、執事高師直が敗死して以降、二代将軍足利義詮が死去するまでとする。第一節で擾乱以降の初代将軍足利尊氏の下文施行体制に関する基礎的事実、第二節で義詮のそれについて分析する。そして最後に、三代将軍足利義満の時期に執事施行状が定着し、管領制度が確立し得た理由を簡単に考察したい。

一　観応の擾乱以降の尊氏下文の施行システム

まず、論証の前提として、擾乱以降、延文元年（一三五六）頃までの尊氏・義詮の権限区分およびその変遷について確認したい。この問題に関しては小要博がすでに解明している(3)。そこで、その結論のうち、本節の議論に関連する部分をまず簡単に紹介し、本節でもこの時期区分を用いて論述することとする。ただし小要は、観応二年（一三五一）二月に師直が敗死してから同年八月に足利直義が没落するまでの時期については触れていない。本節ではこの時期についても論じるので、これを第一期とし、以下、小要が採用した時期区分を第二期、第三期、と順に数えることとしたい。

・第二期　観応二年（一三五一）八月～同年一一月三日。直義が京都より北陸へ没落し、幕府が再分裂した時期。

尊氏・義詮ともに恩賞充行の袖判下文を発給している。しかし、地域等による権限の区分は見えず、この時期はまだ分割統治を行っていない。

・第三期　同年一一月四日～文和二年（一三五三）八月。尊氏が東国に下向した時期。旧鎌倉幕府の六波羅・鎮西両探題管轄区域の統治を義詮が担当し、遠江以東の東国の統治を尊氏が担当した。充行下文もこの分割に従って発給している(4)。

・第四期　同年九月～延文元年（一三五六）頃。尊氏が上洛した時期。恩賞充行権は尊氏が再び独占し、義詮は御判御教書による所務遵行命令を行った。

章末の表1は観応の擾乱以降の尊氏下文・寄進状の施行状の表、表2は義詮下文施行状の表、表3は本稿で扱う時期に残存している下文発給者不明施行状の表である。本稿では以下、これらの表を中心に検討を進めたい。

・第一期　観応二年（一三五一）二月〜七月

尊氏・直義の和平がなって一時的に両者の二頭政体が復活した時期である。形式上はかつて直義が務めていた幕政統轄者の地位を義詮が占め、直義はそれを補佐するという体裁をとった。しかし、実質的には合戦に勝利して発言力を強化した直義の政治であった。(5)師直が敗死して以来、執事は不在であった。

当該期の室町幕府は、尊氏・直義両派の武士に恩賞を与える体制をとっていた。(6)実際の下文発給を見ると、六月二四日に尊氏が佐々木導誉の兄善観に替地を充行った下文案、そして六月二六日、尊氏が朽木経氏に恩賞を充行った下文が管見に入る。(7)したがって、恩賞充行権は、擾乱以前と同様に将軍尊氏が掌握していたのである。なお、所領安堵は擾乱前と同じく直義が行っていた。(8)

施行状については、尊氏袖判下文ではなく御内書の施行であるため、表には収録しなかったが、足利直義が発給したと推定できる施行状写が、東寺観智院金剛蔵聖教目録に存在する（一九三函六三号、京都府立総合資料館所蔵写真帳五五分冊の内）。この事実については、従来指摘がなかったように見受けられる。そこで、次に引用して紹介したい。

［史料1］

「(足利直義)大休寺殿」

上総国市原八幡宮別当職事、任㆓去年十月廿六日将軍家御書札之旨㆒、可㆑沙㆓汰-付地蔵院僧正房(覚雄)雑掌㆒状如㆑件、

観応二年五月十三日　(足利直義)御判

(上杉憲顕)民部大輔殿(9)

［史料1］は、醍醐寺地蔵院覚雄を上総国市原八幡宮別当職に補任した観応元年（一三五〇）一〇月二六日付将軍尊氏御内書に基づいて、(10)同職の覚雄雑掌への沙汰付を関東執事上杉憲顕に命じた五月一三日付足利直義施行

状の写である。本施行状写は、端書の「大休寺殿《足利直義》」の註記から直義発給と推定できる。また、文書形式も直義の御判御教書として遜色のないものであり、東寺観智院に伝来する信頼性の高い文書であるので、端書の註記は信用してよいと考えられる。このように、直義が尊氏御内書を施行していた事実は、当然、当時直義が尊氏下文・寄進状等将軍発給文書全体の施行状発給を担当する体制であったことを意味するのであろう。

直義はすでに、これに先立つ貞和五年（一三四九）閏六月から八月にかけて、政敵執事高師直を一時的に失脚させた時期においても、尊氏寄進状の施行状を自ら御判御教書で発給した前例があり、[11] 施行状発給によって自らの権力基盤強化を図ったと考えられる。したがって、政敵師直を敗死させた当該期において、擾乱に勝利し政治力を強めた直義が、尊氏発給文書の施行状を発給したことは自然な展開であったといえよう。

しかしながら、残存文書として確認できる直義の施行状発給事例は、わずかにこの一例のみである。[12] 当該期は、尊氏・直義両派の潜在的な対立によって権力構造に歪みが生じ、下文施行システムが停滞し、事実上の機能不全に陥っていたと推定できるのである。

・第二期　観応二年（一三五一）八月～同年一一月三日

この時期の下文施行状はただ一通、義詮が御判御教書形式で発給した例が存在する（表1―1）。第二期に先立つ観応二年六月から義詮は「御前沙汰」と呼ばれる機関を発足させ、この御前沙汰において、従来の引付方の権限であった濫妨停止・所務遵行命令を御判御教書形式による文書で発給し始めた。そして、翌七月頃には直義主導下の引付方の活動が停止した。[13] よって、該史料もこの御前沙汰で発給されたと考えられる。

ただこの時期は、尊氏・義詮の東西分割統治がまだ開始されておらず、幕府の体制は流動的であり、義詮による施行も恒常的なものであったとは考えられない。新たな確定的な下文施行体制の構築は、後日の課題として残されたものと考えられる。

・第三期　観応二年（一三五一）一一月四日～文和二年（一三五三）八月

この時期は尊氏・義詮が東国・西国を分割統治している。ここでは東国の尊氏政権について、下文施行のあり方を検討する。[14] 西国の義詮政権については、次節で分析を加えることとしたい。

［史料2］（表1―2）

遠江国相良庄（二階堂）安芸守成藤跡事、任㆓今年二月十三日御下文㆒、可㆑被㆑沙㆓汰‐付細河左馬助頼和代㆒之状、依㆑仰執達如㆑件、

観応二年十一月七日　　兵部大輔（仁木頼章）（花押）

仁木越後守殿（義長）

尊氏の東国下向に先立つ一〇月二一日、仁木頼章が、師直の死後空席であった執事に就任する。[15] そして、一一月七日から新執事頼章の尊氏下文施行状が登場する。それがこの［史料2］と表1―3である。新執事の就任と同時に、下文施行システムは約一年ぶりに本格的に復活することとなったのである。当該期の尊氏政権発給の下文施行状は、一九通残存している。これらの施行状について、注目するべき事実を、以下、順に検討しよう。

第一に、観応三年（一三五二）九月一八日制定室町幕府追加法第六〇条によって、[16] 下文施行状が「制度」化された事実である。これについては別稿ですでに論じた。[17] ここでは本法の制定過程について若干私見を補足しておきたい。

岩元修一は、本法を西国の義詮政権の評定で制定されたものとする。[18] 確かに、次節で詳しく論じるように、本法によって事実上承認されたと推定できる義詮袖判下文施行状が初めて出現したのが、本法制定後わずか六日後

の二四日である点も、その見解を裏づける。

ただし、六〇条は、五九条および六一条と同時に一括して制定されたのであるが、それら三条の袖に「等持院《（尊氏）》殿」と註記された花押が、案文とはいえ付されていることが問題となる。このように、将軍の袖判が据えられた室町幕府追加法は、南北朝～室町期にはほかに存在せず、きわめて異例である。これはなぜであろうか。

そこで注目されるのが、当該期、奥州探題吉良貞家が奉書形式で発給した恩賞充行や所領安堵の文書に、尊氏が袖判を据えた事例が散見する事実である。[19]これは、文書拝領者が、拝領後に執事仁木頼章宛の探題発給吹挙状も獲得し、その後鎌倉在陣の尊氏の許へ赴き、奉書・吹挙状を一括して幕府に提出し、袖判を拝領したものである。また、九州探題一色道猷恩賞充行御教書にも、主に東西分割統治解消後の文和年間（一三五二～一三五六）に、尊氏袖判があるものが見られる。[20]こちらは、延文元年（一三五六）六月以前に道猷が上洛したときに、彼に従った武士が京都の尊氏に御教書を提出して袖判を拝領したと推定されている。これらの措置はいずれも、尊氏袖判の権威によって、探題の恩賞充行の実効性を高める目的でなされたと考えられる。そして、尊氏袖判がある幕府追加法五九～六一条もまた、これらの尊氏袖加判探題充行文書と同じ構造を有しているといえるのではないであろうか。

また、追加法の内容を見ると、追加五九条は恩賞重複地の規定であり、六〇条も下文施行状の遵守規定である。つまり、これらはいずれも、恩賞充行という将軍の主従制的支配権の最も根幹的な権限に関わる法令なのである。[21]そして、恩賞に関連している点において、探題充行文書と共通している。

以上より、尊氏袖判が据えられた幕府追加法は、尊氏袖加判探題充行御教書と類似の目的で袖判が加えられたと筆者は考える。すなわち、これらの追加法は、直接的には、岩元が論じるように西国の義詮政権が制定したものである。しかし、将軍の主従制的支配権に密接に関わる法令であったために、義詮政権が制定した他の法令とは異なって、最終的に東国の将軍尊氏の承認と権威が必要とされた。そのため、探題充行文書と同様に、後日尊氏袖判が据えられたと考えられるのである。なお、本法制定以前にも、制定に向けて東西で何らかの交渉があったと見るのが自然であろう。

第二に、下文施行状の発給者が複数に分散した事実があげられる。擾乱以前には、下文施行状の発給権は執事師直がほぼ独占していたのに対し、すでに小川信が指摘した事実であるが、当該期には執事頼章のほかにも南宗継や尊氏自らが御内書・御判御教書をもって施行を行っており、発給者は執事に一元化していない。全体的に見ても、執事頼章の権限は前任者師直よりも著しく縮小されている。これは、師直が広範な職権活動に乗じて自己の権力強化を図ったことが、諸将の反感を招いて擾乱を引き起こした事実に鑑みたためであるとする小川の推測は妥当であろう。(22)

発給者が具体的にいかなる基準で区分されていたのかについては不明とせざるを得ない。が、別稿で述べたとおり、(23)数量的に尊氏発給の施行状が過半数を占めている。特に正平七年(一三五二)閏二月の武蔵野合戦以降は、将軍が施行状を発給する原則となっていたと考えられ、将軍尊氏の親裁権強化の現れとして注目できる。

第三に、備後・大隅・肥前・豊後・近江といった西国に宛てて出された尊氏下文が、西国の義詮政権によって施行された事実が注目される(表1―15～17・20・21・24)。これらの下文は、すべて当該期の尊氏・義詮による地域分割以前に、尊氏が下文を全国に出していた時期のものである。すなわち、幕府は下文発給者(尊氏・義詮)ではなく、下文が出された地域(東国・西国)に応じて、施行状の発給者を東国政権の構成員にするか、西国政権のそれにするかを機械的に決定していたことが看取されるのである。

最後に、将軍自らが下文施行状を発給した事例がこの時期に初めて出現し、しかも前述したとおり大半の施行状が将軍発給となった事実は、尊氏の親裁権強化として特筆するべきであろう。尊氏発給の施行状は、御内書形式と御判御教書形式の二種類のものが存在する。そこで、御内書形式・御判御教書形式の施行状の実例をそれぞれ掲げ、様式上の特徴を指摘して、それの持つ意味を考えてみたい。

［史料3］（表1―7）

安田修理亮氏義申、上総国一宮庄高根郷内大曽禰大宰少弐入道跡事、可レ被二沙汰付一候也、

（観応三年）六月廿日　（尊氏）（花押）

（千葉氏胤）千葉介殿

御内書形式の尊氏施行状の一例である。これらの施行状の文言は一定せず、かなりばらつきがある。たとえば、「可レ被二沙汰付一候也」の部分が「可レ被二打渡一也」であったり（表1―6）、「可レ有二其沙汰一也」であったりする（表1―12）。

御内書形式施行状の最大の特徴は、通常の施行状が必ず持つ「任二御下文一」、あるいは「任二御寄進状一」文言を持たない事実である（本稿では、以下、こうした文言を「施行文言」と呼ぶ）。

御内書形式の将軍施行状が施行文言を持たず、文章自体も全体的に流動的であった事実は、これらの文書が、施行状というよりは将軍が臨時に発給する非常時の所務遵行命令ととらえられていたことを推測させる。そもそも、将軍による下文施行状が御内書形式で出されたこと自体、本来執事が行うことで将軍が行使するべきではなかった下文の執行命令を、特別に将軍が行うという意識が存在したのではないだろうか(24)。

［史料4］（表1―14）

下河辺左衛門蔵人行景申、常陸国行方郡倉河郷倉河三郎太郎跡并同郡小牧郷内小牧弥十郎跡等事、任二去月十五日下文一、（宍）完戸（朝世）備前守相共、可レ沙二-汰-付下地於行景一之状如レ件、

観応三年九月二日　（尊氏）（花押）

武田式部大夫《高信》殿

御判御教書形式の尊氏施行状の一例である。御内書形式の施行状とともに、署名は日下に花押を据えるのみである。

御判御教書形式の施行状が、御内書形式の施行状と最も異なっている点は、施行文言を必ず有し、全体的な文体もより整備・固定化されたもの、つまり［史料2］のような典型的な下文施行状に近い様式の文書になっていることである。したがって、この形式の文書を発するとき、将軍はより施行状に近い意識を有していたものと思われる。

表1よりあきらかであるように、尊氏施行状の文書形式は、観応三年七月〜八月頃を境として御内書形式から御判御教書形式へと変化している。これは追加六〇条制定とほとんど時期を同じくしている。故に、かかる文書形式の変化からも六〇条制定への尊氏政権の一定の関与がうかがえ、同時にまた、下文施行状の「制度」化を反映していると考えられる。

・第四期　文和二年（一三五三）九月〜延文元年（一三五六）頃

この時期は、尊氏が帰京して分割統治が解消する。当該期の下文施行状は、八通管見に入る。このうち、執事頼章発給のものが六通、尊氏・義詮発給のものがそれぞれ一通ずつである。小川も同様の指摘をしているが、(25)執事は下文施行権をふたたびほぼ一元的に掌握したものと考える。

二　義詮下文の施行システム

前節と同様、小要の成果にも従い、いくつかの時期に区切って、擾乱以降、義詮死去までの義詮下文施行体制について検討する。

・第一期　観応二年（一三五一）一一月四日～文和二年（一三五三）八月。前節で第三期とした時期。前述のとおり、尊氏・義詮が東国・西国をそれぞれ分割統治し、西国では義詮が恩賞充行袖判下文を発給した時期である。

・第二期　延文元年（一三五六）頃～延文三年（一三五八）四月。恩賞充行権が尊氏から義詮へ移動し、義詮が全権を掌握した時期。

・第三期　同年四月～貞治五年（一三六六）八月。将軍義詮期。同年一〇月以降、細川清氏・斯波義将が相次いで執事を務めた時期。

・第四期　同年八月～貞治六年（一三六七）一一月。義詮末期。執事制度廃止期。

・第一期　観応二年（一三五一）一一月四日～文和二年（一三五三）八月

分割統治開始後、義詮の充行下文も大量に発給される。しかし、義詮下文においては、しばらくの間、施行状は一通も管見には入らない。これは、尊氏父子の分割統治開始後、東国とは異なって、依然西国では下文施行システムが停止されていた事実を示しているのであろう。

ところが、観応三年九月二四日、沙弥某施行状が出現し、これ以降当該期の義詮政権発給の下文施行状が多数出現する。まずは義詮下文施行状の実例を掲げよう。

［史料5］（表2—18）

近江国麻生庄四分壱事、任二去三日御下文之旨一、可レ被レ沙二汰-付西勝坊郷房教慶一之状、依レ仰執達如レ件、

文和二年六月四日　沙弥（高重茂カ）（花押）

佐々木千手（六角義信）殿

本史料からあきらかなように、これらの施行状は前節所掲［史料２］のような執事発給の下文施行状とまったく同内容・同形式である。これらの文書についても、前節と同様に順次考察を加えたい。

まず、西国において下文施行状が出現した九月二四日が、同月一八日制定追加六〇条の直後である事実が注目できる。これは、本法が下文施行状を事実上「制度」化した事実を裏づける強力な傍証であると考えるが、なぜ西国にも下文施行状が出現したのであろうか。

追加六〇条には「帯二御下文施行一輩、尤可レ相二待使節遵行一之処、恣乱二入所々一之間、本主依二支申一、多及二合戦一之由、有二其聞一」とあり、下文施行状を獲得した輩が守護・使節による遵行を待ちきれずに恣意的に荘園侵略を行って、各地で合戦にいたるケースが続出したと述べられている。本条からは、施行状をもってしても完全には紛争を抑えきれなかった状況が看取される。とすれば、その施行状さえも獲得できない下文拝領者が、自力救済によって自ら恩賞を実現させるしかなかった西国においては、混乱はより深刻だったのではないだろうか。そのため、義詮下文を整理し、その実現を守護の遵行システムに委ねる必要性が出てきて、西国においても施行状発給が認められたのだと考える。

それでは、西国の義詮政権においては、いかなる立場にある者が施行状を発給していたのであろうか。この問題については、山家浩樹と岩元修一が補足的に触れているにとどまる。[26] よって、改めて検討する価値があろう。

当該期の義詮政権において、「麻生施行、自二引付方一忩可レ成」と引付方が施行状を発給していたことを確認できる日記史料が存在する。[27] この事実から、西国では下文施行状は、引付方において発給されていたことが判明する。下文施行状が引付頭人奉書と同形式の文書である事実からも、発給者は当然引付頭人である。では、具体的には誰が施行状を発給したのであろうか。まずは正文・写に記されている差出および花押から人物比定を行って

みよう。(28)

差出は、「伊予権守」・「散位」と記されている例と「沙弥」と記されている例が存在する。「伊予権守」は大高重成、「散位」も花押から重成であることが判明する（表3―1・2、表2―13）。「沙弥」の花押は、三種類存在している。このうち、表1―16と表2―12は宇都宮蓮智（俗名貞泰）、表2―7・11は二階堂行諲（俗名時綱）である。彼らはいずれも当時、観応三年五月までに再開された引付方の引付頭人を務めていた事実が確認できる。(29)

以上の三名が施行状を発給している事実については従来も指摘がある。(30) しかし、花押・写が現存している事例だけでも一通と最も多くの施行状を発給している三人目の引付頭人沙弥については、花押がほかに例を見ないので、今まで人物を比定した研究が存在しない。そこで、日記史料や当時の引付方の編成から推定する方法で、彼が誰であるか比定を試みたい。

［史料6］

一日、天陰或雨、伝聞、自㆓今日㆒鰍《行カ》武家執㆓行雑務引付㆒、高駿河入道《重茂》・大高伊予前守《マヽ》重成、為㆓両頭人㆒行㆑之云々、（後略）

『園太暦』観応三年（一三五二）五月一日条である。ここから、同年五月に、高重茂が、大高重成とともに引付頭人を務めている事実が確認できる。(31)「高駿河入道」とあるように、このとき彼が出家している事実も、署判の「沙弥」と一致する。

当時の引付方は五方編成であった。(32) 前述の重成・蓮智・行諲の三名のほかに、石橋和義が頭人を務めた事実が知られる。(33) 和義もまた当時「沙弥」だったのであるが、彼の花押は、問題の下文施行状の署判者の花押とは異なる。よって、施行状の発給者は和義ではない。したがって、残る一人が重茂である可能性は、きわめて高いのではないだろうか。

故に、この沙弥は高重茂であると筆者は考える。[34]［史料5］は、重茂発給と考えられる下文施行状の一例である。前述したとおり、重茂と思われる人物が施行状を発給した事例が圧倒的に多い。したがって、残りの案文も、彼が発給した確率が高いであろう。

また、この事実は、高重茂が義詮の事実上の執事であったことを意味するのではないだろうか。重茂は高師直の弟である。擾乱以前には武蔵守護・引付頭人・関東執事を歴任した。[35] 門閥的・経歴的にも師直の後継者、[36] そして事実上の義詮執事として、この時期下文施行を担当するのにふさわしい人物であったといえる。

以上の考察をまとめると、西国政権においては引付頭人が下文施行を担当した。当時の引付方は五方編成で、石橋和義・大高重成・宇都宮蓮智・二階堂行譚、そして高重茂の五人が頭人を務めていたが、このうち和義を除く四人の施行状発給が確認できる。中でも、重茂と思われる引付頭人は事実上の義詮の執事として、最も多くの施行状を発給した。なお、重茂と考えられる沙弥以外の引付頭人によっても下文施行が行われた事実は、東国の尊氏政権の場合と同様、発給者の一元化による権力肥大を警戒したのであろう。

・第二期　延文元年（一三五六）頃～延文三年（一三五八）四月

この時期は、義詮が尊氏から恩賞充行権を譲り受け、事実上の将軍として活動を始めた時期である。下文施行状は見えないが、小要等がすでに指摘しているように、仁木頼章が義詮御判御教書を施行した例がある。[37] よって、頼章が事実上義詮の執事として、施行状を発給する体制だったのであろう。[38]

・第三期　延文三年（一三五八）四月～貞治五年（一三六六）八月

延文三年四月に尊氏が死去し、五月には執事頼章も出家・辞任する。[39] 同年一二月に義詮は正式に将軍となる。

しかし、細川清氏が執事に就任したのは一〇月であり、(40)頼章辞任後五か月間の執事不在期間が存在する。また、引付方も延文二年（一三五七）七月頃からふたたび活動を中止し、この時期には存在しない。(41)よって、この五か月間に発給された下文施行状は管見に入らなかったが、義詮が御判御教書形式で施行状を発給する権限を有していたと推測される。

清氏が執事に就任してからの下文施行状は、六通が管見に入る。うち五通が清氏、一通が義詮の発給であるので、執事は下文施行権をほぼ維持していたといえよう。

康安元年（一三六一）九月の清氏失脚後も、翌貞治元年（一三六二）七月の斯波義将執事就任まで、(42)一年弱の間執事不在期間がある。この期間には、康安元年一一月一四日引付頭人今川範国施行状が一通見える。清氏追放直後に引付方が復活し、頭人が下文施行を担当したのである。(43)

義将が執事に就任してからは、義将発給の下文施行状が一通、義詮発給のものが二通管見に入る。当該期は下文の残存数も少なく、恩賞充行そのものが非常に停滞した時期であると考えられ、施行状の残存数がきわめて少ない。しかし、義将の下文施行以外の活動も非常に停滞している事実からも、(44)おそらくは将軍が執事の従来保持していた下文施行状を発給する権限を徐々に掌握しつつあった時期であると考えられる。

・第四期　貞治五年八月〜貞治六年（一三六七）一一月

斯波氏が失脚した後の執事が不在であった時期である。左に掲げる史料から、単なる執事不在ではなく執事制度自体が廃止されていたと考えられる。

［史料7］

十九日、今日武家評定始也、引付・庭中等同始二行之一云々、大夫入道（斯波高経）没落以後始有二此事一、執事雖レ未レ補、

沙汰始了、閭巷説不レ可レ置二執事一云々、（後略）(45)

このように、斯波氏失脚直後の貞治五年八月一九日に幕府で評定始と引付・庭中が開催されたとき、後任の執事を置かないという噂が流れている事実が判明するからである。

この期間の下文施行状は六通残存する。そのうち、いちばん早く見える表2—32のみが引付頭人吉良満貞施行状で、後はすべて義詮の御判御教書によるものである。

注目するべき事実として、この時期の将軍施行状は、表2—34・35を例外として、これ以前にもこれ以降にも存在しない書式であることがあげられる。

［史料8］（表2—33）

丹波国河口庄内蓮台寺分牧（玄衣）八郎入道跡事、所レ寄二進篠村八幡宮一也、早可レ令レ打二渡三宝院僧正坊（光済）雑掌一之状如レ件、

貞治五年十月五日　（義詮）（花押）

山名（時氏）左京大夫入道殿

当該期将軍施行状の特徴は、施行文言が存在しないことである。前節で論じたように尊氏による御内書形式の施行状も施行文言を持たなかった。しかし、今回は「所レ寄二進（充行の場合は「補任」となる）○○一也」と、充行下文もしくは寄進状の発給を承けて出した施行状であることを文中に明記し、文体も整備されている。

これは、一般的な施行状の施行文言と同等の機能を果たすと考えられ、発給者義詮が意図的に書式を変化させたと考えられる。従来はまったく注目されていなかったが、末期の義詮の御判御教書形式による下文施行状の書式に独自性が見られる事実は、義詮の将軍親裁を考察する上で、非常に重要な要素であろうと考える。

この時期の義詮は、従来から存続していた将軍の親裁機能を一層強化し(46)、その延長として執事制度を永久に廃止し、下文施行を中核とする従来の執事の権限を将軍自身に吸収する構想を抱いていた。その意志の表明として、

書式をこのように変化させたと推定されるのである。

おわりに

しかし、下文施行を中心とする執事の権限を将軍が併せ持つという義詮の構想は実現しなかった。義詮の急病死およびそれにともなう幼君義満への政務委譲という緊急事態が発生したからである。貞治六年（一三六七）一一月、細川頼之が執事に就任した(47)。以降、執事施行状が最終的に確立し、定着する(48)。それは同時に、執事職そのものの確立と定着を意味していた。そして執事はやがて管領に発展し、管領制度が確立するのである。

本稿の結論を要約すれば、観応の擾乱以降においては下文施行状の発給者は執事に一元化せず、引付頭人等や将軍もまた、施行状を相当数発給した。特に義詮期においては、将軍が執事の下文施行状発給の権限を徐々に浸食していき、斯波氏失脚後は義詮は執事制度自体を廃止して、独占的に施行状を発給したと考えられる。このように、施行状の発給をめぐって争奪が発生したのは、施行状がそれだけ自己の権力基盤を強化するために有用なシステムであったからであると考えられる。

それでは義満期にいたってふたたび執事（管領）施行状が復活し、師直期と同様に発給者が執事に一元化し、最終的に確立した理由はなんであろうか。無論、将軍義満が幼少であった事情や執事頼之の卓越した政治力も大きかったであろう。だが、その最大の理由は、下文施行状には下文を再審査する役割も存在したからではないだろうか(49)。下文を再チェックし、適正であれば下文を補完し、その実現を守護に命じる施行状は、やはり下文発給者である将軍とは別人である管領によって発給されるのが、体制として最も安定していたと考えられる。下文と管領施行状は、相対的に独立して存在しており、相互牽制と相互補完のバランスの上に成立していたと結論づけたい(50)。そして、細川・斯波・畠山の三家が交互に管領を務めることによって、師直以来の執事に権力が集中して専横が起こる問題は、結果的に緩和されたと考えられる。

ところで、義詮が、観応の擾乱直後に西国で大量の恩賞充行下文を発給したり、特にその治世末期に独自の下文施行状を発給した事実からは、義詮の将軍親裁が、寺社本所領保護政策を基調とする直義の統治権的支配権強化の延長線上にあるとする佐藤進一以来の定説的見解に、[51]一定の再検討を行う必要性を感じる。筆者は、将軍の持つ主従制的支配権こそが義詮親裁の本質であったとする展望を抱いている。しかし、それを論じることは本稿の趣旨を大きく越えている。その問題の検討は、今後の課題としてひとまずは擱筆したい。

(1) 拙稿「室町幕府執事施行状の形成と展開」(『史林』八六巻三号、二〇〇三年)。引用論文や史料集の副題は省略する。
(2) 小川信『足利一門守護発展史の研究』(吉川弘文館、一九八〇年)、森茂暁「室町幕府執事制度に就いて」(『史淵』一一四輯、一九七七年)。
(3) 小要博「発給文書よりみたる足利義詮の地位と権限」(『法政史学』二八号、一九七六年)。
(4) ただし、小要は薩摩国に発給された尊氏下文写を二通あげている(註(3)所掲同氏論文四三頁)。しかし、これらは後世にいたって袖判の比定を誤った可能性が高く、薩摩国を義詮の管轄地域とする小川の訂正を支持したい(同「室町幕府管領制成立の前提」(註(2)所掲同氏著書、初出一九七八年)二〇七頁)。
(5) 佐藤進一『南北朝の動乱』(中央公論社、一九七四年、初出一九六五年)二五〇〜二五一頁。
(6) 和平後初めて尊氏が直義と面会したとき、彼は尊氏派の武士四二人の恩賞充行を先に行い、その後両軍の賞罰を行うことを直義に認めさせた(『園太暦』観応二年(一三五一)三月三日条)。註(5)所掲佐藤著書二四八〜二四九頁でもこのエピソードが触れられている。
(7) それぞれ、佐々木寅介氏文書(『戦国大名尼子氏の伝えた古文書』(島根県古代文化センター、一九九九年)一三号)、近江朽木文書(『南北朝遺文　中国四国編』二〇五五号、以下、『南遺中四』二〇五五のように記す)。

（8）五月二一日付直義袖判下文、総持尼寺文書（『愛知県史　資料編8　中世1』）。本文書は、擾乱以前にはほとんど見られなかった直義の袖判下文である点でも注目できる。

（9）『南北朝遺文　関東編』二〇〇六号、以下、『南遺関』二〇〇六のように記す。京都府立総合資料館所蔵の写真帳と校合した。記して、拝見の許可を賜ったことに謝意を表したい。

（10）写、東寺所蔵観智院金剛蔵聖教目録（『南遺関』一九二六）。覚雄については、石田浩子「南北朝初期における地蔵院親玄流と武家護持」（『日本史研究』五四三号、二〇〇七年）を参照されたい。

（11）貞和五年七月一二日付足利直義施行状、長門忌宮神社文書（『南遺中四』一七三四）。貞和末期の直義派の施行状発給については、拙稿「南北朝期室町幕府仁政方の研究」（『史林』八九巻四号、二〇〇六年）五九～六〇頁を参照されたい。

（12）なお、観応二年七月二二日付関東執事上杉憲顕奉書、神奈川県立公文書館所蔵岩田佐平氏旧蔵文書（『南遺関』二〇二七）に記されている「去五月十三日御寄附状并同日御施行状」の「御施行状」も、直義施行状を指すと考えられる（寄進状については残存していないので、尊氏発給か直義発給か判断できない）。同年五月一三日に、本文で紹介した直義施行状と憲顕奉書に引用されている直義施行状が同時に発給されたのであろう。拙稿「鎌倉府施行システムの形成と展開」（『ヒストリア』二一四号、二〇〇九年）一〇二頁において筆者は、これらの文書を憲顕が鎌倉公方足利基氏の意を奉じて発給した奉書形式寄進状と憲顕施行状とした。しかし、「御施行状」と「御」の字がついて敬意が払われている点からもこの解釈は誤りであると考えられる。この場を借りて訂正したい。

（13）以上、山家浩樹「室町幕府訴訟機関の将軍親裁化」（『史学雑誌』九四編一二号、一九八五年）七～八頁、永井英治「初期室町幕府の荘園政策」（『南山経済研究』一九巻三号、二〇〇五年）二九四～三〇二頁など。

（14）この問題については以前も検討を加えたことがある（註(12)所掲拙稿一〇一～一〇四頁）。今回言及しなかった点も含まれているので、併せて参照されたい。

（15）註(2)所掲森論文六頁。

（16）佐藤進一・池内義資編『中世法制史料集　第二巻　室町幕府法』（岩波書店、初出一九五七年）三一頁。以下、『法制史料集』三一頁のように記す。

(17) 註(1)所掲拙稿七七～七八頁。

(18) 岩元修一「南北朝期室町幕府の政務機構」(『九州史学』一〇九号、一九九四年)二四～二五頁。なお、本論文を収録する同『初期室町幕府訴訟制度の研究』(吉川弘文館、二〇〇七年)ではこの記述は削除されている。しかし、観応以降の評定関係史料を表にした同書の「表11 評定関係一覧(観応二年八月～貞治六年)」(四四頁)に本法が収録されているので、岩元は本法が西国の義詮政権で制定されたとする見解を維持していると考えられる。

(19) 小川信「奥州管領吉良貞家の動向」(註(2)所掲同氏著書、初出一九七四・七五年)五三五～五四〇、五四三～五四七頁。

(20) 有川宜博「足利尊氏袖判一色道猷充行状について」(『北九州市立歴史博物館研究紀要』一〇号、二〇〇二年)。

(21) 主従制的支配権と統治権的支配権については、佐藤進一「室町幕府論」(同『日本中世史論集』岩波書店、一九九〇年、初出一九六三年)一一七～一二〇頁などを参照されたい。なお、六一条は御教書を遵守しない輩の処罰規定であり、厳密には下文施行にとどまらない、広義の遵行関連法令であるが、五九・六〇条と同時に制定され、両条の次に記されることによって、両条を補完する役割を担っていたと思われる。

(22) 以上、註(4)所掲小川論文一九四～一九六頁。

(23) 註(12)所掲拙稿一〇二～一〇四頁。

(24) 初期の御内書は、非制度的、臨時の連絡文書に用いられた(佐藤進一『新版 古文書学入門』(法政大学出版局、一九九七年)一七一頁)。なお、小要博も、当該期の将軍尊氏の御内書発給について論じており、筆者と同様の見解をとっている(同「足利尊氏と御内書」(『日本史研究』一七三号、一九七七年)五六～五七頁)。

(25) 註(4)所掲小川論文一九六頁。

(26) 註(13)所掲山家論文一八頁。岩元修一「室町幕府禅律方について」(川添昭二先生還暦記念会編『日本中世史論攷』(文献出版、一九八七年))四一二頁。

(27) 『祇園執行日記』正平七年(一三五二)一一月二〇日条。厳密にいえば、これは義詮御判御教書の施行であるが、下文を含む将軍発給文書全般の施行状を出す機関が引付方であった事実は動かないであろう。

(28) 東京大学史料編纂所および京都大学文学部古文書室所蔵のマイクロフィルム・影写本を拝見させていただいた。

記して謝意を表する。なお、表1―15は正文であるが、現在長門高洲家文書を拝見する機会を得ないので発給者の比定が不可能である。

(29) 引付方再開については註(13)所掲山家論文九頁、引付頭人については小要作成の引付頭人表を参照されたい(註(3)所掲同氏論文四五~四六頁)。

(30) 註(26)所掲岩元論文四一二頁。

(31) 小要博も同様の指摘をしている(同「関東管領補任沿革小稿―その(一)―」(『法政史論』五号、一九七七年)九~一〇頁)。

(32) 文和元年(一三五二)一一月一五日制定室町幕府追加法第六三条に「五方之引付」とある(『法制史料集』三二~三三頁)。

(33) 小要作成引付頭人表(註(3)所掲同氏論文四五~四六頁)。

(34) ただし、花押は観応の擾乱以前の俗人であったころの重茂の花押と比較すると若干形状が異なる。図Aは擾乱以前の高重茂、図Bは表1―17の花押である。

これは、重茂が出家にともなって意図的に花押の形を変えたことを意味するのではないだろうか。また、図Cは高師直の花押であるが、図Bとよく似ており、注目するべき事実だと思う。

図A　観応の擾乱以前の高重茂花押
建武4年(1337)4月12日　高重茂預ケ状(埼玉県立文書館所蔵「安保文書」No.5)
(『花押かがみ』6南北朝時代2、75頁No.2)

図B　沙弥某花押
文和元年(1352)10月13日　沙弥某施行状(東京大学史料編纂所所蔵「島津家文書」宝鑑2)
(同上書、176頁No.3)

図C　高師直花押
貞和5年(1349)8月28日　執事高師直奉書(尊経閣文庫所蔵「尊経閣古文書纂」編年文書)
(同上書、70頁No.30)

(35) 佐藤進一『室町幕府守護制度の研究上』(東京大学出版会、一九六七年) 一三一～一三二頁、同「室町幕府開創期の官制体系」(註(21)所掲同氏著書、初出一九六〇年) 一九九頁、註(31)所掲小要論文九～一〇頁など。

(36) 註(34)で指摘したとおり、この沙弥の花押が師直の花押に酷似している事実も看過できない。発給者は、師直の執事施行状を非常に意識していたように見受けられる。また、師直が父師重の系統による執事職の独占体制の構築を目指したとする指摘もあり(山田敏恭「高一族の相剋」(『ヒストリア』二〇六号、二〇〇七年) 一二三頁)、この指摘も踏まえれば、重茂が兄である故師直の路線に基づいて登用された可能性はさらに高まると考える。

(37) 延文三年(一三五八)正月二〇日付執事頼章施行状案、天竜寺重書目録(『愛知県史 資料編8 中世1』)。註(3)所掲小要論文五一頁など。

(38) ただし、延文二年(一三五七)八月九日、中国管領細川頼之が安芸国に発給した下文施行状写が一通存在する(表2―21)。当時頼之が中国管領として、備前・備中・備後・安芸四か国に対して引付頭人と同等の所務沙汰遵行の権限を与えられていたことが推定されている(小川信「中国・四国経営」(註(2)所掲同氏著書、初出一九七〇年) 一六九～一七三頁)。頼之の安芸国に対する下文施行も、この権限に基づくものであったと考えられるが、かかる権限を与えられた理由を、直冬勢力を制圧するためとする小川の見解は妥当であろう。

(39) 註(4)所掲小川論文一九九頁。

(40) 小川信「清氏の擡頭」(註(2)所掲同氏著書、初出一九六八年) 一〇七頁。

(41) 註(4)所掲小川論文一九八～一九九頁。

(42) 小川信「足利(斯波)高経の幕政運営」(註(2)所掲同氏著書、初出一九七三年) 四〇六～四〇七頁など。

(43) この点、註(26)所掲岩元論文四一二頁も参照されたい。

(44) 註(4)所掲小川論文二〇二頁。

(45) 『後愚昧記』貞治五年(一三六六)八月一九日条。

(46) 斯波氏が失脚した貞治五年の政変後、義詮が政変前よりもはるかに積極的に親裁権を行使している事実が知られる(小川信「頼之の管領就任と職権活動」(註(2)所掲同氏著書、初出一九七八年) 二一九頁)。

(47) 註(46)所掲小川論文二一九～二二三頁。なお、小川は義詮発病前から頼之の執事就任は既定路線であったとするが、筆者はその見解は採らない。
(48) 註(1)所掲拙稿七九頁。
(49) 註(1)所掲拙稿六六頁。
(50) 桜井英治も、管領施行状が将軍権力の専制化を防止する効果をもたらしたと指摘する(同『室町人の精神』(講談社、二〇〇一年)一三八頁)。
(51) 註(35)所掲佐藤「室町幕府開創期の官制体系」二二〇〜二二二頁。近年では、たとえば註(13)所掲永井論文が、かかる定説的見解に基づいて立論しているように見受けられる。

〔付記〕 本稿は、二〇〇七〜二〇〇九年度文部科学省科学研究費補助金(特別研究員奨励費)による研究成果の一部である。

◆表の見方◆

※表1は、註(1)所掲拙稿47～55頁に掲載した「表1　尊氏下文施行状表」のうち、観応の擾乱以降の分を修正して再掲したものである（ただし、尊氏死後に発給された下文施行状は省略している）。表2は、同55～58頁に掲載した「表3　義詮下文施行状表」を、表3は同63頁に掲載した「表5　下文発給者不明施行状表」を、表1と同様本稿で扱う時期に限定して修正、再掲したものである。

※「状態」欄には、下文施行状の現存状況を記す。「正」は正文、「案」は案文、「写」は写であることを表す。

※「差出」欄に記されている下文施行状発給者の立場は、以下の通りである。
執：執事　引：引付頭人　関執：関東執事　中管：中国管領　？：不明

※「所領名」欄には、下文施行状に記載されている所領名を記すが、割注を省略し、複数の所領が記載されている場合には最初に記載されている所領名のみ記して残りは省くなど、適時省略した。

※「書式」欄の「●」は申請式、「○」は自動式、☆は施行文言を有しない場合を表す。申請式・自動式については、註(1)所掲拙稿69～77頁を参照されたい。

※「備考」欄に記されている記号の意味は、以下の通りである。
A：「再発給型」。発給以前に同内容の下文施行状が発給された事実があきらかである下文施行状。
B：「付加文言型」。「可被執進請取」など、何らかの付加文言を有する下文施行状。
a：将軍・将軍に準じる人物が発給した下文施行状のうち、御内書形式であるもの。
b：将軍・将軍に準じる人物が発給した下文施行状のうち、御判御教書形式であるもの。

表1　観応の擾乱以降の尊氏下文施行状表

No.	発給年月日	状態	差　出	宛　所	所領名	拝領者	書式	下文発給年月日	備　考	出　典
1	観応2.8.17	案	（義詮）	今川駿河前司殿	但馬国太田庄内坂本・泰守両村	臨川寺三会院	○	観応1.10.25	b・A・B 観応2.4.8付直義寄進状の施行も兼ねる	山城臨川寺重書案文

2	観応2.11.7	正	兵部大輔(執・仁木頼章)	仁木越後守殿	遠江国相良庄	細河左馬助頼和	○	観応2.2.13		紀伊野田文書
3	観応2.11.7	正	兵部大輔(執・仁木頼章)	佐々木近江守殿	上総国長屋郷	細河左馬助頼和ヵ	○	?	尊氏下文の施行と推定	紀伊野田文書
4	正平7.閏2.14	正	前遠江守(?・南宗継)	今河入道殿	駿河国入江庄内	伊達藤三景宗	●	正平6.12.12	B	京都大学総合博物館所蔵駿河伊達文書
5	正平7.閏2.16	写	前遠江守(?・南宗継)	?	遠江国鎌田御厨内	松居弾正忠助宗	●	正平7.閏2.15	宛所脱・B	蠹簡集残編所収朝比奈永太郎所蔵文書
6	(観応3)5.9	正	(将軍尊氏)	海老名四郎左衛門入道殿	相模国愛甲庄内	松浦治部左衛門尉	○☆	正平7.1.20	a	肥前松浦文書
7	(観応3)6.20	正	(将軍尊氏)	千葉介殿	上総国一宮庄高根郷内	安田修理亮氏義	●☆	観応3.6.8	a	但馬垣谷文書
8	観応3.7.2	正	散位(執・仁木頼章)	仁木修理亮殿	武蔵国池守郷地頭職他	久下弾正忠頼直	○	?	尊氏下文の施行と推定	丹波久下文書
9	観応3.7.22	案	(将軍尊氏)	長井備前大郎殿	出羽国小田嶋庄内	円頓宝戒寺	●	観応3.7.4	b・B	相模宝戒寺文書
10	観応3.7.26	正	(執・仁木頼章)	西尾民部三郎殿	下野国足利庄梅園重綱跡	佐野太郎四郎秀綱	●	観応3.7.24	直状形式	佐野多喜氏所蔵文書
11	観応3.7.28	正	(将軍尊氏)	仁木修理亮殿	武蔵国春原庄内平塚郷	永福寺	●	観応3.4.13	b・B	朝日新聞2004年7月6日付埼玉版所載某氏所蔵文書
12	(観応3)8.14	正	(将軍尊氏)	川越出羽守殿	武蔵国ともりの郷	高尾張守	●☆	正平7.2.6	a	高文書

13	観応3.8.27	正	(将軍尊氏)	□□備前入道殿	相模国戸田郷内	鶴岡八幡宮	●	観応3.4.23	b・B	上野浄法寺文書
14	観応3.9.2	正	(将軍尊氏)	武田式部大夫殿	常陸国行方郡倉河郷他	下河辺左衛門蔵人行景	●	観応3.8.15	b	常陸鹿島神宮文書
15	文和1.10.3	正	沙弥(引・?)	岩松禅師御房	備後国高滝社地頭職	三吉又五郎秀盛	○	観応2.2.15		長門高洲家文書
16	文和1.10.3	写	沙弥(引・宇都宮蓮智)	岩松禅師御房	備後国泉村地頭職	三吉少納言坊覚弁	○	観応2.2.15		備後鼓文書
17	文和1.10.13	正	沙弥(引・高重茂ヵ)	右京権大夫殿	大隅国寄郡地頭職	嶋津上総入道々鑑	○	観応2.8.15		薩摩島津家文書
18	観応3(文和1).10.15	正	(将軍尊氏)	千葉介殿	上総国北山辺郡内由井郷	浄光明寺	●	同日	b・B	相模浄光明寺文書
19	観応3(文和1).10.22	写	(将軍尊氏)	鵤木式部少輔殿	安房国古国府中村	遠山安芸守景房	●	観応3.3.2	b・B	美濃遠山文書
20	文和1.10.26	正	沙弥(引・高重茂ヵ)	右京権大夫殿	肥前国松浦庄内早湊村地頭職	嶋津上総三郎師久	○	観応2.11.2		薩摩島津家文書
21	文和1.11.24	案	沙弥(引・?)	大友刑部大輔殿	豊後国々東郷	田原豊前守貞広	○	観応2.1.29		豊後入江家蔵田原文書
22	文和1.12.20	案	(将軍尊氏)	千葉介殿	上総国武射郡内小松村	円頓宝戒寺	●	観応3.7.4	b・B	相模宝戒寺文書
23	文和1.12.20	正	散位(執・仁木頼章)	仁木修理亮殿	武蔵国別符郷東方闕所分	別符尾張守幸実	○	観応3.7.2		駿河別符文書
24	文和1.12.27	案	(義詮)	佐々木千手殿	近江国赤野井村三宅十二里	臨川寺三会院	○	観応2.11.3	b	山城臨川寺重書案文
25	文和2.4.13	正	散位(執・仁木頼章)	長沼淡路守殿	陸奥国信夫庄余部地頭職	結城弾正少弼顕朝	●	文和2.4.10	B	陸奥長沼文書

26	文和2.7.2	案写	修理大夫(関執・畠山国清)	河越弾正少弼殿	相模国戸田郷内	鶴岡八幡宮両界供僧信濃法印重弁	●	観応3.4.23	A	相模鶴岡等覚相承両院蔵文書
27	文和2.12.25	正	左京大夫(執・仁木頼章)	一色右京権大夫殿	筑前国宗像社本家米	当社(宗像社)大宮司氏正	○	同日ヵ		筑前宗像神社所蔵文書
28	文和3.2.6	案	左京大夫(執・仁木頼章)	佐々木千手殿	近江国石田郷上方半分地頭職	臨川寺三会院	○	同日		山城臨川寺重書案文
29	文和3.2.12	正	左京大夫(執・仁木頼章)	右京権大夫殿	筑前国遠賀庄他	大友刑部大輔氏時	○	観応2.11.2	正平6.12.19付義詮下文の施行も兼ねる	筑後大友文書
30	文和3.2.16	正	左京大夫(執・仁木頼章)	赤松律師御房	播磨国下揖保内	小串五郎左衛門尉光行	●	文和3.2.12		前田家所蔵文書
31	文和3.5.25	正	左京大夫(執・仁木頼章)	土岐大膳大夫殿	尾張国狩津庄内山脇	尾張国木賀崎長母寺	●	同日		尾張長母寺文書
32	文和3.9.2	案	左京大夫(執・仁木頼章)	信濃次郎左衛門尉殿	摂津国垂水庄下司職	芥河垂水四郎五郎貞継	●	同日		東寺百合文書京函67－3
33	文和3.9.12	案	(将軍尊氏)	守護代	紀伊国地頭御家人等恩賞地	紀伊国地頭御家人	○	場合による	b「面々御下文」	南狩遺文

表2　義詮下文施行状表

No.	発給年月日	状態	差　出	宛　所	所領名	拝領者	書式	下文発給年月日	備　考	出　典
1	観応3.9.24	正	沙弥(引・高重茂ヵ)	佐々木千手殿	近江国麻生庄公文職	儀俄中務丞知俊	○	観応3.7.20		出雲蒲生文書
2	観応3.9.25	案	沙弥(引・?)	大内民部大夫殿	周防国伊賀道郷地頭職	東福寺	○	正平6.12.23		山城東福寺文書
3	文和1.10.7	正	沙弥(引・高重茂ヵ)	庄駿河権守殿	備中国河辺郷内壱分地頭職	雅楽太郎左衛門尉以秀	○	観応3.9.22		長府毛利家所蔵文書
4	文和1.10.7	写	沙弥(引・高重茂ヵ)	赤松信濃次郎左衛門尉殿	摂津国多田庄地頭職	多田院御家人等	○	文和1.10.4	文中「去三日御下文」とある・平尾家文書に本文書案あり	能勢弘氏所蔵文書
5	文和1.10.13	写	沙弥(引・高重茂ヵ)	阿曽沼下野守殿	安芸国都宇庄地頭職	小早河出雲四郎左衛門尉重景	○	観応3.9.22	市河兵庫助宛同日施行状写あり	長門小早川家証文
6	文和1.10.13	正	沙弥(引・高重茂ヵ)	細川右馬助殿	阿波国牛牧庄地頭職	安宅備後権守頼藤	○	正平6.12.3		紀伊安宅文書
7	文和1.10.18	正	沙弥(引・二階堂行譲)	越後刑部丞殿	河内国田井庄地頭職	石清水八幡宮	○	観応3.5.2		山城菊大路家文書
8	文和1.11.17	写	沙弥(引・高重茂ヵ)	梠原彦太郎殿	安芸国兼武名	小早河出雲又四郎実義	○	文和1.11.15		長門小早川家証文
9	文和1.12.23	案	沙弥(引・?)	細川右馬助殿	阿波国萱島地頭職	安宅王杉丸	○	文和1.12.22		紀伊安宅文書
10	文和1.12.24	案	沙弥(引・?)	右京権大夫殿	薩摩国嶋津庄内加世田別符半分地頭職	嶋津孫三郎左衛門尉頼久	○	文和1.12.12		薩摩島津家文書

11	文和2.1.18	正	沙弥(引・二階堂行譚)	大内民部大夫殿	周防国二宮庄地頭職	東福寺	●	文和1.12.22		尊経閣文庫所蔵東福寺文書
12	文和2.2.25	正	沙弥(引・宇都宮蓮智)	井上左京権大夫入道殿	越中国堀江庄地頭職	祇園社御師助法印顕詮	○	文和2.2.12		山城八坂神社文書
13	文和2.4.5	写	散位(引・大高重成)	当国守護	周防国麻合別符	小野三郎左衛門尉資村	○	同日		阿知須町公民館所蔵小野家文書
14	文和2.4.8	写	沙弥(引・?)	荒河遠江守殿	石見国出羽上下郷	君谷弾正左衛門尉実祐	○	文和2.4.5		萩藩閥閲録43
15	文和2.5.6	正	沙弥(引・高重茂ヵ)	佐々木千手殿	近江国欲賀郷内闕所分	本間石河又四郎季光	○	文和2.5.1		本間文書
16	文和2.5.22	写	沙弥(引・?)	右京権大夫殿	薩摩国在国司次郎入道々超跡	嶋津又三郎氏久	●	文和2.5.11		薩藩旧記24所収正法寺文書
17	文和2.5.22	案	沙弥(引・?)	右京権大夫殿	薩摩国嶋津庄内	嶋津三郎左衛門入道道珍	○	文和2.5.11		薩摩島津家文書
18	文和2.6.4	正	沙弥(引・高重茂ヵ)	佐々木千手殿	近江国麻生庄四分壱	西勝坊郷房教慶	○	文和2.6.3		出雲蒲生文書
19	文和2.6.4	正	沙弥(引・高重茂ヵ)	佐々木千手殿	近江国麻生庄四分壱	山本坊郷注記定暹	○	文和2.6.3		尊敬閣文庫所蔵古文書纂
20	文和3.10.16	正	(義詮)	佐竹右馬権頭殿	山城国殖松庄	東寺	●	観応3.4.20	b・B	越後桂文書
21	延文2.8.9	写	右馬頭(中管・細川頼之)	広沢筑前守殿	安芸国久芳保地頭職半分	小早河美作五郎左衛門尉胤平	○	正平6.12.23	下文写では、所領名は「久芳郷半分」	長門小早川家証文7
22	延文4.9.2	正	相模守(執・細川清氏)	大友刑部大輔殿	肥後国八王子庄内	詫磨又太郎宗顕跡	○	延文4.4.20		豊後詫摩文書

23	延文4．9．2	写	相模守(執・細川清氏)	大友刑部大輔殿	肥後国詫磨近見左近将監跡	詫磨掃部助宗秀	○	延文4．4．20		大友家文書録所収
24	延文4．9．2	正	相模守(執・細川清氏)	大宰少弐殿	肥前国高来郡上津佐村	同国多比良村四面	○	延文4．4．20		肥前松尾貞明所蔵文書
25	延文4．12．29	案	(将軍義詮)	仁木右京大夫殿	伊賀国滝孫四郎保氏跡他	東大寺鎮守八幡宮	○	延文4．5．25	b	東大寺文書
26	延文5．3．12	案	相模守(執・細川清氏)	赤松大夫判官殿	摂津国富島庄下司職	同国(摂津国)大洲庄大覚寺	○	同日		摂津大覚寺文書
27	延文5．10．6	案	相模守(執・細川清氏)	新田大嶋兵庫頭殿	参河国渥美郡地頭職	佐々木佐渡大夫判官入道	○	延文5．8．9		佐々木寅介氏文書
28	康安1．11．14	正	沙弥(引・今川範国)	左衛門佐入道殿	若狭国耳西郷半分地頭職	臨川寺	○	康安1．11．10		山城天竜寺文書
29	貞治1．11．6	正	治部大輔(執・斯波義将)	上杉民部大輔入道殿	越後国風間入道跡	大友刑部大輔氏時	○	貞治1．11．2		筑後大友文書
30	貞治2．12．14	写	(将軍義詮)	荒河弾正少輔殿	石州出羽上下郷地頭職	君谷弾正左衛門尉実祐跡輩	●	文和2．4．5	b・A・B	萩藩閥閲録43
31	貞治5．3．1	正	(将軍義詮)	渋河武蔵守殿	宗像社領等	宗像大宮司	●	?	b・B	筑前宗像神社文書
32	貞治5．9．24	正	左兵衛佐(引・吉良満貞)	富樫竹童殿	加賀国山下郷内比楽村地頭職	進士太郎左衛門尉為行	○	貞治5．9．22		広島大学文学部所蔵猪熊文書所収進士文書
33	貞治5．10．5	正	(将軍義詮)	山名左京大夫入道殿	丹波国河口庄内蓮台寺分	篠村八幡宮	○☆	貞治5．10．2	b	醍醐寺文書第1函
34	貞治5．12．22	写	(将軍義詮)	畠山尾張守	越前国春近四分一地頭職	本郷左衛門大夫入道	○	?	b・還補下文の施行	若狭本郷氏関係文書

35	貞治6.2.5	案	(将軍義詮)	桃井修理大夫	越中国楡原保	斎藤左衛門大夫入道常喜	●	?	b・B	越中聞名寺文書
36	貞治6.9.15	正	(将軍義詮)	赤松大夫判官殿	摂津国鳥養牧地頭職	赤松筑前入道世貞	○☆	?	b	岡山県立博物館所蔵赤松(春日部)家文書
37	貞治6.9.27	正	(将軍義詮)	桃井修理大夫殿	越中国吉河西東	鎮守八幡宮	○☆	同日	b	醍醐寺文書第1函

表3　下文発給者不明施行状表

No.	発給年月日	状態	差出	宛所	所領名	拝領者	書式	下文発給年月日	備考	出典
1	文和1.11.22	正	伊予権守(引・大高重成)	一色右京権大夫殿	筑前国久原村地頭職他	宗像三郎氏俊	○	?	尊氏か義詮	筑前宗像文書
2	文和1.11.22	正	伊予権守(引・大高重成)	一色右京権大夫殿	筑前国宗像庄内曲村地頭職他	宗像社	○	?	尊氏か義詮	正閏史料2－3所収宗像氏緒文書

室町期越中国・備前国の荘郷と領主

山田　徹

はじめに

多数の個別領主支配を前提とする日本の中世社会において、どういった領主のどういった所領が、地域社会のなかでどのような重みをもって存在していたのか、という所領構成・領主構成の問題は、各時期の体制や社会像を考える際の重要なテーマである。従来南北朝～室町期の理解については、在地領主の展開を強調し、体制を論じる際には個別領主を超越した公権――守護公権のみを取り上げる古典的な説明が影響力を持ち続けてきた。それに対し、個別領主に関する情報が急速に整理されてきた近年[1]、室町期荘園制論の一環として、在京する武家勢力の所領がこの時期にも各地に数多く存在していた事実に注目が集まっている[2]。

しかし、情報は増え認識も改まりつつあるにしても、一国レベルでの所領・領主構成の実態は、未だ明確な像を結んでいるとはいいがたいように思われる。もちろん自治体史などで個々の検討があるのは事実だが、やはり中世前期における網野善彦の研究[3]のように、それらを踏まえて各地を比較する視座にまでは至っていないからなのであろう。

そのように研究が進まない背景として想起されるのは、一国全体の所領・領主の構成を示す大田文が十数ヶ国にわたって残存する鎌倉期と異なり、当該期にはそうした史料が事実上「丹後国田数帳」しかない――しかもこれは義政期の実態を示すもので、前代からの変化を考える際の直接的材料としては使いにくい――という史料的制約である。研究を進めていくには、そのような情報を少しでも知らせてくれる史料を丁寧に検討しながら、そこにみいだせる要素を整理し、上記の課題にこたえていくほかないのである。

そこで本稿では、応永二〇年（一四一三）の東寺造営棟別銭徴収にかかわる史料を取り上げ、この段階における越中・備前二ヶ国の所領と領主の構成について分析を試みる。もちろんこの史料はこれまでも使用されてきたし、それぞれの国についての研究も当然なされてきた。(4) ところが越中については事実認識に混乱があるし、せっかく同時期の二ヶ国に関する情報をみてとれるにもかかわらず、両者を比較して共通点や相違点を抽出する手法がとられていない点にも不満が残る。以下では、そうした点に留意しながら、当該期の両国における所領構成、領主構成の特質を考察してゆきたい。(5)

一　応永二〇年、越中国における棟別免除地と斯波氏所領

応永一九年（一四一二）九月一一日、東寺は修造のため、丹後・越中・備前・備後・尾張五ヶ国の棟別銭徴収を、義持から許可される（ヌ函五六―二）。このうち、丹後・備後では守護による定額請切となるが、一方の越中・備前は山伏が棟別銭を徴収することになる。(6) 本節では、既往の研究で鍵となる史料の理解に多少の混乱のみられる越中について検討し、基礎的情報を確定するところから始めたい。

注目したい史料は二点。一つ目は、高森邦男が『富山県史』未収録の文書として紹介した、(7)「越中国棟別除在所注文」（ヌ函八四、以下「免除在所注文」）である。差出人の聖珍は、徴収にあたっている人物。この文書の日付、

応永二〇年一二月一一日とは徴収終了後であるため[8]、「最終的に徴収しなかった在所を、聖珍が東寺へ注進した文書」と考えられる。

この注文にみえる地名・人名は、高森が史料紹介をした際に詳細に比定している。高森の比定には、大方殿を日野康子とする（実際は紀良子）など訂正を要する部分もあるが[9]、地名が射水→礪波→婦負→新川と、おおよそ郡ごとに配列される点を看破したことをはじめ、おおむね信頼できる。この史料によると、三社領や足利将軍家関係者の所領、守護畠山氏・管領細川氏・伊勢氏などの所領三一か所で、最終的に棟別が徴収されなかったことがわかる。まずはこれらを、表1に示しておこう。

そして、もう一つの鍵となる史料へと、目を向けたい。

［史料1］（ツ函一〇六、（1）〜（3）は筆者が付した）

（端裏書）「越中国武衛并左衛門佐殿兄弟所領棟別書下案　応永十九」

表1　棟別銭免除対象地

郡	荘郷名	領　主
射水	倉垣荘	賀茂社
射水	金山荘	石清水
射水	阿奴庄中村	紀良子
射水	阿奴上荘	伊勢氏
射水	宇波保	伊勢氏
射水	久々湊	石清水
射水	牧野	畠山氏
射水	六渡寺	畠山氏
射水	白川・戸津宮	石動山
礪波	和沢	伊勢氏
礪波	蟹谷保	石清水
礪波	梨谷・利賀谷	井口氏
婦負	鞆坂名	紀良子
婦負	万見保	紀良子
婦負	猪谷	紀良子
新川	青柳	伊勢氏
婦負	羽根・小川子	畠山氏
新川	大田保	細川氏
新川	弘田御厨	豊原氏(楽人)
新川	山室保	伊勢氏
新川	森尻	伊勢氏
新川	小井出保	畠山氏
新川	滑川	伊勢氏
新川	新保御厨	賀茂社
新川	賀積保	畠山氏
新川	経田	(畠山氏？)
新川	小布施荘	等持寺
新川	大家荘	足利義持
新川	佐味郷	香厳院
新川	小佐味荘	足利義持
新川	城河原	(足利義持？)

註：記載順は「免除在所注文」（ヌ函84）にしたがう。

（1）

□□（東寺）造営料棟別事、国中平均事候。仍高野七郷事、任二惣国之法一可レ被レ致二其沙汰一候之由、面々給主方可レ被三相觸二之由、被二仰出一候也。仍執達如レ件。

応永十九
十月廿二日　　沙弥判

細川兵部大輔入道殿

東条　加藤左衛門五郎殿

小野左衛門三郎殿

入善　甲斐左京亮入道殿

般若野　狩野新左衛門入道殿

以上三个所文言同前、

（2）

左衛門佐殿方
広瀬庄

東寺のさうゐのために、越中の国のむね別をよせられ候。りやうないの家かすを、このふきやうあいともにしるされ候て、取さたあるへく候。ふさたあるましく候。あなかしこ。

十月十七日　　二宮信の入道
在判

向田《ムクタ》入道殿

あさみ入道殿

左衛門佐殿方
おいの庄　文章同前　同日二宮奉書

大庭入道殿
中条入道殿

（3）
少輔殿御書下案
為二東寺造営一、当国平均棟別壱疋宛候。仍野尻保九郷可レ有二其沙汰一候。此之由給人之代官仁被二相觸一候者、東寺雑掌可レ被レ致二其沙汰一候。仍執達如レ件。
応永十九
十月十七日　　安居弥太郎
守景判
武田七郎次郎殿

この文書については、百瀬今朝雄が「東寺は徴収の実をあげるため斯波氏所領の棟別徴収には、わざわざ斯波義教・満種らが被官細川某らに充てた令書をもらっている」[10]と簡明に述べたとおりで、斯波氏所領を知りうる史料である。そこに面々給主が付され、政所や代官であろう所領ごとの統括者の存在もみえて興味深いのだが、ここではこの文書をめぐる『大日本史料』『富山県史』（以下、『県史』）の注記、地域史の成果にみられる混乱を数点整理し、この文書のもつ情報を正確に把握するところから始めたい。

まず、『大日本史料』『県史』は、この文書の端裏書にみえる「武衛并左衛門佐殿兄弟」を斯波義淳・義郷とし、(3)の「少輔殿」も斯波義淳とする。しかし、この時期の幕府発給文書などをみていけば、百瀬の指摘のごとく、(1)の「武衛」は斯波義教（越前・尾張・遠江守護）、(2)の「左衛門佐殿」は同満種（加賀守護）なのは疑いない。また、(3)の「少輔殿」は、満種の弟と考えるのが最善だろう[11]。

さらに『大日本史料』『県史』は、(1)の命令を受けた高野七郷の「細川兵部大輔入道」を細川満久（のち阿波守護）とし、彼にこうした命令を出しうる存在を措定したのであろう、発給者「沙弥」を管領細川満元と解する。しかし、高野七郷に出された命令（もしくは高野七郷から般若野に至るまでの四ヶ所に出された命令）が、管領細川氏によるものとすると、端裏書の情報と合致しない。斯波被官の細川氏は知られるから、[12]「細川兵部大輔入道」は斯波被官で、その所領高野七郷の政所か代官と考えたほうがよかろう。同じく発給者の「沙弥」も、斯波被官で斯波義教の意を奉じた存在とみなして問題ない。

このほか、(2)の二通目に斯波満種所領としてみいだせる「おいの庄」は、先述の「免除在所注文」にも「殿御領」として同様の地名が載せられ、留意する必要がある。なぜなら、［史料1］記載のものは棟別銭の支弁を命じられた所領で、もう一方の「免除在所注文」記載のものは最終的に棟別銭を支弁しなかった所領だからである。とすると、「おいの庄」には、一旦支弁が命じられたにもかかわらず、実際は徴収されなかったのだろうか。

ここで注目したいのが、高森邦男が「免除在所注文」記載の所領を比定する際に踏まえていた次の点――すなわち、越中国には射水郡に大袋荘（興福寺大乗院領）、新川郡に大家荘（妙香院領）と、「おいの庄」と読みうる所領が二つ存在する、という点である。高森は、この二つの「おいの庄」を念頭に置きつつ、「免除在所注文」の記載順からそこにみいだせる「おいの庄」を新川郡とみなし、大家荘（妙香院領）と断定した。この点は、間違いあるまい。では、斯波満種所領として［史料1］にみえる「おいの庄」は、どちらを指すのだろうか。一般的には大家荘のほうに比定されているようだが、[13]領主斯波氏が［史料1］で棟別銭支弁を許可する意志を明確に示していて、ここで支弁が命じられた所領のなかに最終的に免除された所領（「免除在所注文」所載の所領）が一ヶ所も確認できないことを考慮すると、後者の「おいの庄」は、もう一方の大袋荘（興福寺大乗院領）に充てるべきと考えられる。すなわち、斯波満種所領の大袋荘には棟別の支弁が命じられ、かたや大家荘は「殿御領」[14]として「除在所」となったのである。

以上より、斯波義教所領四ヶ所（高野・東条・入善・般若野）、斯波満種所領二ヶ所（広瀬・大袋）、その弟「少輔殿」所領一ヶ所（野尻）を検出できた。これらの所領に関しては、東寺は棟別徴収開始以前の応永一九年一〇月の段階で、棟別銭を支弁するように、という領主斯波氏の命令を獲得できたのである。では、ここで命じられた所領は、斯波氏の所領のすべてであったのだろうか。

［史料2］（ヌ函二五〇）

（端裏書）「越中国棟別左衛門介（ママ）殿書下案」

東寺よりの棟別之事、先立藤代方へ其子細可レ被レ仰之由申候へとも、自二寺家一御屋形へ被レ申間、当国御領共多候、皆々無二子細一候、寒江の事も無二子細一さたさせられ候へく候。せんきの例ハ入候ましく候。其段可レ有二御心得一候。乍レ去此御領にかきり候ましく候。五位庄野尻なとも其沙汰候へく候。それをひつかけにて候へく候。能々可レ有二御沙汰一候。恐々謹言。

三月十八日　　　　ゝゝ《やなた》判

さふへ
さんかいとのへ

この書状は、守護畠山氏関係者のものとする説もあるが、(15) 斯波満種（左衛門佐殿）被官のやなた（梁田ヵ）某による書状で、寒江荘の「さんかいとの」へ宛てたものである。ここでは、東寺より御屋形（斯波義教）になされた折衝の結果、五位荘・野尻などに準じて、寒江荘からも棟別を支弁するよう命じられている。内容から、棟別徴収の開始以後、終了以前と思われ、応永二〇年の三月一八日と考えて間違いない。

ここで棟別支弁を命じられている寒江荘は、元来は賀茂社領で、その神官の家に伝えられていた。しかし長禄二年（一四五八）の賀茂社神官祐上申状に、神官の家内部で相論があった際に斯波義将（勘解由小路殿）の知行と

表2　越中国における斯波氏の所領

郡	荘郷名	領　主	政所・代官等
新川	高野荘	斯波義教	細川氏
射水	東　条	斯波義教	加藤・小野氏
新川	入善荘	斯波義教	甲斐氏
礪波	般若野荘	斯波義教	狩野氏
礪波	石黒荘広瀬郷	斯波満種	向田・あさみ氏
射水	大袋荘	斯波満種	大庭・中条氏
礪波	野尻荘	斯波某	武田氏
婦負	寒江荘	斯波満種	さんかいとの
礪波	五位荘	斯波満種カ	
礪波	山斐郷	斯波満種カ	

なり、そののち後任守護畠山氏の同意もあって斯波氏の知行が続いていたと記される。(16) この出来事は斯波氏が守護であった時期のこととされているから、寒江荘は南北朝後期以来、斯波氏の所領だったと考えてよかろう。

さらに、寒江荘以外にも棟別を支弁する所領として挙げられる「五位荘・野尻」のうち、野尻は先述のごとく斯波満種弟「少輔殿」の所領で、一方の五位荘もこのように例示されることから斯波氏が知行していた可能性は高い。斯波満種失脚翌年の応永二二年（一四一五）、五位荘の下地を畠山氏に進止させたうえで年貢の半分を等持院へと送進させる、という決定がなされる（『県史』六〇一号）が、これも五位荘がそれまで斯波満種の知行下にあったから、と考えるのが一番自然に思われる。(17)

また、時代は下って『蔭涼軒日録』寛正六年（一四六五）九月八日条には、斯波持種（満種の子、修理大夫殿）が被官二宮氏に所領山斐郷を押領され、幕府へ提訴している記事がある。斯波氏のこの一流（義種流）が越中国に所領を獲得しうる契機を考慮すれば、この地も南北朝期以来の所領と目されよう。

以上の諸徴証から、種々の論点の誤りを修正しつつ、前守護たる斯波氏とその一門の所領を、表2のごとく検出できる。(18) 高森が指摘した表1の所々に加えて、これらを明瞭に見定めることで、当該期の越中国における荘郷・領主分布の特質を、より明確に照射できると考えている。

二　越中国における在京領主の所領

度々指摘されてきたとおり、当国では、このような棟別銭支弁を免除された所領、それに準じた有力者の所領のほかにも、在京領主の所領を数多く確認できる（地図）[19]。問題は、その分布にいかなる特質があるか、という点であろう。

ここで注目したいのは、前節でみいだした諸勢力――なかでも足利氏一門とその関係する禅宗寺院、斯波・細川・畠山氏らの幕閣、伊勢氏の所領である。とりわけ興味深いのは、こうした勢力の所領に次のような性格のものが多くみいだせることだ。

第一に、広域幹線交通とかかわる交通・流通上の要衝。交通の要衝といってもさまざまなレベルのものが存在するが、さしあたり内陸の交通網を担う河川と広域海上交通・幹線陸上交通との接点や[20]、広域海上交通における停泊地などが第一級の要衝といえよう。幹線街道たる北陸道が倶利伽羅峠を越え、射水川（現小矢部川・荘川）の流れに沿って北上し、その河口から砂堆沿いに越後方面へ進むとされ[21]、また河口以外の地（島や半島など）に船舶の停泊に適した地があるわけでもない越中の場合、かかる意味での要衝的機能は河川の河口域に集中する。船舶の停泊に向いた大規模な潟湖をもつ放生津を筆頭に、大河川河口の岩瀬・水橋などが挙げられ、氷見・滑川・魚津あたりがそれに次ぐ。

放生津の中心域に比定されているのは、前節で斯波氏知行を想定した大袋荘である。放生津は鎌倉期には名越氏の守護所で、室町期には畠山氏守護代神保氏の拠点になるとされてきたが[22]、この段階で少なくともその中心的部分は斯波氏の勢力下にあったと判断されよう。また隣接する六渡寺・牧野は放生津の周縁地域とされるが、これらは畠山氏の所領であった。このほか、岩瀬周辺に広がる万見保や氷見地方の中心部に存する阿奴荘は足利氏

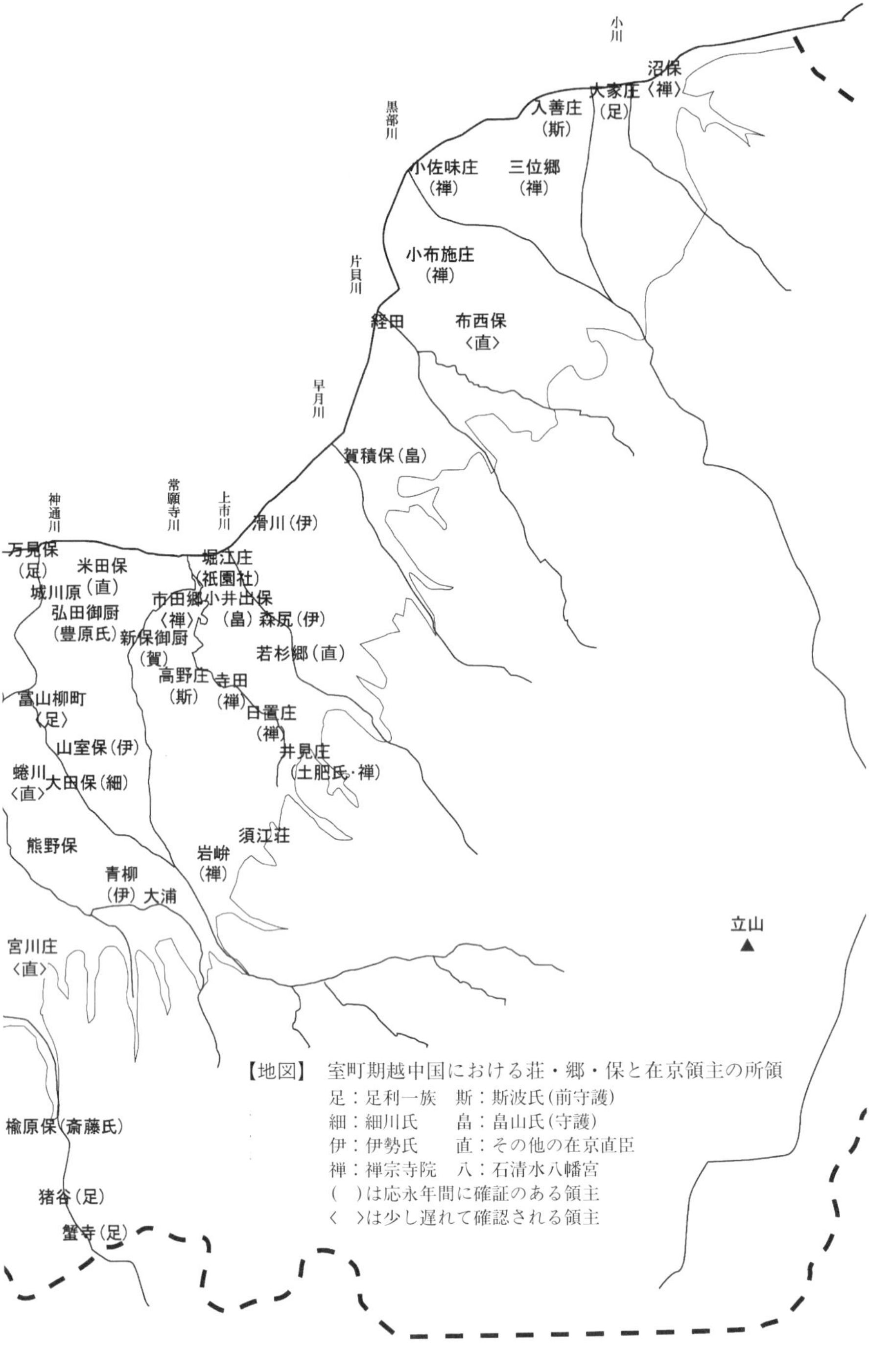

【地図】　室町期越中国における荘・郷・保と在京領主の所領
足：足利一族　斯：斯波氏（前守護）
細：細川氏　畠：畠山氏（守護）
伊：伊勢氏　直：その他の在京直臣
禅：禅宗寺院　八：石清水八幡宮
（　）は応永年間に確証のある領主
〈　〉は少し遅れて確認される領主

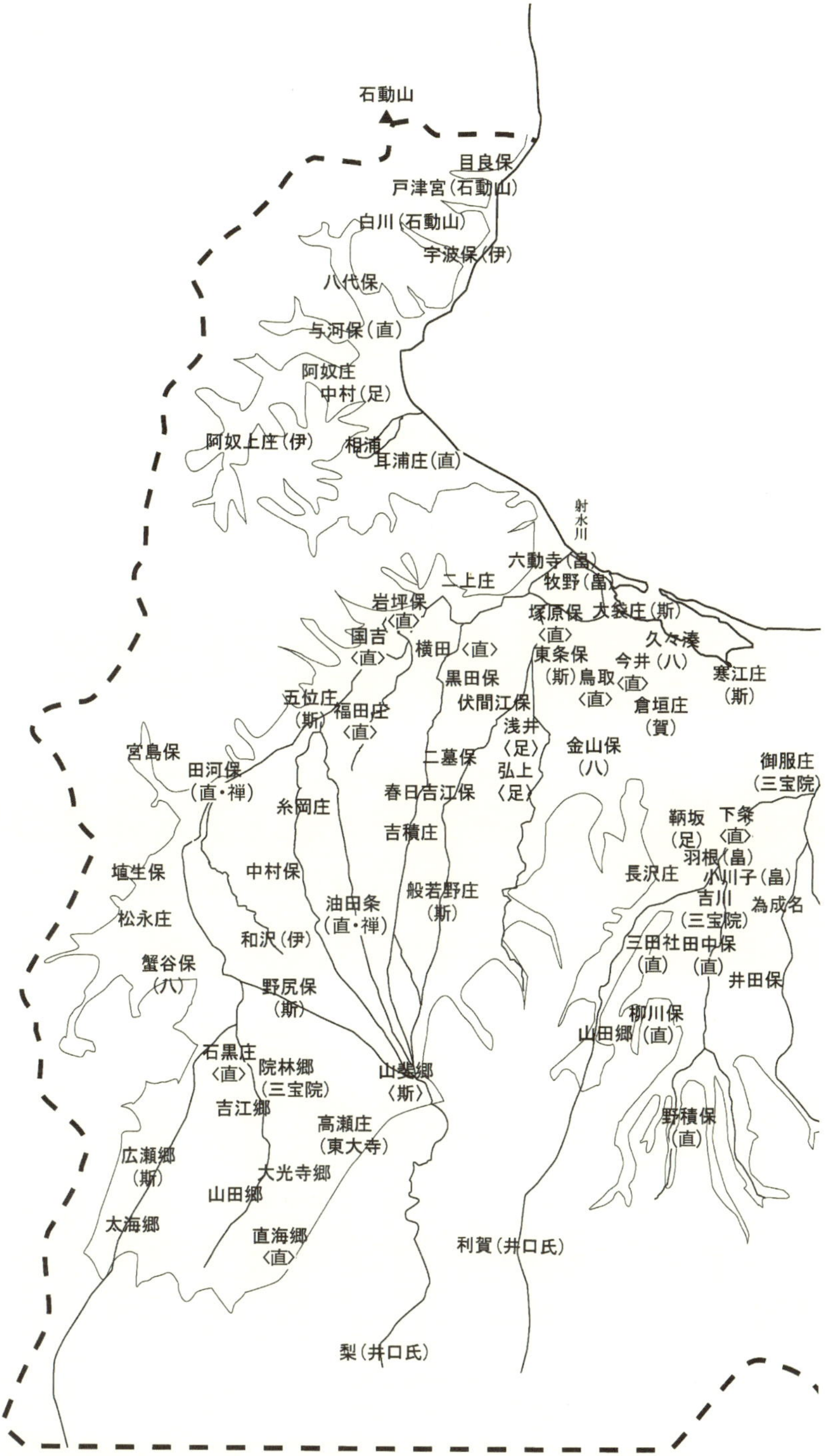

石動山
目良保
戸津宮（石動山）
白川（石動山）
宇波保（伊）
八代保
与河保（直）
阿奴庄
中村（足）
阿奴上庄（伊）
相浦
耳浦庄（直）
射水川
六動寺（畠）
牧野（畠）
二上庄
岩坪保〈直〉
塚原保
大袋庄（斯）
〈直〉
久々湊
国吉〈直〉
横田〈直〉
東条保（斯）
今井（八）
鳥取〈直〉
寒江庄（斯）
黒田保
伏間江保
倉垣庄（賀）
五位庄（斯）
福田庄〈直〉
浅井〈足〉
宮島保
金山保（八）
田河保（直・禅）
二墓保
弘上〈足〉
御服庄（三宝院）
春日吉江保
糸岡庄
鞆坂（足）
下条〈直〉
吉積庄
羽根（畠）
埴生保
中村保
長沢庄
小川子（畠）
般若野庄（斯）
吉川（三宝院）
為成名
松永庄
油田条（直・禅）
和沢（伊）
蟹谷保（八）
三田社（直）
田中保（直）
井田保
野尻保（斯）
柳川保（直）
山田郷
石黒庄〈直〉
院林郷（三宝院）
山斐郷〈斯〉
吉江郷
高瀬庄（東大寺）
野積保（直）
広瀬郷（斯）
大光寺郷
山田郷
太海郷
直海郷〈直〉
利賀（井口氏）
梨（井口氏）

（のち実相院門跡へ相伝）領で、滑川も伊勢氏の管理下にある御料所だった。[23]水橋も、一五世期前半の状況は不明だが、下って寛正六年（一四六五）には桃井氏の管理する足利氏御料所として確認されるようになる（『県史』八一四号）。魚津については不明だが、畠山氏所領の賀積保と関連があった可能性が高い。地域支配のため権力が交通の要衝をおさえようとする、という説明自体はよくある指摘とは思うが、必ずしも在地領主・地域領主といいがたい領主こそが、こうした要衝を掌握しているという点、改めて確認しておきたい。

第二に、比較的広大と思われる荘・郷。近世後期の地誌『三州地理志稿』[24]には荘郷の枠組みに関する当時の認識が記されるが、そこにみえる村の数と、それらのうち慶長年間（一五九六～一六一五）以前に成立が遡る村[25]を数え、後者が多い地を順に十数ヶ所ほど抜き出したのが表3である。当然ながらこれがそれぞれの荘郷の中世における村数をそのまま示すわけではなくあくまで目安にすぎないが、[26]近世に大規模なものとして受け継がれる荘・郷のほとんどが、応永の段階では在京の有力者たちの手にあることはわかるだろう。中世史料にみいだせる情報から考えた場合、［史料2］で斯波氏領として取り上げた高野荘・野尻荘は「高野七郷」・「野尻九郷」と書かれ、下位に複数の郷を含む大規模な荘であった。下って戦国期の史料に「般若野二十四郷」としてみいだせる（『県史』一一三九号）般若野荘は、さらに大規模な荘だったようだ。また、般若野荘・阿奴荘の年貢額は判明するが、それが七〇〇貫・七八〇貫と、この時代の所領の年貢請負額としては非常に多い点も見逃せまい。[27]近世の地誌をも利用した推論的要素も大きいとはいえ、彼らの把握する荘郷のなかに広大かつ高収入と思われる所領が多い、という推測にもそれなりの妥当性は認めてよいのではなかろうか。

こうした傾向は、それ以外の中小在京領主の所領と比べた場合、よりきわだってみえる。たとえば近習小番の番頭をつとめる大館氏領の福田荘は近世に七ヶ村であったが、それはまだ大きいほうで、その他諸勢力の所領にはむしろ近世には存続しない荘郷や、荘郷保内部の分割所職の場合も多いのである。[28]また先述のような要衝に存

表3　『三州地理志稿』にみえる大規模荘郷の慶長古村数

	郡	荘郷保名	A	B	室町期の領主	備　考
a	新川	加積郷（賀積保）	83	197	畠山氏	
b	新川	大田保（大田荘）	81	130	細川氏	大田荘などを含めて計上
c	婦負	楡原保	67	161	斎藤氏（畠山被官）	為成名を含めて計上
d	射水	二上荘	53	85	——	下西条を含めて計上
e	礪波	五位荘	41	57	斯波氏	
f	礪波	宮島郷	37	47	——	
g	礪波	般若郷（般若野荘）	37	68	斯波氏	
h	射水	阿努荘	33	37	足利氏	阿努荘・上荘を合算
i	礪波	野尻郷（野尻保／荘）	29	49	斯波氏	
j	新川	三位郷（佐味荘）	26	61	香厳院（足利菩提寺）	
k	新川	高野郷（高野荘）	25	62	斯波氏	
l	礪波	庄下郷	25	46	×	
m	婦負	山田郷	25	43	——	
n	礪波	糸岡郷	25	30	——	
o	射水	八代荘	25	30	——	

A：Bのうち慶長古村とされる村数。
B：『三州地理志稿』に記された近世後期の村数。

在することも少なく、その格差は明らかだ。ここに在京有力者が大規模な荘郷や交通上の枢要にあたる所領を知行する傾向、こうした所領が一部の特権的勢力の知行下に入る傾向を、みいだすことができよう。全体的な数の多さに加え、こうした主要な部分を彼らのうちの有力者が押さえている、という質的な点においても、在京領主に比重のかかった領主構成だったのである。(29)こうした構成のなかで、足利一門関係者は新川郡の黒部川扇状地、斯波一門関係者は射水川流域、畠山氏は新川郡の片貝川・早月川流域などと、それぞれ一定度地域的に偏るかたちで所領をもっていた。

ここで注目しておきたいのは、

守護とその関係者の所領の比重がこの段階ではそれほど高くない、という点である。その一方で、前守護の斯波氏の存在感は大いに目を引く。斯波氏が般若野荘や野尻郷をはじめとする荘郷を集中的に知行していた射水川流域（射水郡・礪波郡）は、当国中最も開発が進んでいた地域であったし、その河口付近に位置する日本海交通の要衝、大袋荘を斯波氏が押さえていたことも前述のとおりである。ほかにも、婦負郡には寒江荘、新川郡の常願寺川扇状地には高野荘、黒部川扇状地には入善荘を有し、その所領は広く越中各地に存在した。守護畠山氏もたしかに交通の要衝、六渡寺・牧野をはじめ、賀積保などを知行するが、斯波氏にはまったく及ばない。ある段階から畠山氏守護代の神保氏が放生津へ進出したこと、斯波満種失脚後に五位荘の下地を畠山氏が進止したことはすでに述べたが、これらを勘案するに、当国における守護畠山氏権力の本格的展開は、斯波氏のこの一流の没落とその所領の獲得を、重要な契機としたと考えられる。(30)

三　応永二〇年、備前における「権門」と「大庄」

以上、越中の領主構成を検討してきたが、本節では比較対象として、同様に棟別徴収対象国となった備前を取り上げてみたい。

備前での徴収については、関連史料から(31)以下のような経緯が復元できる。児島山伏の縁秀・縁親らに委託された徴収活動は、応永二〇年（一四一三）六月頃から開始された。しかし、国使節を出すといいながら守護の協力は消極的で、守護代から免除が通例と通告された荘郷七ヶ所、細川氏領の小豆島・児島、義満側室の西御所領などについても徴収しえなかった。このほかに武力で徴収を拒否した在所もあり、結局徴収費用すら捻出できなくなり、失敗へと帰結することとなる。

今回取り上げたいのは、徴収の困難に直面した担当者縁親が同年八月に作成し、翌月東寺へ送った注文――

「備前国棟別銭沙汰并無沙汰在所注文案」（ヌ函七九、以下「在所注文案」）である。この史料は、①この段階で棟別を徴収しえた荘郷保一九ヶ所、②守護代から免除が通例と通告され、徴収しなかった荘郷七ヶ所、③棟別を徴収しようとしたが、なしえなかった荘郷保二七ヶ所、④西御所（義満側室高橋氏）領一五ヶ所、⑤細川家領児島郡七ヶ所、⑥細川家領小豆島郡五ヶ所に分け、徴収の実情を記したものだ。④～⑥を除けば領主名が記載されないものの、いくつかの「少所」を除いてほぼ一国全体にわたって荘郷名が列挙されている点は重要なうえ、次のような情報も注目に値する。(32)

この史料で縁親は、②の七ヶ所に関して「此七个所いつれも大庄にて候。一所にて二三十貫文取候へき在所にて候。」、最後に棟別が徴収できなかった②～⑥の合計六一ヶ所に関して「并不ㇾ取在所六十一个所にて候。（中略）此内ニ大庄大郷共多候。大方十分一も不ㇾ取覚候。」と述べる。合計八〇ヶ所のうち、一九ヶ所が支払ったというのだから、荘郷保の数でいえば四分の一弱に相当するが、それでも徴収額は十分の一にも満たないという。この時点で徴収できていた額は三〇貫（ヌ函二七七）だから、その一〇倍強、三〇〇～四〇〇貫ほどの収入を本来見込んでいたという計算になる。

具体的には②のうち津島郷を除く新田荘・福岡荘・上道郷・幡多郷・豊原荘・鳥取荘の六ヶ所と、③のうち香登荘・鹿田荘に「大庄」の記載が付されており、これらが一ヶ所あたり二〇～三〇貫ほどの収入を見込まれた荘郷である。これら七、八ヶ所から徴収できていないのだから、徴収見込額の半分以上がこの数ヶ所に依存していたといえよう。多少の誇張はあるにしても、荘郷間でのかなりの格差を確認できるとともに、そのなかで最も徴収額を大きく算定されていた「大庄」から、棟別銭が徴収できていなかったことをみてとれよう。(33)

こうした「大庄」群に、同じく徴収できなかった西御所領・細川氏領を加え、近世の地誌にみえる村数の記載その他の情報について一覧にしたのが、表4である。近世に数十ヶ村にわたる遺称地を残す新田・鳥取・豊原・

長田の各荘と馬矢郷のうち、新田荘が三石・吉永・藤野保を包摂していたこと、鳥取荘が山口方・仁保方も含めた三ヶ荘からなること、豊原荘が尾張保・包松保・邑久郷・南北条荘・長沼荘・神崎荘を包摂した六ヶ郷からなること、長田荘が建部郷・賀茂郷を包摂していたこと、馬矢郷が一宮吉備津宮（吉備津彦神社）所在地で社領一二名の集合体だったことなどは中世史料からも明らかなので、中世段階でもそれらが他領を包括する大規模な荘

備　考
ＢＣでは伊里荘・本條荘・日笠保・八塔寺保・田土荘などとされる村々は、Ａでは新田荘に数えられる。中世では本庄・和気・伊里・弓削・新庄・吉原・田戸が新田荘七ヶ村とされ、そのほかに三石・藤野・吉原保も含むとされる。
ＢＣでは菅原荘などとされている村々が、Ａでは香登荘に数えられている。
Ａでは高月荘・葛城荘とされる村々がＢＣでは鳥取荘にカウントされる。中世では山口・仁保方を含む三ヶ荘とされる。
Ａでは邑久郷・神崎保・南北条荘とされる地域がＢＣでは豊原荘にカウントされる。中世では南北条・長沼・神崎・邑久郷・尾張保・包松保などを含む。
Ａで三野新荘や東野田保とされている村々も、ＢＣでは鹿田荘にカウントされる。
ＡＢＣで別項目の建部郷・紙工保を、中世では含んでいる。
Ａには記載なし、ＢＣでは三宅郷・林郷など郡内とされる荘郷村落を総計す。
近世には讃岐へ編入されたため、Ａ～Ｃに記載なし。

表4　備前国における「大庄」

郡	荘郷名	「在所注文案」の記載		室町期の領主	近世地誌の村数		
		区分	「大庄」記載		A	B	C
和　気	新田荘	②	有	松田、赤松氏	47	8	4
和　気	香登荘	③	有	南御所御料所	15	8	8
磐　梨	佐伯荘	③	無	御料所、南禅寺徳雲院領	18	24	24
赤　坂	鳥取荘	②	有	禁裏料所	17	44	43
邑　久	豊原荘	②	有	禁裏料所 （赤松・山名氏の請負）	8	31	34
上　東	福岡荘	②	有	赤松氏	15	19	14
上　道	上道郷	②	有	領家職は南御所知行、雲項庵領・鹿苑院領としても所見	13	12	14
上　道	幡多郷	②	有	慶雲院領	7	7	9
御　野	津島郷	②	無	領家職は南御所知行	2	6	6
御　野	鹿田荘	③	有	松田氏	5	18	18
津　高	馬矢郷	④	——	西御所	24	30	32
津　高	長田荘	④	——	西御所	29	40	38
児　島	——	⑤	——	細川氏	—	85	86
小豆島	——	⑥	——	細川氏（東郷は讃州家領）	—	—	—

A：「吉備温故秘録」所収「慶長十年備前高物成帳之内郷荘保」（慶長10年）
B：「備陽国志」（元文４年）
C：「吉備温故秘録」（寛政～享和頃）　　　　　　　　（以上『吉備群書集成』１巻・７巻に所収）
参考：藤井駿『吉備地方史の研究』（法蔵館、1971年）、『岡山県の地名』（平凡社、1988年）、『角川日本地名大辞典　33　岡山県』（角川書店、1989年）、榎原雅治「備前国」（『講座日本荘園史９　中国地方の荘園』吉川弘文館、1999年）、橋本道範「王家領備前国豊原庄の基礎的研究」（『吉備地方文化研究』16号、2006年）、その他各地域の自治体史など。

郷であった点は十分に認めてよい。[34]このほか、それぞれ十数村の遺称地を近世に残す福岡荘・香登荘・上道郷・鹿田荘についても、福岡荘は吉井川右岸の平地、上道郷は旭川左岸の平地、鹿田荘は旭川右岸河口の干拓地域においてそれぞれ最大の荘郷と思われ、先の諸荘郷に次ぐ規模と考えてよい。

また、これらのうち年貢請負額が判明する鳥取荘・香登荘をみても、一〇〇〇貫・四二〇貫と数百貫に及ぶから、[35]こうした大規模な所領が高収入であったのも、越中でみたのと同様と思われる。

こうした荘郷をみていくと、西御所領以外では、②の鳥取・豊原両荘は禁裏御領、福岡荘は守護赤松氏領で、新田荘は松田庶流で奉公衆でもある鹿田氏が知行していた。上道郷・幡多郷は津島郷とともに「庁分」とされる国衙領で、元来院庁や女院庁に直接属した所領と思われるが、備前国衙は遅くとも義教期には南御所の知行下に移行し、少なくとも上道郷はほか一三ヶ所とともに南御所の所領として確認できる。[36]また上道郷は相国寺雲頂院・鹿苑院、幡多郷は相国寺慶雲院の所領としてもみいだせる。さらには③のうち、香登荘は国衙同様に南御所御料所で、鹿田荘は松田氏の所領であった。以上のうち、禁裏料所や松田氏の所領についてはその位置づけを十分に考慮する必要はあるとはいえ、大規模と思われる荘郷が、足利家やその一族、足利氏に近い禅宗寺院、在京する大名など、在京する有力者たちに知行される傾向は十分にみてとれよう。[37]

続いて、広域・幹線交通の要衝という観点からみてみよう。備前では山陽道が船坂峠―三石(新田荘内)―香登―(吉井川渡河)―福岡―居都―上道―(旭川渡河)―三野―馬矢と内陸部を通過し、[38]また牛窓や下津井など遠隔地流通の拠点が大河川河口から離れた場所にある。そのため、幹線街道・河川の交点、河口地帯(豊原荘・鹿田荘など)、遠隔地流通の拠点港湾がそれぞれ別個に存在し、交通の要衝の機能は越中ほど特定の地域に集約されないのだが、この国でもかかる意味での要衝のほとんどが、前掲の諸氏の所領内に存在すると思われるのである。[39]交通の要衝には、都市が形成され、家々が軒を連ねる。福岡荘以下の平地で要衝に存する諸荘郷が、新田荘など広大な所領と同様に「大庄」と認識されたのも、それに次ぐ規模もさることながら、棟数の多さが考慮されたからだったのであろう。

この徴収の失敗を弁明する書状の末尾で、縁親はいう。「権門在所をハ守護使も是非を申されす候くらいにて候ほとに、まして此方儀ハ物の数ともせられす候。」（ヌ函二七七）、と。ここに、守護ですら手を出しえない在京有力者――「権門」の手に、大規模で交通上の枢要性をもつ「大庄」が知行される、という越中でみいだした傾向を、後世の情報からの類推としてでなく、同時代の人物の実感としてみてとることができよう。

さらに、他の領主を含めた全体的構成へと論を進めよう。以上のほかにも、石清水八幡宮領（片岡荘、鹿忍荘）、賀茂社領（山田荘、竹原荘）など三社領や、禅宗寺院領（佐伯荘〈南禅寺徳雲院領〉、邑久郷〈大聖寺領〉、軽部荘山手村〈鹿王院領〉ほか）、赤松春日部氏の所領（出石・平瀬郷）などがみいだせる。松田氏も、前出の新田・鹿田両荘のほか、本宗家が可真郷・小岡荘、一族が鳥取荘山口方にかかわっていたことが知られる。越中における斯波氏のように現守護を凌ぐほどではないが、旧守護の勢力の残存、現守護の勢力の度合いの低さを指摘できるとともに、全体的にみても在京領主の所領は決して少なくないといえよう。在京領主領の数が多いなか、そのなかの有力者が交通の要衝や大規模な所領を知行する、という基本的な構図は、備前でも同様であったと結論づけられる。

さて、こうした構図のほか、先に触れた史料で在京する有力領主が「権門」という位相で語られていた点に、目を向けておきたい。「権門」とは、国政にかかわって「権威・勢力をもつ門閥家」を意味するとされる用語で、平安期〜中世前期の支配体制を概念づけるキーワードとされてきた言葉だが、(40)ここで将軍家関係者や在京大名たちが、そうした勢力と認識されていることがわかるのだ。顧みれば、公家領系の領域型荘園の他領包括的性格や大規模性が近年注目されているが、(41)越中の般若野荘・阿奴荘・高野荘にしても、備前の新田荘・福岡荘・香登荘・長田荘などにしても、本稿でみいだした「大庄」の多くが、その流れを引く、いわば前代の遺産のなかで最もうまみのある部分であった。室町殿とその関係者、そして有力大名たちは、その遺産の枠組みを十分に利用しつつ、[42]中世前期の諸権門たちに代わって国政に密着した門閥的勢力となり、社会的に「権門」と認識されていたのである。

今回取り上げた棟別銭徴収の一件では、給人や地域社会は［史料2］の「さんかいとの」のように「権門」との個別的関係を可能な限り利用し、徴収に反発しようとした。これを「権門」側が容認・黙認すれば、縁秀の言のごとく守護がかかわっても棟別銭徴収は困難だったはずだ。備前の守護がかかる活動に消極的な態度をとった背景には、こうした事情を考慮すべきだろう。徴収失敗の要因として守護の非協力が注目されてきたが、[43]早い段階で国内最大の「権門」斯波氏の協力を獲得できた越中で徴収が黒字になったこと[44]を考えれば、こうした「権門」の協力も現実的に徴収の成否を左右する重要な要因であった。もう少し一般化すれば、体制を通じて何かを遂行しようとしたとき、その国の守護の協力のみではなく、有力領主たちの合意も肝要な要素となりえた、ということになろう。

こうした点を総合すれば、政権に密着した門閥的勢力――「権門」の集合体が、荘園制を基盤に全体として体制を形成している、というあたかも中世前期の権門体制を思わせるような説明が、中世後期に関しても成立しうることに改めて気づかされよう。当該期の体制は命令系統や国ごとの公権を重視する幕府―守護体制というかたちで概念化されてきたが、それは当該期における在地領主や地域の自立傾向を前提とし、それを中央に結びつけるのが守護公権しかないと考えられたからだった。しかし、守護公権の影響が限定的で、ここでみいだしたような個別領主支配という要素も重要な意味をもち、ほかにもさまざまな要素で都鄙が結びつけられているとするならば、それらを相応に位置づけるかたちで、全体像を描いていく余地があるように思われる。既存の枠組みからはみえにくい以上のような側面を照らし出してくれるところに、この棟別銭徴収関係史料の価値は認められるべきであろう。

むすびにかえて

以上、応永二〇年の越中・備前両国を検討し、在京領主の所領の数の多さを確認するとともに、大規模さや交通上の枢要性から高収入が見込まれる所領――この二ヶ国の事例では郡に一～数ヶ所、国に十数ヶ所ほど存在した――が、在京領主のなかの有力者に知行される傾向を指摘し、質的な意味でも在京領主に比重がかかった領主構成をみいだすことができた。またそうしたなかでその国の守護以外の在京有力者の所領も多く、必ずしも守護の影響度は高くないこと、とりわけ越中では前守護斯波氏が現守護畠山氏の勢力を大きく凌いでいたこともみてとれた。在地領主の押領行為や地域の自立、それに対応した守護権力の拡大という理解では説明しにくい要素を、近年の室町期荘園制論という大枠の議論で示されるよりも、具体的に提示できたはずだ。

行論の流れから、体制全般に及ぶところまで話を広げたが、そうはいっても、これはあくまで越中・備前を素材とした個別的状況として描いたものである。かくして次には、かかる状況のうち、どの要素がどれほど一般性をもつか、という点が問題となろう。それを考えるために、最後にこうした状況が成立するための背景、前提条件について検討しておきたい。手がかりにしたいのは、越中について指摘されてきた、次の点である。

越中では従来、奉公衆――なかでも他国出身者――の所領が多い点につき、『蔭凉軒日録』延徳二年（一四九〇）二月八日条の記事を引用して、守護の桃井直常の謀叛に与同した人物の跡が奉公衆へと配分されたため、といわれてきた。(45) 厳密には桃井討伐の際ではなく、貞治五年・六年（一三六六・六七）の斯波氏討伐の際に宛てがわれたものが多いといわれるが、(46) 戦乱や反乱の鎮圧戦のなかで中央の関係者の所領が設定される、という経緯は相違ない。基本的に南北朝期の段階から在京する人物によって守護職が知行されていた同国では、戦乱・反乱も中央政治と密接に連動するもので、そうしたなかだからこそ、在京領主の所領が設定されていったといえるであろう。

越中で斯波氏が守護畠山氏の勢力を凌ぐのも、そうした観点から説明がつく。畠山氏が守護に補任されたのは康暦の政変後、斯波氏が本来の分国越前を回復するためにおこなった守護分国の交換によるという。(47) 斯波氏が追討される過程ではなく、斯波氏の優勢下で進んだ守護交替だったため、分国内の斯波氏知行が多く留保された──そう考えて、ほぼ間違いあるまい。一方の備前では、赤松氏に守護職を奪われた松田氏は、それなりに所領を保持しており、それは一つには番衆というかたちで中央の領主社会における身分を獲得していたからと考えられる。しかし、松田氏は越中における斯波氏ほどの存在感はもたない。この二者を比較するに、旧守護なども含め、その国の守護ではない人物が勢力を維持したり、拡大したりするのに際しても、中央での権勢が重要な要素だったといえるであろう。(48) 以上のような点を総合するなら、本稿でみたような、質的にも在京領主に比重のかかった領主構成は、このような中央の政治と連動しながら展開したという歴史過程を前提とする、との説明が導出される。

次なる研究段階でこれを検証するには、一つにはこのように非在地的な支配関係がどのような地域で維持されていたか、できあがった体制そのものを全体的・鳥瞰的に観察することが重要である。その一方で、今述べたような非在地的な展開過程自体を──とくに社会的門閥勢力となった武家関係者の所領を基軸に──明らかにしてゆかねばならない。後者に関しては史料的制約が問題だが、発給文書などを利用して私領主を割り出す手法など(49)も使用すれば、従来使われていない情報も視野に入るはずだ。そうした情報をも利用しながら、大規模な所領や交通の要衝にあたる所領が中央政治と連関しつつ推移し、在京する有力者の手に渡っていく過程については、別稿にて述べたが(50)、そちらも合わせてご参照いただければ幸いである。

（1）各地の自治体史や地名辞典類の編纂、『講座日本荘園史五〜一〇』（吉川弘文館、一九九〇〜二〇〇五年）などによる。

（2）伊藤俊一「室町幕府と荘園制」（『年報中世史研究』二八号、二〇〇三年）。榎原雅治「近年の中世前期荘園史研究にまなぶ」（『歴史評論』六四五号、二〇〇四年）。こうした指摘としては、本稿でも取り上げる越中について『富山県史通史編Ⅱ中世』第三章第一節二（一九八四年、熱田公執筆）で述べられたのが比較的早いものである。また、実証的成果としては、『宮津市史通史編古代中世』第八章（二〇〇二年、外岡慎一郎執筆）における「丹後国田数帳」の本格的分析が最重要のものである。

（3）網野善彦『日本中世土地制度史の研究』（塙書房、一九九一年）。

（4）越中については、木倉豊信「越中における荘園の分布」（『越中史壇』二九号、一九六四年）、久保尚文「荘園史の特色」（同『越中中世史の研究』桂書房、一九八三年）、註（2）『富山県史』、富田正弘「荘園」（『富山大百科事典』北日本新聞社、一九九四年）など。備前については、藤井駿『吉備地方史の研究』（法蔵館、一九七一年）所収の諸論考や、榎原雅治「備前国」（『講座日本荘園史9　中国地方の荘園』吉川弘文館、一九九九年）など。以下では、以上の研究や地名辞典類の記述を参照するが、事実レベルでの参照の場合は基本的に明示しない。

（5）なお、本稿では、「東寺百合文書」から多くの史料を引用するが、その場合、函名と番号（京都府立総合資料館目録の番号）のみを略記する。

（6）この前後の経緯に関しては、榎原雅治・伊藤俊一が詳しく述べたとおりである。榎原「山伏が棟別銭を集めた話」（同『日本中世地域社会の構造』吉川弘文館、二〇〇〇年、初出は一九八六年）、「室町時代の棟別銭催促」（東寺宝物館編『東寺とその庄園』、一九九三年）、伊藤「室町時代における東寺修造勧進」（東寺文書研究会編『東寺文書にみる中世社会』東京堂出版、一九九九年）を参照のこと。

（7）高森邦男「畠山氏の領国越中と棟別銭徴収について」（『富山史壇』九一号、一九八六年）。以下で高森説に触れる場合、とくに注記しない場合はこの論文による。

(8) 応永二一年（一四一四）四月に聖珍が提出した「越中国棟別雑事注文」（ヌ函八五）に、二月一一日より一一月一四日までの支出が記され（なお、高森は註(7)論文でこれを棟別銭の徴収額と考えているが、この項目は守護方一献分ほかの支出と合計されており、支出額と考えたほうがよい）、当国における棟別銭の徴収は、応永二〇年の二月から一一月までのあいだにおこなわれたと考えられる。なお、（応永一九年）一一月二六日付の聖珍書状に「二月なり候ハヽ、とりさた申候へく候」（メ函五八）と書かれるが、それとも整合する。

(9) 阿奴荘に関する文書をみれば、「大方殿」が紀良子（洪恩院）を指すのは明らかである（『県史』五六九号など）。

(10) 百瀬今朝雄「段銭考」（『日本社会経済史研究　古代中世編』吉川弘文館、一九六七年）。なお、久保尚文も同様の指摘をするが（註(4)久保著書、八六頁）、久保は一方で高野荘を管領細川氏の所領と考えているようで（註(4)久保著書、一一六〜一三一頁。また『小杉町史』二六二頁（一九九六年）で斯波氏所領に論及する際にも、高野荘にだけ論及していない）評価に揺れがある。一方富田正弘は、高野荘だけでなく、東条・入善・般若野の三ヶ所も細川氏の所領と考えているようで（註(4)富田執筆項目）、この見解にも問題がある。

(11) 斯波義郷は応永一七年（一四一〇）生まれで、応永二〇年（一四一三）段階で官途を有していたとは考えにくい。また、永享五年（一四三三）に兄義淳の跡を継ぐまで、彼は相国寺の僧だった。以上より義淳・義郷説は成立の余地はない。義教・満種は兄弟ではなく従兄弟だから、端裏書は「武衛」と「左衛門佐兄弟」が併記されている――すなわち「左衛門佐殿」と「少輔殿」が兄弟である、と解釈されよう。義将―義教―義淳と続く斯波家本宗の人物は治部大輔が初官で「〇〇少輔」にはならないのに対し、義種―満種―持種の一流は代々民部少輔となる。満種の弟に「少輔殿」がいても、不思議ではない。

【斯波氏系図】

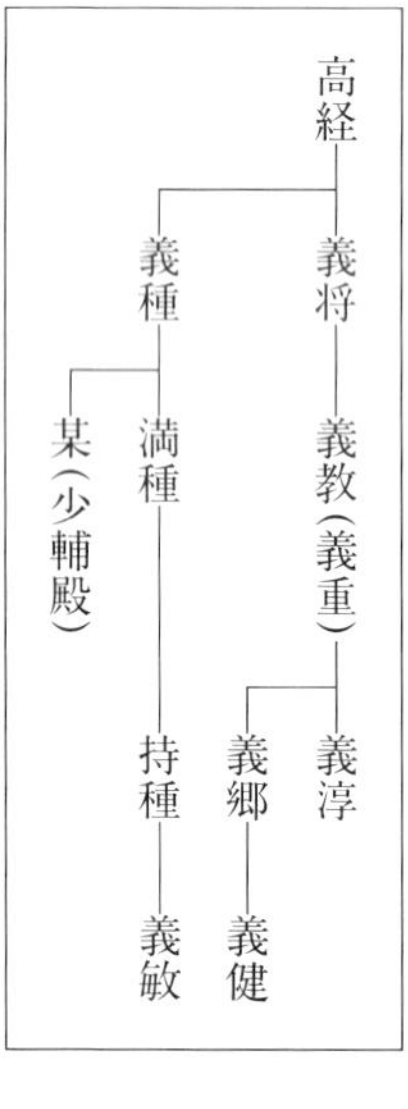

(12) 河村昭一「南北朝期における守護権力構造」（『若越郷土研究』二八ノ二・三・四、一九七八年）。

(13) 註(7)高森論文、註(10)『小杉町史』久保執筆分など。

(14) 註(7)高森論文の指摘のごとく、室町殿足利義持の所領と思われる。
(15) たとえば註(6)伊藤論文、九四頁。
(16) 『県史』六五三号。この史料では、斯波氏の押領下にあった応永二年(一三九五)に社務の祐有が綸旨を下されて(『県史』五二四号)以来、永享元年(一四二九)まで当知行していたという。しかし、応永二〇年(一四一三)の段階で斯波被官が知行を継続していたことからみて、祐有の当知行が斯波被官を排除したものであった可能性は低い。当知行していたとしても、おそらく斯波関係者の請負によるものであろう。
(17) ただし、五位荘に関しては、義満室日野業子の菩提料所として応永一二年(一四〇五)に相国寺に寄進されたという記事(『県史』五四九号)もあって、室町殿の一族の生活や追善仏事などの費用を拠出し、その意向によって知行者や得分配分が変更されやすい御料所的な所領だった可能性があり、検討の余地が残る。
(18) [史料2]に「当国御領共多候」とあるとおり、この段階で当国における斯波氏の所領は非常に多かったようで、ほかにも所領があった可能性は十分にある。しかし、棟別銭徴収許可直後に徴収を認めさせた所領は[史料1]で網羅されるから、斯波氏所領の主要な部分は把握できたのではないかと考えている。
(19) 【地図】では、中世段階で確認できる荘・郷・保を地図に落とした上で、そのなかで在京領主の所領について明記した。その比定に関しては、『角川日本地名大辞典　一六　富山県』(角川書店、一九七九年)・『富山県の地名』(平凡社、一九九四年)などを参照した。なお、領家職のみの知行の場合は、下地をもたない可能性も高いので、さしあたってこの地図からは省いている。
(20) 註(4)榎原著書三三一～三三五頁を参照。
(21) 久保尚文「室町期越中交通史の一考察」(註(4)久保著書)。
(22) 守護所シンポジウム@岐阜研究会世話人編『守護所・戦国城下町を考える　第二分冊』(二〇〇四年)「放生津」の項(金三津英則執筆)。金三津英則・松山充宏「中世放生津の都市構造と変遷」(『港湾をともなう守護所・戦国期城下町の総合的研究』科学研究費補助金(基盤研究B)研究成果報告書、研究代表者仁木宏、二〇〇八年)など。畠山氏勢力の初見は康正元年(一四五五)で(『県史』七二九号)、少なくともそれ以前に進出したと考えられる。
(23) 本来滑川は祇園社領堀江荘内であったが、幕府御料所として分離する(註(4)久保著書、一一〇～一一二頁)。

(24) 富田景周が加賀藩主前田氏の命で作成した地誌。文政一一年（一八二八）の景周死亡後、津田鳳卿が自説を注記に加えて完成させ、天保元年（一八三〇）に藩主へ献上されたという。

(25) 正保三年（一六四六）の「越中国三郡高付帳」に本高が記載されている村は、慶長年間の検地で高を把握された村とされる（佐伯安一『近世礪波平野の開発と散村の展開』桂書房、二〇〇七年、七頁）。越中では、旧河道や台地の開発によって村数が近世に入ってから激増しており、中世の状況を考える際には留意しておかなくてはならない。

(26) たとえば、細川氏領の大田保は、近世段階では熊野川以北が富山藩領太田保、熊野川以南～山間部が加賀藩領太田荘とされ、さらに熊野川流域の諸郷（蜷川郷・熊野郷・八川郷・三室郷）も同保内、荘内に数えられ、一三〇ヶ村（うち慶長古村八一）にも及ぶと考えられていた。しかし、熊野川流域の蜷川や熊野保、青柳・大浦保などは、中世史料に出てくる際に大田保内とは示されず（熊野保は『県史』六二五号、大浦・福沢は同九〇三号を参照）、そうであった確証はない。ましてやその南側に広がる山間部の村落は、大田保との関係を積極的に裏づけることはできない（この点は、註(4)久保著書、四七六頁でも述べられる）。一方、富山城下の前提となる富山郷は大田保内とされるから、近世の保域に惑わされることなく、大田保は常願寺川扇状地の扇央地帯から富山周辺にかけて所在した保だった、と考えたほうがよかろう。

同様に、一〇〇前後の村落を含むとされる賀積保・楡原保・二上荘は、明らかに中世には荘域・保域でない地域まで数え上げて、中世の実態以上に広大なものと認識されており、ここにも、中世の実態と近世の認識のずれをみてとることができる。これらの荘保が近世に大規模なものと認識されるようになっていた理由としては、賀積保が松倉城を拠点とする椎名氏の、楡原保が斎藤氏の戦国期における勢力範囲を反映したからだ、とする木倉豊信の説明（『八尾町史』五二頁、一九六七年）が注目される。筆者としては、二上荘や大田保（荘）も、守山城・富山城を拠点とする神保氏の勢力範囲に伴って大規模化した、とするのが妥当ではないかと考えている。

(27) 応永年間に斯波氏所領で、のちに御料所となる般若野荘の年貢は、延徳年間には四九〇貫だったが、もとは七〇〇貫とされる（『蔭涼軒日録』延徳二年七月二六日条）。同じく義満子息の法尊入寺以降仁和寺領となった阿奴荘も、年未詳ながら根本の収入が七八〇貫と書かれる（『県史』九五九号）。般若野・阿奴荘ともに、本来の収入とは、応仁の乱以前の状態を指すと考えられる。ほとんどの寺社本所領では、数貫程度、数十貫・数十石の収入があればましな方であるから、その経済的規模の違いは明らかであろう。

(28) たとえば進士氏が宛てがわれていたのが三田社地頭職四分一であった（『県史』四五九・四六〇号など）。

(29) なお、守護代遊佐家長が三社領・御料所を除き催促するという方針を示している（『教王護国寺文書』九八三号）ことから、「免除在所注文」にみいだせる所領のうち、三社領以外を御料所とみなす解釈も成立しうる。たしかに、なかには伊勢氏の所領のようにほぼ御料所と考えて間違いない事例も確実に存在している。しかし、徴収免除地の決定は領主や在地の運動によって左右され、最終的に免除された所領が本来の方針と完全に適合するとはいいがたい。そのため、ここではそのようには判断せず、御料所と呼ぶべき所領が伊勢氏の知行のほかにも含まれている可能性を指摘するに留めたい。

(30) ただし、同様に勢力を形成するのは守護関係者だけではない。足利家の御料所の所見は一五世紀半ばに増加するが、上様御料所として確認できる般若野荘のように（『蔭涼軒日録』延徳二年七月二六日条など）、斯波氏領から転じたと思われるものもそこに含まれるのである。南北朝内乱のなかで形成された斯波氏の没落を画期とし、その基盤を浸食するかたちで、守護畠山氏の勢力と足利将軍家の基盤が並行して拡大する、と考えたほうがよさそうである。

(31) ヌ函七九・二四四・二六一・三一一、カ函一八七など。

(32) なお、この史料には領主名を記した附箋が付されるが、その位置が当初の位置と異なる場合があることは、榎原雅治の指摘するとおりである（註(4)榎原著書、二六三頁）。

(33) 「大庄」とは、その荘郷の規模を含意するのはもちろんだが、時頼から「近国ノ大庄八箇所」を賜った青砥左衛門尉が「是ハ今何事ニ三万貫ニ及ブ大庄給候ヤラン」（『太平記』巻三五北野通夜物語事付青砥左衛門事）と驚いたように、収入の大きさを基準に使用されることが多い。ここでは、棟別銭の収入予定額を念頭において使用されている。

(34) 三つの地誌のあいだで異同があるのは、このように包括されていた荘郷保を、独立した枠組みと認識する場合があるからである。一般に、大河川のもとで広大な平野が広がり、開発も遅れていた越中に比し、低い山地・丘陵に区切られた小規模の平地が連なり、開発も進んでいた備前のほうが、荘郷の枠組みが比較的ストレートに近世へと受け継がれているようである。

(35) 鳥取荘は『建内記』嘉吉元年九月一四日条、香登荘は「宝鏡寺文書」京都大学文学部古文書室架蔵の写真帳を参照した。なお、以下で「宝鏡寺文書」を参照する場合、すべて同所の写真帳を利用した。

(36) 備前の国衙は、鎌倉初期には後白河院分国で一時東大寺造営料国とされたことが知られ(金井圓「鎌倉時代の備前国衙領について」『日本歴史』一五〇号、一九六〇年)、鎌倉後期には治天の交替によって永福門院から遊義門院へと知行が移っていること(『実躬卿記』同年二月一六日条)、南北朝期には後光厳の料所としてみえること(『大日本史料』第六編之三十二、二六一頁、「後光厳院御記」応安三年九月四日条)などから考えて、王家の知行国だったと思われる。南御所領の注文と思われる「備前国之国衙御料所之注文」(「宝鏡寺文書」)に所々の知行は領家職としてみいだせるから、王家の知行国が南御所へと相伝されたと考えられよう。

(37) なお、禁裏料所のうち、鳥取荘などは守護関係者の請負で成立していたから、そちらを強調したほうがよいのかもしれない。松田氏の知行とした所領のうち、新田荘は赤松氏が知行する時期もあったようで、御料所と推測されている(註(4)榎原論文)。

(38) 香登―福岡―三野渡を通ったとする今川了俊の「道ゆきぶり」(『群書類従』紀行部所収)をもとに、このように復元するのが一般的である。なお、三石―香登間を、湾岸の片上津経由とする説と、金剛川流域の和気宿経由とする説がある(岡山県教育委員会『岡山県歴史の道調査報告書　山陽道』(岡山県文化財保護協会、一九九二年)などは前者の説を採り、榎原雅治は「宿」地名の分布から後者の立場をとっているようだ)。

(39) 香登荘・福岡荘・上道郷・豊原荘・鹿田荘などについては、前述したので省略する。このほか、下津井は細川氏領の児島のうちである。また、足利義満が牛窓に寄った際に赤松右馬助が饗応したという「鹿苑院殿厳島下向記」(『広島県史　古代中世資料編Ⅰ』「編年史料」一八九六号)の記事から、牛窓の領主も赤松氏であった可能性が高い。

(40) 黒田俊雄「中世の国家と天皇」(『黒田俊雄著作集　第一巻』法蔵館、一九九四年、初出は一九六三年)。

(41) 川端新『荘園制成立史の研究』(思文閣出版、二〇〇〇年)。高橋一樹『中世荘園制と鎌倉幕府』(塙書房、二〇〇四年)。

(42) もちろん公家領荘園でも、越中の石黒荘のように郷ごとに別相伝されて分割されたり、堀江荘のように広域化しないまま他領へ吸収されてしまうものもある。逆に賀積保・大田保のように本来は荘園でない所領が大規模化したり、備前の児島・小豆島郡のように荘・郷とは別個の枠組みが大きな意味をもつこともある。しかし、当該期の在京有力者たちの重要な基盤へ、受け継がれていたものも多いことは、本稿の論述で明らかであろう。

(43) 註(6)伊藤論文、九八頁など。

(44) なぜ斯波氏がこれに同意したのかが問題となるが、棟別銭徴収対象国だったはずの斯波本宗家分国の尾張が、以後の棟別徴収関係の史料に確認されなくなること(ヌ函七〇)、斯波義教が少なくとも応永二〇年八月までに、造営料として合計一九〇貫を奉加していること(ひ函四一)などから、斯波氏が越中国の自領からの徴収を認めて奉加銭を納める替わりに、自己の分国で棟別を徴収しないことを東寺に認めさせたのでは、と推測したい。これにより越中での徴収も黒字となり、また多額の奉加銭を得られたのであれば、東寺には十分に過ぎることであったろう。一方の斯波氏側にとっては、自己の分国における棟別徴収への協力は、分国外の所領からの徴収を認め、過分な奉加銭を払ってまでしても、避けたい事柄だったということになろうか。

(45) 久保尚文「桃井直常没落をめぐる諸問題」(『北陸史学』三六号、一九八七年)。

(46) 註(45)久保論文。

(47) 佐藤進一『室町幕府守護制度の研究　上』(東京大学出版会、一九六七年)。

(48) たとえば野尻荘は、本来文和年間に富樫氏に預け置かれていた(『県史』三四五号)のは確実なので、いずれかの時点で斯波氏の知行下へ移ったと考えられる。富樫氏が康暦の政変で没落する細川派の大名だったことを考えると、こうした政変がその契機だった可能性がある。

(49) 従来は守護以外で発給文書が検出される人物が、十分な検討を経ないまま守護公権論的な見地から分郡守護と即断されることも多かったが、そう考えられてきた事例のなかに地頭など私領主が存在することを指摘した(拙稿「南北朝期の守護論をめぐって」『室町・戦国期研究を読みなおす』思文閣出版、二〇〇七年)。

(50) 拙稿「南北朝期における所領配分と中央政治」(『歴史評論』七〇〇号、二〇〇八年)。

戦国期西播磨における地域権力の展開——龍野赤松氏の動向を中心に——

渡邊大門

はじめに

戦国期の赤松氏に関しては、野田泰三の研究が発表され、その権力のあり方が提起された。(1)その中で最も重要な指摘は、分国内に浦上氏という政治的な核を持ち、また守護代・国人らの地域権力が成立する中で、赤松氏は自身を「公儀」と規定し、天文年間まで一応の求心力を維持した、というものである。守護代・国人層が赤松氏の支配下から離脱するのは、概ね天文年間後半以降であり、それまでは守護赤松氏の一定度の規制力が働き、求心力を保持したとする。以降における戦国期の赤松氏研究は、野田の研究を基軸として展開することとなった。

その後、赤松氏に関する研究はいくつか発表され、特に播磨国内の守護代・国人らの地域権力に関する理解も深められている。(2)しかしながら、全体的には赤松氏の「公儀」との関係に触れたものは少ないため、赤松氏と播磨国内の守護代・国人との関係について、さらに検討を進めるべきと考える。(3)つまり、大枠で野田が提示した先の見解について、さらに個別事例に基づき、再検証を行うということである。

本稿でとりあげる龍野赤松氏については、石田善人・小林基伸・依藤保の研究がある。(4)とりわけ、小林の研究は、赤松政秀の守護代としての権力を分析し、政秀が①押領を重ねて実質的支配を拡大し、地域権力としての成長を志向する側面と、②守護代として国内支配の一翼を担う側面があると指摘した。この相矛盾した龍野赤松氏の歴史的性格は、当該期における守護権力との関係を考える上で重要な指摘である。また、石田や依藤の系譜研究も、基礎的な研究として重要な位置を占めている。当該期における龍野赤松氏の動向に関しては、『相生市史』等の地方自治体史にまとまった記述があるものの、書物の性格上、権力分析にまではいたっていない。

本稿では、以上の研究成果に導かれ、主に永正～永禄年間を中心とし、龍野赤松氏が西播磨に展開した地域権力を分析するものである。特に、領国の支配機構の一翼を担いつつ、地域権力化を志向する側面が、どのように変化を遂げるのかを検討したい。あわせて、当主赤松氏の「公儀」との関わりについて述べることとする。また、本稿は、戦国期の矢野荘を考える上で、前提となる地域分析の性格をあわせ持っている。

一　永正・大永年間における龍野赤松氏

文亀二年（一五〇二）に赤松政秀が没すると、西播守護代の地位は、その子息である則貞に引き継がれた(5)。同じ年には、赤松氏内部の政治的な核であった浦上則宗も没しており、以後赤松氏領国内での政治的な状況は混沌とした状況に陥る。その間、赤松政則後室洞松院尼が、一時的に政権を担うような事態も生じていた(6)。野田註(1)論文の指摘によると、政則の跡を引き継いだ義村が正式に執政を開始するのは、だいたい永正一二年（一五一五）～一四年頃と考えてよいであろう。

そのような政治的状況下で、政秀の跡を継承した子息の則貞は西播守護代に就任し、西播磨に権力基盤を築いた。次の文書は、則貞によって発給されたものである。

相生村太郎左衛門（海老名季重）拘分助延名之内、池内・佐方之中谷・同所千尋両三个所開四段事、中子細在之間、扶持候、

然上者、弥可致奉公由、可被申付候、恐々謹言、

永正十弐

四月十六日　（赤松）則貞（花押）

湯浅左京亮殿[7]

海老名氏とその一族は、鎌倉時代に矢野荘の地頭として入部しており、同地に基盤を置いていた。この史料は、海老名季重の拘分の助延名等三か所の新開地の安堵を湯浅左京亮に伝えたものである。湯浅氏は則貞の被官人と考えられ、海老名氏は湯浅氏を通して知行安堵を受ける存在であった。[8]

この史料の書止文言は、「恐々謹言」となっているが、守護の意を奉じた奉書文言（たとえば、「〜之由候也」など）が史料中に見られない。したがって、間接的ではあっても、知行安堵を授ける主体がこの地域に勢力基盤を置く龍野赤松氏であることに注目すべきであろう。註(4)拙稿でも触れているとおり、これまで西播地域は西播守護代赤松政秀の管轄下にあり、東寺とも深い関係にあった。以降の東寺サイドにおいては、政秀没後も後継者の則貞に頼っていたことがうかがえ、そうした関連史料も確認できる。[9]以上の点から、矢野荘周辺の地域においては、守護赤松氏ではなく守護代である龍野赤松氏が領主として認識されていたのである。

そうした発給文書の形式にとどまらず、実際の在地との関わりからも、龍野赤松氏が領主として認識された事例を見出すことができる。「鵤《いかるが》庄引付」からは、則貞が地域における領主権を確立し、守護から自立してゆく傾向を読み取ることができる。[10]以下、それらの概要について触れておきたい。

（一）守護代法廷としての機能

まず、「鵤庄引付」文亀元年（一五〇一）の条には、西光寺領について守護赤松氏にたびたび愁訴を行ったが、

まったく効果がなかったことを記している。それゆえ、長らく西光寺領は不知行であった。しかし、西播守護代である赤松則貞に折紙三〇〇〇疋を持参し、「目安詑言」を行ったと記されている。

目安とは訴状を意味することから、守護法廷に代わり守護代法廷が認知されていた証左となる。当時、播磨国は守護赤松義村が存在したものの、幼少であるため、裁定機能が十分に機能しなかったと考えられる。在地からすれば、守護代龍野赤松氏は守護赤松氏に代わる調停者として認知されていたのである。この事実から、守護代法廷が機能していたことを確認できる。

（2） 検断権の行使

「鵤庄引付」永正三年（一五〇六）の条によると、宿村左衛門九郎が女性を搦め取り、拷問を行った。その措置については、しばらく延引していたが、郡代内海弥四郎から二名の使者が派遣されようとした。しかし、「当庄守護不入在所」であることから、まず荘園内で対応を試みようとしたことが知られる。その後、守護代赤松則貞から三名の使者が派遣され、また則貞のいる塩屋へも関係者が赴くなど、解決に向けて活発な活動が行われている。しばらくして「於守護問答」とあるとおり、この案件は守護法廷に持ち込まれたが、途中経過における守護代龍野赤松氏の存在の大きさを示している。

同じく「鵤庄引付」永正八年（一五一一）の条によると、政所の東浦村に盗人が侵入し、これを政所の中間彦次郎が捕まえて殺害した。その後、盗人の身元を調査すると、弘山荘の住人与三さ衛門という者の子であることが判明した。これを聞いた赤松則貞は、使節四騎と六〇名余りを派遣し、糾明を試みようとした。しかし、ここでも「不入の在処《(所)》」ということで、「是非子細被申事無之」という措置に終わった。この事例も、守護代龍野赤松氏が検断権を行使しようとしたものである。

以上の事実は、決して解決へと結びつかなかったが、守護代の検断権行使が認められる事例として重要である。

（3）徳政令の発布

「鵤庄引付」永正八年の条には、赤松則貞と小寺則職の両名が署判を加え、弘山宿に徳政令（借銭棄破）の制札を掲げたと記している。その文言には、旧借銭をすべて棄破すること等が記されている。肝心の本文全体が伝わっていないのが残念であるが、恐らく則貞・則職両者の判断によって発布されたと推測される。当時、小寺氏は段銭奉行を務めており、鵤荘の段銭徴収を行っていたことが知られる。この事例は、この両名が守護公権の一部を代行していたことを示しており、徳政令を通して在地支配を円滑に進めようとしたと思われる。

以上の事例で見たとおり、守護代龍野赤松氏は地域権力の担い手として成長を遂げつつあり、守護赤松氏を脅かす存在になりつつあったのである。もちろん、その間には守護赤松氏の当主が幼少であったことなど、さまざまな条件があったことも無視できない。

永正一三年（一五一六）頃には、則貞の跡を村景が継承した。[11] 則貞には村秀という子息が存在したが、依藤註（4）論文によると、村景は村秀の弟であり、那波の地に拠点があったと指摘されている。つまり、大永年間（一五二一～一五二八）頃の西播磨地域には、那波を本拠とする村景と塩屋を本拠とする村秀が両立したことになる。

村景が史料上に登場するのは、永正一三年頃である。[12] この頃から、矢野荘へも影響を及ぼす存在になったのであろう。永正一七年（一五二〇）、矢野荘代官永山真久は東寺公文所に対して、三か国（播磨・備前・美作）兵乱のため年貢の収納が思うに任せないが、とにかく五〇〇疋を進上すると述べている。[13] この間、代官永山が村景とやり取りをしているところから、実質的な矢野荘支配には村景が大きく関与していたと考えられる。則貞が没して以降、村景は東寺に対しても安定的な関係を持っており、同地における有力者と認識されていた。[14]

村景も則貞と同様に、海老名季重の拘分の助延名等を安堵したことが知られている。

（花押）（赤松村景）

相生村太郎左衛門（海老名季重）拘分助延名田畠事

合

右、相生・池内・佐方中谷・同所千色（尋）四个所并開四段事、有様本役致其沙汰、末代無相違可相拘者也、仍下知如件、

大永弐

六月三日　　兼綱（兼総カ）（花押）[15]

この史料の兼綱（兼総カ）の名字は不明であるが、村景の有力な被官人の一人であったと考えられる。「鵤庄引付」永正一六年の条で、「ナハ（那波）中務少輔（村景）」に三奉行が存在したことが記されており、兼綱もその一人でないかと推測される。つまり村景は、膝下に官僚機構である奉行人を置いていたのである。この頃は、兄である赤松村秀も存在していたが、むしろ村景は那波一帯に勢力圏を広めつつあったのであろう。

一方で、村景の兄である村秀も、西播磨において勢力基盤を広げつつあった。両者は支配領域を異にしながら、並存していたのである。以下に、「鵤庄引付」をもとに、事例を掲出しておこう。

永正一三年（一五一六）九月、村秀は守護赤松義村や被官人浦上村宗と同様に、一〇貫文を斑鳩寺に奉加している。奉加の額は、義村・村宗と同額である。このことは、村秀の経済的基盤が、決して当時の有力者義村・村宗に劣らなかったことを示している。次に、大永五年（一五二五）に鵤荘内で用水切落しが発生したさい、村秀は上使を派遣して糾明を試みている。上使とは、在地等においてトラブルが発生したさいに、現地において事実確認等を行う職であったと考えられる。村秀が上使を派遣した事例は他にも見られ、末端の支配機構が整ってい

たことが知られる(16)。

また村秀は、天文元年(一五三二)に、専懐寺門へ御衣料一二〇貫文を持参した。これは、村秀が宗教勢力に積極的に関わったことを示しており、寺社保護から人心収攬を試みたものとして注目される。

以上のケースは、数少ない事例のいくつかのものであるが、宗教的権威との関わりや検断権の行使は、地域における領主権の確立をうかがわせるものがある。村秀の場合は、矢野荘よりも鵤荘関連史料において、その動向があらわれている。その点からも、両者の支配領域の相違が確認できる。

さらにこの間、村秀は被官人に所領安堵を行っている。

只今砌罷出条、本拘分之事、不可在相違者也、仍状如件、

大永三

五月十七日　　　　村秀《赤松》(花押)

円尾弥九郎殿(17)

この史料にあるとおり、村秀は守護の意を奉じる奉書形式ではなく、判物によって安堵を行っている。村景も同じであったが、こうした文書形式を採用して、守護を奉じることなく自ら所領安堵を行っていることから、村秀も西播磨において領主権を確立したと見てよいであろう。加えて、この村秀の判物とは別に、被官人である奥津氏ら三奉行人の書状が存在し、その史料では別途嶋村氏に指示がなされている(18)。村秀も村景と同様に、膝下の官僚機構である奉行人を置いていたと考えてよいであろう。

ところが、大永五年二月、村秀は龍野城において村景を謀殺した(「鵤庄引付」)。その間の事情は詳らかではないが、兄弟間において、支配権をめぐる権力闘争があったと考えられている。先にも触れたとおり、村景は那波を本拠としており、独自の支配権を確立しようとしていた。したがって、西播地域の支配領域をめぐって、村景

と兄村秀との関係がこじれていった可能性がある。

たとえば、「鵤庄引付」によると、大永二年（一五二二）に山名誠豊が播磨に侵攻したさい、村景は山名氏と浦上村国と結束していたと伝えている。したがって、一国争乱の最中に、村秀と村景が対決の様相を呈していたと推測される。村景没後、西播磨では、村秀が西播守護代とみなされることになる。(19)

そうした状況を受けて、村秀により発給されたのが次の文書である。

矢野庄那波方田地等拘分之事、任則貞（赤松）御一行之旨、当知行不可有相違候也、仍状如件、

大永六
八月九日　村秀（赤松）（花押）

相生村
太郎左衛門尉男（海老名季長男季信カ）(20)

この史料については、先に掲出したものと同様に、判物により知行安堵がなされている。また、「任則貞（赤松）御一行之旨」と史料中にあるとおり、村秀は則貞の発給文書にその根拠を求めている。この点について依藤註（4）論文では、村秀が村景の発給文書を否定したことになる、との見解を提示している。しかしこの場合は、海老名氏が村景ではなく則貞の文書を持参して、安堵状の発給を要望したと考えられる。つまり、村景から村秀に代替わりをしたさいに、海老名氏が亡くなった村景の安堵状ではなく、現在の領主である村秀の安堵状を欲したのである。その時に、海老名氏は敵対する村景でなく、則貞の判物を持参したと推測される。あわせて、この地域一帯が守護赤松氏の安堵を必要としなくなり、龍野赤松氏が領主として認識されていたことも改めて指摘できよう。

もともと西播磨は、龍野赤松氏中興の祖、赤松政秀が守護代として活躍した地域であった。明応五年（一四九六）に守護赤松政則が没すると、赤松氏被官人らは分裂し、龍野赤松氏の権力が一層浸透する契機になったと考

えられる。さらに、浦上則宗が文亀二年（一五〇二）に没すると、赤松氏当主の権限の弱体化が進み、その傾向が強くなったのである。その後も守護赤松義村の死という間隙を突いて、龍野赤松氏の村秀は独自の領主権を確立した。兄弟間の抗争を経て、より強固な存在となったのである。

以上のように、永正・大永年間には守護赤松氏権力が播磨一国に十分浸透しておらず、龍野赤松氏の地域権力形成の契機になったと考えられる。その要因には、①守護赤松義村が幼少であるため、有力被官人のサポートなしには政権運営が担えなかったこと、②義村没後の守護権をめぐる権力闘争が、事実上、有力被官人の誰が幼少の後継者政村（晴政）を擁立するか、にかかっていたことをあげることができる。こうした被官人間の抗争によって浦上村宗が事実上の守護として振舞ったが、播磨各地においては着実に龍野赤松氏らの地域権力が伸張を見せていたのである。

その間、龍野赤松氏は荘園・寺社・土豪と深く関わり、また知行安堵等は自身の判物によって行うようになった。(21) ただし、その範囲は揖東・揖西・赤穂の三郡程度でなかったかと推測される。(22)

二　天文・永禄年間における龍野赤松氏

本節では、天文・永禄年間における龍野赤松氏の動向について、前節と同様に矢野荘および鵤荘関係史料を用いて検討する。天文年間になると、尼子氏の播磨侵攻などもあって、守護赤松氏の威勢はますます弱体化した。すでに触れたように、野田註(1)論文によると、守護赤松氏が求心力を保ちえたのは、概ね天文年間頃までとする。はたして、在地レベルにおいては、どのような様相を呈していたのであろうか。

「鵤庄引付」天文五年（一五三六）の条によると、守護赤松氏は国中に臨時段銭を懸けたという。しかし、斑鳩寺においてその臨時段銭は「種々御詫言申」して、「則御免除之通ニ落居」したとある。したがって、この国中に懸けられた臨時段銭が、どこまで有効であったかは、やや疑問が残るところであろう。永禄年間以降になると、その傾向がさらに顕著となる。一方、同年における郡代廣岡氏の棟別銭の賦課については、「往古筋目」によって「無別相調了」とある（「鵤庄引付」）。臨時の賦課と従来から賦課されていたものとの比較になるが、ここに守護権力の低下を垣間見ることができよう。

次に、天文年間における龍野赤松氏の動向を確認しておこう。天文年間にいたっても、村秀の存在が認められ、次のように検断権を行使しようとした史料が見られる。

為御守袋之御衣被懸御意候、拝領目出度本懐至極候、仍今度仏性院放火之段絶言語候、悪行之輩尋出、是非共可及成敗、恐々謹言、

（天文五年）三月十三日　　　　村秀（赤松）（花押）

会米政所殿

尊所(23)

「仏性院放火」については「鵤庄引付」にその記事（「仏性院灰燼成了」）が確認でき、天文五年三月八日の出来事であったことがわかる。この史料からもわかるとおり、村秀は放火犯の成敗に、領主として強い意欲を見せているのである。しかしその後、村秀に関わる史料が見えなくなり、天文五年からそう遠くない時期には、没したと考えられる。

村秀の跡を継承したのが、その子政秀である。かつて、赤松政秀に関しては、異なった時代に二人いたことから、史料の人名比定に誤りが見られた（文明～文亀年間の政秀と天文・永禄年間の政秀）。現在は、石田註（4）論文によって、その誤解が解かれている。矢野荘関係で政秀が発給した文書については、天文七年（一五三八）に比定されるものが知られている。(24)この史料によると、政秀が天文年間にいたっても、公用銭を東寺に送っているこ

とが知られる。しかし、尼子氏の播磨侵攻によって、公用銭の確保が難しくなっていることもうかがえる。

このように、天文年間にいたっても、政秀は矢野荘の代官として活動しており、東寺から地域の有力者とみなされていたのである。ただし、政秀が矢野荘代官として活動したことについては、史料の制約もあって、その実態を明らかにすることは難しい。当時の状況を考えると、争乱の最中に年貢を確保することは困難であったと考えられ、東寺としても政秀に頼らざるを得なかったのである。当該期の守護である赤松晴政は、尼子氏の播磨侵攻にともない、各地を転々としていたため、事実上守護と呼べるような存在でなかった。

海老名氏との関係についても、政秀は村秀を継承し、知行安堵の主体となっていた。

矢野庄那波方田地等之事、相生村太郎左衛門(海老名季明)男拘分、任則貞(赤松)御一行之旨、領知不可有相違候也、仍状如件、

天文十六丁未年三月十八日　政秀(赤松)　判(25)

この史料からわかるように、村秀と同様判物により知行安堵がなされている。また、「任則貞(赤松)御一行之旨」と史料中にあるとおり、政秀も則貞の発給文書にその根拠を求めているが、これも文書を受給する側の要望であろう。なお、この後も海老名季明男の知行安堵は、龍野赤松氏の判物をもって行われることになる。(26)

以上のように、政秀は村秀と同じく、西播磨における基盤を着々と進めており、やがては訴訟裁定にも深く関わることになる。

栗栖庄平野村与大屋村申結公事篇儀、兎角自大屋村平野村へ罷出、一礼無事可然之由向後掟等被仰出、筋目少茂於相背輩者、堅被加御成敗、拘分等可被行散田之旨候、此趣両方江可被仰聞事肝要候、恐々謹言、

「天文十二」(異筆)
九月六日　恵藤四郎左衛門尉
秀通(花押)
内海右衛門大夫
綱範(花押)

佐野左衛門大夫
秀綱（花押）

岡対馬守殿
内波一兵衛尉殿[27]

栗栖荘は、現在のたつの市新宮町に所在する荘園である。史料中の平野村と大屋村は、栗栖川を挟んで位置しており、これ以前からたびたび用水を巡るトラブルがあったと推測される[28]。この史料から、一応の裁定がなされたことが判明するが、他に①掟が定められたこと、②背く者には成敗を加えることが記されている。つまり、守護赤松氏に代わり、龍野赤松氏が領主権を行使していたのである。この史料に署判を加える三名は、いずれも政秀の奉行人というべき人物であり、宛先の岡対馬守も同様である[29]。

こうした用水相論に関しては、政秀による裁許が行われていたことを他の史料によっても確認できる。

条々

一大（太）市郷与此方井水相論儀付而、最前政秀（赤松）一行可有御下事、

（後略）[30]

史料中の太市郷については、不明な点が多いが、恐らく姫路市内にあった郷であると推測される[31]。確かに太市郷と鵤荘は境を接しており、井水相論が起こりうる状況にあったといえよう。この史料でも「最前政秀一行可有御下事」とあるように、政秀の裁許状が有効であったことを確認できる。

このように、用水相論という在地間紛争は、農業という互いの生活基盤に関わる問題なだけに、当事者にとって重要であった。この頃の守護は赤松晴政であったが、先に触れたように事実上守護の体をなしておらず、有名無実の存在であった。その裁定者に龍野赤松氏がなりえたことは、当地における権力基盤を築く上で重要な意味

を持ったと考えられる。

次に、斑鳩寺の造営・奉加関係について、政秀との関係を確認しておこう。一般的に戦国大名は、寺社の造営や奉加を行うことにより、領国内に自らの権力を誇示し、また人心収攬を行っていたといわれている。西播磨においても、政秀は斑鳩寺の造営・奉加を行うことにより、同様の効果を狙っていたのである。

年未詳であるが、政秀は太子諸堂の造営にさいして、一〇〇疋を納めた[32]。同じく年未詳であるが、政秀が諸堂再興を望んでおり、奉加を行うことが記されている[33]。このように諸堂の造営は、政秀の権力を誇示しうるものであり、それゆえに積極的なかかわりを見せたと推測される。

また、政秀は、次掲史料にあるとおり、掟書を発布している。

　　可申付条々

一庄内無沙汰於堅催促可申付事、

一置銭切銭之事、

一右之両条、棄破以来算用事、

一諸納所難渋之下地及散田、法隆寺江直務可然事、

一催促人数各申付、可差遣候事、

　　已上

　　七月七日　　（赤松政秀）秀（花押）

　岡対馬入道（宗悟）殿

　恵藤越中守（省吾）殿[34]

この史料は、永禄期（一五五八～一五七〇）に推定されるものである。第三条に見られるとおり、第一条の

「庄内無沙汰」の催促、第二条の「置銭切銭」を実行するにあたり、以前に借銭棄破した時から以降の分について、算用すべきことが記されている。したがって、龍野赤松氏は、以前にも借銭棄破を行っていたのであろう。[35]切銭とは、薗部寿樹の指摘があるように、無利子の借銭を意味している。[36]置銭については、これまで研究が見られないが、切銭と同列に扱われていることから、何らかの借銭を意味するものと推測される。[37]つまり、龍野赤松氏は、借銭棄破を通じても、在地掌握を試みたと考えられるのである。

最後に、矢野荘においては、永禄年間まで政秀が公用を東寺に届けていたことがわかる。[38]その見返りとして、政秀は東寺から祈禱の巻数一合や扇一本を贈られている。同様に、政秀の被官人である円山弥左衛門尉や恵藤越中守にも、祈念札や祈禱札が贈られている。

以上見てきたとおり、天文・永禄年間にいたっても、龍野赤松氏の地域権力の展開はますます強固なものになっていった。それは、相対的に守護権力の後退を意味するものであり、守護赤松氏の勢力圏が狭められていったのである。しがたって、赤松氏の「公儀」は、早い段階すなわち永正年間に入った頃には、守護の権威のみで辛うじて生き長らえる状態だったといえるであろう。

むすびにかえて

永正年間から永禄年間にかけて、龍野赤松氏の在地における動向を中心にして、検討を行った。それらの要点をまとめると、次のようになるであろう。

(1)自ら被官人への知行安堵を行っていたこと。
(2)守護法廷に代わり、龍野赤松氏の守護代法廷が機能していたこと。
(3)検断権の行使や用水相論にさいしての調停機能を持ち得たこと。

(4)寺社の造営を通して、人心収攬に努めたこと。
(5)借銭棄破を通じた在地掌握および掟書の発布。
以上五点に要約したが、守護赤松氏が衰退する中で、龍野赤松氏は着実に揖東・揖西・赤穂の三郡程度を掌中にし、独自の領主権力を打ち立てたのである。

最後に、改めて守護赤松氏の「公儀」と龍野赤松氏の関係について、触れておくこととしたい。

守護赤松氏の「公儀」とは、まさしく播磨一国の成敗権にあった。しかし、応仁の乱以降の赤松氏には、守護就任にさいして有力被官層の同意が必要という大きな制約があった。この事実は、政則・義村の守護就任時に史料上で確認でき、晴政のときもほぼ同様であったと推測される。とりわけ、戦乱時になると、器量のない守護は排斥の憂き目にあった。

たとえば、赤松政則は、文明一五年の山名氏の播磨侵攻に敗退し、被官人衆から見捨てられた。同様に赤松晴政も、天文七年に尼子氏の播磨侵攻に敗退すると、各地を放浪することになった。一方で、被官人らが自ら守護になることは家格の問題もあり、実現することがなかった。それゆえに、赤松氏の有力被官人らは赤松氏の血縁者を擁立し、一国の秩序を保とうとしたのである。

そのような観点から考えると、一国の支配者としての守護の「公儀」には、大きな限界が認められよう。したがって、守護の一国成敗権すなわち「公儀」は、地域権力の担い手である、有力被官人らに大きく制約を受けていたと指摘できる。

長谷川博史は守護の地位について、「いわゆる「守護権」「守護公権」は、「権力」としての側面よりも、「権威」としての側面が重要な意味を持っていた」と指摘する。(39)長禄の変以降の赤松氏についても、ひとまず守護職を獲得し、国成敗権を得ることによって支配の根拠を得ることが重要であったと考えられる。有力被官人層にとっても、一国の安定や秩序維持に守護の存在は不可欠であったのであろう。被官人らが絶えず守護の擁立や排斥に動いたのには、支配の根拠や安定制を求めるという意味があったと推測される。

守護赤松氏を支える勢力には、浦上氏のように幕府とも繋がるような者も存在したが、別所氏・小寺氏・宇野氏らは播磨に勢力基盤を置いていた。彼らは、確かに守護を支える側面を持っていたが、赤松氏の権威を利用しつつ、独自の支配権を地域に確立しつつもあった。そういう意味においては、赤松氏の一国成敗権＝公儀を大きく評価することはできないと考える。つまり、実力支配による地域権力の確立である。

龍野赤松氏の地域権力の着実な歩みは、政則の死後から見られる。したがって、播磨各地における地域権力の進行は、天文年間ではなく永正年間頃から始まっており、守護は形式的あるいは権威的な「公儀」としてその地位にとどまっていたと指摘できるのである。(40)

(1) 野田泰三「戦国期における守護・守護代・国人」(『日本史研究』四六四号、二〇〇一年)。

(2) たとえば、川﨑普一「戦国期宇野氏の播磨国宍粟郡支配――宇野村頼を中心として――」(『千里山文学論集』七四号、二〇〇五年)、拙稿「戦国期における播磨国一宮伊和神社と宇野氏」(拙著『戦国期赤松氏の研究』岩田書院、二〇一〇年。初出は、一宮研究会編『中世一宮制の歴史的展開　上・個別研究編』岩田書院、二〇〇四年)を参照。宍粟郡に地域権力を展開した宇野氏をとりあげたものである。

(3) 依藤保「播磨置塩城主赤松氏の動向」(『播磨置塩城跡発掘調査報告書』夢前町教育委員会、二〇〇六年)では、晴政以降の赤松氏歴代当主が、播磨守護としての威厳を保持した「公儀」であり、浦上・別所等の国衆も無視することができなかったとする。通説における、晴政以降の赤松氏権力は、衰退するという見解への反論である。しかし、後にも触れるとおり、「公儀」としての権威と権力の行使は、別々に考えるべきであろう。

(4) 石田善人「ふたりの赤松下野守政秀」(『兵庫県の歴史』一四号、一九七六年)、小林基伸「塩屋赤松氏から龍野赤松氏へ」(『わたりやぐら』四〇号、一九九八年)、依藤保「矢野荘那波の赤松中務少輔について」(『歴史と神戸』

二一四号、一九九九年）。拙稿「西播守護代赤松政秀の権力形勢過程」（拙著『戦国期赤松氏の研究』岩田書院、二〇一〇年。初出は、『赤穂の文化研究紀要』四号、二〇〇二年）を参照。

(5)（文亀二年）一二月一八日集雍書状（「東寺百合文書」一一八一号『相生市史』第八巻下）。

(6)今谷明「赤松政則後室洞松院尼細川氏の研究——中世に於ける女性権力者の系譜——」（同『室町時代政治史論』塙書房、二〇〇〇年）。初出は、『横浜市立大学論叢　人文科学系列』四六巻一～三号（一九九五年）。なお、洞松院尼は先例を踏まえて奉書を発給し、守護の意を奉じているのであって、決して今谷が主張するように守護に成り代わろうとしたものではない。

(7)永正一二年四月一六日赤松則貞判物（「海老名文書（海老名源三氏旧蔵）」一一号『兵庫県史』史料編中世三）。

(8)馬田綾子「第三章　戦国期の相生」（『相生市史』第二巻、一九八六年）。なお、天正四年一〇月一九日赤松広貞袖判龍野赤松氏奉行人連署書状（「円尾文書」一五号『兵庫県史』史料編中世三）には、湯浅佐渡守信宗が署判を加えている。したがって、湯浅氏は、龍野赤松氏の被官人の家柄であったと考えてよいであろう。

(9)（永正五年）三月一六日南明院宗怡書状（「東寺百合文書」一一九九号『相生市史』第八巻下）によると、矢野荘の公用銭については、塩屋の赤松則貞のところへ赴くよう指示を行っている。「聊如在有間敷候」とあるとおり、かなり神経を使っているように思われる。

(10)「鵤庄引付」（『兵庫県史』史料編中世三）。以下、「鵤庄引付」は、『兵庫県史』による。

(11)依藤註(4)論文が指摘するように、（永正一四年）五月二日本位田家延書状（「東寺百合文書」一二一三号『相生市史』第八巻下）に「猶〃、去年者、御継目御礼百疋分」とあることから、則貞は永正一三年に没したと考えるのが自然であろう。

(12)（永正一三年）一二月二〇日本位田家延書状（「東寺百合文書」一二一一号『相生市史』第八巻下）に、「中務小（少）輔未着之儀候間」とあるが、この中務少輔は村景である。

(13)永正一七年一二月二八日永山真久書状（「東寺百合文書」一二三三号『相生市史』第八巻下）。

(14)永正一八年七月一二日赤松村景書状（「桂文書」一二二六号『相生市史』第八巻下）では、前年の年貢未進を釈明し、五〇〇疋を中井連乗に託している。また、大永二年六月二日赤松村景書状（「東寺百合文書」一二二八号

『相生市史』第八巻下）では、東寺から送られた巻数の礼を述べている。

(15) 大永二年六月三日赤松村景袖判下知状（「海老名文書（海老名源三氏旧蔵）」一二号『兵庫県史』史料編中世三）。なお、袖判の花押については、依藤註(4)論文によって、『兵庫県史』が比定する政秀でなく、村景であることが確認されている。

(16) 年未詳五月八日赤松村秀書状（「大徳寺文書」五五三号『兵庫県史』史料編中世七）。

(17) 大永三年五月一七日赤松村秀判物（「円尾文書」一二号『兵庫県史』史料編中世三）。

(18) 大永三年五月一七日龍野赤松氏奉行人連署書状（「円尾文書」一三号『兵庫県史』史料編中世三）。『兵庫県史』史料編では、この史料を「奥津重資等連署書状」と名付けている。しかし、史料中の「円尾弥九郎事、任被仰旨、一行只今被出候」から、「一行」が先の赤松村秀判物を指しているのは明らかである。また、署判を加えている円山氏が龍野赤松氏の被官人であることから、この史料を龍野赤松氏奉行人連署書状と名付けてよいであろう。

(19) 依藤註(4)論文および拙稿「赤松中務少輔をめぐって」（『戦国史研究』三六号、一九九八年）を参照。

(20) 大永六年八月九日赤松村秀判物（「海老名文書（海老名源三氏旧蔵）」一一号『兵庫県史』史料編中世三）。

(21) 享禄二年一一月一〇日赤松村秀感状（「江見文書」三号『岡山県史』第二〇巻　家わけ史料）では、同年一〇月三日での三木城合戦における活躍により、美作国人江見氏に恩賞を約束している。浦上氏権力が台頭し、播磨国内で有力被官層を巻き込んだ争乱が起こったさい、村秀は浦上氏に対抗しうる勢力と認識されていた。

(22) 現在のたつの市よりも西の地域。姫路よりも東の地域では、龍野赤松氏の発給文書（権利付与）にかかるものは、ほとんど見られない。西播磨八郡のうち、飾東・飾西郡は赤松氏・小寺氏が、佐用・宍粟郡は宇野氏がそれぞれ支配領域にしていたと考えられる。

(23) （天文五年）三月一三日赤松村秀書状（「法隆寺文書」一六〇号『太子町史』第三巻）。

(24) （天文七年）一一月一三日赤松政秀書状（「東寺文書」一二八五号『相生市史』第八巻下）。なお、この書状には関連史料として、（天文七年）一一月二六日某通久書状（「東寺百合文書」一二八六号『相生市史』第八巻下）がある。通久の名字は不明であるが（三嶋氏か）、政秀の官僚機構を担う奉行人と考えてよいであろう。

(25) 天文一六年三月一八日赤松政秀判物写（「海老名文書（那波政良氏蔵）」九号『兵庫県史』史料編中世三）。

(26) 天正八年七月五日赤松広英判物（「海老名文書（海老名源三氏旧蔵）」一四号『兵庫県史』史料編中世三）。なお、この史料では、「任則貞《（赤松）》御一行之旨」ではなく「任政秀《（赤松）》御一行之旨」となっている。

(27) 天文一二年九月六日龍野赤松氏奉行人連署書状（「平野村文書」一号『兵庫県史』史料編中世二）。

(28) 年未詳七月一一日龍野赤松氏奉行人連署書状、天正二年七月二六日赤松広貞裁許状（それぞれ「平野村文書」二・三号『兵庫県史』史料編中世三）。これらの史料によると、平野村と大屋村間で用水を巡る相論がたびたび起こっていたと推測される。

(29) 政秀の発給文書には、「於巨細者、岡対馬守・恵藤越中守可申候」「猶於様体者、岡入道・恵藤越中守可申候」という文言が見られる。特に、岡氏・恵藤氏の二人は、龍野赤松氏家中においても、地位が高かったと推測される。年未詳六月二七日赤松政秀書状、年未詳九月七日赤松政秀書状（それぞれ「法隆寺文書」一六五・一六八号『太子町史』第三巻）を参照。

(30) 年未詳七月二二日某本頼事書案（「法隆寺文書」一八七号『太子町史』第三巻）。

(31) 応永五年一〇月二九日赤松氏奉行人連署奉書（「伊和神社文書」三七号『兵庫県史』史料編中世三）に、太市郷を巡って一宮と書写山が争った形跡が見られる。

(32) 年未詳九月七日赤松政秀書状（「法隆寺文書」一六九号『太子町史』第三巻）。

(33) 年未詳九月一八日某秀通書状（「法隆寺文書」一八五号『太子町史』第三巻）。

(34) 年未詳七月七日赤松政秀掟書（「法隆寺文書」一六六号『太子町史』第三巻）。なお、稲葉継陽「街道の宿と有徳人」（同『戦国時代の荘園と村落』校倉書房、一九九八年）を参照。

(35) 借銭棄破を通じて在地掌握を試みた事例は、ほぼ同時代の播磨国における別所安治の事例がある。拙稿「戦国期播磨国における地域権力の形成と展開――別所安治の動向を中心に――」（『皇學館論叢』三四巻四号、二〇〇一年）を参照。

(36) 薗部寿樹「中世村落における有徳人の一軌跡」（『史境』一九、一九八九年）。

(37) 年未詳七月一六日英乗書状（「法隆寺文書」一五一号『太子町史』第三巻）には、置銭・切銭について、恵藤氏と岡氏が使節を引き連れたとの記述がある。

(38)(永禄九年)後八月一六日亮祐他書状(「東寺百合文書」一一五三号『相生市史』第八巻下)。

(39)長谷川博史「結論」(同『戦国大名尼子氏の研究』吉川弘文館、二〇〇〇年)。

(40)拙稿「戦国期赤松氏の領国支配の構造」および「戦国期赤松氏の領国支配の展開」(拙著『戦国期赤松氏の研究』岩田書院、二〇一〇年。初出は、いずれも『年報赤松氏研究』創刊号、二〇〇八年)。拙稿では、戦国期赤松氏の「公儀」について、幕府、赤松氏一族・庶子、守護代、国人、赤松氏被官人層により形成された一国成敗権であり、やがて守護の持つ諸権限が下降分有し、地域権力の形成に展開されると述べた。

〔付記〕

原稿提出後、次の関連論文が公表されたが、筆者の力量不足もあって十分参照できなかった。あわせて参照いただけると幸いである。

①小林基伸「戦国末期の播磨における地域権力と荘園」(『年報赤松氏研究』二号、二〇〇九年)。

②小林基伸「赤松下野守家と播磨国鵤荘」(『大手前大学史学研究所紀要』七号、二〇〇九年)。

③野田泰三「戦国期赤松氏研究の課題と一、二の試論」(『年報赤松氏研究』二号、二〇〇九年)。

また、本稿と関連した拙稿として、「戦国期における矢野荘と守護代層」(『ぶい&ぶい』一一号、二〇〇九年)がある。こちらも、あわせて参照いただけると幸いである。

Ⅳ

——史料の性格の読解

東寺宝蔵の文書の伝来と現状
——御道具《おどうぐ》唐櫃《からびつ》の文書を中心に——

新見康子

はじめに

寺院伝来の文書群のうち、東大寺文書・東寺文書(1)・醍醐寺文書・高野山文書などは、代表的な文書群としてあげられる。これらの文書群については、文書の整理や目録の作成、文化財指定や修理の段階を経て、現在は史料としての活用が課題となっている。近年はその活用をふまえた上で、文書の納置や伝来がテーマにとりあげられて、盛んに論じられてきた経緯がある(2)。

本稿でとりあげる東寺文書の伝来については、網野善彦や上島有、黒川直則によって、すでに研究が行われている。網野善彦は、東寺百合文書について、古代の東寺衰退から中世の供僧・学衆組織の形成過程を論じる中で、文書の保存と管理について述べている(3)。これには本稿と関連する執行方と供僧・学衆方の文書についての重要な見解がみられる。また、上島有は、東寺百合文書を整理する過程で、伝来について検討して、東寺関係文書の相互関係を明らかにしている(4)。さらに、黒川直則は、西院文書出納日記の分析をもとに、西院御影堂の文書の保管・管理の体制と評価および選別について検討している(5)。このように東寺百合文書は供僧・学衆方の文書として位置づけられ、その多くは西院御影堂において管理されたことが認識されている。

ところで、筆者は東寺宝物館において宝物の調査・整理に従事しているが、後七日御修法道具を納める御道具唐櫃を調査したさいに、明治時代以降の後七日御修法等道具目録を約四〇通確認した。江戸時代以前の目録は、現在「東寺百合文書」あ函などに多くみられるが、密教法具などの空海請来品とともに御道具唐櫃に納められて、近年まで宝蔵に伝えられた。これは西院御影堂に伝わった供僧・学衆方の文書と同系統の文書であるとは認められない。それゆえ、西院御影堂が成立する以前、つまり平安時代から鎌倉時代の東寺の文書に注目して、伝来の系統の検討を行うと、宝蔵に供僧・学衆方の文書とは別系統の文書が伝わっていた可能性があることを考えるにいたった。

これまで宝蔵伝来の文書についての区別が困難であったのは、西院御影堂に伝わっていた供僧・学衆方の文書と、宝蔵に伝来した文書や御道具唐櫃の文書が、江戸時代に宝蔵において一括して保管され[6]、その後、東寺百合文書として整理されたためである。また、供僧・学衆方の文書は数も多く、東寺百合文書のほとんどを占めるのに対し、宝蔵伝来の文書は平安時代から鎌倉時代までのものを主体とするが、宝蔵が平安時代に二度焼失していることもあって、その数はそれほど多くはないことなどが考えられる。

そこで、本稿の第一節「東寺宝蔵の宝物目録について」では、宝蔵伝来の文書を確定するにあたって重要な二通の宝物目録[7]をとりあげて位置づける。一つは長保二年（一〇〇〇）の宝蔵の焼失直後に作成され、もう一つは建保四年（一二一六）に宝蔵の宝物が盗難に遭ったさいに作成されたものである。この二通の宝物目録をもとに、文書について記された部分に重点を置いて、平安時代と鎌倉時代のそれぞれの時期における宝蔵の文書を検討する。

次の第二節「平安時代の宝蔵の文書——長保二年東寺宝蔵焼亡日記案の検討——」においては、長保二年の東寺宝蔵焼亡日記案の検討から、平安時代の宝蔵の文書を内容別に分類する。そして、長保二年の宝蔵焼失後、すなわち一一世紀以降に作成された文書の現状を確認して、平安時代における宝蔵の文書の収蔵形態を復元しておく。

さらに、第三節「鎌倉時代の宝蔵の文書――建保四年東寺宝蔵納物注文の検討――」では、建保四年の東寺宝蔵納物注文をもとに、鎌倉時代の宝蔵の文書について分類する。そして、鎌倉時代の宝蔵には御道具唐櫃の文書と執行方の文書の二種類がみられることを指摘し、それぞれの文書の保管形態について検討する。特に御道具唐櫃の文書は法会や道具類と密接な関係を持つので、法会における文書の作成手続きに重点を置いてその保管方法について明らかにする。

以上のように、二通の宝物目録をもとに宝蔵の文書について内容別に分類を行い、宝蔵の文書の内容に考察を加えて現状を確認し、宝蔵伝来の文書全体を概観する。これによって、平安時代から鎌倉時代にかけての文書の収蔵形態を復元して、東寺文書には西院御影堂伝来の文書の系統とは別に、宝蔵伝来の文書の系統があることを指摘しておきたいと思う。

一　東寺宝蔵の宝物目録について

宝蔵の創建年代は不明であるが、空海が弘仁一四年（八二三）に東寺を勅給されてまもなく創建されたものと思われる。空海はここに唐よりもたらした請来品のほとんどを納めた(8)。平安時代から鎌倉時代にかけて宝蔵に納められていた宝物や文書を知る上で参考となる重要な史料として、東寺百合文書には以下の二通の宝物目録がみられる。

Ⅰ　長保二年　一一月二六日　東寺宝蔵焼亡日記案(9)

Ⅱ　建保四年　二月一六日　東寺宝蔵納物注文[10]

目録Ⅰは、長保二年（一〇〇〇）一一月二五日夜、東寺北郷の出火によって東蔵町の南北宝蔵を焼失したさいに、南宝蔵に納められていたために持ち出されて焼失を免れたものと、北宝蔵において焼失したものの二つにわけて記したものである。火災の翌日に堂達と造寺専当らによって作成され、東寺長者雅慶・二長者済信・凡僧別当安救以下が署名を加えている。文書についての記載は、北宝蔵において焼失したものの項目の末尾にみられる。

次の目録Ⅱは、建保四年（一二一六）二月五日夜、宝蔵に盗賊が入り、空海請来の仏舎利をはじめとする御道具唐櫃の道具類が盗まれた。この盗難にさいして、東寺執行成慶と別当実俊が盗難に遭ったものとそうでないものを調査して作成した注文である。この時、文書は盗まれなかったので、文書についての記載は盗難に遭わなかったものの項目に二か所みられる。

目録Ⅱは建保四年二月一六日に作成されているが、これより十数年後、東寺は歴史的な画期を迎える。それは、天福元年（一二三三）に弘法大師坐像が制作され[11]、延応二年（一二四〇）に不動堂の北面に移されて西院御影堂が成立したことである。[12]これにより東寺の寺院組織も整備され、新たな供僧組織が成立した。つまり、目録Ⅱは東寺に供僧組織が成立し、西院御影堂が成立する直前に作成されたものである。また、これにともなって西院御影堂においても文書が保管されるようになるが[13]、それ以前の東寺において、文書や道具類がどのように保管されていたのかを示す重要な宝物目録でもある。

この二通の宝物目録が作成された目的は、宝蔵の火災や宝物の盗難という非常時における道具類や文書の点検である。内容は道具類や文書について、火災や盗難の有無、道具類の安置や収納場所、法会の別に分類し、名称と員数が詳細に記されている。また、宝物目録に記載された文書の原本や一一世紀以降の文書には、東寺百合文書や東寺文書六芸之部、東寺観智院金剛蔵聖教類の中に現存しているものもある。それゆえ、現在は分散して収蔵されている文書であっても、二通の宝物目録をもとに、平安時代から鎌倉時代にかけての宝蔵の文書を復元することが可能である。以下、目録Ⅰと目録Ⅱの二通の宝物目録の検討から、平安時代と鎌倉時代の宝蔵の文書についてそれぞれ分類して、現存する文書を確認しておく。

二　平安時代の宝蔵の文書――長保二年東寺宝蔵焼亡日記案の検討――

(一)　長保二年東寺宝蔵焼亡日記案について

最初に目録Ⅰに記されている平安時代の宝蔵に納められていた文書について検討を行っておこう。長保二年(一〇〇〇)一一月二五日夜、東寺北郷の出火によって東蔵町の南北宝蔵を焼失した。目録Ⅰは、長保二年、南北宝蔵の焼失にさいして作成されたもので、「南宝蔵納置取出物等」と「北宝蔵納置焼失物等」の大きく二つの項目にわけて記されている。最初の「南宝蔵納置取出物等」の項目には、南宝蔵から取り出された灌頂会や灌仏などの道具類が記されており、南宝蔵は主として道具類を納めた蔵であった。「灌頂会具」の項目には、「以上長者御封」の記載がみられることから、灌頂会の道具類のうち「御袈裟」「道具」などについては東寺長者の封が付され、特に重要視されていた。

もう一つの「北宝蔵納置焼失物等」の項目には、特に見出しの項目が立てられていないが、法会に使用される仏具類が何種類もあげられている。そして、巻末には以下のように文書についての記載が二項目にわけてみられる。

ア　諸国末寺公験并庄庄公験等

(ア)①讃岐国善通寺公験

②参河国龍雲寺公験

(イ)③越前国高興庄公験

④丹波国大山庄公験

⑤摂津国豊嶋郡垂水庄官省符

四至 限東三条堺 限南三国河 限西六条堺 限北四条一里廿五坪五条二里四坪

在条里

イ 寺家官符等

(ウ)⑥別当官符

⑦定額僧官符

⑧所司官符

(エ)⑨真言院後七日修法記 出書

⑩四王寺四禅師疑補記 出書

⑪造寺所年終帳

右自余公験等前日を以西院之上乃御房

渡置たり、件焼失公験等不能委記、仍為後日立日記如件

(註・記号・数字は筆者によるものである。以下同じ)

目録Iに記された文書のうち、焼失を免れたものは「西院之上乃御房」、すなわち西院にあった建物に避難させたことがわかる。ただし、目録を作成していなかったので焼失した文書の詳細は不明としている。目録Iの文書について、その内容を分類すると次のようになる。

ア 末寺と庄園の公験

(ア)末寺の公験　①②
(イ)庄園の公験　③〜⑤
イ寺家官符類
(ウ)官符類　⑥〜⑧
(エ)後七日御修法記など　⑨〜⑪

北宝蔵に納められていて焼失した文書は、大きく二つにわけられる。一つは、「諸国末寺公験并庄庄公験等」であり、これをア末寺と庄園の公験とする。もう一つは「寺家官符等」であり、これをイ寺家官符類と分類しておく。アとイは、さらにそれぞれ二種類に分類することが可能である。ア末寺と庄園の公験は、(ア)末寺の公験と(イ)庄園の公験にわけられる。(ア)は、①讃岐国善通寺や②三河国龍雲寺などの末寺の所領に関する重要な文書をいう。もう一つの(イ)は、③越前国高興庄・④丹波国大山庄・⑤摂津国垂水庄などの庄園の重要な文書である。また、イ寺家官符類は(ウ)官符類と(エ)後七日御修法記などの二つにわけられる。(ウ)には、⑥別当官符・⑦定額僧官符・⑧所司官符などがみられる。そして、これ以外のものは(エ)に分類できるが、ここには⑨真言院後七日修法記書出、⑩四王寺四禅師擬補記書出などが掲げられている。これをみると、すでに焼失したため確認することは不可能であるが、北宝蔵に保管されていた時から「末寺」「庄園」「官符」という区別がなされていた可能性が高いであろう。

このように平安時代の文書は、諸堂の仏具類とともに北宝蔵に保管されていた。その内容は末寺や庄園などの寺領に関する文書や諸職補任の文書、そして後七日御修法などの法会や年中行事の支出に関するものなどであり、いずれも古代東寺の運営にとって必要不可欠な文書であった。

（２）平安時代の宝蔵の文書について

(1)末寺と庄園の公験

ここでは平安時代の北宝蔵に納められていた文書について、前項で検討した分類に沿ってその内容をみておきたい。平安時代の文書のうち目録Ⅰに記されているものは焼失したが、一一世紀以降に作成された文書は現存している。また、目録Ⅰには記されていないが焼失を免れた文書もあった。ゆえに、平安時代の宝蔵に納められていた文書全体を知るために、一一世紀以降の宝蔵に文書が集積した状況についても検討しておく。

北宝蔵に納められていた文書のうち、**ア**末寺と庄園の公験は二つにわけられる。一つは(ア)末寺の公験であり、もう一つは(イ)庄園の公験である。(ア)には、①讃岐国善通寺と②三河国龍雲寺の文書がみられる。①は、空海誕生の霊場として知られ、一一世紀以降の文書によると、「弘法大師御建立」「大師御霊所」として位置づけられている[14]。②については史料を確認することができない。平安時代の東寺の末寺というと、金剛峯寺、弘福寺、珍皇寺などが知られているが[15]、ここでいう(ア)末寺の公験は、東寺が本寺として寺領経営を行った諸国末寺の重要な文書である。

また、目録Ⅰには(イ)庄園の公験として、③越前国高興庄、④丹波国大山庄、⑤摂津国垂水庄の三か庄の公験が掲出されている。このうち③越前国高興庄と⑤摂津国垂水庄は、弘仁三年（八一二）一二月一九日、嵯峨天皇の命令によって桓武天皇の第五皇女布施内親王の遺領として、伊勢国大国庄[16]や越前国蒜嶋庄[17]とともに東寺に施入された初期墾田系庄園である[18]。④丹波国大山庄は、空海の死後、実恵が綜芸種智院の敷地を売却して多紀郡河内郷の土地を得たことに始まり、承和一二年（八四五）に東寺からの奏請が認められ、正式に東寺の伝法料所となった[19]。③越前国高興庄の史料はみられないが、④丹波国大山庄、⑤摂津国垂水庄についてはその後も東寺の庄園として長く役割を果たすので、一一世紀以降の文書についても多くを確認することができる[20]。

(2)寺家官符類

次に、北宝蔵に納められていた文書のうち[イ]寺家官符類について、その分類に沿って内容をみておこう。[イ]はさらに二つにわけることができる。一つは(ウ)官符類であり、もう一つは(エ)後七日御修法記などである。

(ウ)は、⑥別当官符・⑦定額僧官符・⑧所司官符であり、別当（東寺長者・凡僧別当）や定額僧などの諸職補任に関する文書である。別当および定額僧は鎌倉時代までは太政官によって補任されるので、[21]これらの官符類は太政官牒や太政官符などであろう。これは寺院の運営において必要不可欠の文書である。一一世紀以降の官符類のうち、まとまっているものとしては、「東寺百合文書」せ函太政官牒補任などに数十通確認することができるが、分散したものも多くみられる。[22]

次の(エ)に分類したものは、⑨真言院後七日修法記書出、⑩四王寺四禅師擬補記書出、⑪造寺所年終帳などである。⑨真言院後七日修法記書出は、目録Ⅰに内容の記載はみられないので明らかではないが、後七日御修法の次第や道場の荘厳、その手順などについて記されたもので、法会の都度参考にしたのではないかと考えられる。⑩四王寺四禅師擬補記書出は、筑前国大宰府四王寺の四禅師職（四口僧）[23]に補任された僧侶に関する記録と思われるが、現存を確認することができない。四王寺は、宝亀五年（七七四）、筑前国大宰府の大野城山上に建立された寺院である。[24]延長八年（九三〇）八月、四口僧の補任権が東寺に委ねられており、この頃から真言宗との結びつきがみられる。[25]最後の⑪造寺所年終帳は、造東寺年終帳のことで、宝蔵が焼失した長保二年（一〇〇〇）分のみを東寺文書に伝える。[26]東寺の年中行事やそれに関する諸経費の収支決算書について記したものである。

以上のように、平安時代の宝蔵の文書は二つに分類できる。一つは[ア]末寺と庄園の公験で、(ア)末寺の公験と(イ)庄園の公験の二つにわけられる。もう一つは、[イ]寺家官符類で、(ウ)官符類と(エ)後七日御修法記などからなる。[ア]末寺と庄園の公験は、古代東寺の運営に必要不可欠な寺領であった末寺や庄園の重要な文書で、一一世紀以降に作成された同様の文書を見ることができる。また、④丹波国大山庄や⑤摂津国垂水庄は東寺の庄園として長く継続したので、多くの文書が集積されることとなった。もう一つの[イ]寺家官符類のうち、諸職補任に関する(ウ)官符類は一一世紀以降も作成・集積されていくが、(エ)後七日御修法記などのうち⑨真言院後七日修法記書出、⑩四王寺四禅師擬補記書出については内容の確認が困難である。平安時代の東寺の文書は、長保二年の宝蔵の火災によってその大部分を失ったが、基本的にはこの分類・保管と内容を引き継いで一一世紀以降も作成・集積されたのであった。

三　鎌倉時代の宝蔵の文書——建保四年東寺宝蔵納物注文の検討——

(一)　建保四年東寺宝蔵納物注文について

ここでは目録Ⅱをもとに、鎌倉時代の宝蔵の文書について考察を加えておく。建保四年（一二一六）二月五日夜、宝蔵に盗賊が入り、仏舎利をはじめ御道具唐櫃の道具類の大半が盗まれた。盗難後、さっそくその盗人の捜索を命じる官宣旨や院宣が下され(27)、東寺においても同月一一日から五大虚空蔵法をとり行って盗賊の露見を祈った(28)。同月二九日には盗賊が逮捕され、盗まれたものも東寺に戻った(29)。

目録Ⅱは盗難後に作成されたもので、大きく二つにわけて項目が記されている。一つは、「今月五日夜為盗人令盗取物等」の項目で、盗難に遭ったものが掲出されている。もう一つは「現在納物等」の項目で、盗難に遭っていないものについて書かれている。文書について記されているのは以下の二か所である。一つは「現在納物等」の「御道具唐櫃納物在覆」の項目で、もう一か所は巻末部分に特に見出しを立てないで記されている。

A
　一、現在納物等
　　御道具唐櫃納物在覆

御袈裟壱帖在横被 蒔絵箱入 但結緒壱筋盗取之　水精念珠壱連在箱
商佉壱口　覆面弐帖　御道具箱壱合黒漆 結緒 壱筋盗取之
⑫目録弐巻長承二年以後　⑬交名案弐巻天仁三年以後
⑭御巻数案壱巻康和□(二)年以後(30)
⑮舎利勘計記并奉請間文書弐巻内一巻天暦四年以後 一巻保延五年以後
已上御唐櫃納

（中略）

B
幄屋布幔壱帖破損　⑯文書箱参合被付封
⑰官符等箱壱合　黒漆箱壱合

目録Ⅱに記された二種類の文書について、その内容をもとに分類するとこのようになる。

A御道具唐櫃の文書　⑫〜⑮

B執行方の文書　⑯⑰

鎌倉時代の宝蔵に納められていた文書は大きく二つにわけられる。一つは「御道具唐櫃納物在覆」の項目に記された⑫〜⑮の四種類七巻の文書で、「御袈裟」、すなわち健陀穀子袈裟や水精念珠などとともに納められていた。これをA御道具唐櫃の文書として分類する。もう一つは、目録Ⅱの巻末部分にあり、特に見出しを立てないで記されている。これはAと区別して、B執行方の文書として分類しておく。

A御道具唐櫃の文書は「目録」「交名案」「御巻数案」「舎利勘計記并奉請間文書」とのみ記されているので、これだけではどの法会の文書をさすのか理解しにくい。これらの文書名の比定は、すでに拙著(31)において御道具唐櫃の道具類の成立について論じる過程で行っている。その結果、「目録」は、後七日御修法や灌頂院御影供、東寺結縁灌頂に使用した道具類を点検する後七日御修法等道具目録(32)であり、「交名案」は、正月に行われる後七日御修法に参加した僧侶の名前を掲げた後七日御修法請僧交名案であることが明らかとなった。さらに、「御巻数案」は、毎年一二月に行われる東寺結縁灌頂にさいして作成した巻数案と受者の人数を記した東寺結縁灌頂所巻数案并人数注進状である。最後の「舎利勘計記并奉請間文書」は、仏舎利奉請状・勘計状のことで、仏舎利の奉請と勘計における甲壷と乙壷の仏舎利の粒数を記したものである。これらは後七日御修法や東寺結縁灌頂などの法会、仏舎利の奉請において作成されて御道具唐櫃に納められた。

また、B執行方の文書である⑯文書箱参合と⑰官符等箱壱合は、その内容については記されていない。しかしながら、これらはすでに前節で検討した目録Ⅰの**ア**末寺と庄園の公験と**イ**寺家官符類にそれぞれ相当するものと考えられる。

目録Ⅱにおいて重要であるのは、文書についての記載が「御道具唐櫃納物在覆」の項目と巻末との二か所にみられることである。目録Ⅰと比較すると、A御道具唐櫃の文書が鎌倉時代の宝蔵における新たな文書として加わっており、B執行方の文書は、平安時代の宝蔵における文書の分類を引き継いでいるのが特徴である。

ここで、鎌倉時代の宝蔵の文書に考察を加える前提として、長保二年（一〇〇〇）に焼失した宝蔵がその後どのように変遷したのか、平安時代後期の宝蔵について少し説明を加えておこう。『東宝記』第二「大経蔵」に、編者の観智院賢宝は長保二年の焼失について、次のように述べている。

私云、最初南北二宇宝蔵也、被納真俗宝物云々、長保二年、依累火二宇同炎上、北宝蔵南北五間、東西三間、焼失之間、南宝蔵四方各三間、所納物取出畢、其後南宝蔵一宇建立之

宝蔵は長保二年に焼失したのち、空海請来品など重要な道具類が焼失を免れていることから、あまり間を置かずに建立されたものと思われる。この時再建された宝蔵は、南北二棟ではなく、『東宝記』第二「大経蔵」に記

されているように、三間四方の校倉一棟であった可能性が高い。[33] これは、長保二年の北宝蔵の焼失によって宝蔵の宝物は半減し、かつて北宝蔵に納められていた文書は、空海請来品や法会の道具類とともに再建された校倉一棟（南宝蔵）に収納されることになったためと考えられる。

その後、長治二年（一一〇五）には、板葺の宝蔵の修理が行われ、金銅舎利塔を安置するための朱唐櫃や仏具を収納する杉製の大唐櫃が新たに施入された。[34] のちに御道具唐櫃と称される朱唐櫃が施入されたのは、康和五年（一一〇三）に行われた舎利会において本尊の仏舎利を安置した金銅舎利塔を収納するためであった。この朱唐櫃には五鈷杵などの空海請来品、すなわち「御道具」もあわせて収納された。ゆえに、朱唐櫃は特に御道具唐櫃と称されたと考えられる。この御道具唐櫃の施入によって、内部に収納された重要な道具類や文書が散逸することなく現在にまで伝えられ、宝蔵の宝物の保管に大きな影響を与えた。

A御道具唐櫃の文書の註記にみえる年紀に注目すると、仏舎利奉請状・勘計状の一巻目に「天暦四年（九五〇）」と記されているのをのぞいて、「長承二年（一一三三）」「天仁三年（一一一〇）」「康和□（二）年（一一〇〇）」「保延五年（一一三九）」とあり、いずれも一二世紀前半のものである。これは、長治二年に御道具唐櫃が施入された時期とほぼ一致している。つまり、御道具唐櫃が施入されてまもなく、これに文書も納められるようになったことを示している。

しかしながら、宝蔵は大治二年（一一二七）に再び火災に遭うのである。『東宝記』第二「大経蔵」には大治二年の火災について、「或記云」として『東寺長者補任』[35] を引用し、以下のように記している。

大治二年長者勝覚権僧正、三月十三日夜宝蔵焼失、執行定俊之子息俊慶、取出重宝等畢云々

そして、「私云」として、

大治二年炎上時、宝物等多以焼亡云々、仏舎利道具祖師影像取出之、五大尊十二天像焼失云々、可悲々々

とある。このように、大治二年の宝蔵の火災にさいして、仏舎利や道具類、祖師影像（真言七祖像）は取り出されたが、五大尊・十二天像をはじめ数多くの宝物が焼失した。文書に関する記載はみられないが、前節で検討したように一一世紀以降の文書が確認できるので、B執行方の文書についても持ち出された可能性が高い。また、御道具唐櫃の空海請来品や文書は、長治二年施入の御道具唐櫃に一括して納められていたので、迅速に搬出されて焼失を免れた。この焼失後に再建された宝蔵は三間四方の校倉一棟（南宝蔵）で、これが現在の宝蔵にあたる。

以上のように、長保二年に北宝蔵が焼失したことによって、平安時代の宝蔵の文書はほとんど失われたが、一一世紀以降の文書は再建された宝蔵に集積された。これがB執行方の文書である。また、長治二年に御道具唐櫃が施入され、A御道具唐櫃の文書という法会関係の文書が新たに保管されるようになった。宝蔵は大治二年に再び火災に遭うが、宝蔵の文書は焼失を免れた。このように宝蔵は二度の焼失を経ながらも、一二世紀を通じてA御道具唐櫃の文書とB執行方の文書という二種類の文書が成立したのであった。

（2）鎌倉時代の宝蔵の文書について

⑴御道具唐櫃の文書

1　後七日御修法等道具目録と後七日御修法請僧交名案

鎌倉時代の宝蔵の文書は、A御道具唐櫃の文書とB執行方の文書にわけられる。Aは、⑫後七日御修法等道具目録・⑬後七日御修法請僧交名案・⑭東寺結縁灌頂所巻数案并人数注進状・⑮仏舎利奉請状・勘計状の四種類の文書からなる。これまでA御道具唐櫃の文書はあまり注目されていないが、宝蔵伝来の文書の全体像を理解し、法会や空海請来品との関連を考える上で重要な文書である。ここでは、これらの文書が後七日御修法などの法会においてどのように作成されたのか、その文書の作成過程を中心に論じる。そして、目録Ⅱに記されたものだけではなく、鎌倉時代以降に集積されたものも含めて、御道具唐櫃の文書の現状と保管について概観しておきたいと思う。

後七日御修法等道具目録は、後七日御修法や灌頂院御影供、東寺結縁灌頂などの法会に使用する道具類を点検するための文書で、後七日御修法請僧交名案は、毎年正月に行われる後七日御修法に出仕した僧侶の名前を掲げたものである。これらの文書が作成される過程については、後七日御修法に関する以下の史料に詳しい。東寺長者が行う儀式の順序次第を記した『東長儀』(36)下の「真言院後七日御修法次第」には、このように記されている。

十五日儀、
平旦供小豆粥膳男儲之、返納道具唐櫃於東寺宝蔵、
書目録合点入唐櫃、又加納伴僧交名其裏聊書記録、付封、所司中綱下部等参上請取之

また、後七日御修法の儀式次第が記載された『覚禅鈔』(37)の「後七日上」には次のように記されている。

十五日己酉天晴、早旦供小豆粥膳男儲之先例也、
次甄録道具、注修僧交名交名裏記此間事、件目録等納韓櫃、検封返納東寺蔵中綱下部等参上請取之、所司須参也、
袈裟雖納此唐櫃、不入代々目六、可尋之、
（中略）
御衣御巻数修僧交名挿巻数横云々、香水等、付勅使令進上之
（註：傍線は筆者によるものである。以下同じ）

これによると、後七日御修法が終了した正月一五日（一四日の場合もある）に、法会の責任者である大阿闍梨が御道具唐櫃の道具類を点検するために「目録（後七日御修法道具目録）」を作成した。そして、道具類を点検し目録に合点を加えて御道具唐櫃の中に納めた。また、「交名（後七日御修法請僧交名案）」についても、後七日御修法道具目録が作成されている間に裏書が書き加えられ、御道具唐櫃に納められた。そして、御道具唐櫃には封

が付され、「東寺蔵」、すなわち東寺の宝蔵に返還されたのであった。なお、ここには「交名」と記されているが、正文は勅使によって内裏へ進上されるので、御道具唐櫃に納められたのは案文である。

⑫後七日御修法等道具目録と⑬後七日御修法請僧交名案は、「東寺百合文書」ろ函・ふ函に多く現存している。これについてはすでに拙著[38]で述べているが、簡単にふれておくと以下のようになる。

最初に、⑫後七日御修法等道具目録について現存の有無を調べると、「東寺百合文書」ふ函に（仁平三年一二月一九日）東寺法会道具検納目録四四通一巻[39]がみられる。これは長承二年（一一三三）から仁平三年（一一五三）までのもので、目録Ⅱに「目録弐巻長承二年以後」とあるものの一巻目に相当する。次の二巻目、すなわち仁平四年（一一五四）以後の後七日御修法等道具目録についてはこれを確認できない。おそらく目録Ⅱが作成された建保四年（一二一六）の時点で、二巻目の目録はあったが、その後失われてしまった可能性が高い[40]。

次に、⑬後七日御修法請僧交名案について現存の有無をみると、「東寺百合文書」ふ函に、天仁三年（一一一〇）から永暦元年（一一六〇）までのものが四八通一巻みられるので、これが目録Ⅱにいう「交名案弐巻天仁三年以後」の一巻目の交名案と考えられる。さらに、「東寺百合文書」ろ函には、永暦二年（一一六一）から承元四年（一二一〇）までの四五通一巻があり、これが二巻目に相当するものと思われる。ゆえに、「東寺百合文書」ふ函二号文書と「東寺百合文書」ろ函一号文書が、目録Ⅱの「交名案弐巻天仁三年以後」に一致する。このように、目録Ⅱに記された⑫後七日御修法等道具目録については一巻の、⑬後七日御修法請僧交名案については二巻の現存を確認できる。

ところで、ここで述べた⑫後七日御修法等道具目録と⑬後七日御修法請僧交名案は、後七日御修法などの法会においてそのつど作成される文書である。後七日御修法は承和二年（八三五）に空海によって始められ、戦国時代と明治時代の二度中断するが[41]、近年までこれらの文書は作成されていたので、目録Ⅱに記された文書の他にも

表1　後七日御修法等道具目録

	年	員数	現　状	備　考
1	仁平3～長承2	44通1巻	東寺百合文書ふ函1号	
2	応長2～文永8	18通1巻	東寺百合文書あ函11号	
3	明徳3～正和5	28通1巻	東寺百合文書ふ函3号	
4	享徳3～応永2	22通1巻	東寺百合文書ふ函6号	
5	寛永4～明治4			『秘宝東寺』(講談社、1971年)
6	明治26～昭和21	41通	東寺宝物館所蔵	御道具唐櫃に収蔵、欠年あり

表2　後七日御修法請僧交名案

	年	員数	現　状	備　考
1	天仁3～永暦元	48通1巻	東寺百合文書ふ函2号	3通欠(天永3年・永久5年・永久6年)
2	永暦2～承元4	45通1巻	東寺百合文書ろ函1号	5通欠(文治2年～文治6年)
※	承元5～弘長元	(51通)		全巻欠失
3	弘長2～延慶4	50通1巻	東寺百合文書ろ函2号	
4	応長2～貞治元	51通1巻	東寺百合文書ろ函3号	
5	貞治2～明徳5	32通1巻	東寺百合文書ふ函4号	
6	応永2～文安2	51通1巻	東寺百合文書ふ函5号	
7	文安3～寛永7	19通1巻	東寺百合文書ふ函8号	1通欠(寛永8年)
	文安3～長禄4 元和9～寛永7	(11通) (8通)		康正2年～長禄3年、長禄5年～元和8年は後七日御修法中断
8	寛永9～慶安4	20通1巻	東寺百合文書ろ函8号	
9	慶安5～明暦4	7通1巻	東寺百合文書ろ函9号	
10	万治2～寛文9	8通1巻	東寺百合文書ふ函9号	8通欠(寛文3年・寛文7年・寛文8年・寛文10年～寛文13年)
11	延宝2～延宝6	5通1巻	東寺百合文書ふ函10号	
12	延宝7～宝永8	33通1巻	東寺百合文書ろ函10号	
13	正徳2～寛延4	40通1巻	東寺文書新出(影写号外1号)	
14	宝暦2～安永5	18通1巻	東寺文書新出(影写号外2号)	7通(宝暦13年・宝暦14年・明和4年～明和8年)は15に継がれる
15	宝暦13～明和8	7通1巻	東寺文書新出(影写号外3号)	2通(明和2年・明和3年)は14に継がれる
16	安永6～寛政6	18通1巻	東寺文書新出(影写号外4号)	
17	寛政7～文化11	20通1巻	東寺文書新出(影写号外5号)	
18	文化12～弘化4	33通1巻	東寺文書新出(影写号外6号)	
19	弘化5～明治4	24通1巻	東寺文書新出(影写号外7号)	

表3　東寺結縁灌項所巻数案并灌項者人数注進状

	年	員数	現　状	備　考
1	嘉禎3～建治2	40通1巻	東寺百合文書あ函4号	
2	建治3～永仁5	22通1巻	東寺百合文書あ函7号	
3	永仁6～正中2	36通1巻	東寺百合文書あ函12号	
4	建武元～安貞2	21通1巻	東寺百合文書あ函15号	

表4　仏舎利奉請状

	年	員数	現　状	備　考
1	保延5～仁平4	3通1巻	観智院聖教145箱28号	
2	寛元4～応永13	37通	東寺百合文書き函	
3	文永8～延文5	26通	東寺百合文書こ函	明治12年儲書目録では勅旨院宣之部
4	永仁3	1通	東寺百合文書ウ函	
5	元亨4・元弘3	2通	東寺百合文書せ函南朝文書	明治12年儲書目録では南朝之部
6	正中元	1通	東寺百合文書ヤ函	
7	建武2・延元元	2通	東寺百合文書里函	明治12年儲書目録では譲状受書消息之部
8	永仁3～暦応4	6通	国立歴史民俗博物館所蔵文書など	
9	延文4	1通	東寺百合文書マ函	
10	延文5～貞治7	8通1巻	東寺文書六芸之部書八	
11	応安2～長享3	11通1巻	東寺文書六芸之部御六	

数多く伝わっている。これについて現状を示すと、表1と表2のようになる。

まず、後七日御修法等道具目録は、継紙四巻が伝わっている。目録Ⅱに記されている文書以外に、「東寺百合文書」あ函には、応長二年（一三一二）から文永八年（一二七一）までのものが一八通一巻あり、「東寺百合文書」ふ函には、明徳三年（一三九二）から正和五年（一三一六）までのものが二八通一巻確認できる。江戸時代のものについては未確認であるが、寛永四年（一六二七）から明治四年（一八七一）までのものが伝わっていたという。(42)また、現在も御道具唐櫃には後七日御修法道具目録が納められているが、この形状は継紙ではなく一紙からなる一通文書である。これは明治二六年（一八九三）から昭和二一年（一九四六）までのもので四一通あるが、欠年も多くみられる。表1の2～4の後七日御修法等道具目録は六八通三巻あるが、全体の年数は文永八年（一二七一）から享徳三年（一四五四）までの約一八〇年である。これは一通の文書を何年にもわたって使用しているためである。その理由としては、法会や東寺長者の異同によって区別をして作成すると、年々その通数は増加の一途をたどり継紙の巻数も増えることや、御道具唐櫃の容量に限界があるためと考えられる。

一方、後七日御修法請僧交名案は、目録Ⅱの二巻を含めると、表2のように合計一九巻の継紙がみられる。表2の1~12の一二巻は「東寺百合文書」ろ函・ふ函にまとまっており、13~19の七巻は東寺宝物館において保管されている。(43) これらは天仁三年から明治四年までの長い年月に及ぶものである。ただし、後七日御修法が中断した康正二年（一四五六）から長禄三年（一四五九）および寛正二年（一四六一）~元和八年（一六二二）までは作成されておらず、表2の1・2・7・10・14・15の六巻の後七日御修法請僧交名案については、何通か欠失がみられる。また、惜しまれるのは三巻目となる承元五年（一二一一）から弘長元年（一二六一）までの五一通一巻のみが失われていることである。後七日御修法等道具目録と後七日御修法請僧交名案は保存状態もよく未修理で、作成当初の継紙の形状を残しており貴重である。

2　東寺結縁灌頂所巻数案并人数注進状

東寺結縁灌頂所巻数案并人数注進状は、毎年一二月に行われた東寺結縁灌頂にさいして作成した巻数案と受者の人数を記したものである。なお、巻数案のみで人数注進状のないものも多くある。ここで⑭東寺結縁灌頂所巻数案并人数注進状が作成された経過について検討を行っておく。東寺結縁灌頂の次第に関する史料は決して多くはないが、正治二年（一二〇〇）の東寺結縁灌頂について記した『東寺結縁灌頂記』(44) に、東寺結縁灌頂において道具類を点検した後に文書を作成し、御道具唐櫃に保管する手続きについて記した箇所がみられる。

綷訖、召厳慶、経南面簀子、参上候、御前検納

道具、道賢闍梨・仁恵闍梨・隆昭勤基役、先書
目録、一々合之、納辛櫃、次目録後七日法并灌頂年々目録続之、為一巻、今年
後七日法大僧正勤行之時、年々目録依為大巻不続加之、別立籤、為本末、仍令続之末、抑長者初度勤行之時、必新書之、■(為)若後七日灌頂不交他長者、同人修之時者、於先度所書之目録点端注其由、縦隔年又准之、若他人相交修之時者、雖後々更所新書也、
并巻数案灌頂者記録等各続加之、同納辛
□(櫃)□□□□(封)紙并筆進長者々々
□□□□厳慶々々御判左右書年号月日
右方年号左方月日付之次、賜巻数案文在別、初夜無其儀、今朝内々書之、仍僧綱判者仰書也、是近例云々、於厳慶々々付椙寺家儲之、賜中綱々々令持職
掌進内裏云々、（以下略）

（註：破損している箇所は□であらわした）

これによると、正治二年一二月一八日、東寺結縁灌頂が終了した後、東寺執行厳慶が召され、大阿闍梨仁隆が御道具唐櫃の道具類を点検した。そして、「目録（後七日御修法等道具目録）」を記しそれに合点を付して、御道具唐櫃に道具類を納めた。続いて、「目録并巻数案灌頂者記録等」とあるので、⑫後七日御修法等道具目録と⑬東寺結縁灌頂所巻数案并人数注進状(45)を御道具唐櫃に納めた。これは東寺結縁灌頂の巻数案と灌頂者の人数を記録として残すことが目的であったためと考えられる。そして、正文の巻数は内裏へ進上された。

興味深いのは「目録（後七日御修法等道具目録）」についての註記である。ここには、長年の使用によって大巻となり継ぐことができないので、新たに籤を立ててもとの目録とは別に継紙を作成する旨が記されている。その場合、後七日御修法と東寺結縁灌頂の東寺長者が同人である場合は同じ道具目録を使用して註記すること、初め

て東寺長者となって記す場合は必ず新しい道具目録を作ること、そして、後七日御修法と東寺結縁灌頂の長者が異なる場合は新しく道具目録を作成することが記されている。

次に、⑫後七日御修法等道具目録をもとに文書の作成手続きについて検討してみよう。仁平四年（一一五四）から文永七年（一二七〇）までのものは失われているので、『東寺結縁灌頂記』にある正治二年の道具目録は確認できない。そこで、これに比較的時期が近い（仁平三年一二月一九日）東寺法会道具検納目録四四通一巻[46]を検討すると、一度の法会について合点を二つ付す（枝番号で（三六）～（四四）、以下同じ）、法会三回につき一通作成する（（三二）～（三五））、法会一回につき一通作成する（（一三）～（三一））など、作成の方法は定まっていない。しかしながら、久安四年（一一四八）から仁平三年（一一五三）の文書（（一）～（一二））についてみると、『東寺結縁灌頂記』の記述のとおり東寺長者の異同によって目録を新たに作成しているので、この記述を裏づけている。ただし、文永八年（一二七一）以降の文書は、一通の文書について年月日や署名、合点が書ききれなくなるまで使用している。ゆえに、平安時代には作成手続きは特に定まっていなかったが、久安四年以後、東寺長者の異同によって料紙があらためられるようになり、鎌倉時代後期以降は一通の文書を何度も使用するように変化していったのであった。

ここで目録Ⅱの「御巻数案壱巻 康和□（二）年以後」について少し説明を加えておきたい。⑭東寺結縁灌頂所巻数案并人数注進状のうち、建保四年（一二一六）以前の文書を含んでいるものは、建武元年一二月三〇日東寺結縁灌頂所巻数案并灌頂者人数注進状二一通一巻[47]である。

これは、建久二年（一一九一）から建武元年（一三三四）までのものであるが、紙継ぎの順序は必ずしも年代順ではない。本来は年代順に（一〇）、（九）、（八）、（七）、（三）、（六）、（五）、（四）、（一一）～（二一）、（一）、（二）の枝番号の順に継がれていた。このうち、（一）と（二）は建武元年の文書であるので、永仁六年（一二九八）から正中二年（一三二五）の巻数案が三六通一巻で継紙となった「東寺百合文書」あ函一二号文書の巻末に継がれるべきものであった。

したがって、建武元年一二月三〇日東寺結縁灌頂所巻数案并灌頂者人数注進状二一通一巻[48]のうち、建久二年から安貞二年（一二二八）までのものが、枝番号で、(一〇)、(九)、(八)、(七)、(三)、(六)、(五)、(四)、(一一)～(二二)の順に継紙となっていたと思われる。それゆえ、目録Ⅱの「御巻数案壱巻康和□(二)年以後」は、建久元年（一一九〇）から承元三年（一二〇九）、つまり枝番号で(三)から(一二)の一一通の文書であると考えられる。ただし、康和二年（一一〇〇）以後というと、目録Ⅱが作成された建保四年（一二一六）まで、一〇〇年以上経過しており、この間、毎年の巻数案が継がれたことを考えると、一巻だけではなく数巻作成された可能性も考えられる。

ところで、東寺結縁灌頂所巻数案并人数注進状は、目録Ⅱに記されたものも含めて「東寺百合文書」あ函の中に継紙四巻を確認することができる[49]。これについて現状を示すと、表3（五二四頁）のようになる。

現存している継紙四巻の年紀をみると、建久二年（一一九一）から建武元年（一三三四）までのもので、途中欠年もみられる。これらはいずれも「東寺百合文書」あ函に、嘉禎三年（一二三七）から建治二年（一二七六）までのものが四〇通一巻、建治三年（一二七七）から永仁五年（一二九七）までのものが二三通一巻、永仁六年（一二九八）から正中二年（一三二五）までのものが三六通一巻ある。東寺結縁灌頂は平安時代から鎌倉時代にかけて行われ建武元年（一三三四）まで継続するが、康永三年（一三四四）を最後に断絶した。形状についてみると、建武元年一二月三〇日東寺結縁灌頂所巻数案并灌頂者人数注進状二一通一巻のみ後世の錯簡がみられるが、すでに検討した⑫後七日御修法等道具目録や⑬後七日御修法請僧交名案と同様に継紙で、保存状態も良好で未修理であるので作成当初の形状を残している。

3　仏舎利奉請状・勘計状

仏舎利奉請状・勘計状は、仏舎利の奉請および勘計にさいして、甲壷と乙壷のその粒数について記した文書で、[50]仏舎利を蔵していた東寺にのみ伝わる文書である。仏舎利奉請の儀式次第に関する史料は少ないが、中世東寺における最後の奉請となる長享三年（一四八九）に、東寺執行栄増が記した『東寺御舎利御奉請記』[51]には、以下のように記されている。

当今　勅封如先規矣、此度継紙伝奏之自筆ニテ祗候、大床当座書之、則往古継紙ノ端ニ継之ヲ唐櫃納之

これによると、仏舎利の奉請後に勅封が付され、伝奏の勧修寺教秀が自ら奉請状[52]を認め、「往古継紙ノ端」にこれを継いで御道具唐櫃に納めたとある。しかしながら、⑮仏舎利奉請状・勘計状は現在いずれも一通文書となっており、すでに述べた⑫後七日御修法道具等目録や⑬後七日御修法請僧交名案、⑭東寺結縁灌頂所巻数案并人数注進状案のような継紙の形状ではない。詳細な検討については省略するが、奉請状を詳細に調査すると、その紙継ぎや虫損、折れ目などの痕跡などから、本来は継紙であったことがわかる。

⑮仏舎利奉請状・勘計状の現状をみておくと、目録Ⅱに記されている「舎利勘計記并奉請間文書弐巻」のうち、「天暦四年以後」のものは原文書を確認できないが、内容については、『仏舎利勘計記』[53]などから判明するものもある。二巻目にあたる「保延五年以後」については、その冒頭の三通のみが観智院聖教に伝わっている。[54]目録Ⅱに記された⑮仏舎利奉請状・勘計状以外に、その後も作成された文書をまとめると表4（五二四頁）のようになる。[55]

仏舎利奉請状・勘計状は、奉請が盛んに行われた鎌倉時代から南北朝時代までのものは主に「東寺百合文書」き函・こ函などに、南北朝時代から戦国時代かけてのものは、「東寺文書」六芸之部「御六」「書八」にまとまっている。現在、保延五年一〇月七日仏舎利奉請状三通一巻をのぞいて、形状は一通文書となっているが、もとは⑫～⑭の三種類の文書と同様に継紙であった。

以上、⑫～⑮のA御道具唐櫃の文書は、後七日御修法や東寺結縁灌頂、仏舎利の勘計や奉請において作成された文書である。これらは、法会における道具の点検や後七日御修法の請僧、東寺結縁灌頂の受者人数や奉請された仏舎利の粒数を記録することが目的であった。いずれも原文書を東寺百合文書や東寺文書、観智院聖教の中に確認できるが、本来は御道具唐櫃の中に空海請来品とともに納められていた。形状についてみると、⑮仏舎利奉請状・勘計状をのぞいて継紙である。これによって紛失することなく確実に後世に記録を伝え残すことが可能であった。これまでA御道具唐櫃の文書についてはあまり注目されていなかったが、法会における文書の作成手続きに重点を置いて形状や内容を検討し、現状を明らかにすることによって本来の保管形態の復元が可能となった。

⑵執行方の文書

鎌倉時代の宝蔵に納められていた文書のうち、B執行方の文書は具体的な内容は目録Ⅱに記されていないが、目録Ⅰと比較すると、⑯文書箱参合は目録Ⅰの**ア**末寺と庄園の公験に、⑰官符等箱壱合は目録Ⅰの**イ**寺家官符類に対応する。ここでは目録Ⅱに記されたものだけではなく、鎌倉時代以降も継続して作成されたものも含めて、文書の現状と保管について検討を行い、B執行方の文書を概観して位置づけておきたいと思う。

⑯文書箱参合の註記には「被付封」とあるように、文書箱に納められていたのは重要な文書で封が付されていた。これは文書の内容が末寺や庄園の公験で重要視されていたため、厳重に管理されていたことがうかがえる。前節で㈠末寺の公験として分類した①讃岐国善通寺の文書は、長保二年（一〇〇〇）の焼失後、つまり一一世紀以降に作成された文書が現存するので、目録Ⅱが作成された建保四年（一二一六）の時点でも宝蔵に伝わっていたことは確実である。しかしながら、寛喜元年（一二二九）に善通寺の寺領が東寺長者親厳に付されてから(56)、代々の随心院門跡に相続され、寺領も随心院の支配下に置かれるようになった。ゆえにこれ以後、善通寺関係の文書は東寺には伝わらず、譲渡以前の善通寺の文書は宝蔵に納められたまま伝わった(57)。

また、同様に前節で(イ)庄園の公験として分類した④丹波国大山庄と⑤摂津国垂水庄の文書は、(ア)と同様に、一一世紀以降のものがみられるので、これも宝蔵に保管されていたことは確実である。ただし、両庄は永仁年間(一二九三〜一二九九)頃より、荘務権が執行方から供僧・学衆方へと移行するので、[58]確実な時期は不明であるが文書は宝蔵にかわって西院御影堂において集積するようになったと考えられる。[59]平安時代末期から鎌倉時代前期にかけて長者渡領として確保された庄園は、すでに述べた④丹波国大山庄と⑤摂津国垂水庄の他に、伊勢国大国庄、多度法雲寺領大成庄などがあったが、これら庄園の文書についても宝蔵にかわり西院御影堂において保管されるという同様の経緯をたどったものと思われる。

B執行方の文書のうち⑰官符等箱壱合は、目録Ⅰの**イ**寺家官符類の系譜をひく文書である。これらは補任関係の太政官牒などで、一一世紀以降の文書についてみると、「東寺百合文書」せ函太政官牒補任などに現存しているので、東寺執行の管理下にあって宝蔵に保管されたことがわかる。

以上の検討から、A御道具唐櫃の文書とB執行方の文書の⑰官符等箱壱合は、一一世紀以降の文書については、その後も引き続き宝蔵において保管された。これに対し、B執行方の文書のうち⑯文書箱参合の系統の文書は、執行方から供僧方への支配となったことにより、西院御影堂において集積されるようになったのであった。そして、江戸時代に加賀藩主前田綱紀によって文書箱が寄進された後に、西院御影堂にあった文書は宝蔵へと移動し、[60]平安時代以来宝蔵に伝わったA御道具唐櫃の文書や⑰官符等箱壱合に納められていた官符類とともに、東寺百合文書として宝蔵に伝わることとなった。しかし、一部は巻子装や掛幅装に修理されて「東寺文書」六芸之部や五常之部となり、西院に保管されて現在にいたるのである。

以上、二通の宝物目録をもとに、平安時代から鎌倉時代以前の宝蔵に伝来した文書について検討してきたが、これについて分類してまとめると表5のようになる。

表5　東寺宝蔵の文書の伝来と現状

伝来と分類			目録Ⅰ（長保二年）	目録Ⅱ（建保四年）	南北朝～室町	江　戸	現　状
B執行方の文書	ア末寺と庄園の公験	(ア)末寺の公験	①讃岐国善通寺公験	⑯文書箱三合 被付封	宝蔵	宝蔵 西院（修理後）	東寺文書六芸・東寺百合文書
			②三河国龍雲寺公験				
		(イ)庄園の公験	③越前国高興庄公験				
			④丹波国大山庄公験		西院御影堂	西院から宝蔵へ	東寺百合文書
			⑤摂津国垂水庄公験		西院御影堂	西院から宝蔵へ	東寺百合文書
	イ寺家官符類	(ウ)官符類	⑥別当官符	⑰官符等箱一合	宝蔵	宝蔵 西院（修理後）	東寺百合文書甲号外・宮内庁書陵部所蔵・早稲田大学図書館所蔵・東寺百合文書
			⑦定額僧官符				
			⑧所司等官符				
		(エ)後七日御修法記など	⑨真言院後七日御修法記				
			⑩四王寺四禅師擬補記				
			⑪造東寺年終帳		宝蔵	西院（修理後）	東寺文書旧古文書
A御道具唐櫃の文書				⑫目録（後七日御修法等道具目録）	宝蔵―御道具唐櫃	宝蔵―御道具唐櫃	東寺百合文書ふ函・あ函
				⑬交名案（後七日御修法請僧交名案）			東寺百合文書ろ函・ふ函
				⑭御巻数案（東寺結縁灌頂所巻数案并人数注進状）			東寺百合文書あ函
				⑮舎利勘計記并奉請間文書（仏舎利奉請状・勘計状）			観智院聖教・東寺百合文書・東寺文書六芸

この表から明らかなように、目録Ⅰと目録Ⅱに記された宝蔵の文書は、A御道具唐櫃の文書とB執行方の文書という二つに分類することが可能で、それぞれに対応する文書があげられる。これは宝蔵の焼失や宝物の盗難といった災害や、御道具唐櫃の施入などを経て伝わる文書である。これによって、宝蔵の文書が次第に形成されていった経過がうかがえ、平安時代と鎌倉時代における宝蔵の文書の対応関係が明らかになったといえる。なお、紙幅の都合で詳しくふれることはできなかったが、南北朝時代以降の変遷についてもあわせて記した。

おわりに

本稿では、平安時代と鎌倉時代の宝蔵伝来の文書について二通の宝物目録をもとに分類して位置づけた。そして、法会における文書の作成段階から保管の状況について詳しく検討を行った。これをまとめると以下のようになる。

第一節「東寺宝蔵の宝物目録について」では、宝蔵伝来の文書を確定するにあたって目録Ⅰと目録Ⅱの重要な二通の宝物目録をもとに、宝物目録が作成された火災や盗難などの経緯と、宝蔵に保管されていた文書の記載部分について検討した。目録Ⅰは長保二年（一〇〇〇）の宝蔵の焼失直後に作成されたもので、文書についての記載は北宝蔵において焼失したものの項目にみられる。目録Ⅱは建保四年（一二一六）に宝蔵の宝物が盗難に遭ったさいに作成された注文である。文書についての記載は盗まれなかったものの項目に二か所みられる。一つは御道具唐櫃の項目で、もう一つは巻末の部分である。また、目録Ⅱは西院御影堂が成立する直前に作成されたもので、西院御影堂において文書が保管・管理される以前の状態を示しており重要である。

次の第二節「平安時代の宝蔵の文書――長保二年東寺宝蔵焼亡日記案の検討――」では、目録Ⅰをもとに平安時代の宝蔵に保管された文書を分類した。宝蔵の文書は、ア末寺と庄園の公験とイ寺家官符類の大きく二つにわけられ、それぞれさらに二つに分類できる。アは、(ア)末寺の公験と(イ)庄園の公験にわけられる。(ア)は、①讃岐国善通寺や②三河国龍雲寺などに関する文書で、(イ)は、③越前国高興庄・④丹波国大山庄・⑤摂津国垂水庄などの重要な文書である。また、イは(ウ)官符類と(エ)後七日御修法記などに分類できる。(ウ)は、諸職補任の文書であり、(エ)は、後七日御修法に関する記録や造東寺年終帳である。この検討から、平安時代の東寺の文書は道具類とともに北宝蔵に保管されて伝わったもので、その内容は末寺や庄園などの寺領に関する文書や諸職補任の文書、そして後七日御修法などの法会や建物の修造、年中行事に関する記録などであり、古代東寺の運営にとって必要不可欠な文書であったと位置づけられる。また、この分類は保管の状態をも示している可能性が高いと考えられる。

そして、長保二年（一〇〇〇）の宝蔵焼失後、つまり一一世紀以降に作成された文書については、現状を確認して収蔵形態を復元した。その結果、宝蔵の文書は長保二年と大治二年（一一二七）の二度の火災によって大部分は焼失したが、その後も文書は作成・集積されており、一部は現存を確認できる。また、長治二年（一一〇五）には御道具唐櫃が施入され、ここに法会関係の文書が保管されるようになり、宝蔵には御道具唐櫃の文書が新たに加わったことを指摘した。

最後に、第三節「鎌倉時代の宝蔵の文書――建保四年東寺宝蔵納物注文の検討――」では、目録Ⅱをもとに鎌倉時代の宝蔵の文書について分類を行った。これは大きく二種類あって、後七日御修法などの法会や仏舎利奉請との関係が深いA御道具唐櫃の文書と、平安時代の文書の系譜をひくB執行方の文書からなる。A御道具唐櫃の文書は、⑫後七日御修法等道具目録、⑬後七日御修法請僧交名案、⑭東寺結縁灌頂所巻数案并人数注進状、⑮仏舎利奉請状・勘計状の四種類あり、後七日御修法や灌頂院御影供、東寺結縁灌頂などの法会と密接な関わりのある文書である。また、B執行方の文書は、目録Ⅰにみえる平安時代の文書を継承したもので、⑯文書箱参合と⑰官符等箱壱合は、平安時代の宝蔵の文書である目録Ⅰの[ア]末寺と庄園の公験と[イ]寺家官符類にそれぞれ対応する。鎌倉時代の宝蔵の文書は、平安時代の宝蔵の文書が継承されたB執行方の文書にA御道具唐櫃の文書が新たに加わったものからなっていた。

そして、A御道具唐櫃の文書について、法会における文書の作成手続きに重点を置いて検討し、その保管の方法や現状を確認した。また、Aは、後七日御修法や灌頂院御影供、東寺結縁灌頂などの法会の継続によって、その後も作成されたので、鎌倉時代以降の文書についても現存の確認を行った。その結果、⑫後七日御修法道具目録については近年までのものが、⑬後七日御修法請僧交名案については明治四年（一八七一）までのものが伝わっていることが確認できた。また、⑭東寺結縁灌頂所巻数案并人数注進状は、平安時代のものは未確認であるが、大部分は鎌倉時代のものである。最後の⑮仏舎利奉請状・勘計状は現状では一紙からなる一通文書として保管されている。しかし、文書の紙継ぎや折れ、虫損の痕跡をもとに詳しく検討すると、かつては継紙であったが江戸時代以降の修理によって文書箱に分散して納められたことが明らかとなった。

B執行方の文書について現状をみると、⑯文書箱参合のうち末寺の善通寺に関する文書については、同寺が鎌倉時代に随心院の末寺となり東寺において文書が保管されることはなくなった。また、摂津国垂水庄や丹波国大山庄などの庄園の公験は、執行方から供僧・学衆方への荘務権の移動にともない、鎌倉時代以降は西院御影堂において保管・管理された。そして、⑰官符等箱壱合の官符類は一一世紀以降も引き続き宝蔵に保管された。

以上、平安時代と鎌倉時代の二通の宝物目録をもとに宝蔵伝来の文書について分類し現状を明らかにした。現在は、宝蔵伝来の文書は西院御影堂の供僧・学衆方の文書とともに一括して伝わったので宝蔵の文書についてこのように分類や区別されることはあまりみられない。しかしながら、西院御影堂が成立しここに文書が保管されるようになるまでは、宝蔵伝来の文書はA御道具唐櫃の文書とB執行方の文書によって形成されていたのである。

宝蔵の文書を検討する上において重要なことは、その内容だけではなく作成手続きや機能、保管場所のすべてにわたって位置づけることである。中でも御道具唐櫃の文書は法会との関係が密接であるので、法会における文書の作成手続きについての検討は必須の課題である。また、宝蔵においては「末寺」「庄園」「官符等箱」などの文書箱の保管の区別がなされていたように、本来納められていた箱は、過去における分類や保管形態をも示している。文書をより良好な状態で長く残し伝えることを前提とするならば、これらを総合的にふまえた整理や位置づけが必要である。また、このような視点に立って、宝蔵伝来の文書の全体を復元し考察することによって、東寺文書という寺院伝来の文書をより深く理解することが可能となると考える。なお、御道具唐櫃の文書については、その内容と法会、空海請来品との関係をさらに詳しく検討する必要があるが、これについては別稿にあらためたいと思う。

（1）狭義の東寺文書すなわち、東寺文書六芸之部をはじめとする東寺所蔵東寺文書をいうのではなく、東寺所蔵東寺文書、京都府所蔵東寺百合文書、京都大学総合博物館所蔵教王護国寺文書など、広義の東寺文書をいう場合に用いる。

（2）文書の伝来については、山岸常人「仏堂納置文書考」（『中世寺院の僧団・法会・文書』東京大学出版会、二〇〇四年）、河音能平「日本前期中世（十一世紀～十六世紀）における文書の機能と伝来の諸形態」（『世界史のなかの日本中世文書』文理閣、一九九六年）。高野山御影堂文書については、山陰加春夫「日本中世における寺院における文書・帳簿群の保管と機能」（『中世高野山史の研究』清文堂出版、一九九七年）、厳島神社の文書については、松井輝昭『厳島文書伝来の研究――中世文書管理史論――』（吉川弘文館、二〇〇八年）などの先行研究がある。

（3）網野善彦「東寺文書の伝来と現状をめぐって」（『中世東寺と東寺領荘園』東京大学出版会、一九七八年）序章第二節。

（4）上島有「寺宝としての東寺文書の伝来」（京都府立総合資料館編『東寺百合文書にみる日本の中世』京都新聞社、一九九八年）、上島有「東寺文書の伝来と現状(上)・(下)」（『東寺・東寺文書の研究』思文閣出版、一九九八年）。

（5）黒川直則「中世東寺における文書の管理と保存」（安藤正人・青山英幸編著『記録史料の管理と文書館』北海道大学図書刊行会、一九九六年）。

（6）前田綱紀による文書箱の寄進については、前掲註(4)。

（7）二通の文書名は京都府立総合資料館編『東寺百合文書目録』第一～第五（京都府立総合資料館、一九七六年～一九七九年）によると、それぞれ東寺宝蔵焼亡日記案、東寺宝蔵納物注文となっているが、以下においては宝物目録として扱うこととする。

(8)『東宝記』第二「大経蔵」。
(9)「東寺百合文書」の函一号。写真は、『図録東寺百合文書』(京都府立総合資料館、一九七〇年)図版番号一三に掲載。
(10)「東寺百合文書」せ函古文書一二号。写真は、『続図録東寺百合文書』(京都府立総合資料館、一九七四年)図版番号二一四に掲載。
(11)『東寺長者補任』天福元年条。
(12)延応二年教王護国寺西院御影供始行次第(「東寺百合文書」甲号外一八号(四)①)。
(13)西院御影堂において文書箱が確認できる早い例としては、建武五年正月二九日所納道具并文書等目録(「東寺百合文書」エ函四二号)の「一、文書」の項目に、

文書九括以上本供僧方
御筆二巻
御影堂御舎利、　最勝光院文書箱一合、学衆方文書一括

と記されている。
(14)寛仁二年五月一三日讃岐国善通寺司解(「東寺百合文書」里函一号)。
(15)平安時代後期の末寺については、横山和弘「平安後期寺院社会の構造をめぐって――東寺の本末関係にみる「本寺政所」の考察から――」(『朱雀』二〇号、二〇〇八年)。
(16)伊勢国大国庄の文書については長保二年(一〇〇〇)以前の文書として、承和一二年九月一〇日民部省符案(「東寺文書」六芸之部礼一)、承和一二年一一月一五日伊勢国符(「東寺文書」六芸之部礼四)などが確認できるが、一一世紀以降の文書については相論の関係で偽文書が作成された可能性が高いことが指摘されている。勝山清次「東寺領伊勢国川合・大国庄とその文書――平安前・中期の文書の真偽をめぐって――」(平松令三先生古稀記念会編『日本の宗教と文化』同朋舎出版、一九八九年)、水野章二「大国・川合荘」(網野善彦・石井進・稲垣泰彦・永原慶二編『講座日本荘園史6　北陸地方の荘園　近畿地方の荘園Ⅰ』吉川弘文館、一九九三年)など。なお、伊勢国大国庄の史料については、『松阪市史』第三巻史料編古代・中世(蒼人社、一九八〇年)。
(17)越前国蒜島庄については原文書を確認することできないが、『東宝記』第三「当寺代々修造事」に「資盛越前国

務之時、没倒高輿蒜島庄」という記事がみえる。

(18) 弘仁三年一一月二七日太政官符抄（「東寺百合文書」て函一号（一））、弘仁三年一二月一九日民部省符案（「東寺百合文書」あ函一号）。

(19) 承和一二年九月一〇日民部省符案（「東寺百合文書」無号之部一号）。

(20) 丹波国大山庄の史料については、宮川満編『大山村史』史料編（丹南町大山財産区、一九六四年）、『兵庫県史』史料編　古代1・2・3（兵庫県史編纂専門委員会、一九八四・八五・八六年）、『兵庫県史』史料編　中世6（兵庫県史編纂専門委員会、一九九一年）に、摂津国垂水庄の史料については、『吹田市史』第五巻史料編2（吹田市史編さん委員会、一九七八年）などに収録されている。

(21) 富田正弘「中世東寺の寺院組織と文書授受の構造」（京都府立総合資料館『資料館紀要』第八号、一九八〇年）。

(22) 「東寺百合文書」東寺文書甲号外、宮内庁書陵部所蔵文書、早稲田大学図書館所蔵文書（早稲田大学図書館編『早稲田大学所蔵荻野研究室収集文書』上巻（吉川弘文館、一九七八年）に掲載）など。

(23) 康和二年一一月二〇日東寺款状案（「東寺百合文書」ヤ函九号（紙背二））の事書に「擬補言上太宰府四王寺四禅師覚寿重任事」とある。四禅師職についての史料は、久安二年六月一七日東寺修理料文書（「東寺百合文書」里函六号）に、四禅師職任料検納状などがみられる。

(24) 小田富士雄「筑前・四王寺」（『小田富士雄著作集Ⅰ　九州考古学研究歴史時代編』学生社、一九七七年）。

(25) 『政事要略』巻五六交替雑事（諸寺雑事）。

(26) 長保二年一二月二九日造東寺年終帳（「東寺文書」旧東寺文書古文書之部）。

(27) 官宣旨は『吾妻鏡』（『新訂増補国史大系』三二）建保四年二月一九日条。院宣案は、（建保四年）二月九日後鳥羽上皇院宣案（「東寺文書」六芸之部書十四）。

(28) 建保四年東寺五大虚空蔵法記（「東寺百合文書」東寺文書観智院二四号）。

(29) 『東宝記』第二「大経蔵」の「舎利納物壷形事付建保盗賊事」項には、前掲註(27)(28)の史料などを引用しながら、盗難とその後の経緯についての記事がみえる。

(30) 「御巻数案壱巻康和□年以後」の註記は、南北朝時代の写本である建保四年二月一六日東寺宝蔵納物注文案（観智院聖教一一〇箱九号）や室町時代の写本（阿刀家文書）によると、「康和二年」と書写されているので、ここには本来「二」の文字が記されていた。以下においては、「御巻数案壱巻康和□（二）年以後」と記す。

(31) 新見康子『東寺宝物の成立過程の研究』（思文閣出版、二〇〇八年）。

(32) 「後七日御修法等道具目録」と表記する文書は、御道具唐櫃の道具類は後七日御修法だけではなく、灌頂院御影供や東寺結縁灌頂においても出納されていたことによる。ゆえに、後七日御修法のみが行われるようになった南北朝時代以降の文書については、「後七日御修法道具目録」とする。

(33) 『重要文化財教王護国寺宝蔵大師堂修理工事報告書』（京都府教育庁文化財保護課、一九五五年）。

(34) 長治二年三月日東寺堂舎仏像修理并仏具等施入物等注文案（観智院聖教一五〇箱一三号①）に「仏舎利塔奉納朱唐櫃一合在鎖金物等」、すなわち御道具唐櫃の記載がみられる。

(35) 『東宝記』第二「大経蔵」引用の原本は、『東寺長者補任』（藤井永観文庫）である。

(36) 『続群書類従』第二六輯下。

(37) 『大正新修大蔵経』図像編第五。

(38) 前掲註(31)拙著。

(39) 「東寺百合文書」ふ函一号。以下、継紙で文書の奥と袖を糊継ぎしているものについては一巻と記す。

(40) 観智院聖教には、江戸時代に観智院賢賀が書写した『後七日御修法請僧交名』第一～第七（観智院聖教二一四箱一〇号）がある。これによると第二巻目の書写にあたっては「勧修寺大経蔵本」を書写しているので、江戸時代においてもすでに原本は確認されていない。

(41) 後七日御修法は長禄四年（一四六〇）以後、一六二年間中断するが、元和九年（一六二三）に醍醐寺の三宝院義演によって再興され明治四年（一八七一）まで続く。しかしここで再び中止され、三条西乗禅によって明治一六年（一八八三）に再興されて現在にいたっている。

(42) 是澤恭三「後七日修法」（『秘宝東寺』講談社、一九七一年）。

(43) 表2の13～19までの後七日御修法請僧交名案は、『史料蒐集目録七　明治一九年　京都府』（東京大学史料編纂所所蔵）および『明治二〇年一〇月東寺古文書目録』（京都府行政文書、京都府立総合資料館所蔵）によると、明治時代の影写にさいしても、通数が多いため「目録外」とされ影写は省略されている。

(44) 結縁灌頂日記上乗院（観智院聖教又別三〇箱一号）一冊、鎌倉時代正安四年写。

(45) 正治二年一二月一八日東寺結縁灌頂所巻数案并灌頂者人数注進状（「東寺百合文書」あ函一五号（六））。

(46) 前掲註(39)。

(47) 「東寺百合文書」あ函一五号。

(48) 前掲註(47)。

(49) 東寺結縁灌頂所巻数案并注進状はすべて「東寺百合文書」あ函に納められ、後七日御修法等道具目録も一部「あ函」にあるので、これらの文書は江戸時代に一括して「あ函」に移されたと考えられる。

(50) 奉請された仏舎利の粒数については、橋本初子『中世東寺と弘法大師信仰』（思文閣出版、一九九〇年）第二章「大師請来仏舎利の信仰」の表「東寺仏舎利の勘計・奉請一覧表」に詳しい。

(51) 阿刀家文書。

(52) 長享三年二月二七日勅使勧修寺教秀仏舎利奉請状（「東寺文書」六芸之部御六）。

(53) 「東寺百合文書」丙号外一八号。

(54) 保延五年一〇月七日仏舎利奉請状三通一巻（観智院聖教一四五箱二八号）。この文書は何らかの理由で観智院聖教の箱に混入して伝わったものと考えられる。

(55) 御道具唐櫃には鎌倉時代以降、仏舎利奉請関係の文書として⑮仏舎利奉請状・勘計状の他に仏舎利置文が納められるようになった。現在確認できる仏舎利置文は四通で、いずれも「東寺文書」御宸翰之部に分類されている。仏舎利置文が御道具唐櫃に伝来した経緯については、新見康子「東寺文書御宸翰之部の伝来と現状」（同志社大学博物館学芸員課程『博物館学年報』三九号、二〇〇八年）参照。

(56) 寛喜元年五月一九日官宣旨（善通寺文書）。

(57) 寛喜元年（一二二九）の随心院付与に関連して作成されたものと思われる年月日未詳の善通寺文書目録（「教王護国寺文書」五八号）が伝わっている。これは平安時代から鎌倉時代かけての善通・曼荼羅寺に関する重要な文書についてまとめたものである。書き出しに「被納宝蔵末寺箱文書内目録」とあるので、宝蔵の「末寺箱」に納められていた重要な文書が何点かあり、その中に善通・曼荼羅寺関係の文書が納められていた。なお、この目録に記載されている文書の一部は、東寺百合文書や「東寺文書」六芸之部楽乙九などに現存している。

(58) 網野善彦「東寺供僧と供料荘の発展」(前掲註3)第一部第二章。

(59) 庄園の文書が納められた箱については、康暦元年(一三七九)の西院御影堂の火災にさいして作成された(康暦元年一二月五日)東寺庫収納雑物出納目録集(「教王護国寺文書」五七二号)に詳しい。これによると、文書箱の名称として「大国」「大山」などと記されており、かつて宝蔵に保管されていた伊勢国大国庄や丹波国大山庄などの文書は、南北朝時代には西院において庄園や組織ごとの箱に区別・保管されていることがわかる。

(60) 惣寺諸日記第一(東寺観智院宝蔵文書一四箱)の元禄一〇年九月二七・二八日条。図版は『(図録)東寺文書十万通の世界』(東寺宝物館、一九九七年)。

〔付記〕 本稿は、二〇〇八年八月二日の第三期第十七回東寺文書研究会での口頭発表に基づいている。発表においては黒川直則氏、富田正弘氏にご助言を頂いた。また、東寺百合文書の原本閲覧にあたっては、京都府立総合資料館歴史資料課の池田好信氏にお世話になった。記して御礼申し上げます。

「東寺長者補任」の類型とその性格

高橋敏子

はじめに

「東寺長者補任」は、真言宗の根本道場としての東寺の別当であるのみでなく、宗派全体の貫首であり綱所の法務も務めた東寺長者の補任記録である。(1)この補任記がどのように編纂されてきたのか、その成立を探ることは大きな課題であった。私たちが現在一般的に利用している「東寺長者補任」は、主として翻刻された続々群書類従本であるが、(2)その翻刻のもととなった補任記と同系統の写本であると考えられる醍醐寺報恩院本「東寺長者補任」を紹介した奥田勲の論稿や、(3)平安時代末期の東寺一長者寛信の撰述による「東寺長者次第」を紹介・翻刻した和多昭夫の論稿は、(4)長者補任成立を考察する手がかりを意識したものであった。そして近年、湯浅吉美が東寺観智院金剛蔵所蔵の長者補任諸本についての翻刻と書誌学的考察を行っているが、(5)これは単なる書誌情報の提供にとどまるものではなく、補任記の編纂過程の究明を射程に入れたものである。また宮﨑肇は、藤井永観文庫所蔵「東寺長者補任」について、筆跡や紙背文書の分析から、それが東寺供僧定厳によって鎌倉時代に撰述された長者補任であることを明らかにした。(6)これらの動向は、「東寺長者補任」の史料学的研究について、ようやく本

格的な取り組みが始まったことを示している。(7)

そこで本稿では、以上のような史料学的研究の成果に学びながら、「東寺長者補任」の成立・類型や機能・性格について究明するという課題に取り組んでみたい。「東寺長者補任」には、先にあげた続々群書類従本に代表されるように、補任記でありながら、また東寺という寺院の寺誌やその周辺社会を含めた年代記としての性格を有しているものもある。本来長者の補任・事績の記録であるはずの長者補任が、何ゆえ寺誌・年代記に相当する記事を備えているのか、補任記録の参照のほかに、どのような利用のために、誰によって記録されてきたのか。諸補任の記事の比較は行われても、これまで試みられることがなかった成立の事情や背景にまで一歩踏み込んだ考察を行うことにしたい。本稿で右記の課題を明らかにすることによって、続々群書類従本だけでなく、その他の「東寺長者補任」の利用に目途をつけるとともに、それぞれの補任記の性格に沿った観点からの、より深い読解が可能になると考えている。

さて『国書総目録』や『東寺観智院金剛蔵聖教目録』『醍醐寺文書聖教目録』等を参照すると、(8)続々群書類従本のほかに、相当多数の「東寺長者補任」が残存していることがわかる。筆者がこれまでに情報を得ることができた長者補任の数は四〇ほどであるが、(9)それらの情報を基に、作成者の特定、作成の契機・目的、そしてそれに規定される記載形式や記事の内容等から判断し、先の課題を探るために把握しておくべき長者補任の類型を提示するならば、現在のところそれは次の五本であると考える。

ⓐ寛信撰「東寺長者次第」
ⓑ醍醐寺報恩院本「東寺長者補任」
ⓒ惣在庁本「東寺長者補任」
ⓓ異本長者補任本「長者補任」

ⓔ藤井永観文庫・東寺観智院本「東寺長者補任」

以下、各補任記の作成や書写・伝来の場に配慮しながら、それぞれの類型についてみていくことにしたい。(10)

一　寛信撰「東寺長者次第」

(一)　寛信本の特徴

この補任記については和多昭夫による高野山宝寿院所蔵本の翻刻と考察があり、(11)次のような指摘がある。

(一)この長者次第は、巻子本表紙見返部分の撰述者自身の識語によって、寛信が撰述し天養二年（一一四五）に完成したことが明らかな現存最古の東寺長者の補任記であり、(12)「寛信法務長者次第」（「東宝記」）や「寛信法務自筆本」（続々群書類従本「東寺長者補任」仁和三年権少僧都源仁の項）などといわれている。

(二)本文は上下二巻から成り、第一弘法大師から撰者である第三十七権大僧都寛信までの寺務（一長者）とその寺務の代の二長者以下について、人ごとに略歴を記している。現在のところ、本次第の写本は鎌倉時代末書写の宝寿院本と仁和寺の平安時代末書写のものとが知られている。(13)ただし仁和寺本は上巻のみであり、誤字脱字の点からみても宝寿院本の方が善本である。

(三)これ以前にも、いくつかの長者次第（寛信識語に「古次第等」とあり）や、「仁海僧正自筆長者次第」（寛信長者次第の第四僧正真雅の項）などがあったが、本次第は多くの古記を参照して、以前の補任記の簡略・失錯を正し完成させたものである。識語に「古次第等皆以疎簡、不ㇾ分二一二長者一、纔只注二任日一、予聊考二文籍一、粗出二徳行一」とみえている。

これらの点を踏まえた上であらためて指摘しておきたいのは、本次第が寛信という真言宗勧修寺流始祖によって撰述された補任記であり、長者自身(14)による著作であるという点である。寛信の撰述は、自身の識語「此記相始廿餘年、空閣二函底一、天養二年初秋、適畢二其功一」によれば、天養二年を二十数年さかのぼった頃から始められたことがわかるが、それは寛信の付法灌頂の師である先の勧修寺別当厳覚が死去し、寛信が勧修寺の寺務を執行し始めた保安二年（一一二一）に合致する。寺務となった寛信が勧修寺の堂舎や法華八講執行の体制整備を行い、門流形成のために、その基礎となる真言宗の多くの口伝や記録の集約編纂を行って勧修寺の中世的体制への移行を進めたことについては上川通夫の研究(15)があるが、寛信の「長者次第」撰述もこのような一連の展開の中での編纂活動によるものであったといえるだろう。「長者次第」を撰述しようとした動機には、門流の確かな確立のために、真言宗を統括する長者職への希求があったのであり、やはり識語に「是顕二先賢之名徳一、為レ貽二末学之仰崇一也」とみえるように、東寺長者自身あるいは長者へといたる事績を収集し誤りなく確定して記録すること、記録を残すことによってこそ、長者に対する周辺や後続からの尊崇、すなわち正統的権威を永く獲得することができると考えた寛信の意図があったものと考える。そして最後には、そこに自身の名を列するのである(16)。

（2）長者自身の撰述による補任記の類例

ところで、現在のところ未発見であるが、寛信の長者次第が引用している仁海自筆長者次第の成立についても同様の意図があったと推測できる。土谷恵の研究によれば、醍醐寺を中心として門流の相承・発展に尽くした仁海のもうひとつの主要な活動は、東寺長者としての宮中真言院の整備と、そこでの種々の祈禱勤仕であった。仁海は当時の一長者深覚にかわって二長者として長く後七日御修法を勤仕したが、それは師元杲の事績にならうものであり、また御修法の内容・作法についても独自の方法を受け継ぎ、相承していったといわれている(17)。祈雨祈禱の験者として、その名が宋朝にも聞こえていた(18)という仁海が特に力を注いだ東寺長者・一の真言師としての事績の記録には、やはり東寺長者の役割を重視し、先例を尋ね、その流れに自身を位置づける意図があったと考えられる。

関連して長者自身の作成した補任記のもうひとつの例として、醍醐寺釈迦院隆勝撰述の長者補任をみてみたい。[19]この補任記の記載形式は寛信撰の長者補任と同様、頭に歴代数を冠した一長者の僧名と事績、およびその代の二長者以下を併記したものである。隆勝は永仁五年（一二九七）二月一日、報恩院憲淳より三宝院の法流を授けられ正嫡となった。隆勝の長者補任は、その第一冊目表紙見返しの識語に「自二乾元第二之春一至二徳治初一之冬一、尽二四廻之懇丹一、終二一部之殺青一畢、凡家々之古今（本）、流々之新作、立二次第一不二分明一、或有レ始無レ終、或本疎末委、仍勘二代々之国史一、任二師々之家記一、継レ絶補レ闕、是則為下無レ煩二于勘決一、有レ便中于準拠上也而已、法印権大僧都隆勝」とあるように、付法後の乾元二年（一三〇三）より徳治元年にかけての四年間に諸史料を参照して作成されたもので、小野流の中心をなす法流の継承者として、先例を尋ねる便宜と、近い将来東寺長者に補任され自らの名を列する期待を込めた補任記の作成だったものと考えられる。

ところが、間もなく真言密教諸法流の統一と新たな法流の創出を目指した後宇多法皇の関与により、報恩院を拠点とする醍醐三宝院流は、鎌倉幕府の推挙をうけた隆勝と大覚寺統を後ろ盾とする道順との二流に分裂することになった。[20]そうした事態をうけて、徳治元年に一応の整理をみた補任記への隆勝の追記は、第九五代長者能助の代である正和二年（一三一三）までを記しているが、それは隆勝死去の前年であり、[21]同年正月一三日の自身の東寺四長者宣下の年である。隆勝は、補任にいたる経緯と、幕府護持の勤めを遂行するため関東に下向することを理由とした翌二月の長者職辞表を記載することをもって、この補任記を終了した。[22]

後宇多法皇が、隆勝の師憲淳に対して発した「抑東寺長者有二其闕一、病躰出仕雖レ難レ叶、被レ懸二其名一之条可レ為二紹隆一、為二法流一又尤可レ有二補任一歟之由所二思給一也」[23]という勅書に端的に示されているように、その名を長者の列に入れることが法流の繁栄につながるという意識からみるならば、隆勝は、法流興隆への期待に満ちた記録に、自らの名を懸けると同時に、一長者に達することができなかった挫折の事情をも記さざるを得なかったといえるだろう。

以上のように、東寺長者自身による補任記撰述の目的は、先例を尋ね参照すること、空海以来の真言宗の統括者としての長者（伝法阿闍梨）の血脈に自身の名を列することによる法流興隆の意図にあった。[24]そうした意図は、この類型の補任記の基本的な記載形式が編年体ではなく、一長者に第何代という歴代数を付与するという記述方式である点によく表れていると考えられる。真言宗長者あるいは東寺長者呼称の成立が一〇世紀に下ることが明らかにされているが、それにもかかわらず残存している「東寺長者補任」において、長者の初代を空海として記述している理由もそこにあるだろう。

そして現存している長者撰述の補任記の中でも寛信撰「東寺長者補任」は、もっとも古く、かつ記載記事の比較からみて、以下に類型を列挙するようなその後のすべての補任記のもととなったと考えられる。本次第の記述は、後の長者補任諸本に参照され引き継がれているとみられるのである。

二　醍醐寺報恩院本「東寺長者補任」

（一）　報恩院本の構成

最も流布している続々群書類従本「東寺長者補任」をはじめとして、現在残存している長者補任の大多数がこの類型に含まれるが、[25]本文だけでなく注記部分を含めて、その基本的な形態を最もよく残しているのは、以下に考察するような成り立ちを考慮すれば、醍醐寺報恩院に伝来した補任記である[26]と考えられる。そこで、報恩院本を初めて紹介した奥田勲の論稿[27]を踏まえた上で筆者の知見も加え、まずその構成上の特徴をあげてみることにする。

(二)弘仁一四年~寛永一一年の記録。上下二冊。上巻は【(内題)「東寺長者補任　草上」】【序文】【弘仁一四年(八二三)~安貞二年(一二二八)の記事】のあとに、【「寛喜元年己丑」という年号の見出しのみ】【天永四年(永久元、一一一三)および永久二年の結縁灌頂記事(永久元年より、東寺結縁灌頂会において小灌頂阿闍梨を二年勤めることによって僧綱に昇進する道が開かれた。[28] その最初の例としての行運阿闍梨の事例を記すため、二年にわたる灌頂会の記録が掲載されることになったものである)】【応徳塔供養記事】が続いて記載されている。下巻は【寛喜元年(一二二九)~寛永一一年(一六三四)の記事】を掲載する。

報恩院本が二冊に分冊されたのは、遅くとも文正元年末(一四六六)のことである。同年条に「上巻分一長者四十六人、再任不レ入、下巻分一長者八十八人、再任不レ入、合百卅四人歟」という、それまでの一長者数に合致する記載がみえるからである。[29] そしてさらに下巻に書き継ぎが行われた。この類型の諸写本の冊数が現在さまざまであるのは、書写後の冊分けの違いによるものであって、当初は二冊立てであった。このことは上巻巻末の結縁灌頂および塔供養の記事と本文との、次のような関係からも確認できる。すなわち永久元年一二月一七日に行われた結縁灌頂の儀式次第の記事について、本文永久元年の項の最後に「十二月十七日灌頂、小(灌頂)、、行運、八十一、其儀式在二此草子之奥一、(朱圏点)」(傍線筆者、以下同じ)と記載があり、それに応ずる記事が、上巻末尾「寛喜元年己丑」の年号記載のあとに「(朱圏点)天永四年改永久、十二月十七日甲子東寺灌頂以二寛助一被レ行レ之、(以下略)」とみえる。さらにその後ろの「応徳塔供養」と題する応徳三年(一〇八六)の東寺塔供養に関する記事についても鉤点が懸けられており、応徳三年長者定賢の項の中にみえる「十月廿日甲辰東寺塔供養、造営以後八ケ年也、儀式有二此草子之終一」に対応しているのである。上巻巻末の灌頂記・塔供養記は、のちの分冊に際して編成記載されたものであった。

(三)応安元年(一三六八)~嘉慶三年(康応元、一三八九)の記事については、

自レ此已下、以二隆源御記一書三入之二（応安元年条の前）

已上、報恩院前大僧正隆源御記分也、（康応元年条の後、明徳元年条の前）

という注記が付されており、この部分の記載が報恩院隆源(30)の記録によることが示されている。また長者補任本文中にも、康暦二年（一三八〇）条に「私云、今年後七日道快僧正奉三仕之二、仍令二加任一後、為二上首一之間、予退而為二第三一矣」とみえる「予」すなわち三長者が隆源であることなどから、これが裏付けられる。ただし注記の「隆源御記」という記載のしかたからみて、隆源自身ではなく、後世の者による記入であるとみられる。

(三)（二）に続く明徳元年（康応二、一三九〇）～応永二六年（一四一九）部分の記事については、

此已下寛済書三加之二（明徳元年条の前）

自二明徳元年一至二応永廿六年一闕分、考二記録諸篇一、寛済私書三入之二、後資可レ加二添削一々々、（応永二六年条の末尾）

という注記があり、もとの補任記では記載が不備だった部分を、江戸時代初期に報恩院寛済(31)が補ったものである。この寛済追補部分に関しては、別に醍醐寺に明徳元年～応永二六年の記事を有した「東寺長者補任略記(32)」があり、この後補部分とまったく同文言の記録であって、寛済が諸記録を参照して作成した草案そのもの、あるいはその写であると考えられる。端に「此已前、原御記有レ之」という注記がみられるが、「原（源）御記」とは報恩院隆源の記録を指したものであろう。略記のこの文言から考えると、（二）の隆源記に基づく記事をもとの補任記に加えたのは寛済であったことが推測できる。

(四)（三）のあとに、応安元年（一三六八）～至徳四年（嘉慶元、一三八七）、明徳元年（一三九〇）～応永二年（一三九五）、応永一六年～二六年の記事が重複して記載されている。ただしその内容は（二）（三）とは異なっており、特に応安元年から応永二年までの記事は、ごく簡略に一長者の僧官・僧名だけがその交代の年に記され

たもので、後に補われたものと思われる。そして応永一六年からは、次につながる新たな書き継ぎが始まっている。

(五)右記(二)応安元年~嘉慶三年の隆源記部分・(三)明徳元年~応永二六年の寛済追補部分は、記載方式が前後と異なっている。すなわち弘仁一四年~貞治六年(一三六七)条および(四)の重複分のうち応永一六年以降の記事については、長者は「僧官・僧名」の順に表記され、一長者の頭にのみ長者と記されているが、(二)(三)では「一(二以下)長者・僧名・僧官」の順に表記されている。また、(四)重複分応安元年~至徳四年の記事は、簡略ながら殊に御影供執事の記載が目につく。

(六)天文三年(一五三四)条の前に「以下寛済書二継之一」との注記が付されており、寛済の書き継ぎが、この年以降寛永一一年(一六三四)まで続く。

以上(一)~(六)から導き出される報恩院伝来の長者補任の成り立ちを示すと次頁の図のようになるだろう。もともと【序文・弘仁一四年~至徳四年・明徳元年~応永二年・応永一六年~天文二年】の記事を有した「長者補任」が天文三年以降に報恩院主寛済の手に入り、寛済のもとで、記事が簡略で不備であった応安元年から応永二六年までを補訂し、さらに近年の補任記事を書き継いで出来上がったものであるといえる。

さて寛済が長者補任を書き継ぎ始めた天文三年という年は、東寺と真言宗にとって意味ある年であった。弘法大師空海の七百年忌が東寺において初めて執行され、以後五〇年ごとに遠忌法会が行われるようになったのである。この弘法大師遠忌については橋本初子が東寺灌頂院御影供を考察する中で[33]、また上島有が中世から近世へと移行する東寺の歴史を考察する中でふれているが[34]、延喜一〇年(九一〇)に長者観賢によって始められた東寺灌頂院御影供が文亀三年(一五〇三)以降退転し、新たに始まった遠忌へと変容していくことが明らかにされている。さらに上島は、遠忌の執行形態が寛永一一年(一六三四)の八百年遠忌以降定着すること、寛正二年(一四

図　報恩院本東寺長者補任の成り立ち

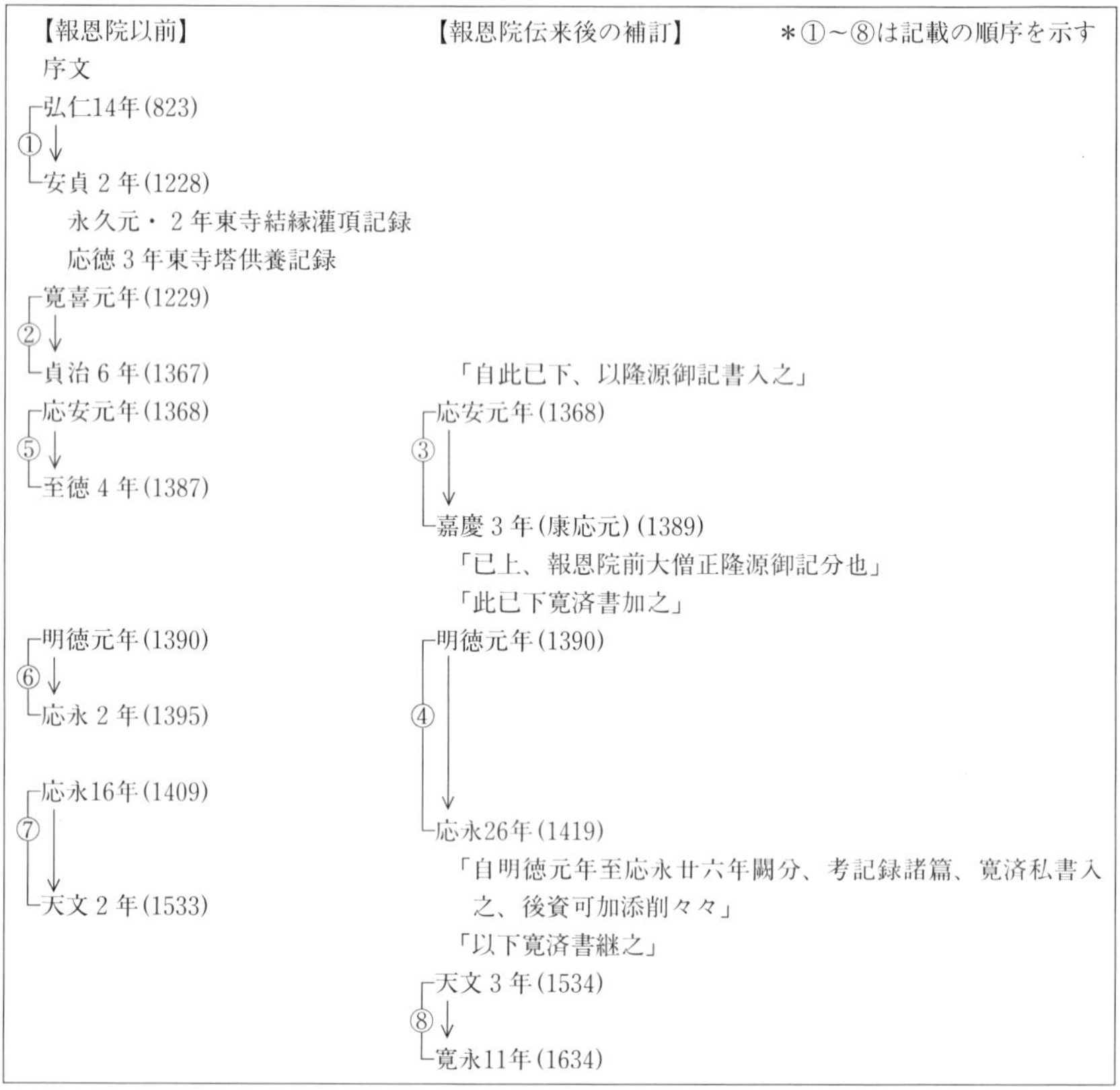

六一）以降停止していた後七日御修法についても、東寺長者であった醍醐寺三宝院義演によって元和九年（一六二三）に再興されることなどから、朱印地の確定や伽藍整備の時期とも考え合わせて、東寺の近世寺院としての出発を一七世紀前半の寛永期であると見ている。また中世に作成・書写された続々群書類従本（報恩院本）「東寺長者補任」の記載が八百年遠忌と同じ寛永一一年をもって終了していることも、東寺の中世的体制の終焉を示しているとしている。

　そこで、東寺の体制と長者補任との関係を検討するためにも、報恩院本長者補任が醍醐寺にもたらされた天文三年を中心に、もう少し補任記に即してその性格を検討してみたい。

（2）醍醐寺伝来以前の報恩院本

いま注目するのは報恩院本の類型に属する無量寿院本「東寺長者補任記[35]」である。醍醐寺無量寿院堯円が寛永元年（一六二四）春に書写した旨の奥書をもつこの補任記の基本部分の記事は、図に示した報恩院での補訂以前の長者補任と同じく【序文・弘仁一四年～至徳四年・明徳元年～応永二年・応永一六年～天文二年】である。この基本部分に、堯円が文禄三年（一五九四）の記事までを書き継いでいることが、筆跡等から判断できる。同年の長者は三宝院義演であり、凡僧別当が堯円自身であった。この書き継ぎ部分の記載は、寛済の報恩院本と堯円の無量寿院本とで事実が大きく異なることはないとはいえ、それぞれ別の記述である。そしてさらに、堯円が記載をやめた文禄三年以降の無量寿院本には、寛永七年（一六三〇）まで、再度の書き継ぎがみられるが、その筆跡は報恩院本と同じである。この部分は、おそらく報恩院本を書写作成するにさいして無量寿院本を参照し、ついでに参照した無量寿院本の方に欠けている記事を書き加えた結果なのではないかと思われる。

さて、この無量寿院本「東寺長者補任記」の天文三年条の前には、「以上両冊、以二東寺執行本一写レ之畢」との識語があり、天文二年条までは、「東寺執行本」を基に書写していることが明記されている（「両冊」が、全八冊からなる無量寿院本の最後の七・八冊目を指すのではなく、おそらく長者補任記の全体をさしていることは、報恩院本がもともと上下二冊の編成であったことから推測できる）。報恩院本は、この部分に「以下寛済書二継之一」と注記しているが、これ以前の部分の書写元については記していない。寛永一三年（一六三六）七月二五日に六七歳で没した堯円[36]と、寛文三年（一六六三）五月二四日に六八歳で死去した寛済の活動時期は三〇年ほどずれてはいるが、江戸時代初期に、東寺長者補任のある一本が醍醐寺内にもたらされ、諸院家で参照されていたといえるのではないだろうか。そしてその長者補任が、東寺執行所持の本であったということからすると、報恩院本・無量寿院本にみられるような長者補任の天文二年までの記事は、東寺周辺で代々作成されてきたものである可能性が高いといえるだろう。さらにその記主として第一に想定すべきは東寺執行であろう。

そこで次に、東寺執行に関わる視点から報恩院本「東寺長者補任」を読み直してみることにしたい。

（3）報恩院本と「東寺執行日記」

ここでは代々の執行が残した記録「東寺執行日記」との関連から報恩院本をみていくが、まず長者補任の表記方式に注目したい。報恩院本文明五年条の次の記事をみてみよう。

二月三日夜、八幡宮御宝殿ニ盗人乱入申シテ、御内陣宝篋院塔之御舎利三粒、応永十五年寄二進快玄等一施入、無二一粒一取、塔計有レ之、同十日、御殿之内、栄増奉レ為二掃除一之処ニ、御身奉レ為二拝見一之事思出至也、巨細別紙注レ之、

東寺鎮守八幡宮宝殿への盗人乱入の後始末のため八幡宮内陣を掃除したさい、当時の執行栄増[37]が、空海作という伝説のある八幡三神像の塵を払ったことについて、「この神像を拝見したことは大切な思い出となった」と記している表現が一人称になっていることに注目したい。この部分は、執行栄増自身の執筆であると考えてよいだろう。そしてこの事件については、敬神の思いを強く抱いた栄増が「東寺執行日記」文明五年二月一〇日条に、同月三日の盗人侵入から後始末にいたるまでの詳細な記述を残していることにも注意しておきたい[38]。報恩院本に「巨細別紙注之」とある「別紙」とは、執行日記のこの記述、あるいはこの記述のもとになった記録を指しているのではないだろうか[39]。

さらに遡って同様にみていくと、寛済による補訂部分（図の③④部分）とそれに続くもともとの簡略な記述部

分（図の⑤⑥部分）の後、補任記のあらたな書き継ぎが始まったと思われるところに（図の⑦部分の最初）次のような記事がある。

同（応永）十七年
長者権僧正満済、正月八日、後七日法勤二仕之一、
三月廿一日拝堂如レ常、御前職掌六人、中綱四人、三綱仁和寺輩四人、房官四人、侍一人、大童子一人、諸堂拝事訖、於二不動堂一被レ行二吉書一、執行栄暁勤仕之処、今度不レ及二着座一、未練之至也、為二初度所作一之上、依忩劇、旧記等依レ不二引勘一無二才覚一之間、無二着座之儀一直参勤仕之由、奉行人快玄大僧都清浄光院申之間、従二其意見一畢、後日令レ勘二見旧記一之処、先々執行令二着座一条、先規分明之上者、至二自今以後一者可レ令二着座一者也、其儀委細見二旧記一了、

これは、前年寺務となった三宝院満済の拝堂にさいして吉書役を勤仕した執行栄暁が、その所作について旧記を参照するのを怠ったことを反省している部分であり、これも一人称による表現とみることができるだろう。栄暁は、先の栄増の二代前、応永一四年（一四〇七）四月二九日に執行（修理別当）職に補任され[40]、この時初めて拝堂吉書役を勤仕したのであった。

同様に一人称の記述で最も時代を遡ると思われるのは、建暦元年（一二一一）の一長者僧正道尊の項である。

長者僧正道尊法（務）
後七日法行之、初年、加持香水大内、（中略）抑執行成慶可レ参二御道具合点之役一之処、去年六月七日先師厳慶帰泉之間重服也、而今年主上（順徳）御代始也、我又為レ初、為二年始事一、仍今年者不レ可二参勤一、但於二執行重代之勤役一者、餘人不レ可レ叶、長者門弟可二勤仕一云々、仍不レ能二参勤一、（後略）

成慶が先師厳慶から執行職を譲り受けたのは承元四年（一二一〇）二月二八日のことであり[41]、執行として初めて

後七日御修法に参加し、道具点検の役を勤めるはずであったが、先師の重服のため当年は不参となったことを記している。これら一人称の記述は、報恩院本が代々の執行によって書き継がれてきた記録であることを示している。(42)

さらに付け加えれば、長承二年（一一三三）頃から承元の頃にかけての執行勝俊・厳慶、あるいは応永末年以降の執行厳真・栄増の時の新任長者への参賀記事のパターン化や、執行忠救の時期にみられる比較的詳細な長者拝堂記事など、時期による記載の特徴がみられることも、記主代々の特徴を表わしていると考えられるのである。

ところで本項冒頭で、文明五年条の「別紙」について「東寺執行日記」の記事との関連を指摘したが、他の事例に、報恩院本永享四年の項にみえる宮中真言院の建造に関する記事がある。六月一五日に武家沙汰として事始を行ったのち、一一月一〇日に立柱上棟の儀式が執り行われているが、その祝儀については「引馬人数、別紙有レ之、引馬三十六疋」と記されている。「東寺執行日記」の同年一一月一〇日条(43)には、果たして「一真言院御立柱之時引馬人数事」として仁和寺・醍醐寺・随心院・勧修寺・嵯峨大覚寺・東寺供僧・東寺執行・神護寺・将軍・管領・大勧進の引馬交名注文と「已上卅八疋歟」との記述が存在しており、馬の頭数がやや異なっていることが気がかりではあるが、この注文の記事は報恩院本長者補任にみえる「別紙」にふさわしい内容であろう。

報恩院本の記事に「東寺執行日記」の内容ときわめて近似している部分があることについては、貞治二年（一三六三）六月一七日・八月二九日の石清水八幡宮神輿入洛・帰座記事を例としてみてみよう。『大日本史料』第六編二五の当該条には、報恩院本「東寺長者補任」「東寺執行日記」のほか、「後愚昧記」「石清水八幡宮略補任」「祇園執行日記抜粋」「石清水八幡宮記録」「皇年代略記」「武家年代記」「大乗院日記目録」等々の記録が引用されているが、石清水の神輿が二宮のものであったこと、入洛後七条猪熊辺に振り捨てられたこと、その後武家の沙汰として東寺鎮守八幡宮拝殿に安置し、侍所が警固したことについては、「東寺長者補任」と「東寺執行日記」

のみにみられる情報である。また神輿帰座についての「東寺長者補任」の記事「酉刻御帰座、先奉レ出二金堂礼堂一、伶人奏楽、自二南大門一還御、久我左大臣共奉(供)[44]」も、執行日記中の記事「石清水神輿酉刻御帰座、先奉レ出二金堂礼堂一、礼人(伶)奏楽、自二南大門一還御、久我左大臣共奉(供)」と、ほぼ同句であることがわかる。

以上報恩院本における東寺執行にかかわる記述の一人称表記と、報恩院本と「東寺執行日記」の非常に近しい関係をみてきた。報恩院本は執行日記と同じ情報に基づいて、日記と同様に東寺執行が代々記録したものであると判断できるだろう。

（4）東寺灌頂院御影供と報恩院本

次に東寺における執行の職掌の側面から報恩院本をみてみたい。執行の職掌については、従来、堂舎・仏像の管理、各種儀式に使用される道具の出納・管理、法会道場の荘厳等が指摘されているものの、その内容があまり具体的ではなかった。しかし黒川直則の研究により、執行の職務は、寺務長者に代わって行う「寺家雑務」といわれる幅広いものであり、これまで指摘されてきた職掌はその一部に過ぎないことが明らかになってきた[45]。

そのような中で、黒川が具体的に解明した執行の重要な役割のひとつは、東寺灌頂院御影供の執事役、すなわち費用の負担をする僧侶の決定に大きく関わっていることである。執行は、執事役相当の僧を臈次に従って順に選定して長者に注進する。長者はそれをうけて巡役の僧侶宛の差文を発給し、執行の注進状とともに執行に返進する。執行は注進状・差文を巡役相当の僧侶に伝達して請文をとるという手続きが踏まれるのである[46]。

報恩院本の特徴のひとつは、まさにこの灌頂院御影供供養法の導師（通常一長者が勤める）と執事役を勤めた僧侶の名をよく記していることにある。本節（1）で述べたように延喜一〇年、長者観賢によって始められた灌頂院御影供であるが、その後報恩院本に見える関係記事は、承保元年（一〇七四）の未拝堂長者良深の供養法勤仕と、長治元年（一一〇四）寺務の死去によって東寺寺家側が御影供を沙汰することになり、定額僧上臈が供養法を勤仕したという特殊な事例のみであった。しかし康治元年（一一四二）前後からは長者による供養法勤仕の記載が続き、文治二年（一一八六）以降、ほぼ毎年供養法導師と執事の僧名が記されるようになってくるのである。最初に示した長者補任の五つの類型のうち、長者の事績・履歴の記述を中心としているⓐの寛信撰の補任記やⓒの惣在庁本には、毎年の御影供供養法の記事がみえないのと比較すると、報恩院本のこうした特徴は明らかである。

さらに同じ報恩院本の中においても（1）の特徴（二）（三）で示した醍醐寺報恩院隆源・寛済による後の補訂部分（図③④）に御影供の記事がみえるのは、一長者以外の者が供養法を勤めるなどの特殊な場合であり、また供養法導師の記載があっても執事については記録されていないのがほとんどである。醍醐寺伝来以前の原報恩院本補任記が、灌頂院御影供の供養法導師と執事に関する記載をその特徴としていることは、この点からもわかるだろう。(47)

黒川が指摘したような、執行注進状・長者差文・執事請文という一連の手続き文書を標準型とする、執行による御影供執事役差定への関与の体制がいつ頃整備されたのかについては、史料の探索がいまだ十分ではないが、(48)おそらく御影供執事役の性格が変化した嘉禎三年（一二三七）の時期が考えられるだろう。鎌倉時代の嘉禎二年より以前、御影供執事役は東寺定額僧が巡役として勤めていた。しかしこの役は安居会執事役と重なることも多く、その負担が過重であり、しばしば懈怠があったことから、東寺が奏状をもって朝廷に訴えた結果、嘉禎二年八月二日の官宣旨(49)によって真言宗僧綱の巡役とされることが決まった。次年以降、当役の僧綱は執事役を懈怠すれば門徒を追放されることとなったのである。相当な負担をともなう役の差定には厳密な手続きが必要とされたと思われ、一連の文書を備えた御影供執事役差定の体制は、嘉禎三年が画期となって整えられていったものと考えておきたい。

しかしながら報恩院本長者補任の御影供執事役の記載の画期は、先にみたように文治二年以前であって、(3)で述べたように報恩院本を代々の執行の記録であるとすると、執行の注進から始まる御影供執事役差定の手続きが整えられる以前からの御影供運営への執行の関与が、逆にこの報恩院本から推測されるのである。

それでは、こうした職掌を担った執行が「長者補任」と関わり始めるのはいつ頃なのか。醍醐寺にもたらされる前の原報恩院本長者補任はいつから執行の記録するところとなったのか。原報恩院本はどのような性格の補任記といえるのだろうか。この問題を考察するためには、執行の東寺内における位置づけと、東寺自体の組織や経営の変化をあわせてみていく必要があるだろう。

(5) 東寺政所と執行――報恩院本の性格――

黒川直則が執行職の相伝状況について明らかにしたところによれば、[50] 一一世紀初頭の慶寿(万寿二年六月二七日慶秀に譲与)より一三世紀半ばの成慶(承元四年二月二八日厳慶より譲受、文応元年七月一〇日死去)にいたるまでの執行は、それまでの執行とは異なり東寺三綱を兼ねていた。三綱に補任されることにより、執行は「所司」として正式に東寺の組織に加えられたのであろうと黒川は述べている。執行は、政所の構成員として東寺の経営に重要な役割を担っていたのであった。[51] また代々の執行職の相伝は当初は譲状によっていたが、成慶の時になって初めて修理別当として位置づけられ、正嘉二年(一二五八)正月二〇日に検校法務(一長者)と凡僧別当による修理別当職補任状が発給されている。成慶はまた法印にまで叙された最初の執行であった。以後鎌倉時代後期から室町期にかけての執行の家系からは東寺供僧も輩出しており、執行の寺内における地位が一段上がっている。

こうした執行相伝の点からみると、執行の地位の画期は一一世紀前半と一三世紀半ばの二度あったものと考えられる。

一方これまでの研究を振り返ってみると、網野善彦が、東寺の古代から中世寺院への転生を探る中で、執行の動向や東寺政所の成立に中世的な寺家組織の起点を求めようとしている点が注目される。[52] 長保二年（一〇〇〇）の東寺宝蔵の火災にさいして、宝物を被災から守った執行慶真の記事を早い例として史料上に現れてくる執行は、一一世紀後半から一二世紀前半にかけてその職にあった永俊が、応徳年間の塔造営に尽力し、国司の収公によって支配の実のなかった丹波国大山荘を一色別符として塔仏聖燈油料所に設定するなど活発な活動を行っていることがわかる。同時期の凡僧別当忠縁による新たな法会の設置や堂舎の修造事業などの活動と併せて、この時期に東寺政所の機構が確立し、東寺経営に積極的な役割を果したことが指摘されている。[53] しかし間もなく一二世紀半ば頃より、政所の要であった凡僧別当には、東寺長者の交代ごとにその門弟が補任されるようになり、[54] 東寺政所は長者政所と実質的に異なるところがなくなってきたといわれている。[55]

また真木隆行は、東寺長者と東寺を軸として同心円的求心構造をなしていた古代の真言宗僧団が、一二世紀中葉までに、仁和寺御室を頂点とした仁和寺・醍醐寺などの有力門主群とそれより下層の門主群という門閥的重層構造へと変化していく様相を跡付け、そうした構造変化と連動して、東寺一長者が、後七日御修法・結縁灌頂・天皇護持僧の修法など真言宗基幹儀礼を主導し執行する権限を持ち、長者房政所の機構を整えて、新たに長者渡領を形成し、末寺支配も強化するなどの権益を手にしていくことを明らかにした。そして一二世紀中頃に東寺凡僧別当を長者房政所の中に組み込み属僚化するにいたって、中世的な東寺一長者体制が確立することを示した。

一方寺院としての東寺は、一宗の紐帯としての灌頂院御影供や結縁灌頂会を行う道場という機能を担いながら、ひとり権益を手中にした長者のもとで、伽藍の荒廃とともに中世を歩み始めなければならなかったと述べている。[56]
御影供や結縁灌頂の用途は、長者渡領となった荘園から分配を受け、あるいは定額僧の頭役負担により行うことで、一寺院としては荘園という中世的な経済基盤から取り残された体制が、中世東寺の初発であった。

以上の研究を踏まえて執行に即して東寺政所の体制を考えてみると、執行が東寺三綱を兼ねるようになった一一世紀初頭に政所の整備が行われ、それが順調に機能するようになるのが、網野が政所の機構が確立したという一一世紀後半から一二世紀であるが、一二世紀半ばに凡僧別当が東寺政所から離脱すると、三綱兼帯の執行が政所の中心となり、一長者寺務に代わって行う「寺家雑務」といわれる幅広い職掌を帯びるようになった、という見通しを得ることができるだろう。[57]この見通しは、前節の執行の職掌でみた、報恩院本長者補任に特徴的な東寺灌頂院御影供の記事が補任記に登場してくる時期が、一一世紀後半の承保元年（一〇七四）からであること、そして供養法導師と執事の僧名がほぼ毎年記されるようになるのが文治年間以降の一二世紀後半であることと合致している。すなわち東寺の経営が執行を中心として行われるようになったことによって、執行が記した記録である補任記に、真言宗の基幹法会である灌頂院御影供の経営という重要な職掌を遂行するための先例を記す意味が生じたということであろう。報恩院本東寺長者補任は執行による東寺政所の記録のひとつであり、執行の中世的地位の確立を反映して成立した記録であると考えられるのである。[58]

（6）中世後期の東寺政所

醍醐寺に伝わる前の報恩院本が、執行が代々作成してきた東寺政所の記録であるとすると、本節（1）の(四)に示したような特徴、すなわち応安元年（一三六八）より応永一六年（一四〇九）にいたる間の記事が他の部分と異なって、のちに補訂されたと考えられるごく簡略な記述になっており、記事を欠く年次もあったという特徴をなぜ備えるようになったのか、その理由を推測することができる。

すでに酒井紀美と黒川直則によって明らかにされているように、[59]南北朝期に執行職とそれに付随する所領・屋敷をめぐって、執行職を相伝してきた一流の間に長期にわたる相論が展開された。この争いは、貞治三年（一三六四）九月に殺害された執行定伊跡の所職に、殺害の実犯とされた前執行栄済の子栄暁ではなく、栄済の兄弟厳瑜が供僧中の推挙を受けて補任されたことを直接のきっかけとしている。その後栄済・栄暁側は、無実の裁許と所職の返付を求めて、応安七年・至徳二年と東寺寺務の交替時に新任の寺務のもとで訴訟を起こし、所領・屋敷については栄済一期の知行が認められた一方、執行職は厳瑜の補任が継続することとなった。そして応永七年（一四〇〇）四月に厳瑜の子息光耀が執行職に補任されたが、翌年二月、光耀も殺害されてしまう。最終的には、応永八年一二月に厳瑜が一期の後の執行職を栄暁に譲ることを約束して双方は和解し、応永一四年四月の栄暁補任、応永一六年八月の厳瑜死去にいたる。原報恩院本の記事のうち、のちに簡略に補訂された部分は、ほぼこの執行職補任に関わる混乱の時期にあたり、厳瑜・光耀という訴訟の一方当事者側が職に補任されていた時期に一致している。そこには執行殺害という事態にまで及んだ相論が大きく影響して、この間に執行の作成した種々の記録が引き継がれず散逸してしまったなどの事情があったのではないかと推測できる。

　さらに酒井・黒川は、この長期にわたる相論は執行の地位の低下をもたらし、執行は供僧の下に位置づけられるようになったとしている。本節（5）でみたように、かつては先の執行の譲与に基づいて、長者・別当から直接補任状を交付されて修理別当職に補任されていた執行が、この時期からは供僧の推挙をうけ、補任状も、長者から供僧年行事の手を経て執行に渡されるように変わった。補任状には、執行に遣わすよう命じた供僧年行事宛の長者御教書が添えられたが、そこには「供僧中毎事可㆓扶持㆒候歟」[60]という文言が入るようになる。しかも執行が補任状を受け取るさいには、供僧中に対して「不㆑可㆑違㆓供僧御命㆒」[61]という文言の入った請文を出すことが義務付けられたのである。これらが執行の地位低下の根拠であるとされた。

　けれども南北朝・室町期について、隆盛以降救賢にいたるまでの執行の出自をみれば、すべてが供僧・学衆または供僧となるべき東寺交衆であることを考えると、[62]執行は供僧の下に位置づけられたというよりは、供僧組織と一体化したとみるべきであり、東寺政所の中心にいて寺務に代わる雑務をすべて統括していた執行が、その独自性を失っていったものと考えた方がよいのではないかと思う。この時期の政所の体制をみてみると、凡僧別当には、寺務の門弟だけではなく東寺の供僧が多く補任されるようになり、たとえ門弟である他寺の僧侶が補任された場合でも、別当代を東寺供僧が務める体制が確立してくる。さらに応永二一年から二三年にかけての凡僧別当東寺宝輪院宣弘は、仁和寺真光院禅守から随心院祐源へと寺務が交代しても連続して別当にとどまっていたし、東寺観智院宗賢についても、永享五年から九年にかけて真光院禅信と勧修寺慈尊院弘継のふたりの寺務の凡僧別当を連続して勤めている。[63]文明年間そして永正年間から天文初年までと、寺務の未補任が長く続いた時期にも東寺における真言宗教団機能の経営が成り立っていたのは、東寺政所の機能を、執行職を含めた東寺の供僧組織が請け負う形態が、室町期の東寺政所の体制だったからだといえるだろう。すなわち凡僧別当・修理別当（執行）が、その下に寺官の三綱層が務める目代を従えて運営する体制であった。この体制の中で、執行は長者補任の記録と管理とを継続していったのである。[64]

以上のように考えると、東寺政所の記録である報恩院本「東寺長者補任」が、東寺での記録をとどめ、醍醐寺に引き継がれた天文三年（一五三四）は、政所の機能という点からみれば、東寺の中世的な体制が変化した、その大きな画期であったといえるだろう。そして本節（1）の最後でみたように、天文三年という年紀が、長らく欠如していた灌頂院での弘法大師御影供が遠忌に形をかえて始まった年であれば、変化の大きな要素がこうした法会の意味や執行形態に関わっていたということも推測できる。あたかもこの年は、永正七年（一五一〇）一二月末に寺務醍醐寺三宝院持厳が死去して以来未補任だった寺務に、やはり三宝院義堯が補任され、凡僧別当にも理性院厳助が就任して、東寺の新しい執行体制が醍醐寺を中心として始まった年であった。[65]上島有は、続々群書類従本（報恩院本）「東寺長者補任」の記載が弘法大師八百年遠忌と同じ寛永一一年をもって終了していることをもって東寺の中世的体制の終焉であるとしているが、長者補任の観点から見た場合、すなわち東寺政所の体制においては、終焉の時期は天文三年の方を第一の画期とみておきたいと思う。そして近世への見通しを含めたより詳細な検討は、今後の課題としておきたい。

三　惣在庁本「東寺長者補任」

（一）　惣在庁本の抽出とその特徴

この類型は従来ほとんど認識されてこなかったものであるが、綱所惣在庁の作成による補任記で、京都国立博物館所蔵「阿刀家伝世資料」のなかの東寺長者補任の一本から、その存在を抽出することができる。この阿刀家の長者補任は、ⓒ惣在庁本のほかに、先に述べたⓑ報恩院本長者補任、次に検討するⓓ異本長者補任本という複数の類型の補任記を取り合わせて構成された一本であり、本節以外の記述にも関わってくるので、煩を厭わず、まずこの補任記の構成を示すことにする（以下『　』は朱筆）。

「東寺長者補任」全七冊（「阿刀家伝世資料」B甲六六五―五）

第一冊（表紙）「東寺長者補任第一　惣在庁作」（記事）弘仁一四年（八二三）～貞元二年（九七七）

（奥書）『元□（弘）四年正月九日戌刻、勘二見諸本一、相違之所少々書二加之一、朱点是也矣』／『同六月之比、以二或本一校合、少々示レ異了』

第二冊（表紙）「東寺長者補任第二　惣在庁作」（記事）天元元年（九七八）～天永三年（一一一二）

（奥書）「此一巻、近頃紛失ニ付、以二他之同本一、新令二模写一了、天保六年乙未八月　永慶」

第三冊（表紙）「東寺長者補任第三　惣在庁作」（記事）永久元年（一一一三）～承久三年（一二二一）

（奥書）「元弘三年十月四日書二写之一了、一交了」／『同四年正月十五日比二校諸本一、少々示レ異了』

第四冊（表紙）「東寺長者補任第四　惣在庁作」（記事）貞応元年（一二二二）～弘安一〇年（一二八七）

第五冊（表紙）「東寺長者補任第五　惣在庁作」（記事）正応元年（一二八八）～正中二年（一三二五）

（奥書）「元弘四年四月廿一日書二写之一訖、此本者、惣在庁維縁作也、故惣在庁経増依二勝宝院僧正道耀命一、貞応以後長者補任製レ之、以二彼本一為二大底一、重作レ之云々、宝光院供二請彼草本一書二写之一、令（今カ）以二彼本一書二写之一訖、一切不レ可レ及二他見一之由約諸後寮レ之矣、抑此本僻事済□、校二合数本一、或書二直之一、或以レ朱書二入之一了、更不レ可レ及二外見一者也、金剛仏子実澄」

第六冊（表紙）「東寺長者補任第六　権大僧都栄増作」（記事）嘉暦元年（一三二六）～貞和五年（一三四九）

（奥書）「以上十四紙、此度令二新書一、以下栄増師自筆之書加レ之、為二一帖一、備二惣在庁作末続一耳、天保六年八月」

（中表紙）「長者補任下　観応元年庚寅已後　東寺執行権少僧都栄増」（記事）観応元年（一三五〇）～永享一一年（一四三九）

第七冊（表紙）「東寺長者補任第七　権律師厳恭作」（記事）永享一〇年（一四三八）途中～寛永一一年（一六三四）（表紙見返し）「此一冊者厳恭自筆也、第六巻栄増自筆之置レ下而、為二第七巻目一也、全惣在庁維縁作為二後本一、一二先師筆功永令レ不レ空者矣、天保六乙未八月　永慶書之」（奥書）「右之分校合訖」

以上の情報と記事の内容とを勘案してこの補任記の構成を類型別にまとめると、

ⓒ惣在庁本

㋐第一・三～五冊目　惣在庁維縁作・実澄書写本

㋑第二冊目　天保六年八月　東寺執行永慶書写本

㋒第六冊目前半　同右

ⓓ**異本長者補任本**　第六冊目後半　東寺執行栄増自筆本
ⓑ**報恩院本**　第七冊目　東寺執行厳恭自筆本(66)

となり、天保六年(一八三五)八月に、東寺執行永慶が惣在庁本の欠本部分を補いながら、先の執行栄増と厳恭の自筆本をあわせ整えた補任記であることがわかる。ⓓ異本長者補任本については次節で検討することとし、ここではⓒ惣在庁本について考えてみる。

この補任記の惣在庁本部分作成の経緯は、第五冊目の奥書に記されている。まず惣在庁経増が、仁和寺勝宝院道耀の命を受けて、貞応年間（一二二二〜一二二四）以降の補任記を作成し（本長者補任の第四冊目、この冊は道耀が寺務を辞任した弘安八年の二年後までを記録している）、次にその本を大底として、惣在庁維縁が新たにまとめた補任記を作成した。それを宝光院が書写し、さらにその宝光院書写本をもって元弘三年（一三三三）から四年にかけて実澄が書写を重ねたということになるだろう。道耀は、弘安三年（一二八〇）一二月一一日東寺三長者加任の後、同七年四月二二日東寺寺務、閏四月一一日法務に補されたが、翌弘安八年一一月一三日に寺務を辞退し、嘉元二年（一三〇四）一二月二日没している（本長者補任）。経増は、建治二年（一二七六）五月に惣在庁に補任され、子息維縁が次の惣在庁となるまで、これを務めたものと思われる。また仁和寺三綱の上座でもあった。そして維縁は、永仁六年（一二九八）一一月に惣在庁に補任され、その子昭縁が惣在庁に補任される元亨二年（一三二二）六月二三日にいたるまでこの職を務めている。(67)この惣在庁の家で作成された補任記を書写した「宝光院」は、仁和寺宝光院了賢であろう。(68)東寺供僧・学衆となり、伝法会学頭も務めたのち、貞和三年（一三四七）一〇月七日に死去している。(69)実澄については未詳である。

このような惣在庁本の記事の特徴は、長者の辞任・死去の年に、その出自・履歴をまとめて記していること、履歴は当然のことながら、およそ任権律師あるいは叙法橋・法眼など僧綱の官位から始まっていること、そして長者の事績・履歴以外の記事は皆無といっていいことである。(70) 今、一例として、元応二年（一三二〇）に一長者を辞した前大僧正禅助の記事をあげ、ⓑ報恩院本の同年条長者禅助の記事と比較してみることにしよう。

惣在庁本（「阿刀家伝世資料」B甲六六五—五「東寺長者補任」の五冊目）

元応二年

長者前大僧正禅｜助　七月　日辞、

入道内大臣通成公息、准三宮(法助)御付法、前大僧正了遍弟子、正嘉三年三月十五日叙法眼、弘長元年八月三日任権少僧都、文永四年五月卅日転権大僧都、同七年五月廿日叙法印、弘安九年四月廿三日補法務、同十年十月九日任権僧正、正応三年五月廿一日転僧正、同四年十二月廿九日加任長者、永仁元年八月廿一日転大僧正、同二年二月八日補法務即寺務、同三月一日被仰護持僧、去月依母喪忌月、不被仰之、同十八日二間参、同月廿一日遂拝堂、同年七月日辞大僧正、同月　日辞長者、徳治二年十二月八日還任長者・法務、同日被仰護持僧、同三年正月廿七日太上法皇(後宇多院)御灌頂賞牛車　宣旨、同年二月八日牛車拝賀、二間参、三月　日辞長者、同月廿三日補東寺座主、同年閏八月廿九日新帝(花園)護持僧被仰之、延慶四年五月廿七日補仁和寺別当、文保二年三月五日新帝(後醍醐)護持僧被仰之、同年九月十六日長日延命法被始修之、同年十二月四日延命法被渡一長者、同三年二月廿五日延命法被渡返之、元応元年九月十三日還任長者、補法務、同二年三月　日遂高野拝堂、同年七月　日辞長者、

（二長者以下略）

報恩院本（「醍醐寺文書聖教」雑書四三函二一「東寺長者補任」）

元応二年、三年二月廿三日改元、安居了淳、七月十六日宣下、太元信耀法印、

七月廿三日寅刻、石清水一基大菩薩入洛、廿四日朝入御当寺、十一月十四日御帰座、

長者前大僧正禅助　三月廿九日高野拝堂、廿六日進発、廿八日着日輪寺、四月二日大塔供養、御導師勤之、七月日

辞寺務、三条坊門内大臣通成息、一品法親王性仁附法写瓶弟子、

（二長者以下略）

この元応二年の場合は、報恩院本が、石清水八幡宮神輿の入洛、東寺入寺、そして帰座の記事を載せているのに対して、惣在庁本はまったく長者の事績・記録のみであることがわかる。全体的にみて、長者の補任を命じた口宣案・宣旨の写、拝堂記録、太元帥法・後七日御修法・結縁灌頂・灌頂院御影供・安居講など各種修法・法会の阿闍梨や執事の記録なども報恩院本の方が充実しているといえるだろう。長者の履歴の記載方式やその年の東寺関連事件の記載なども、報恩院本は総じて年代記風の記述をとっている。

さて中世における綱所が、朝廷において僧事が行われるさいに、その参考資料となる僧綱の補任や公請の状況を勘申していたことについては、すでに海老名尚が明らかにしている。(71)綱所は勘申の前提として、僧綱補任の情報を集積する役割を負っていたのであった。古代以来、僧綱補任の手続きが変化するにしたがって、綱所の僧綱補任状況把握の方法も変化していったが、中世においては、太政官の史（官務）が補任宣下をうけて治部省に下す太政官符を作成したことから、史が整える僧事聞書に基づく情報の送達をうけていたことが想定されている。さらに鎌倉時代末期以降には、朝廷の僧事によらない永宣旨僧綱が増大したこと、あるいは太政官への宣下によらない、被補任者への口宣案送達による補任が一般的となってくることにより、非補任者本人からの注進に基づく僧綱の実態把握の方法も取られるようになってくるという。また阿部慎は、平安時代末から鎌倉時代の綱所は、長官である法務の地位の形骸化が進む中で、惣在庁威儀師と公文従儀師とが経営の中心となって朝廷・院配下の組織としての機能を果たし、院による顕密仏教界の宗教的統合実現を実務面で支えたと評価している。(72)綱所が院の要請に応じて僧侶の公請経歴情報を提供していたのも、そうした機能の一側面であった。そして以上のような

宗教政策的状況のもとで、綱所の惣在庁のもとに集積された情報を東寺長者についてまとめたのが、惣在庁本の記事であるといえるだろう。

(2) 惣在庁本作成の目的

惣在庁本作成の目的については、今十分に明らかにすることができないが、ここでは二段階の動機、すなわち第一に東寺長者法務であり仁和寺勝宝院主であった道耀の要請で作成されたという点、そして第二に惣在庁維縁が取りまとめたという点に注目して、作成目的についてふれておくことにしたい。

道耀の東寺寺務在任中の事績として弘安八年(一二八五)に、東寺安居講の執事(安居頭役)を勤仕した東寺定額僧を権律師に任ずる永宣旨を得たことがあげられる。前節(4)でみたように、嘉禎二年に御影供の執事が真言宗門徒僧綱の巡役に勅定されたのに対して、安居講執事役は東寺定額僧の勤仕する役にとどまっており、その差定がなお困難であったことから、道耀の朝廷への申請によって、執事役の労をもって僧綱昇進への道を開いたのであった。[73]鎌倉時代中後期における東寺の供僧・法会の整備と真言宗全体の動きについてはなお検討すべき点が多く、道耀の事績についても関連して検討すべき事柄であると考えるが、少なくともここに寺務道耀の、真言一宗の拠点としての東寺に対する支援の功をみることはできるだろう。仁和寺を拠点とした道耀が、同じく仁和寺内の惣在庁のもとに蓄積された僧綱の経歴情報を利用して調製した東寺長者補任には、第一節で述べた長者自身による補任記作成の意図に加えて、東寺興隆の志をみておきたいと思う。

さらに惣在庁維縁が長者補任を作成した意図は、海老名が指摘しているように、鎌倉時代末期以降、朝廷の僧事の情報のみでは僧綱補任の把握が困難になってきた状況において、綱所惣在庁の機能を全うするための記録の整備を目的とした可能性を考えてみたい。一二世紀後半になって、惣在庁の職務を相伝する家が仁和寺内に固定されてきたことは牛山佳幸が述べているところであるが(74)、父経増の作成した補任記を、ことさらに重ねてまとめあげたところに、そうした家の記録を残す惣在庁威儀師維縁の意思を読み取っておきたいと思う。現在仁和寺に所蔵されている「東寺長者補任」のひとつに、徳治三年（一三〇八）から正中三年（嘉暦元、一三二六）までの記事を有した惣在庁本「長者補任記」一帖がある。(75)おそらく前後欠であると思われるが、この補任記の筆跡が註(67)で年紀についてふれた維縁賀札の筆跡に近似している。阿刀家伝世資料へと転写された元の惣在庁維縁の編纂した補任記そのものではないかと推測される。

四　異本長者補任本「長者補任」

（一）　異本長者補任本の特徴と諸本

「異本長者補任」というこの類型の補任記の通称は、宮内庁書陵部所蔵柳原文庫の「東寺長者補任」写本の表題に「異本長者補任　下」とあることからきているものと思われ、柳原文庫本（柳原本と略称）が当補任記のこれまでの底本であった。(76)そして柳原本は、その奥書に「右異本長者補任、以二東寺執行栄増自筆一、令二家人写一レ之、本書上巻不足、重以二他書一可レ加者也、寛政九年三月一日　正二位藤（花押）（印、印文「紀光」）」とあるところから、東寺執行栄増自筆本を書写したものであり、すなわち前節でみた「阿刀家伝世資料」中にある取り合わせ本「東寺長者補任」の第六冊目後半部（表題「長者補任下　観応元年庚寅已後」）がもともとの書写元であったことがわかる（阿刀家本と略称）。(77)

この阿刀家本・柳原家本をもとに、まず本補任記の記事の主な特徴をあげてみよう。

（一）基本的に観応元年（一三五〇）より永享一一年（一四三九）までの記事を有する。

（二）後七日御修法・御影供・伝法会などの真言宗の修法・法会に関すること、五壇法や日月蝕等をはじめとする公武祈禱、仏事、舎利奉請等の記事を比較的よく採録している。

(三) 東寺の春秋二季伝法会の学頭を毎年の年号の下に記している。ただし観応元年~応永四年(一三九七)までで、以後は記載なし。

(四) 当時の幕府や南北朝廷の動きなど京都周辺の社会情勢の記述が豊富である。

特に(三)は他の補任記にはみられない記載であるし、後にふれるが(四)の記述に独自のものもみられ、これらが「異本長者補任」の類型を特徴づけている。

そしてそのような観点でみると、阿刀家本・柳原本と同様の文言を備えたいわゆる「異本長者補任」の標準的な写本以外にも、どこかに(三)や(四)のような特徴を備えたいくつかの補任記が存在していることに気づく。

①随心院所蔵「東寺長者補任」一冊(観応元年~永享一二年)[78]

②「東寺観智院金剛蔵聖教」一八八箱二号「長者補任」一冊(正和元年~明徳四年)[79]

③「東寺観智院金剛蔵聖教」一八八箱二二号(六)「東寺長者補任」六巻の中の第六巻目(嘉暦三年~応安四年)[80]

などである。①は随心院所蔵ではあるが、表紙に「東長補任観応以後 観智院」の記載があり、もと東寺観智院所蔵であったことが明らかであるから、いずれも東寺観智院と深く関わる補任記であるといえるだろう。①随心院所蔵本は、記載文言が阿刀家本・柳原本にもっとも近く特に注目されるが、記事の抹消や細字・朱字の追記が多く、また収録範囲も通常の異本長者補任本よりも一年長く永享一二年までの記事を収めている。あたかも草稿本の体を示しているのである。②③の補任記についても、細字の追記や修正等がしばしばみえるという点においては①随心院本と同様であるが、①よりも一段階前の草稿本というべきであろう。詳細な分析は今後を期さなければならないが、田中稔・湯浅吉美・宮﨑肇による研究をもとに、ここではまず観智院金剛蔵一八八箱の補任記②③について簡単にみておこう。[81]

②一八八箱二号は正和元年（一三一二）より明徳四年（一三九三）にいたる間の記事を含んでいる。筆跡からみると、観智院杲宝が康安二年（一三六二）に死去するまでを書き、あとを賢宝が引き継いでいるというのが最新の宮﨑説である。記事は、周知の簡略本「東寺長者補任」（『群書類従』第四輯補任部）にごく近く、報恩院本の抄出記事を基本にして加筆したものと考えられるが、[82]特に簡略本「東寺長者補任」が終了する貞治六年（一三六七）より後、つまり報恩院本の記事が一端途切れ、醍醐寺報恩院隆源の記録によって後に補訂されることになる応安元年（一三六八）以降の記述をみれば、この②補任記が「異本長者補任」の草稿本であることはより一層明らかである。また異本長者補任本の特徴である（三）伝法会学頭の記載は建武二年にはじめて「東寺伝法会学頭職、親海大僧都今年始令加補了、此以前了賢法印一人也」とみえ、暦応二年以降は、毎年年号の下に春秋二季の学頭名が記載されるようになる。

③一八八箱二二号の六巻目は嘉暦三年（一三二八）から応安四年（一三七一）までの記事をもち、観智院賢宝筆である。特徴（三）の記載はみえない。記事の文言からごく大雑把に観察したところでは、基本的に報恩院本をベースにして改編・加筆したものと考えられるが、貞治年間の記事から報恩院本との関連が少なくなり、最後の応安年間の記事は別の記載であるとみてよいと思われる。[83]宮﨑の見解によれば、原本の料紙の様態・記載方法からみても、延文四年（一三五九）の後半以降はそれ以前とは異なっており、賢宝が同時代的に書き継いだものとしている。また本補任記が「異本長者補任」の草稿本であることは、たとえば観応二年の記事を比較してみるだけでも明らかである。

これまでの研究において、②③のような観智院金剛蔵所蔵の長者補任は、続々群書類従本（本稿でいう報恩院本）に代表される最も整備された「東寺長者補任」広本の原型であり、報恩院本は杲宝・賢宝等、「東宝記」という東寺の寺誌をまとめあげた学僧によって編纂されたものであろうという見通しのもとに、広本の編纂過程を探るという問題関心に基づいて分析されてきた。現在所在は未詳であるが、『続群書一覧』[84]にみえる「歴代東寺長者補任　五巻　権少僧都法印杲宝撰」についての「弘仁十年ヨリ延文年間迄一長者二長者の事迹補任ハ杲宝法印ノ撰ナリ、夫ヨリ寛永十一年迄ハ後人ノ書続ク処ナルヲ、猶又享保廿年三月下旬迄法印大僧都覚空ノ追加セリ」という記述も、観智院杲宝等の撰述による、報恩院本と同じ年数の記事を収録した補任記の存在を示していて、その見通しを支持していたかに思える。けれどもこうした問題関心は、第二節で検討した報恩院本の性格、すなわち東寺執行が代々書き継いだ寺家政所本であるという性格を確定しえない段階のものであったというべきであろう。観智院金剛蔵の長者補任の何本かは、報恩院本ではなく「異本長者補任」の編纂過程上に位置づけられるものなのである。

それでは「異本長者補任」は実際どのようにして成立したものなのだろうか。

(2)「異本長者補任」の成立

「異本長者補任」の成立を考える手がかりは、補任記の記述の中に存在している。参照するのは、草稿本でありながら、阿刀家本・柳原本の記載に最も近い記述を備えた前項①随心院所蔵「東寺長者補任」であり、手がかりは次の二点である。

(一) 応永六年の項の頭に「以下、宗賢大概記ㇾ之」とみえ、その記述の下方には「賢宝法印入滅、□□(生年)六十六、寺家□□□云々」という文言が記され、かつ抹消されている。

(二) 応永五年までと同六年以後とでは明らかに筆跡が異なっている。

あらためて履歴を確認してみると、賢宝は東寺観智院第二世、東寺供僧・学衆であり、勧学会・伝法会学頭も務め、応永五年（一三九八）六月晦日に六六歳で死去している。[85] 宗賢もやはり東寺供僧・学衆である。栄杲↓

(応永一一年年頭）宗仁→（応永一一年三月）宗源→（永享二年二月）宗賢→（永享一〇年八月）宗宝と次々に僧名を改めているが、応永一二年（一四〇五）に仏乗院を開いた後、永享元年（一四二九）六月に観智院第四世となり、嘉吉元年（一四四一）一一月三日に死去した。(86) この履歴と（一）（二）、そして本節（1）で述べた草稿本の存在とを合わせ考えると、随心院の「東寺長者補任」は、賢宝が師である観智院杲宝の撰述を含む何本かの草稿本と自らの見聞知見を基に、その死にいたる応永五年の記事までを撰述書写し、その後一代おいて宗賢が観智院主を引き継いだあと、やはりその没年の頃までを書き継いだ、観智院の長者補任であったと推測できるだろう。実際、応永五年以前と同六年以降の記事の筆跡を賢宝と宗賢のものであると想定して、彼らの譲状の筆跡や、「東宝記」の賢宝の自筆であるとされる部分等と比較してみると、ほぼその旨を確認することができる。(87) 随心院の「東寺長者補任」は、観智院賢宝・宗賢が同時代的に記録作成した補任記そのものであった。そして随心院所蔵本をもとに、後にその記事を整理選択して清書されたのがいわゆる「異本長者補任（「長者補任下」）」であろう。(88) これまでの底本であった阿刀家本・柳原本は、この清書本をさらに転写したものである。転写本長者補任の応永六年の項にも「以下、宗賢大概記之」の記載だけは存在している。(89)

ところで「異本長者補任」永享七年の寺務勧修寺慈尊院弘継の項に「三月廿一日拝堂、宿坊観智院、昨今両年野澤寺務、自二当院一御出立、別当同相続、未曾有嘉摸也、先例可レ尋レ之」という記事がみえる。先の一長者寺務であった仁和御流の禅信に引き続いて勧修寺流の寺務弘継の凡僧別当職に任じられた宗賢が、小野・広澤両流の寺務とのつながりを院家にとって嘉き事例として記したものであるが、観智院興隆の思いがよく現れているように思う。(90) 富田正弘によれば、(91) 観智院相承後の宗賢が最も心血を注いだのは、法流の伝授と、杲宝・賢宝の築き上げた聖教類の維持管理であったという。特に一時患っていた病が治癒した永享六年頃になると、観智院聖教の欠本を補うための書写や、破損した聖教の修覆等を始めるが、本補任記の記載を宗賢が引き継いだ応永六年以降の記事が、永亨以降後年になるほど詳細になってくることを考えると、異本長者補任の書き継ぎも観智院の記録整備の一環であったといえるだろう。

それでは宗賢が引き継いだ杲宝・賢宝の長者補任作成の意図は何であったのかを、残された補任記の内容から推測すれば、東寺が長者を中心として果すべき修法・法会・祈禱・論談義等の簡略な記録と、併せて同時代の年代記を意図したものであったといえるのではないだろうか。また特に毎年の伝法会学頭名が記載されていること、文和二年の伝法会試講の開始や至徳三年の伝法会会中講開始の記事には東寺学衆の視点が強く感じられる。そして将軍家や院・宮中における追善法会、五壇法その他の修法の実施に関する多くの記録には、当時の政治状況と密接に結びついた宗教勢力の動向の同時代的記録という性格が現れていると思われるのである。

（3）　異本長者補任本と杲宝・賢宝日記

「異本長者補任」が観智院の同時代的記録であるとすると、次に考えるべきは東寺関係史料の中に残されている観智院主杲宝・賢宝の日記との関連であろう。この点をみることによって「異本長者補任」や各記事の性格をさらに確定することができる。ここでは阿刀家本・柳原本だけでなく、（1）でとりあげた草稿本を含めて考察することにしたい。

「賢宝日記」の記事との関連については、すでに山本信吉・橋本初子が②「観智院金剛蔵聖教」一八八箱二号の補任記の賢宝筆跡部分に「賢宝日記」の情報が取り入れられていることを指摘し、しかも両者の文言自体の類似にもふれている。たとえば永徳元年七月一一日の記事を比較してみると「東寺西門事始、於二不動堂南面一沙二汰之一」（賢宝日記）、「東寺西門事始、於二不動堂南庭一有二其儀一」（本節（1）②の草稿本では「沙汰之」を抹消して「有其儀」に書き直している）」（異本長者補任）という具合である。(92)

一方「杲宝日記」については、草稿本②「東寺観智院金剛蔵聖教」一八八箱二号の貞和三年（一三四七）の記事と比較してみることにしよう。補任記にみえる長者の恒例行事（後七日御修法・灌頂院御影供）を除いた事績および長者とは直接かかわらない記事をあげると、一月六日南大門前に鹿出現、二月一日春季伝法会談義、三月二二日京都法身院において行われた伝法灌頂庭儀、三月二四日同じく法身院において行われた受者実済僧都の伝法灌頂、四月一九日八幡御幸、八月一六日勧修寺慈尊院栄海僧正入滅、一〇月一日秋季伝法会談義、一〇月二七日宝光院了賢僧正入滅、一一月二六日住吉・天王寺合戦、一二月四日御影堂の五日十座論義始行、となるが、これらはすべて杲宝の日記にその記事が存在している。ここでは住吉・天王寺合戦の両者の記事をあげて比較してみる。

「杲宝日記」（東京大学史料編纂所所蔵「円融院御灌頂記」紙背）
（一一月）廿六日甲子、今日巳剋、楠木（正行）以下輩発ニ向住吉・天王寺一、山名伊豆（時氏）於ニアヘ野一合戦、被ニ疵▨数ヶ所一、同舎弟三河守（山名兼義）於ニ竹鼻一打死、於ニ同所一一人当千兵三十人打死、雖レ然打敵人只一人云々、高野高祖院於ニ天王寺一打死、於ニ同処一卅余人或自害或打死云々、細川奥州（顕氏）引退帰洛、仍和泉・河内両国守護職被ニ召放レ之云々、凡今度或打死或自害或入水、▨渉ニ鍋川一、御方群勢夭亡輩上下七百余人云々、天下珍事只斯事也、

「長者補任」（「東寺観智院金剛蔵」一八八箱二号）
十一月廿六日、楠木以下発ニ向住吉・天王寺一、山名伊豆守合戦、「被（墨抹）」引退了、舎弟三河守打死了、武家方上下七百余人夭亡云々、

この「杲宝日記」を紹介した後藤紀彦は、(93)「杲宝日記」は同時代の「園太暦」「師守記」等にみえない記事を含み貴重であるとしており、たとえば合戦死者の人数は他の史料にはない。しかしながらこの観智院の長者補任には「武家方上下七百余人夭亡」とあり、まさにこの記事が「杲宝日記」からの抄出であることを示していると考え

られる。ほかにも一〇月二七日条の「杲宝日記」の記事「今夜宝光院僧正戌剋始而頓病、至㆓寅剋㆒入滅」が、「長者補任」では「了賢僧正入滅了、頓死也」となっており、表現の類似を示している。至極当然のことといえるが、観智院の長者補任の情報源のひとつには、「杲宝日記」「賢宝日記」があり、彼らの同時代的見聞が生かされているといえるだろう。

このように東寺近辺の寺院社会の出来事以外の点においても、同時代の見聞が基礎となっているとすれば、草稿本を含めた異本長者補任本の記事は、当時の日記と同等の性格をもつ史料として読むことができることになる。「異本長者補任」の嘉慶二年（一三八八）の項に、「九月十六日将軍東国下向、為㆓富士歴覧㆒也」と足利義満の富士遊覧を示した一行がある。『静岡県史』によれば、この関東下向については史料に乏しく、比較的信頼のおける史料としてほかに愛知県伝来の「常光寺年代記」があげられるくらいであるが、永享四年（一四三二）の足利義教の富士下向に義満の下向を先例としていることが「満済准后日記」によって知られるから、この義満の関東下向は事実と考えられるという。(94) 異本長者補任本の同時代的記録の側面を示したひとつの事例といえるだろう。

五　藤井永観文庫・東寺観智院本「東寺長者補任」

（一）撰述者の発見

この補任記は、藤井永観文庫所蔵の「東寺長者補任」全三巻(95)と東寺観智院金剛蔵聖教一八八箱二二号（四）（五）の一帖・一巻からなる、もと一体で観智院所蔵であった東寺長者補任である。(96) その構成は以下のようなものであり、現在の装丁とは異なり、もとはすべて旋風葉装であったとみられている。

①永観文庫第一巻　（前欠）天長五年（八二八）～永延二年（九八八）　紙背文書あり

②永観文庫第二巻　永祚元年（九八九）～久安元年（一一四五）二長者寛信権大僧都　（表紙題箋）「東長補任

二」　紙背文書あり
③永観文庫第三巻（前）　久安元年三長者永厳権少僧都～寛喜三年（一二三一）　紙背文書あり
④観智院一八八箱二三号（四）　貞永元年（一二三二）～（弘安八年）（一二八五）（表紙題箋）「東長補任　四」
⑤観智院一八八箱二三号（五）　弘安九年（一二八六）～嘉元二年（一三〇四）途中（巻末より二紙目裏に嘉元三年の厳家拝堂記録あり、巻末一紙は弘安八年分の記事）（表紙題箋）「東長補任　五」
⑥永観文庫第三巻（後）　嘉元二年途中～正和三年（一三一四）一長者大僧正能助（後欠、おそらく一紙ほど欠落）紙背文書あり

この一式の補任記は、これまで観智院杲宝の筆跡であると考えられてきたが、筆跡のあらたな観察と紙背文書の性格の分析から、鎌倉時代の東寺供僧定厳が撰述し書写した補任記であることが宮﨑肇によって明らかになった。補任記がまとめられたと考えられている延慶三年（一三一〇）頃の杲宝は五歳という年齢であり、補任記の最後の記事の年紀正和三年が、定厳の没年である正和四年正月の前年であるという両者の履歴と照合してみても、定厳の作成による補任記と考えられるとしている。観智院杲宝・賢宝より一時代前の、鎌倉時代の東寺供僧撰述の補任記の発見である。(97)

撰述者定厳は、文永の末年頃より東寺文書のなかに登場し、弘安三年（一二八〇）には寺領太良荘早米年貢の支配をうけているから、この頃東寺供僧に補任されていたことがわかる。すでに律師（宮内卿律師）(98)として僧綱にも列していた。その後供僧方の年行事・季行事を長く務めて、その職掌にかかわる多くの文書を残しており、正応から正和年間にかけて供僧組織の中核に位置していた僧侶であった。(99)

(2) 藤井永観文庫・観智院本の特徴と成立の背景

それではこの定厳の補任記(定厳本)は、どのように成立したのだろうか。いまだ未検討の部分が多いが、ここでは一応の見通しを述べておくことにする。

まず湯浅吉美が、現在定厳本④⑤と一具に取り合わせられている観智院金剛蔵聖教一八八箱二二号(一)(二)(三)の長者補任について、定厳本そのもの、または定厳本と共通の祖本から生まれたもので、定厳本の方がより整えられ、内容面でも補訂が施されて詳密になっていったものと理解され、あるいは定厳によって加筆訂正される以前の底本の状態を観智院本が物語っている可能性もあると述べていることに注目したい(100)。たしかに定厳本は、この観智院金剛蔵聖教一八八箱二二号の前半部と同じ記事の補任記をベースにして加筆・整除されたものであると考えられる。この底本は各年の長者の履歴・事績のほかに、その辞任・入滅の年に詳細な履歴を集成していて、それはⓒ惣在庁本の体裁に類似しているが、それよりも詳細で、さらにⓑ報恩院本の記事の履歴部分を選択し集成したかのごとき内容をもっている。この底本と報恩院本との具体的な関係は未詳であるが、近しい関係にあるということは指摘できるだろう。長者の辞任・死去の年に詳細な履歴を集成するという体裁は、およそ乾元元年(一三〇二)頃には見られなくなるから、底本の年限もこの頃が下限であろう。

さらに定厳本の画像を参照して気づくのは、本文行間や上部・下部の余白あるいは料紙裏に細かい字で記入された記事の存在である。それは明らかに定厳が底本によって一度補任記を書写作成した後、他の史料等を参照して欠けている記事を補い記入したもので、おおよそ三種に分類できる。第一は朱字で書かれた天台座主・山階寺別当・東寺凡僧別当の補任記事および法務の情報である。第二は報恩院本の記事であり、年によっては細密にびっしりと書き込まれている。第三は①の巻から徐々にみえ始め、後年になるほど詳細に記述されるようになっていく天皇・院・摂関家周辺の譲位・受禅、入内、出産誕生、死没、出家、灌頂、院号宣下、仏事、祈禱、法会、御室や法親王・入道親王の事績、神木・神輿の入洛、その他の事件の記事である。

第二の報恩院本の記事加筆について、定厳は徳治二年（一三〇七）頃まではこれを参照する作業を行っているとみられ、本稿第二節で検討したように東寺執行が代々作成してきた補任記を借用して情報を整備していたものと考えられる(101)。

そして第三の記事については、後に加筆された部分も多いが、定厳は本補任記の最初の書写作成時からことさらに意図して、各年の最後の部分にこの種の情報をまとめて記載しているようである。たとえば大治二年（一一二七）条の最後に記された記事を列挙してみると、正月一二日の白河上皇白川五重塔供養、導師は御室覚法法親王、三月一九日待賢門院御願円勝寺三重塔供養、導師仁和寺花蔵院聖恵法親王、九月三（一一）日待賢門院の鳥羽第四皇子雅仁出産、同日御室に出産祈禱の勧賞、一〇月二九（三〇）日白河・鳥羽両上皇高野参詣、となっている。これらは祈禱や修法などの宗教行事にかかわるものであるが、また延慶元年（一三〇八）条に「九月四日、東使入洛、向二西園寺亭一、御治世事申二入持明院殿一、東宮坊事可レ為二法皇叡慮一云々、仍中務卿親王尊治立坊事、有二其沙汰一」とあるような政権の動きなども含んでおり、東寺供僧の関心のありようを示している。

このようにみてくると定厳本「東寺長者補任」の特徴は、多量の情報の集積と、その情報のうち王家に関わるものを中心に年ごとに記した情報のまとめ方にあると考えられる。報恩院本にも同様の性格があるが、年代記の萌芽というべきであろう。

ところで真木隆行は、モンゴル襲来以後の寺社徳政や後宇多法皇による東寺興隆政策、本覚大師号授与をめぐる真言宗と延暦寺との対立、本寺末寺相論による東寺と東大寺との確執などの動きを経る中で、鎌倉時代末期の東寺供僧が、東寺伽藍の興復は天下の興復であり、その衰弊はまた天下の衰弊であるというような言説を展開しながら自尊意識を形成していくことを解明している。この言説は弘仁官符といわれる史料を根拠として主張されるのであるが、この官符は一一世紀後半、伊勢国川合荘の領有相論にかかわって東寺が偽作した公験の中に引用された太政官符であり、やはりその頃の偽作であるとされている。平安時代以来の寺領が長者渡領化したこともあって、寺内においてはその後長らく忘れられていたこの弘仁官符の言説を、東寺供僧等は再発見し、鎌倉末期の東寺興隆の論理に組み入れたのであった。(102) そして「東寺百合文書」中には、特に「可被崇重東寺事」という端書を付して定厳が書写したこの弘仁官符が残っている。(103) 正安四年（一三〇二）頃書写されたと考えられるこの史料の存在は、東寺興隆に力を注いだ供僧等の中核のひとりに定厳が位置していたことを示しており、情報の集積に主眼をおいたとみられる定厳の長者補任撰述書写という長大な事業も、この供僧等による東寺興隆の流れのなかで理解することができるだろう。(104)

さらに真木は、こうした供僧等による東寺の自尊意識の昂揚が南北朝期の杲宝・賢宝の「東宝記」編纂や教相の発展に影響を及ぼしたと考えているが、(105) 定厳本長者補任の編纂のあり方、すなわち年代記の意識についてもまた、内容からみて、前節で検討した観智院の「異本長者補任」に継承されていると思われる。年々の情報の集積は歴史認識のあらわれであり、「東宝記」という寺誌編纂の動きとも連動するものであったとみることができるだろう。

おわりに

本稿では「東寺長者補任」について五つの類型を提示し考察してきた。

「東寺長者補任」は、まず空海以来の伝法阿闍梨の血脈としての意味を有した長者自身による編纂物として始まったと考えられる。ついでその内容を引き継ぎながら、東寺執行編纂の東寺政所本として成立し、のちに醍醐寺報恩院に伝来した報恩院本や、惣在庁家の本、東寺供僧撰述本としての藤井永観文庫本、観智院の長者補任というべき異本長者補任本などが、それぞれの役割を負って作成されてきたということになるだろう。各類型の性格に即して、東寺政所や執行の研究には報恩院本の分析が有効であると考えられるし、異本長者補任本は、藤井永観文庫や観智院のいくつかの長者補任との関わりの中で考察しながら、中世後期へと東寺の体制が転換する時期の同時代史料として扱うことができることなどを示すことができたと思う。

冗長に帰した類型紹介の最後にあたって、「東寺長者補任」の補任記録としての利用の指針についてふれておくことにする。やはり基準とするのは報恩院本であろう。空海を初代の長者として、弘仁一四年から寛永一一年まで途切れなく書き継いだ本は他にないからである。翻刻は史料編纂所所蔵の浅草文庫本の写本を底本としたものが『続々群書類従』第二史伝部に所収されているが、(106) 校訂が必要である。醍醐寺所蔵の報恩院本、

「醍醐寺文書聖教」雑書四三函二一号「東寺長者補任」（弘仁一四年〜寛永一一年）

あるいは、比較的良質の写本であり、写真利用の便もある、

「東寺観智院金剛蔵聖教」一九四箱二号「東寺長者補任」上下（弘仁一四年〜寛永一一年）(107)

などの本をそれにあてるのが適当だと考える。また、寛永一一年以降については、

「醍醐寺文書聖教」一二〇函二七号「東寺長者補任次第」（寛永一二年〜万治四年）(108)

「醍醐寺文書聖教」一二〇函四号「続東寺長者補任次第」（寛文二年〜天保六年）(109)

があるほか、万治四年までについては、

宮内庁書陵部所蔵「東寺長者補任」（鷹司本）（弘仁一四年〜万治四年）

宮内庁書陵部所蔵「東寺長者補任」（山科本）（弘仁一四年〜万治四年）

の各写本がみられるが、これらは報恩院本に右記「醍醐寺文書聖教」一二〇箱二七号の補任次第を接続した形態のものである。(110)

記主が明らかで、同時代の情報をも掲載していると考えられる観智院の「異本長者補任」とその草稿本、そして東寺供僧定厳の補任記は年代記の要素を有している。報恩院本も同様であるが、補任・履歴情報にとどまらない利用が可能である。(11)

(1)「東寺長者補任」の諸本は空海を初代の長者としているが、当時から長者の職掌・呼称が存在していたわけでないことは周知のことである。真言宗の貫首としての「東寺長者」あるいは「宗長者」の呼称が実際にはいつ頃から現れるのかについては、岡野浩二が嘉保元年(一〇九四)と延喜一九年(九一九)というその初出についてふれているほか、「東寺長者」には真言宗全体の長者と東寺別当というふたつの立場があったことを述べている(「伝法阿闍梨職位と有職」虎尾俊哉編『律令国家の政務と儀礼』所収、吉川弘文館、一九九五年)。また真木隆行も、真言宗が東寺を中心とした構造へと改編されてくる一〇世紀初頭に、「宗長者」が俗界の氏長者と同様の権能を担って成立してくることに注目し、そうした観点から真言宗という血脈による擬制的集団の構造をとらえようとしている(大阪歴史学会大会報告準備ペーパー「中世東寺長者の成立」『ヒストリア』一六五号、一九九九年)。さらに近年武内孝善は、「東寺長者」を真言宗一門の統括者に対する呼称と考え、それは東寺統括者としての「東寺別当」と真言宗統括者としての「伝法阿闍梨」「宗長者」との二系統の機能が統合されて一〇世紀中頃に成立したとしている(「東寺長者攷――九・十世紀を中心として――(上)(下)」『密教文化』二二〇・二二一号、二〇〇八年)。「東寺長者補任」の最初の成立も、「宗長者」「東寺長者」の職掌・呼称の成立と深く関わっているはずであるが、この点の考察についてはいまだ差し置かざるを得ない。ただ長者補任諸本が空海を初代の長者としている意味については、第一節の末尾でふれている。

(2)『続々群書類従』第二史伝部所収(続群書類従完成会、一九七八年第三刷)による。

(3)奥田勲「報恩院本「東寺長者補任」について」(醍醐寺文化財研究所『研究紀要』一〇号、一九九〇年)。

(4)和多昭夫「寛信撰　東寺長者次第」(『高野山大学論叢』二巻、一九六六年)。

(5)湯浅吉美「東寺観智院金剛蔵本『東寺長者補任』の書誌学的報告」(『成田山仏教研究所紀要』二〇号、一九九七

年）（湯浅A論文と表記する、以下も同様）、同「東寺観智院金剛蔵本『東寺長者補任』の翻刻(上)」（同前二一号、一九九八年）（湯浅B翻刻）、同「東寺観智院金剛蔵本『東寺長者補任』の翻刻(下)」（同前二二号、一九九九年）（湯浅C翻刻）、同「観智院に蔵する『東寺長者補任』の異本について」（同前二三号、二〇〇〇年）（湯浅D論文・翻刻）。本稿は湯浅氏の論稿・翻刻の大きな恩恵にあずかっている。

（6）宮﨑肇「東寺観智院・藤井永観文庫所蔵『東寺長者補任』について」（湯山賢一編『文化財と古文書学――筆跡論――』勉誠出版、二〇〇九年）。

（7）その他「東寺長者補任」に関する研究および詳細な解題には次のようなものがある。『群書解題』第二上（続群書類従完成会、一九六三年）、宮内庁書陵部編『図書寮典籍解題　続歴史篇』（養徳社、一九五一年）、田中稔「寺誌・縁起」・「善本解題70　東寺長者補任」（京都府古文書緊急調査報告『東寺観智院金剛蔵聖教の概要』京都府立総合資料館編、京都府教育委員会発行、一九八六年）、橋本初子「「醍醐寺文書」のなかの東寺関係史料」（東寺文書研究会編『東寺文書にみる中世社会』東京堂出版、一九九九年）。

（8）『補訂版国書総目録』（岩波書店、一九八九～一九九一年）、京都府立総合資料館編『東寺観智院金剛蔵聖教目録』（京都府教育委員会、一九七五～一九八六年）、総本山醍醐寺編『醍醐寺叢書目録編　醍醐寺文書聖教目録』第六巻（勉誠出版、二〇〇三年）。

（9）筆者が収集した「東寺長者補任」諸本のデータについては、拙稿「東寺長者補任の諸本について」（二〇〇二～二〇〇四年度科学研究費補助金による基盤研究（B）(2) 研究成果報告書「東寺における寺院統括組織に関する史料の収集とその総合的研究」代表者高橋敏子）を参照されたい。本稿はその研究成果の一部を発展させたものであり、共同研究者である黒川直則・宮﨑肇・山家浩樹・金子拓各氏、そして真木隆行氏をはじめ東寺文書研究会の方々からの調査・研究成果のご教示にあずかっている。

（10）なお「東寺長者補任」には、続々群書類従本に代表されるような詳細な内容のいわゆる広本と、簡便な記事の略本の系統があるが、本稿で考察の対象とするのは広本の系統である。撰述の事情を記した奥書等がなければ、略本の少ない記事からは、成立や性格を読み解くことは困難であるし、略本は広本の抄出であったり、また略本を参照し加筆することによって広本の撰述を行ったことも考えられる。まずは広本の考察を先としたい。

(11) 註(4)和多論文。
(12) 本補任記には、識語にみえる年紀以降も、寛信が一長者に補任された久安元年(天養二)一〇月から久安四年までの記事が記されている。寛信自身の追筆か、あるいは別人の追筆か、今判然としない。
(13) 「仁和寺史料」黒塗手箱甲上段三「東寺長者次第」(東京大学史料編纂所所蔵写真帳「仁和寺史料」五)。
(14) 寛信撰「東寺長者次第」自身によれば、康治元年一二月一五日に二長者補任、久安元年一〇月一長者にいたる。
(15) 上川道夫「門流の成立と世俗権力——勧修寺流をめぐって——」(同『日本中世仏教形成史論』第三部第一章第二節、校倉書房、二〇〇七年、初出は一九九一年)。
(16) 土岐陽美も寛信の数多くの著作をあげ、それら記録の意味について、先例の類聚のみならず法会における東寺長者自らの所作を記録に留めること、あるいは門流確立の意思を見いだせるかもしれないとしている。同「東京大学史料編纂所所蔵『康治二年灌頂御記』」(『東京大学史料編纂所研究紀要』一四号、二〇〇四年)参照。
(17) 土谷恵「小野僧正仁海像の再検討——摂関期の宮中真言院と醍醐寺を中心に——」(『日本古代の政治と文化』吉川弘文館、一九八七年)。
(18) 寛信撰「東寺長者次第」第廿二僧正仁海の項、続々群書類従本「東寺長者補任」永承元年長者僧正仁海の項。
(19) 「醍醐寺文書聖教」一二〇函一号(一)~(三)「東寺長者補任」上中下(東京大学史料編纂所所蔵写真帳「醍醐寺文書」五〇二)。この長者補任は、各冊の表紙、第一冊目の表紙見返しの記事、第三冊目の識語および末尾の記述を参照すると、隆勝が作成した補任記を、醍醐無量寿院第二〇世堯円が書写してさらに義演の代まで書き継ぎ、寛永三年(一六二六)に終了した記録であることがわかる。ここでは前半の隆勝作成部分について考察する。以下、醍醐寺所蔵「東寺長者補任」の書誌については、総本山醍醐寺編『醍醐寺叢書目録編　醍醐寺文書聖教目録』第六巻(註8)参照。
(20) 藤井雅子「後宇多法皇と聖俗社会」「後宇多法皇と報恩院」(同『中世醍醐寺と真言密教』第II部第一章・第二章第三節、勉誠出版、二〇〇八年)、横内裕人「仁和寺と大覚寺——御流の継承と後宇多院——」(同『日本中世の仏教と東アジア』第一部第二章、塙書房、二〇〇八年、初出は一九九八年)。
(21) 『密教大辞典』(法蔵館、一九九一年縮刷版第六刷)による。

(22) この部分には「已上、以隆勝僧正御自筆本写之、次下、以彼此之本書之、然而未決之所多々也、追而可改直也」という、この補任の書継ぎ者である醍醐寺無量寿院堯円の識語が書かれている。

(23) (徳治三年)二月二一日後宇多法皇勅書案(『大日本古文書　醍醐寺文書』一の二五二号(一)・二の三六一号(一)など)。

(24) 長者補任と伝法阿闍梨血脈という視点については、真木隆行氏より学んだ。本稿のこの段落については註(1)も参照のこと。また上島享は仁海による小野流の確立、親厳による随心院流の創始を検討するなかで、正嫡の弟子が法流を相承するシステムの確立とともに祖師の社会的地位も継承されることになるとし、真言密教の長たる東寺長者への就任をなし得る人物が法流を継承するようになるとしているが、これも同様の視点であろう(同「法流の形成と相承――虚構と実態――」科研報告書『小野随心院所蔵の文献・図像調査を基盤とする相関的・総合的研究とその展開　vol.Ⅲ』二〇〇八年)。長者補任は、真言宗における祖師の事績や地位相承の支証でもあった。

(25) 詳細は、註(9)拙稿参照。

(26) 「醍醐寺文書聖教」雑書四三函二一号「東寺長者補任」上下(東京大学史料編纂所所蔵写真帳「東寺長者補任(報恩院本)」)。

(27) 註(3)奥田論文。

(28) 永久元年一〇月二三日太政官牒(「東寺文書」六芸之部楽乙一)、本書所収真木隆行論文も参照。

(29) 報恩院本東寺長者補任には、文正元年にいたる間に記事が欠けている年があるが、その間の長者は補任が継続しているので、人数のカウントに支障はない。なお報恩院本上巻の末尾にも「自大師一長者上巻分四十六人、再任不入」との注記がある。

(30) 隆源は醍醐寺報恩院第一〇世、永和三年(一三七七)正月東寺四長者補任、永徳元年(一三八一)これを辞し、康応元年(一三八九)に還任後、応永一九年(一四一二)二月八日東寺寺務、同三月一七日法務となっている。応永三三年三月二九日卒。註(21)『密教大辞典』による。

(31) 寛済は報恩院第一六世、寛永一九年(一六四二)一一月四日東寺二長者宣下、明暦四年(万治元、一六五八)五月寺務法務宣下の後、寛文三年(一六六三)六月二三日に没している。註(9)科研報告書所収の高橋慎一朗「醍

醐寺過去帳」の分析」も参照。寛済の略歴と同人自筆の報恩院日牌帳について考察している。

(32)「醍醐寺文書聖教」一二〇函二一号「東寺長者補任略記」(東京大学史料編纂所所蔵写真帳「醍醐寺文書」五一一)。

(33) 橋本初子「灌頂院御影供と僧綱の勅役」(同『東寺弘法大師信仰の研究』第一章第一節、思文閣出版、一九九〇年)。

(34) 上島有「近世とその後の東寺」(同『東寺・東寺文書の研究』第一部第三章、思文閣出版、一九九八年)。

(35) 醍醐寺文書聖教一二〇函二号(一)~(六)・同四四函一七八号(一)(二)「東寺長者補任」全八冊(弘仁一四年~寛永七年、ただし応永三年~一五年を欠く。報恩院本が隆源の記録によって補訂を行っている応安元年~嘉慶三年部分については、この無量寿院本でも、後に報恩院本もしくは隆源記そのものから簡略に補っている)(東京大学史料編纂所所蔵写真帳「醍醐寺文書」五〇三~五〇五・一〇六~一〇七)。この補任記は、現在ふたつの函に分割されており、全八冊のうち第三・四冊目が四四函一七八号に相当する。書写奥書は、最終冊を除く一から七の各冊に、たとえば「寛永元晩春書写了、堯円、八冊之内」(第七冊)のように記されている。八冊の筆跡には、朱筆による補訂・校訂を除くと四種のものが認められるが(①一から四冊、②五から八冊の永正五年条の途中、③永正五年条の途中から文禄三年条の途中および各冊の表題と奥書、すなわちこれが堯円の筆跡だと考えられる。④文禄三年条の途中から寛永七年までの筆跡で報恩院本と同筆)、奥書に従えば、補任記の大部分は堯円の統括によって書写されたものであると考えることができる。

(36) 註(21)『密教大辞典』。

(37) 栄増は、初名厳暁、応永三四年一二月二七日執行職に補任され(京都国立博物館所蔵「阿刀家伝世資料(阿刀文書)」B甲六六一―四二)、明応四年七月六日に八八歳で死去している(東京大学史料編纂所所蔵写本「東寺過去帳」など)。なお本稿で扱う「阿刀家伝世資料」など執行関係史料については、黒川直則の翻刻「史料　東寺執行職の相伝と相論」(註9科研報告書所収)を利用しているので、これを参照されたい。

また東寺執行の補任については、同じく黒川の研究「東寺執行職の相伝と相論」(同科研報告書)に依拠しているが、本稿における考察の便宜のため、ここに初代から中世末にいたる東寺執行(修理別当)の代々をごく簡単に示しておくことにする。

永真（栄真）―真杲（真興）―永勢―仁勢―仁俊―真俊―慶真―慶寿―慶秀（万寿二年六月二七日譲受）―永秀（康平二年九月一八日譲受）―永俊―定俊―勝俊―厳慶（治承二年二月一七日譲受）―成慶（承元四年二月二八日譲受、正嘉二年正月二〇日修理別当職補任）―行厳（文応元年四月一七日補任）―清寛（弘安五年一二月二三日補任）―厳伊（正応二年七月二一日補任）―松丸（融円）（正安四年三月二三日補任）―重瑜（嘉元元年一一月二四日補任）―厳伊（嘉元三年八月二四日還補）―重瑜（徳治二年三月二一日還補）―栄信（徳治二年一〇月一三日補任）―厳増（徳治二年月日補任）―厳伊（徳治二年一二月一二日還補）―厳増―厳伊（延慶二年一二月一六日還補）―厳増―厳伊（応長二年一月八日還補）―厳増（正和四年一二月二六日還補）―厳伊（正和五年二月二九日還補）―融円（文保三年三月二六日還補）―厳伊（元亨元年七月七日還補）―忠救（嘉暦元年一一月一二日補任）―隆盛（文和四年四月二一日補任）―栄済（延文三年一一月九日補任）―定伊（貞治元年一二月二三日補任、貞治三年九月殺害）―厳瑜（貞治三年一〇月八日補任）―光耀（応永七年四月二六日補任、応永八年二月三日殺害）―厳瑜（応永八年一二月二四日一期契約の上、還補）―栄暁（応永一四年四月二九日補任）―厳真（応永二八年三月一七日補任、厳暁の執行代）―栄増（厳暁）（応永三四年一二月二七日補任）―救賢（明応四年八月一三日補任）―栄忠（駒松丸）（永正三年八月二七日補任）―栄清（天文二二年一二月二九日補任）―栄快（慶長八年一月補任）

(38)『大日本史料』八編七、文明五年雑載「仏事」収載。

(39)一人称の表現であっても、後に日記等から記事をそのままの形で書写した場合も考えられるが、「東寺執行日記」の関連記事には「御身奉為拝見之事思出至也」という表現はみえない。ほかに栄増の私日記等が存在していたとすれば別であるが、現在のところは知られていないので、長者補任の記事は執行栄増が独自に記したものと考えておきたい。

(40)応永一四年四月二九日　東寺修理別当職補任状（「阿刀家伝世資料」B甲六六一―二七）。

(41)承元四年二月二八日　法橋厳慶東寺執行職譲状（「阿刀家伝世資料」B甲六五九―四）。

(42)執行家に残された代々の執行の日記については、元徳二年以降の「東寺執行日記」が知られているが、それ以前についても家の記録が存在したことは、万寿二年（一〇二五）および康平二年（一〇五九）の執行職譲状に「相具次第文書・御遺記并日記等」「相具次第證文・御日記等」とみえることからわかる（「阿刀家伝世資料」B甲六五八―一・二）。

(43)「東寺執行日記」については、『大日本史料』に関連記事が翻刻されているもの以外は、東京大学史料編纂所所蔵謄写本「東寺執行日記」（和学講談所本）・同所蔵写真帳「東寺執行日記」（引馬文庫本）を参照。二種の写本原本はいずれも内閣文庫所蔵。

(44) 神輿帰座にかかる『大日本史料』貞治二年八月二九日条には、報恩院本「東寺長者補任」の記事は掲載されていない。「東寺執行日記」と同句でその中に包含されているからであろう。

(45) 註(37)黒川論文および第Ⅲ期第七回東寺文書研究会における黒川報告「東寺執行について」（二〇〇三年八月）。また東寺宝蔵に収蔵されてきた宝物・文書の形成と管理体制について検討した新見康子の研究『東寺宝物の成立過程の研究』（思文閣出版、二〇〇八年）・「東寺宝蔵の文書の伝来と現状――御道具唐櫃の文書を中心に――」（本論集所収）においては、宝蔵と長者・執行との関係の深さが示され、管理における執行の役割にもふれられている。

(46) 灌頂院御影供の全般については、註(33)橋本論文に詳しく、本稿においてもこれを参照しているが、ここで橋本と黒川の、僧綱に対する御影供執事役差定についての考え方の相違にふれておきたい。橋本は、綱所ないし惣在庁が把握している僧綱の名簿をもとに各年の当役が定められ、朝廷へ注進の後、綸旨・院宣によって執事勤役が命じられたと考えているが、黒川は、僧綱の巡役は東寺執行が管理し、執行の注進によって寺務が命ずるものとしている。残存している一連の史料や中世における綱所の機能の実態から考えて、本稿では黒川の考えに従いたい。執事役勤仕に関する綸旨・院宣の類は、巡役の懈怠による真言宗門徒の放出・還入など特別な問題が生じた時、御室・朝廷・院・幕府等の裁可を仰いだ場合に発給されたものであったと思う。

(47) ⓓ異本長者補任本やⓔ藤井永観文庫・東寺観智院本も、御影供阿闍梨・執事の名をよく記しているから、報恩院本のみに特徴的であるというわけではないが、これらは報恩院本を参照して書写している部分があるので、報恩院本の特徴を受け継いでいる面があると考えられる。

(48) 一連の手続き文書のうち、請文は欠けているが、注進状・差文がみえる最初の事例は、おそらく康永三年（一三四四）の執行忠救注進状・寺務三宝院賢俊差文（「東寺執行日記」貞治二年閏正月一四日条。康永三年の執事は地蔵院覚雄であった）であり、差文のみの例はさらに遡って元徳二年（一三三〇）の東寺長者法務東南院聖尋が成就院僧正益守にあてた差文だと思われる（「東寺執行日記」元徳二年正月二四日条）。

(49) 正文は「東寺文書」六芸之部楽乙二にあるが、報恩院本「東寺長者補任」嘉禎二年長者親厳の項に「八月二日、御影供執事可為門徒僧綱之巡役之由、被申置」としてこの官宣旨を書写している。

(50) 註(37)参照。すでに網野善彦が、執行の職掌・地位やその転機などについて簡単にふれている（『中世東寺と東寺領荘園』第Ⅰ部第二章第一節3、東京大学出版会、一九七八年）。

(51) 黒川以前の研究では、東寺執行が政所の構成員であったとしていても、三綱を兼ねていたことをはっきりと認識していない。この点については、稲葉伸道が明らかにしたように、一二世紀末に出現する東大寺政所の執行が、三綱のうちでも最高位の者が就任する職であったことと共通する面があった。また東大寺公文所を構成する三綱等寺官の中から執行が設定されるのは、別当の分離化にともなう寺家経済の統率者が必要とされる事態に対処するためとしていることも、本節で述べるように、東寺において一二世紀後半以降進行した状況と類似の事態であったと考えられる。稲葉伸道「東大寺寺院構造研究序説」参照（『中世寺院の権力構造』第Ⅰ部第一章第一節、岩波書店、一九九七年、初出は一九七六年）。

(52) 網野善彦「古代東寺の衰頽」（註50著書第Ⅰ部第一章第一節）。

(53) 永久三年三月二〇日　東寺執行権上座定俊解写（『平安遺文』一八一八号）。

(54) 『東宝記』（『続々群書類従』第一二宗教部）第七僧宝「凡僧別当初例」によれば、長者が遷任しても改められなかった凡僧別当の職が、長者の交替にともなって門弟が推挙補任されるようになった最初は、久安二年（一一四六）の長者寛信とその門弟明海の例であるとしている。

(55) 網野が、東寺政所が長者の私的な房政所と実質的には異なるところがなくなったと述べていることに対して、上島有・富田正弘は、網野の示した長者房政所下文の例からは、長者渡領の支配については、長者政所下文をもって行ったということがわかるだけで、政所の寺務一般が長者政所で行われたと結論することはできない。むしろ東寺長者政所下文と東寺政所下文とを区別している点に注目したいと評している（上島・富田「書評『中世東寺と東寺領荘園』」『史学雑誌』九一編七号、一九八二年）。本稿でも、長者房政所とは別に執行が中心となった東寺政所が機能していたものと考えている。

(56) 真木隆行「中世東寺長者の成立——真言宗僧団の構造転換——」(『ヒストリア』一七四号、二〇〇一年)。

(57) 権寺主厳慶が執行職を譲り受けた治承二年(一一七八)二月一七日の勝俊東寺執行職譲状(「阿刀家伝世資料」B甲六五八—四))の文言に「居二執行職一後、権上座有レ闕之時、不レ論二高下一、被二抽補一者例也」とみえ、執行は当時の地位の如何にかかわらず、できる限り三綱の上首に補任されることが前例となっていることがわかる。

(58) このように執行の中世的地位の確立を反映して成立したのが報恩院本長者補任であると考えるが、それが、それまで東寺においてすでに記録されていた補任記を執行が引き継いだものなのか、あるいは政所において執行が整えたものなのか、今明らかにすることができない。現存の各長者補任類型における記事の関係や、記事内容により踏み込んだ検討が必要であり、今後の課題としておきたい。

(59) 酒井紀美「「獄前の死人…」をめぐって」(藤木久志・蔵持重裕編『荘園と村を歩くII』校倉書房、二〇〇四年)および註(37)黒川論文。執行職相論に関する史料も同じく註(37)の黒川翻刻史料によった。主なものは「東寺百合文書」京函七六号・む函一六~一七号・タ函三五号・モ函二四号・同二六号・天地之部一二号、「阿刀家伝世資料」B甲六六〇—六二一・同六五・同八二・B甲六六一—一九・同二七など。以下「東寺百合文書」については、函名と番号のみ記す。

(60) (応永七年)四月二六日 東寺長者金剛乗院俊尊御教書(マ函七八号)。

(61) 応永七年四月二六日 律師光耀執行職請文(「東寺観智院金剛蔵聖教」又別四函六号)。

(62) 執行職就任前の彼らは、以下のような寺僧組織に属していた。隆盛は御影堂供僧(む函四五号(五))、栄済は十八口・尊勝陀羅尼供僧(レ函五八号、東京大学史料編纂所所蔵「東寺文書」)、定伊は学衆と尊勝陀羅尼・宝荘厳院方・不動供方供僧(『教王護国寺文書』三一三号、史料編纂所所蔵「東寺文書」、た函三号、タ函一三号)、厳瑜は御影堂・宝荘厳院方供僧(む函四五号(五)、た函六号)であり学衆でもあった(ム函三八号)。光耀は鎮守八幡宮供僧(ワ函一六号)、栄暁は廿一口・植松(尊勝陀羅尼)方・不動供方・宝荘厳院方・鎮守八幡宮の供僧(ち函一号・「東寺霊宝蔵中世文書」一号・タ函三六号・た函二四号・ワ函一六号)、救賢は鎮守八幡宮・廿一口供僧(ね函二七号・天地之部四五号)。また栄増(厳暁)は鎮守八幡宮供僧を所望したが、すでに執行職を相承することが決定していたことから補任を差置かれた（ワ函三九号）。

(63)「異本東寺長者補任」・報恩院本「東寺長者補任」。なお禅信在任中に妙法院賢快が寺務宣下を受けているが、これは病が進んだ末の補任所望であり、賢快は永享六年六月二三日の宣下後わずか二日で死去している。したがって報恩院本にあるように、賢快寺務の体制での所職は定められず、一八日後にもとの禅信の体制に復している。

(64) 室町時代、供僧中の評定において灌頂院御影供や安居講のことが問題となったとき、参照すべき先例を供僧中に注進したのは執行であった。その先例を引用するために執行が参照したのは長者補任であり、しかもⓑ報恩院本だけでなく、後に検討するⓓ異本長者補任本をも参照していた。執行の職掌とその活動のより所となっていた記録が長者補任であったことがわかる（「廿一口供僧方評定引付」長禄元年一〇月四日条以下（く函二一号）、康正三年一〇月日廿一口供僧連署置文（テ函一一七号）、東寺長者補任文和二年条抄（テ函三三号）、「廿一口供僧方評定引付」文明元年七月八・九日条（天地之部三七号）、註(9)拙稿の「Ⅲ結び」も参照）。

(65) 報恩院本「東寺長者補任」天文三年条。弘法大師七百年遠忌については、橋本・上島（註33・34）のほかにも、伊藤俊一「室町時代における東寺修造勧進――諸国大師門徒勧進を中心に――」（東寺文書研究会編『東寺文書にみる中世社会』東京堂出版、一九九九年）が触れ、宮野純光「中世末真言宗における法会執行と寺僧の活動――東寺における弘法大師御遠忌を事例に――」（佐藤成順博士古稀記念論文集『東洋の歴史と文化』山喜房佛書林、二〇〇四年）も、その執行形態を具体的に述べている。伊藤・宮野は、このときの法会が准御斎会に位置づけられ、幕府の奉書も得て、東寺宝菩提院亮恵を中心に広く大師門徒を募って勧進を行うことによって実施されたことを明らかにしている。このことは、東寺の近世への体制転換が、真言宗教団の地方展開の問題などとも関わっていることを示している。

(66) この冊は永享一〇年～寛永一一年までの報恩院本を省略して書写したもので、宝永元年（一七〇四）五月に阿刀家の家督をうけ、宝暦六年（一七五六）に死去した執行厳恭（註37黒川翻刻史料）の自筆であるとされている。前節で考察したように、報恩院本の天文二年までの記事は東寺執行によって記録され、その後報恩院に引き継がれたものである。阿刀家のこの冊が現在の報恩院本と同じ寛永一一年までの記事を有していること、天文三年以降の記事についてはまったく報恩院本の抄写であることからみて、東寺執行が、長者補任を天文三年以後書き継いだ様子はない。もし書き継いでいたとしても、一八世紀初頭には、そうした記録は既に執行家には残っていなかったといえるだろう。

この点にかかわって、東京大学史料編纂所所蔵謄写本「東寺私用集」第三の内表紙余白部分に、法印権大僧都栄信が執行職にあったとき（註37黒川翻刻史料によれば、寛文六年一一月一八日修理別当補任、宝永七年五月二八日死去、厳恭の父である）、「私用集」第五および「長者補任」上下を紛失してしまった旨の注記があることに注意したい。「私用集」は、室町時代の執行栄増がまとめた執行職掌に関わる備要集であるが、厳恭が後補の表紙をつけているところからみて、この注記は厳恭のときに記されたものであると推測できる。原報恩院本長者補任の東寺におけるその後については、中世から近世への東寺の体制変化と関わっていると考えられるが、この注記も含めて史料の探索は緒についたばかりであり、今後の課題である。

(67) 「仁和寺惣在庁等系図」（東京大学史料編纂所所蔵影写本「仁和寺記録」二七）。なお『大日本古文書　醍醐寺文書』二の三八一号に正月一五日付惣在庁維縁賀札（『大日本古文書』では「僧維縁披露状」とされているこの文書が「賀札」の一例であることについては、上島有「関西学院大学図書館所蔵東寺文書について」『古文書研究』一六号、一九八一年を参照、上島註34著書第五部第一章に再録）（東京大学史料編纂所所蔵写真帳「醍醐寺文書」九〈第三函一〇七号〉）があり、観応二年（一三五一）に年次比定されている。この年紀に従うと維縁の惣在庁在任時期について「仁和寺惣在庁等系図」と齟齬が生じる。『大日本古文書』は標出に「隆舜東寺一長者加任慶賀ノ事」と掲げ、「報恩院新権僧正御房御慶賀事」との文言を有するこの賀札を報恩院隆舜の東寺一長者加任の慶賀であると解釈したのであるが、この文言をそのまま読めば、報恩院主の権僧正補任に関する賀札であると考えるべきであろう。維縁の在任時期において、この状況に最もふさわしいのは、徳治三年（一三〇八）五月二六日に憲淳より報恩院堂塔・僧坊等を譲られ（『大日本古文書　醍醐寺文書』一の三〇六号(六)）、同年（延慶元）一二月三〇日に権僧正に任じられた（惣在庁本「東寺長者補任」正和二年隆勝の条）法印隆勝であると考えられる。したがって、先の文書の年紀は延慶二年正月一五日であると推定しておきたい。

(68) 「仁和寺諸院家記」（心蓮院本）など（奈良国立文化財研究所編『仁和寺史料』）。

(69) 「東寺観智院金剛蔵聖教」一八八箱二号「東寺長者補任」（註5湯浅D論文・翻刻）、本稿第四節（3）の「杲宝日記」に関する部分も参照。
(70) ただ本補任記㋒部分に、後醍醐天皇の動向を中心として当時の情勢を簡略に記載した部分がある。元弘元年「八月廿五日夜、主上密出御禁裏、経南都、幸笠置山云云、天下騒動」などである。しかし、この㋒部分は江戸時代になって執行永慶が書写した部分なので、本来の惣在庁本とはやや異なっている可能性がある。
(71) 海老名尚「「僧事」小考――中世僧綱制に関する一試論――」(『学習院史学』二七号、一九八九年)。
(72) 阿部慎「中世僧綱所と寺院社会」(『日本史研究』五六三号、二〇〇九年)。
(73) 「東宝記」第五法宝中「安居講」(『続々群書類従』第十二、宗教部)、報恩院本・続々群書類従本「東寺長者補任」弘安八年条。
(74) 牛山佳幸『古代中世寺院組織の研究』第五章、僧綱制の変質と惣在庁・公文制の成立(吉川弘文館、一九九〇年、初出は一九八二年)。
(75) 「仁和寺史料」黒塗手箱甲上段三「長者補任記 自徳治至嘉暦元」(東京大学史料編纂所所蔵写真帳「仁和寺史料」五)。
(76) 「異本長者補任下」一冊(柳・三四四)。『大日本史料』は柳原本もしくは柳原本の写本である東京大学史料編纂所所蔵謄写本「柳原家記録　第六十六巻」を底本に用いている。
(77) 阿刀家本の翻刻を、前掲註(9)科研報告書に掲載している。
(78) 「随心院文書」第五箱一二八号「東寺長者補任」(観応元年~永享一二年)一冊(東京大学史料編纂所所蔵写真帳「随心院文書」一五)。「随心院文書」の内容細目については、京都府立総合資料館『資料館紀要』二二号(一九九四年)掲載の「随心院文書編年目録」を参照。
(79) 註(5)湯浅D論文・翻刻参照。
(80) 註(5)湯浅A論文・C翻刻参照。
(81) 註(7)田中解題、註(79)(80)湯浅論文・翻刻、註(6)宮﨑論文。
(82) 群書類従の簡略本は、東寺(真言宗)の重要行事である御影供・灌頂会と長者拝堂の記事を欠いている。しかし一方で任官の記事は、群書類従本の方にみえている。

(83)　この点に関連して、田中稔は「第六は賢宝筆になるが、延文四年を境にして書き方が異なっている。即ち、同年の項最初まではすでに存在する東寺長者補任を書写して加筆訂正したものであり、延文四年項後半以降は賢宝が自ら編纂した草稿本のようである。なお貞治二年以降はさらに墨色・書風を異にしており、第二次の追加部分と考えて差支えなかろう」と述べており、筆者と時期が多少ずれるが基本的には同様の所見であると考えている。

(84)　西村兼文編『続群書一覧』巻七補任之類（日用書房・吉川弘文館、一九二六年）。

(85)　橋本初子「杲宝と賢宝——中世寺院における師弟関係の一考察——」（中世寺院史研究会編『中世寺院史の研究』下、法蔵館、一九八八年）、東寺宝物館図録『東寺観智院の歴史と美術』（二〇〇三年）。

(86)　富田正弘「観智院宗宝の生涯にみる教学と寺役——中世東寺における院家と寺家——」（註85『中世寺院史の研究』下）、東寺宝物館図録『東寺観智院の歴史と美術』。

(87)　応永二年二月一五日　法印権大僧都賢宝観智院坊舎等譲状（「東寺観智院金剛蔵聖教」一五二箱一号(二)）、永享四年六月一三日　法印権大僧都宗賢観智院々家等譲状（同上一五二箱一号(七)）、永享一〇年一〇月三日　法印宗宝譲状（同上一五二箱一号(八)）、「東宝記」原本第一一巻（法宝上・中草稿）の無界紙挿入部分の賢宝筆跡（山本信吉「東寶記概説」『国宝東宝記原本影印』東京美術、一九八二年）など参照。

(88)　清書本「異本長者補任」が、いつ書写作成され、どこに所在するのか未詳であるが、『筑波書店古書目録』第七八号（二〇〇五年三月）掲載の「長者補任下」（観応元年〜永享一一年）（表紙「長者補任下　観智院」）一冊が、その清書本である可能性が高いと考えている。

さらにひとつ考慮しておきたいのは、各本の表題に「長者補任下」（阿刀家本）、「異本長者補任下」（柳原本）、「東長補任観応以後」（随心院本）とみえるように、「異本長者補任」には貞和以前の記事をもった上巻があったのではないかと推測される点である。本節(1)において草稿本②③をあげたが、それぞれに記載されている記事の範囲は②正和元年〜明徳四年、③嘉暦三年〜応安四年であった。いずれも「異本長者補任」の観応元年〜永享一一（一一）年の範囲を含みながら、それ以前の記事をも収録している。「異本長者補任」に、もし上巻が存在していたとしたら、それは②③の記事と深く関わると考えられる。また観智院には草稿本の様態を示した長者補任がもうひとつ存在している（「東寺観智院金剛蔵聖教」一八八箱五号）。延慶元年（一三〇八）〜元徳二年（一三三〇）の記事を有し、宮﨑肇によれば、杲宝筆であるが、最後の二年分のみ賢宝筆とみられる補任記である。現存の「異本長者補任」下巻と収録の年紀が重ならないこの長者補任も、「異本長者補任」上巻の存在ないし構想を予想させる（註81の各論文参照）。

（89）最近必要があって東寺文書に関する私的なメモを整理していたところ、随心院所蔵の東寺関係史料に関するそれの中に「東寺長者補任」についての記述を発見した。そこには「応永頃、宗宝が賢宝のあとをうけて自分の心おぼえのために書いたもの」とあった。おそらく一〇年以上前のことであって筆者はまったく失念していたが、記憶をたどるとこのメモは橋本初子・富田正弘両氏からの教示に相違なく、本稿で検討した補任記の筆者については、すでに京都府立総合資料館の方々には周知のことだったと思われる。

（90）註（63）参照。

（91）註（86）富田論文。

（92）山本信吉・橋本初子「（東宝記）解説」三　紙背具注暦について（『国宝東宝記紙背文書影印』東京美術、一九八六年）。

（93）後藤紀彦「口絵解説　杲宝僧都日記」（『東京大学史料編纂所報』一八号、一九八三年）。貞和三年の「杲宝日記（具注暦）」は、一月～九月前半までが「（徳治三年）後宇多院御灌頂記」紙背（影写本「東寺文書」宝菩提院所収）に、九月後半～一二月までが「（永延三年）円融院御灌頂記」紙背（東京大学史料編纂所所蔵）にある。本稿では、山家浩樹「貞和三年杲宝日記について」の報告・翻刻を参照した（第Ⅱ期第一回東寺文書研究会、一九九七年七月）。

（94）『静岡県史』通史編2中世、三五〇頁（山家浩樹執筆）。「満済准后日記」永享四年七月二〇日条（『静岡県史』資料編6中世二―一七五三号）参照。ただし山家は、「常光寺年代記」は下向を八月のこととし、「異本長者補任」は九月一六日としているから、実際は八月末出発、九月帰洛であろうかと推測している。同時代史料ではあるが日付の誤り等の可能性があるのは勿論である。

（95）立命館大学アートリサーチセンター所蔵藤井永観文庫「東寺長者補任」三巻（東京大学史料編纂所所蔵写真帳「東寺長者補任（藤井永観文庫）」）。藤井永観文庫の長者補任は欠落部分が多いので注意が必要である（註6宮﨑論文の表1「東寺長者補任」伝本別記載年次表を参照)。なおこの「東寺長者補任」は「藤井永観文庫閲覧システム」でWeb閲覧ができる。
(96) 詳細な書誌と翻刻は、註(5)湯浅A論文・C翻刻参照。
(97) 註(6)宮﨑論文。
(98) 弘安三年九月九日　若狭国太良荘早米支配状(は函二二号(一〇))。
(99) 宮﨑肇「年行事と案文――中世前期東寺における文書管理――」(本論集所収)参照。
(100) 註(5)湯浅A論文。宮﨑の研究を踏まえて、湯浅が「杲宝自筆本」としている部分を「定厳本」に読み替えた。
(101) 本補任記⑥の嘉元三年条において報恩院本から記事を補った部分に、三月一日亀山法皇が東寺灌頂院において理趣三昧を修した記事がみえる。その部分に細かい字をもって「於金堂御誦経、御導師定厳法印、袍裳紫甲」という記事が添えられている。これは報恩院本にはない記事であり、定厳が、亀山法皇東寺御幸時の自らの事績を加え記したものと思われる。
(102) 真木隆行「鎌倉末期における東寺最頂の論理――『東宝記』成立の原風景――」(註65『東寺文書にみる中世社会』)、弘仁官符の成立については勝山清次「東寺領伊勢国川合・大国荘とその文書」(同『中世伊勢神宮成立史の研究』第二部第七章、塙書房、二〇〇九年、初出は一九八九年)。
(103) (弘仁三年一一月七日)太政官符抄(や函一〇号(七))。この文書については『若狭国太良荘史料集成』二巻一二〇号文書の按文も参照(太良荘史料集成編纂委員会、二〇〇八年)。
(104) こうした点については、註(6)宮﨑論文でも言及されている。
(105) 註(102)真木論文、および貫井裕恵「『東宝記』編纂の契機とそのテクスト生成をめぐって」(『巡礼記研究』六集、二〇〇九年)参照。
(106) 『続々群書類従』第二史伝部所収の底本は例言によれば内閣文庫所蔵本であるが、『群書解題』第二上(一九六三年)では、その底本は同文庫には現存していないとされている。一方『国書刊行会出版図書目録附日本古刻書史』(編輯発行市島謙吉、一九〇九年)に掲載されている『続々群書類従』の細目を参照すると、そこには出版の直接の底本が記載されており、「東寺長者補任五巻」の底本は「史料本」つまり現在の東京大学史料編纂所(当時は東京帝国大学文科大学史料編纂掛）所蔵本であるとしていて、『続々群書類従』第二の例言との間に、齟齬が生じている。そこで早稲田大学中央図書館に寄贈された続々群書類従本の印刷原稿（和紙に墨で書写した和綴装五冊）を調査したところ、史料編纂所所蔵謄写本「（浅草文庫本）東寺長者補任」と、その編成・内容を同じくするだけでなく、虫蝕による欠損部の形状の模写までも同一である上、謄写本の校訂箇所を本文中に取り込んで書写していることがわかった。続々群書類従本の印刷原稿は、校訂済みの浅草文庫の謄写本を、編纂所周辺のスタッフがさらに転写したものと推測されるのである。浅草文庫は、内務省管轄の「博物館所属浅草文庫」のことで、一八八四年の太政官文庫設立とともにその管轄下に入り、蔵書は内閣文庫に引き継がれたとされている。内閣文庫所蔵本を底本としたという続々群書類従本の例言は、こうした蔵書の引継ぎに由来していると考えられる。

(107) 「東寺長者補任」上下二冊、江戸時代の写しとみられる。下巻表題に「勧修寺大経蔵」の文言がみえ、修理奥書に「右上下二巻、加修補、収大経蔵畢、延享二乙丑歳（一七四五）四月二日　浄土院僧正賢賀　世寿六十二載」とあることから、東寺観智院一三世で、元文元年（一七三六）に勧修寺浄土院・慈尊院を兼帯した賢賀（註85東寺宝物館図録『東寺観智院の歴史と美術』）が修補を加えて勧修寺大経蔵に収めたものである。京都府立総合資料館所蔵写真帳「東寺観智院金剛蔵聖教文書」二〇三・二〇四所収。

(108) 東京大学史料編纂所所蔵写真帳「醍醐寺文書」五一三。

(109) 同右五〇九。

(110) 万治四年までの記録は、このほかに高野山金剛三昧院所蔵・高野山大学図書館寄託「東寺長者補任」上下（註4和多論文）、東京大学史料編纂所所蔵「東寺長者補任　羯」（明徳元年～）一冊等がある。編纂所所蔵本は奥書によれば、防州霊台寺所蔵本を石清水八幡宮松本坊重雅が享保一〇年（一七二五）に書写したものであるが、現在西大寺所蔵の「東寺長者補任」三冊（台帳番号三八―五四―一～三）ともと一具のものであったと考えられる。西大寺所蔵本第一冊目奥書には「東寺長者補任記四冊、以防州霊台之本伝写、朱校了、石清水沙門重雅」と記されているからである（科研報告書『奈良市・西大寺所蔵典籍文書の調査研究』一九九八年）。高島晶彦氏のご教示による。

(111) 正平一統前より弘和二年（一三八二）頃まで存続していたと考えられている南朝補任の東寺長者についての情報も、「異本長者補任」とその草稿本、そして報恩院本にみえている。同時代の政治情勢を敏感に把握していた東寺供僧と執行の動向が、長者補任の記録に反映したものといえるだろう。山口紘加「南朝と東寺長者」（『史艸』四八号、二〇〇七年）参照。

「延文四年記」記主考

山家浩樹

はじめに

本稿は、「延文四年記」（延文四年は一三五九年）と通称されている史料について、より良質な翻刻を目指し、その上に記主を推定しようとする試みである。

「延文四年記」は続群書類従巻八六八に収められ、活字本（第二九輯下）で容易に接しうるものの、文意の通じない箇所が多い。また歴代残闕日記巻六六にも収められ、影印版で活字本『続群書類従』翻字の不備を補うことが可能だが、両者あわせても意味不明瞭な箇所は少なくない。また、『大日本史料』第六編之二一に割裂して掲載されるが、おおむね続群書類従本に依拠したようである。

「延文四年記」の解題として、『群書解題』(1)があり、要を得た説明となっている。内容から東寺の僧侶の日記と推定し、さらに宮内庁書陵部所蔵の続群書類従原写本にみえる注記から、本記は紙背で、表は養和二年御修法記であると指摘し、続群書類従巻七二一の「養和二年後七日御修法記」にあたると推測している。また、東京大学史料編纂所に架蔵する「延文四年暦」の存在を指摘し、本記原本の影写本とみなしている。

「延文四年暦」（四〇六一―六）は、巻子一巻で、和学講談所の印が捺される。具注暦に記事が書き込まれ、本記の原態をよく伝えている。先に挙げた写本にみえない記事も若干ながらある。しかし、書写は丁寧さを欠き、欠損も示さず、数文字だけだが、他の写本にみえる字を写し落としたと思われる箇所もあるなど、忠実な写とはいえない。謄写本（見取り写し）とみなすべきであろう。

この「延文四年暦」を底本に、続群書類従・歴代残闕日記を参照、対比して、翻刻稿を作成した。具注暦に関わる記事は省略した。読みの不安な箇所もおおく残るが、今後の課題とし、当面の成果として掲出する。

それでは翻刻稿をもとに、以下、記主の推定を試みたい。史料の検索には、「東寺文書検索システム」や史料編纂所で公開されている各種データベースを活用した。

一　書写情報から

活字本『続群書類従』には省略されているが、その写本、および歴代残闕日記には、書写に関わる奥書など注記類がみえる。この注記は、おおよそ三つの部分に分かれ、うち第一の部分を①、第二の部分を②とし、以下に掲げる。史料編纂所架蔵謄写本「続群書類従」を底本とし、影印本『歴代残闕日記』を参照した。

①文化七年歳次庚午九月上旬比、観於源春行宅、九日後借受半日書写功了、表書御修法例養和二年月日、奥書云、元徳二年月日云々、裏書具注暦也、以長暦推而延文四年也、三月廿九日ヨリ十二月十二日日記具注暦書入、

　愚按　左大寺中宝輪院蔵書見ト（イ本二字ユト）云、

②奥書云、

最初可有年号之処闕文、愚按皇居年表ニ拠見レハ、養和二年者則寿永元年也、然而改元日五月廿七日也、

義宝法印御房此記与奪申也、
右記者、曩祖義宝法印之御筆跡也、爰厳忠法印、□増長院、以此一巻被与于予畢、但端聊以闕之、後筆必（イ本事）可書続之由、被記置者也、依之且為遂上綱之祖意、且為備下愚之亀鏡、以仲我僧正自筆之本、恐々書加之畢矣、
享徳三年甲戌二月廿四日 于時々正結日、　権大僧都堯忠

①は、文化七年（一八一〇）の書写奥書とそれに関わる覚書となる。「延文四年記」は紙背で、具注暦に記されていたこと、表は養和二年の修法記であること、東寺宝輪院旧蔵であること、文化七年の段階で、源春行の所蔵であったこと、などが判明する。『群書解題』によると、源春行は、京都寺町の竹苞楼、佐々木春行のことである。

②は奥書で、表の修法記に関わり、ふたつに分かれると判断される。最初の一行は、某の増長院義宝からの伝領奥書であろう。二行目以下は、享徳三年（一四五四）、光明院堯忠の補筆の奥書で、修法記は義宝の書写であること、増長院厳忠から堯忠に伝授されたこと、端の欠損部分を仲我書写本で補ったこと、などが判明する。なお、引用しなかった奥書第三の部分は、最後に仲我書写の奥書がみえ、堯忠が用いた仲我書写本の奥書とみなされる。この奥書のなかに後七日法が言及され、後七日御修法記とみなす根拠となっている。

以上より、「延文四年記」の裏を用いて修法記を書写したのは、義宝と確定しうる。暦記の記主は、その裏に聖教を書写した人物と一致するとは限らないものの、同一人である可能性は高い。義宝は、「延文四年記」の記主として第一候補に挙げられるだろう。

富田正弘の論文[2]に拠りつつ、義宝の事績をまとめると次のようになる。観応二年（一三五一）から学衆方供僧としてみえる。仮名は弁。延文四年（一三五九）頃は学衆方供僧で、鎮守八幡宮方・宝荘厳院方の供僧を兼ね、弁阿闍梨と呼ばれていた。康暦元年（一三七九）に清我より増長院を継承、応永二年（一三九五）には行宝に改

名、応永一〇年六月に死去している。

この間、学衆方年預は、延文五年から永和元年（一三七五）まで四回、宝荘厳院方年預は、延文元年から応安二年（一三六九）まで三回、応安四年には二十一口方年預、最勝光院方年預は、嘉慶二年（一三八八）から応永一〇年まで三回つとめ、至徳元年（一三八四）から明徳二年（一三九一）まで、寺務地蔵院道快のもとで凡僧別当を務めている。

二　高野山上別当

義宝の可能性を頭に置きつつ、日記の内容に記主の手掛かりを探ってみよう。まず注目されるのは、「高野別当」に関わる記事である。

（五月一五日条）　高野別当補任到来、

（九月一日条）　山上別当代事、来申山臥有之、

（九月六日条）　高野へノ使者下、

高野山金剛峯寺の長官である座主は、東寺長官である東寺一長者（寺務）の兼任で、東寺一長者は法務という称号を朝廷から与えられた。この法務が金剛峯寺と関わる際の組織について、平瀬直樹は、一二世紀のありようを中心に明らかにしている。(3) 金剛峯寺の外部に、法務とその側近者「別当」からなる「本家政所」が存在し、また法務は、高野山山麓にある金剛峯寺政所に対し、同じく側近者の「小別当」を通じて命令を下し、小別当は時に現地へ下るなど、身分の高くない半僧半俗の人物であった。平瀬は論文の注のなかで、後掲する事例㋐を紹介して南北朝期の様子に言及し、法務が交代すると、新法務は、東寺別当（凡僧別当）と高野山の別当（山上別当）・小別当を補任することを指摘している。

	高野山上別当			寺　務			凡僧別当	
	補任年月	名前		補任年月	名前		名前	
㋐	観応元・11	光明院弘恵	醍醐	同年月	報恩院隆舜	醍醐	宝幢院文海	醍醐
㋑	応永16・8ヵ	報恩院隆寛	醍醐	同年7月	三宝院満済	醍醐	禅那院光超	醍醐
㋒	応永18・4	常楽院永盛	仁和	同年月	菩提院守融	仁和	清浄光院快玄	東寺
㋓	応永19・3	宝幢院隆円	醍醐	同年2月	釈迦院隆源	醍醐	実相院隆禅	東寺
㋔	応永32・12	無量寿院賢紹	醍醐	同年月	宝池院義賢	醍醐	妙法院賢長	醍醐
㋕	応永34・3	宝幢院僧正		同年月	大覚寺義昭		金剛乗院定意	大覚
㋖	正長元・5ヵ	観智院宗海	東寺	同年5月	随心院祐厳		成心院慈厳	

「延文四年記」にみえる高野別当は、この高野山の別当（山上別当）を指すとみなされる。南北朝から室町前期にかけて、高野山上別当の事例を検出すると、上表のようになる。各々について、史料を掲げつつ確認し、あわせて別当代や小別当についても検討していきたい。

㋐　観応元年（一三五〇）一一月二五日、醍醐寺報恩院隆舜が法務となる。このとき、凡僧別当、つまり東寺に関わる範囲での法務の代官となった宝幢院文海は、覚書を残し、応永初年に凡僧別当となった宏寿がこれを写している。そこに補任状がみえる。

〔東寺凡僧別当記〕下　（「東寺百合文書」追加二）[4]

金剛峯寺
　　補任　別当職事
　　　　法印弘恵
右人補任彼職、宜令執行寺役者、
　　観応元年十一月廿七日
座主法務僧正在判

金剛峯寺
　　補任　小別当職事
　　　　法眼快宗

右人補任彼職、宜令奉行政所雑事者、

観応元年十一月廿七日

座主法務僧正隆舜

別当法印　弘恵　宏寿云、山上別当補任者寺務判、小別当補任実名、相違如何、

法務の補任の二日後に、金剛峯寺の別当と小別当が補任され、別当は弘恵、小別当は快宗と判明する。別当の仕事は寺役の執行、小別当は政所雑事の奉行とされている。この前日二六日付で、別当弘恵は、法務隆舜の意を奉じた奉書を高野検校泰助に宛てて出し、隆舜の寺務（法務）補任を伝えている。奉者弘恵の注記に「光明院、民部卿、時山上別当」とあり、別当弘恵は山上別当とも呼ばれ、また醍醐寺光明院の僧であると確認される。この奉書ほか三通は、東寺凡僧別当文海が文案を作成した。これは弘恵らの懇望によるだけでなく、「云山上別当、云小別当、依為未練仁、予可加扶持之由、且有長者命」、隆舜から文海に、不慣れな弘恵らを扶助するように、と依頼されていたからであった。なお、文海は、「愚身依補東寺別当、山上別当事令黙止了、不可相兼両職之故也、無念歟事」とも記し、金剛峯寺の別当職も望んでいたが、東寺凡僧別当と兼帯できないため断念したようだ。

小別当播磨法眼快宗は、当時伊予に在国し、上洛が間に合わないため、子息の備前寺主快舜が代官となっている。快宗の注記に「山上、又山下歟」とみえ、小別当の本来の性格は不明確になってきているようだ。

㋑ 下って応永一六年（一四〇九）七月、醍醐寺三宝院満済が法務となり、翌月、高野山御坊人職が補任されている。

［東寺長者雑自記］[5]

高野山小別当江宛文案　於寺家号御坊人職云々、仍如此被載之了、

当寺御坊人職事、所被仰付長覚法印也、無量寿院法印也、任先例可有其沙汰之由、依

法務前大僧正御房仰執達如件、
応永十六年八月十一日
□私云、報恩院隆寛也、
別当権大僧都判

「東寺長者雑自記」は、近世初頭の醍醐寺三宝院義演が作成した先例集のような史料で、右掲史料は、諸補任案にみえる。別当は醍醐寺報恩院隆寛、㋐の補任状の署判位置との対比などから、山上別当と推定される。御坊人職は高野山無量寿院長覚である。右の補任状は、文面上は御坊人職の補任だが、注記によると、小別当を金剛峯寺で御坊人職と称しているためで、実質上は小別当の補任と位置づけられている。「東寺寺務雑記」金剛峯寺項でも「小別当長覚法印」とある。応永一六年の段階で御坊人職と小別当が同一であったかどうか、即断はできないが、少なくとも中世後期のある時期には、御坊人職と小別当は同じものとみなされていたといえよう。

㋐の事例では、御坊人（職）ははじめ高野山の龍恵坊剣空という人物で、小別当とは別人である。四郷（官省符庄の一部）預所など金剛峯寺座主ほかの得分を請け負い、凡僧別当文海から高野山上別当や小別当の扶助を依頼されるなど、法務と高野山現地との間を実質的に支えることを期待されたが、実効は上がらなかったようで、翌年六月には高野山の引摂院律師（深惣坊某）に交代している。この交代には小別当子息快舜も関与している。

一二世紀に小別当が果たしていた役割と、㋐の事例に見える御坊人の役割は、高野山現地と関わりながら連絡の役を担う、という点で共通する面があり、その背景のもと、中世後期のある時期までには、小別当と御坊人が同一化するにいたるのだろう。

御坊人職の長覚は史料を多く残している。これよりさき応永一四年一一月、三宝院満済は、長覚の相伝している高野山無量寿院と東禅院を「三宝院殿御坊人」に補し、長覚は、両院家を三宝院に寄付している。加えて、「東寺寺務雑記」によると、長覚は、「両三年為御談義連々参候之仁也、仍任御兼約今度被召上者也」とあり、東寺の談義に参加していた。長覚は、西院流を俊誉に学ぶなど、宥快と並び称される学僧であった。満済との私的関係や僧侶としての学績のうえに、御坊人職に補任されたのであろう。一〇日に上洛した長覚は、一一日に右記補任状を受取りすぐに下向、このとき随行した定使（力者）は、高野検校や惣執行に寺務補任を知らせる法務の奉書を携帯した。長覚は一六日に山上別当宛の書状を出している。このほか、山上別当宛の長覚の書状は、「醍醐寺文書」に二通伝わる。

㋒ 満済のあと、応永一八年四月に、仁和寺菩提院守融が法務となる。

［東寺寺務別当等雑記］（追加四）(6)

応永十八年卯月

一高野《山上》別当永盛《常楽院宮内卿》法印被補之、

別当代高野法師引接院律師仙貞云々、任料廿貫文即座進上之、四郷御年貢分毎年十貫文可進之由申定退出了、

四郷年貢内自往古在之呉綿少々可進之由領状申候、

「東寺寺務別当等雑記」は、このとき凡僧別当となった東寺清浄光院快玄の記録。法務となった守融は、高野別当（山上別当）に仁和寺常楽院永盛を、「別当代」に高野山引接院仙貞を任じている。別当代仙貞は四郷年貢を請負っており、㋐の御坊人の職掌に近い。また、㋐でふれた御坊人引摂院律師の名跡を継承している可能性も高い。別当代は、本来は高野別当の代官であろうが、少なくとも応永年間には、御坊人とかなり近い立場のものとみなされる。

㋓ 守融のあと、応永一九年二月に、醍醐寺釈迦院隆源が法務となる。

［東寺長者雑自記］(7)

東寺

補任　高野山上別当職事
　　権少僧都隆円
右人補任彼職、宜執行山務者、寺宜承知矣、
　　応永十九年三月十八日
　法務僧正判

㋑と同じ史料によると、高野山上別当に醍醐寺宝幢院隆円が補任されている。冒頭に東寺とあり、書写の誤りでなければ、㋐と比べて文書様式は変化している。

㋔ 応永三二年一二月、醍醐寺宝池院義賢が法務となる。

［満済准后日記］応永三二年一二月五日条
次凡僧別当事、予再任時妙法院法印也、今度モ可宜歟、口入則被補凡僧別当、珍皇寺別当事密厳院法印光慶、高野山上別当松橋僧都賢紹、同山下奉行宰相法印光意也、

高野山上別当に、醍醐寺無量寿院賢紹が補任されている（黒川直則氏のご教示による）。高野「山下奉行」は、あるいは小別当に当たるだろうか。光意は「満済准后日記」に散見する醍醐寺僧である。

㋕ 応永三四年三月、大覚寺義昭が法務となる。「長福寺文書」として伝わる紙背文書に、高野山上別当の補任状が残る。

［長福寺文書］[8]
被補高野山上別当候、可有御存知之由、寺務前大僧正（義昭）御房御気色所候也、恐々謹言、
　三月廿六日　前大僧正（俊尊）判
謹上　宝幢院僧正御房

応永三十二年三月廿七日高野山々上別当御拝任、令旨様、一枚ニ有礼紙、立紙如常、礼紙者不封也、為後証
秘箱底畢、

高野山上別当に「宝幢院僧正」が補任されている。宝幢院は大覚寺、高野山や醍醐寺に確認されるが誰に当たるか不明。補任状は法務の令旨となっており、奉者俊尊は凡僧別当ではない。㋐㋓の補任状とはおおきく異なる。法務の令旨という形式がとられた理由は、正式な補任状とは別個のものだったのか、僧正を補任するためか、詳細は不明だが、高野山上別当が法務の私的な代官である点がより明確となる。

㋖義昭のあと、正長元年（一四二八）五月に随心院祐厳が法務となる。その半年後の二十一口方の引付の記事を引用する。

[東寺百合文書] ち七　正長元年一一月一八日条(9)

一観智院僧正常住衆之不常住之段、大法不可然、次者、為僧正高野之別当不可然之由、此二ケ条、宝勝院当奉行以両使被申送之処、彼返事云、何以承旨其謂尤候、雖然先高野別当事者、某依申所望被任候、寺務明年三月当寺御影供以後聽可有御辞退之由承間、其間之事不幾候、御無沙汰分被置候者、可悦喜申也、

高野別当には東寺観智院宗海が在任しており、二十一口供僧は、僧正として高野別当に在任するのは適当でないと宗海に申し入れる。宗海は、自ら所望したこと、法務祐厳は来年三月に辞任するのでそれまでのこととして猶予してほしいと答えている。この時期でも、高野別当在任は法務の在任と連動していることが確認される。

以上、数例を検討した。まず、山上別当や高野別当と史料表記されるものは同一のものと確認される。高野（山上）別当について、当面の課題に即すと次の点を確認しうる。室町期にいたるまで法務の就任時に補任される。法務との私的な関係がつよく、㋐㋑㋓㋔では、法務が醍醐寺僧であるのに対応して、高野別当も醍醐寺僧である点にもうかがえよう。小別当・別当代・御坊人職については、分析すべき点は多岐にわたるが、高野山現地

との関わりを持ち、法務と現地との仲介の立場にあることは疑いない。

「延文四年記」に戻ると、五月一五日に、記主のもとに高野別当への補任状がもたらされている。この年四月一二日、醍醐寺地蔵院覚雄が法務となっており、覚雄による補任となろう。記主は覚雄と関わりの深い人物となる。九月一日条にみえる山上別当代は、高野別当の代官を意味し、㋒にみえる別当代と同一の職掌とみなされる。山伏が別当代を望んだと解釈するならば、㋒の別当代のように、四郷年貢などを請け負うことを目指した可能性も考えられる。

三　義宝と醍醐寺地蔵院

第二節では煩瑣な検討を行なったが、「延文四年記」の記主は、地蔵院覚雄と関わりの深い人物と判明した。第一節で記主の第一候補とした義宝につき、覚雄や醍醐寺地蔵院との関係をみていきたい。

Ⓐ「延文四年記」の表、義宝が書写した記録は、先に触れたように『群書解題』によって「養和二年後七日御修法記」と推定されている。義宝が後七日御修法に出仕したのは四例確認される（ろ三、ふ四）。

延文五年（一三六〇）　阿闍梨地蔵院覚雄（法務）
康暦二年（一三八〇）　阿闍梨地蔵院道快　　　　　義宝は聖天供
至徳二年（一三八五）　阿闍梨地蔵院道快（法務）
嘉慶元年（一三八七）　阿闍梨地蔵院道快（法務）　義宝は息災護摩

義宝が出仕した時は、いずれも阿闍梨が地蔵院主のときである。義宝は、地蔵院主が後七日御修法の阿闍梨を勤める時は必ず参画している。

なお、延文四年四月二九日に、尊氏一周忌の結縁灌頂が行なわれ、大阿闍梨は法務地蔵院覚雄である。義宝も職衆として参加し、「延文四年記」には、「讃景什・義宝」とみえる。「延文四年記」に義宝の名がみえるのはここだけで、記主の表記として問題ない。

Ⓑ 地蔵院道快は、至徳元年（一三八四）末から明徳二年（一三九一）と長い間、東寺寺務（法務）を勤めるが、この間、東寺の凡僧別当となったのは義宝である。凡僧別当は、東寺寺僧の代表者という面も残すものの、寺務の代官として寺務と寺僧との連絡調整にあたった。義宝と地蔵院主との密接な関係を端的に示している。

Ⓒ 黒川直則氏のご教示によると、「東寺王代記」康応二年（明徳元年、一三九〇）条に次のように見える。

三月、日、義宝法印重受、大アサリ寺務僧正地蔵院大僧正道快、道場上醍醐、、院、色衆、口、[10]

義宝は地蔵院主から伝授を受けており、嗣法のうえでも関係が確認される。

以上より、義宝と醍醐寺地蔵院主とは深く関わっていることが判明する。法務地蔵院覚雄のもと、高野（山上）別当に任ぜられても不思議ではなく、「延文四年記」の記主が義宝である可能性は高まったといえよう。

四　荘園関係の記事から

「延文四年記」の記主を義宝と想定する場合、その記事と矛盾しないか、確認する必要があろう。多様な記事すべてを検証することはできないが、ここでは荘園関係の記事を取り上げたい。

ⓐ 拝師庄

（一〇月二四日条）　出京対面牧弾正了、[11]

牧弾正は、牧弾正蔵人高兼である（ム三五学衆方評定引付延文三年一〇月二五日条）。前年延文三年、高兼は、拝師庄内の田地を、御稲田と号し、松夜叉丸を表に立てて占有した。一〇月、東寺が重目安を提出するなか（さ二二）、高兼が一部放棄することで決着し、一一月七日付で、松夜叉丸と口入人高兼連署の避状（へ六一、『古』八

七、引付二二日条所引）と高兼の書状（へ二〇五、『古』八八）が出される。そして、一一月一五日、高兼は避状の文言変更に関して書状を認め、その宛所は「弁阿闍梨」で義宝に比定される（へ六二、『古』九一）。なぜ義宝が関わるのか、確認してみる。

前年延文三年、学衆方の年預は亮忠であった。引付に記される評定列席者の交名に、年預は通常末尾に署名する。しかし、この年の列席者を通覧すると、開催日の半数ほどで、亮忠の名がなかったり、記されても「免」などの注記があり不参加となったりしている。不参加の場合、末尾には賢宝か義宝の名がある。亮忠参加の日でも、末尾がどちらかである事例も三日ある。

この年学衆方では、四月以来、伝法会学頭職をめぐって駆け引きがあり、一一月六日、深源を退けて仲我を学頭とする。一一月九日付義宝書状・仲我勘返状（へ六〇—B、『古』八九）で義宝は、仲我への補任状を「只今評定可披露候」と記し、学衆方引付をみると、この日の交名末尾は義宝である。また、一二月九日付義宝書状・親海勘返状（へ二〇八、『古』九二）では、義宝は六日の評定の決定事項について「御連署可給候」とする。学衆方引付をみると、一二月六日の評定は一一月二二日に続けて記されるため交名はないものの、親海は所労で参加しなかったとみえ、一一月二二日の交名末尾もまた義宝である。学頭の件で、義宝は年預が果たすべき役を担っており、延文三年は、亮忠とともに、義宝が（おそらく賢宝も）年預と同等の働きをしていたと思われる。

以上より、牧弾正蔵人高兼に関わる一件も、年預に準ずる立場で義宝が関与し、書状の宛所となったのであろう。「延文四年記」に牧高兼の名が見えるのは、義宝と高兼との交渉の継続を示すこととなる。

ⓑ　矢野庄

（八月二四日条）　祐尊下向了、

（八月三〇日条）　伊勢并矢野下向夫帰洛了、

（九月一一日条）　播州矢野重藤十六名請取之了、
（一〇月二二日条）　矢野公文職頼慶恩給之、
（一〇月二八日条）　諏方大進房対面、
（一一月一四日条）　矢野重藤年貢到来、(12)

矢野庄に関する記事は多く、学衆方引付（ム三六）とも対応する。この年、東寺は、矢野庄例名重藤一六名および公文職につき、飽間光泰の押暴を止めるべく、幕府に出訴する。幕府の担当奉行人は、諏方大進房円忠であった（影写本ル、引付所引）。八月一八日付で、将軍義詮が守護にあてた御判御教書を獲得し（オ五二一―二、引付所引）、それをうけて二二日付で、高井祐尊は重藤一六名・公文職の年貢請文を出している。祐尊が二四日に下向するのはこれと関係するだろう。東寺は九月二日付で守護遵行状、一〇日付で打渡状を獲得し、学衆方引付には二五日条に記される。一方、「延文四年記」の記主は、一一日に「請取之了」と記し、情報をいちはやく入手した可能性もある。

一〇月、公文職は頼慶に与えられる。学衆方引付でも「延文四年記」と同日に「矢野公文職事、任望申可被充行頼慶云々」とあり、請文も同じく二二日付である（京六〇）。一一月一四日条にみえる年貢到来記事は、学衆方引付では一五日条に記され、重藤名・公文職の年貢二〇貫文で、頼慶の納入と確認される。

「延文四年記」の記主は矢野庄の経営に深く関与している。一方、義宝は、前年は学衆方年預と同等に働き、次年延文五年は学衆方年預となるなど、学衆方の運営と関わりを持ち続けるものの、延文四年の年預ではなく、一学衆としての関与としては日記の記事は詳しすぎるかもしれない。

ただ、このとき公文職を請負った頼慶の死後、その遺産を義宝が所望しており、注目される。応安六年（一三七三）の学衆方引付（ム四九）によると、義宝は、頼慶後家尼を相手に、款冬町にある頼慶遺跡の小屋、具体的には「家内雑具・仏事料足・住宅等」をめぐって、款冬町に権利を持つ二十一口方・学衆方双方に出訴する。二十一口方・学衆方が義宝の訴訟を却下すると、義宝は、自らの供僧職・学衆職の辞退を申し出る。「和合」を先とする供僧・学衆は、「宥誘」「謝仰」と表現されるような慰留に努める。再度の慰留を受けた義宝は、「頼慶後家所壊取屋具事」「所拾取歌草子・韻字等書籍事」という二つの条件を提示し、供僧・学衆は後家と交渉、後家は、然るべき屋具足はない、亡夫は困窮して詩歌などは嗜まず、歿後に「近江房」が上洛して「所伝文書并書籍」を選び取り、残った「諸御領御文書・符案并申状草案等」は東寺の奉行所に召された、亡夫の手跡として拾い集めた「反故裏所注置符案、雑紙所書捨雑訴土代等」は進上する、と返答している。この結果、義宝は面目を失うことなく、辞退にもいたらなかったようだ。

頼慶は、飯田と名乗り、東寺雑掌、ついで矢野庄公文職（の直務代官）、のち院町直務代官を勤めた人物で、その姿を知る貴重な記事だが、ここでは、義宝が頼慶の遺跡を望むからには、両者になんらかの関わりがあったと推定される点に留意したい。「延文四年記」にみえる矢野庄記事は公文職を中心の話題としている。義宝と頼慶の関わりが延文四年まで遡りうるか、証拠はないけれども、「延文四年記」の記事が両者の関わりを背景にしている可能性は想定しうるだろう。

ⓒ　上久世庄

（一〇月一五日条）　為寺家使節出武家、久世油役御免事、

（一〇月一六日条）　重出仕武家、

（一〇月一七日条）　重出仕御使申立政所了、[13]

一一月三日に、幕府政所から延文四年分の上久世庄油代一〇貫文の請取が出され、一三日には、延文三年分の同油代一〇貫文の請取が出されている（な一一四・一一五）。延文元年一二月二九日にも同じく幕府政所から一〇

貫文の請取がだされているが、久世庄別進分と記され、送進状には「久世庄油役御免として」とあり、延文元年は免除料だったようだ（な一一二・一一三）。「延文四年記」の記事では幕府に免除を申請しており、請取状には油代とあるが、延文元年と同じ一〇貫文なので、実際は免除料の可能性も生ずる。

「延文四年記」の記主は、「寺家」の使となっており、おそらくは鎮守八幡宮方の使者となったのであろう。義宝は、鎮守八幡宮方供僧であり、使者の要件を備えている。

ⓓ　太良庄

（八月三〇日条）　禅勝上洛、（中略）若州沙汰人上洛、(14)

禅勝は、太良庄公文である。「太良庄地頭方文書符案」（ナ八）には、延文四年八月二一日付で、衆議を受けた定潤の書状があり、太良庄伏田一町につき、地頭方の管領とする旨を伝えており、あるいは公文禅勝の上洛と関わるかもしれない。この案文の奥の注記に、「当年本奉行観杲律師代義宝勤之」とある。本奉行は、太良庄地頭方を管轄する不動堂方の年預を指すと思われ、義宝がこの年、太良庄に関与していることが確認される。

ⓔ　新見庄

（九月一〇日条）　慶実下新見了、

（一二月五日条）　四郎次郎下新見、

ⓕ　弓削島庄

（九月三〇日条）　与州弓削嶋年貢到来、廿貫文、不知行経廿数年云々、

新見庄・弓削島庄の記事については、関連史料に乏しい。新見庄は、最勝光院方の管轄、弓削島庄は十八口方の管轄とするのが自然だろうが、義宝は、まだどちらにも属しておらず、義宝と両荘園との関係は明らかにしえない。義宝は、将来院主となる増長院に属していたと思われ、延文四年時の院主清我の代官的な立場で、これら

の荘園に関わっている可能性も想定しうる（高橋敏子氏のご教示による）。

清我は、延文四年の年初に学衆を辞退し、この年の行跡はあまり明らかでない。「延文四年記」七月一四日条に「付衣供養法増長院」、八月一二日条に「呪願増長院」とあるのは、清我を指すだろう。翌年正月の後七日御修法には出仕している（ろ三）。ところで、「延文四年記」には「坊」という表記の人物がみえる。


（六月一六日条）　宝蓮花寺上人一廻仏事理趣三昧、供養法坊勤仕之、

（八月二三日条）　坊伊州下向、明鏡上人・三宝院法印同道、今夜勢田宿逗留之、予同道一宿了、

（八月二七日条）　伊勢下向僧寄之、坊令著山田給云々、

（一二月四日条）　於伊勢内証院結縁灌頂行之、又有授与云々、

（一二月一一日条）　院主被立山田、

八月に伊勢山田に下向、二八日条に「伊勢内宮遷宮事始云々」とあるので、遷宮を契機とした下向かもしれない。しばらく滞在したようで、伊勢への使者の記事も他に三か所ほどみえる。坊と記されてはいないが、一二月四日に内証院で結縁灌頂を行なったのもこの人物であろう。（永仁二年〈一二九四〉一二月三日付伏見天皇綸旨案（伊勢光明寺文書、『鎌倉遺文』一八四七一）に、「教王山内証院」とみえ、一方、現在伊勢市にあり、中世以来醍醐寺三宝院と関わりを持つとされる世義寺は、教王山神宮寺宝金剛院と称する。(15) 内証院と醍醐寺との関わりをうかがわせる。

そして一一日に「院主」が山田を出発している。「院主」と「坊」は同一人物であろう。「延文四年記」が義宝の日記であるならば、院主は増長院主清我を指す可能性が高く、清我は、延文四年後半、伊勢に下向していたことになる。義宝が留守を預かっていたならば、清我の代官という立場が「延文四年記」に反映している可能性は高まる。

「延文四年記」には、他にも備後・丹後・安芸などと使者の往反する記事が散見するけれども、記主との関係は明らかにしえない。

おわりに

「延文四年記」の記主につき、具注暦裏の記録の書写情報、および記事にみえる高野別当、荘園関係記事をてがかりに、義宝に比定するにいたった。この推測が正しいならば、同記は東寺寺僧の日記となり、杲宝・賢宝の具注暦日記などとならぶ事例となる。阿闍梨を称している若い時期の日記である点も特徴となろう。

「延文四年記」は、詳細な記述ではないものの、これまでとりあげたほかにも、実に多様な記事を含み、記主を念頭に丁寧に読み解けば、あらたな発見に繋がると期待される。たとえば、通読すると、醍醐寺に関わる記事がおおいことに気づく。主なものを掲げると、水本隆憲の夭折（四月二〇日条）、醍醐寺参詣（八月六日条）、醍醐寺三宝院管轄下の六条八幡宮と篠村八幡宮の放生会（八月一七日・二八日条）、松橋賢信（カ）と理性院宗助の入壇（一二月五日・七日条）など。地蔵院との関わりを含めて、東寺寺僧と醍醐寺との関係を考える素材となりうるだろう。

最後に、具注暦裏の養和二年修法記の書写時期を考えておこう。『群書解題』が指摘するように後七日法の修法記であるならば、義宝が後七日御修法に出仕するにあたっての書写である可能性が高い[16]。もし延文五年の際ならば、日記を書き終えるかどうかくらいの時期に、紙背に修法記を書写したことになる。先に指摘したように、義宝が出仕した四例はいずれも地蔵院主が阿闍梨であった。地蔵院覚雄の寺務（法務）就任とそれに関わる記事を含む具注暦日記の紙背に書写したのは、日記もあわせて残そうとする意図に基づくという可能性は十分に考えられよう。杲宝・賢宝の具注暦日記も、聖教紙背として伝存し、ときに細かく切断されているものの、残された

という観点から理解する試みも必要かと思われる。

(1) 中村一執筆。『群書解題』(再版) 八雑部、二三九頁。初版一九六一年。
(2) 富田正弘「中世東寺の寺院組織と文書授受の構造」(『資料館紀要』八号、京都府立総合資料館、一九七〇年)。以下、東寺の寺僧組織に関しては、富田論文に多くを負っている。
(3) 平瀬直樹「中世寺院の組織構造と庄園支配」(『日本史研究』二六七号、一九八四年)。
(4) 「東寺百合文書」は史料編纂所架蔵写真帳による。以下、「東寺百合文書」は函名と整理番号のみ記す。大日本古文書『醍醐寺文書』三二〇三は、この二通や同日付の珍皇寺別当職補任状などの案を連ねた史料で、「醍醐寺文書」一二〇函一八には義演による写もみえ、『大日本史料』観応元年雑載社寺諸職項は「三宝院文書」として載せる。これらの案では、小別当の補任状は実名でなく、「在御判」などとなっている。観応二年の御坊人交代の史料は、「醍醐寺文書」一三函六二「高野雑々」に詳しい。「高野御坊人事」として、補任状を載せ、剣空宛は観応元年一一月二六日付、引摂院律師宛は同二年六月三日付で、いずれも四郷預所などに補す内容で、弘恵の奉ずる法務御教書となっており、長覚の補任状とは様式が異なる。「醍醐寺文書」は史料編纂所架蔵写真帳による。
(5) 「東寺長者雑自記」は、史料編纂所架蔵影写本に、「東寺寺務雑記」は、「三宝院旧記」(史料編纂所架蔵謄写本)一一による。関連部分は『大日本史料』応永一六年七月二六日条に掲載される。御坊人について、前掲平瀬論文に若干の言及がある。長覚については『大日本史料』応永二三年一一月一五日歿条参照。長覚の寄進状は、応永一四年一一月一日付(「醍醐寺文書」二五函三〇、黒川直則氏のご教示による)、書状は、応永一六年八月一六日付(二五函三四)、ほかに『醍醐寺文書』二七二四～六(後世の写で、小別当と注記がある)・二九函一八七。
(6) 『大日本史料』応永一八年四月八日条参照。
(7) 『大日本史料』応永一九年二月八日条参照。
(8) 東京大学文学部所蔵長福寺文書。石井進編『長福寺文書の研究』八一九号。某書状(八二二号)の紙背で、四点の文書が写されている。宝幢院は醍醐寺であるならば、㊁と同じ隆円にあたる可能性もあるが、僧正には昇進していないと思われる。
(9) 大日本古文書『東寺文書』三。写真で一部補訂した。
(10) 「東寺王代記」は続群書類従巻八五六に所収だが、良質の写本ではなく、「皇代略記」などの書名での伝本のほうが良質である。いま史料編纂所所蔵徳大寺家本「皇代略記」による。
(11) 牧高兼に関する史料の一部は『大日本史料』延文三年雑載仏寺項に、学頭は『同』延文三年一一月六日条に掲載される。以下、『古』は大日本古文書『東寺文書』へ函の番号。
(12) 幕府による安堵は『大日本史料』延文四年八月一八日条、頼慶への公文職は『同』延文四年雑載荘園諸職項、年貢到来は同年貢項、頼慶遺産は『同』応安六年訴訟項をそれぞれ参照。「近江房」は、「延文四年記」一二月八日条に「近江房下伊勢」とみえる人物と同一の可能性もある。
(13) 『大日本史料』延文四年一〇月一五日条、延文元年一二月二九日条を参照。
(14) 禅勝が公文であることは、たとえばハ四二の延文三年一一月日太良庄領家地頭両方百姓等申状などにみえる。
(15) 世義寺については、平凡社『日本歴史地名大系　三重県の地名』(一九八三年)および角川書店『角川日本地名大辞典　三重県』(一九八三年)による。
(16) ただし、観応二年、一三歳の義宝は、増長院で「後七日法雑々」を書写しており、(「醍醐寺文書」一二七函四七)、四例に限定されるとは限らない。黒川直則氏のご教示による。

〔付記〕本稿は、二〇〇五年七月三一日の東寺文書研究会における発表を基にしている。当日参加者からは多くのご示教をいただいた。特記しないものも含めて、改めて謝意を表したい。また、高橋敏子氏には、翻刻など、種々のご教示を賜った。同じく謝意を表する。

延文四年記　翻刻稿

・底本は「延文四年暦」とし、史料編纂所架蔵謄写本等の続群書類従および影印本『歴代残闕日記』を参照した。
・暦の記載は省略した。記事のない日も略した。
・底本のみにみえる文章には、天候等を除き、傍線を付した。
・底本は空白で他本で判明する字は[字]のように、底本にはみえないが他本で補った字は、〔字〕のように表記した。

(三月)
廿九日　壬戌　於寺内在家猿楽入夜在之、
四月
一日　癸亥　勧学会始行、観智院、悉曇字記、
二日　甲子　服薬結願、
五日　丁卯　小雨、稲荷祭礼、導師民部卿アサリ、
九日　辛未　澄書記来、一宿、
十日　壬申　丁悟上人来、
十一日　癸酉　法勝少律来、
一松尾祭礼、但神幸不成之、
一地蔵院僧正(覚雄)長者并寺務　宣下、
一禁裏御鞠御会、近衛殿(道嗣)御参、
一洞院相国公賢公出家、
一平岡地蔵堂供養、
一寺務事、相触寺家、別当宝菩提院大僧都亮忠、
十三日　乙亥　帰住中院、
十五日　丁丑　良宝アサリ初度鎮守講一臈、
十七日　己卯　自中院帰寺、大慈院(親海)百ケ日仏事、理趣三昧、
廿日　壬午　大智院法印高野参詣、徳音上洛、水本僧都(隆憲)他界、年廿、
廿一日　癸未　雨、
廿二日　甲申　雨、
廿三日　乙酉　光明真言講行之、賀茂祭礼、松尾祭礼、

廿四日　丙戌　雨、等持寺八講始行、証義房仙僧正、
講衆十人参、従僧具〔之〕、大樹(尊氏)一廻御仏事、
廿五日　丁亥　雨、
廿六日　戊子　雨、八講朝座夕座間薪讃、亀山院御代
在此儀、従爾以来今度行之、大樹一廻御仏事、於北面
理趣三昧為供僧中沙汰行之、結縁灌頂習礼、
廿七日　己丑　雨、
廿八日　庚寅　雨、八講結願了、
廿九日　辛卯　等持寺結縁灌頂十六口庭儀、アサリ地
蔵院前大僧正覚雄、于時寺務、小アサリ弘顕大僧都、
乞戒定澄僧都、誦経深源法印、讃景什・義宝、受者
百、人、道場東向、聊雖雨降為庭儀、着座公卿一人、
正親町大納言忠季卿、

五月
一日　癸巳　信憲阿闍梨来一宿、
二日　甲午　三日梶井宮卒、尊胤、御年五十四、四条
坊門坊主対面、薩磨房(良円カ)来、
三日　乙未　蒜始之、鳥羽児対面、
四日　丙申　斎藤禅門盗賊ニ合、
五日　丁酉　深草祭・賀茂競馬在之、
六日　戊戌　蒜結願之、
七日　己亥　祇薗御輿迎、
十日　壬寅　千帰、
十一日　癸卯　入夜雨、
十二日　甲辰　雨、
十三日　乙巳　雨、
十五日　丁未　一蝕御祈清顕大僧正、
一高野別当補任到来、
雖晩陰雨降深更雲覆、至刻限顕現畢、良宝闍初度鎮
守講師、
十八日　庚戌　武家評定初、
廿日　壬子　虚空蔵一鋪感得了、行新熊野一宿、禅知
客来、
廿一日　癸丑　行六条、
廿四日　丙辰　雨、檜垣造作之、禁裏正観音御修法、
花山院(定尊)僧正勤仕之、六口、
廿六日　戊午　雨、造作結願了、

廿七日　己未　入夜暴風雨、六条若宮并祇薗大政所鳥
居顚倒畢、西院梅木二本大枝吹折了、坊出、
廿八日　庚申　雨、
廿九日　辛酉　雨

六月
一日　壬戌　勧学会講師全海大僧都初参、配文二教論、
禁裏御修法結願、土岐□□二郎入道他界、
二日　癸亥　雨、姉小路判官　　他界、於灌頂院虹立
云々、但不分明、
三日　甲子　巳剋地振、寺家祈禱始之、御影堂千反タ
ラ尼、朝源任小僧都、
五日　丙寅　鎮守千巻読経始之、
六日　丁卯　細河（繁氏）兵部大輔他界、沈病席十ケ日、其間
有種々奇瑞、不遑注記、
七日　戊辰　千巻読経結願之、祇薗御輿迎、
九日　庚午　千反タラニ結願了、
十日　辛未　備後使上洛、丹後使到来、
十一日　壬申　井替之、
十二日　癸酉　千出、
十三日　甲戌　雨、夕立、若宮鳥居立之、
十四日　乙亥　祇薗祭礼結構超過例年云々、夕立、於
宝蓮花寺阿弥陀三昧行之、
十五日　丙子　備後使下向了、於禅舜アサリ坊仏事行
之、寛覚僧都鎮守講参堂、
十六日　丁丑　蓮花乗院（全海）帰寺、不二房他界了、宝蓮花
寺上人一廻仏事理趣三昧、供養法坊勤仕之、
十八日　己卯　雨、蓮花会行之、新熊野六月会始行、
行六条并新熊野、
十九日　庚辰　行六条并新熊野、
廿日　辛巳　於禁裏一字金輪法、寺務地蔵院僧正覚雄
勤仕之、伴六口、自新熊野帰、
廿一日　壬午　自丹後音信到来、
廿三日　甲申　夕立、禁裏御鞠、内裏御僧所一宿、
廿四日　乙酉　一切経虫払、
廿五日　丙戌　夕立、後宇多院御仏事、引声、行六条、
廿六日　丁亥　八条女院御仏事、禁裏舞楽、千帰、
廿七日　戊子　禁裏御修法結願、

廿八日　己丑　千虎病、
廿九日　庚寅　於武家宝池院僧正光済修法始行、
三十日　辛卯　漿油建立之、蓮花乗院入寺、
七月　鎮守奉行観智院（杲宝）法印巡蕩、
一日　壬辰　法勝民部来、
二日　癸巳　自雲州淡路二郎来、
五日　丙申　興福寺顕遍権僧正〔并〕懐雅権僧正転正
宣下、
七日　戊戌　法勝寺御八講始行、証義三人、講師十人、
問者十三人、被加三人事、依能運所望初例云々、虎病
没落、
十一日　壬寅　法勝八講結願、
十二日神泉苑参詣結番始之、当寺常住、
十三日　甲辰　十四日神泉〔参〕詣結願了、墓所参詣、
十四日　乙巳　安居如例、付衣供養法増長院（清我）、
十五日　丙午　宮増初度鎮守講々師、
十六日　丁未　治律丹後下向了、
十七日　戊申　涼風至、千出、

十八日　己酉　天変、涼風至、
十九日　庚戌　廿日夜戌刻泉涌寺竹薗院焼失、護摩召請
之、
廿日　辛亥　雨御祈於御影堂始之、三ケ日、天変、
廿一日　壬子　水天供寺務始行之、綸旨廿日被成之、
助阿帰寺、
廿二日　癸丑　寺務入寺、入夜雨、珍重々々、光明真
言時秋季了、
廿三日　甲寅　一延命御修法於宝菩提院寺務地蔵院僧
正始行、御本尊并御衣、近日自醍醐妙法院被渡之、勅
使、
廿四日　乙卯　廿三日大風雨、寺務水天供結願、廿三
日暁、宇治河水悉旱、彼河橋水上ニ有一大石、方八丈、
毎年祭之石也、而俄隠没、希代事也、厳祐法印七年仏
事、
廿五日　丙辰　千帰、
廿六日　丁巳　於寺務献盃、
廿九日　庚申　北面舎利講一段、円満院（尊悟）大宮卒、

八月
一日　辛酉　御修法結願、未明アサリ還御、金出、
二日　壬戌　円満院宮於八条御所有祭儀、
三日　癸亥　良朝律師十三廻、三ケ九時理趣三昧行之、
三日月不現、
四日　甲子　備後右馬次郎上洛、
五日　乙丑　小雨、
六日　丙寅　醍醐参詣、本宮巡礼了、
七日　丁卯　行法勝寺、
八日　戊辰　土岐禅門(頼康)参籠鎮守八幡宮、自北白河帰住、
九日　己巳　於鎮守大般若転読始行、土岐禅門発願、
十日　庚午　備後右馬次郎下之、
布施千疋、一寺喔〔僧〕、
十一日　辛未　一僧事被行之、随心院転正、観智院転
大僧都、
十二日　壬申　別当亮忠大僧都□(拝カ)堂、呪願増長院、導
師、明観上人来臨、
十三日　癸酉　夕立、□□一対召請、
十四日　甲戌　聖帰、
十五日　乙亥　石清水放生会行、東寺社恒例、装束鈍
色、師子猿楽在之、去年依令庄家飛行略之、今年ハ以
別儀行之、六条若宮延引、今暁土岐禅門退出、即参男
山了、鎮守大般若結願之了、将軍家(義詮)入堂、還御後御台(渋川幸子)
御入堂、於小子房一献了、千出同夜帰、伯州来、
十七日　丁丑　六条八幡宮放生会行之、伊勢三宝院法
印上洛、
十九日　己卯　小雨、
廿日　庚辰　小雨、
廿一日　辛巳　小雨、
廿二日　壬午　於御影堂并鎮守御祈、秋季分也、千反
タラニ・千巻読経、
廿三日　癸未　夜雨、坊伊州下向、明鏡上人・三宝院
法印同道、今夜勢田宿逗留之、予同道一宿了、
廿四日　甲申　自勢田帰了、祐尊下向了、
廿七日　丁亥　伊勢下向僧寄之、坊令著山田給云々、
廿八日　戊子　小雨
一今河刑部大輔(直貞)於安芸国被打了、畠山、、同被打
云々、

一篠村八幡宮放生会、
一伊勢内宮遷宮事始云々、
廿九日　己丑　菊王上洛、
三十日　庚寅　夜雨、禅勝上洛、伊勢并矢野下向夫帰洛了、若州沙汰人上洛、北面舎利講出了、梅阿移西郊、

九月

小倉上万　光音智光〃〃
御庵　真恵
西方寺周的

一日　辛卯　小雨、山上別当代事、来申山臥有之、鎮守理趣三昧ニ出了、
二日　壬辰　菊王下向之、
三日　癸巳　舎利講始之、七八、有清上洛、手挙二位来、
五日　乙未　暁雨、徳音帰参了、
六日　丙申　高野へノ使者下、
九日　己亥　舎利講結願了、堀河入道（貞親カ）七年仏事設之了、
十日　庚子　慶実下新見了、徳音下備後了、六条一宿了、
十一日　辛丑　播州矢野重藤十六名請取之了、澄書記来臨、
十三日　癸卯　六条一宿了、式部僧来、
十五日　乙巳　蓮花乗院来臨、同道南郊一宿了、栗遊覧在之、
廿一日　辛亥　卯時地振、
廿二日　壬子　夜雨、
廿三日　癸丑　雨、
廿五日　乙卯　羽州使到来、北面スイカイ以下造作始之、
廿七日　丁巳　参随心院、
廿八日　戊午　稲荷参詣、造作結願了、手間八人、
三十日　庚申　六条ニ一宿、与州弓削嶋年貢到来、廿貫文、不知行経廿数年云々、

十月

一日　辛酉　小雨、伝法会学頭宝悟院法印頼我、配文疏第三、内読師観智院法印、大輔僧都（定潤）・治部卿律師上

洛、寛覚僧都来臨、子剋大地振、
三日　癸亥　一菊チ於九州合戦、新少弐（直資）被打了、六条
一宿、
四日　甲子　羽州使者下向了、大師御影一鋪依尾州
所望遣之、
五日　乙丑　小夜大雨、
一越中井上没落了、
一畠山（国清）立武蔵、卒大勢上洛、為南方凶徒対治也、
七日　丁卯　於御影堂千反タラニ始之、於鎮守千巻読
経、冬季分也、
八日　戊辰　蓮花乗院来臨、炉ノフチ并茶湯竈取手到
来、
九日　己巳　雨、
十一日　辛未　雨、
十二日　壬申　雨、
十三日　癸酉　亥刻仁木左京大夫（頼章）入道入滅、五十一歳、
十五日　乙亥　雨、為寺家使節出武家、久世油役御免
事、
十六日　丙子　重出仕武家、
十七日　丁丑　子剋地振、重出仕御使申立政所了、奈
良初ヤナカハサマ、
廿日　庚辰　徳音上洛、
廿一日　辛巳　有清下伊勢、畳指之、
廿二日　壬午　矢野公文職頼慶恩給之、
廿三日　癸未　造作ヤネフク、
廿四日　甲申　出京対面牧弾正（高兼）了、行六条、
廿五日　乙酉　ヤネフク、
廿七日　丁亥　雨、右馬次郎下之、宝光院（了賢カ）僧正十三年
遠忌、有清帰洛、
廿八日　戊子　諏方大進房（円忠）対面、
廿九日　己丑　伝法会結願了、疏第三住心品結願之、
一南浦葛食他界事、

十一月
一日　庚寅　蓮花乗院帰住八幡、
二日　辛卯　西唐橋焼出、随心院仏事出仕了、
三日　壬辰　自七条尼公来、
四日　癸巳　稲荷参詣、

五日　甲午　雨、大輔僧都下向了、空照上人(重済)於但州入
滅、
六日　乙未　小雨、大勢先立連日入洛了、畠山入道入
洛、修理大夫入道、阿波守入道、
七日　丙申　自芸州青侍□、
八日　丁酉　山門受戒行之、
十日　己亥　雨、安芸使者下武州、
十一日　庚子　理趣経始之、二郎入道殿来臨、千木渡
之、随阿弥来、
十三日　壬寅　寒氷始至、
十四日　癸卯　自丹波文到来、矢野重藤年貢到来、亮
真闍梨仏事、湯屋房仏事、
十五日　甲辰　入夜雨、墨田禅来臨、
十六日　乙巳　雨、西縁造作、
十七日　丙午　造作、丹禅来、
十九日　戊申　少輔律来、新発意問面、
廿日　己酉　三条坊門出仕、供料事、江賀事、
廿一日　庚戌　小雨、御影供出仕、蓮花乗院帰寺、児
同道、
廿二日　辛亥　大飲終夜、
廿四日　癸丑　丹禅来、
廿五日　甲寅　宝厳院造作始、丹禅帰、
廿六日　乙卯　折上洛、□□、出京、駿州、因州、少
輔、渋河殿(義行カ)面拝了、
廿八日　丁巳　次郎禅来、
廿九日　戊午　折来、
三十日　己未　梅出、墨田禅帰、

十二月

一日　庚申　慶来、
二日　辛酉　慶帰、折来、
三日　壬戌　雨、
四日　癸亥　於伊勢内証院結縁灌頂行之、又有授与
云々、宰僧帰、
五日　甲子　四郎次郎下新見、於法身院松橋法眼(賢信カ)入壇、
アサリ岳西院法印定超、氏講来、
六日　乙酉　□雨、氏講帰、松帰、
七日　丙寅　於醍醐金剛輪院理性院僧都宗助入壇、廿

五歳、理性院流也、アサリ西方院法印仲我、六十六、
色衆八口、教授賢耀、折出、元首房来、
八日　丁卯　初雪、近江房下伊勢、折帰、
十日　己巳　元首房来、
十一日　庚午　院主被立山田、
十二日　辛未　夜雨、西方院新発意来、

あとがき

とにかく、とてもタフな対戦相手なのである。さまざまな角度から相手コートに打ち込んでみても、いつもみごとな球が返ってくる。時には京都府立総合資料館で長年東寺文書と向き合ってこられた黒川直則コーチの助言を得て、力をこめて切れのあるサーブを打ちおろしても、相手は余裕の反応をみせて返球してくる。東寺という寺院社会内部の問題はもちろん、対公武権力や他権門との関係、さらに地域社会・在地社会とのかかわりとその実態、政治的大事件をはじめとする全体的な社会の動向、その時代に生きていた人びとの意識にいたるまで、わたしたちはあらゆる関心を一球にこめて、多様な球種を織りまぜながら対戦するのだけれど、いつもこちらの予期せぬ内容を伴いながら、鋭い返球がもどってくる。こうして、東寺文書という史料群とわたしたちとの長いラリーがつづいている。

この史料群に含まれているのはいわゆる古文書だけではない。寺内の寺僧組織ごとに長い期間にわたって書き継がれた「評定引付」や「凡僧別当引付」、「東寺執行日記」や杲宝・賢宝に代表される寺僧の日記、さらに「東宝記」や「東寺長者補任」とよばれる編纂物をあわせた記録類、そして絵図・差図などの絵画史料にいたるまで、あらゆるジャンルの史料の集合体である。それらは群として存在し、互いに密接にからまりあいながら、じつに豊かな世界をわたしたちの目の前にひろげてみせてくれる。

東寺文書研究会が発足した一九九四年からかぞえて十七年という時間が経過した。東寺文書研究会に最初から参加してきて、強く印象に残っていることがある。それは、毎回の報告で出される史料レジュメを前にして、まるで外書講読のテキストを手にした学生と同じように、参会したすべての人びとがひとつひとつの語句の意味やその関連性を追いかけ、細かな表記の差異にも注目しながら解釈していく、その現場に立ち会えたことである。史料の内容把握から出発し、大きな枠組みに関する議論へとひろがり、また史料の些細な語句の連なりへともどってみて検証する、それは他ではなかなか得難い経験であった。論文などにまとめる時には論点にかかわる中核部分以外は中略したりして史料を簡略に示すことになるが、東寺文書研究会の報告で出されるレジュメには、できるかぎり手がかりとした元の史料の全体像や前後の内容をつかめるようにという意味から詳細な史料が載せられた。特に初めから参会者のなかにそのような合意があったというわけではないが、おそらくはこの研究会を始めた中心メンバーが史料の丁寧な読みのうえに立った議論を意図して、ひとつの報告に対して余裕のある時間配分がなされたことにより、おのずとこのようなかたちが定着していったのだと思う。

わたしなどは、はなはだ不埒な聴き手で、報告者の論旨の展開についていけなくなると、レジュメに載せられている史料の解読に熱中してしまい、質疑の時間に自分が史料を読んでいて理解できなかった点をそのまま質問としてぶつけることがあった。報告者には本当に申し訳ないことである。しかし、中心的な論点からずれたこのような質問から思いがけなく問題点がひろがり、結果として報告者の意図した点と深くからむ議論へと展開していくこともあった。こうしたことが可能なのは、多様な問題関心に対していつも的確で明瞭な答えを返してくれるこの史料群のふところの広さにある。

東寺文書研究会として論集『東寺文書にみる中世社会』（東京堂出版）を刊行したのは一九九九年のことである。この間、東寺文書を使いこなすためのツールをいくつかまとめようという試みや、史料集を刊行しようという動きも進んできている。それらは、近々かたちとなって現れることと思う。また、十二年ぶりに、多くの若い人びとも加わって、再びこのような論集を出版する運びとなった。東寺文書のもつ豊富な内容が、ひときわ目立つ論集になっているのではないだろうか。思文閣出版の田中峰人氏には多岐にわたってご助言をいただき、無事に刊行の日をむかえることができた。執筆者一同、深く感謝している。

わたしたちは今後も、東寺文書という史料群をみんなで共有しながら、多彩なラリーをくりひろげていきたいと願っている。

酒井紀美

渡邊大門（わたなべ　だいもん）
1967年生．佛教大学大学院文学研究科博士後期課程修了．博士（文学）．大阪観光大学観光学研究所客員研究員．
『中世後期山名氏の研究』（日本史史料研究会，2009年）『戦国期赤松氏の研究』（岩田書院，2010年）「越前国朝倉氏発給文書の「裏書」について」（『皇學館論叢』253号，2010年）．

新見康子（にいみ　やすこ）
1968年生．立命館大学文学部史学科日本史学専攻卒業．東寺宝物館文化財保護課長．
『東寺宝物の成立過程の研究』（思文閣出版，2008年）．

高橋敏子（たかはし　としこ）
1955年生．お茶の水女子大学大学院人文科学研究科（史学専攻）．東京大学史料編纂所准教授．
「東寺寺僧と公文所との相論にみる三好政権」（東寺文書研究会編『東寺文書にみる中世社会』東京堂出版，1999年）「中世の荘園と村落」（『日本の時代史９　モンゴルの襲来』吉川弘文館，2003年）「若狭国太良荘の地下来納」（『南山経済研究』19巻３号，2005年）．

山家浩樹（やんべ　こうき）
1960年生．東京大学大学院人文科学研究科国史学専攻（博士課程中退）．東京大学史料編纂所教授．
「太良荘に賦課された室町幕府地頭御家人役」（東寺文書研究会編『東寺文書に見る中世社会』東京堂出版，1999年）「室町幕府前期における奉行人の所領」（『室町時代研究』２号，2008年）．

清水克行（しみず　かつゆき）
1971年生．早稲田大学大学院文学研究科博士後期課程単位取得退学．明治大学商学部准教授．
『室町社会の騒擾と秩序』（吉川弘文館，2004年）『喧嘩両成敗の誕生』（講談社，2006年）『日本神判史』（中央公論新社，2010年）．

辰田芳雄（たつた　よしお）
1952年生．東京教育大学文学部日本史学専攻．兵庫教育大学学校教育研究科教科教育専攻（社会系コース）修了．博士（文学）（筑波大学）．岡山県立岡山朝日高校教諭．
『中世東寺領荘園の支配と在地』（校倉書房，2003年）「祐清殺害事件新論――備中国新見荘における直務代官祐清の所務の内実――」（『日本史研究』492号，2003年）「応仁の乱後の東寺領備中国新見荘の再興――細川京兆家の荘園請負構想――」（『岡山朝日研究紀要』32号，2011年）．

西尾知己（にしお　ともみ）
1976年生．早稲田大学文学学術院文学研究科日本史学コース博士後期課程単位取得退学．博士（文学）．日本学術振興会特別研究員．
「室町期東寺寺僧の自治と老若」（『日本歴史』682号，2005年）「弘安徳政と東大寺別当の性格変化」（『史観』156号，2007年）「室町期京都の騒乱と東寺の文書管理」（『民衆史研究』74号，2007年）．

西谷正浩（にしたに　まさひろ）
1962年生．九州大学大学院文学研究科満期退学．福岡大学人文学部教授．
『日本中世の所有構造』（塙書房，2006年）「八幡宇佐宮神領大鏡にみる平安後期の開発」（『七隈史学』11号，2009年）．

大山喬平（おおやま　きょうへい）
1933年生．京都大学大学院文学研究科博士課程単位取得退学（国史学）．京都大学名誉教授．
「重源狭山池改修碑について」（『狭山池』論考篇，狭山池調査事務所，1999年）「多様性としての列島一四世紀――網野学説をめぐって――」（『日本史研究』540号，2007年）「ムラを忘れた歴史学――敷きます神の中世的形態――」（『歴史評論』709号，2009年）．

酒井紀美（さかい　きみ）
1947年生．大阪市立大学大学院文学研究科博士課程（日本中世史）．茨城大学教育学部教授．
『中世のうわさ』（吉川弘文館，1997年）『日本中世の在地社会』（吉川弘文館，1999年）『夢語り・夢解きの中世』（朝日新聞社，2001年）．

亀田俊和（かめだ　としたか）
1973年生．京都大学大学院文学研究科博士後期課程研究指導認定退学．博士（文学）．京都大学非常勤講師・兵庫大学兼任教育職員．
「室町幕府執事施行状の形成と展開――下文施行システムを中心として――」（『史林』86巻3号，2003年）「室町幕府安堵施行状の形成と展開」（『日本史研究』520号，2005年）「鎌倉府施行システムの形成と展開」（『ヒストリア』214号，2009年）．

山田　徹（やまだ　とおる）
1980年生．京都大学大学院文学研究科博士後期課程研究指導認定退学．博士（文学）．京都大学助教．
「南北朝期の守護在京」（『日本史研究』534号，2007年）「天龍寺領の形成」（『ヒストリア』207号，2007年）「室町幕府所務沙汰とその変質」（『法制史研究』57号，2008年）．

執筆者紹介(収録順)

真木隆行(まき　たかゆき)
1969年生．大阪大学大学院文学研究科博士後期課程(史学専攻)．山口大学人文学部准教授．
「後宇多天皇の密教受法」(大阪大学日本史研究室編『古代中世の社会と国家』清文堂出版，1998年)「東寺座主構想の歴史的変遷」(『仏教史学研究』41巻2号，1999年)「中世東寺長者の成立——真言宗僧団の構造転換——」(『ヒストリア』174号，2001年)．

宮﨑　肇(みやざき　はじめ)
1972年生．早稲田大学大学院文学研究科博士後期課程修了(日本史)．東京大学史料編纂所学術支援専門職員・早稲田大学非常勤講師．
「中世書流の成立——世尊寺家と世尊寺流——」(鎌倉遺文研究会編『鎌倉遺文研究Ⅲ　鎌倉期社会と史料論』東京堂出版，2002年)「東寺観智院・藤井永観文庫所蔵『東寺長者補任』について——寺院文書の集積と供僧——」(湯山賢一編『文化財と古文書学——筆跡論』勉誠出版，2009年)「藤原定家筆『兵範記』紙背文書中にみえる『平家物語』関係文書について」(『汲古』56号，2009年)．

岡本隆明(おかもと　たかあき)
1970年生．大谷大学大学院文学研究科仏教文化専攻博士後期課程満期退学．京都府立総合資料館歴史資料課．
「大和国平野殿庄をめぐる永仁年間の訴訟とその文書——東寺百合文書と函五一号『大和国平野殿庄相論文書案』を中心とした筆跡の比較を利用して——」『大谷大学史学論究』10号，2004年)「デジタル画像資料を利用した文献研究に必要な環境について」(『情報処理学会シンポジウムシリーズ』vol. 2009，No. 16，2009年)「既存の画像データベースから新たに何を生み出すか——画像変換サーバを利用したより詳細なアノテーション記述とその応用——」(赤間亮・冨田美香編『シリーズ・日本文化デジタル・ヒューマニティーズ02　イメージデータベースと日本文化研究』ナカニシヤ出版，2010年)．

保立道久(ほたて　みちひさ)
1948年生．東京都立大学大学院人文科学研究科(史学)修了．東京大学史料編纂所教授．
『物語の中世』(東京大学出版会，1998年)『黄金国家』(青木書店，2004年)『歴史学をみつめ直す』(校倉書房，2004年)．

志賀節子(しが　せつこ)
1949年生．大阪大学大学院文学研究科史学専攻博士後期課程単位取得退学．関西大学非常勤講師．
「山科七郷と徳政一揆」(『日本史研究』196号，1978年)「中世後期庄園村落と検断」(『歴史学研究』569号，1987年)「室町期伏見庄における侍衆をめぐって」(『ヒストリア』197号，2005年)．

村井祐樹(むらい　ゆうき)
1971年生．早稲田大学大学院文学研究科博士後期課程．東京大学史料編纂所助教．
『戦国遺文　佐々木六角氏編』(東京堂出版，2009年)「松永弾正再考」(『遙かなる中世』21号，2006年)「毛利輝元と吉川家」(池享編『室町戦国期の社会構造』吉川弘文館，2010年)．

髙橋　傑(たかはし　すぐる)
1974年生．早稲田大学大学院文学研究科史学(日本史)専攻修士課程．慶應義塾普通部教諭．
「惣村文書の料紙について——王子神社文書を例に——」(『三田中世史研究』12号，2005年)「鎌倉期公文の文書管理について——弓削島荘を中心に——」(『民衆史研究』74号，2007年)．

東《とう》寺《じ》文《もん》書《じょ》と中《ちゅう》世《せい》の諸《しょ》相《そう》

2011(平成23)年5月30日発行

定価：本体11,000円(税別)

編　者　東寺文書研究会
発行者　田中周二

発行所　株式会社　思文閣出版
606-8203　京都市左京区田中関田町2-7
電話075(751)1781(代)

印刷・製本　株式会社　図書印刷　同朋舎

 ISBN978-4-7842-1578-2 C3021

◎ 既刊図書案内 ◎

京都府立総合資料館編

東寺百合文書
〔第Ⅰ期全10巻〕

東寺百合文書とは、東寺に襲蔵されてきた奈良時代から江戸時代初期まで約900年にわたる、総数18,000点・27,000通におよぶ日本最大の古文書群である（平成9年国宝に指定）。本史料集には「ひらかな之部」刊行中の『大日本古文書』（東京大学史料編纂所）未収録の「カタカナ之部」を翻刻。組み体裁などは『大日本古文書』本にならい、巻末に収録史料の花押一覧を併載（年1回刊行）。

▶既刊8冊・A5判・平均440頁／定価各9,975円

伊藤俊一・富田正弘・本多俊彦編

東寺廿一口供僧方評定引付
〔全8冊・別巻1冊〕

東寺廿一口供僧方は鎌倉後期に公家（朝廷）の支援によって創られた国家祈禱を行う寺僧組織。構成員による自治的な共同経営で、供僧全員参加の評定により方針を決定、実行がなされる寺僧組織の中核であった。この組織の議事録（引付）を編年で整理・翻刻し、校定・注釈（文書群と文書の関連）を加える。▶既刊2冊・A5判・平均350頁／定価各6,825円

上島有著

東寺・東寺文書の研究

近世文書や聖教類も含めた東寺文書の整理の歴史を、東寺と東寺文書の研究に永年携わってきた著者が、寺史や伝来とも関わらせて集大成。【内容】東寺の歴史／東寺文書の伝来と現状／東寺百合文書の整理と目録作成／東寺文書をめぐって

ISBN4-7842-0979-4

▶A5判・872頁／定価17,850円

新見康子著

東寺宝物の成立過程の研究

南北朝時代の寺誌である『東宝記』や東寺百合文書に見られる宝物目録などの豊富な史料をもとに、具体的に東寺に残る文化財の伝来を体系化した一書。今後の文化財の活用や保存を見据えて本来の保管形態を復元し、伝来過程を確定して新たな位置づけを試みる。

ISBN978-4-7842-1368-9

▶A5判・638頁／定価12,600円

原田正俊編

天龍寺文書の研究

編者を中心とした「天龍寺文書研究会」の約10年におよぶ研究成果。第一部には鎌倉時代～慶長5年の中世天龍寺関係文書および関連諸塔頭文書を翻刻・掲載、第二部には研究編として解説・論考を収録する。

ISBN978-4-7842-1571-3

▶A5判・712頁／定価14,700円

勝山清次編

南都寺院文書の世界

東大寺宝珠院（法華堂文書・宝珠院文書）と興福寺一乗院坊官二条家（一乗院文書・一乗院御用日記）に伝来した文書の3年間に渡る調査・研究の成果。東大寺・興福寺を中心とした南都寺院の寺領やネットワークをこれらの史料から明らかにする。論考8篇と史料翻刻3篇を収録。

ISBN978-4-7842-1369-6

▶A5判・350頁／定価6,090円

思文閣出版　（表示価格は税5％込）